Rough

Guat

Iain Stewart

ROUGH GUIDES

www.roughguides.nl

Houten

Inhoud

Guatemala 1

Praktische informatie 25

Op reis door Guatemala 61

Achtergrond 389

Taal 457

Colofon en register 469

◄◄ Antigua ◄ Vrouw in een traditioneel kostuum, Ixil

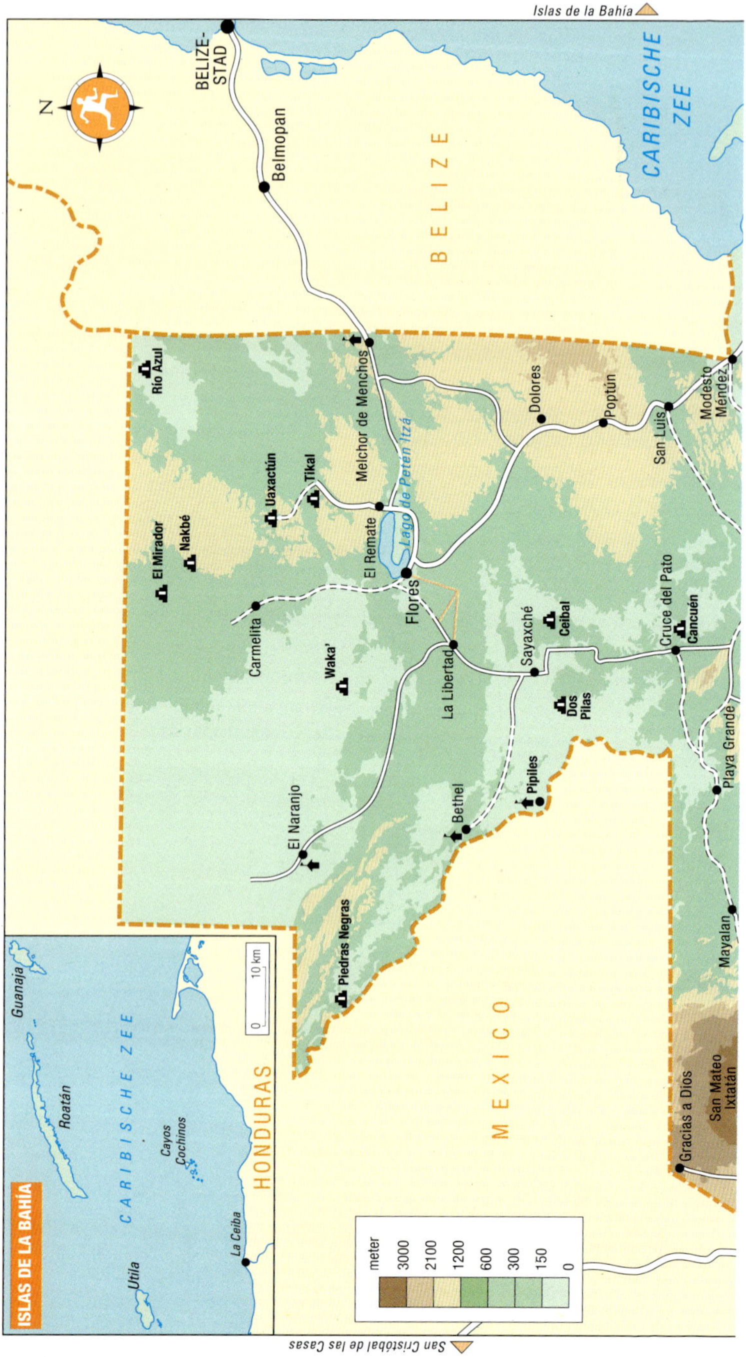
Islas de la Bahía
BELIZE-STAD
Belmopan
BELIZE
CARIBISCHE ZEE
Melchor de Menchos
Dolores
Poptún
San Luis
Modesto Méndez
Río Azul
El Mirador
Nakbé
Uaxactún
Tikal
El Remate
Lago de Petén Itzá
Flores
Carmelita
Waka'
La Libertad
Sayaxché
Ceibal
Dos Pilas
Cruce del Pato
Cancuén
Playa Grande
Mayalan
Gracias a Dios
San Mateo Ixtatán
El Naranjo
Bethel
Pipiles
Piedras Negras
MEXICO
meter
3000
2100
1200
600
300
150
0
San Cristóbal de las Casas
ISLAS DE LA BAHÍA
Guanaja
Roatán
Utila
Cayos Cochinos
CARIBISCHE ZEE
La Ceiba
HONDURAS
0
10 km

GUATEMALA
HONDURAS
EL SALVADOR
GROTE OCEAAN
Lago de Izabal
Lago de Atitlán
Lago de Amatitlán
El
San Pedro Sula
Tapachula
Tapachula
San Salvador
La Mesilla
Nentón
San Miguel Acatán
Barillas
Santa Eulalia
Soloma
San Juan Ixcoy
Altamirano
Todos Santos Cuchumatán
Salquil Grande
Chajul
San Juan Cotzal
Nebaj
Cuilco
Zaculeu
Chiantla
Aguacatán
Huehuetenango
Tacaná
CARRETERA INTERAMERICANA
Sacapulas
Uspantán
San Cristóbal Verapaz
Cobán
San Pedro Carchá
Chisec
Raxrujá
Sebol
Fray Bartolomé de la Casas
Pajal
Lanquín
Cahabón
Senahú
Tactic
Tamahú
Tucurú
Panzós
Telemán
El Estor
Mariscos
Río Dulce
Lívingston
Santo Tomás
Puerto Barrios
Tegucigalpita
Entre Ríos
Corinto
La Ruidosa
Morales
Bananera
Quiriguá
CARRETERA AL ATLÁNTICO
Purulhá
Salamá
Cubulco
Rabinal
El Chol
Granados
Momostenango
San Francisco el Alto
San Pedro
San Marcos
Talismán
Quetzaltenango
Zunil
Totonicapán
Santa Cruz del Quiché
Chinique
Zacualpa
Joyabaj
Pachalum
Chichicastenango
CA 1
Sololá
Panajachel
Chimaltenango
San Martín Jilotepeque
San Juan Sacatepéquez
GUATEMALA-STAD
Santiago Atitlán
San Lucas Tolimán
Cuyotenango
Tecún Umán
Ocos
Tilapa
Retalhuleu
Mazatenango
Antigua
San José Pinula
Santa Lucía Cotzumalguapa
Cocales
CARRETERA AL PACÍFICO
Palín
Escuintla
Champerico
El Tulate
Tecojate
Sipacate
Iztapa
Puerto San José
Taxisco
Monterrico
Las Lisas
Chiquimulilla
Cuilapa
CARRETERA INTERAMERICANA
Jutiapa
Valle Nuevo
Ciudad Pedro de Alvarado
El Rancho
El Progreso
Río Hondo
Zacapa
La Entrada
El Florido
Jocotán
Comotán
Copán Ruinas
Copán
Chiquimula
Jalapa
Morazán
Monjas
Ipala
Esquipulas
Asunción Mita
Santa Rosa de Copán
Nuevo Ocotepeque
Santa Ana
Apaneca
Sonsonate
0
50 km

Inleiding

Guatemala

Guatemala beslaat een bergachtig stuk van Midden-Amerika ten zuiden van Mexico en kent een overvloed aan schitterende natuur, geschiedenis en cultuur. Het is het stamland van de Maya's, en in veel opzichten drukt hun oude beschaving nog steeds een stempel op het land. De Maya's verlieten eeuwen geleden hun steden in het regenwoud, maar wonen nog altijd in het hoogland, waar voortgezette tradities en religieuze rituelen, vermengd met katholieke praktijken, voor een rijke indiaanse identiteit zorgen.

Het huidige Guatemala is ontstaan uit een versmelting van de **tradities van Maya's en Spanjaarden**, verrijkt met invloeden van de moderne Latijns- en Noord-Amerikaanse cultuur. Barokkerken uit de koloniale tijd staan er naast heidense altaren waar al duizenden jaren offers worden gebracht. De markten van het hoogland gedijen naast hypermoderne winkelcentra, en precolumbiaanse feestdansen worden uitgevoerd door jonge hiphopfans.

Guatemala is een ontwikkelingsland, **een jonge democratie** met een turbulente en bloedige geschiedenis en een diep gewortelde ongelijkheid. Maar ondanks de grote armoede en de hoge werkeloosheid zijn de meeste Guatemalteken buitengewoon beleefd en behulpzaam tegenover reizigers; ze helpen je maar al te graag de juiste bus te vinden en vinden het leuk om Spaans met je te oefenen.

Door deze oprechte gastvrijheid, de **grote culturele erfenis** en **schitterende natuur** is Guatemala een buitengewoon boeiend land om te bezoeken.

Beziens-waardigheden

Guatemala is een erg afwisselend land vol extremen. De meeste bezoekers gaan eerst naar **Antigua**, de prachtige voormalige koloniale hoofdstad met

▶ Markt van Chichicastenango

In het kort

- De republiek Guatemala ligt aan de noordkant van de Midden-Amerikaanse landengte. Het land beslaat 108.890 km² en bezit tientallen vulkanen (waarvan vier actief), 328 km kust langs de Grote Oceaan en 74 km langs de Caribische Zee.
- In 2008 telde Guatemala rond de 14,6 miljoen inwoners, terwijl de bevolkingsgroei 2,4 procent per jaar bedraagt (het hoogste cijfer van het westelijk halfrond). Er wonen ruim een miljoen Guatemalteken in de VS en Canada.
- De bevolking is etnisch verdeeld in ongeveer evenveel Maya's als Ladino's (de meeste van gemengd bloed); daarnaast zijn er kleine groepen zwarte Garífuna (rond 8000 bij elkaar), etnische Chinezen en Xinca (een indiaans volk). Spaans is de officiële taal, maar daarnaast worden er nog 23 andere talen gesproken, waaronder het K'iche', Mam, Kaqchikel en Q'eqchi'.
- Het toerisme is de belangrijkste bron van inkomsten, gevolgd door de export van koffie, suiker, kleding en bananen.
- Rond 60 procent van de Guatemalteken is nominaal rooms-katholiek – het laagste cijfer van Latijns- Amerika – maar veel Maya's belijden een unieke vorm ervan waarin oude religieuze rituelen een grote rol spelen. De rest is lid van evangelische kerken die uit de VS afkomstig zijn.
- De 36 jaar durende burgeroorlog in Guatemala eindigde in 1996. Het land is nu een democratische republiek met een president die zowel staatshoofd als regeringsleider is.

Nebaj

haar rustige sfeer, die sterk contrasteert met de chaotische straten vol uitlaatgassen van Guatemala-stad. Daarna hoort het door Maya's gedomineerde **westelijke hoogland** boven aan je lijstje te staan, een streek van overweldigende schoonheid met vulkanen die boven met naaldbossen begroeide heuvels uittorenen, traditionele dorpen en glinsterende meren. De Mayacultuur uit zich hier in de weeftradities, die per dorp verschillen, en de unieke dorpsfeesten.

Het **Lago de Atitlán**, een verbluffend mooi meer omringd door vulkanen, mag je gewoon niet missen. Langs de oevers liggen charmante indiaanse dorpen, zoals **Santa Cruz La Laguna**, waar een paar goede hotels zitten en waar je prachtig langs het meer kunt wandelen, en **San Pedro La Laguna**, met een alternatief publiek en heel lage prijzen. Hoog boven het

Een archeologisch paradijs

Het afgelegen oerwoud van Petén is een van de belangrijkste archeologische zones van de wereld, met momenteel een tiental opgravingen die belangrijke vondsten hebben opgeleverd. De grote vooruitgang in het lezen van de Mayahiërogliefen heeft het inzicht in hun cultuur vergroot. Zo weten we nu over stambomen van heersers, data van troonsbestijgingen en politieke allianties. Het is inmiddels ook duidelijk dat bloedvergieten en mensenoffers onmisbaar waren voor het religieuze leven van de Maya's. Tot de ontdekkingen van de afgelopen jaren horen een 2500 jaar oude balspelbaan bij Nakbé, enkele fraaie preklassieke muurschilderingen bij San Bartolo, duizenden stuks keramiek bij La Blanca en zelfs een complete 'verloren stad': Wakná, in de buurt van El Mirador, gevonden met behulp van satellietfoto's.

meer ligt het traditionele Mayastadje **Sololá** met een van de beste (en minst toeristische) markten van het land, een groot contrast met de enorme, twee keer per week gehouden markt van **Chichicastenango** met een gigantisch aanbod aan souvenirs, textiel en handwerk. Verder naar het westen ligt de trotse provinciestad **Quetzaltenango** (Xela), met veel taalscholen. Deze provinciestad is een goede uitvalsbasis voor tochten naar het door bossen omzoomde kratermeer van de **Volcán Chicabal**, de schitterende warme bronnen van **Fuentes Georginas** en een paar fascinerende marktstadjes. Guatemala's hoogste bergketen, de **Cuchumatanes**, ligt iets verder naar het noorden. In dit granietgebergte vind je prachtige landschappen en traditionele Mayadorpen, met **Nebaj**, gelegen in de Ixil-driehoek, en **Todos Santos Cuchumatán** als goede uitvalsbases voor flinke wandelingen.

De **Grote Oceaankust** is over het algemeen warm, saai en een teleurstelling, met rommelige, desolate stranden en mangrovebossen. Een belangrijke uitzondering is het relaxte kustdorpje **Monterrico** met behoorlijke accommodatie, dat in een natuurreservaat ligt waar je zeeschildpadden het strand op kunt zien kruipen om eieren te leggen. Je kunt in de buurt zelfs surfen bij Iztapa.

Het **oosten** van het land is grotendeels **tropisch**, met veel bananen en kardemomplantages en kokospalmen. Er liggen ook een paar schitterende meren, waaronder de met jungle omringde **Laguna Lachúa** en het **Lago de Izabal**, waar je interessante uitstapjes kunt maken, onder andere naar een warme waterval en de **Cañón del Boquerón**. Het meer is met de Caribische Zee verbonden via de **Río Dulce**, die door een reeks fraaie, met jungle begroeide kloven stroomt. Aan de monding van de rivier ligt het stadje

▲ Todos Santos Cuchumatán

Lívingston, een bolwerk van Caribische cultuur en de woonplaats van de enige zwarte gemeenschap van Guatemala, de Garífuna.

De vruchtbare heuvels van de Verapaz in Centraal-Guatemala zijn begroeid met **nevelwoud**, de biotoop van de zeldzame quetzal, het nationale symbool van Guatemala. In het oosten zijn de **archeologische vindplaatsen** beperkt tot de Mayastad **Quiriguá** in het dal van de Río Motagua en de indrukwek-

Vulkanen

De zuidelijke helft van het land wordt gedomineerd door een keten van vulkanen die in een boog loopt van de Mexicaanse grens, waar de 4220 m hoge Tajumulco ligt, tot aan de grens met Honduras. Afhankelijk van de definitie van een vulkaan – sommige vulkanologen beschouwen zijkraters van grote vulkanen niet als een vulkaan – heeft Guatemala tussen de 33 en 40 vulkanen. Drie daarvan, de Pacaya, Fuego en Santiaguito, zijn erg actief en spugen regelmatig hoge pluimen rook en as uit. De beklimming van de Pacaya (zie blz. 91) is bijna altijd een belevenis, want het is meestal mogelijk om heel dicht bij de stromen oranje lava te komen, maar ook de andere beklimmingen zijn fantastisch.

Het Lago de Atitlán is eigenlijk de krater van een reusachtige vulkaan die zo'n 85.000 jaar geleden explodeerde. Er kwam zo veel magma omhoog dat de vulkaan grotendeels instortte, waarna de krater in de loop van de eeuwen met regenwater werd gevuld.

Guatemala's vulkanische grond is erg vruchtbaar, waardoor boeren twee keer per jaar kunnen oogsten. Maar deze vruchtbaarheid is verbonden met instabiliteit en rampen – een eruptie rond het jaar 250 verwoestte de oude Mayastad Kaminaljuyú in het zuiden van Guatemala, terwijl modderstromen van de Volcán de Agua de Spaanse hoofdstad Ciudad Vieja vernietigden.

▶ Lívingston

kende ruïnes van **Copán**, net over de grens in Honduras. Bij Honduras vind je ook de idyllische **Islas de la Bahía**, met ongerepte koraalriffen waar je goed kunt duiken en snorkelen.

De **regenwouden** van Petén beslaan een groot deel van het noorden van Guatemala. Dit unieke laagland, qua oppervlakte een derde van het land, is bedekt met dicht tropisch bos en savannen. Hoewel houthakkers en veeboeren grote delen hebben gekapt, zijn er ook natuurreservaten met een rijk dierenleven en liggen er verscheidene Mayasteden. Vanuit het leuke stadje **Flores**, fraai gelegen op een eilandje in het Lago de Petén Itzá, of het rustige dorpje **El Remate** kun je makkelijk naar **Tikal**, de indrukwekkendste stad van de Maya's, die het wint van alle andere archeologische schatten van Latijns-Amerika. In het bos liggen nog tal van kleinere opgravingen, waaronder **Yaxhá**, **Aguateca** en **Uaxactún**. Avontuurlijke reizigers kunnen ook de meer afgelegen ruïnes van Petén bezoeken, zoals de dramatische preklassieke stad **El Mirador** (mogelijk groter dan Tikal) en het lastig bereikbare **Nakbé**.

◀ Traditionele marimba-muziek

Beste reistijd

Jaguar

Guatemala heeft een van de aangenaamste klimaten op aarde – het toeristenbureau spreekt van het **'land van de eeuwige lente'** – een groot deel van het land heeft het hele jaar door warme dagen en milde avonden. Het klimaat wordt vooral door de **hoogte** bepaald. In de gebieden tussen 1300 en 1600 m, waar ook Guatemala-stad, Antigua, Lago de Atitlán en Cobán liggen, is de lucht bijna altijd fris en zijn de nachten mild, de middagen zijn weliswaar warm, maar nooit vochtig. Delen van de departementen Quetzaltenango, Huehuetenango en El Quiché liggen hoger en hebben daarom een koeler, vochtiger klimaat met tussen begin december en eind februari koude nachten. De laag gelegen Petén is het grootste deel van het jaar warm en vochtig, net als de kustgebieden, al waait daar meestal een verkoelende zeebries.

Het **regenseizoen** loopt ruwweg van mei tot en met oktober, met de meeste regen in september en oktober, terwijl het in Petén tot in december kan doorlopen. Maar ook op het hoogtepunt van het regenseizoen blijft de

Río Dulce

regen meestal beperkt tot een stortbui aan het einde van de middag, terwijl de rest van de dag warm en aangenaam is. De meer afgelegen ruïnes van Petén kun je het beste tussen februari en mei bezoeken, want in het regenseizoen kan de modder tot aan je dijen reiken. Het **klimaat van de Islas de la Bahía** is heel anders, met heldere luchten tussen maart en september, en regens vanaf oktober tot eind februari – Kerstmis en oud en nieuw zijn vaak erg nat.

Het **hoogseizoen** voor het toerisme ligt tussen december en maart, terwijl ook juli en augustus druk zijn. De taalscholen en hotels zitten dan behoorlijk vol en rekenen in deze periode vaak hogere prijzen.

Gemiddelde dagtemperatuur (°C)

	jan	feb	mrt	apr	mei	juni	juli	aug	sept	okt	nov	dec
Guatemala-stad												
°C	23	25	27	28	29	27	26	26	26	24	23	22
Huehuetenango												
°C	22	24	27	30	31	28	26	25	26	25	23	22
Puerto Barrios												
°C	27	28	29	31	32	31	30	30	30	30	29	28

30 dingen die je niet mag missen

Je kunt niet in één vakantie alles zien wat Guatemala te bieden heeft. Daarom volgt hier een selectie van wat wij als de hoogtepunten zien, van natuurgebieden met een rijk dierenleven tot koloniale steden en indiaanse markten. Ze zijn verdeeld in vijf kleurencategorieën om de keuze van wat je wilt zien, doen, kopen en meemaken te vergemakkelijken. Bij alle hoogtepunten staat de bladzijde vermeld waar ze in de gids besproken worden.

01 Antigua Blz. **94** • De elegante voormalige hoofdstad met haar weelde aan koloniale architectuur is door de Unesco tot werelderfgoed uitgeroepen; het is een van de mooiste steden van Amerika.

02 Finca el Paraíso Blz. **266** • In de warme bronnen met waterval bij de Finca el Paraíso kan je door hobbelende bussen gepijnigde lichaam bijkomen.

03 Ixil Blz. **140** • Het hoogland op zijn betoverendst: de kleuren, de kleding en de landschappen van dit uiterst traditionele Mayagebied zijn overweldigend.

04 Todos Santos Cuchumatán Blz. **204** • Een fascinerend Mayastadje in het hoogland met een van de subtielste textieltradities van Latijns Amerika en een legendarisch feest met een woeste paardenrace.

05 **Maximón** Blz. **161** & **184** • Bezoek de heidense tempel van deze zuipende, sigaar rokende slechte heilige.

06 **Tikal** Blz. **324** • Deze unieke Mayastad heeft het allemaal: monumentale tempels en paleizen in het regenwoud, waar brulapen en parkieten voor het geluiddecor zorgen.

07 Walvishaai Blz. 380 • Snorkel met de grootse vis op aarde, die het hele jaar voorkomt in de zeeën ten noorden van Utila.

08 Spaans leren Blz. 49 • Guatemala heeft tientallen uitstekende taalscholen waar je privélessen kunt volgen, met verblijf bij een Guatemalteekse familie, en dat voor spotprijzen.

09 Ruïnes van Copán Blz. 363 • De schitterende Mayaruïnes van Copán bevatten fraai gebeeldhouwde stèles en altaren, een lange trap vol hiërogliefen en een erg goed museum.

10 Río Dulce Blz. 261 • Vaar door de met jungle begroeide kloven en het estuarium van de 'Zoete Rivier' en vergaap je aan het landschap en het vogelleven.

11 Chichicastenango Blz. **130** • Als je souvenirs zoekt, is deze markt, die twee keer per week wordt gehouden, de juiste plek.

12 Nationaal Archeologisch Museum Blz. **81** • Het Museo Nacional de Arqueología y Etnología in Guatemala-stad bezit een schitterende collectie die het vakmanschap van de Maya's toont, met prachtig beeldhouwwerk uit Petén.

13 Volcán de Pacaya Blz. **91** • Beklim de Pacaya voor een onvergetelijke blik op de lava uitbrakende krater van een van de actiefste vulkanen van Midden-Amerika.

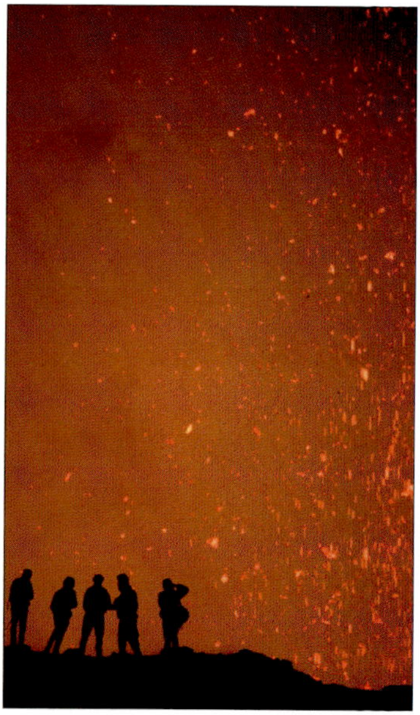

14 Lívingston Blz. **255** • Geniet van *tapado* (soep van vis en kokosnoot) of gegrilde schelpdieren in het Garífuna-dorp Lívingston.

15 Laguna Lachúa Blz. **300** • Dit prachtige, ronde kratermeer in het noorden van de Verapaces wordt omringd door een ongerepte jungle vol jaguars en tapirs.

16 Quetzal Blz. **286** • Guatemala's nationale vogel is zeldzaam en woont in de nevelwouden van de Verapaces.

18 Quiriguá Blz. **247** • Kleine maar fascinerende Maya-vindplaats met hoge, fraai gebeeldhouwde stèles.

17 Yaxhá Blz. **349** • Deze enorme Mayastad, fraai gelegen aan de oevers van het Lago de Yaxhá, heeft tientallen grote tempels. Momenteel wordt er grootschalig archeologisch onderzoek gedaan.

19 Fuentes Georginas Blz. **184** • Fantastische natuurlijke warmwaterbronnen met stomende poelen omgeven door weelderige varens op een vulkaanhelling bij Quetzaltenango.

20 **Lago de Atitlán** Blz. **149** • Het Lago de Atitlán is een fabelachtig kratermeer omgeven door drie vulkanen; de beroemde schrijver Aldous Huxley omschreef het als 'het mooiste meer ter wereld'.

21 **Monterrico** Blz. **234** • Een natuurreservaat en een dorp aan de oceaan met een strand waar drie soorten zeeschildpadden eieren leggen, waaronder lederschildpadden.

22 **Tweedeklasbussen** Blz. **70** • Uitbundig beschilderd en erg oncomfortabel, maar een reis in de uitlaatgassen uitbrakende *camionetas* is altijd een belevenis.

23 Semana Santa Blz. **101** & **161** • Tijdens de paasweek moet je naar Antigua voor de prachtige katholieke processies, of naar Santiago Atitlán voor de symbolische confrontatie tussen de heidense heilige Maximón en Christus.

24 Bergwandelingen Blz. **206** • Verken de schitterende paden in het granietgebergte boven het traditionele Mam-dorp Todos Santos Cuchumatán.

25 Duiken Blz. **385** • Koraalriffen voor een prikje: op de Islas de la Bahía vind je enkele van de goedkoopste duikscholen ter wereld en een rijk onderwaterleven.

27 Semuc Champey Blz. **294** • Verken de prachtige turkooizen poelen en de rivieren rond Semuc Champey, een natuurlijke kalkstenen brug over de Río Cahabón.

26 Koffie Blz. **288** • Proef enkele van de beste koffiesoorten ter wereld in Cobán, de relaxte hoofdstad van de Alta Verapaz.

28 Jungletochten Blz. **337** • Wandel door het Reserva de la Biósfera Maya naar de overwoekerde ruïnes van de preklassieke steden El Mirador en Nakbé in Petén.

29 San Francisco el Alto Blz. **189** • Een heerlijke markt in het hoogland – er valt weinig te kopen, maar des te meer te zien.

30 Oostelijke hoogland Blz. **268** • Oude geërodeerde vulkanen, heuvels vol cactussen, het grootste pelgrimsoord van Midden-Amerika en vrijwel geen toeristen.

Praktische informatie

Praktische informatie

Vervoer naar Guatemala

De meeste mensen reizen met het vliegtuig naar Guatemala. Je komt aan in de hoofdstad, Guatemala-stad. De luchthaven van Flores, in de buurt van Tikal, heeft vluchten van en naar Cancún in Mexico en Belize-stad. Over het algemeen is het vrij eenvoudig het land binnen te komen, tenzij je met eigen vervoer reist, want dan word je aan allerlei controles onderworpen.

Er zijn geen rechtstreekse vluchten vanuit Nederland en België naar Guatemala-stad. KLM, Iberia en Continental Airlines hebben de meest handige verbindingen, met een tussenlanding in bijvoorbeeld New York, Madrid, Mexico-stad of Houston. Reken op een minimumprijs van circa € 750 voor een retourvlucht. Houd er rekening mee dat je op goedkope vluchten vaak lange tijd op een tussengelegen luchthaven moet wachten.

Kijk op sites als www.vliegtarieven.nl, www.vliegwinkel.nl en www.airstop.be voor aanbiedingen en actuele vluchten.

Bussen

Vanuit Tapachula in Zuid-Mexico rijden er dagelijks zes bussen naar Guatemala-stad (zie blz. 89). Eénmaal per dag rijdt er een minibus van San Cristóbal de Las Casas naar Antigua (zie blz. 112), met tussenstops in Huehuetenango, Quetzaltenango en Panajachel. Er is ook een dagelijkse busverbinding van Cancún naar Flores: de eerste minibus brengt je naar de Mexicaans-Hondurese grens, de volgende rijdt vanaf daar via Belize-stad naar Flores. Voor meer details, zie blz. 317.

Verder is er een regelmatige busdienst van San Salvador naar Guatemala-stad (zie blz. 89). Vanuit Honduras zijn er directe dagelijkse verbindingen tussen Copán en Guatemala-stad/Antigua, plus dagelijkse bussen van San Pedro Sula en Tegucigalpa naar Guatemala-stad.

Tot slot is er een door King Quality onderhouden busverbinding tussen San José In Costa Rica en Guatemala-stad via Managua, Tegucigalpa en San Salvador, inclusief een hotelovernachting onderweg (zie blz. 89).

Boten

Vanuit Punta Gorda In Belize varen dagelijks twee boten naar Puerto Barrios in Guatemala (zie blz. 253). Ook zijn er onregelmatige verbindingen (alleen bij voldoende passagiers) naar Lívingston vanuit Punta Gorda en Omoa in Honduras.

De ooit zo populaire rivierbootreis tussen La Palma in Mexico en El Naranjo is opgeheven, hoewel er soms nog schepen varen (zie blz. 348). De meeste reizigers kiezen nu voor de route naar het zuiden en steken bij Frontera Corozal de rivier de Usumacinta over (zie blz. 346).

Boeken

Online boeken heeft het voordeel dat je geen kosten voor tussenpersonen betaalt, maar het nadeel dat je minder flexibel bent, Heb je eenmaal online geboekt, dan is het vaak heel moeilijk je reis nog te veranderen of je ticket in te ruilen voor een ander.

Online boeken

- **www.airstop.be**
- **www.expedia.nl**
- **www.vliegtarieven.be**
- **www.vliegtarieven.nl**
- **www.vliegwinkel.nl**
- **www.worldticketcenter.nl**

Luchtvaartmaatschappijen

- **www.continentalairlines.com**
- **www.iberia.com.be**
- **www.iberia.com/nl**
- **www.klm.nl**

Klimaatneutraal vliegen

De klimaatverandering is een van de grootste uitdagingen waar de mensheid zich op dit moment voor geplaatst ziet. Die verandering gaat gepaard met een wereldwijde opwarming van de aarde en wordt veroorzaakt door de grootschalige uitstoot van CO_2 en andere broeikasgassen. Ook vliegtuigen stoten broeikasgassen uit, in totaal 3 tot 4 procent van het totaal van de door de mens geproduceerde hoeveelheid. Dat lijkt misschien weinig, maar het percentage loopt jaarlijks op en doet positieve resultaten die elders geboekt worden teniet.

Rough Guides hecht grote waarde aan reizen. Het heeft een gunstige invloed op plaatselijke economieën en laat mensen wereldwijd met elkaar kennismaken. Rough Guides gelooft echter ook in verantwoord reizen: elke reiziger moet goed bedenken hoe vaak hij reist en wat hij kan doen om de schadelijke gevolgen ervan te neutraliseren.

We kunnen simpelweg minder reizen of minder van het vliegtuig gebruikmaken. We kunnen ook proberen niet 's nachts te vliegen (wat schadelijker is). Tot slot kunnen we onze vliegreizen via een CO_2-programma 'klimaatneutraal' maken. Op sites als www.milieucentraal.nl, www.climatecare.org en www.carbonneutral.com staan schema's aan de hand waarvan je kunt uitrekenen hoeveel broeikasgassen jij met je vliegreis hebt uitgestoten. Vervolgens kun je projecten steunen die ervoor zorgen dat de uitstoot van CO_2 met eenzelfde hoeveelheid verminderd wordt of een aandeel in een bos kopen dat 'jouw' CO_2 omzet in zuurstof.

Ook op de site van Rough Guides kun je informatie vinden over klimaatneutraal vliegen:

www.roughguides.com/climatechange

Touroperators

Er zijn verscheidene touroperators die Guatemala in hun programma hebben opgenomen. Kijk op Google en op bijvoorbeeld de volgende sites.

- **www.andersreizen.nl**
- **www.djoser.nl**
- **www.killroytravels.nl**
- **www.koningaap.nl**
- **www.mindireizen.nl**
- **www.shoestring.nl**
- **www.snp.nl**

Het kan ook de moeite waar zijn bij een buitenlandse touroperator een reis te boeken.

- **www.guatemalaunlimited.com**
- **www.journeylatinamerica.co.uk**
- **www.lostworldadventures.com**
- **www.southamericanexperience.co.uk**
- **www.tropicaltravel.com**
- **www.wildernesstravel.com**
- **www.wildlifeworldwide.com**
- **www.scuba-safaris.com** Gespecialiseerd in duikreizen, in dit geval naar de Islas de la Bahía.

Vervoer in Guatemala

Omdat er geen passagierstreinen rijden en maar weinig Guatemalteken een auto hebben, neemt bijna iedereen in Guatemala een openbare bus. Deze tweedeklasbussen (bijnaam: kippenbus) stinken naar uitlaatgassen, zijn versleten, oncomfortabel en overvol, maar bieden een unieke kans om tussen gewone Guatemalteken te zitten. Wie zich tot de comfortabele toeristenshuttles beperkt, mist een van de sleutelervaringen van het land. Over de grote wegen rijden ook comfortabelere bussen – sommige zijn behoorlijk snel en luxe – maar buiten de belangrijke routes heb je meestal geen andere keus dan je in een tweedeklasbus of een pick-up door elkaar te laten rammelen.

De wegen in Guatemala zijn de afgelopen jaren sterk verbeterd, al zijn ze nog niet zo goed als in Mexico. In de landelijke gebieden zijn de meeste wegen onverhard, waardoor de bussen niet altijd even snel vooruitkomen. Maar hoe hard je ook gaat, er is altijd het schitterende landschap van Guatemala om van te genieten.

Met de bus

Met de bus gaan is goedkoop, makkelijk en soms erg leuk. Het busnetwerk is heel uitgebreid, er rijden bussen naar de kleinste dorpen en de chauffeurs stoppen meestal overal om passagiers op te pikken, ongeacht hoeveel mensen er al aan boord zijn.

De bussen in Guatemala zijn in twee klassen verdeeld. De al genoemde **tweedeklasbussen** zijn ver in de meerderheid, ze worden *camionetas* genoemd en zijn eenvoudig herkenbaar aan de wolken zwarte, verstikkende rook van uitlaatgassen die ze uitbraken en een knetterende uitlaat. *Camionetas* zijn oude schoolbussen uit Noord-Amerika, ze bieden weinig beenruimte en zitten meestal stampvol. De chauffeurs, met verplichte snor, houden van vrouwen en hebben een voorkeur voor snelheid en inhalen in bochten, terwijl hun helper (*ayudante*) altijd overwerkt en te jong lijkt te zijn. De *ayundante* klimt op het dak om je rugzak te pakken, int het geld en roept de bestemming om. Het reizen per tweedeklasbus mag dan oncomfortabel zijn, het is nooit saai, met kakelende kippen, oorverdovende muziek en snackverkopers op zoek naar klandizie.

Guatemala heeft honderden kleine busmaatschappijen, die elkaar allemaal de loef proberen af te steken in kleurigheid van hun bussen. Bijna alle tweedeklasbussen vertrekken vanuit een openbaar busstation, dat vaak naast de markt ligt; tussen plaatsen in kun je een bus aanhouden, die stopt bijna altijd voor je. De kaartjes koop je (bijna altijd) op de bus; ze zijn erg goedkoop, al worden westerlingen weleens afgezet – probeer erachter te komen wat de Guatemalteken betalen. De tarieven liggen rond $ 1 per uur.

Voor de **eersteklasbussen**, vaak pullmanbus genoemd, moet je van tevoren een kaartje kopen. Deze 'expresbussen' zijn gewoonlijk 20 tot 30 procent duurder dan gewone bussen, maar er zijn ook nog luxere en dus duurdere varianten. De kwaliteit van deze bussen loopt nogal uiteen; sommige busmaatschappijen rijden met dubbeldekkers met stoelen die een verstelbare rugleuning hebben en een airconditioning die de bus heerlijk koel maakt, terwijl andere aftandse bussen gebruiken. De passagiers hebben vaste plaatsen en de bussen rijden tamelijk punctueel.

Eersteklasbussen vertrekken gewoonlijk bij het eigen kantoor van de busmaatschappij en ze rijden alleen op de grote routes. Ze verbinden de hoofdstad met Río Dulce en Flores/Santa Elena, Quetzaltenango, Huehuetenango, de Mexicaanse grens, Chiquimula en Esquipulas, Puerto Barrios, Cobán, Copán en de rest van Midden-Amerika. Aan het einde van de rit neemt de conducteur vaak de kaartjes in; het is dus zaak je kaartje te bewaren.

Luchthavenbelasting

Voor internationale vluchten wordt een **vertrekbelasting** van $ 30 geheven (meestal al bij het ticket inbegrepen), voor binnenlandse vluchten is er een belasting van $ 0,80. Alle passagiers moeten daarnaast een **veiligheidsbelasting** van $ 3 per reis betalen. Belastingen moeten contant in quetzal of dollar betaald worden.

Shuttlebusjes verzorgen snelle verbindingen zonder tussenstops tussen de belangrijke toeristische centra en zijn daardoor inmiddels erg populair. Als passagier word je bij je hotel opgepikt, zodat je niet met je bagage hoeft te sjouwen. Het netwerk groeit razendsnel; de busjes rijden inmiddels naar vrijwel elke toeristische bestemming, bovendien is het vaak mogelijk een 'especial' te regelen (daar hangt een prijskaartje aan) als je bestemming niet op een vaste route ligt. Shuttles zijn met $ 4–5 per uur duur, maar de chauffeurs rijden meestal veiliger dan gewone chauffeurs.

Daarnaast rijden er steeds meer **minibusjes** *(microbuses)* in Guatemala, vooral over de geasfalteerde wegen, en in veel gebieden beginnen ze de tweedeklasbussen te verdringen. Ze vertrekken meestal vanuit de busstations of hebben een eigen busstation in de buurt. Minibusjes kosten ook rond $ 1 per uur. In afgelegen delen van het land verzorgen ook **pick-ups** (*picops*) verbindingen; het is zeker leuk een keer mee te gaan en te genieten van de uitzichten in de open lucht (tenzij het regent!). Ze zijn ongeveer even duur (rond $ 1 per uur).

Met het vliegtuig

De enige binnenlandse lijndienst in Guatemala is tussen de hoofdstad en Flores. Een retourticket kost $ 210–250 (enkele vlucht vanaf $ 123). De vlucht duurt vijftig minuten (de bus doet er acht uur over). Twee luchtvaartmaatschappijen, Taca en TAG, doen de vlucht bij elkaar vier keer per dag; adressen en andere informatie vind je in het hoofdstuk over Petén (zie blz. 317). Tickets kun je bij bijna alle reisbureaus in het land kopen.

Een programma voor de uitbreiding van de vliegvelden van Quetzaltenango, Puerto San José en Puerto Barrios betekent dat er in de toekomst waarschijnlijk meer binnenlandse vluchten komen. Het is intussen wel mogelijk om bij voldoende vraag met chartermaatschappijen op andere vliegveldjes te vliegen, waaronder Copán, Poptún, Playa Grande en Sayaxché; details vind je in de relevante hoofdstukken.

Met de auto

Zelf autorijden in Guatemala geeft je natuurlijk grote vrijheid, maar het verkeer in de hoofdstad is erg druk, net als op de Interamericana en de grote weg naar Puerto Barrios. De rijgewoonten van de Guatemalteken zijn niet om over naar huis te schrijven, inhalen in een bocht is niet ongewoon. Alle grote routes zijn geasfalteerd, maar de overige wegen zijn vaak erg slecht. **Benzinestations** (*gasolineras*) zijn er genoeg (tenzij je op achterafweggetjes rijdt). Benzine (*gasolina*) kost $ 1 per liter.

Parkeren en veiligheid zijn vooral in de steden een probleem. Zet je auto altijd op een bewaakte parkeerplaats en neem een hotel met een afgesloten parkeerruimte. Er zijn overal verkeersdrempels (*tumulos*), zelfs op de grote wegen. Stel je op de hoogte van lokale waarschuwingstekens. De belangrijkste is een tak die langs de weg geplant wordt om te wijzen op een auto met panne of een ander gevaar verderop. *Derrumbes* betekent aardverschuivingen en *frene con motor* dat je op een steile helling op de motor moet remmen.

De prijs voor het **huren van een auto** varieert van $ 40 per dag voor een kleine hatchback, tot rond $ 70 voor een terreinwagen met alle extra's. Neem altijd een allriskverzekering, ook al laten veel verhuurmaatschappijen je een clausule tekenen die je verantwoordelijk maakt voor de eerste $ 1000 schade in het geval van een ongeluk, schade of diefstal. Lokale verhuurmaatschappijen vind je in deze gids onder het kopje 'Adressen' bij de grote steden.

Het meenemen van je **eigen auto** naar Guatemala gaat met veel bureaucratische rompslomp gepaard. Je moet een autovergunning (meestal 30 dagen geldig) bij de grens halen, en er staan hoge boetes op een te lang verblijf. Je moet ook verplicht een verzekeringspolis voor Midden-Amerika afsluiten (te koop bij de grens); Nelson Insurance (in de VS ⓣ1-800/638-9423, ⓦwww.nelsoninternationalgroup.com) biedt verzekeringen voor Mexico en Midden-Amerika aan en heeft een alarmlijn. Als je na Guatemala verder naar het zuiden wilt, moet je ook bij de grens met Honduras een invoervergunning kopen ($ 24–100).

Rijbewijzen uit de EU zijn in Mexico en heel Midden-Amerika geldig.

Met de taxi en de tuktuk

In alle wat grotere plaatsen rijden **taxi's**, ze zijn vrij goedkoop, rond $ 3 voor een korte rit ($ 5 in Guatemala-stad). Buiten de hoofdstad hebben de taxi's geen meters, dus voor je instapt moet je een prijs afspreken. Lokale taxichauffeurs zijn meestal wel bereid te onderhandelen over een prijs voor een excursie naar een naburig dorp of een bezienswaardigheid (bijvoorbeeld $ 30 voor een halve dag of $ 50 voor een hele dag); als je weinig tijd hebt, is dit een goede mogelijkheid om plekken te zien waar bussen niet op een handig tijdstip langskomen. Als je met een groepje gaat, is het niet eens zo duur.

De afgelopen jaren is de Thaise driewielige **tuktuk** opeens overal opgedoken; ze functioneren als taxi en snorren door de straten alsof ze in Bangkok zijn. Je ziet ze in de meeste steden, uitgezonderd Guatemala-stad en Quetzaltenango. Spreek de prijs van tevoren af; een korte rit kost rond de $ 0,75, in Antigua meer.

Met de fiets en de motorfiets

Je ziet veel **fietsen** in Guatemala, en wielrennen is er een van de populairste sporten. Als je per fiets reist, word je overal goed ontvangen, en als je de energie hebt om ook het hoogland in te gaan, is de fiets een perfecte manier om het land te zien. In de meeste steden zit wel een fietsenmaker waar je reserveonderdelen kunt krijgen, al zul je zelf wel een noodset voor onderweg moeten meenemen. Mountainbikes zijn het beste, want zelfs in de hoofdwegen zitten af en toe enorme gaten en je komt altijd wel een steil klimmetje op je route tegen. Als de heuvels te zwaar zijn, kun je met je fiets op het dak verder reizen met een tweedeklasbus. Als je je eigen fiets niet wilt meenemen, kun je er een huren in steden als Antigua, Panajachel en Quetzaltenango; je kunt mountainbikes per dag (rond $ 8) of week ($ 24) huren. In het vlakke Utila kun je voor $ 2 een gewone fiets voor een dag huren. Maya Mountain Bike Tours en Old Town Outfitters, beide in Antigua (zie blz. 109), organiseren pittige fietstochten voor de echte fietsliefhebber.

Motorfietsen zijn zeldzaam in Guatemala, het kan daarom lastig zijn om reserveonderdelen en een goede monteur te vinden. Je kunt een motorfiets huren in Guatemala-stad, Panajachel, Antigua (zie de betreffende 'Adressen') en Roatán; de huur bedraagt rond $ 40 per dag voor een 200cc-motor.

Adressen

Bijna alle adressen zijn gebaseerd op de schaakbordplattegrond van de steden, met *avenidas* die noord-zuid lopen en *calles* (oost-west). In adressen komt eerst de straat, dan het blok en ten slotte de zone. Zo betekent het adres 'Av la Reforma 3–55, Zona 10' dat het huis aan de Avenida la Reforma, tussen de 3 Calle en 4 Calle op nr. 55 in Zona 10 staat. In bijna alle steden zijn de straten genummerd, maar soms worden ook oude straatnamen gebruikt. In Antigua wordt bij de calles en avenidas ook aangegeven aan welke kant van het centrale plein ze zich bevinden – noord, zuid, oost of west (*norte*, *sur*, *oriente* en *poniente*). *Diagonales* (diagonalen) zijn wat je verwacht – straten die schuin lopen.

Met de veerboot en de boot

Er varen **veerboten** tussen Puerto Barrios en Lívingston; tussen Puerto Barrios en Punta Gorda in Belize; en in Honduras tussen La Ceiba en de eilanden Utila en Roatán, en tussen Trujillo en het eiland Guanaja.

In **Petén** zijn er diverse mogelijkheden om te varen, bijvoorbeeld van Bethel en La Técnica naar Frontera Corozal over de Río Usumacinta, of over het Lago de Petén Itzá. Vanuit het plaatsje Sayaxché kun je fantastische boottochten maken, bijvoorbeeld naar het Lago de Petexbatún en Aguateca of over de Río de la Pasión naar Ceibal. Meer informatie vind je in de relevante hoofdstukken van deze gids.

Langs de kust van de Grote Oceaan scheidt het **Canal de Chiquimulilla** een groot deel van de kustlijn van het vasteland. Als je naar het strand wilt, kun je met een van de kleine bootjes het kanaal oversteken, bijvoorbeeld van La Avellana naar Monterrico.

Twee van de mooiste boottochten van Guatemala zijn de tocht door de spectaculaire kloof van de Río Dulce, met als vertrekpunt Lívingston of het stadje Río Dulce, en die over het door vulkanen omzoomde Lago de Atitlán.

Bijna overal in Guatemala waar het water bevaarbaar is, kun je wel een boot huren, maar bereid je voor op uren van geduldig onderhandelen, want de booteigenaren vragen hoge prijzen voor excursies.

Accommodatie

Guatemala heeft hotels in alle soorten en maten en zolang je niet in de rimboe zit, kun je meestal wel kiezen uit goede accommodaties. De overheidsorganisatie Inguat heeft een maximumprijs voor alle hotelkamers in het land vastgesteld, maar op elk niveau kun je een goede deal of een tegenvaller vinden. Guatemala is het paradijs voor de budgetreiziger; het is eigenlijk overal mogelijk om voor $ 12 een schone tweepersoonskamer te vinden, met uitzondering van de hoofdstad. In het luxesegment vind je een paar schitterende koloniale hotels die met veel smaak zijn ingericht. Ook in de middenklasse zijn er juweeltjes – met veel karakter en comfort, maar misschien wat minder service en faciliteiten.

Guatemala kent een verwarrende veelvoud aan benamingen voor accommodatie: *hoteles*, pensiones, *posadas*, hospedajes en *casas de huespedes*. De namen zeggen niet altijd veel; in theorie is een hospedaje minder formeel dan een hotel, maar in de praktijk is het omgekeerde even vaak het geval. Er zijn geen officiële jeugdherbergen in Guatemala, maar in bijna alle veel bezochte plaatsen zijn hostels met slaapzalen, waar jonge backpackers elkaar ontmoeten.

Over het algemeen rekenen **hostels** en de goedkoopste hospedajes $ 3–6 per persoon, terwijl een redelijke, maar eenvoudige kamer met eigen badkamer $ 12–20 kost (in de hoofdstad en Antigua is het bedrag hoger). De officiële prijzen horen in de kamer te hangen, maar je kunt altijd proberen een kleine korting te krijgen of naar een goedkopere kamer vragen. Als je met een groepje reist, is het vaak goedkoper om samen een grotere kamer te delen; dit kan in bijna alle goedkope hotels.

In Guatemala-stad liggen de prijzen het hoogst, en de goedkoopste kamers zijn er vaak beroerd. Ook in Antigua, Río Dulce en Flores liggen de prijzen boven het gemiddelde, terwijl de kamers in het westelijke hoogland erg goedkoop zijn. Tijdens feesten en in de vakanties, vooral tijdens de paasweek en Kerstmis, zijn de kamers vaak duurder en is er weinig vrij, terwijl het in het toeristenseizoen ook druk kan zijn. In deze perioden is het verstandig om een kamer te reserveren, zeker als je 's avonds in Guatemala-stad aankomt. In de meeste hotels uit het midden- en topsegment kost een eenpersoonskamer rond 80 procent van de prijs van een tweepersoonskamer. Vraag altijd eerst de kamer te mogen zien voor je betaalt, anders gaan de goede kamers naar gasten die kritischer waren.

De meeste hostels in Guatemala zijn van buitenlanders en richten zich op de behoeften van de budgetreiziger; ze bieden uitstekende reisinformatie, goedkope maaltijden en vaak is er een bar. De kwaliteit van slaapzalen in hostels kan erg uiteenlopen, maar in de betere hostels zijn er meestal niet meer dan acht bedden per zaal. Veel hostels hebben gescheiden zalen voor mannen en vrouwen, en kamers voor stellen.

De goedkoopste **hotels** (❶–❷) die in deze gids staan, zijn eenvoudig, met meestal een gemeenschappelijke badkamer aan het einde van de gang. Een niveau hoger (❸ & ❹) kun je een eigen badkamer met warm water verwachten. Kamers in de categorie ❺–❼ zijn comfortabel en aantrekkelijk, terwijl je voor $ 80 of meer (❽ & ❾) veel comfort en luxe kunt verwachten, met faciliteiten als een zwembad, een fitnessruimte en een goed restaurant.

Alleen in Petén, het oostelijke hoogland en langs de kusten heb je een ventilator of airconditioning nodig – elders is er vaak een haard om de winterkou buiten te houden. Een muskietennet zul je niet zo heel veel zien, zelfs niet in het laagland; als je van plan bent een tijdje in Petén of aan de kust door te brengen, is het verstandig er zelf een te kopen. Als je de jungle in wilt, is het zelfs en noodzakelijk attribuut.

Prijsaanduidingen van accommodatie

Alle accommodatie in deze gids heeft een prijsaanduiding meegekregen, die verwijst naar de prijs in **dollars** (naast de quetzal de meeste gebruikte valuta) voor de goedkoopste tweepersoonskamer in het hoogseizoen. Bij slaapzalen wordt de prijs per persoon gegeven. In de rustige perioden geven veel hotels kortingen, vooral die in de populaire toeristische plaatsen, waar veel concurrentie is. Het is de moeite waard te onderhandelen als je denkt dat het hotel niet erg vol is.

- ❶ minder dan $ 8 (ca. € 6)
- ❷ $ 8–13 (€ 6–90)
- ❸ $ 13–20 (€ 9–14)
- ❹ $ 20–30 (€ 14–21)
- ❺ $ 30–40 (€ 21–28)
- ❻ $ 40–60 (€ 28–41)
- ❼ $ 60–80 (€ 41–55)
- ❽ $ 80–100 (€ 55–70)
- ❾ meer dan $ 100 (€ 70)

Kamperen

Er zijn heel weinig **campings** in Guatemala. Behalve als je meedoet aan een archeologische opgraving is het niet de moeite waard een tent mee te nemen, want kamperen is slechts hier en daar toegestaan en veilig. Als je in een afgelegen dorp vast komt te zitten, kun je bij de burgemeester (*alcalde*) vragen of je in het gemeentehuis (*municipalidad*) of in de dorpsschool kunt overnachten.

Als je een trektocht door de jungle wilt maken of een vulkaan gaat beklimmen, moet je naar een reisbureau, dat voor een tent (of een hangmat en muskietennet) zal zorgen. Je kunt kampeerspullen huren bij Old Town Outfitters in Antigua (zie blz. 109) en Quetzaltrekkers in hotel *Casa Argentina* in Quetzaltenango (zie blz. 182).

Eten en drinken

Guatemalteeks voedsel is vullend, goedkoop en kan erg goed smaken. De keuken heeft de tradities van de Maya's, Latijns-Amerika en het Westen in zich verenigd en ontwikkelde zich tot wat de Guatemalteken *comida típica noemen*. Restaurantjes in plaatsen met veel toeristen hebben vaak een gevarieerde menukaart en een ruime keuze voor vegetariërs; in Antigua en rond het Lago de Atitlán vindt je restaurants met uiteenlopende Europese en Aziatische keukens, en zelfs het Midden-Oosten is er vertegenwoordigd.

In restaurants die vooral Guatemalteekse klanten hebben, is de keuze vaak een stuk beperkter; meestal serveren ze vooral eenvoudig gegrild of gebakken vlees. In de afgelegen gebieden in het hoogland kan het eten behoorlijk monotoon worden; bij vrijwel alle gerechten draait het om de 'drie-eenheid' eieren, bonen en tortilla's, voor ontbijt, lunch en diner. Het idee van gezond eten is nog niet echt doorgedrongen in Midden-Amerika, en veel van het lokale voedsel is erg vet. Meer informatie over Guatemalteeks eten en specialiteiten vind je in de kadertekst 'Guatemalteekse keuken'; culinaire termen vind je in het deel 'Taal' van deze gids.

Eetgelegenheden

Buiten de toeristische gebieden heb je voor een maaltijd meestal de keuze tussen een restaurant en een comedor. Een comedor is een soort cafetaria; het zijn eenvoudige, armoedig ogende eethuisjes waar flinke porties eten voor weinig geld worden geserveerd (een volledige maaltijd kost ongeveer $ 2). De meeste comedores hebben geen menukaart, je vraagt gewoon wat er is of je kijkt in de borrelende potten. Restaurants zijn over het algemeen iets formeler en duurder, je vindt ze alleen in grotere plaatsen.

De gewone Guatemalteken komen zelden in een comedor of restaurant, als ze honger hebben, kopen ze iets bij een **stalletje op straat,** daar wordt het voedsel van de armen voor spotprijzen verkocht; rond de markt zitten er meestal een heleboel. Als je maag het aankan, vind je er genoeg interessants om te proberen, maar de hygiëne is soms belabberd.

In de steden en langs de grote wegen zitten fastfoodrestaurants, gebaseerd op (en inclusief) de bekende Amerikaanse ketens. *Pollo Campero* is een op *KFC* gebaseerde Guatemalteekse keten voor gefrituurde kip, die inmiddels de wereld verovert. Onderweg zul je ook de lokale variant van fastfood tegenkomen: een bus die pauzeert wordt bestormd door verkopers met dranken, snoep, lokale specialiteiten en zelfs complete maaltijden. Wees voorzichtig met hun waren vanwege het potentiële gebrek aan hygiëne.

In alle toeristische plaatsen zul je op westerlingen gerichte **café-restaurants** vinden, vaak ook het eigendom van een buitenlander, met een internationale menukaart met broodjes, curry's, roerbakschotels, enzovoort. Ze hebben ook vegetarische gerechten en salades. Je kunt er wijn per glas, cappuccino en verse vruchtenshakes bestellen. Dit soort zaken zijn niet de goedkoopste, maar hun internationale kaart kan een opluchting zijn na een week van tortilla's en bonen in de bergen, en de hygiëne is er meestal goed.

Ontbijt

Guatemalteken eten gewoonlijk een stevig ontbijt van tortilla's, eieren en bonen, soms met zure room of gebakken banaan. Eieren worden op talloze manieren bereid (zie blz. 464), vaak met heerlijke, meestal pittige sauzen. Ook pannenkoeken (*panqueques*) worden veel gegeten, maar ze kunnen teleurstellend zijn omdat ze vaak van een kant-en-klare mix worden gemaakt en niet met verse eieren. Guatemalteken eten zelden fruit bij het ontbijt, maar ontbijtgranen zijn wel populair.

In het hoogland krijg je vaak *mosh* bij het ontbijt, een soort stevige havermoutpap – ideaal om de ochtendkilte in de bergen te bestrijden.

In steden waar veel buitenlanders komen, is de keuze veel groter; er zijn allerlei soorten muesli, gecombineerd met vers fruit, honing en yoghurt. Het brood is vaak vers gebakken, en je kunt meestal kiezen uit een lange lijst van vruchtensappen en smoothies.

Lunch

De **lunch** is de hoofdmaaltijd van de dag en het beste moment om naar een eethuisje te gaan omdat de restaurants en comedores dan een *comida corrida* of *menú ejecútivo* aanbieden: een menu van twee of drie gangen voor rond $ 2–3 inclusief een drankje. De porties zijn altijd groot genoeg en het eten is soms heerlijk; het menu bestaat meestal uit een kom soep, gevolgd door een hoofdgerecht van gebakken of gegrild vlees met rijst of een salade.

De Guatemalteekse keuken kent weinig streekverschillen (uitgezonderd de Caribische kust met heel eigen gerechten), al zijn er hier en daar beroemde lokale gerechten als de *kak'ik* (een kalkoenbouillon) uit de streek rond Cobán. In de grotere plaatsen vind je meestal wel een zaak die gespecialiseerd is in *ceviche* (rauwe vis gemarineerd in limoensap), en langs de kust kun je vis of *camarones* (garnalen) bestellen en er een Gallo (bier) bij drinken.

Behalve in restaurants die zich op toeristen richten, wordt er zelden specifiek rekening gehouden met **vegetariërs**, maar er staan altijd veel bonen en eieren op het menu, en je kunt ook vaak guacamole krijgen.

In toeristische plaatsjes is er altijd keuze genoeg, van Italiaanse broodjes en wraps met geïmporteerde kaas tot sushi en noedels.

Snacks

Guatemalteken zijn dol op *refracciones* (snacks), die je bij straatstalletjes kunt kopen. De tostada is een van de populairste: een knapperige maïstortilla besmeerd met bonenpasta en gevuld met geraspte groenten, waarna er nog wat zoute kaas over wordt gestrooid. Andere favoriete snacks zijn *tamales*, gestoomd maïsdeeg gevuld met kip of ander vlees, en *chuchitos*, een soort kleine *tamal* met vaak wat tomaat en een snufje Spaanse peper.

Voor een snelle snack gaan veel Guatemalteken naar een *shuco* (letterlijk een 'vieze'); dat is een stalletje waar hotdogs in Guatemalteekse stijl worden verkocht. Voor een broodje met worst (of *chorizo*) en guacamole betaal je $ 0,75. Er zijn ook veel tacostalletjes (vaak drie taco's voor 10 quetzal ($ 1,30).

Gebakjes en cake worden ook veel verkocht, maar zijn meestal vrij smakeloos en droog.

Diner

Guatemalteken eten 's avonds (rond 19–21 uur) meestal lichter dan tussen de middag. Mexicaanse gerechten als taco's en enchilada's zijn dan populair. In toeristische gebieden, vooral in Antigua, is de keuze aan restaurants groot, en je kunt er keukens uit de hele wereld vinden, met in de eerste plaats Italiaans, Japans, Indiaas, Noord-Amerikaans en natuurlijk Guatemalteeks en Mexicaans.

Drinken

De meeste Guatemalteken beginnen de dag met een kop hete **koffie of thee** (meestal met veel suiker). Espressomachines hebben in Guatemala hun intrede gedaan, zodat je in de meeste steden een cappuccino kunt krijgen. In de rimboe moet je meestal genoegen nemen met instantkoffie met poedermelk. Atol, een warme, zoete drank gemaakt van maïs, rijst (of zelfs bakbanaan) en suiker is ook erg populair, vooral in het hoogland.

Op andere tijdstippen wordt vooral **frisdrank** gedronken. Coca-Cola, Pepsi, Sprite en Fanta (allemaal *aguas* genoemd) zijn alomtegenwoordig, net als *refrescos*, dorstlessende drankjes op basis van water met wat fruit voor de smaak; *rosa de jamaica* en tamarindo zijn twee ongewone smaken. Een *licuado* is een heerlijke, dikke, op fruit gebaseerde drank waar melk of water aan is toegevoegd (melk is veiliger).

In de grotere plaatsen is het **kraanwater** gezuiverd, het smaakt meestal naar chloor, maar dat wil nog niet zeggen dat je er niet ziek van wordt. Het is veiliger om gebotteld water te drinken (*agua pura*), dat bijna altijd wel ergens te koop is.

Gallo is het populairste **bier**merk van Guatemala, veel Guatemalteken beschouwen het als de nationale drank, en de brouwer noemt het in de reclamecampagnes 'Nuestra Cerveza' (ons bier). Het is helaas een nogal smakeloos biertje. De belangrijkste concurrent, Brahma,

De Guatemalteekse keuken

De meeste maaltijden in Guatemala draaien traditioneel om bonen en maïs, al veranderen de eetgewoonten langzaam door de invloeden van buiten. De bonen (*frijoles*) zijn zwart en niervormig en worden meestal op twee manieren bereid: *volteados*, gekookt, gepureerd en vervolgens gebakken; of *parados*, gekookt en met wat ui en knoflook in hun eigen zwarte kookvocht opgediend.

Maïs is het andere hoofdingrediënt, een voedingsmiddel dat voor de Maya's (en veel andere indianen) bijna evenzeer geestelijk als lichamelijk voedsel is – in de mythologie van de Maya's wordt de eerste mens uit maïs gevormd. Maïs wordt vooral gebruikt om tortilla's, een soort pannenkoekjes, te maken. Het maïs wordt traditioneel met de hand gemalen en de tortilla wordt gevormd door het deeg beurtelings tegen de ene en de andere hand te slaan, een methode die nog veel gebruikt wordt; de tortilla wordt vervolgens gebakken in een *comal*, een platte pan van klei die op het vuur wordt gezet. Guatemalteekse tortilla's moeten warm gegeten worden, ze worden vaak in een doek op tafel gezet. Verse tortilla's zijn soepel en hebben een delicate, licht rokerige smaak. Maïs wordt ook voor traditionele snacks gebruikt (zie onder 'Gerechten en specialiteiten'). Pompoen (*güisquil*) is voor de Maya's de belangrijkste groente en wordt vaak gecombineerd met vlees, tomaten en ui; een andere groente is de lokale, nogal zware *pacaya*.

Spaanse pepers zijn een ander essentieel Guatemalteeks ingrediënt (vooral voor de Q'ek'chi-Maya's), meestal verwerkt in een pittige saus (*salsa picante*), maar soms ook rauw of ingelegd midden op tafel gezet.

Langs de oostkust van Guatemala bestaat een andere culinaire traditie. De keuken van de **Garífuna** (waarin Caribische en Afrikaanse invloeden vermengd zijn) vind je vooral in Puerto Barrios en Lívingston, waar ook creoolse gerechten op het menu staan. Zeevoedsel speelt hier de hoofdrol, naast kokos en bakbananen. *Tapado* is waarschijnlijk het bekendste gerecht van dit gebied, een gevulde soep van allerlei vissoorten (vooral snapper), garnalen, kokosmelk, paprika, bakbanaan en kruiden; maar je kunt er ook gegrilde vis, kreeft, schelpdieren en *pan de coco* eten.

Gerechten en specialiteiten

Als je graag wat Guatemalteekse gerechten wilt proberen, dan bieden markten en feesten een goede gelegenheid.

De namen kunnen verwarrend zijn – **maïsdeeg** in een bananenblad of maïsblad en vervolgens gestoomd, wordt onder allerlei namen verkocht, afhankelijk van de overige ingrediënten en de streek. Gestoomd maïsdeeg heet *tamal blanco*; maar gevuld met vlees en tomatensaus heet het opeens *chuchito* of *tamale*. Vermengd met aardappel is het *pache* – vooral populair in de streek rond Xela. Bij Rabinal verkopen ze *boxboles*, maïsdeeg met kruiden, amandelen en wat Spaanse peper, gekookt in een pompoenblad. Met *frijoles* erbij wordt een *tamal* een *bollo*, *tayuyo* of *tamalito de frijol*. Een zoete variant heet *camallito de cambray* (met anijs) of *elote*.

een Braziliaans bier, is iets interessanter met een wat kruidige nasmaak. Moza, een donker bier met een lichte karamelsmaak, is het proberen waard, maar wordt op weinig plekken geschonken. Andere moeilijk verkrijgbare merken (allemaal pils) zijn Montecarlo, Dorada Draft en Cabro. Geïmporteerd bier is zeldzaam. Een flesje van 33 cl kost in een bar rond $ 1,50–2,50, maar literflessen (rond $ 3,50) zijn een veel betere deal.

Van de sterke dranken zijn **rum** (*ron*) en **aguardiente**, een helder en dodelijk destillaat van suikerriet, erg populair en goedkoop. Ron Botran Añejo is een redelijke rum (rond $ 4 per fles), terwijl de fantastisch zachte Ron Zacapa Centenario (rond $ 30 per fles) tot de beste van de wereld hoort; het merk wint veel internationale prijzen. Verstokte drinkers zullen al gauw kennis maken met Quezalteca en Venado, twee populaire *aguardientes* die menig feest opvrolijken. Als je iets goedkoops zoekt, kun je lokaal gebrouwen alcohol (*chi-*

Als je een rode lantaarn voor een huis ziet branden, wil dat zeggen dat de familie daar verse *tamales* te koop heeft.

De **tortilla** kan ook op talloze manieren bereid worden. Gebakken en met iets erop (meestal guacamole en wat zoute kaas) is het een tostada, opgerold of opgevouwen met een vulling – vlees en kaas is altijd populair – heet hij taco, enchilada of *doblada*. Er wordt meestal een saus bij geserveerd, gemaakt van rijpe tomaten en *miltomates* (groene tomaten). Een *pupusa* (in Honduras *baleada* genoemd) is een verse tortilla gevuld met allerlei ingrediënten, waaronder meestal gebakken bonenpuree, *repollo* (ingelegde kool) en kaas.

Een andere populaire manier van bereiden is voedsel in **eierbeslag** dopen en vervolgens bakken (*envueltos*) of frituren (*frituras*). *Chiles rellenos*, Spaanse pepers gevuld met groenten en vlees, zijn erg lekker. Er zijn ook vegetarische varianten met sperziebonen of bloemkool, maar probeer vooral de chiles rellenos gevuld met *güisquíl* (pompoen), *flor de izote* (de iets bittere bloembladen van een palm) of *bledo*, een bladgroente die naar spinazie smaakt.

De **salades** zijn meestal eenvoudig, maar je kunt interessante varianten vinden, zoals de *piloyada*, een stevige schotel gebaseerd op grote rode bonen met eieren, tomaten en vlees; *iguaxte*, gekookte aardappels of groenten op smaak gebracht met een pasta van pompoenzaden, gedroogde pepers en soms tomaat; en *chojín,* gebaseerd op radijs met kaas en varkensvlees of varkensbraadworst (*chicharrón*). *Fiambre*, een salade van ingelegde groenten met gedroogde worst (met bietjes in Midden-Guatemala, en rond Quetzaltenango vaak met gerst), is misschien wel het bekendste gerecht van het land; het wordt met Allerheiligen rond het familiegraf op het kerkhof gegeten.

Tot de **traditionele gerechten** horen veel verschillende gevulde soepen en subtiel gekruide stoofpotten op basis van tomaat (*caldos*, *cocidos* en *sopas*). De pittige *pepián* bestaat onder andere uit kip en groenten en soms chocolade. Het minder scherpe *pulique* wordt met koriander en peper op smaak gebracht. *Suban-ik*, afkomstig uit Chimaltenango, is een smakelijk gerecht met kip en varkensvlees; *kak-ik*, uit Cobán, is een kalkoenbouillon met koriander en munt.

Gebak en desserts zijn vaak mierzoet. *Rellenitos* – gekookte en gepureerde bakbanaan gevuld met gezoete bonen en vervolgens gebakken – zul je overal zien, net als *mole de plátano*, bakbanaan in een zoete, kruidige chocoladesaus. Groenten – bijvoorbeeld zoete aardappels, pompoen of *chayote* – worden in suikerstroop gesudderd tot ze gekarameliseerd zijn of worden van een zoete vulling voorzien. Gebak maken is een gespecialiseerd beroep, maar algemeen verkrijgbaar is *pastel borracho*, gedrenkt in rumsiroop en vervolgens geglazuurd, terwijl *pastel de elote* van maïs wordt gemaakt.

Met dank aan Malia Dewse

cha) proberen. Het wordt van allerlei dingen gemaakt, bijvoorbeeld van appels, kersen, suikerriet, perziken, abrikozen of kweeperen.

Op plekken waar toeristen komen is vaak Chileense en Argentijnse wijn te krijgen. Een glas rode of witte huiswijn kost in de meeste cafés en restaurants rond de $ 3; flessen beginnen bij $ 10 (of $ 6 in een supermarkt).

Gezondheid

De meeste bezoekers aan Guatemala zullen geen gezondheidsproblemen krijgen, maar je wordt nu eenmaal makkelijker ziek in een land met een ander klimaat, ander voedsel en vreemde bacteriën – vooral in een arm land met minder goede hygiëne dan je gewend bent.

Het is belangrijk om voor je vertrek gezondheidsadvies in te winnen. Ga ruim van tevoren (ten minste acht weken) een keer bij je huisarts, de GGD of een reiskliniek langs (zie bijvoorbeeld ®www.klmtravelclinic.nl), en als je zwanger bent of het wilt worden, meld dat dan. Je kunt bij apotheken en reisklinieken vaak de laatste gezondheidsproducten kopen voor op reis, zoals waterfilters en EHBO-spullen. En zorg ervoor dat je ziektekostenverzekering in orde is (zie 'Verzekeringen', blz. 60).

Eenmaal in Guatemala moet je goed opletten wat je eet en drinkt. Naast de gevaren die verderop onder 'Darmklachten' staan, kan besmet voedsel en water ook het hepatitis A-virus overbrengen, en als je dat oploopt kun je maandenlang last hebben van uitputting, koorts en diarree; bovendien kan het tot leverbeschadiging leiden.

Vaccinaties en maatregelen tegen malaria

Er zijn geen verplichte inentingen voor Guatemala (tenzij je uit een risicogebied voor gele koorts komt – het noorden van Zuid-Amerika en equatoriaal Afrika). Niettemin zijn er vaccinaties die je toch moet hebben. Controleer of je inentingen tegen tetanus en tyfus nog geldig zijn en overweeg je te laten inenten tegen hepatitis A en tuberculose (TB). Wie voor langere tijd op reis gaat of veel tijd in landelijke gebieden doorbrengt, moet overwegen zich gecombineerd tegen hepatitis A en B en tegen hondsdolheid te laten inenten.

Malaria is in sommige delen van het land een risico (vooral in de landelijke gebieden van het laagland). In de grote steden en boven de 1500 m is er geen gevaar – het gaat dan om Antigua, Guatemala-stad, Chichicastenango, Lago de Atitlán, Quetzaltenango en vrijwel het hele westelijke hoogland. Als je naar het laagland wilt, bijvoorbeeld Petén, Alta Verapaz en de kusten, kun je overwegen malariatabletten te slikken.

Het aan te raden malariamiddel is chloroquine (goedkoop, zonder recept verkrijgbaar en veilig bij zwangerschap); je moet een week voordat je het malariagebied betreedt met slikken beginnen en doorgaan tot vier weken na thuiskomst. Malarone is een alternatief, daar moet je twee dagen van tevoren mee beginnen, maar dit middel is niet geschikt voor zwangere vrouwen en baby's.

Ook al slik je een antimalariamiddel, probeer toch te voorkomen dat je door insecten gebeten wordt: slaap in het laagland altijd in een kamer met horren of onder een muskietennet; brand een muggenspiraal; bedek armen en benen, vooral rond zonsopkomst en zonsondergang, als de muggen het actiefst zijn; en smeer je met insectenwerende middelen in (met 25–50 procent DEET; niet bij kinderen onder de twee).

In sommige delen van het laagland komt knokkelkoorts voor (meestal in de vorm van een epidemie in stedelijk gebied); een virusinfectie, overgebracht door muggen die overdag actief zijn. De symptomen zijn koorts en pijn, vooral in de gewrichten, gevolgd door uitslag. De meeste mensen zijn al na een paar dagen helemaal hersteld, maar kinderen lopen meer gevaar. Er bestaat geen vaccinatie of specifieke behandeling tegen, dus let goed op dat je niet gestoken wordt.

Darmklachten

Ondanks alle gevaren die net zijn opgesomd, is diarree waarschijnlijk het enige medische probleem waar je mee te maken zult krijgen. Alle voorzorgsmaatregelen ten spijt lijken maar weinigen eraan te ontkomen. De belangrijkste oorzaak is eenvoudigweg de verandering in eten: het voedsel hier bevat allerlei andere soorten bacteriën en misschien ook in grotere aantallen dan je gewend bent. Als je diarree krijgt, moet je het een paar dagen rustig aan doen, veel water uit flessen drinken en milde dingen eten – papaja kalmeert de maag en zit vol vitaminen. Pas als de symptomen langer dan vier of vijf dagen aanhouden, moet je je zorgen gaan maken. Bedenk wel dat een zware diarree de werking van anticonceptiepillen en andere pillen vermindert.

Cholera is een acute bacteriële infectie, herkenbaar aan waterige diarree en overgeven. De kans op besmetting is in Guatemala heel erg klein (en de symptomen verdwijnen snel na goede medische zorg en schoon water). Als je in landelijke gebieden komt, loop je het risico een parasiet op te lopen: protozoa – amoebes en giardia – en darmwormen. Ze komen veel voor rond het Lago de Atitlán. Het klinkt allemaal afschuwelijk, maar eenmaal gediagnosticeerd zijn ze eenvoudig te behandelen met antibiotica. Als je denkt een parasiet te hebben opgelopen, moet je met een monster van je stoelgang naar een goed pathologisch laboratorium gaan en met de uitslag van de test een arts of apotheek bezoeken (zie 'Medische hulp inroepen').

Ernstiger is amoebedysenterie, die in veel delen van Guatemala endemisch is. De symptomen zijn vergelijkbaar met een flinke diarreeaanval, maar met bloed erbij. Een kuur met flagyl (metronidazole) verlost je van de ziekte.

Beten en steken

Het is, zoals gezegd, altijd verstandig om maatregelen te nemen om te voorkomen dat je door insecten, en dan vooral door muggen, wordt gestoken. **Zandvlooien** komen veel voor op de Islas de la Bahía, ze zijn piepklein, maar hun beet, meestal in voeten of enkels, jeukt dagenlang. Teken kun je oplopen als je wandelt of rijdt in gebieden met vee (en soms in bossen); ze moeten zorgvuldig met een pincet worden verwijderd. Hoofdluis kun je krijgen via andere mensen of via beddengoed, je bestrijdt ze met een speciale shampoo; een enkele keer brengen ze tyfus over, met als symptomen koorts, spierpijn, hoofdpijn en na een tijdje een uitslag die aan mazelen doet denken. Als je tyfus denkt te hebben, moet je meteen naar een arts.

Schorpioenen zijn algemeen in Guatemala; ze komen 's nachts tevoorschijn en verschuilen zich overdag – vaak in rietdaken. Als je kampeert of onder een rietdak slaapt, moet je je schoenen uitschudden voordat je ze aantrekt, en je kunt beter niet op blote voeten lopen. Hun steek is pijnlijk (zelden dodelijk) en kan geïnfecteerd raken, ga daarom naar een arts als de pijn veel erger is dan die van een bijensteek. De kans op een spinnenbeet is veel kleiner, maar ga naar een arts als de pijn na een beet blijft aanhouden of erger wordt.

Slangen zul je niet veel zien, en de meeste zijn ongevaarlijk. Stevige schoenen en een lange broek voorkomen een beet meestal – en als je loopt met zware pas, maken ze zich gewoonlijk uit de voeten. Als je toch gebeten wordt, onthoud dan hoe de slang eruitzag (probeer hem dood te maken), immobiliseer de gebeten ledemaat en zoek onmiddellijk medische hulp; veel grotere ziekenhuizen hebben antigiffen.

Als je gaat zwemmen of snorkelen, kun je in contact komen met gevaarlijke of giftige zeebeesten. **Kwallen en sommige koralen,** vooral brandkoraal, kunnen steken. Als je door een kwal wordt gestoken, moet je de wond met azijn of jodium schoonmaken. De stekels van **stekelroggen**, steenvissen en schorpioenvissen zijn allemaal erg giftig, let dus op waar je je handen en voeten zet.

Hondsdolheid komt in Guatemala voor, maar is zeldzaam. Blijf bij voorkeur uit de buurt van honden en speel niet met dieren. Wantrouw elke beet: was de wond onmiddellijk met zeep of een ander schoonmaakmiddel uit en doe er alcohol of jodium op. Ga daarna onmiddellijk naar een arts – hondsdolheid kan, als de symptomen zich hebben aangediend, een dodelijk verloop hebben. Er bestaat een vaccin maar dat is duur, het verkort de behandeling die je toch nodig hebt alleen en is slechts drie maanden werkzaam.

Warmte en hoogte

Twee andere belangrijke oorzaken voor ziekten zijn de **hoogte** en de **zon**. In beide gevallen is het belangrijk rustig aan te doen; neem de tijd om te acclimatiseren voordat je een vulkaan beklimt en ga niet meteen de hele dag de zon in. Bij hoogten boven de 2700 meter kun je

Hoe zit het met water?

Besmet water is in Guatemala een belangrijke oorzaak van ziekten, je moet zelfs je tanden nooit met kraanwater poetsen. Gebruik alleen gebotteld water (*agua pura*), overal verkrijgbaar in flessen of kleine plastic zakken.

Alleen in erg afgelegen gebieden kan het nodig zijn om het water dat voorhanden is zelf te zuiveren. Het water tien minuten koken doodt de meeste micro-organismen, maar het is niet de handigste methode. Met waterfilters verwijder je de zichtbare onzuiverheden en de grotere ziekteverwekkers (vooral bacteriën en cysten). Chemische zuivering met chloor of jodium is effectief (behalve tegen amoebedysenterie of giardiasis), maar het resultaat smaakt niet erg aangenaam. Jodium is onveilig voor zwangere vrouwen, baby's en mensen met schildklierproblemen. Een zuivering door middel van filtratie en sterilisatie geeft het beste resultaat; apotheken en goede buitensportzaken verkopen een breed assortiment aan draagbare waterzuiveraars.

symptomen van bergziekte krijgen, zoals benauwdheid (ademnood), hoofdpijn, duizeligheid, misselijkheid en verlies van eetlust. In ernstigere gevallen kan er braken, desoriëntatie, evenwichtsstoornis en het ophoesten van roze, schuimend slijm bij komen. De oplossing is simpelweg langzaam afdalen, herstel volgt vrijwel onmiddellijk.

Tolerantie voor de zon moet je opbouwen. Gebruik een zonnebrandcrème met hoge factor, zet iets op je hoofd als je overdag gaat lopen en blijf zo veel mogelijk in de schaduw. Voorkom uitdroging door veel water of vruchtensap te drinken. Een zonnesteek kan dodelijk zijn. Mocht je er een oplopen, dan is verlaging van de lichaamstemperatuur (bijvoorbeeld door een lauwe douche te nemen) de eerste stap in de behandeling.

Medische hulp inroepen

Bij kleine medische problemen kun je terecht bij een *farmacia*, herkenbaar aan het groene kruis. Elke stad en de meeste dorpen hebben er een. De apothekers zijn ervaren en behulpzaam en spreken vaak wat Engels. Ze verkopen ook medicijnen die je thuis alleen op recept kunt krijgen. In de grotere steden zitten artsen en tandartsen, veelal opgeleid in de VS, die gewend zijn buitenlanders te behandelen en goed Engels spreken. Je ambassade heeft een lijst met aanbevolen artsen (kijk in deze gids ook onder het kopje 'Adressen' bij de grote steden).

Een ziektekostenverzekering is heel belangrijk, en als je iets ernstigs hebt, moet je naar het beste **particuliere ziekenhuis** van de omgeving gaan; die zitten vooral in de provinciehoofdsteden. Als je vermoedt dat er iets mis is met je darmen, kan het verstandig zijn meteen naar een pathologisch laboratorium te gaan (elke grotere plaats heeft er een) voordat je een arts bezoekt. Veel plattelandsgemeenschappen hebben een gezondheidscentrum (*centro de salud* of *puesto de salud*), waar een consult gratis is, maar soms is er alleen een verpleegster beschikbaar, en je moet maar afwachten of er iemand is die Engels spreekt. Als je een injectie of transfusie nodig hebt, kijk dan of dat met steriele spullen gebeurt (steriele spuiten kun je zelf meenemen) en vraag of het bloed gecontroleerd is.

Media

Buitenlandse kranten en tijdschriften zul je niet veel zien in Guatemala, maar er zijn veel internetcafés, dus het is niet moeilijk om op de hoogte te blijven van wat er allemaal aan de hand is.

Kranten en tijdschriften

Guatemala heeft diverse kranten die veel binnenlands nieuws brengen, en ook wat aandacht aan het buitenland besteden. De beste krant is *El Periódico* (ⓦwww.elperiodico.com.gt), met enkele uitstekende columnisten en onderzoeksjournalisten in dienst, terwijl de evenwichtige, onafhankelijke *Siglo Veintiuno* (ⓦwww.sigloxxi.com) ook de moeite waard is. Guatemala's populairste krant is de *Prensa Libre* (ⓦwww.prensalibre.com), met veel artikelen over nationale zaken en redelijk wat buitenlands nieuws. Tabloids vol foto's als *Nuestro Diario* en *Al Día* richten zich op de schokkende nieuwtjes van de dag. In Quetzaltenango is er de lokale krant *Quetzalteco* (ⓦwww.elquetzalteco.com.gt). Van de **tijdschriften** is *La Crónica* meestal heel leesbaar; het blad richt zich op de Guatemalteekse politiek en op zakelijk nieuws, maar ook met artikelen over het buitenland.

In theorie zijn de kranten niet aan beperkingen gebonden en mogen ze schrijven wat ze willen, maar in de praktijk wordt er druk uitgeoefend en worden er dreigementen geuit door criminele bendes, het leger en de politici. Het is niet ongevaarlijk om een kritisch journalist te zijn in Guatemala; elk jaar worden er wel een paar vermoord.

Er wordt niet al te veel in het **Engels** gepubliceerd in Guatemala, al zijn er de afgelopen jaren een paar interessante nieuwe bladen verschenen. *Revue* (ⓦwww.revuemag.com), een glossy in kleur uit Antigua, publiceert artikelen over de Guatemalteekse cultuur en geschiedenis en bevat honderden advertenties van hotels, restaurants en winkels. Het eveneens in Antigua gepubliceerde *La Cuadra* slaat een oneerbiedige satirische toon aan, drukt goede foto's af en heeft artikelen over van alles en nog wat, van politiek tot seks. In de streek rond Xela informeert *Xela Who?* (ⓦwww.xelawho.com) over het culturele leven van Guatemala's tweede stad; er staan bar- en restaurantrecensies in en een hilarische pagina van de 'modepolitie'. Een deel is gewijd aan San Pedro La Laguna. Voor nieuws over ontwikkelingskwesties en de Guatemalteekse samenleving moet je bij *Entremundos* (ⓦwww.entremundos.org) zijn, overal verkrijgbaar in Quetzaltenango.

Als je artikelen en analyses zoekt die echt de diepte in gaan, moet je de *Central America Report* lezen; dit weekblad schrijft over alle belangrijke politieke kwesties en onderzoeken. Het wordt uitgegeven door Inforpress Centroamericana, en je kunt je abonneren via ⓦwww.inforpressca.com.

Van de **buitenlandse bladen** kun je *Newsweek* en *Time* in de betere boekhandels van het land en in sommige dure hotels kopen. Er zijn ook wat Amerikaanse kranten te koop: kijk in de boekwinkel van het *Camino Real Hotel* in Guatemala-stad en in de boekhandels van Antigua.

Radio en televisie

Guatemala heeft een overvloed aan **radiostations**, maar erg gevarieerd zijn ze niet. Het merendeel zendt een bombastische stroom Latin pop en melige merengue uit, hard gedraaid in de meeste bussen. Atmosfera (96.5FM) is goed voor rock, Radio Infinita (100.1FM) is eclectisch met veel indie en electronica, en La Marca op (94.1FM) draait reggaeton. Radio Punto (90.5FM) is een zender met veel nieuws en discussies. Er zijn ook veel religieuze radiozenders met evangelische lezingen, diensten, 'wonderen' enzovoort.

Er zijn ook heel wat **televisiezenders**. De kijker kan uit 26 kanalen kiezen, die veel Mexicaanse en Amerikaanse programma's uitzenden (ondertiteld of nagesynchroniseerd). Op

Hondurese media

De nuttigste publicaties in Honduras voor reizigers zijn *Honduras This Week* (www.hondurasthisweek.com), een uitstekende weekkrant in het Engels met diepgravende artikelen over gebeurtenissen in Honduras en toeristische en zakelijke informatie, en *Honduras Tips* www.honduras.com/hondurastips), een gratis blad voor toeristen met veel nuttige informatie en artikelen, vervoersinformatie en adressen van hotels en restaurants. Beide zijn verkrijgbaar in Copán en op de Islas de la Bahía.

veel hotelkamers is kabel-tv met vaak CNN (in het Engels) en soms het National Geographic Channel.

De BBC World Service wordt niet uitgezonden in Midden-Amerika. Kijk voor de frequenties van de Voice of America op www.voa.gov.

Uitzendingen van Radio Nederland Wereldomroep zijn dagelijks via de korte golf te beluisteren. (www.wereldomroep.nl. Radio Vlaanderen Internationaal is via internet te beluisteren (www. rvi.be).

Festivals

Traditionele feesten horen tot de hoogtepunten van een reis naar Guatemala, en elke stad en ieder dorp, hoe klein ook, viert ten minste een keer per jaar feest. De feestdag is gewoonlijk de dag van de lokale heilige, al duurt het feest vaak meerdere dagen. Op bijna elke dag is wel ergens in het land een feest aan de gang, en met wat planning kun je er in ieder geval eentje meemaken – de meeste zijn zeker de moeite waard om speciaal naartoe te gaan. Aan het eind van elk hoofdstuk van deze gids vind je een lijst met regionale feesten.

Er zijn ruwweg twee soorten feesten (behalve langs de Caribische kust – zie kader, blz. 45). In steden waar de bevolking vooral uit **ladino's** bestaat, is er meestal kermis en worden de dagen gevuld met processies, schoonheidswedstrijden en een enkele fanfare; 's avonds wordt er gedanst: merengue, reggaeton en salsa. In het hoogland, waar de **Maya's** de meerderheid vormen, zul je traditionele dansen, kledij en musici zien en een vermenging van religieuze en seculiere vieringen met precolumbiaanse elementen. Wat al die feesten gemeen hebben, is een enorme energie en een onbegrensd enthousiasme voor drinken, dansen en vuurwerk, dingen waaraan je tijdens zo'n feest eigenlijk niet ontkomt.

Wat je in ieder geval niet moet verwachten is iets beschaafds of goed georganiseerds: de feesten zijn vooral chaotisch, en de strakke ritmes van de traditionele dansen en muziek vervagen in het gedrang van de menigte en de enorme hoeveelheden alcohol die de deelnemers consumeren. Als je je laat meeslepen, zijn de feesten buitengewoon leuk, en ze bieden echt een kijkje in de cultuur van zowel ladino's als Maya's.

De beste feesten hebben meestal een specifiek lokaal element, zoals de enorme vliegers van Santiago Sacatepéquez, de religieuze processies in Antigua, de paardenrace in Todos Santos Cuchumatán of de schedeldragers van San José. De data van de meeste feesten en hun karakteristieke element vind je in deze gids aan het eind van elk hoofdstuk. Op bepaalde dagen is het in het hele land feest: de paasweek is waarschijnlijk het belangrijkste feest, vooral in Antigua, maar Allerheiligen (1 november) en oud en nieuw worden ook overal uitbundig gevierd.

Feestdansen

In de Mayadorpen spelen **traditionele dansen** – beladen met geschiedenis en symboliek – een grote rol in de dorpsfeesten. De meeste dansen wortelen in precolumbiaanse tradities. De dronken dansers lijken alle controle kwijt, maar de dans wordt heel serieus genomen en de deelnemers maken hoge kosten, want ze moeten hun fraaie kostuums huren. De bekendste dans is de **Baile de la Conquista**, waarin de overwinning van de Spanjaarden op de Maya's wordt uitgebeeld, terwijl de conquistadores tegelijkertijd belachelijk worden gemaakt. Andere populaire dansen zijn de Baile del Venado, de dans van het hert; de Baile de la Culebra, de dans van de slang; en Moros y Cristianos, die de Spaanse overwinning op de Moren verbeeldt. Een van de indrukwekkendste dansen is de Palo Volador, waarbij mannen aan touwen rond een dertig meter hoge paal draaien. Dit bungeejumpen in Maya-stijl wordt alleen nog in Chichicastenango, Joyabaj en Cubulco beoefend.

Feestmuziek

Guatemalteekse muziek bevat tal van invloeden, maar kan, net als de feesten zelf, ruwweg verdeeld worden in de muziek van de ladino's en die van de Maya's. Voor feesten wordt altijd een band gehuurd, compleet met krakend PA-systeem en een zich uitslovende zanger.

De traditionele Guatemalteekse muziek wordt gedomineerd door de **marimba**, een soort houten xylofoon uit Afrika. In de eerste versies werden kalebassen als klankversterkers gebruikt en ze konden nog door één speler worden bespeeld; bij de moderne marimba's worden de klanken met buizen versterkt en er zijn soms wel zeven bespelers nodig. De marimba vormt het hart van de traditionele muziek en marimbaorkesten spelen bij elke gelegenheid, zowel bij de ladino's als de Maya's. In afgelegen dorpen kun je ze soms tot diep in de nacht horen oefenen, vooral voor marktdagen. Andere belangrijke instrumenten, vooral bij de Maya's, zijn de *tun*, een drum gemaakt van een uitgehold houtblok; de *tambor*, een met hertenvel bespannen drum; *los chichines*, een soort van maracas gemaakt van een holle kalebas; de *tzijolaj*, een soort piccolo; en de *chirimia*, een fluit.

De muziek van de ladino's is onderdeel van de moderne Latijns-Amerikaanse muziek met invloeden uit vooral Miami, Panama, de Dominicaanse Republiek en Puerto Rico. De huidige rage is reggaeton, waarbij een reggaebeat wordt gecombineerd met hiphop vocalen en techno. Merengue – snel, soepel en erg ritmisch – is ook populair, net als salsa.

Caribische feesten en muziek

De feesten van Lívingston en de Hondurese Islas de la Bahía stammen uit een andere traditie dan de Guatemalese en hebben een ander ritme. Op de Islas de la Bahía zijn de creoolse feesten onbeschaamd hedonistisch, eerder als het Caribische carnaval dan een Midden-Amerikaanse fiësta, met praalwagens, scheepsladingen rumpunch en veel seksuele toespelingen en *perrero* (schuren). Baslijnen dreunen uit torenhoge speakers, en de straten en danslokalen zijn bomvol mensen die op Jamaicaanse reggae en op reggaeton dansen. In Lívingston, aan Guatemala's Caribische kust, kun je verbluffende dansen zien op de hypnotiserende drumritmes van de punta, de muziek van de Garífuna (zie blz. 258–259), die duidelijk zijn West-Afrikaanse wortels verraadt. De Garífuna zijn feestbeesten en als je een van hun feesten bijwoont, kun je getuige zijn van explosieve atletische kronkelingen en provocerende heupbewegingen – in de 19e eeuw waren methodisten zo geschokt dat ze van 'duivelsdansen' spraken. **Dia de Garífuna** (26 nov) is de ideale dag om Lívingston te zien feesten, maar er is bijna elk weekend wel een punta-feest.

Sport en buitenactiviteiten

Guatemalteken zijn gek op sport en de kranten wijden elke dag vier of vijf pagina's aan het onderwerp. Fútbol is het populairst, als je de kans krijgt naar een grote wedstrijd te gaan, is dat een opwindende ervaring, alleen al om het publiek te zien. Er is een geweldige website, ⓦwww.guatefutbol.com (in het Spaans), gewijd aan de nationale sport. Daarnaast zijn ook honkbal, boksen en basketbal populair.

Wandelen

Wandelen is misschien wel de populairste sport onder bezoekers, en dan vooral het beklimmen van vulkanen; een zware bezigheid, maar zeer de moeite waard – tenzij je eenmaal boven in de wolken zit. Guatemala bezit 37 vulkanen. De hoogste is de Tajumulco in het uiterste westen, die met 4220 m een serieuze jongen is; beklim hem alleen als je een paar dagen boven de 2000 m hebt geacclimatiseerd. Van de actieve vulkanen is de spectaculaire Pacaya vrij makkelijk te beklimmen, maar hij spuugt niet altijd lava uit, zoals je zou denken als je de foto's van de reisbureaus ziet. Diverse reisbureaus in Antigua en Quetzaltenango organiseren vulkaanbeklimmingen (zie blz. 109 & 182).

Helaas worden vulkaanbeklimmers af en toe overvallen (de overvallers zijn vaak gewapend maar gebruiken meestal geen geweld), al is de Pacaya nu veel veiliger, en ook rond het Lago de Atitlán hebben zich berovingen voorgedaan. Er zit geen patroon in de overvallen, dus neem voorzorgsmaatregelen: het is veiliger om in een groep te wandelen. Informeer in elk geval vooraf naar de veiligheidssituatie.

Sportvissen

Vissen is populair in Guatemala en er zijn uitstekende mogelijkheden om op zee en in de meren te vissen. De Grote Oceaan biedt buitengewoon goede viswateren, Guatemala is een van de beste plekken om op zeilvis te vissen, maar er zit ook volop dorado en goudmakreel, en behoorlijk wat marlijn, horsmakreel, geelvintonijn, snapper en bonito. Organisatoren van visexcursies zitten vooral in Puerto Quetzal en Iztapa. Aan de Caribische kant, inclusief het Lago de Izabal, is het goed vissen op snoek en tarpon. In de rivieren en meren van Petén kun je goed vissen op de overvloed aan snoek, tarpon en pauwoogbaars, en ook de meren van Petexbatún, Izabal en Yaxhá zijn super. Plaatselijke bureaus organiseren visexcursies, bijvoorbeeld het warm aanbevolen Rods and Reels (ⓣ5502 5353, ⓦwww.rodsandreelssportfishing.com). Een zesdaagse vistocht, inclusief een achtmeterboot, bemanning, maaltijden, transport en accommodatie in hotels in Iztapa en Antigua kost vanaf $ 1550 per persoon, gebaseerd op een groep van vier. Als je dat te duur vindt, kun je proberen zelf iets te organiseren door te onderhandelen met de plaatselijke vissers in Iztapa, Sayaxché of El Estor.

Raften

Guatemala's ruige hoogland en woeste rivieren bieden prachtige mogelijkheden tot raften. Maya Expeditions, 15 Calle A 14–07, Zona 10, Guatemala-stad (ⓣ2363 4955, ⓦwww.mayaexpeditions.com), organiseert tochten over de Río Cahabón en zeven andere rivieren, waarmee je de kans krijgt enkele zeer afgelegen gebieden te zien en een paar van de moeilijkst bereikbare Mayaruïnes te verkennen. Kinderen vanaf 6 jaar kunnen op sommige rivieren mee.

Duiken

Duiken is een sport in opkomst in Guatemala, al vind je hier niet zulk goed duikwater als in Belize en Honduras. Niettemin zijn er wel wat mogelijkheden, onder andere bij het Lago de Atitlán en Lago de Izabal, en daarnaast bij een paar plekken langs de Grote Oceaan en de Caribische Zee. Een warm aanbevolen organisatie voor zoetwaterduiken, hoogteduiken en voortreffelijke lessen is ATI Divers, die in het hotel *Iguana Perdida* in Santa Cruz, Lago de Atitlán, haar basis heeft (zie blz. 170).

Surfen

Guatemala heeft stranden waar je kunt surfen, maar door de sterke onderstroom bij de Grote Oceaan zijn de omstandigheden daar niet ideaal. Er is niettemin een bescheiden surfkamp vlak bij het dorp Sipacate, terwijl Iztapa altijd garant staat voor goede golven. Global Surf Guatemala, 4 Calle Poniente 16A (Ⓣ5588 6655, Ⓦwww.globalsurfguate.com), in Antigua, organiseert dagcursussen voor beginners ($ 90) aan de zuidkust van Guatemala, en weekendtrips ($ 210) naar El Salvador.

Cultuur en etiquette

Het Guatemalteekse volk staat terecht bekend als een van de beleefdste volken van Latijns-Amerika. De Guatemalteken zijn absoluut niet zo direct als veel andere latino's en gedragen zich vrij formeel in het sociale verkeer. Het beheersen en begrijpen van de lokale sociale etiquette zal je reis een stuk vergemakkelijken.

Begroeting

Of je nu aan boord van een volgepropte minibus klimt of aan een chique diner in de hoofdstad aanzit, het is normaal mensen beleefd te groeten met een 'buenos días/tardes' (goedemorgen/goedemiddag of -avond). In het hoogland is het gebruikelijk om, als je over een pad loopt of door een dorpje komt, iedereen die je ziet te groeten. Het is heel gewoon voor mensen, zelfs hoge functionarissen, om 'a sus ordenes' (letterlijk 'tot uw dienst') te zeggen als ze je helpen. Als je aan iemand voorgesteld wordt, geef je een hand en zegt: 'Con mucho gusto' ('Aangenaam kennis te maken').

Kleding

Er zijn geen speciale kledingvoorschriften voor vrouwen die Guatemala willen bezoeken, maar met een erg kort minirokje of een strak topje vergroot je als vrouw wel de kans lastiggevallen te worden. In de indiaanse gebieden dragen de vrouwen een rok tot op de kuiten, maar vrouwen van buiten kunnen gewoon een lange broek of een korte broek tot op de knieën dragen. Langs de kust en bij het hotelzwembad is zonnen in badkleding acceptabel, maar houd het bovenstuk van je bikini liever aan.

Guatemalteekse mannen dragen maar heel zelden een korte broek, behalve op het strand, maar buitenlanders kunnen ze dragen zonder aanstoot te geven – behalve bij formele gelegenheden.

Vergeet nooit dat de Maya's weliswaar trots zijn dat buitenlanders hun textiel zo mooi vinden, maar dat kleding voor hen een diepere betekenis heeft die verweven is met hun identiteit en geschiedenis – je kunt als vrouw beter geen mannenshirt of mannenbroek dragen, en als man geen *huipil*. Als je een kerk binnen wilt, kun je het beste conservatief gekleed zijn: shorts tot op de knieën en een T-shirt zijn acceptabel.

Vrouwen op reis

Guatemala is over het algemeen een veilig land voor reizende vrouwen, en elk jaar komen er duizenden in hun eentje, de meesten met veel reiservaring. Het is altijd verstandig je niet uitdagend te kleden (zie boven) en om situaties te mijden waaruit moeilijkheden zouden kunnen voortkomen. Neem in steden, en zeker in de hoofdstad, een taxi als het donker is. Vertrouw op je instinct. Guatemalteekse mannen gedragen zich niet erg macho vergeleken met die in andere Latijns-Amerikaanse landen, de meeste mannen zijn bescheiden en behandelen buitenlandse vrouwen met respect. Maar als je lastig wordt gevallen, kun je je het beste ferm, assertief en ongeïnteresseerd gedragen. Omdat de meeste Guatemalteekse mannen klein zijn, kun je een autoritaire houding aannemen als je lang bent. In disco's en bars zijn vaak wel wat mannen op zoek naar gringas, maar de meeste mannen hebben een vrouw en kinderen thuis.

Religie

Guatemala is het minst katholieke land van Latijns-Amerika. Naar schatting hoort 40 procent van de bevolking tot een tiental protestantse kerken uit de VS – meer informatie over deze evangelische beweging vind je aan het einde van deze gids in het hoofdstuk Context. Veel Maya's in de dorpen in het hoogland zijn weliswaar katholiek, maar ze houden daarnaast vast aan hun oude religieuze gewoonten. Sinds het einde van de burgeroorlog is er onder jonge, goed opgeleide Guatemalteken een toenemende belangstelling voor de spiritualiteit van de Maya's; het is hip om 'sjamanenscholen' te bezoeken. In Guatemala-stad zijn ook kleine joodse en islamitische gemeenschappen.

Fooien

In restaurants is een fooi van 10 procent normaal, maar in veel eethuisjes, vooral de goedkopere, wordt zelden een fooi gegeven. Taxichauffeurs verwachten ook geen fooi.

Toiletten

De meest gebruikelijke benamingen zijn *baños* en *servicios*, met *damas* voor dames en *caballeros* voor heren. De wc's zijn van het gewone soort (de hurkplee is zeldzaam), maar met een mandje voor gebruikt wc-papier. De hygiëne loopt sterk uiteen, maar meestal geldt: hoe verder je van een stad bent, hoe smeriger de wc. Er zijn weinig openbare toiletten; sommige worden schoongehouden, je moet dan iets betalen en wc-papier moet je kopen; andere openbare wc's zijn niet erg fris.

Shoppen

In Guatemala is handwerk, *artesanías genoemd*, een integraal onderdeel van de Mayacultuur; het komt meestal voort uit technieken die dateren van voor de komst van de Spanjaarden. Veel tradities zijn lokaal, waarbij streken en zelfs dorpen in een eigen soort handwerk gespecialiseerd zijn. Het is daarom leuk om zo veel mogelijk markten te bezoeken, vooral in de hooglanddorpen, waar de kleuren en schitterende landschappen voor een bijzondere ervaring zorgen.

Artesanías

De beste plek om Guatemalteeks handwerk te kopen is het dorp waar het vandaan komt; daar zijn de prijzen redelijk en krijgen de producenten een groter deel van de winst. Als je geen tijd hebt voor afgelegen dorpen in het hoogland, kun je het beste op een marktdag (do en zo) naar Chichicastenango gaan, en naar de winkels en straatverkopers in Antigua en Panajachel.

Het belangrijkste handwerk van Guatemala is zonder meer het weven van textiel. Elk Mayadorp heeft zijn eigen traditionele ontwerpen, met fantastische patronen in schitterende heldere kleuren. Al het weven gebeurt op een heupgetouw. Al ruim een eeuw worden er in Guatemala vooral industriële verfstoffen gebruikt, maar in sommige gebieden grijpen wevers terug op natuurlijke verfstoffen, onder andere bij het Lago de

Atitlán, en dan vooral in San Juan La Laguna.

Een goede plek om een indruk van de veelvoud aan stoffen te krijgen is bij Nim Po't in Antigua (zie blz. 110), een enorme winkel met een fraai gamma aan stijlen en ontwerpen naast allerlei ander handwerk. Het Museo Ixchel in Guatemala-stad is ook een verplichte stop.

Ander Guatemalteeks handwerk verbleekt bij de weefkunst, maar als je goed kijkt, vind je tussen het keramiek, de manden, dekens, matten, het zilver en de jade ook nog heel wat fraais. Antigua heeft de meeste en beste winkels voor handwerk, gevolgd door Panajachel.

Markten

De markten van Guatemala horen tot de beste ter wereld – niet alleen om te kopen, maar ook om gewoon te kijken. De grote markten van Chichicastenango, Sololá en San Francisco el Alto zijn stuk voor stuk de moeite waard, maar de marktjes in afgelegen dorpen als San Juan Atitán en Chajul zijn even fascinerend, met hun gedempte en rustige stemming. In deze geïsoleerde plaatsjes is de markt ook een sociale gebeurtenis: de dorpelingen wisselen nieuwtjes uit, drinken een paar glaasjes en verkopen vervolgens ook nog wat groenten of slaan voorraden in. De meeste steden en dorpen hebben ten minste een keer per week markt; zie voor een lijst blz. 125.

Studeren en werken

Guatemala is een van de beste – en populairste – plaatsen in Amerika om Spaans te leren. De taalcursussen zijn economisch belangrijk, met ongeveer zestig goede scholen en nog veel meer minder betrouwbare. Duizenden mensen uit de hele wereld kiezen voor Guatemala om Spaans te leren. Het land biedt ook talloze mogelijkheden voor vrijwilligerswerk bij tientallen goede projecten, maar betaald werk is schaars.

Spaans leren

De meeste taalscholen bieden weekcursussen aan die bestaan uit vier of vijf uur privéles per dag plus kost en inwoning bij een lokale familie. De prijzen voor een dergelijk pakket liggen tussen de $ 100 en $ 260 per week, afhankelijk van de school en de locatie – de meeste vragen $ 130–170. Het succes van een cursus is afhankelijk van je persoonlijke inzet en het enthousiasme en de kwaliteiten van je leraar – als je niet tevreden bent over je leraar, moet je om een andere vragen. Vraag ook hoeveel andere leerlingen bij jou in huis zullen zitten; sommige scholen (vooral in Antigua) brengen wel tien buitenlanders bij één familie onder. Vrijwel alle scholen hebben een contactpersoon, meestal een Engels sprekende buitenlander die als tussenpersoon tussen cursist en leraar kan optreden, dus als je een beginner bent, is er toch iemand met wie je kunt communiceren.

Allereerst moet je beslissen waar je Spaans wilt gaan leren. De drie populairste plaatsen zijn Antigua, Quetzaltenango en San Pedro la Laguna. Het prachtige **Antigua** is zonder meer een goede plek om Spaans te leren, maar het grootste nadeel daar is dat er heel veel andere cursisten en toeristen rondlopen, zodat de kans groot is dat je 's avonds meer Engels dan Spaans praat. **Quetzaltenango** (Xela) heeft een andere sfeer, een sterker 'Guatemalteeks' karakter en er zijn veel minder toeristen; als cursist ga je daardoor buiten school sneller met Guatemalteken om. Inmiddels is **San Pedro La Laguna** aan het Lago de Atitlán uitgegroeid tot de derde plek om Spaans te leren; hier komen vooral jonge reizigers. De kwaliteit van de lessen is minder dan in de andere twee plaatsen, maar er zijn een paar heel behoorlijke scholen en de prijzen zijn laag (sommige scholen bieden privéles plus accommodatie aan (niet bij een familie) voor maar $ 80 per week). Er zijn ook taalscholen in Cobán, Flores, Guatemala-stad, Huehuetenango, Monterrico, Nebaj, Panajachel, San Marcos La Laguna, San Andrés en San José in Petén, Todos Santas Cuchumatán en, in Honduras, Copán, en op Utila en Roatán.

Veel scholen organiseren ook naschoolse activiteiten als salsalessen, kooklessen, excursies naar dorpen, films, culturele lezingen, en zelfs wandeltochten. In Quetzaltenango zijn veel scholen geëngageerd en financieren ze ontwikkelingsprojecten in de streek; ze hebben vaak ook behoefte aan vrijwilligers voor die projecten.

Aanbevolen taalscholen

Veel van de onderstaande scholen worden erkend door Noord-Amerikaanse en Europese universiteiten, zodat een cursus mogelijk studiepunten kan opleveren. Op de websites Ⓦwww.guatemala365.com en Ⓦwww.123teachme.com vind je ervaringen van cursisten en een paar goede tips over de voordelen van de diverse plaatsen.

Nederland en België

Sites van verschillende instituten
www.chalinga.nl
www.spaanstaligewereld.nl
www.donquijote.nl/dutch
www.spaanseschool.nl
www.molinosdeviento.nl
www.bruselas.cervantes.es
www.babel.be

Antigua

Academia de Español Antigüeña 1 C Poniente 10 Ⓣ7832 7241, Ⓦwww.spanishacademyantiguena.com
APPE 6 C Poniente 40 Ⓣ7882 4284, Ⓦwww.appeschool.com. Heeft een filiaal in het nabijgelegen dorp San Juan del Obispo.
Los Capitanes Generales 4 Av Sur 2 Ⓣ7832 8769, Ⓦwww.loscapitanes.com
Centro Lingüístico Maya 5 C Poniente 20 Ⓣ7832 0656, Ⓦwww.clmmaya.com
Christian Spanish Academy 6 Av Norte 15 Ⓣ7832 3922, Ⓦwww.learncsa.com
Cooperación 7 Av Norte 15B Ⓣ7832 0472, Ⓦwww.spanishschoolcooperacion.com
Probigua 6 Av Norte 41B Ⓣ7832 2998, Ⓦwww.probigua.org
Projecto Lingüístico Francisco Marroquín 7 C Poniente 31 Ⓣ7832 2886, Ⓦwww.plfm-antigua.org. Ook cursussen in Mayatalen.
San José El Viejo 5 Av Sur 34 Ⓣ7832 3028, Ⓦwww.sanjoseelviejo.com
Sevilla 1 Av Sur 17C Ⓣ7832 5101, Ⓦwww.sevillantigua.com
Tecún Umán 6 C Poniente 34A Ⓣ7832 2792, Ⓦwww.tecunuman.centramerica.com. Heeft een zusterschool aan het Lago de Atitlán.
La Unión 1 Av Sur 21 Ⓣ7832 7337, Ⓦwww.launion.edu.gt

Quetzaltenango

Casa Latina Diagonal 12 6–58, Zona 1 Ⓣ5613 7222, Ⓔsol-latino-xela@hotmail.com
Casa Xelajú Callejón 15, Diagonal 13–02, Zona 1, Ⓣ7761 5954, Ⓦwww.casaxelaju.com
Celas Maya 6 C 14–55, Zona 1 Ⓣ7761 4342, Ⓦwww.celasmaya.com
Centro Bilingüe Amerindia (CBA) 12 Av 10–27, Zona 1 Ⓣ7761 8535, Ⓦwww.xelapages.com/cba.
Educación para Todos Av Cenizal 0–58, Zona 5 Ⓣ5935 3815, Ⓦwww.spanishschools.biz.
Inepas 15A Av 4–59, Zona 1 Ⓣ7765 1308, Ⓦwww.inepas.org
Juan Sisay 15 Av 8–38, Zona 1 Ⓣ7765 1318, Ⓦwww.juansisay.com
Kie-Balam Diagonal 12 4–46, Zona 1 Ⓣ7761 1636, Ⓦwww.kiebalam.com
La Democracia 9 C 15–05, Zona 3 Ⓣ7763 6895, Ⓦwww.lademocracia.net
La Paz Diagonal 11 7–38, Zona 1 Ⓣ7761 2159, Ⓦwww.xelapages.com/lapaz
Mesoamerican Academy 10 C 16–12, Zona 1 Ⓣ7766 9531, Ⓦwww.mesoamericaspanish.org. Ook cursussen in Mayatalen.
Miguel de Cervantes 12 Av 8–31, Zona 1 Ⓣ7765 5554, Ⓦwww.learn2speakspanish.com
Pop Wuj 1 C 17–72, Zona 1 Ⓣ7761 8286, Ⓦwww.pop-wuj.org
Proyecto Lingüístico Quetzalteco de Español 5 C 2–40, Zona 1 Ⓣ7763 1061, Ⓦwww.hermandad.com. Heeft een zusterschool bij de Grote Oceaan.
Sakribal 6 C 7–42, Zona 1 Ⓣ7763 0717, Ⓦwww.sakribal.com

Lago de Atitlán

Casa Rosario aan het pad tussen de steigers, San

Pedro La Laguna ⓣ5613 6401,
ⓦwww.casarosario.com
Cooperativa 200 m omhoog van de Santiago-steiger, San Pedro La Laguna ⓣ5398 6448, ⓦwww.cooperativeschoolsanpedro.com
Corazón Maya ten zuiden van de Santiago-steiger, San Pedro La Laguna ⓣ7721 8160, ⓦwww.corazonmaya.com
Flor del Maiz ten zuiden van de Santiago-steiger, San Pedro La Laguna ⓣ5384 9727, ⓦwww.flordmaiz.com
Jabel Tinamit bij c/Santander, Panajachel ⓣ5525 1282, ⓦwww.jabeltinamit.com
Jardín de América C el Chali, Panajachel ⓣ7762 2637, ⓦwww.jardindeamerica.com
San Pedro Spanish School aan het meer, tussen de steigers, San Pedro La Laguna ⓣ5715 4604, ⓦwww.sanpedrospanishschool.com. Heeft een zusterschool in San Marcos la Laguna.

Huehuetenango

Xinabajul 4 Av 14–14, Zona 5, Colonia Los Encinos ⓣ7764 6631, ⓔacademyxinabajul@hotmail.com

Cohán

Eco Cabaña San Juan Chamelco ⓣ7951 5898, ⓔecocabana@yahoo.com
Oxford Language Center 4 Av 2–16, Zona 3, Cobán ⓣ7951 2836, ⓦwww.olcenlgish.com

Monterrico

Proyecto Lingüístico ⓣ5619 8200, ⓦwww.monterrico-guatemala.com/spanish-school.htm.

Todos Santos Cuchumatán

Hispano Maya tegenover *Hotelito Todos Santos* ⓣ5163 9293, ⓦwww.hispanomaya.org.
Nuevo Amanacer ⓔescuela_linguistica@yahoo.com

Nebaj

Nebaj Language School 3 C, El Descanco ⓣ5847 4747, ⓦwww.nebaj.org.

Petén

Dos Mundos C Fraternidad, Flores ⓣ5830 2060, ⓦwww.flores-spanish.com
Eco-Escuela San Andrés, Lago de Petén Itzá ⓣ5940 1235, ⓦwww.ecoescuelaespanol.org.
Escuela Bio-Itzá San José, Lago de Petén Itzá ⓣ7928 8142, ⓦwww.ecobioitza.org.
Nueva Juventud San Andrés, Lago de Petén Itzá ⓣ5711 0040, ⓦwww.volunteerpeten.com

Copán, Honduras

Guacamaya twee blokken ten noorden van het Parque
ⓣ651 4360, ⓦwww.guacamaya.com
Ixbalanque drie blokken ten westen van het Parque
ⓣ651 4432, ⓦwww.ixbalananque.com

Islas de la Bahía, Honduras

Central America Spanish School Main St, Utila ⓣ425 3788, ⓦwww.ca-spanish.com. Met filialen op Roatán en in La Ceiba.

Vrijwilligerswerk en betaald werk

Er zijn tientallen goede organisaties die vrijwilligers voor Guatemala aannemen. Artsen en gezondheidswerkers zijn altijd welkom, maar er is ook genoeg plek op andere gebieden, van projecten om het leven van straatkinderen te verbeteren tot milieuprojecten en natuurbescherming. Over het algemeen geldt dat hoe langer de periode dat je wilt komen helpen en hoe beter je Spaans, hoe meer je in trek bent. De beste plek om naar vrijwilligerswerk te zoeken is op internet (of in Guatemala zelf).

Er zijn twee voortreffelijke organisaties die vrijwilligers aan projecten in Guatemala koppelen. Project Mosaic Guatemala, 3 Avenida Norte 3, Antigua (ⓣ7832 0955, ⓦwww.promosaico.org), heeft banden met meer dan honderd groepen, en het in Quetzaltenango gevestigde Entremundos, 6 Calle 7–31, Zona 1 (ⓣ7761 2179, ⓦwww.entremundos.org), heeft contacten met tientallen ontwikkelingsprojecten in de streek rond Xela en een paar projecten wat verder weg.

Als je betaald werk zoekt, is het geven van Engelse les de beste optie, vooral als je een lesbevoegdheid hebt. Informeer eerst bij de Engelse scholen in Guatemala-stad (je vindt ze in het telefoonboek). Er is ook altijd wel vraag naar personeel bij de bars van Antigua die zich op buitenlanders richten en in backpackershotels door heel het land. In de *Revue* en op prikborden in de populaire bars en restaurants van Antigua en Quetzaltenango zie je ook af en toe advertenties. Op de Islas de la Bahía is bij duikscholen vaak werk te krijgen voor duikmeesters en instructeurs, en ook de bars en restaurants zoeken soms mensen, maar dit werk wordt slecht betaald.

Websites en e-mailadressen van projecten

Ak'Tenamit www.aktenamit.org. Zoekt vrijwilligers op het gebied van gezondheid, onderwijs, ondernemen en landbouw voor een groot, langlopend project bij de Q'eqchi'-Maya's van Río Dulce.

Animal Aware www.animalaware.org. Je kunt helpen in een dierenasiel voor gedumpte huisdieren vlak bij Sumpango.

Arcas www.arcasguatemala.com. Vrijwilligers gevraagd om in Petén te helpen dieren terug te zetten in het wild en bijvoorbeeld apen weer te laten wennen aan het bos. Je kunt ook helpen in een zeeschildpaddenreservaat bij Hawaii bij de Grote Oceaan.

Casa Alianza www.casa-alianza.org. Helpt straatkinderen in Guatemala en de rest van Midden-Amerika. Het werk is zwaar en vrijwilligers moeten zich langere tijd engageren.

Casa Guatemala www.casa-guatemala.org. Mensen met opleiding (vooral leraren en medisch personeel) en helpers gevraagd om met straatkinderen en wezen te werken in de streek van Río Dulce. Zowel korte als langere periodes zijn mogelijk; de minimumleeftijd is 24 jaar.

Casa Xelajú www.casaxelaju.com/volunteer. Taalschool met veel mogelijkheden om je bij een sociaal project in de streek van Quetzaltenango te plaatsen.

Escuela de la Calle www.escueladelacalle.org. Hier kun je straatkinderen in Quetzaltenango lesgeven en begeleiden. Gelieerd aan de wandelorganisatie Quetzaltrekkers (zie blz. 182).

Habitat for Humanity www.habitatguate.org. Huizenbouwprojecten; deze organisatie heeft sinds 1979 ruim 25.000 huizen in Guatemala gebouwd.

Hospital de la Familia www.hospitaldelafamilia.com. Artsen, verpleegkundigen en medisch personeel gezocht om in een afgelegen ziekenhuis in de streek van San Marcos in het westelijke hoogland te helpen.

Idealist www.idealist.org. Enorme database met onder andere links naar allerlei projecten in de regio – van ecotoerisme tot mensenrechten, met mogelijkheden voor betaald werk en vrijwilligerswerk.

NISGUA www.nisgua.org. Coördineert het Guatemalan Accompaniment Project, dat mensenrechtenactivisten en campagnevoerders die in Guatemala mogelijk gevaar lopen in de gaten houdt; minimumtijd 1 jaar.

Peace Corps www.peacecorps.gov. Amerikaans instituut dat vrijwilligers voor Midden-Amerika werft voor een periode van 2 jaar. Alleen voor staatsburgers van de VS.

Project Honduras www.projecthonduras.com. Portaal voor vrijwilligers (vooral medisch personeel, leraren, architecten en bouwers) in Honduras.

Proyecto Eco-Quetzal www.ecoquetzal.org. Biedt werk in de streek van Verapaces voor mensen met ervaring in ecotoerisme, milieuonderwijs en landbouw. Minimumperiode 3 maanden.

Remote Area Medical Corp www.ramusa.org. Vraagt artsen, oogspecialisten, chirurgen, tandartsen, verpleegsters en veeartsen voor vrijwilligerswerk in arme delen van Midden-Amerika.

Safe Passage www.safepassage.org. Leraren, helpers, administratief personeel en koks gevraagd om kinderen die op de vuilnisbelt van Guatemala-stad werken te begeleiden, steunen en onderwijzen.

Upavim www.upavim.org. Gemeenschapsontwikkeling in de buitenwijken van Guatemala-stad, met mogelijkheden voor peuter- en kleuterleidsters.

Whale Shark & Oceanic Research Center www.wsorc.com. Organisatie op Utila die onderzoek doet naar het gedrag en de migratiepatronen van walvishaaien. Er zijn vaak vrijwilligers nodig, je hoeft niets te betalen en voor kost en inwoning wordt gezorgd.

Handige tips

Ambassades en consulaten

Guatemalteekse ambassade in Nederland

Javastraat 44, 2585 AP Den Haag
Ⓣ302 0253
Ⓔpaisesbajos@minex.gob.gt

Nederlandse ambassade in Guatemala

16 Calle 0-55, Zona 10
Edificio Torre Internacional
Nivel 13
Ciudad de Guatemala
Ⓣ2381-4300
Ⓕ2381-4350
Ⓦwww.mfa.nl/gua
Ⓔgua@minbuza.nl

Guatemalteekse ambassade in België

W. Churchilllaan 185, 1180 Ukkel
Ⓣ02 345.9047
Ⓕ02 344.6499
Ⓔguatemala@skynet.be

Belgische ambassade in Guatemala/Costa Rica

België heeft geen ambassade in Guatemala. Neem contact op met de ambassade in San José, de hoofdstad van Costa Rica:
Los Yoses - 4e entrada de la Subaru 25 mts al sur, San José
Apartado Postal 3725 / 1000 San Jose
Ⓣ(506) 2225 08 54
Ⓦwww.diplobel.org/costarica
Ⓔsanjose@diplobel.fed.be

Belgisch consulaat in Guatemala

6 Avenida 16-24, Zona 10, Ciudad de Guatemala
Apartado postal : 01013, Cuidad de Guatemala
Ⓣ2385 5234
Ⓔconsuladobelgica@bpalaw.net

Criminaliteit en persoonlijke veiligheid

In Guatemala kan veiligheid een probleem zijn. Het overgrote deel van de 1,7 miljoen toeristen die het land jaarlijks bezoeken, ondervindt geen problemen, maar het misdaadniveau ligt hoog en er zijn misdadigers die het op bezoekers gemunt hebben en bijvoorbeeld shuttlebusjes overvallen. Er is eigenlijk geen patroon in de aanvallen te ontdekken, maar de ene streek is veiliger dan de andere. In deze gids staan waarschuwingen bij die gebieden waar overvallen zijn geweest. Het is verstandig om je bij aankomst bij je ambassade te melden, goed geïnformeerd te zijn en niet in het donker te reizen. Officieel moet je altijd je paspoort (of een fotokopie) op zak hebben.

Probeer de kans om het slachtoffer te worden van misdaad te minimaliseren. De kans

Belangrijke websites

Nederlands Ministerie van Buitenlandse Zaken Ⓦwww. minbuza.nl
Onder de knop 'Reizen en landen' vind je informatie en reisadviezen over vrijwel alle landen ter wereld.

Belgisch Ministerie van Buitenlandse Zaken Ⓦwww. diplobel.be
Onder 'Reisadvies per land' vind je reisadviezen over vrijwel alle landen ter wereld.

US State Department Ⓦwww.travel.state.gov
Informatie over de gevaren waar je als reiziger in allerlei landen mee te maken kunt krijgen. Kan nogal angstaanjagend overkomen.

British Foreign and Commonwealth Office Ⓦwww.fco.gov.uk
Voortdurend bijgewerkte adviezen voor reizigers over omstandigheden die de veiligheid in gevaar kunnen brengen in ruim 130 landen.

op kleine diefstallen en zakkenrollerij is het grootst. Diefstal komt het meest voor in Guatemala-stad in Zona 1 en in de busstations, maar pas ook goed op als je een markt bezoekt waar veel toeristen komen (zoals in Chichicastenango), of een feest. Draag geen opvallende sieraden en bewaar je geld onzichtbaar. Onderweg is er weinig gevaar voor je bagage op het dak, want de conducteur is de enige die op de bus mag om bagage te pakken.

Berovingen en andere gewelddadige misdrijven zijn vooral in Guatemala-stad een probleem. Overdag is het gevaar klein, maar ga niet in het donker rondlopen, neem een taxi. Er zijn ook gewapende berovingen in Antigua en op de paden rond het Lago de Atitlán gemeld. De vulkanen Pacaya en San Pedro worden tegenwoordig goed bewaakt en horen veilig te zijn, maar op andere vulkanen zijn ook overvallen gemeld.

Als je beroofd wordt, moet je aangifte doen bij de politie, iets dat veel tijd kan kosten, maar de meeste verzekeringsmaatschappijen betalen alleen uit als je een politieverklaring hebt.

Drugs zijn eenvoudig verkrijgbaar in Guatemala; het land is een belangrijke tussenschakel in de smokkel tussen Colombia en de VS. Marihuana en cocaïne worden veel verkocht. Wees je bewust van de strenge straffen op drugsbezit. Een klein beetje marihuana is al genoeg voor een gevangenisstraf – en een cel is geen pretje in Guatemala. Als je met drugs gepakt wordt, kun je, om verdere problemen te voorkomen, de agent vragen of je een 'boete' (*multa*) kunt betalen. Lukt dat niet, neem dan zo snel mogelijk contact op met je ambassade en onderhandel via hen; ze kennen de situatie beter dan jij. Op blz. 53 vind je een lijst met ambassades in Guatemala-stad.

De politie van Guatemala heeft een slechte reputatie. Het korps is corrupt en inefficiënt; verwacht dus niet al te veel van de politie als je problemen hebt. Maar agenten staan ook weer niet bekend om het intimideren van toeristen. Als je om wat voor reden ook in conflict komt met de wet, gedraag je dan zo beleefd mogelijk. In Antigua, Panajachel en Tikal is een **toeristenpolitie** opgezet, zodat er in die plaatsen Engels sprekende agenten zijn die je wellicht kunnen helpen.

Het grote aantal gewapende beveiligingsmensen op straat en voor restaurants en winkels zal in het begin wat verontrustend overkomen, maar je went er snel aan, ook al blijft het merkwaardig een 18-jarige jongen met een geweer voor de *McDonald's* te zien staan.

Douanebepalingen

Burgers uit de meeste westerse landen (waaronder de VS, Canada, Australië, Nieuw-Zeeland en de meeste EU-landen) hoeven alleen een geldig paspoort te overleggen om Guatemala voor 90 dagen te mogen bezoeken. Het inreisstempel is ook geldig voor El Salvador, Honduras en Nicaragua (samen de CA–4-landen). Mensen uit andere landen (waaronder enkele Oost-Europese) komen wel in aanmerking voor een Guatemalteeks visum, maar moeten dat eerst aanvragen bij een ambassade of consulaat van Guatemala. Burgers uit de meeste ontwikkelingslanden, waaronder een groot deel van Azië en Afrika, moeten ruim van tevoren een visum aanvragen. Als je niet weet of je een visum nodig hebt, bel je de Guatemalteekse ambassade.

De Guatemalteekse douane kan bij aankomst vragen hoe lang je wilt blijven en je een verblijf van 30, 60 of 90 dagen aanbieden. Als je 90 dagen wilt, controleer dan dat je die ook krijgt. Er zijn geen kosten aan het in- en uitreizen verbonden, maar de douaniers aan de grens vragen vaak een klein bedrag (rond $ 2,50), dat meteen in hun zak verdwijnt. Je kunt proberen onder die betaling uit te komen door naar *un recibo* (een reçu) te vragen; maar bereid je in dat geval wel voor op een flinke wachttijd.

Je kunt je verblijf één keer met 90 dagen verlengen tot een maximum van 180 dagen. Daartoe moet je naar de immigratiedienst (*migración*) in Guatemala-stad, 6 Avenida 3–11, Zona 4 (Ⓣ2411 2411; ma–vr 8–14.30 uur). Je moet je paspoort, fotokopieën van alle bladzijden van je paspoort (er is een kopieermachine) en een kopie van een geldige creditcard (voor- en achterkant) overleggen en $ 17 aan leges betalen; de verlenging wordt gewoonlijk de volgende dag afgegeven. Na de 180 dagen moet je het land voor 72 uur verlaten; Belize en Mexico zijn de dichtstbijzijnde landen.

Elektriciteit

Stroom (110–120 volt) en stekkers (twee platte pinnen) zijn hetzelfde als in Noord-Amerika. Voor apparaten die je uit Europa meeneemt, heb je een transformator en tussenstekker nodig. Stroomuitval en schommelingen in de stroomsterkte komen regelmatig voor.

Fotograferen

In indiaanse gebieden en op het platteland kun je beter geen foto's van kinderen nemen, tenzij je toestemming van hun ouders hebt. Helaas worden er in Guatemala elk jaar kinderen van hun families gestolen, en er gaan hardnekkige geruchten dat westerlingen baby's voor adoptie stelen. In de stad is het minder een probleem, want daar hebben de mensen meer opleiding, maar ook hier kun je beter terughoudend blijven.

Verder is Guatemala een waar paradijs voor fotografen met prachtige landschappen en interessante mensen. Het is wel zo beleefd mensen toestemming te vragen voordat je ze fotografeert, maar op een markt kun je met een zoomlens mensen fotograferen zonder dat ze er hinder van hebben.

Geheugenkaartjes voor digitale camera's zijn overal verkrijgbaar (maar Compact Flash cards zie je niet veel), terwijl je in elke stad fotorolletjes en videobanden kunt kopen. Diafilmpjes zijn erg moeilijk te krijgen. Veel internetcafés hebben *card readers* en branden je foto's op een cd voor rond $ 2.

Gehandicapte reizigers

Guatemalteken zijn bijzonder behulpzaam en staan altijd klaar om een gehandicapte reiziger bij te staan. Niettemin wordt de gehandicapte reiziger met tal van obstakels geconfronteerd. De rolstoelgebruiker moet worstelen met hobbelige straatjes, kapotte stoepen (als er al een stoep is) en wegen vol gaten. Het openbaar vervoer in Guatemala zal ieder mens uitputten, maar als rolstoelgebruiker of op krukken aan boord gaan van een volgepropte tweedeklasbus, zelfs als iemand je helpt, is beslist een opgave. Niettemin weten heel wat gehandicapte reizigers hun weg door het land te vinden. De belangrijkste bezienswaardigheden zijn per shuttlebus bereikbaar; de bus haalt je bij je hotel op en helpt de passagiers met hun bagage. De meeste Guatemalteekse hotels hebben geen hogere verdieping (en grotere, luxueuze hotels hebben meestal liften en hellingbanen), zodat het niet al te moeilijk zal zijn een toegankelijke kamer te vinden. Alleen dure hotels hebben gehandicapten-wc's.

Geld

Guatemala's munt, de quetzal (Q), is al ruim tien jaar stabiel. Maar omdat er altijd fluctuaties zijn, hebben we alle prijzen in dollars gegeven. (Op het moment van drukken stond Q 100 gelijk aan $ 8,50 en $ 12,10.) De Amerikaanse dollar is met afstand de meest geaccepteerde buitenlandse munt in Guatemala, maar dat wil nog niet zeggen dat je kunt rondreizen met alleen maar dollars en geen quetzals. Euro's en andere buitenlandse valuta zijn lastig in te wisselen; je kunt het bij hotels en winkels met een buitenlandse eigenaar proberen.

Bankpasjes en **creditcards** zijn handig om geld uit geldautomaten op te nemen, maar worden verder in veel gevallen niet geaccepteerd, behalve in heel dure hotels en restaurants. Sommige winkels rekenen een exorbitante toeslag (soms wel 10 procent) als je met een creditcard wilt betalen.

Zelfs in kleinere plaatsjes zul je **geldautomaten** aantreffen. Het is verstandig voor de zekerheid een paar travellercheques (de travellercheques van American Express in dollars zijn veruit de meest geaccepteerde) of wat dollars in contanten mee te nemen, ook al zul je ze waarschijnlijk niet nodig hebben, maar je weet nooit of de geldautomaat altijd werkt en of je pasje niet een keer wordt ingeslikt.

Op de internationale luchthavens van het land vind je banken waar je geld kunt wisselen; bij grensovergangen vind je ook banken en daar hangen geldwisselaars rond, die een redelijke koers bieden voor contant geld. Zelfs bij de meest afgelegen grensovergang is altijd wel iemand met een stapel bankbiljetten bij wie je de lokale munt kunt kopen.

Homo's en lesbiennes

Homoseksualiteit is legaal boven de achttien jaar. Guatemala is weliswaar niet zo macho als veel andere landen van Latijns-Amerika, maar discretie is altijd verstandig; toon niet al te veel affectie in het openbaar. Er is een kleine, vrijwel geheel mannelijke homoscene in Guatemala-stad; zie blz. 87.

Internet

Internet is inmiddels overal in Guatemala doorgedrongen. In alle steden en veel dorpen zitten internetcafés. In de grote steden is er over het algemeen een snelle verbinding, maar in afgelegen gebieden kan het internet vreselijk traag zijn. De **tarieven** variëren, vanaf $ 0,80 per uur in Antigua, Quetzaltenango en Panajachel (met allemaal meer dan tien internetcafés) tot $ 2–3 per uur in andere steden. Op de Islas de la Bahía, waar elk telefoontje als interlokaal geldt, kan een uurtje surfen op het web een stuk duurder zijn. Bijna alle taalscholen hebben internet, en vele bieden de cursisten na inschrijving de mogelijkheid goedkoop te internetten.

Het wordt ook steeds eenvoudiger om **hotels**, tours en diensten via e-mail te boeken, maar budgethotels zijn zelden online. Daarnaast hebben veel steden en provincies inmiddels een prachtige **website** (zie blz. 59), met onder andere informatie over accommodatie, restaurants, cultuur en vermaak.

Kaarten

Rough Guides heeft een kaart uitgegeven, *Guatemala and Belize* (schaal 1:500.000), die ook een flink deel van West-Honduras en het noorden van El Salvador beslaat.

International Travel Maps and Books (ITMB) heeft ook een redelijke kaart van *Guatemala* (1:470.000). Beide zijn gedrukt op waterbestendig en scheurbestendig papier.

In Guatemala zelf geven Intelimaps ($ 5) en Inguat ($ 2) een kaart uit, beide schaal 1:1.000.000. De meeste autoverhuurbedrijven geven je een gratis kaart mee, maar die is meestal van matige kwaliteit.

Alleen het Instituto Geográfico Militar brengt kaarten uit met een kleinere schaal: 1:50.000. Deze kaarten hebben nauwkeurige hoogtelijnen, maar andere gegevens zijn erg verouderd. Je kunt ze inzien en kopen bij het kantoor van het instituut in de Avenida de las Américas 5–76, Zona 13, Guatemala-stad (ma–vr 9–17 uur; ⓣ2332 2611, ⓦwww.ign.gob.gt). De meeste kosten rond $ 6; in wandelgebieden als Todos Santos Cuchumatán en Nebaj zijn meestal wel fotokopieën van deze kaarten beschikbaar.

In gespecialiseerde reisboekwinkels in Nederland en België kun je meestal ook een goede kaart van Midden-Amerika en/of Guatemala kopen.

Op reis met kinderen

Het kan heel leuk zijn om met kinderen naar Guatemala te gaan. De mensen hebben er, vooral in de indiaanse gebieden, veel meer kinderen dan westerlingen, dus je kinderen vinden altijd wel gezelschap. Door kinderen mee te nemen zet je een grote stap naar het overbruggen van de culturele barrière, en gezinnen worden erg hartelijk verwelkomd. Hotels zijn gewend aan de grote Guatemalteekse gezinnen en zijn meestal erg behulpzaam.

Wees extra voorzichtig met de gezondheid van de kinderen en let daarbij vooral op hygiëne en het consequent insmeren met zonnebrand. De plakkerige tropische hitte van Petén is vervelend, maar elders is vochtigheid veel minder een probleem. Omdat jonge kinderen waarschijnlijk weinig zien in het moderne hoogland of de oude Maya's, zul je ook wat andere activiteiten moeten inplannen: het enorme waterparadijs Xocomil, het themapark Parque Xetulul (zie blz. 227) en Auto Safari Chapín (zie blz. 240) zijn erg leuk voor kinderen. Het Museo de los Niños en de dierentuin Aurora in Guatemala-stad (zie blz. 81) zullen ook in de smaak vallen. Als je naar het strand bij de Grote Oceaan gaat, moet je extra goed opletten, want elk jaar verdrinken er wel een paar kinderen (en volwassenen) door de sterke onderstroom.

Als je met een **baby** naar Guatemala gaat, zul je ontdekken dat babyvoeding en luiers overal in supermarkten en bij apotheken te koop zijn, maar neem een extra voorraadje mee als je naar een afgelegen gebied gaat. In elke stad zitten apotheken, waar je geneesmiddelen voor kinderen vindt. Borstvoeding geven in het openbaar is geen probleem.

Kosten

Voor toeristen is Guatemala een van de goedkoopste landen van Amerika, al zijn er natuurlijk genoeg mogelijkheden om je geld te laten rollen als je daar zin in hebt. Wie heel zuinig is, kan in de meeste delen van het land rondkomen voor ongeveer $ 140 per week, en in een budgetparadijs als San Pedro La Laguna lukt dat zelfs onder de $ 120. Als je wat meer comfort wilt (met shuttlebusjes reizen, een kamer met badkamer), kom je rond $ 200 per week uit als je met zijn tweeën reist; wie alleen is, moet op $ 240 per week rekenen. Voor $ 60–70 per dag kun je in Guatemala behoorlijk luxe leven. In gebieden waar het toerisme een belangrijke rol speelt, liggen de prijzen iets hoger (vooral in Antigua en op de eilanden Guanaja en Roatán), maar ook daar zijn altijd wel goedkope hotels, en als je een beetje oplet, kun je meestal binnen je budget blijven.

De btw van 10 procent is gewoonlijk al inbegrepen bij de prijs die je genoemd krijgt in hotels, restaurants en winkels, maar bij duurdere hotels is dat vaak niet het geval, zodat de btw er dan nog bijkomt. Ook de hotelbelasting van 12 procent die Inguat heft, is meestal al bij de prijs inbegrepen, weer met uitzondering van de luxe hotels.

Openingstijden en feestdagen

De openingstijden in Guatemala variëren nogal, maar over het algemeen zijn de meeste kantoren, winkels, postkantoren en musea van 8–9 en van tot 16–18 uur open, waarbij sommige tussen de middag een uurtje dichtgaan voor de lunch. De banken hanteren ruime openingstijden, ze blijven doordeweeks veelal tot 19 uur (en sommige tot 20 uur) open, maar op zaterdag sluiten ze om 13 uur. Bij sommige banken kun je na 17.30 uur geen geld meer wisselen, ook al is hij nog wel open.

Archeologische opgravingen zijn elke dag te bezoeken, meestal van 8 tot 17 uur; Tikal is van 6 tot 18 uur open. De belangrijkste feestdagen, waarbij bijna alles gesloten is, staan hieronder vermeld; daarnaast hebben alle dorpen en steden een eigen feest ter ere van de plaatselijke beschermheilige, en dan is daar alles dicht.

Nationale feestdagen

1 januari nieuwjaarsdag

Semana Santa De vier dagen van de goede week die naar Pasen leidt

1 mei Dag van de Arbeid

30 juni Legerdag, verjaardag van de revolutie van 1871

15 augustus Fiësta van Guatemala-stad (alleen in Guatemala-stad)

15 september Onafhankelijkheidsdag

12 oktober Ontdekking van Amerika (alleen banken zijn dicht)

20 oktober Dag van de revolutie

1 november Allerheiligen

24 december kerstavond (vanaf 12 uur)

25 december Kerstmis

31 december oudejaarsavond (vanaf 12 uur)

Post

De Guatemalteekse post is betrouwbaar, al gebruiken veel Guatemalteken koeriersdiensten om belangrijke pakjes en documenten naar het buitenland te versturen. Je post is sneller op zijn bestemming als je naar het hoofdpostkantoor (*correos*) van een provinciehoofdstad gaat. Brievenbussen zijn schaars. Een brief per luchtpost naar Europa doet er tien dagen tot twee weken over. **Post ontvangen** is geen probleem zolang je een betrouwbaar adres hebt – veel taalscholen en reisbureaus zijn bereid als postadres te dienen. Post Restante (*Lista de Correos*) bestaat niet langer. American Express in Guatemala-stad (zie blz. 86) kan ook als postadres dienen als je hun creditcard of travellercheques gebruikt.

Het is erg duur om zware dingen naar huis te sturen. Je kunt overwegen in dat geval van een gespecialiseerd verzendbedrijf gebruik te maken: bij Antigua en Panajachel vind je onder 'Adressen' aanbevolen bedrijven.

Koeriersbedrijven (zoals DHL, Federal Express) openen steeds meer kantoren in Guatemala, je vindt ze zelfs in kleinere steden.

Telefoon

Er zijn geen netnummers in Guatemala. Om vanuit het buitenland naar Guatemala te bellen, kies je eerst de internationale toegangs-

Nuttige telefoonnummers

Politie ⑦120
Toeristenpolitie ⑦110
Ambulance Rode Kruis ⑦125

code, gevolgd door het landennummer (⑦502) en het abonneenummer (altijd acht cijfers).

Guatemala heeft een modern, efficiënt telefoonnetwerk en de dekking voor mobiele telefoons is goed. Als je naar huis wilt bellen, kun je het beste naar een telefoonkantoor of internetcafé gaan, waar bellen veel goedkoper is dan via Telgua (het voormalige nationale telecombedrijf). Bellen naar de VS kost rond $ 0,15–0,30 per minuut, naar Europa rond $ 0,25–0,50, en naar de rest van de wereld vanaf $ 0,50. Het bellen gaat vaak via internet, maar de kwaliteit van de lijnen is goed.

Nu prepaid **mobiele telefoons** soms al voor $ 20 te koop zijn (en vaak met honderden belminuten gratis), schaffen veel bezoekers er zelfs voor een korte vakantie een aan. Er zijn drie grote netwerken: Claro, Movistar en Tigo (die laatste heeft de uitgebreidste dekking). Bellen naar Guatemalteekse nummers kost rond $ 0,15 per minuut en naar de VS rond $ 0,25 per minuut; naar andere landen is het veel duurder (maar sms'en naar Europa is maar iets van twee quetzal per bericht). Alle aanbieders doen aan promotie door op sommige dagen dubbele (*doble*) of driedubbele (*triple*) minuten aan te bieden, als je een kaart van Q 50 op een triple-dag koopt, is je krediet dus Q 150; let op de aankondigingen in de winkels of bij verkopers op straat.

Amerikaanse mobieltjes werken goed in Guatemala, maar de meeste Europese niet. Als je telefoon simlockvrij is, kun je een Guatemalteekse simkaart kopen en toch je eigen mobieltje gebruiken.

Je kunt ook in Guatemala een telefoonkaart kopen en vanuit telefooncellen bellen; Telgua biedt de voordeligste tarieven en heeft veel kaarttelefoons.

Om te bellen op kosten van de gebelde (*llamar por cobrar*), kies je eerst ⑦147120 via een telefoon van Telgua, maar dit systeem werkt niet altijd even goed als je naar Europa wilt bellen. Een fax kun je bij de meeste telecomzaken en in veel internetcafés versturen (en je kunt er een fax ontvangen).

Tijdverschil

Guatemala hanteert de Central Standard Time van Noord-Amerika; die loopt zeven uur achter op de Nederlandse tijd. Er is geen zomertijd. Er is maar weinig seizoensvariatie in de duur van het daglicht – rond 6 uur wordt het licht en de zon gaat in december rond 17.30 uur onder en in juni rond 18.30 uur.

Toeristeninformatie

Informatie over Guatemala is in het land zelf makkelijk te vinden, maar in Europa en Noord-Amerika is het een stuk moeilijker. In de VS kun je naar Inguat, het toeristenbureau van Guatemala, bellen op het gratis nummer ⑦1-888/464-8281, terwijl het Guatemalteekse ambassadepersoneel in Europa en Canada vaak ook kan helpen. De brochures die Inguat uitgeeft, zijn kleurig, maar van weinig nut. Vaak zijn gespecialiseerde reisbureaus een uitstekende bron van informatie.

De medewerkers van Inguat, 7 Avenida 1–17, Zona 4, Guatemala-stad (⑦2331 1333, Ⓦwww.visitguatemala.com), zijn erg behulpzaam en er is altijd iemand die Engels spreekt. De organisatie heeft kleinere filialen in Antigua, Flores, Panajachel en Quetzaltenango, en op de luchthaven van Flores en Guatemala-stad. Bij alle kantoren vind je lijsten met hotels, transportinformatie en tientallen brochures en folders. De kwaliteit van de informatie varieert, maar het hoofdkantoor en het kantoor in Antigua zijn betrouwbaar. Inguat heeft ook een telefonische hulplijn voor toeristen in Guatemala, ⑦1500.

Er zitten twee erg nuttige documentatiecentra in Londen. Het Guatemalan Maya Centre, 94A Wandsworth Bridge Rd, London SW6 2TF (⑦&[f]020/7371 5291, Ⓦwww.maya.org.uk; gesl. Kerstmis–nieuwjaarsdag, jan, Pasen & aug), is een van de beste documentatiecentra over Guatemala in de wereld. Lidmaatschap (£5 per jaar) geeft recht op toegang tot de bibliotheek (enkel raadplegen) met meer dan 2500 boeken over Guatemala, honderden video's en alle belangrijke tijdschriften. Het centrum organiseert maandelijks een culturele avond met lezingen, films en tentoonstellingen.

Er is ook een voortreffelijke textielcollectie, en de directrice van het centrum, Krystyna Deuss, is een erkende Brits autoriteit op het gebied van de historische en hedendaagse kleding en rituelen van de Maya's.

Het andere documentatiecentrum, Canning House Library, 2 Belgrave Square, SW1X 8PJ (Ⓣ020/7235 2303, Ⓦwww.canninghouse.com), heeft de grootste bibliotheek (ma–vr 14–18 uur; £3 per bezoek) van het Verenigd Koninkrijk voor Latijns-Amerikaanse boeken, met veel over Guatemala en de Maya's. Je moet lid zijn om boeken te mogen lenen en het tweejaarlijkse *Bulletin* te ontvangen, een tijdschrift over boeken over Latijns-Amerika.

Voor politieke analyses en een interessant en informatief overzicht van de samenleving, economie en het milieu van Guatemala en andere Midden-Amerikaanse landen, kun je terecht bij het Latin America Bureau (Ⓦwww.lab.org.uk) in Londen, een onafhankelijke non-profit onderzoeksorganisatie.

Nuttige websites

De pagina over Guatemala op de website van het Latin American Network Information Center, Ⓦwww.lanic.utexas.edu, is een goede plek om te beginnen met zoeken; je vindt er een hoop links naar andere websites, van non-profitorganisaties en taalscholen tot tijdschriften en musea, maar ook naar academische en toeristische websites.

Ⓦwww.aroundantigua.com Gewijd aan Guatemala's voormalige koloniale hoofdstad, met culturele evenementen en adressen.

Ⓦwww.atitlan.com Gericht op de regio Atitlán, met veel interessante artikelen en foto's plus een overzicht van hotels en restaurants.

Ⓦwww.centramerica.com Portaal met een breed arsenaal aan links.

Ⓦwww.copanruinas.com Nieuws, recensies en links naar hotels, bezienswaardigheden en restaurants in Copán.

Ⓦwww.famsi.org De website van de Foundation for the Advancement of Mesoamerican Studies bevat rapporten van Maya-deskundigen, kaarten en artikelen over flora en fauna.

Ⓦwww.fhrg.org Website van de Foundation for Human Rights in Guatemala, met uitgebreide verslagen over de huidige situatie op het gebied van mensenrechten plus nieuwsverslagen.

Ⓦwww.frmt.org Campagnewebsite van de stichting van Rigoberta Menchú, winnares van de Nobelprijs voor de vrede, met links naar belangrijke zaken op het gebied van mensenrechten en justitie. Alleen in het Spaans.

Ⓦwww.ghrc-usa.org Website van de Guatemala Human Rights Commission/USA in Washington met regelmatig rapporten en belangrijk nieuws.

Ⓦwww.guatemala365.com Goede website om te beginnen als je een taalschool zoekt, heeft een lijst van professionele scholen, commentaar van cursisten en veel tips.

Ⓦwww.guatemalaweb.com Brede informatie, van de locatie van geldautomaten tot Mayaceremonies, veel informatie is helaas verouderd.

Ⓦwww.hondurasthisweek.com De regelmatig bijgewerkte site van *Honduras This Week*, een Engelstalige krant die de beste informatiebron over Honduras is, publiceert betrouwbaar nieuws plus interessante artikelen over de bezienswaardigheden, waaronder Copán en de Islas de la Bahía.

Ⓦwww.lanic.utexas.edu De website van het Latin American Network Information Center bevat veel links naar andere websites over Guatemala en de overige Midden-Amerikaanse landen.

Ⓦwww.maya.org.uk De website van het Guatemalan Maya Centre in Londen biedt goede artikelen en links, en daarnaast nieuws over culturele manifestaties in Groot-Brittannië.

Ⓦwww.mayadiscovery.com Veel informatie over de kunst en geschiedenis van de oude Maya's plus enkele algemene culturele essays.

Ⓦwww.mayaparadise.com Gewijd aan het gebied van de Río Dulce en het Lago de Izabal, met informatie voor wie van varen houdt, en een veelgebruikt prikbord.

Ⓦwww.mesoweb.com De nieuwste bevindingen over de oude Maya's.

Ⓦwww.mimundo-jamesrodriguez.blogspot.com Voortreffelijke fotojournalistiek van een onafhankelijke journalist in Guatemala.

Ⓦwww.mostlymaya.com Goede praktische reisinformatie gebaseerd op eigen ervaring plus goede informatie over cultuur.

Ⓦwww.promosaico.org Website van het Project Mosaic Guatemala, een non-profit vrijwilligersorganisatie met tientallen plaatsingsmogelijkheden en links naar allerlei lokale organisaties.

Ⓦwww.revuemag.com Artikelen van het populaire tijdschrift voor toerisme en reizen uit Antigua kunnen hier in pdf-formaat worden gedownload.

Ⓦwww.stetson.edu/~rsitler/TodosSantos Informatie over de cultuur en praktische informatie over de streek van Todos Santos Cuchumatán.

Ⓦwww.xelapages.com Gericht op de streek van Quetzaltenango met een overzicht van taalscholen en bedrijven plus een populair discussieplatform.

Rough Guides reisverzekeringen

Rough Guides heeft samen met Columbus Direct een **reisverzekering** opgezet die op jouw behoeften kan worden afgestemd. Zo is er een goedkope optie voor **backpackers** die langer willen blijven; een **korte break** voor een stedentrip; een normaal vakantiepakket; en nog meer. Er is ook een **multi-trip**-verzekering voor wie regelmatig op reis gaat. Naar behoefte kunnen ook diverse sporten en activiteiten (trektochten, skiën enz.) worden gedekt.

Kijk op onze website (Ⓦwww.roughguides.com/website/shop) of je in aanmerking komt en wat de opties zijn. Je kunt ook bellen, in Groot-Brittannië Ⓣ0870/033 9988; in Australië Ⓣ1300/669 999, in Nieuw-Zeeland Ⓣ0800/55 9911 en in andere landen Ⓣ+44 870/890 2843.

Ⓦwww.landenweb.net Handige achtergrond-informatie.
Ⓦguatemala.startpagina.nl Tal van links naar Guatemala-sites.

Verzekeringen

Het is belangrijk om voor een reis naar Guatemala een goede reisverzekering af te sluiten. De verzekering moet ook repatriëring per luchtambulance, ziekte, ongevallen en diefstal dekken.

Ga bij voorkeur naar een specialist in reisverzekeringen of maak gebruik van het aanbod dat wij in dit verband doen (zie kader). De meeste reisverzekeringen verzekeren je tegen het verlies van bagage, tickets en – tot een bepaald bedrag – contant geld en cheques, en tegen annulering of bekorting van je reis. Vaak vallen zogeheten gevaarlijke sporten buiten de dekking (bijvoorbeeld duiken, raften, windsurfen en kajakken) tenzij je een extra premie betaalt. Kijk na of je verzekering de ziektekosten direct betaalt of pas nadat je weer thuis bent en of er een alarmnummer is dat 24 uur per dag bereikbaar is.

Bij de dekking voor je bagage moet je nakijken of de limiet per artikel – meestal onder de $ 1000 – je waardevolste bezittingen dekt. Om een claim te kunnen indienen heb je, bij ziekte, de bonnetjes voor de medicijnen en de medische behandeling nodig, en als er iets gestolen wordt, moet je een officiële verklaring (*una afirmación*) bij de politie halen.

Wasserettes

In bijna elke stad is wel een wasserette; de meeste wassen en drogen een waslading voor $ 3–4. Selfservicewasserettes zijn zeldzaam. Bij veel hotels en *pensiones* kun je ook je was laten doen; budgethotels hebben vaak een *pila* (spoelbak) waar je je kleren kunt wassen.

Op reis door Guatemala

Op reis door Guatemala

1

Guatemala-stad, Antigua en omgeving

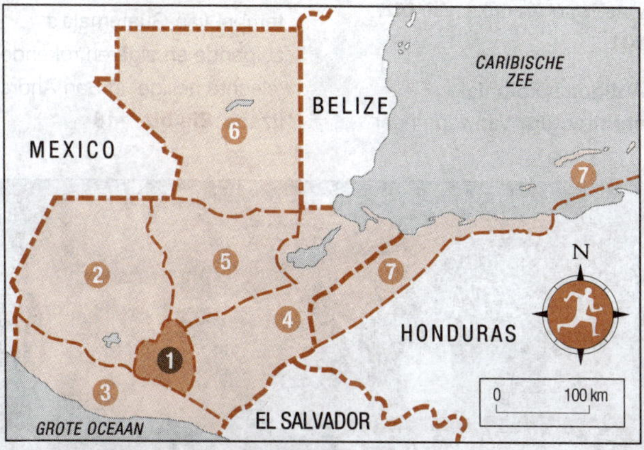

HOOFDSTUK 1 Hoogtepunten

* **Museo Nacional de Arqueología y Etnología** Een van de belangrijkste collecties beelden en voorwerpen van de Maya's ter wereld. **Zie blz. 81**
* **Volcán de Pacaya** Wandeling langs lavastromen over een van de actiefste vulkanen van Latijns-Amerika. **Zie blz. 91**
* **Semana Santa** Beleef de stemmige vieringen en processies tijdens de meest hartstochtelijk beleefde heilige week van Amerika. **Zie blz. 101**
* **Antigua's koloniale architectuur** Vanwege haar schitterende barokkerken, elegante herenhuizen en fraaie pleinen is de Spaanse koloniale hoofdstad tot werelderfgoed uitgeroepen. **Zie blz. 101–106**
* **Uit eten** Antigua heeft restaurants in alle maten en soorten, van Japanse zen tot authentiek Guatemalteeks. **Zie blz. 106–108**
* **San Simón (Maximón)** Proef de sfeer in de heidense tempel van Guatemala's zuipende en sigaren rokende 'slechte heilige' in San Andrés Itzapa. **Zie blz. 118**

▲ Parque Central, Antigua

1

Guatemala-stad, Antigua en omgeving

De steden Guatemala-stad en Antigua liggen beide in het hoogland van Guatemala en slechts 40 km van elkaar, maar verschillen hemelsbreed. De hoofdstad, Guatemala-stad, is een vervuild mierennest van industrie en handel met weinig attracties voor de bezoeker, al kun je er wel een dag of twee doorbrengen om de musea te bekijken en het (beperkte) culturele leven te verkennen. Antigua is alles wat de hoofdstad niet is: rustig, relaxt en vol fraaie koloniale gebouwen en kosmopolitische cafés, restaurants en hotels. De meeste reizigers kiezen dan ook deze stad als uitvalsbasis.

Guatemala-stad ligt op een uitgestrekte hoogvlakte, die aan drie kanten wordt begrensd door lage heuvels en vulkanische toppen. De hoofdstad werd in 1776 op deze plek gesticht nadat een aardbeving Antigua had verwoest, maar al lang voor de komst van de Spanjaarden was dit een belangrijk centrum. Tegenwoordig is de vormeloze, uitdijende massa huizen, omringd door sloppenwijken, de grootste stad van Midden-Amerika, met meer dan drie miljoen inwoners in het stedelijke gebied; het is ook het onbetwiste centrum van politiek, macht en rijkdom.

De hoofdstad kent een intensiteit en levendigheid die zowel fascinerend als verschrikkelijk is, met als gevolg dat veel bezoekers vooral bezig zijn zich zo ongeschonden mogelijk door de chaos van uitlaatgassen en mensenmassa's heen te worstelen. Het centrum is vervallen en vervuild, de welgestelde middenklasse en 'de betere zaken' hebben dit deel al lang voor de buitenwijken verruild. Een kleine groep monumentenzorgers probeert intussen te behouden wat er nog over is van het **centro histórico** in Zona 1, en de laatste jaren zijn er nieuwe cafés en bars geopend in gerestaureerde gebouwen in het hart van de stad. Een andere wijk die in opkomst is, is Cuatro Grados Norte in Zona 4, dankzij een groeiend aantal hippe bars en restaurants een van de interessantste buurten van de stad. Ondanks deze ontwikkelingen is 'Guate' nog altijd geen broeinest van cultuur, zodat de meeste reizigers de stad bij voorkeur mijden. De stad is en blijft echter het knooppunt van het land, zodat je er vrijwel onvermijdelijk een keer zult komen, al was het maar om van het ene busstation naar het andere te gaan of om het vliegtuig naar Petén te nemen.

Antigua daarentegen is een indrukwekkende koloniale stad, en de enorme rijkdom aan architectonische juweeltjes heeft haar tot een van de belangrijkste toeristische attracties van Guatemala gemaakt. De stad telt slechts 35.000 inwoners en heeft een klein centrum, zodat je de met keitjes geplaveide straten, elegante pleinen, kerken en herenhuizen gemakkelijk te voet kunt verkennen. De beroemde **taalscholen** trekken cursisten uit de hele wereld, en onderwijs en toerisme zijn hier de belangrijkste inkomstenbronnen.

Het gebied rond Antigua en Guatemala-stad – een heerlijk landschap met vulkanen, dennenbossen, weidegronden, *milpas* en koffieplantages met hier en daar een dorp – is de moeite van het verkennen meer dan waard. Bij de hoofdstad ligt de **Volcán de Pacaya**, een van de actiefste vulkanen van Latijns-Amerika, die al jaren regelmatig zwavelhoudende gassen en gesmolten steen uitbraakt. De vulkanen **Agua** en **Acatenango**, vlak bij Antigua, zijn ook een beklimming waard, waarbij de laatste een schitterend uitzicht biedt op de rokende top van de naburige Fuego.

Er zijn talloze dorpen in de streek die een bezoek waard zijn, waaronder **San Andrés Itzapa** met zijn heidense heiligdom voor de 'slechte heilige' San Simón, **Jocotenango** met musea gewijd aan koffie en Mayamuziek, en **San Juan del Obispo**, waar een groot koloniaal paleis staat. De enige Mayaopgraving van het gebied die zich kan meten met de ruïnes in het laagland in het noorden is **Mixco**

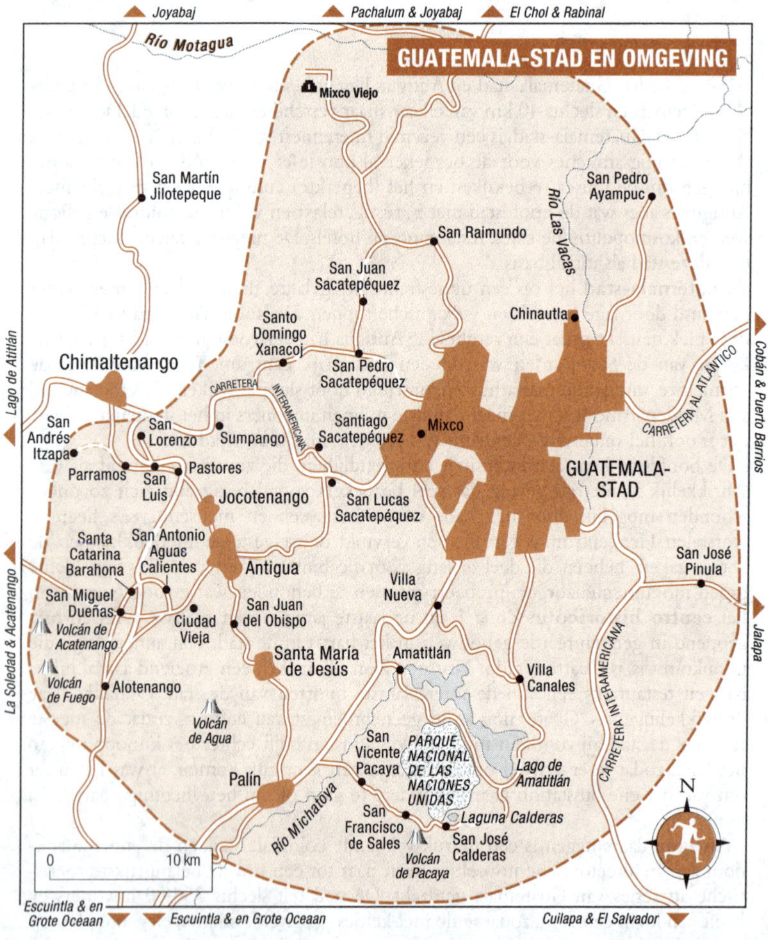

Viejo, dat schitterend gelegen is maar alleen met eigen vervoer makkelijk bereikbaar. Van de oude hoofdstad **Kaminaljuyú** is weinig over, de ruïnes liggen begraven onder de buitenwijken van de hoofdstad, maar ooit was het een van de grootste en belangrijkste steden van de Maya's.

Guatemala-stad en omgeving

GUATEMALA-STAD is geen wonder van schoonheid of architectonische charme. Het centrum is op het eerste gezicht grimmig, een toonbeeld van stedelijk verval: wegen vol gaten met bussen die verstikkende uitlaatgassen uitbraken en straten verstopt door kraampjes, terwijl veel van de mooiere gebouwen van de stad vervallen zijn. Het is dan ook niet verwonderlijk dat maar weinig bezoekers enthousiast zijn over *la capital*, en velen proberen de stad te mijden.

Maar als je toch enkele dagen in de stad wilt doorbrengen, kun je er de nodige stedelijke genoegens beleven die je elders in het land niet zult aantreffen. Er zijn twee voortreffelijke **musea** gewijd aan de Maya's, en er is een museum voor de rijke textieltraditie van het land. De laatste jaren is een hippe **artistieke scene** opgekomen in Cuatro Grados Norte, een levendige wijk waar alternatieve bands optreden en dj's progressieve techno mixes draaien. Er zijn ook bioscopen die onafhankelijke Europese en Latijns-Amerikaanse films vertonen, naast grote filmpaleizen in grote winkelcentra in Amerikaanse stijl waar kaskrakers uit Hollywood te zien zijn.

Het klimaat van Guatemala-stad is mild: door de hoge ligging wordt de warmte nooit al te drukkend en buiten het vervuilde centrum zorgt het weelderige groen van de buitenwijken voor een aantrekkelijk beeld. De ligging is in ieder geval fraai: op een uitgestrekte, door duizelingwekkende ravijnen doorsneden hoogvlakte.

Al met al zijn de contrasten in de stad extreem, met glazen wolkenkrabbers die hoog boven uitgestrekte sloppenwijken uittorenen en weduwen die op blote voeten sigaretten verkopen aan uitgaanspubliek in designerkleding. Neem in de hoofdstad wat extra voorzorgsmaatregelen, want **straatcriminaliteit** is een probleem, en dan vooral tasjesroof - let vooral op in busstations. Geweld van straatbendes is vooral in de arme buitenwijken een probleem, in het centrum komt het nauwelijks voor, en toeristen worden er zelden het slachtoffer van.

Geschiedenis in het kort

Tweeduizend jaar geleden was **Kaminaljuyú**, waarvan de ruïnes verspreid over de westelijke buitenwijken liggen, al een bloeiende stad. In de vroege klassieke periode (250–600) was de stad een bondgenoot van het machtige Teotihuacán (vlak bij het huidige Mexico-stad) en controleerde belangrijke handelsroutes.

Op zijn hoogtepunt telde Kaminaljuyú 50.000 inwoners en domineerde de stad het hoogland. Na de neergang van Teotihuacán rond 600 werd Kaminaljuyú voorbijgestreefd door de grote centra van het laagland, waaronder Tikal, Calakmul en Yaxhá. Rond 700 werd Kaminaljuyú verlaten.

Acht eeuwen later, in de beginjaren van de Spaanse bezetting, lag er één dorp in de streek: La Ermita, gesticht in 1620. Maar in 1773, na maanden van verwoestende aardbevingen, zagen de Spanjaarden zich gedwongen hun hoofdstad Antigua te ontvluchten en stichtten ze een nieuwe hoofdstad op de huidige plek van Guatemala-stad. De ontwikkeling ging aanvankelijk langzaam: de inwoners van Antigua stonden niet te springen om te verhuizen en een volkstelling van 1863 legde slechts 1206 inwoners vast. Een van de factoren die de groei vertraagde was het bestaan van een belangrijke concurrent, Quetzaltenango, dat tot 1902, toen een zware aardbeving de stad verwoestte, in grootte en belang met de hoofdstad bleef concurreren. Veel rijke families verhuisden daarop naar de hoofdstad, die daardoor eindelijk de belangrijkste stad van het land werd.

Na nieuwe zware aardbevingen in 1917 begon Guatemala-stad in snel tempo te groeien, waarbij de trek van het platteland in de jaren zeventig en tachtig door binnenlandse vluchtelingen die de burgeroorlog op het platteland ontvluchtten, tot een vloedgolf aanzwol. **Economische migranten** vol hoop op een beter leven blijven toestromen; door de snelle bevolkingsgroei worden de ooit onbewoonde ravijnen gevuld met hachelijk tegen de hellingen gelegen nieuwe barrios.

In het kader van het plan 'Guatemala 2020' - voor een moderne, goed functionerende stad - is er de laatste jaren veel energie gestopt in het vergroten van de burgertrots, de verbetering van transport, het scheppen van groen en het aanpakken van de vervuiling. Er valt nog veel te doen, want de onveiligheid belemmert investerin-

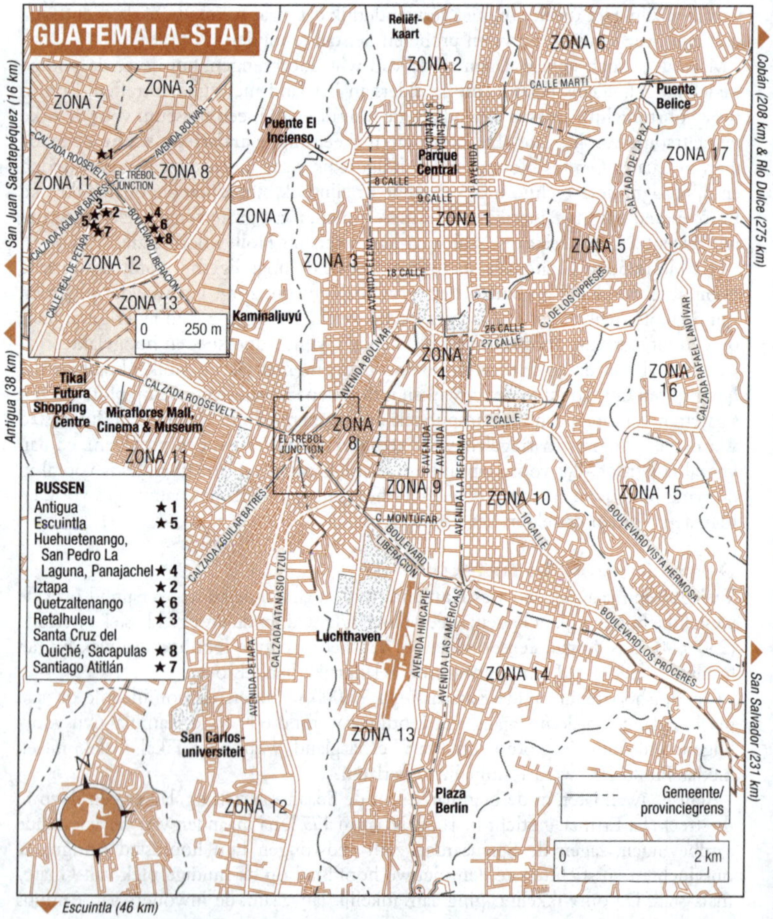

Adressen in Guatemala-stad

Het systeem van genummerde straten in de hoofdstad is in het begin verwarrend omdat dezelfde nummers en straatnamen in andere zones voor andere straten worden gebruikt. Maar als je het systeem eenmaal doorhebt, is het vrij gemakkelijk.

Als je naar een adres wilt, kijk dan altijd eerst in welke zone dat ligt en dan naar de straat. Zo is bijvoorbeeld '4 Av 9–14, Zona 1' in Zona 1, aan de 4 Avenida tussen de Calle 9 en 10, op huisnummer 14. De straatnamen zijn soms geschreven als 1a, 7a etc. in plaats van als 1, 7. Dat is in principe correcter omdat de straatnamen niet Avenue Een en Straat Zeven luiden, maar Eerste (*primera*), Zevende (*séptima*) enz. De hoofdletter 'A' als toevoeging geeft een kleinere straat tussen twee grotere aan: 1 Calle A is een korte straat tussen de 1 Calle en 2 Calle.

gen en versterkt het beeld van de hoofdstad als een te mijden plek. Maar er is in ieder geval een begin gemaakt en er is een visie op de toekomst.

Oriëntatie, aankomst en informatie

Hoewel Guatemala-stad in maar liefst 25 **zones** is ingedeeld en op het eerste gezicht enorm lijkt, heeft de stad een eenvoudige opzet en is het centrum niet al te groot. Net als bijna alle andere steden in Guatemala is de hoofdstad volgens een schaakbordpatroon opgezet, met avenidas die noord-zuid lopen en calles oost-west.

De stad is ruwweg in twee duidelijk gescheiden helften verdeeld. Het noordelijke deel rond **Zona 1** is het oude deel van de stad met het centrale plein, het Parque Central, de belangrijkste winkelstraten (5 & 6 avs), fastfoodrestaurants, bioscopen en veel busstations.

Meer naar het zuiden fungeert **Zona 4** als buffer tussen de twee delen van de stad; hier vind je het **Centro Cívico** met de belangrijkste bestuursgebouwen, het toeristenbureau, de trendy wijk Cuatro Grados Norte en het Nationaal Theater.

Verder naar het zuiden liggen in de moderne helft van de stad de rijke **zonas 9 en 10**, die gescheiden worden door de drukke Avenida La Reforma. Nog verder naar het zuiden liggen de aangrenzende **zonas 13 en 14** met welgestelde, groene wijken, en het vliegveld, de dierentuin, een aantal hotels en meer musea en bioscopen.

De zones 1, 2 en 4 zijn 's avonds na acht uur niet zo veilig, zodat je je dan het beste per taxi kunt verplaatsen.

Aankomst

Aankomen in Guatemala-stad is altijd wat gedoe. Als je veel bagage bij je hebt, is het geen goed idee om de bus te nemen; dan is een taxi de extra kosten meer dan waard (zie blz. 71). Voor informatie over de busstations om de hoofdstad uit te gaan, zie blz. 88–89.

Per vliegtuig

Luchthaven Aurora (☎2334 7680) ligt in Zona 13, een eind ten zuiden van het centrum. De terminal voor binnenlandse vluchten ligt in hetzelfde complex, maar heeft een eigen toegang aan de Avenida Hincapié. Het vliegveld ondergaat momenteel een grote renovatie die twee zeer moderne nieuwe terminals zal opleveren.

De luchthaven heeft enkele geldautomaten die creditcards en bankpasjes accepteren. De nieuwe internationale terminal krijgt een filiaal van de Banco del Quetzal waar je dollars en travellercheques kunt wisselen (maar mogelijk geen euro's), en enkele **toeristische informatiepunten**, een telefoonkantoor van Telgua en een postkantoor.

De makkelijkste manier om van en naar de luchthaven te gaan, is per **taxi**: aan de taxibalie in de aankomsthal kun je de rit vooruit betalen, een rit naar Zona 9 of 10 kost rond $ 10, naar Zona 1 rond $ 12. Vrijwel alle vier- en vijfsterrenhotels van Guatemala-stad en veel pensions in Zona 13 halen je gratis van de luchthaven af als je laat weten wanneer je aankomt. **Bussen** vertrekken direct voor de terminal; bus 83 rijdt via Zona 9 en Zona 4 naar Zona 1 (lees wel eerst onderstaande waarschuwing over reizen per bus in Guatemala-stad).

Vanaf de luchthaven rijden tot 22 uur regelmatig shuttlebussen **naar Antigua** ($ 8–10). Ze vertrekken niet op vaste tijdstippen maar als ze ten minste vier passagiers hebben; iets wat gewoonlijk niet al te lang duurt. De kaartjes worden in de aankomsthal aan een balie verkocht. Een taxi vanaf de luchthaven kost $ 30.

Per bus

Als je per **eersteklasbus** reist, kom je aan in het busstation van de maatschappij waarmee je reist. De meeste van deze busstations bevinden zich in Zona 1, waar onder andere bussen naar Petén, Mexico, Cobán en de meeste bestemmingen in het westelijke hoogland vertrekken. Veel busstations bevinden zich in onveilige delen van de stad, pas daarom op voor kleine criminaliteit en neem altijd een taxi naar je hotel. Er zijn ook busstations in het zuidelijke deel van de stad in de veiligere zones 9, 10 en 15.

Tweedeklasbussen vertrekken vanaf twee grote busstations (beide in het westen van de stad, vlak bij de Trébol-kruising; het zijn niet meer dan stopplaatsen langs de straat zonder verdere faciliteiten). Bussen uit het westelijke hoogland, onder andere uit Quetzaltenango en Lago de Atitlán, stoppen bij een serie bushaltes langs de 41 Calle tussen de 7 Avenida en 11 Avenida, in Zona 7. De bussen van en naar het zuiden van Guatemala (waaronder bussen naar de grens met El Salvador, Escuintla, Retalhuleu en de Mexicaanse grens) gebruiken een busstation aan de kruising van de 8 Avenida en 4 Calle in Zona 12. Het oude busstation in Zona 4 is gesloten.

Vanuit Antigua is het makkelijker, sneller en veiliger een shuttlebus te nemen ($ 5-7). Gewone bussen stoppen ten westen van Trébol bij de 1 Avenida en 3 Calle, in Zona 7, waar je dan op een stadsbus overstapt.

Voor meer informatie over busmaatschappijen en vertrektijden, zie 'Vertrek uit Guatemala-stad' op blz. 88–89.

Informatie en kaarten

Het belangrijkste **toeristenbureau** van Inguat (ma–vr 8–16 uur; ⓣ2331 1333, ⓔinformacion@inguat.gob.gt) vind je op de 7 Avenida 1–17, Zona 4. Het personeel achter de informatiebalie spreekt Engels en er zijn veel brochures; kaarten van Guatemala kosten $ 2.

Vervoer in de stad

Helaas is het aantal berovingen in de verouderde bussen van de stad de laatste jaren toegenomen; het gebeurt meestal in de verste buitenwijken, maar veel bezoekers (zelfs doorgewinterde backpackers) kiezen ervoor om binnen de stad de taxi te nemen.

Als je toch van de stadsbussen gebruik wilt maken, vergeet dan niet dat zelfs de inwoners weinig zicht hebben op het anarchistische netwerk van busroutes van

Handige busroutes

Naar het noorden
83 Luchthaven Bolívar – Dierentuin – Boulevard Liberación – Avenida Bolívar – 5 Avenida Zona 1
83 Terminal luchthaven – 7 Avenida Zona 9 – 7 Avenida Zona 1
101 Avenida La Reforma – 7 Avenida Zona 4 – 9 Avenida Zona 1
Naar het zuiden
101 10 Avenida & 10 Calle Zona 1 – 6 Avenida Zona 1 – Avenida La Reforma – 20 Calle Zona 10. Dit is een route langs veel ambassades, het Museo Popol Vuh en Museo Ixchel, en winkelcentrum Los Próceres.
Naar het westen
Bolívar/Trébol Alle bussen met het opschrift 'Bolívar' en 'Trébol' rijden door het westen van de stad over de Av Bolívar naar het knooppunt Trébol, waar bussen naar het westelijke hoogland vertrekken.

'Guate'. Omdat de meeste straten in Zona 1 eenrichtingsverkeer zijn, rijden de bussen gewoonlijk via andere straten terug. Kaartjes zijn goedkoop ($ 0,15). Na 21.30 uur nemen pick-ups en minibusjes, de *ruteleros*, de belangrijkste busroutes voor de rest van de avond over.

Inmiddels is de stad bezig een nieuw netwerk van moderne, voor rolstoelen toegankelijke bussen op te zetten, die over speciale busstroken rijden en bij echte bushaltes stoppen: de **Transmetro**. Agenten van de gemeentepolitie beveiligen de groene Volvo-bussen (die 'los verdes' worden genoemd). De eerste route is van beperkt nut voor de reiziger, want die verbindt het nieuwe busstation Centra in Zona 12 (in het zuiden van de stad) met het bestuurscentrum in Zona 4, maar de gemeente wil meer routes uitzetten, zodat de hoofdstad in 2020 over een efficiënt netwerk van busverbindingen zal beschikken. De eerstvolgende nieuwe route gaat Zona 6, in het noorden van de stad, via Zona 1 met Zona 4 verbinden. Kaartjes kosten $ 0,15.

Taxi's

Neem van de busstations een taxi naar je hotel en gebruik ook 's avonds een taxi. Er zijn zowel taxi's met als zonder meter; neem bij voorkeur een **taxi met meter**: goede taxibedrijven zijn Amarillo (☎2332 1515), de taxi;s van dit bedrijf kunnen je overal in de stad ophalen, en Blanco y Azul (☎2360 0903), die ook betrouwbaar is. Een rit van Zona 1 naar Zona 10 kost ongeveer $ 6. Als je een **taxi zonder meter** neemt, moet je van tevoren over de prijs onderhandelen.

Accommodatie

In Guatemala-stad is er **accommodatie** voor elke portemonnee, al liggen de prijzen er hoger dan in de rest van het land. In **Zona** 1 vind je veel budget- en middenklassehotels, maar 's avonds is dit geen veilige buurt (en ook geen fijne wijk om rond te dwalen op zoek naar een kamer). Veel reizigers verblijven liever in de buurt van de luchthaven, in **Zona 13**, waar enkele goede accommodaties te vinden zijn – in bijna alle gevallen word je gratis van het vliegveld gehaald of erheen gebracht; reserveer tijdig. Het nadeel van deze rustige buitenwijk is dat er weinig restaurants en cafés in de buurt zijn. De duurdere hotels van Guatemala-stad liggen voornamelijk in het relatief veilige deel van de stad in **Zona 9 en 10**, vlak bij de 'Zona Viva', met tal van restaurants en bars; in Zona 10 is ook een goed budgethotel.

Zona 1

Hotel Colonial 7 Av 14–19 ⓣ2232 6722, ⓦwww.hotelcolonial.net. Aantrekkelijk, redelijk geprijsd hotel in Spaanse stijl met fraai smeedijzerwerk en tegels. De schone kamers zijn verdeeld in drie klassen (sommige zonder eigen badkamer) en voorzien van stevig, donker houten meubilair; de meeste hebben kabel-tv. Parkeerplaats aanwezig. ❸–❹

Hotel Fénix 7 Av 15–81 ⓣ2251 6625. Zeer betaalbaar adres, maar dit eerbiedwaardige hotel is wel op leeftijd. De eenvoudige kamers zijn schoon (sommige met eigen badkamer) en er is een apart café beneden. ❷–❸

Hotel PanAmerican 9 C 5–63 ⓣ2232 6807, ⓦwww.hotelpanamerican.com.gt. Historisch hotel bij het Parque Central met een sterke Guatemalteekse identiteit en een formele, beschaafde sfeer. De zestig ruime kamers hebben allemaal kabel-tv en een eigen badkamer. Vervoer van en naar de luchthaven is inbegrepen. Het zondagsontbijt van het restaurant is geweldig. ❼

Hotel Posada Belén 13 C A 10–30 ⓣ2253 4530, ⓦwww.posadabelen.com. Goed hotel in het historisch centrum, een vredige oase, gedreven door de Engels sprekende familie Sanchinelli. Gevestigd in een fraai oud gebouw met een schitterende tuinpatio en tal van rustige plekjes. Het restaurant serveert eenvoudige maar voortreffelijke gerechten in een statige eetzaal. Op verzoek worden excursies, inclusief rondwandelingen door de stad, georganiseerd. Geen kinderen onder de 5. ❻

Hotel Spring 8 Av 12–65 ⓣ2232 2858, ⓦwww.hotelspring.com. Traditioneel hotel in een vervallen gebouw op een veilige plek in het hart van de stad. De kwaliteit van de kamers varieert nogal, sommige hebben een eigen badkamer; de goedkope kamers zijn wat Spartaans. Het hotel heeft een fraaie binnenplaats en een café. Populair, dus tijdig reserveren. ❸–❹

Zona 9 en 10

Camino Real 14 C 0–20 ⓣ2333 3000, ⓦwww.caminoreal.com.gt. Guatemala's oudste vijfsterrenhotel ligt in het hart van de Zona Viva en heeft een opzichtige, enigszins gedateerde inrichting. Goede zakelijke faciliteiten, een spa met mogelijkheid tot massage en andere behandelingen, en de beste sportfaciliteiten van de stad, waaronder twee zwembaden, een grote fitnessruimte en verlichte tennisbanen. Probeer een zakelijke korting te krijgen. Kamers vanaf $ 155. ❾

Hotel Carillon 5 Av 11–25 Zona 9 ⓣ2332 4267, ⓔhcarrillon@guate.net.gt. Wat ongewoon hotel, maar het biedt waar voor zijn geld en heeft een goede ligging. Alle kamers van dit kleine hotel hebben houten lambrisering en houten vloeren, een eigen badkamer en kabel-tv. Ontbijt inbegrepen. ❺

Hotelito 12 C 4–51 ⓣ2339 1811, ⓦwww.hotelito.com. Dit kleine, modieuze hotel is gericht op een hip publiek en heeft veertien stijlvolle, modern ingerichte kamers met crèmekleurig meubilair, parketvloer en smaakvolle foto's. Goed tuinrestaurant, gratis internet en een heerlijke bar. Op aanvraag word je gratis van de luchthaven afgehaald. Tweepersoonskamer $ 120. ❾

Hotel Real Inter-Continental 14 C 2–51 ⓣ2379 4444, ⓦwww.interconti.com. Het stijlvolste luxehotel van de stad. De monumentale lobby met kunst en beeldhouwwerk van belangrijke Guatemalteekse kunstenaars zet de toon, er zijn Franse, Japanse en internationale restaurants, en een verwarmd buitenzwembad. De 239 kamers zijn erg comfortabel met heerlijke bedden en lakens van Egyptisch katoen, er is een cd-speler en een volgeladen iPod. Veel kamers bieden fraai uitzicht. Vanaf $ 150. ❾

Xamanek Inn 13 C 3–57 ⓣ2360 8345, ⓦwww.mayaworld.net/xamanek. Prima keuze voor de budgetreiziger. Drie slaapzalen (met elk vier of vijf bedden; $ 15 per bed), privékamers (nr. 5 is een goede keus voor stellen), goede douches, lockers, keuken, wasserette, internet en een bibliotheek met dvd's, tijdschriften en boeken; ontbijt inbegrepen. De wijk, Zona Viva, is een van de veiligste van de stad en er zijn talloze bars en restaurants vlakbij. Slaapzaal $ 15, kamers $ 25-50. ❹

Zona 13

El Aeropuerto Guest House 15 C A 7–32 ⓣ2385 8400, ⓦwww.hotelaeropuerto.centroamerica.com. Gunstig gelegen ten opzichte van de luchthaven, comfortabele kamers met of zonder eigen badkamer. Er is een tuin met gazon, een bar, gratis internet en ontbijt. ❺

Airport Inn 8 Av 17–74 ⓣ2261 2963, ⓦwww.theairportinn.com. Dit hotel aan een rustige straat is functioneel en erg goedkoop en biedt gratis internet, een tuin en een zitkamer met tv. Ontbijt inbegrepen, vanaf 5 uur. Als je belt, word je gratis van de luchthaven gehaald. Slaapzalen ($ 10 per bed) en kamers ❷–❺

Casablanca 15 Calle C 7–35 ⓣ2261 3129, ⓦwww.casablancagt.com. Erg goed nieuw hotel op een rustige locatie met stijlvolle kamers. De kamers zijn licht, luchtig en ruim en hebben een eigen badkamer en veel bergruimte.

De bar is goed voorzien en er is een prettige zitkamer, parkeerruimte, en op bestelling worden er maaltijden gekookt. Ontbijt en afhalen van luchthaven zijn inbegrepen. 6

Dos Lunas 21 C 10–92 ☎2261 4248, ⓦwww.xelapages.com/doslunas. Het eerste en nog altijd beste budgethotel van de wijk dankzij de onvermoeibare eigenaresse Lorena Artola, die vloeiend Engels spreekt. Comfortabele kamers verdeeld over twee aangrenzende huizen; wie meer ruimte wil, kan de elegante nieuwe suite boeken (met keukentje). Lorena heeft tal van goede reisadviezen paraat en kan voor shuttlebussen en taxi's zorgen, en voor bijna alles wat je nodig hebt. Gratis vervoer naar en van de luchthaven, internet en wifi, en een stevig ontbijt. Zeer populair, dus tijdig reserveren. $ 15 per bed op tweepersoonskamers met badkamer. 4

Hostal Los Volcanes 16 C 8–00 ☎2360 3232, ⓦwww.hostallosvolcanes.com. Heel redelijke B&B in een modern huis vlak bij de luchthaven; alle kamers hebben tv, sommige een badkamer. Achter is een tuintje en er zijn twee zitkamers. Ontbijt inbegrepen. Slaapzaal $ 18 pp., ook tweepersoonskamers 4–5

Hostal Villa Toscana 16 C 8–20 ☎2261 2854, ⓦwww.hostalvillatoscana.com. Vlekkeloos nieuw hotel met elegante kamers in neutrale tinten, die contrasteren met de kleurige Mayastoffen; alle kamers hebben kabel-tv, nr. 9 heeft een balkon en de suite heeft een eigen terras. Het uitgebreide ontbijt is inbegrepen, er is voldoende parkeergelegenheid en gratis internet. Scherp geprijsd. 6

Guatemala-stad

Guatemala-stad heeft weinig bezienswaardigheden, maar enkele dingen zijn zeker de moeite waard. Zo zijn het **Museo Ixchel** en het Museo Popol Vuh (met een archeologische collectie) erg goed, terwijl je in Zona 1 nog enkele mooie gerestaureerde koloniale gebouwen kunt vinden. Het uitgaansleven speelt zich in de Zona Viva in Zona 10 af, terwijl Zona 1 een druk straatleven kent.

▲ De kathedraal van Guatemala-stad

Zona 1 en 2: de oude stad

Zona 1 vormt het hart van de oude stad en is tevens het drukste deel van Guate. Zona 1 is het vervallen **centro histórico**, een wereld van lage, afbladderende 19de-eeuwse gebouwen en gezichtsloze betonblokken, kapotte bestratingen en parkeerterreinen, lawaai en vuil. Aarzelend verschijnen er tekenen van herstel sinds een groepje gedreven monumentenzorgers aan de slag is gegaan om het erfgoed van de hoofdstad te behouden en zich nieuwe bars en cafés vestigen in historische gebouwen. Maar door de vele sociale problemen in de wijk zal dit proces nog decennia duren, en het hangt bovendien af van de geplande vervanging van Guatemala's lawaaiige, uitlaatgassen uitbrakende bussen door de Transmetro (zie blz. 71). Niettemin bieden de straten vol straatverkopers een zekere rauwe fascinatie en vormen ze zonder meer het opwindendste deel van de hoofdstad.

Parque Central en omgeving

De noordgrens van Zona 1 loopt vlak achter het Palacio Nacional en sluit zo het **Parque Central** in, het plein dat het politieke en religieuze centrum van het land vormt; in Guatemala worden de afstanden vanaf dit punt gemeten. Het plein, waar een reusachtige Guatemalteekse vlag wappert, was ooit de locatie van een enorme centrale markt, die inmiddels is verplaatst naar een overdekte hal achter de kathedraal (zie blz. 76). Het plein is een merkwaardig zielloze plek met verveelde taxichauffeurs, *lustradores* (schoenenpoetsers) en heel veel duiven. Alleen op zondag en tijdens feestdagen komt het tot leven, als een stoet Guatemalteken er komt flaneren, kletsen en snacks eten (of de leuke wekelijkse *huipil*-markt komt bezoeken).

De meeste gebouwen rond het plein dateren van na de aardbeving van 1917, met als grote uitzondering de **kathedraal** (dag. 8–12, 15–19 uur; entree) met zijn blauwe koepel, die in 1868 werd voltooid. Met zijn imposante gevel, waarin barokke en neoclassicistische elementen zijn vermengd, domineert de kerk het plein. De stevige, gedrongen vorm was bedoeld om aardbevingen te weerstaan, en dat is voor een belangrijk deel gelukt. In 1917 stortten de klokkentorens en de koepel in, waarbij het altaar verwoest werd, maar het centrale deel bleef intact, al ontstonden er in de loop der jaren heel wat scheuren die weer gerepareerd werden. De kerk heeft drie schepen, strenge koloniale schilderijen en fraaie altaren met een heel legioen aan heiligen. Een deel van de inrichting werd in 1776, toen de hoofdstad verplaatst werd, overgebracht uit de oude kathedraal van Antigua. Het opvallendste aspect van de kathedraal is buiten te vinden: in de twaalf pilaren van het toegangshek staan de namen van duizenden **'verdwenen'** slachtoffers van de burgeroorlog – kinderen, ouders en priesters – voor een belangrijk deel afkomstig uit het departement El Quiché.

De hele noordkant van het plein wordt ingenomen door het reusachtige, met natuursteen beklede **Palacio Nacional** (toegang alleen met rondleiding, in het Engels of Spaans, dag. 9–16 uur; gratis), dat op het neonlabyrint van Zona 1 uitkijkt. De bouw begon in 1939 in opdracht van president Ubico – een karakteristiek groots gebaar van de man die meende de reïncarnatie van Napoleon te zijn – en werd in 1943 voltooid, een jaar voordat hij werd afgezet. Het paleis deed decennialang dienst als regeringszetel, en heel wat coupplegers hebben hier slag geleverd. Het paleis is rond twee fraaie binnenplaatsen in Moorse stijl gebouwd; de indrukwekkendste ruimten zijn de **Salas de Recepción**, op de tweede verdieping aan de voorkant. Aan een muur hangt een reeks vlaggen en het wapenschild van het land, met daarboven een quetzal, terwijl de gebrandschilderde ramen taferelen uit de geschiedenis van Guatemala verbeelden. De trappenhuizen

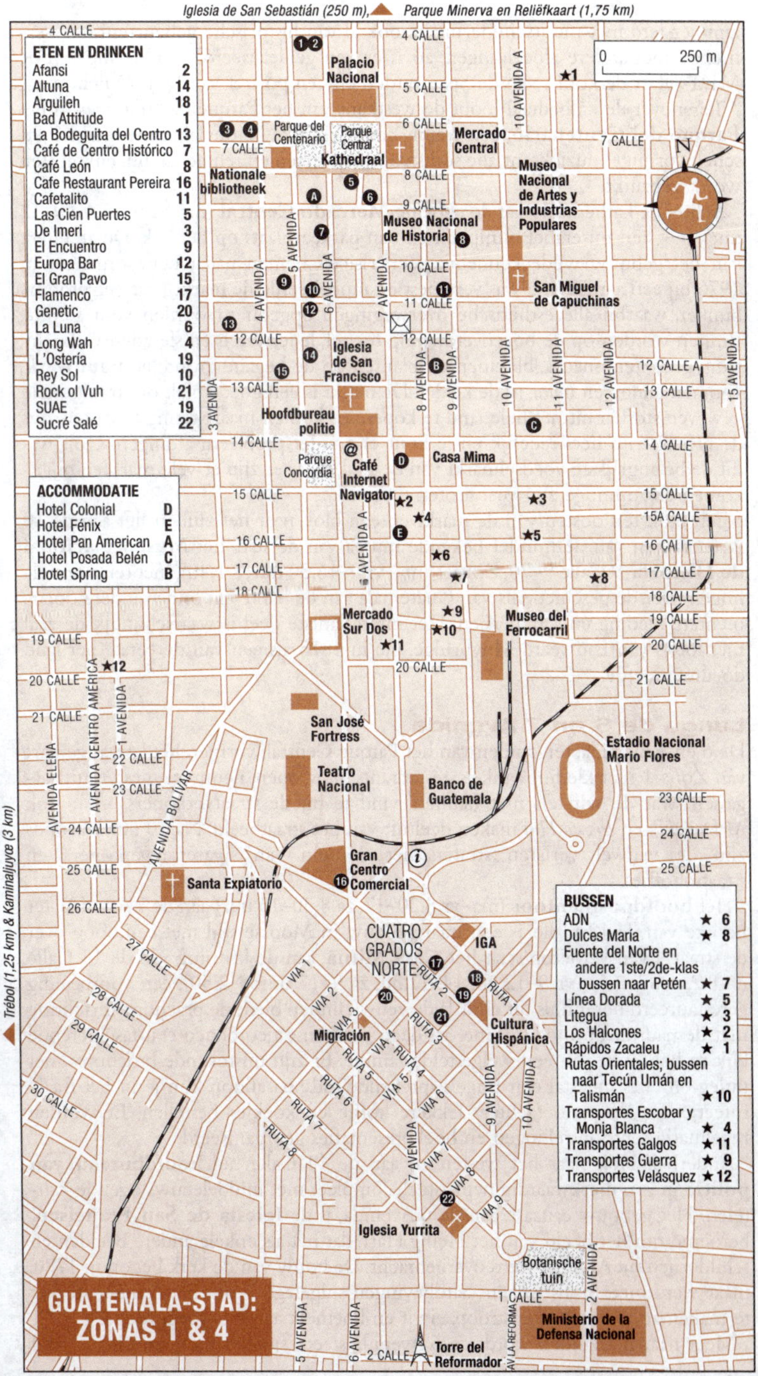
Iglesia de San Sebastián (250 m), Parque Minerva en Reliëfkaart (1,75 km)
Trébol (1,25 km) & Kaminaljuyœ (3 km)
GUATEMALA-STAD: ZONAS 1 & 4
ETEN EN DRINKEN
Afansi 2
Altuna 14
Arguileh 18
Bad Attitude 1
La Bodeguita del Centro 13
Café de Centro Histórico 7
Café León 8
Cafe Restaurant Pereira 16
Cafetalito 11
Las Cien Puertes 5
De Imeri 3
El Encuentro 9
Europa Bar 12
El Gran Pavo 15
Flamenco 17
Genetic 20
La Luna 6
Long Wah 4
L'Ostería 19
Rey Sol 10
Rock ol Vuh 21
SUAE 19
Sucré Salé 22
ACCOMMODATIE
Hotel Colonial D
Hotel Fénix E
Hotel Pan American A
Hotel Posada Belén C
Hotel Spring B
BUSSEN
ADN ★ 6
Dulces María ★ 8
Fuente del Norte en andere 1ste/2de-klas bussen naar Petén ★ 7
Línea Dorada ★ 5
Litegua ★ 3
Los Halcones ★ 2
Rápidos Zacaleu ★ 1
Rutas Orientales; bussen naar Tecún Umán en Talismán ★ 10
Transportes Escobar y Monja Blanca ★ 4
Transportes Galgos ★ 11
Transportes Guerra ★ 9
Transportes Velásquez ★ 12
0 250 m
Palacio Nacional
Parque del Centenario
Parque Central
Kathedraal
Mercado Central
Nationale bibliotheek
Museo Nacional de Historia
Museo Nacional de Artes y Industrias Populares
San Miguel de Capuchinas
Iglesia de San Francisco
Hoofdbureau politie
Parque Concordia
Café Internet Navigator
Casa Mima
Mercado Sur Dos
Museo del Ferrocarril
San José Fortress
Teatro Nacional
Banco de Guatemala
Estadio Nacional Mario Flores
Gran Centro Comercial
Santa Expiatorio
CUATRO GRADOS NORTE
IGA
Migración
Cultura Hispánica
Iglesia Yurrita
Botanische tuin
Ministerio de la Defensa Nacional
Torre del Reformador

zijn versierd met muurschilderingen, ook al van historische gebeurtenissen, vermengd met andere afbeeldingen: zo is er een geïdealiseerde schildering van de Maya's voor de komst van de Spanjaarden en een portret van Don Quichote.

Tegenover de kathedraal loopt de westkant van het Parque Central over in het **Parque del Centenario**, een weinig aantrekkelijke betonvlakte met een lelijke, schelpvormige muziektent, die soms voor concerten en religieuze bijeenkomsten wordt gebruikt.

Achter de kathedraal staat de enorme **Mercado Central** (ma–za 6–18, zo 9–12 uur), met een miserabel miniplein en een parkeerplaats op het dak. De architect van het gebouw wilde kennelijk geen risico's nemen nadat de voorganger in 1976 bij een aardbeving was verwoest en modelleerde de markt naar een atoombunker, waarbij alle esthetische overwegingen opgeofferd werden voor sterkte. Binnen worden op de bovenverdieping textiel, lederwaren en sieraden verkocht; fruit, groenten, snacks, bloemen en planten op de begane grond; en **handwerk**, vooral manden en *típica*, in de kelder. De markt is een goede plek om traditionele geweven stoffen uit het hele land te kopen. Er komen maar weinig toeristen, dus de prijzen zijn heel redelijk en je kunt er zonder probleem afdingen. Ooit was dit de belangrijkste voedselmarkt van de stad, maar er zijn er vele markten bijgekomen en sommige zijn veel groter.

Een blok ten oosten van de markt en een blok naar het zuiden ligt aan de 10 Avenida een van de minder bekende musea van de stad, het **Museo Nacional de Historia**, 9 Calle 9–70, Zona 1 (ma–vr 9–16.30 uur; $ 1,40), met tentoonstellingen over de geschiedenis van Guatemala aan de hand van onder andere documenten, kleding en schilderijen. Het interessantste deel is waarschijnlijk de zaal met foto's van Eadweard Muybridge, die in 1875 als een van de eerste het land documenteerde.

Langs de 6 en 7 Avenida

De 6 en 7 Avenida, ten zuiden van het Parque Central, vormen het lawaaiige hart van Zona 1 met kledingwinkels, restaurants, bioscopen, neonreclames en uitlaatgassen. Wat de winkels niet hebben, vind je bij de straatverkopers, maar ook *McDonald's* en *Pizza Hut* maken deel uit van het straatbeeld. Na 10 uur 's avonds zijn de vrijwel verlaten straten het domein van sigarettenverkopers en straatschoffies.

Het **hoofdpostkantoor** (ma–vr 8.30–17, za 8.30–13 uur) aan de 7 Avenida, ter hoogte van de 12 Calle, is een fraai gebouw in Moorse stijl met een boog over de straat. Even verderop staat het **Casa Mima**, aan de kruising van de 14 Calle en 8 Avenida (ma–vr 9–12.30, 14–17.30, za 9–17 uur; $ 2,50), een voorbeeldig gerestaureerd herenhuis uit eind 19de eeuw. Binnen biedt de prachtige inrichting met de nadruk op modernisme, art deco en Franse neorococo een fascinerende blik in het leven van een welgestelde familie. Er zijn uitstekende brochures met uitleg en er is meestal een Engels sprekende gids; na afloop kun je in het fraaie cafeetje aan de patio (achter) lekkere koffie en koekjes bestellen. Er worden regelmatig tentoonstellingen en boekpresentaties georganiseerd.

Anderhalf blok naar het westen zit aan de 14 Calle het **hoofdbureau van politie** in een merkwaardig nepkasteel, compleet met middeleeuws ogende kantelen. Het gebouw ernaast, aan de 6 Avenida, is de **Iglesia de San Francisco,** beroemd om het beeld van het Heilig Hart, dat net als enkele andere beelden en schilderijen uit Antigua werd overgebracht. De bouw van de kerk begon in 1780, maar werd meermaals wegens aardbevingen stilgelegd – om het cement sterker te maken zou er suikerrietstroop, eiwit en koemelk aan zijn toegevoegd.

Meer naar het zuiden wordt de 6 Avenida steeds sjofeler met een uit de hand gelopen chaos van stalletjes waar kleding en illegaal gekopieerde cd's worden verkocht. Aan de linkerkant van de 6 Avenida, onder de bomen, wordt de **18 Calle** nogal onguur, de standjes met eten staan er voor groezelige nachtclubs en 'streaptease'-clubs. 's Avonds tippelen prostituees in de straten, en de hotelletjes waarvan ze gebruikmaken worden beschermd met tralies. Dit deel kun je beter dag en nacht mijden.

Aan de oostzijde van een plein bij de 9 Avenida zit het uitstekende **Museo del Ferrocarril** (ma–vr 9–17, za–zo 10–17 uur; gratis), dat gewijd is aan de Guatemalteekse spoorwegen. Het fraai gerestaureerde museumgebouw was het **hoofdstation** van Guatemala-stad, totdat het in 1996 mysterieus uitbrandde, waarbij alle documenten en archieven verloren gingen, een dag voordat er een accountantsonderzoek zou beginnen naar de financiën van de staatsspoorwegen. Er rijden geen passagierstreinen meer in Guatemala, maar het museum geeft een goed beeld van de manier waarop het spoornetwerk vroeger functioneerde. Er staan oude stoomlocomotieven en wagons waar je in rond kunt snuffelen; er zijn zalen vol spoorwegcuriositeiten als uniformen en kaartjes, en er hangen fascinerende zwart-witfoto's. Er zijn ook enkele liefdevol opgepoetste klassieke auto's te zien, waaronder een Jaguar met fraaie rondingen en verchroomde bumpers.

Weer terug op de 6 Avenida, even ten zuiden van de 18 Calle, is **Sur Dos** de belangrijkste voedselmarkt (dag. 6–18 uur), in een enorme, veelkleurige hangar. Handelaren die het kunnen betalen, hebben een plekje binnen, wie dat niet kan, staat langs de omringende straten, die vol liggen met afval en verrot fruit. Na dit verlengde blok verandert de stad radicaal van karakter als de vervallen en claustrofobische straten van Zona 1 plaatsmaken voor Zona 4 en het Centro Cívico.

Naar het noorden: Zona 2 en het Parque Minerva

Ten noorden van de oude stad ligt Zona 2, begrensd door een diep ravijn, dat voorkomt dat de stad verder in die richting groeit. Drie blokken ten noorden van het Parque Central loopt de 6 Avenida langs het pleintje waar **monseigneur Juan José Geradi** (zie 'Geschiedenis' in het laatste hoofdstuk van deze gids, blz. 411) op 26 april 1998 werd doodgeknuppeld, twee dagen nadat hij het REMHI-rapport had gepubliceerd over gruweldaden tijdens de burgeroorlog. Er staat een bescheiden monument van steen en brons voor Geradi op het plein en er zijn vaak bloemen en kaarsen bij de garagedeur van zijn voormalige woning, waar hij vermoord werd. Naast het huis staat aan de oostkant van het plein de moderne Iglesia de San Sebastián, ook een doel voor pelgrimages, waar op zijn sterfdag een dienst wordt gehouden.

Verder in noordelijke richting over de 6 Avenida kom je na 1,5 km bij de bizarre **Mapa en Relieve**, een **reliëfkaart van Guatemala** die 2500 m² beslaat en waar een paar uitzichttorens bij staan. De kaart werd in 1905 voltooid en er kan echt water door de rivieren stromen, al is de kraan meestal dicht. Verticaal is een andere schaal gebruikt dan horizontaal, waardoor de bergen er wel erg steil uitzien. Niettemin geeft de kaart een goed overzicht van het land, van de complexiteit van het hoogland tot de uitgestrektheid van Petén. Gezien de aanhoudende grensgeschillen wekt het geen verbazing dat Belize als Guatemalteeks territorium is aangegeven.

De nieuwe stad

Ten zuiden van Zona 1 ligt de **nieuwe stad**, minder dicht bebouwd en met veel bredere straten. De eerste zone waar je komt, is Zona 4; als je verder naar het zuiden gaat, splitst de nieuwe stad zich ruwweg in tweeën, met de Avenida La

Reforma in het midden. Zona 10 en 14, ten oosten van La Reforma, vormen het chicste deel van de stad, met banken, hotels, restaurants, boetieks en ommuurde woonwijken – het domein van Guatemala's rijke elite. De westelijke helft, Zona 9 en 13, met enkele musea, de dierentuin, de luchthaven en meer groene woonwijken, is minder exclusief, maar nog altijd een prettig deel van de stad.

Zona 4, het Centro Cívico en omgeving

Ten zuiden van de oude stad, op de grens van Zona 1 en 4, ligt het **Centro Cívico**. Het bestaat uit een verzameling betonnen bestuursgebouwen, voornamelijk uit de periode 1960-1970. De **Banco de Guatemala** aan de 7 Avenida is versierd met krachtige moderne muurschilderingen en gestileerde hiërogliefen, ontworpen door Dagoberto Vásquez, met als onderwerp de geschiedenis van Guatemala en het conflict tussen Spanjaarden en Maya's.

Op een heuveltje een paar blokken naar het westen staat het **Teatro Nacional**, ook wel bekend als het Centro Cultural Miguel Ángel Asturias, een van de bekendste en opvallendste gebouwen van de stad. Boven op het theater heb je een schitterend **uitzicht** over de stad. Het werd in 1978 voltooid naar een ontwerp van de Guatemalteekse architect (en kunstenaar) Efraín Recinos en doet aan een reusachtig, blauwwit schip denken met patrijspoorten als ramen. Het complex, dat ook een openluchttheater omvat, is deels op de funderingen van het **Fuerte de San José** gebouwd, een 19de-eeuws fort dat tijdens de revolutie van 1944 grotendeels verwoest werd en waarvan slechts enkele fragmenten bewaard bleven.

Weer terug op de 7 Avenida kom je bij het hoofdkantoor van het nationale toeristenbureau, **Inguat** (zie blz. 70 voor details). Niet ver van de 7 Avenida ligt **Cuatro Grados Norte**, een nieuwe hippe en (grotendeels) alleen voor voetgangers toegankelijke enclave rond Vía 5 met veel restaurants, bars, modieuze winkels en twee **culturele centra**: het Instituto Guatemalteco Americano en het Centro Cultural de España (zie blz. 87).

Verder naar het zuiden over de 7 Avenida kom je langs de **Iglesia Yurrita**, een merkwaardige kerk in een exotische neogotische stijl, die eerder lijkt thuis te horen in een horrorfilm dan in Guatemala-stad. Het gebouw werd in 1944 voltooid, veertig jaar nadat de rijke filantroop Felipe Yurrite Casteñeda opdracht had gegeven voor de bouw van een privékapel. Zijn huis, in dezelfde stijl, staat ernaast. De kerk, ook bekend als de Nuestra Señora de las Angustias, is gewoonlijk open (di–zo 8–12, 15–18 uur) en is het bekijken zeker waard, want het interieur – dat een fraai houten altaar bevat – is even bizar als de buitenkant.

Een paar blokken verder naar het zuiden, op de hoek met de 2 Calle, staat de aangelichte **Torre del Reformador**. De stalen toren, Guatemala's antwoord op de Eiffeltoren, werd naar het voorbeeld van de Parijse toren ter ere van president Barrios gebouwd, die het land tussen 1871 en 1885 hervormde. De klok in de top van de toren wordt elk jaar op 30 juni geluid ter herdenking van de overwinning van de liberalen tijdens de revolutie van 1871.

Ongeveer 300 m ten zuidwesten van het Centro Cívico staat aan de Avenida Bolívar het **Santuario Expiatorio** (ook bekend als de Iglesia Santa Cecilia de Don Bosco), een schitterende moderne kerk in de vorm van een vis, ontworpen door een (toen nog onbevoegde) architect uit El Salvador. Het godshuis is onderdeel van een kerkelijk complex dat ook klinieken en scholen omvat. Een kijkje binnen is de moeite waard, vooral vanwege de fraaie muurschildering van de kruisiging en de wederopstanding in een levendige realistische stijl.

Zona 10: langs de Avenida La Reforma

Als je van Zona 4 verder naar het zuiden naar Zona 10 gaat, is de eerste bezienswaardigheid te vinden aan de Avenida La Reforma – de belangrijkste verkeersader in het zuiden van de stad – de **Botanische tuin** (ma–vr 8–15, za 9–12 uur; $ 1,50) van de Universidad de San Carlos. Het is een prachtige kleine tuin met allerlei plantensoorten, stuk voor stuk voorzien van een bordje met de naam in het Spaans en Latijn. In de tuin staat ook een ouderwets **natuurhistorisch museum** met een collectie stoffige opgezette vogels, waaronder een quetzal, en curiositeiten als een lamaskelet, zwaardvissenzwaarden en enkele knaagdieren in formaline. Verderop langs de Reforma kom je langs het **Ministerio de la Defensa Nacional**, gebouwd in de stijl van een speelgoedfort.

Maar de twee **musea** op de campus van de Universidad Francisco Marroquín zijn veel interessanter; je komt er door vanaf de Avenida La Reforma de 6 Calle Final in oostelijke richting te nemen. Het **Museo Ixchel** (ma–vr 9–17, za 9–12.50 uur; $ 3; ⓦwww.museoixchel.org) zit in een opvallend gebouw, waarvan het ontwerp losjes op een Mayatempel is gebaseerd. Het Ixchel is het best ingerichte museum van de stad en is gewijd aan de cultuur van de Maya's, met de nadruk op de traditionele weeftechnieken. Het museum bezit een schitterende collectie met de hand geweven stoffen, waaronder enkele ceremoniële kostuums, en er is uitleg in het Engels. Er is ook informatie over de technieken, verfstoffen, vezels en het weefgereedschap, en over de manier waarop de kostuums in de loop van de tijd zijn veranderd. Het is een fascinerend museum, ook al is de collectie lang niet compleet en ook al verliezen de kostuums buiten de dorpen waar ze werden gemaakt een deel van hun glans en betekenis. Het gebouw huisvest ook een grote bibliotheek en schilderijen van de Guatemalteekse kunstenaar Andrés Curruchich, die landelijke taferelen schilderde rond San Juan Comalapa, en van Carmen Peterson, die traditionele kostuums op het doek vastlegde. Erg leuk is ook de goede collectie miniatuur *huipiles* in de kelder, waar ook een café zit.

Op de derde verdieping van het *auditorio* naast het Museo Ixchel zit het **Museo Popol Vuh** (ma–vr 9–17, za 9–13 uur; $ 3,50, studenten $ 2; ⓦwww.popolvuh.ufm.edu.gt). Dit museum is van hetzelfde niveau als het Ixchel, maar hier draait het om archeologie. Het kleine museum heeft zalen gewijd aan de preklassieke, klassieke, postklassieke en koloniale periode, en alle stukken zijn van topkwaliteit. De preklassieke zaal heeft keramiek, stenen maskers en *hongo zoomorfo* (paddenstoelvormige hoofdjes). Hoogtepunten in de klassieke zaal zijn onder meer een altaar uit Naranjo, enkele fraaie wierookbranders en een model van Tikal. In de postklassieke zaal kun je een replica van de Dresden-codex zien, een van de drie precolumbiaanse Mayaboeken die bewaard zijn gebleven. In de koloniale zaal liggen relikwieën en processiekruisen.

Iets ten zuidoosten van de musea, rond de 10 Calle en 3 Avenida, kom je in de chicste wijk van de stad, de **Zona Viva**, een verzameling dure hotels, kantoren, restaurants, nachtclubs en boetieks. Dit deel en de omringende groene straten (waar de bewoners een overvloed aan personeel hebben om de gazons bij te houden) zijn duidelijk aan de derde wereld ontsnapt. Als je net terug bent van een reis langs de verarmde hooglanddorpen, is het pronkzuchtige vertoon in deze kleine enclave nogal schokkend.

Aan het einde van de Avenida La Reforma ligt een enorm verkeersplein, het **Parque Obelisco** – ook Parque La Independencia genoemd – waar vaak nationale manifestaties worden gehouden; vlakbij is het winkelcentrum **Los Próceres**. Om vanuit Zona 1 naar de Avenida La Reforma te gaan, neem je bus 82 vanaf de 10 Avenida, hij komt langs de Iglesia Yurrita en rijdt de hele Avenida La Reforma af. La Reforma is tweerichtingsverkeer, dus de bus rijdt hier dezelfde route terug.

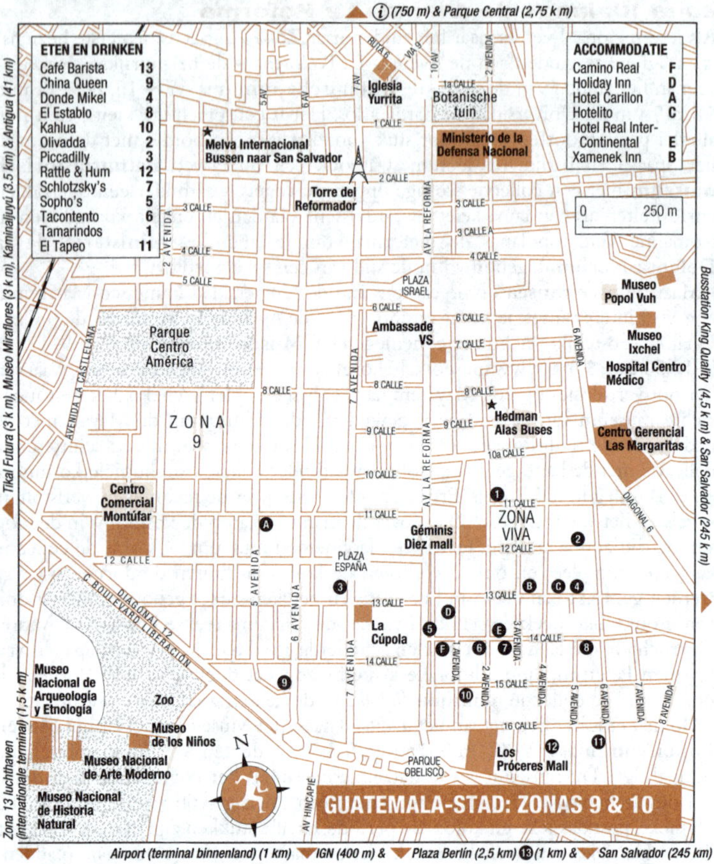

Zona 14 en omgeving

Verder in zuidelijke richting kom je in Zona 14, waar de Avenida La Reforma overgaat in de **Avenida Las Américas**; dit is een nog exclusievere wijk, met veel ambassades in ommuurde complexen. Aan het einde van de avenida, achter een beeld van paus Johannes Paulus II, ligt de **Plaza Berlín**, waar je fraai uitzicht hebt op de Vólcan Pacaya – in het weekend komen hier veel families picknicken en er zijn stalletjes waar je eten en drinken kunt kopen.

Aan de oostkant begint de hoofdweg naar de grens met El Salvador, die door Zona 10 en 15 loopt. Eenmaal buiten de stad gaat de weg tegen een steile heuvel op, langs een van de meest exclusieve en duurste woonwijken van het land, waar alle huizen een schitterend uitzicht hebben over de stad beneden, de meeste omgeven door een ring van angstaanjagende fortificaties.

Zona 9 en 13

De westzijde van de Avenida La Reforma hoort bij **Zona 9**, een middenklassewijk met hier en daar een restaurant en hotel, en een gemengd winkelaanbod. Er zijn niet veel bezienswaardigheden, maar de **Plaza España**, bij de kruising van de 7 Avenida en 12 Calle, is een aantrekkelijk plein met een fontein. Hier stond ooit een beeld van koning Karel III van Spanje, dat werd neergehaald toen de onafhankelijkheid werd uitgeroepen, maar enkele mooie betegelde bankjes uit de koloniale periode zijn bewaard gebleven.

In **Zona 13** in het zuidwesten ligt in het **Parque Aurora** de **dierentuin** (di–zo 9–17 uur; $ 2,50, kinderen $ 1; ®www.aurorazoo.org.gt), een van de beste van Midden-Amerika. De dieren zijn er over drie geografische zones verdeeld. In de Afrikaanse zone kun je leeuwen, nijlpaarden en giraffen zien; in de Aziatische zone Bengaalse tijgers, Indische olifanten en de netpython (de langste slang ter wereld); in de Amerikaanse zone tapirs, apen en vrijwel alle grote katten van dit werelddeel, waaronder enkele goed gevoede jaguars. De dierentuin is op avonden met volle maan open, een mooie gelegenheid om de nachtdieren te gaan bekijken.

Om de hoek zit het **Museo de los Niños** (di–do 8–12 en 13–17, vr 8–12 en 16–18, za–zo 10–13.30 en 14.30–18 uur; $ 4,50). Dit museum voor kinderen is eerder op vermaak dan educatie gericht. Je vindt er een grote zaal voor balspellen, trampolines, een theater, een muziekkamer waar kinderen zelf muziek mogen maken, en een grote legpuzzel van Guatemala.

Zo'n 250 m ten oosten van het Museo de los Niños zitten een paar nationale **musea** (di–vr 9–16, za–zo 9–12 en 13.30–16 uur). Het belangrijkste is het **Museo Nacional de Arqueología y Etnología** ($ 4) met een belangrijke collectie voorwerpen van de Maya's. Helaas zijn de opzet en inrichting verouderd en de bijschriften alleen in het Spaans. Het museum heeft afdelingen voor prehistorische archeologie en etnologie en bezit enkele schitterende stèles uit Machaquilá en Dos Pilas, een reconstructie van een koninklijke tombe uit Río Azul, jademaskers uit Takalik Abaj en een fraaie replica van een houten lateibalk van Tempel IV in Tikal. Maar het klapstuk vormen de voorwerpen uit Piedras Negras, een van de meest afgelegen opgravingen in Petén. Stèle 12, uit 672, verbeeldt op een briljante manier een gevangen koning die om genade smeekt; er is

▲ Altaar in het Museo Nacional de Arqueología y Etnología

ook een monumentale gebeeldhouwde stenen troon (J–6) uit dezelfde opgraving, rijk versierd met fraaie hiërogliefen en een hoofd met twee gezichten.

Tegenover het archeologisch museum zit het **Museo Nacional de Arte Moderno** ($ 1,50), dat ook al matig is ingericht; het bezit een paar fantasierijke geometrische schilderijen van Dagoberto Vásquez, kleurig semiabstract werk van de indiaanse kunstenaar Rolando Ixquiac Xicará en een verzameling opvallende beelden van Efraín Recinos. De permanente collectie omvat ook krachtige kubistische werken en grote muurschilderingen van Carlos Mérida, de beroemdste kunstenaar van Guatemala, die zich door de oude Mayatradities laat inspireren. Achter het museum ligt een **beeldentuin** met moderne beelden in wit marmer van internationale kunstenaars als Gé Pellini en de Canadees Pascual Archambault.

Het **Museo Nacional de Historia Natural** ($ 1,50) is het meest verwaarloosd van de drie musea, het bezit schimmelig ogende opgezette dieren uit Guatemala en elders en enkele mineralen. Ongeveer 200 m naar het oosten is langs de 11 Avenida een markt voor handwerk, waar veel toeristen komen. Om bij de musea te komen, kun je bus 83 op de 10 Avenida in Zona 1 of op de 6 Avenida in Zona 9 nemen.

De laatste bezienswaardigheid in het zuiden van de stad is de **Ciudad Universitária**, de campus van de Universidad de San Carlos, in Zona 12. Het is een uitgestrekt complex met overal levendige politieke graffiti. De universiteit, oorspronkelijk in Antigua gesticht door dominicaner priesters, is waarschijnlijk de beste van Midden-Amerika en heeft een autonome status en recht op vijf procent van het overheidsbudget. De instelling kent een lange geschiedenis van radicale protesten tegen de regering, honderden studenten werden het slachtoffer van repressie en politieke moorden. Bussen met het opschrift 'Universitária' rijden over de 4 Avenida door Zona 1 naar de campus.

Zona 7: de ruïnes van Kaminaljuyú

Helemaal aan de westrand van de stad liggen de bescheiden ruïnes van **Kaminaljuyú** (dag. 9–16 uur; parkeren gratis, toegang $ 7), de enige resten van een stad met ooit 50.000 inwoners, 300 grafheuvels en dertien balspelbanen. De tempels werden hier, anders dan de enorme bouwwerken in het laagland, met adobe gebouwd en ze zijn door erosie en latere stedelijke ontwikkeling vrijwel verdwenen. De huidige opgraving beslaat slechts een klein deel van de oorspronkelijke stad en is niet veel meer dan een grasveld met een reeks heuveltjes, een geliefd domein bij voetballers en verliefde stelletjes. Enkele hopen zijn deels afgegraven door archeologen en als je door de hekken kijkt, krijg je een beetje een idee van wat er onder het gras verborgen ligt, maar het is onmogelijk een indruk te krijgen van de voormalige grootte en schittering van Kaminaljuyú – daarvoor moet je naar het nieuwe Museo Miraflores (zie blz. 83).

Je kunt met bus 35, die door de 4 Avenida in Zona 1 rijdt, naar de ruïnes gaan.

De geschiedenis van Kaminaljuyú

Kaminaljuyú was al rond 400 v.C. bewoond en was in 100 n.C. tot een grote stad uitgegroeid, met circa tweehonderd afgeplatte **piramides**. Onder elke piramide lag een lid van de adel begraven; enkele tomben zijn opgegraven en geven een idee van de rijkdom en verfijning van de cultuur. De lichamen werden in fraaie kleding gewikkeld, met vermiljoenpigment bedekt en omringd door geofferde mensen, aardewerk, jade, maskers, pijlstaartrogstekels, obsidiaan en kwartskristallen. In de 2de en 3de eeuw volgde een periode van neergang voor de stad, en mogelijk werd Kaminaljuyú toen zelfs verlaten.

Kort na 400 beleefde Kaminaljuyú een renaissance, toen een invasie uit het noorden het hoogland overspoelde en de stad onder invloed kwam van Teotihuacán in Centraal-Mexico. De invallers vestigden hun regionale hoofdstad in Kaminaljuyú vanwege de nabijheid van obsidiaanmijnen en om toegang te krijgen tot de handelsroutes naar de kust en het laagland van Petén. Door de politieke en economische alliantie met Teotihuacán bloeide de stad weer op, de nieuwe heersers bouwden hun eigen tempels, tomben en balspelbanen. Kaminaljuyú sloot ook een verbond met Tikal, dat daardoor Petén kon domineren. Maar Kaminaljuyú was zo nauw verweven met het lot van Teotihuacán, dat de val van die stad rond 600 tot verzwakking en uiteindelijk de ondergang leidde.

Kaminaljuyú wordt sinds kort door sjamanen en activisten als een belangrijk Mayaheiligdom geclaimd, zodat er soms religieuze ceremonies plaatsvinden. De indiaanse leidster Rigoberta Menchú (zie blz. 439–440) koos de opgraving als locatie voor de viering van de Nobelprijs voor de vrede die ze in 1992 kreeg en waarvoor duizenden mensen naar de hoofdstad waren gekomen.

Museo Miraflores

Als je wat meer inzicht wilt in de oude Mayastad, moet je naar het **Museo Miraflores** (di–zo 9–19 uur; $ 5,50; ⓦwww.museomiraflores.org), tien minuten lopen ten zuiden van de ruïnes, naast het chique winkelcentrum Miraflores aan de Calzada Roosevelt (de hoofdweg naar Antigua). De geschiedenis van de stad en haar belang als handelscentrum worden in detail behandeld, en er zijn fraaie stenen sculpturen, stèles, keramiek, bijzondere sieraden van jade, en voorwerpen van obsidiaan. De maquette van Kaminaljuyú geeft een idee van de enorme omvang van de stad vroeger. Op het terrein van het museum zijn ook een paar tempelheuvels.

Eten, drinken en uitgaan

Al is Guatemala-stad dan de hoofdstad, het is niet de beste plek om uit te gaan. Het grootste deel van de inwoners haast zich na het werk naar huis, en afgezien van enkele straten in Zona 1, 4 en 10 is er 's avonds weinig te beleven. Zoals te verwachten liggen de **restaurants** verspreid over de stad en reflecteren ze het soort buurt waar ze gevestigd zijn. **Nachtclubs** en bars zijn vooral in Zona 10 te vinden. Naar de film gaan is erg populair, er zijn dan ook veel bioscopen.

Restaurants en cafés

In Zona 1 zijn heel wat leuke goedkope eettentjes te vinden. Vooral **lunchtijd** is een goed moment voor een stevige maaltijd, want veel zaken bieden dan een goed dagmenu van drie gangen voor rond $ 4 aan – bijvoorbeeld in de straten ten westen van het Parque Central of rond het postkantoor. In Zona 1 zitten in de 6 Calle tussen de 4 en 3 Avenida **Chinese** restaurants, maar ook vegetarische, Mexicaanse en Italiaanse. In Cuatro Grados Norte, Zona 4, vind je ook Arabisch, Japans, Italiaans en meer. De Zona Viva, in Zona 10, is een uitstekende buurt om jezelf te verwennen: er zitten talrijke goede cafés en stijlvolle restaurants en je kunt er van alles eten, van Spaanse tapas en Aziatische fusion tot steaks.

Zona 1

Altuna 5 Av 12–31, ®www.restauranteal tuna.com. Elegant, formeel en duur Spaans/ Baskisch restaurant met veel sfeer; dit is het domein van de Guatemalteekse eurocentrische elite. Op de kaart vind je zeebanket, paella, kreeft en goede *calamares*, maar ook heerlijke vleesgerechten, pasta en geïmporteerde Castiliaanse specialiteiten als manchego, *bacalao* en *jamón ibérico*. Reken op minimaal $ 25 pp. Er is ook een filiaal in Zona 10 in de 10 C 0–45.

Café de Centro Histórico 6 Av 9–50. Beschaafd café op de bovenverdieping van een fraai gerestaureerd gebouw van rond 1930 met de oorspronkelijke tegels, houten lambriseringen en zwart-witfoto's van de hoofdstad. Je kunt er ontbijten en er zijn goedkope Guatemalteekse schotels (bijvoorbeeld *sopa de frijoles* en *tortillas con carne*), een dagmenu voor $ 2,50, taart, salades en voortreffelijke koffie. Er is een zaal voor niet-rokers.

Café León 8 Av 9–15. Dit juweeltje vol traditie is het centrale hoofdkwartier van de Guatemalteekse intellectuelen; de lucht staat er stijf van de politieke discussies en de sigarettenrook (maar er is ook een ruimte voor niet-rokers). De koffie staat hier centraal, met sterke espresso en romige café con leche die in glimmende machines worden bereid, maar er zijn ook snacks (*cubiletes*, empanadas) en wat sandwiches verkrijgbaar. *Café León* is met zijn sfeer het tegendeel van de grote koffieketens. Gesl. za vanaf 13 uur, zo de hele dag.

Cafetalito 8 Av 10–68. Modern café a la *Starbucks*, met de bekende koffiecombinaties plus granita's en frapuccino's en lokale koffiemelanges (Huehuetenango, Atitlán en Cobán). Ook broodjes en snacks. Gesl. zo.

De Imeri 6 C 3–34. Buitengewoon populair café-restaurant met patio, een heerlijke plek voor ontbijt, salades, snacks, soepen en sandwiches. Het dagmenu (lunch, $ 4) is een aanrader.

Europa Bar 11 C 5–16. Klassieke verzamelplaats voor *expats*, onopvallend gevestigd onder een parkeergarage, waar je bekende gerechten als hamburgers en sandwiches kunt eten en naar Amerikaanse sporten kunt kijken. Gesl. zo.

El Gran Pavo 13 C 4–41. Redelijk authentiek Mexicaans eten voor fatsoenlijke prijzen. Vooral in het weekend levendig, als mariachi-bands de tafeltjes af gaan – andere dagen moet je het met ingeblikte ranchero-muziek doen, al verzacht de uitgebreide kaart met tequila's de pijn. Andere vestigingen: 6 C 3–09, Zona 9, en 15 Av 16–72, Zona 10.

Long Wah 6 C 3–75. Een van de betere goedkope Chinese restaurants in deze buurt. Op het menu staan onder andere *sopa mein*, *wontons* en *chow mein*. Bel voor afhaalmaaltijden: ⓣ2232 6611.

Rey Sol 11 C 5–51. Vegetarisch café-restaurant van de oude stempel, waar het eten – pasta, Mexicaanse gerechten, volkorenbroodjes en *tamales* – soms wat zwaar op de maag ligt, maar het is wel gezond allemaal. Tevens winkel met brood, muesli, sojamelk, kruidenthee en vegetarische snacks

Zona 4

Café Restaurant Pereira in het winkelcentrum Gran Centro Comercial, 6 Av en 24 C. Deze no-nonsense comedor is populair bij kantoormensen vanwege de stevige *comida típica* voor redelijke prijzen.

Flamenco Vía 4 Cuatro Grados Norte. Als je zin hebt in Spaans eten, ben je hier aan het juiste adres, al zijn de tapas (rond $ 6) aan de prijs. Zit fraai op een hoek, met balkon.

L'Ostería Ruta 2 4–75, Cuatro Grados Norte. Authentieke, redelijk geprijsde Italiaan in de hippe wijk van de stad. Groot terras en sfeervol interieur, vol kunst en filmposters. Voortreffelijke pizza's en pasta's, een redelijke wijnkaart en uiterst behulpzame bediening; reken op $ 15 pp. Gesl. ma.

Sucré Salé Ruta 6 8–52. Vriendelijk, goedkoop cafeetje op de begane grond van Casa Yurrita, naast de gelijknamige kerk (zie blz. 78). Alle gerechten (waaronder heerlijke soep, ontbijt, dagmenu's en desserts) worden elke dag vers gemaakt; er is ook een tuin met veel schaduw. Dag. 7–15 uur.

Zona 9, 10 en 14

Café Barista 16 C & 5 Av, Zona 14. Het chicste café van Guatemala ligt in een exclusieve buitenwijk en biedt door grote ramen uitzicht op lommerrijke boulevards. Vlekkeloos geleid, elegant etablissement waar je op leren sofa's kunt hangen en een ruime keus aan koffiesoorten, broodjes en ijs hebt.

China Queen 6 Av 14–04, Zona 9. Goede Chinees met redelijke prijzen en enorme porties; de gebakken rijst met garnalen kost $ 10 en is voldoende voor twee.

Donde Mikel 13 C 5–19, Zona 10. Elegant, duur restaurant met authentieke Spaanse gerechten. Aanraders zijn de heerlijke *camarones* (garnalen) en het vlees dat *a la plancha* (gegrild) wordt geserveerd. Gesl. zo.

Kacao 2 Av 13-44, Zona 10. Prachtig ingericht restaurant, met een door tientallen kaarsen verlichte eetzaal. Op het menu staan geraffineerde *comida guatemalteca* en enkele regionale gerechten als tapado. 't Is wel prijzig, zoals te verwachten is in de Zona Viva.

Olivadda 12 C 4–51, Zona 10. Goed restaurant waar je op de tuinpatio naast enorme varens en bamboe kunt eten. Op het fusionmenu staan gemberzalm, lomito porcini en sushi; hoofdgerechten $ 7–16.

Piccadilly Plaza España, 7 Av 12–00, Zona 9. Schoon familierestaurant met een goede kaart met pasta en pizza en enkele Guatemalteekse gerechten, allemaal redelijk geprijsd, geserveerd met enorme pullen bier. Er is ook een vestiging in Zona 1 aan 6 Av en 11 C.

Schlotzsky's 14 C & 3 Av, Zona 10. Hier kun je flinke sandwiches en wraps met een hoop groen eten; een combinatie incl. drankje kost rond $ 4.

Sopho's Av La Reforma, Zona 10. Beschaafd café-restaurant naast een van de beste boekhandels van de stad. Je kunt op het overdekte terras bij klassieke muziek genieten van een baguette, salade of croissant, begeleid door wijn, licuado of koffie.

Tacontento 2 Av & 14 C, Zona 10. Een van de goedkoopste eethuisjes in de Zona Viva en toch goed, met forse porties smakelijke taco's (vanaf $ 3) en andere bekende Mexicaanse gerechten. Er is ook een terras aan de straat.

Tamarindos 11 C 2–19 A, Zona 10, Ⓦwww.tamarindos.com.gt. Guatemala's hipste restaurant met een ultramoderne inrichting, een patio in Japanse stijl, elektronische klanken en innovatieve fusiongerechten met Aziatische en mediterrane accenten. Rond $ 15–20 pp. Gesl. zo.

El Tapeo 6 Av 16–01 Zona 10. Sympathiek Spaans restaurant met geblokte tafelkleedjes, posters van Almería en uitstekende tapas en hoofdgerechten. Redelijke prijzen.

Cafés en uitgaan

Guatemala-stad wordt 's avonds heel snel stil, maar er zijn een paar plaatsen waar je los kunt gaan. De drie belangrijkste uitgaanswijken – Zona 1, 4 en 10 – hebben elk hun eigen sfeer. **Zona 1** heeft een wat rauwe uitstraling en is populair bij studenten; verplaats je hier bij voorkeur per taxi, want de veiligheid is er een probleem. Als je in Zona 1 uitgaat, zijn *Las Cien Puertas* en de bars aan de Pasaje Ayicinena aanraders om wat te gaan drinken, daarna kun je in *La Bodeguita* kijken of daar wat te beleven valt.

In **Zona 4** vormt de levendige enclave Cuatro Grados Norte, die enkele voetgangersstraten rond Vía 5 beslaat, een brug tussen Zona 1 en 10; er komt vooral een wat meer artistiek publiek. Het weekend is de beste tijd om hier uit te gaan, de restaurants en bars (probeer *SUAE*) zijn dan druk en je kunt daarna bijvoorbeeld kijken of er een goede band in *Rock ol Vuh* speelt of anders een filmhuisfilm pakken in het Centro de la Cultural España, in het hart van de wijk aan Vía 5.

De Zona Viva in **Zona 10** is de wijk waar de welgestelde Guatemalteken zich vermaken. Er zijn talrijke bars in Amerikaanse stijl, dure restaurants en clubs waar Latin en Europese dance, pophits en salsa wordt gedraaid.

Guatemala heeft een kleine maar levendige **dance**-scene, al zijn er weinig vaste clubs. Het jaarlijkse Rave de Castillo, een dancefestival dat jaarlijks in de buurt van de hoofdstad wordt georganiseerd, is zeker een bezoek waard.

Bars en clubs

Arguileh Vía 5, Cuatro Grados Norte. Bar in Arabische stijl waar je op kussens kunt loungen en aan een waterpijp lurken. Je kunt er ook behoorlijke Arabische gerechten eten. Gesl. ma.

Bad Attitude 4 C 5–10, Zona 1, Ⓦwww.myspace.com/badattitudebar. Muziekbar die niet ieders smaak is met banieren van death metal-bands en schedelvormige bekers voor de drank. Op donderdag en zaterdag heavy/death/metal/thrash/alternative rockbands, op vrijdag van alles, van reggae tot trance. Sommige avonden gratis toegang; maximumentree is $ 5 (incl. drankje) voor populaire bands.

El Establo 14 C 5–08, Zona 10. Grote, stijlvolle bar, waar een welgesteld publiek van middelbare leeftijd komt. Goed eten. Jazz tot bluesy rock.

La Bodeguita del Centro 12 C 3–55, Zona 1, Ⓣ2230 2976. Grote, progressieve club met live muziek, comedy, poëzie en meer artistieks. Doordeweeks gratis entree, rond $ 4 in het weekend. Alleen al vanwege de Che Guevara-memorabilia is de club een bezoek waard. Gesl. zo, ma.

La Luna Pasaje Aycinema, 9 C tussen 6 en 7 Av, Zona 1. Kleine, vriendelijke bar in een vervallen historisch gebouw; de meeste avonden zijn er optredens.

Las Cien Puertes Pasaje Aycinema, 9 C tussen 6 en 7 Av, Zona 1. Altijd drukke, artistieke bar in een fraai, vervallen koloniaal gebouw, populair bij kunstenaars, studenten en politiek activisten. Muren vol graffiti. Goede muziek en bescheiden prijzen.

Kahlua 1 Av 15–06, Zona 10. Enorme club over vier verdiepingen met een gigantische dansvloer waar jonge feestgangers losgaan. Muzikaal meest doorsnee latin, de sfeer is vooral in het weekend uitbundig.

Rock ol Vuh Vía 5, Cuatro Grados Norte, Zona 4. Uitstekende, compacte, nieuwe zaal met goede akoestiek. Hier kun je de veelbelovende rockbands van Guatemala zien.

Rattle & Hum 4 Av & 16 C, Zona 10. Gezellige, sfeervolle bar van een Australiër, populair bij zowel buitenlanders als Guatemalteken. Levendige sfeer en muziek uit de stereo.

Rec Lounge 9 Av 0–81, Zona 4. Bar en club met underground dance, de dj's draaien drum'n'bass, dubstep en breaks. Het publiek is erg jong en hardcore.

SUAE Vía 5, Cuatro Grados Norte, Zona 4. Loungebar met intrigerende inrichting (met limoenkleurige plastic banken) en kunstwerken. Eclectische elektronische klanken, cultfilms op zondag, een paar rekken met bijzondere kleding te koop. Het barpersoneel weet alles van de underground dancescene van de hoofdstad.

Bioscopen

De talrijke bioscopen die de stad telt, draaien vooral Hollywoodfilms met Spaanse ondertiteling; het aanbod vind je in de nationale kranten. In Zona 1 zitten een paar bioscopen aan de 6 Avenida tussen het Parque Central en het hoofdbureau van politie, en in het winkelcentrum Los Próceres in Zona 10 vind je een grote bioscoop. Voor beeld en geluid van kwaliteit moet je naar de Cine Miraflores of de naburige Cine Tikal Futura, Calzada Roosevelt, Zona 11. **Filmhuisfilms** (overzicht in de *Revue*) draaien in La Cúpula, 7 Avenida 13–01 Zona 9, en het Centro de la Cultural España en IGA in Zona 4.

Handig om te weten

Ambassades De meeste ambassades zitten in het zuidoostelijk deel van de stad, aan de Avenida La Reforma en Avenida Las Américas. Voor de adressen van de Nederlandse en Belgische ambassade, zie blz. 53.

American Express Kantoor in Clark Tours, 7 Av 14–76, Zona 9 (ma–vr 8.30–17 uur; ⓣ2331 7422).

Apotheken Farmacia Osco, 16 C en 4 Av, Zona 10. Tientallen in Zona 1.

Autoverhuur Een tiental verhuurbedrijven heeft een balie op de luchthaven. Twee goede plaatselijke bedrijven zijn *Tabarini*, 2 C A 7–30, Zona 10 ⓣ2331 6108, ⓦwww.tabarini.com, en *Adaesa*, Calzada Aguilar Batres 8–12, Zona 11 ⓣ2472 1122, ⓦwww.adaesa.com. Tot de internationale bedrijven horen *Avis*, 6 Av 7–64, Zona 9 ⓣ2339 3248, ⓦwww.avisenlinea.com en *Thrifty*, 6 Av 11–57, Zona 9 ⓣ2332 1456, ⓦwww.thrifty.com.

Bagage Er is geen centraal bagagedepot, je moet je bagage bij je hotel stallen.

Banken Op de luchthaven zijn geldautomaten die MasterCard/Cirrus en Visa/Plus accepteren; na de renovatie komt er een filiaal van de Banco del Quetzal. Euro's kun je (tegen een slechte koers) bij de Banco Uno wisselen; er is een filiaal in18 C 5–56, Zona 10. In Zona 1 kun je bij Credomatic, 5 Av & 11 C, met Visa en MasterCard geld opnemen (ma–vr 8.30–19, za 9–13 uur) en travellercheques innen. In Zona 10 zijn veel geldautomaten, onder andere in het Centro Gerencial Las Margaritas, aan de Diagonal 6 10–01, waar je ook travellercheques kunt inwisselen. Op zondag (9.30–16 uur) kun je terecht bij de Banco Industrial, Centro Comercial Montúfar, 12 C 0–93, Zona 9.

Bibliotheken Het Guatemalan American Institute, of IGA, Ruta 1 en Vía 4, Zona 4, heeft de beste bibliotheek voor Engelse boeken. Het Centro

Gay Guatemala-stad

De kleine homoscene van Guatemala-stad is grotendeels ondergronds en is geconcentreerd rond een paar bars (met bijna alleen mannen); plekken die 'in' zijn, veranderen snel: kijk op ⓦwww.gayguatemala.com voor informatie. In Zona 1 is *Afanasi*, 4 Calle 5–30, een sleutelclub (do–za) met een grote dansvloer en een darkroom. In Zona 1 zijn twee cafés een ontmoetingspunt: *El Encuentro*, 5 Avenida 10–52, in een winkelcentrum, en *La Ermita*, 9 Avenida 13–19 (beide zondag gesloten). In Zona 4 zit *Genetic*, Vía 3 & Ruta 3, ⓦwww.geneticguatemala.com, de grootste homoclub van de stad met drie dansvloeren en een VIP-afdeling; hier danst een jong publiek op opzwepende latin dance en house (alleen vr en za). *Il Coliseum*, 17 Calle A 7–40, Zona 10, een homosauna, organiseert feesten op de meeste avonden; entree $ 10. Er zijn geen bars of clubs specifiek voor lesbiennes.

Cultural de España, Vía 5, Zona 4, heeft een paar boeken in het Engels. Dan zijn er nog de Nationale Bibliotheek, Parque del Centenario, en gespecialiseerde collecties bij de musea Ixchel en Popol Vuh.

Boekhandels *Sopho's*, Av La Reforma 13–89, Zona 10, heeft een kleine selectie non-fictie, fotoboeken en literatuur in het Engels; er is ook een bar. *Géminis*, 3 Av 17–05, Zona 14, is de moeite waard als je in het zuidelijk deel van de stad bent. In Antigua zitten veel betere boekhandels.

Fotografie De hieronder aanbevolen internetcafés kunnen foto's op cd branden. Geheugenkaartjes en filmrolletjes zijn overal te koop, diafilmpjes en zwart-witfilmpjes vind je bij de fotozaken aan de 6 Av in Zona 1.

Internet Internetcafés in Zona 1: onder andere Café Internet Navigator, 14 C & 6 Av. In Zona 10 moet je naar het winkelcentrum Géminis Diez, 12 C en 2 Av, waar twee internetcafés zijn. Tarieven rond $ 1,50 per uur.

Luchtvaartmaatschappijen De kantoren van luchtvaartmaatschappijen liggen verspreid door de stad, met een concentratie aan de Avenida La Reforma. Passagiers van AA en Continental kunnen een dag van tevoren inchecken bij de kantoren in het *Marriott*, 7 Av 15–45, Zona 9, om zo een stoel te reserveren en niet in de rij te hoeven staan. American Airlines, *Marriott* (zie opmerking boven) en *Hotel El Dorado*, Av La Reforma 15–45, Zona 9 ⓣ2337 1177, ⓦwww.aa.com; Continental, *Marriott* (zie opmerking boven) en 18 C 5–56, Zona 10 ⓣ2366 9985, luchthaven ⓣ2331 2051, ⓦwww.continental.com; Copa, 1 Av 10–1, Zona 10 ⓣ2385 5500, luchthaven ⓣ2385 0658, ⓦwww.copaair.com; Cubana, 13 C 3–40, Zona 10 ⓣ2367 2288, ⓦwww.cubana.cu; Delta Air Lines, 15 C 3–20, Zona 10, Centro Ejecutivo ⓣ2337 0642; Iberia, Av La Reforma 8–60, Zona 9 ⓣ2332 0911, luchthaven ⓣ2332 5517; KLM, 6 Av 20–25, Zona 10, 5e etage Edificio Plaza Marítima ⓣ2367 6179; Mexicana, 13 C 8–44, Zona 10, Edificio Edyma Plaza ⓣ2366 4543, ⓦwww.mexicana.com; Spirit Airlines ⓦwww.spiritair.com; Taca, Av Hincapié 12–22, Zona 13 ⓣ2470 8222, ⓦwww.taca.com; TAG, Av Hincapié y 18 C, Zona 13, ⓣ2360-3038, ⓦwww.tag.com.gt; United Airlines, Av La Reforma 1–50, Zona 9, Edificio el Reformador ⓣ2336 9923, ⓦwww.unitedguatemala.com.15

Medische zorg Dr. Manuel Cáceres Figueroa, 6 Av 8–92, Zona 9 (ⓣ2332 1506), spreekt Engels en Duits en is aanbevolen; ambassades hebben meestal een lijst van meertalige artsen. Voor medische noodgevallen bel je ⓣ125 voor het Rode Kruis of ga je naar het Centro Médico, een privékliniek met spoedafdeling op de 6 Av 3–47, Zona 10 (ⓣ2332 3555).

Politie Het hoofdbureau van politie zit aan de kruising van 6 Av en 14 C, Zona 1. In noodsituaties bel je ⓣ120.

Postkantoor Het hoofdpostkantoor zit op de 7 Av bij de 12 C, Zona 1 (ma–vr 8.30–17, za 8.30–13 uur).

Reisbureaus Viajes Tivoli, 6 Av 8–41, Zona 9 (ⓣ2386 4200, ⓦwww.viajestivoli.com), is een goed allround bureau met scherpe prijzen voor internationale vluchten. Vluchten naar Petén kun je boeken bij Servisa, Av La Reforma 8–33, Zona 10 (ⓣ2332 7526). Clark Tours, 7 Av 14–76 Zona 9 (ⓣ2412 4700, ⓦwww.clarktours.com.gt), organiseert trips door het hele land.

Tandarts Central Dentist de Especialistas, 20 C 11–17, Zona 10 (ⓣ2337 1773), is de beste tandartsenkliniek van het land en erg goed in noodingrepen. Redelijke prijzen.

Vertrek uit Guatemala-stad

Zie blz. 69 voor informatie over de **luchthaven** van Guatemala-stad. De **terminal** voor binnenlandse vluchten is niet bereikbaar vanuit het hoofdgebouw, de ingang zit aan de Avenida Hincapié aan de oostkant; neem een taxi. De binnenlandse vluchten van Taca vertrekken vanaf de internationale terminal (zie voor luchthavenbelasting blz. 31).

Eersteklasbussen vertrekken vanaf de kantoren van de busmaatschappijen. Daarvan zitten er veel rond de 18 Calle en 9 Avenida in **Zona 1**, andere liggen verspreid over de zuidelijke helft van de stad.

Tweedeklasbussen vertrekken aan het verkeersknooppunt Trébol ten zuidwesten van het centrum. De bussen naar het westelijke hoogland stoppen bij haltes langs de 41 Calle tussen de 7 Avenida en 11 Avenida, Zona 7. Alle bussen naar de kust en het zuiden (inclusief Iztapa en de Mexicaanse grens bij Tecún Umán) vertrekken vanaf het busstation aan de kruising van de 8 Avenida en 4 Calle in Zona 12.

Tijdens **internationale busreizen** naar Tegucigalpa en Managua overnacht je in een Tica Bus-hotel in San Salvador. Voor San José, Costa Rica, zijn twee overnachtingen nodig.

Bussen Guatemala-stad uit

Websites, voor zover aanwezig, zijn gegeven. Voor de busmaatschappijen zijn de volgende afkortingen gebruikt:

ADN	Autobuses del Norte Ⓦwww.adnautobusesdelnorte.com
Blanca	Ⓦwww.monjablanca.com
DM	Dulces María
FN	Fuente del Norte
HA	Hedman Alas Ⓦwww.hedmanalas.com
KQ	King Quality Ⓦwww.kingqualityca.com
L	Litegua Ⓦwww.litegua.com
LD	Línea Dorada Ⓦwww.tikalmayanworld.com
LH	Los Halcones
MI	Melva Internacional
P	Pullmantur Ⓦwww.pullmantur.com
RO	Rutas Orientales Ⓦwww.rutasorientales.com
RZ	Rápidos Zacaleu
TA	Transportes Álamo
TB	Ticabus Ⓦwww.ticabus.com
TE	Transportes Escobar y Monja
TGG	Transportes Galgos Ⓦwww.transgalgosinter.com.gt
TGR	Transportes Guerra
TV	Transportes Velásquez

Naar	Maatschappij	Busstation	Frequentie	Duur
Antigua	2e klas	1 Av & 3 C, Zona 7	15 min.	1 uur
Chichicastenango	2e klas	41 C & 10 Av, Zona 7	30 min.	3:15 uur
Chiquimula	RO (1e)	19 C 8–18, Zona 1	20 per dag	3:30 uur
	TGR (1e)	19 C 8–39, Zona 1	20 per dag	3:30 min
Ciudad Pedro de Alvarado	2e klas	8 Av & 4 C, Zona 12	30 min.	2:30 uur
Cobán	TE (1e)	8 Av 15–16, Zona 1	30 min.	4:30 uur
Copán	HA (1e)	2 Av 8–73, Zona 10	2 per dag	5 uur
Escuintla	2e klas	8 Av & 4 C, Zona 12	20 min.	1:15 uur
Esquipulas	RO (1e)	19 C 8–18, Zona 1	30 min.	4 uur
Flores	FD (1e)	17 C & 8 Av, Zona 1	19 per dag	8–9 uur

	LD (1e)	16 C 10–03, Zona 1	3 per dag	8 uur
	ADN (1e)	8 Av 16-41, Zona 1	3 per dag	8 uur
Huehuetenango	LD (1e)	16 C 10–03, Zona 1	2 per dag	5:30 uur
	LH (1e)	7 Av 15–27, Zona 1	3 per dag	5:30 uur
	TV (1e)	20 C 1–37, Zona 1	9 per dag	5:30 uur
	RZ (1e)	5C 11–42, Zona 1	3 per dag	5:30 uur
Iztapa	2e klas	8 Av & 4 C, Zona 12	5 per dag	3 uur
La Mesilla	LD (1e)	16 C 10–03, Zona 1	2 per dag	7 uur
	TV (1e)	20 C 1–37, Zona 1	7 per dag	7 uur
Managua	KQ	18 Av 1–96, Zona 15	1 per dag	18 uur
	TB	Blvd Los Próceres 26–55, Zona 10	1 per dag	28 uur
Monterrico	via Iztapa			
Nebaj	2e klas	41 C & 8 Av, Zona 7	4 per dag	5:15 uur
Panajachel	2e klas	41 C & 8 Av, Zona 7	8 per dag	3 uur
Puerto Barrios	L (1e)	15 C 10–40, Zona 1	14 per dag	5:30 uur
Quetzaltenango	FN (1e)	17 C & 8 Av, Zona 1	8 per dag	4 uur
	LD (1e)	16 C 10–03, Zona 1	2 per dag	4 uur
	TA (1e)	12 Av A 0–65, Zona 7	7 per dag	4 uur
	TG (1e)	7 Av 19–44, Zona 1	2 per dag	4 uur
	2e klas	41 C & 8 Av, Zona 7	elk uur	4:15 uur
Rabinal	DM			
	1e & 2e klas	17 C 11–32, Zona 1	elke 30 min.	3:45 uur
Río Dulce	L (1e)	15 C 10–40, Zona 1	4 per dag	5:15 uur
	Bussen naar Flores stoppen ook in Río Dulce			
Salamá	DM			
	1e & 2e klas	17 C & 11–32, Zona 1	elke 30 min.	3:15 uur
San Pedro La Laguna	2e klas	41 C & 8 Av, Zona 7	7 per dag	3:30 uur
San Pedro Sula	RO (1e)	19 C 8–18, Zona 1	2 per dag	12 uur
	HA (1e)	2 Av 8–73, Zona 10	1 per dag	8:30 uur
San Salvador	MI (1e)	3 Av 1–38, Zona 9	14 per dag	5 uur
	TB (1e)	Blvd Los Próceres 26–55, Zona 10	1 per dag	5 uur
	KQ (1e)	18 Av 1–96, Zona 15	2 per dag	5 uur
	P (1e)	*Holiday Inn*, Zona 10	2–3 per dag	5 uur
Santa Cruz del Quiché	2e klas	41 C & 8 Av, Zona 7	elk uur	4 uur
Santiago Atitlán	2e klas	8 Av & 4 C, Zona 12	6 per dag	3 uur
Tapachula	LD (1e)	16 C 10–03, Zona 1	1 per dag	6:30 uur
	TB (1e)	Blvd Los Próceres 26–55, Zona 10	1 per dag	5 uur
	TG (1e)	7 Av 19–44, Zona 1	3 per dag	6–7 uur
Tegucigalpa	TB (1e)	Blvd Los Próceres 26–55, Zona 10	1 per dag	28 uur
Tikal	reis via Flores			

Telefoon Beide internetcafés in Géminis Diez (zie 'Internet') hanteren aantrekkelijke tarieven voor internationaal bellen. Openbare telefoons die met telefoonkaarten werken, vind je overal; het hoofdkantoor van Telgua is een blok ten oosten van het postkantoor (dag. 7–24 uur).

Tours *Hotel Posada Belén* (zie blz. 72) biedt goede rondwandelingen met gids (Engels of Spaans) door het historisch centrum van Guatemala-stad langs Casa Mima, het Palacio Nacional, de kathedraal en andere monumenten voor $ 40 pp en een museumtour van een dag voor $ 60. Clark Tours (zie 'Reisbureaus') heeft stadsbezichtigingen van een halve dag voor $ 27.

Wasserette Lavandería Obelisco, Av La Reforma 16–30, rekent ongeveer $ 3 voor zelf wassen en drogen; er zit ook een wasserette op 4 Av 13–89, Zona 1.

Werk Moeilijk te vinden. De beste optie is lesgeven aan een van de Engelse scholen; kijk bij de advertenties in de *Revue*.

De omgeving van Guatemala-stad

Rond de stad liggen een paar bestemmingen die te doen zijn als dagtrip; de rest van de omringende heuvels kun je makkelijk vanuit een andere stad verkennen.

De hoofdweg naar het zuiden naar Escuintla en de Grote Oceaan loopt door een smal dal in de schaduw van de zeer actieve **Volcán de Pacaya**, die vaak rook, gassen, stenen en lava uitbraakt.

Ten noordwesten van de hoofdstad liggen de dorpen **San Juan Sacatepéquez** en **San Pedro Sacatepéquez**, beide met een interessante markt, terwijl je nog verder naar het noordwesten bij de ruïnes van **Mixco Viejo** komt, de oude hoofdstad van de Poqomam-Maya's.

▲ Volcán de Pacaya

Ten zuiden van de stad

De **Carretera al Pacífico** loopt door de zuidelijke buitenwijken en over het klaverblad van El Trébol naar de industriewijken en vervolgens de stad uit. De weg komt langs nieuwe woonwijken en lege kavels met grote posters die de lof van het vinex-leven en hypotheken bezingen. Het asfalt leidt ook langs veel van Guatemala's reusachtige *maquila*-fabrieken, waar kleding in elkaar wordt gezet, en langs de stad **Villa Nueva**, die nu vrijwel is opgeslokt door de hoofdstad. Na een tijdje wordt het dal smaller, terwijl de vulkaantoppen van de Agua en Pacaya het landschap domineren.

Een paar kilometer ten oosten van de weg ligt aan de voet van de vulkaan Pacaya het **Lago de Amatitlán**, omringd door beboste heuvels. De ligging is schitterend, maar het meer heeft helaas te lijden onder de geldzucht van speculanten (de oever wordt langzamerhand volgebouwd met bungalows en industrieën, en het water is vervuild).

De Volcán de Pacaya

Als je verder door het dal gaat, richting Grote Oceaan, kom je bij een weg naar links (het oosten) die door de heuvels naar de flanken van de zeer actieve **Volcán de Pacaya** leidt, waar een pad omhoog gaat. In een spectaculair klank- en lichtspel braakt de 2250 m hoge vulkaan regelmatig wolken van steen en as uit. De huidige periode van erupties begon in 1965, terwijl de koloniale archieven aantonen dat de vulkaan ook tussen 1565 en 1775 actief was. De Pacaya is een van de best toegankelijke en meest opwindende vulkanen van Midden-Amerika. Een tocht naar de top is een onvergetelijke ervaring (al is de beklimming op sommige dagen onmogelijk vanwege de zwaveldampen en harde wind). De erupties zijn 's nachts op hun mooist, als er stromen feloranje lava uit de vulkaan komen.

Het is weliswaar mogelijk de top individueel te beklimmen, maar bijna iedereen kiest ervoor om met een groep met gids omhoog te gaan. Antigua is de beste plek om een tour te boeken; Gran Jaguar Tours, 4 Calle Poniente 30 (☎7832 2712), organiseert de meeste beklimmingen ($ 5-7 pp), maar de stad telt ook veel specialisten in avontuurlijke sporten (zie blz. 109) die comfortabelere en duurdere trips inclusief eten en drinken verzorgen (ca. $ 40). De meeste goedkope tours vertrekken rond 14 uur uit Antigua en zijn rond 21 uur weer terug. De **veiligheid** op de Pacaya (ooit een gebied van overvallen door bandieten) is sterk verbeterd sinds er parkwachten zijn gestationeerd, die de groepen begeleiden.

De minibusjes van de reisbureaus zetten je af in het dorp **San Francisco de Sales**, waar je meteen omringd wordt door tientallen jongetjes die je een 'walking stiek' willen verkopen, of een zaklantaarn of paard ($ 15) willen verhuren. Zodra je de entree voor het reservaat rond de top van de Pacaya hebt betaald ($ 3,50), krijg je een plaatselijke gids toegewezen die jouw groep naar boven begeleidt. De tocht omhoog is steil en duurt een uur, over een goed pad door *milpas* en dicht bos, tot je opeens op een kale richel staat, waar je de krater in al zijn ontzagwekkende schoonheid ziet. Voor je ligt een enorme kom met afgekoeld lava, de gestolde stroom wijst naar rechts; aan de andere kant ligt de krater zelf, een inktzwarte, driehoekige top waar af en toe stenen en as uitkomen. Je kunt afdalen en voorzichtig over het lavaveld lopen tot aan een deel waar gesmolten lava naar boven komt. Als je marshmallows bij je hebt, kun je die hier roosteren.

Bij de meeste tours heb je niet genoeg tijd om verder te gaan, maar het is mogelijk om in 45 minuten de top van de krater te bereiken. De route leidt langs verkoolde boomstronken en over de gladde met as bedekte helling – een angstaanjagende maar opwindende klim, die eindigt bij de aanblik van bubbelende plassen magma en kleine erupties (alleen als de omstandigheden het toelaten). Een giftig brouwsel van zwaveldampen (die je de adem benemen) wervelt rond de krater en je voelt de hitte van de as en lava onder je voeten. De beklimming is niet mogelijk als de Pacaya erg actief is – informeer van tevoren bij het reisbureau.

Parque Natural Canopy Calderas

Op de noordhelling van de Pacaya ligt het **Parque Natural Canopy Calderas** (dag. 8–18 uur; ⓣ5538 5531, ⓦwww.parquenaturalcalderas.com), een beschermd gebied met een fraai hooglandmeer en een dicht stuk regenwoud. Het park is particulier bezit; je kunt er naast het schone meer kamperen ($ 7 pp), paardrijden ($ 8 per uur) en vanaf stevige houten platforms langs 700 m aan door het woud gespannen kabels door de jungle zweven ($ 20). Als je individueel gaat, moet je naar het dorp San José en daar de burgemeester naar 'El tiro del mono' vragen; er gaat een ervaren gids mee om te laten zien hoe je de kabels correct gebruikt.

Ten noordwesten van de stad

Ten noordwesten van de hoofdstad ligt een heuvelachtig gebied dat ondanks de nabijheid van Guatemala-stad nog vrijwel maagdelijk is. De heuvels zijn er bedekt met naaldbossen en er liggen een paar interessante dorpen met markten die een bezoek waard zijn. Iets verderop kom je bij de fraai gerestaureerde ruïnes van **Mixco Viejo**, buitengewoon mooi gelegen.

San Pedro Sacatepéquez en San Juan Sacatepéquez

Als je de stad in noordwestelijke richting verlaat, kom je door de buitenwijk **Florida**, waarna de weg omhoog gaat, de heuvels in, door een gebied dat merkwaardig onbewoond is – op een enkele villa na, verborgen in het bos.

Het eerste van de twee dorpen die je passeert, is **SAN PEDRO SACATEPÉQUEZ**, dat na de aardbeving van 1976 vrijwel geheel moest worden herbouwd. De plaatselijke vrijdagsmarkt is niet erg groot, maar toch een bezoek waard. De weg gaat daarna omhoog en daalt vervolgens weer af langs geïmproviseerde kassen. Na 6 km ben je bij **SAN JUAN SACATEPÉQUEZ**, beroemd om zijn bloemenkwekers. De beste dag voor een bezoek is vrijdag, als het dorp opleeft en volstroomt vanwege de markt. Let op de *huipiles* die in San Juan worden gedragen, met grote geometrische patronen in geel, paars en groen.

Bussen naar beide dorpen vertrekken elk kwartier vanaf de 41 Calle bij de 8 Avenida, Zona 7, in Guatemala-stad.

Mixco Viejo

Na San Juan splitst de weg zich; de ene tak, een slechte onverharde weg, gaat naar het noorden naar El Chol en Rabinal, de andere is een goede asfaltweg die naar het noordwesten naar **Mixco Viejo** leidt. Langs deze route verandert het landschap opeens, de naaldbossen houden op en je komt in een uitgestrekt, dor dal. Er staan her en der kleine boerderijen, terwijl hier ook de Politécnica ligt, de militaire academie van Guatemala. Ongeveer een halfuur rijden voorbij San Juan kom je bij de ruïnes van Mixco Viejo, gelegen in een breed dal.

De ruïnes

MIXCO VIEJO (8–17 uur; $ 7) was de hoofdstad van de Poqomam-Maya's, een belangrijke stam in de precolumbiaanse tijd. Hun taal is nu vrijwel uitgestorven – ze wordt alleen nog in afgelegen streken en in de dorpen Mixco en Chinautla gesproken – en het grootste deel van hun territorium is nu in handen van Maya's die Kaqchikel spreken. De stad werd waarschijnlijk in de 13de eeuw gesticht en de opzet, ontworpen om belegeringen te doorstaan, verraadt de woelige periode voor de komst van de Spanjaarden. Mixco Viejo wordt aan alle kanten door diepe ravijnen omgeven en is alleen bereikbaar via een smalle weg. Toen de Spanjaarden in 1525 arriveerden, was dit een van de grootste steden van het hoogland, met negen tempels, twee balspelbanen en negenduizend inwoners.

De Spaanse historicus Fuentes y Guzmán was getuige van de inname van de stad, zodat we over een gedetailleerd verslag beschikken. De Spaanse legeraanvoerder Alvarado stuurde eerst een klein leger, maar toen dat faalde, zette hij zelf de aanval in, samen met zijn Mexicaanse bondgenoten, tweehonderd Tlaxcala-krijgers. Hij koos weinig subtiel voor een frontale aanval, maar zijn legers werden in de rug aangevallen door Poqomam-krijgers uit Chinautla. De slag werd op een open vlakte voor de stad uitgevochten, waarbij de Spaanse cavalerie de overwinning behaalde en tweehonderd Poqomams doodde, maar de stad was nog altijd niet ingenomen. Volgens Fuentes y Guzmán wezen de gevangengenomen Poqomams een geheime ingang aan, zodat de Spanjaarden de stad in konden, waar ze een bloedbad aanrichtten. De overlevenden moesten zich aan de rand van de stad vestigen, in de buitenwijk Mixco.

De ruïnes zijn inmiddels fraai gerestaureerd, met pleinen en tempels op een reeks plateaus. Net als in alle andere hooglandsteden zijn de gebouwen vrij laag – de grootste tempel is niet meer dan 10 m hoog – en niet gedecoreerd. Niettemin is het een interessante plek met een spectaculaire ligging; doordeweeks zijn er nauwelijks bezoekers en dat zorgt voor extra sfeer. De vier bussen die dagelijks vanaf de 41 Calle, hoek 8 Avenida, Zona 7, in Guatemala-stad naar Pachalum rijden, komen langs Mixco Viejo. Er zijn gekoelde dranken te koop en er zijn een paar aantrekkelijke hutten waar je met uitzicht op de ruïnes kunt **kamperen**.

Van Guatemala-stad naar Sumpango

Als je vanuit Guatemala-stad over de Carretera Interamericana naar het westen gaat, kom je eerst door **Mixco**, ooit een stad van de Poqomam-Maya's, maar nu een voorstad van de hoofdstad. De weg leidt vervolgens via grote tuindersdorpen naar **San Lucas Sacatepéquez**, vlak voor de afslag naar Antigua. Het dorp dateert uit de precolumbiaanse tijd, maar is nu vooral een weekendbestemming voor stedelingen. Je vindt er talrijke goedkope comedores en familierestaurants langs de weg.

Iets verderop ligt **SANTIAGO SACATEPÉQUEZ**, 1 km ten noorden van de Interamericana. De beste tijd om Santiago te bezoeken is 1 november, als er tijdens **Allerzielen** enorme papieren vliegers op het kerkhof worden opgelaten om de zielen van de gestorvenen van hun pijn te verlossen. Het feest is erg populair, elk jaar komen honderden Guatemalteken en toeristen naar het spektakel kijken. De kleurige vliegers, gemaakt van papier en bamboe, zijn rond en kunnen een doorsnee van 6 tot 7 m hebben. Teams van jonge mannen proberen ze in de lucht te houden, terwijl de toeschouwers met ingehouden adem toekijken en dekking zoeken als een vlieger neerstort.

In Santiago wordt op dinsdag en zondag een **markt** gehouden en het stadje heeft een klein **museum** (ma–vr 9–16, za–zo 9–12 en 14–16 uur), net ten zuiden van het plein. Het toont voorwerpen van de Maya's uit opgravingen uit de buurt, en verder enkele traditionele kostuums.

Het naburige dorp **SUMPANGO**, 6 km verder westwaarts over de Interamericana, kent dezelfde traditie op Allerzielen – als er in Santiago te weinig wind is en de vliegers er weigeren om het luchtruim te kiezen, dan gaat iedereen hiernaartoe in de hoop op meer succes.

Santiago Sacatepéquez en Sumpango zijn tijdens Allerzielen makkelijk te bereiken, want reisbureaus en taalscholen in Antigua sturen dan een hele vloot aan minibusjes naar de dorpen; op andere dagen moet je een bus naar San Lucas Sacatepéquez aan de Interamericana nemen en daar overstappen op een bus naar de dorpen.

Antigua en omgeving

ANTIGUA, een van de meest betoverende koloniale steden van Amerika, is schitterend gelegen in een weids hooglanddal tussen de vulkanische toppen van de Agua, Acatenango en Fuego. Ooit was het een van de grote steden van het Spaanse rijk, niet minder belangrijk dan Lima en Mexico-stad, en het bestuurscentrum voor heel Midden-Amerika en het Mexicaanse Chiapas.

Tegenwoordig is Antigua een oase van rust en de belangrijkste toeristische bestemming van Guatemala, een plek waar reizigers graag even bijkomen. De grote troef van de stad is haar schoonheid, bepaald door de fraaie met keitjes geplaveide straten en koloniale gebouwen in barokstijl. Door de prettig ontspannen sfeer, de levendige cafés en goede restaurants krijgt de stad nog meer aantrekkingskracht.

De **taalscholen** van Antigua, die tot de beste van Latijns- Amerika behoren, trekken cursisten uit de hele wereld en vormen een belangrijk onderdeel van de lokale economie. De hier woonachtige buitenlanders vergroten de kosmopolitische sfeer verder. En dan zijn er de vele dorpelingen die op straat hun producten verkopen en de leden van de Guatemalteekse middenklasse die in het weekend hier komen eten en uitgaan. Antigua is kortom een heerlijke plaats om even bij te komen van zware reisdagen en eens goed te eten, maar deze beschaafde, geïsoleerde wereld kan ook wel eens iets te zelfvoldaan en comfortabel lijken. Na een paar dagen cappuccino drinken en croissants eten, zou je bijna vergeten dat je in Midden-Amerika bent.

Geschiedenis in het kort

Antigua was de derde hoofdstad van Guatemala. De Spanjaarden vestigden hun eerste hoofdstad in juli 1524 bij **Iximché**, zodat ze hun bondgenoten, de Kaqchikel-Maya's, in de gaten konden houden. In november 1527, toen de Kaqchikel-Maya's in opstand kwamen tegen de nieuwe heersers, werd de hoofdstad naar het dal van de Almolonga verplaatst, naar **Ciudad Vieja**, op een paar kilometer van Antigua. In 1541, kort na de dood van Alvarado, verdween de complete stad onder een enorme modderlawine. Pas toen werd Antigua de hoofdstad en bereikte een opmerkelijke welvaart, ondanks de constante dreiging van aardbevingen – de eerste kwam al na twintig jaar.

Een voor een kwamen de religieuze orden naar Antigua, waar ze elkaar de loef afstaken in de bouw van scholen, kerken, kloosters en ziekenhuizen. Bisschoppen bouwden grootse paleizen, net als de lokale kooplieden en corrupte regeringsfunctionarissen.

De stad bereikte haar grootste bloei medio 18de eeuw, een periode waarin koortsachtig gebouwd werd nadat de aardbeving van 1717 grote schade had aangericht, terwijl de bevolking groeide, tot 50.000 inwoners. Antigua was een indrukwekkende stad geworden, met een universiteit, drukpers, een krant, een bloeiende handel en felle politieke rivaliteiten. Maar als zo vaak in Guatemala maakten aardbevingen er abrupt een einde aan; in 1773 kreeg Antigua twee verwoestende bevingen te verwerken. De schade was zo groot dat besloten werd de stad op te geven ten gunste van een nieuwe hoofdstad, maar gelukkig weigerden velen te vertrekken, ondanks een stroom officiële decreten, zodat Antigua nooit volledig verlaten werd.

De stad begon daarna geleidelijk weer te groeien, vooral in de afgelopen eeuw. Nu Guatemala-stad steeds verder dichtslibt, vertrekt een deel van de middenklasse naar Antigua. Daarnaast verblijven er veel buitenlanders, die er werkzaam of op bezoek zijn, en die zijn afgekomen op de ontspannen en geraffineerde sfeer, het rijke culturele leven, het milde klimaat en het ontbreken van verkeersopstoppingen.

De oude architectuur van Antigua komt steeds meer in de belangstelling te staan. Een aanzienlijk deel van de overweldigende koloniale erfenis van de stad bestaat uit sfeervolle ruïnes, terwijl een ander deel steeds verder vervalt en weer een ander deel tegenwoordig hotels en restaurants huisvest. Vooral sinds de Unesco Antigua in 1979 tot werelderfgoed uitriep, wordt geprobeerd deze unieke erfenis te behouden. De lokale **monumentenwetten** zijn erg streng (aanbouw aan huizen is vrijwel onmogelijk, en bedrijven worden onder druk gezet om hun panden in officieel gesanctioneerde kleuren te schilderen) en neigen soms naar het absurde. De aanleg van een nieuwe ringweg aan de westkant van Antigua en het verbod op vrachtwagens in de oude stad heeft het lawaai en de luchtvervuiling aanzienlijk verminderd.

Aankomst en oriëntatie

Antigua is volgens het traditionele schaakbordpatroon opgezet, met avenidas die noord–zuid en calles die oost–west lopen. Elke straat heeft een nummer en twee helften, noord en zuid (*norte/sur*) of oost en west (*oriente/poniente*), met het grote plein, het **Parque Central**, in het midden. Ondanks dit eenvoudige systeem maken een slechte straatverlichting, het gebruik van oude straatnamen en een wet die overhangende borden verbiedt dat veel mensen af en toe verdwalen. Maar Antigua is klein en als je je oriëntatie kwijt bent, bedenk dan dat de nabijgelegen Volcán Agua ten zuiden van de stad ligt.

Als je met de **bus** reist, kom je bij het hoofdbusstation aan, een grote open ruimte naast de markt, drie lange blokken ten westen van het centrale plein. Het lawaai, de uitlaatgassen en de drukte van dit deel van de stad is niet anders dan elders in Guatemala, en je wordt er mogelijk aangeschoten door ritselaars die je naar een hotel of taalschool willen brengen. Als je naar het centrum wilt, sla je de 4 Calle Poniente in, die rechtstreeks naar het centrale plein leidt.

Misdaad in Antigua

Wie Antigua bezoekt, moet beseffen dat bezoekers af en toe het slachtoffer zijn van misdrijven, en dan vooral berovingen. In de afgelopen jaren heeft de zichtbare aanwezigheid van een toeristenpolitie de veiligheid vergroot, maar neem toch de gebruikelijke voorzorgsmaatregelen: ga 's avonds laat niet in je eentje rondlopen en mijd overdag verlaten plekken. Als je naar een uitzichtpunt als de Cerro de la Cruz wilt, ga dan mee met een van de excursies die de toeristenpolitie organiseert.

Informatie

Het **toeristenbureau** (ma–vr 8–13 en 14–17, za–zo 9–13 en 14–17 uur; ⓣ7832 0763, ⓔinfo-antigua@inguat.gob.gt) zit nu in de 5 Calle Poniente 9, maar zal binnenkort terugkeren naar de oorspronkelijke plek aan de zuidkant van het centrale plein. De medewerkers zijn goed geïnformeerd, spreken Engels en verstrekken gratis plattegrondjes en advies over monumenten en stadswandelingen. De **toeristenpolitie** is wat onhandig gesitueerd, achter de markt (ⓣ7832 7290), maar zal bij alle problemen proberen te helpen (al spreken weinig agenten Engels). De agenten begeleiden op verzoek bezoekers naar de Cerro de la Cruz – met uitzicht op Antigua en de omringende vulkanen – en naar het stadskerkhof.

De meest volledige **gidsen** over Antigua zijn *Antigua Guatemala: The City and Its Heritage* van Elizabeth Bell en *Antigua for You*, van Barbara Balchin De Koose. Beide zijn ter plaatse in de boekhandels te koop (zie blz. 109). **Gidsen** van vlees en bloed zijn vaak op het plein te vinden, op zoek naar klanten, maar je kunt beter met een stadstour meegaan (zie blz. 109).

Op prikborden op diverse populaire toeristenplekken vind je allerlei advertenties, van salsalessen tot woningen en privétaallessen. Kijk bijvoorbeeld in populaire budgethotels als de *Black Cat* en *El Hostel*, in restaurant *Doña Luisa's*, 4 Calle Oriente 12, en de *Rainbow Reading Room*, 7 Avenida Sur 8.

Accommodatie

Antigua heeft een uitstekend aanbod aan hotels in alle prijsklassen, en of je nu een kamer in een koloniaal herenhuis of een bed op een slaapzaal zoekt, je zult altijd iets vinden (behalve in de paasweek, zie blz. 101, als alles vol zit en de prijzen hoog zijn). In de rustige periodes liggen de prijzen in de luxe- en middenklassehotels lager.

Klantenlokkers bieden arriverende buspassagiers vaak aan hen naar een hotel te brengen; pas wel op, ze krijgen commissie als je de kamer neemt, dus als je met zo iemand bij een hotel aankomt, is je onderhandelingspositie al verzwakt – alleen in de allerdrukste periodes is het de moeite waard een van deze mensen in de arm te nemen. Veel budgethotels zitten in de straten tegenover de markt en het busstation en kunnen erg lawaaiig zijn; hotels in andere delen van de stad zijn veel rustiger. Een uitstekend alternatief is de heerlijke *Earth Lodge* (zie blz. 117), 7 km buiten Antigua, die prachtig in de heuvels ten noorden van de stad ligt.

Budgethotels

Black Cat Hostal 6 Av Norte 1A ⓣ7832 1229, ⓦwww.blackcatantigua.com. Feestplek voor jonge backpackers, gunstig gelegen op één blok van het Parque, en met een bar aan de straat die van lunchtijd tot laat stampvol zit. Er is geen keuken en de slaapzalen hebben acht bedden, maar de tv/dvd-kamer is gezellig, het ontbijt royaal en het personeel aardig. Slaapzaal $ 7, kamers ③

El Hostal 1 Av Sur 8 ⓣ7832 0442, ⓔelhostal.antigua@gmail.com. Het meest comfortabele budgethotel van Antigua, goed geleid, brandschoon, koloniale sfeer voor een prikje, met een fraaie patio waar je overdag prima kunt chillen. De slaapzalen (met zes bedden en lockers) en privékamers zijn erg ruim; in de badkamers (dames en heren) vind je loeihete douches en een wasmachine. Het ontbijt is legendarisch – à la carte met een lange menukaart. Slaapzaal $ 8–10. ④

International Mochilero Guest House 1 C Poniente 33 ⓣ7832 0520, ⓦwww.internacionalmochilero.com. Goedkope maar Spartaanse een- en tweepersoonskamers (sommige met badkamer) en een slaapzaal ($ 7,50); de kamers achter hebben beter licht. Verder een fraaie tuin en een keuken voor de gasten. ②

Jungle Party Hostal 6 Av Norte 20 ⓣ7832 0463, ⓦwww.junglepartyhostal.com. Gezellig, populair hotel met plek voor 30 gasten, waar veel jonge backpackers komen. Er zijn slaapzalen met drie en vijf bedden ($ 7) met stevige houten stapelbedden en kluisjes, de badkamers zijn voor verbetering vatbaar. Er is ook een plek om in een hangmat te relaxen en een café waar je goedkoop kunt eten. Ontbijt inbegrepen. ③

Posada Doña Angelina 4 C Poniente 33 ⓣ7832 5173. Vanouds een favoriet bij reizigers, al zijn veel van de 42 kleine kamers wat somber, maar er is bijna altijd plek. Er is een veilig bagagedepot waar je je bagage kunt achterlaten. ②

Posada Juma Ocag Av Alameda Santa Lucía Norte 13 ⓣ7832 3109. Prima geleid hotelletje van een gastvrije familie. Uitstekende keuze aan de bovenkant van de budgetcategorie. Acht brandschone, comfortabele, ietwat kleine kamers ingericht met lokale stoffen; ze zijn voorzien van een goed bed, een kast of kledingrek, eigen badkamer en leeslampje. Er is een kleine patio, gratis drinkwater en een wasmachine. Tijdig reserveren. ③

Yellow House 1 C Poniente 24 ⓣ7832 6646. Populair hotel met goedkope slaapzalen, schone badkamers, een dakterras en een keuken voor de gasten. Er is gratis internet en het grote, gezonde ontbijt is inbegrepen. Slaapzaal $ 8, kamers ③

Middenklasse

Albergue Andinista 6 Av Norte 34 ⓣ7832 3343 ⓔdrrios@intel.net.gt. Veilige, gunstig geprijsde appartementen, de meeste met keuken, rond een vredige tuin vol bloemen. Korting bij een verblijf van een week of langer. Daniel Rios, de Engels sprekende eigenaar, is een goede gastheer en heeft een bagagedepot. ⑤

Alcazár del Toboso Callejón del Hermano Pedro 12 ⓣ7832 3600, ⓦwww.hotelalcazardetoboso.com. Uitstekend hotel met grote tuin op tien minuten lopen van het Parque. De artistiek ingerichte kamers, sommige met een balkonnetje, zijn licht en luchtig en voorzien van houten meubilair; ze liggen over twee verdiepingen rond twee binnenplaatsen met gras. Erg rustig, ruime parkeergelegenheid en wifi. ⑤

Casa Cristina Callejón Campo Seco 3A ⓣ7832 0623, ⓦwww.casa-cristina.com. Brandschoon hotelletje dat veel waar voor zijn geld biedt met tien fraaie kamers, allemaal met eigen badkamer met warm water, en sommige met koelkastje. Er is een dakterras; koffie, drinkwater, wifi en internet zijn gratis. Gelegen aan een rustige straat, tien minuten lopen ten noorden van het Parque. ④

La Casa de Santa Lucía 2 Av Alameda Santa Lucía Norte 21 ⓣ7832 6189. Betaalbaar hotel met ruime, maar wat anonieme kamers, allemaal met een fatsoenlijk bed en eigen badkamer met warm water. Dakterras en parkeergelegenheid, maar verder beperkte service. Er zijn nog twee vrijwel identieke vestigingen: *No. 1*, op Alameda Santa Lucía Sur 9 (ⓣ7832 3302) en *No. 3*, op 6 Av Norte 43A (ⓣ7831 1386). ④

Hostal El Montañes 6 C Poniente & 5 Av Sur ⓣ7832 8804, ⓦwww.hostalelmontanesantigua.com. Charmante B&B met schone kamers (de meeste met eigen badkamer) gedreven door vriendelijke Guatemalteken. Er is een fraaie zitkamer met hoog gewelfd plafond, piano en tv/dvd-speler. Het ontbijt wordt naar wens gemaakt en er is internet in de lobby. ⑥

Hotel Aurora 4 C Oriente 16 ⓣ7832 0217, ⓦwww.hotelauroraantigua.com. Een van Antigua's oudste hotels zit in een fraai koloniaal gebouw met zeventien ruime kamers rond een patio met gazon en fontein. Een beetje ouderwets, maar comfortabel. Ontbijt inbegrepen. ⑦

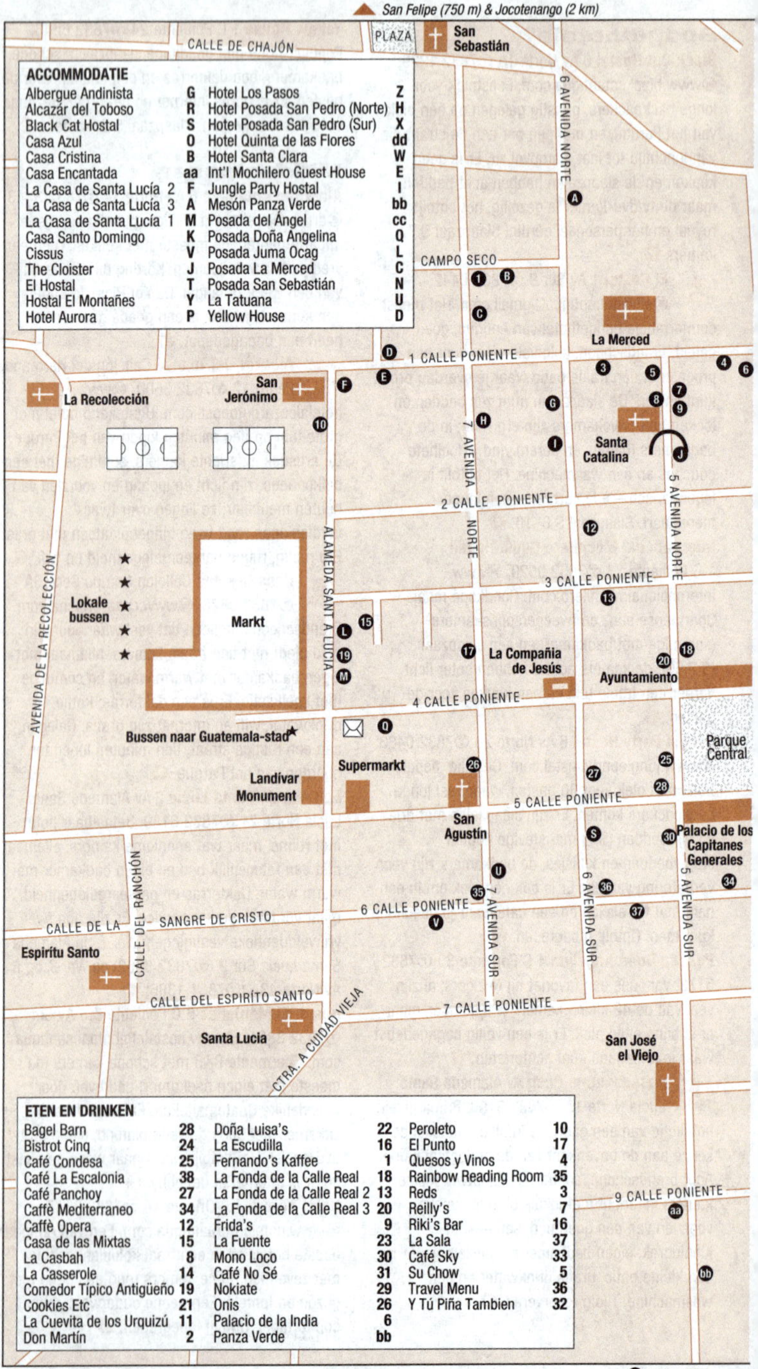

ACCOMMODATIE

Albergue Andinista	G	Hotel Los Pasos	Z
Alcazár del Toboso	R	Hotel Posada San Pedro (Norte)	H
Black Cat Hostal	S	Hotel Posada San Pedro (Sur)	X
Casa Azul	O	Hotel Quinta de las Flores	dd
Casa Cristina	B	Hotel Santa Clara	W
Casa Encantada	aa	Int'l Mochilero Guest House	E
La Casa de Santa Lucía 2	F	Jungle Party Hostal	I
La Casa de Santa Lucía 3	A	Mesón Panza Verde	bb
La Casa de Santa Lucía 1	M	Posada del Ángel	cc
Casa Santo Domingo	K	Posada Doña Angelina	Q
Cissus	V	Posada Juma Ocag	L
The Cloister	J	Posada La Merced	C
El Hostal	T	Posada San Sebastián	N
Hostal El Montañes	Y	La Tatuana	U
Hotel Aurora	P	Yellow House	D

ETEN EN DRINKEN

Bagel Barn	28	Doña Luisa's	22	Peroleto	10
Bistrot Cinq	24	La Escudilla	16	El Punto	17
Café Condesa	25	Fernando's Kaffee	1	Quesos y Vinos	4
Café La Escalonia	38	La Fonda de la Calle Real	18	Rainbow Reading Room	35
Café Panchoy	27	La Fonda de la Calle Real 2	13	Reds	3
Caffè Mediterraneo	34	La Fonda de la Calle Real 3	20	Reilly's	7
Caffè Opera	12	Frida's	9	Riki's Bar	16
Casa de las Mixtas	15	La Fuente	23	La Sala	37
La Casbah	8	Mono Loco	30	Café Sky	33
La Casserole	14	Café No Sé	31	Su Chow	5
Comedor Típico Antigüeño	19	Nokiate	29	Travel Menu	36
Cookies Etc	21	Onis	26	Y Tú Piña Tambien	32
La Cuevita de los Urquizú	11	Palacio de la India	6		
Don Martín	2	Panza Verde	bb		

0
250 m
N
La Candelaria
1 AVENIDA NORTE
Santa Rosa
1 CALLE ORIENTE
Santa Teresa
Las Capuchinas
4 AVENIDA NORTE
3 AVENIDA NORTE
2 AVENIDA NORTE
2 CALLE ORIENTE
Santo Domingo
El Carmen
3 CALLE ORIENTE
Guatemala-stad (43 km)
4 CALLE ORIENTE
La Concepción
Catedral
CALLE DEL HERMANO PEDRO
1 AVENIDA SUR
5 CALLE ORIENTE
Casa Popenoe
3 AVENIDA SUR
Museo del Arte Colonial
Río Pensativo
6 CALLE ORIENTE
San Pedro
Parque Unión
Santa Clara
4 AVENIDA SUR
7 CALLE ORIENTE
San Francisco
CALLE DE LOS PASOS
8 CALLE ORIENTE
2 AVENIDA SUR
9 CALLE ORIENTE
Santa Cruz
Belén
CALLE DE FRAY RODRIGO DE LA CRUZ
Plaza
Escuela de Cristo
ANTIGUA
San Juan del Obispo (5 km) & Santa María de Jesús (11 km)

Hotel Los Pasos 9 C Oriente 19 ⓣ7832 5252, ⓦwww.hotellospasos.com. Dit kleine hotel heeft een echt koloniaal karakter en biedt waar voor zijn geld. De smaakvolle kamers zijn ingericht met Mayatextiel en hebben allemaal een eigen badkamer en kabel-tv. De tuin en publieke ruimten zijn al even aantrekkelijk, de eetzaal heeft een fraai balkenplafond, nissen en een statige open haard. Ontbijt inbegrepen. Kamers en suites. 6–7

Hotel Posada San Pedro 7 Av Norte 29 ⓣ7832 0718, ⓦwww.posadasanpedro.net. Dit stijlvolle hotel zit in een schitterend koloniaal huis en heeft vlekkeloze, ruime kamers, allemaal met meubels met houtsnijwerk en eigen badkamer (met bad). De kamers liggen rond twee tuinpatio's met tal van zitjes. Er is een keuken voor de gasten. Gelegen aan een rustige straat. Er is nog een vestiging aan 3 Av Sur 15 (ⓣ7832 3594), maar die is minder aantrekkelijk en heeft kleinere kamers; toch nog altijd een goede keuze. Beide locaties 6.

Hotel Santa Clara 2 Av Sur 20 ⓣ7832 0342. Rustig gelegen en met ruime, schone kamers – de meeste met twee tweepersoonsbedden en allemaal met eigen badkamer (sommige met bad) – rond een plezierig binnenplaatsje. Parkeergelegenheid. 4

Posada La Merced 7 Av Norte 43A ⓣ7832 3197, ⓦwww.merced-landivar.com. Goed en gastvrij hotel met 23 fleurige kamers (de kamers achter kijken uit op de tuinpatio), allemaal met kluisje, vlekkeloze badkamer en kleurige beddensprei van lokaal textiel. Kinderspeelkamer, goed uitgeruste keuken, reisinformatie en wifi. Kamers 6, suites 8, appartementen 9.

Posada San Sebastián 3 Av Norte 4 ⓣ7832 2621, ⓔsnsebast@hotmail.com. Charmant, goed gelegen hotel met negen kamers, allemaal ingericht met antiek en kunst. Er is een heerlijk barretje, een dakterras en een babbelzieke papegaai, Lorenzo. Ontbijt inbegrepen. 6

La Tatuana 7 Av Sur 3 ⓣ7832 1223, ⓔlatatuana@hotmail.com. Klein hotel met vijf lichte kamers, allemaal met eigen badkamer en goede bedden, al varieert de kwaliteit nogal: sommige zijn groot en aantrekkelijk, andere zouden wel wat aandacht kunnen gebruiken. Rustige ligging en met dakterras. 5

Prijzig

Casa Azul 4 Av Norte 5 ⓣ7832 0961, ⓦwww.casazul.guate.com. Elegant hotel bij het Parque met ruime, stijlvolle kamers – op de bovenverdieping met fraai uitzicht over de stad, beneden soms zonder natuurlijk licht – in een chic, verbouwd herenhuis. Sauna, *hot tub* en fraai zwembad; ontbijt inbegrepen. 8–9

Casa Encantada 9 C Poniente 1 ⓣ7832 7903, ⓦwww.casaencantada-antigua.com. Boetiekhotel met tien vlekkeloze kamers, de meeste met hemelbed en elk met een fraaie badkamer. Klein zwembad en bar, ontbijt inbegrepen. Kamers vanaf $ 125. 9

Casa Santo Domingo 3 C Oriente 28 ⓣ7832 0140, ⓦwww.casasantodomingo.com.gt. Overweldigend hotel, gevestigd in een klooster uit de koloniale tijd en met een enorme tuin (met twee zwembaden en een museum). Bijzondere sfeer door de gangen vol religieuze kunst. Ondanks de bijzondere locatie voelt het hotel wat onpersoonlijk aan; de service is niet altijd vlekkeloos en de kamers zijn wel groot, maar mogen wel eens gemoderniseerd worden. Prijzen in het laagseizoen vanaf $ 130. 9

Cissus 6 C Poniente 41 ⓣ7832 0643, ⓦwww.cissushotel.com. Dit schitterende nieuwe hotel heeft het concept van hip hotel tot een nieuwe hoogte gebracht. Het Cissus heeft echt stijl met fraaie zitjes en een tuin vol palmen. Alle kamers, waarin modern met koloniaal is gemixt, zijn geweldig, maar suite 2, met een eigen dakterras en uitzicht naar drie kanten, is de favoriet. Kamers vanaf $ 175. 9

The Cloister 5 Av Norte 23 ⓣ7832 0712, ⓦwww.thecloister.com. Stijlvolle, luxueuze B&B met zeven prachtig ingerichte, grote kamers rond een fraaie tropische tuin. Goed voorziene bibliotheek met leeskamer, wifi en een goede locatie (praktisch onder de beroemde boog van Antigua). Vanaf $ 120. 9

Hotel Quinta de las Flores C del Hermano Pedro 6 ⓣ832 3721, ⓦwww.quintadelasflores.com. De geweldige tuin – met zwembad en speeltuin – is de troefkaart van dit hotel, een heerlijke oase vol zeldzame planten, struiken en bomen. De kamers en *casitas* (voor vijf personen, met twee slaapkamers en keuken) zijn allemaal fraai ingericht en er is een restaurant. Tien minuten lopen ten zuiden van de stad. 7–9

Mesón Panza Verde 5 Av Sur 19 ⓣ7832 2925, ⓦwww.panzaverde.com. Dit schitterende hotel is de standaard voor de boetiekhotels in Antigua, met ruime kamers en suites verdeeld over twee gebouwen in koloniale stijl. Het hotel heeft daarnaast een van de beste restaurants van Antigua, een galerie en een zwembad. Het gezonde ontbijt is inbegrepen. 8–9

Antigua

Als zetel van het koloniale bestuur van Midden-Amerika was Antigua ooit een centrum van seculiere en religieuze macht, handel en bovenal rijkdom. De grote instellingen concurreerden er met de overheid om de mooiste gebouwen van het land neer te zetten. Er werden kerken, kloosters, scholen, ziekenhuizen en herenhuizen gebouwd, allemaal met enorm dikke muren om aardbevingen te kunnen doorstaan. Antigua telt nog steeds een bijzonder groot aantal (vervallen en gerestaureerde) **koloniale gebouwen**, die een idee geven van de vroegere status. Hieronder worden alleen de hoogtepunten genoemd; met behulp van een plattegrondje van het toeristenbureau kun je een dag lang de ruïnes aflopen. Als het je allemaal wat te veel lijkt, kun je je tot de hoogtepunten beperken: La Merced, Las Capuchinas, het Casa Popenoe en de San Francisco.

Het Parque Central

Het middelpunt van Antigua is vanouds het centrale plein, het **Parque Central**. In de koloniale tijd werd er een drukke markt op het plein gehouden, die af en toe moest plaatsmaken voor stierengevechten, militaire parades, geselingen en openbare executies. De kalmte en vredigheid van het huidige, groene plein vol goed verzorgde bloeiende struiken en zonder verkeer, is relatief recent. Een van de hoogtepunten is de gewaagde fontein in het midden met water dat uit de tepels spuit van zeemeerminnen die in hun borsten knijpen.

De kathedraal San José

Van de gebouwen aan het Parque is de **Catedral de San José**, aan de oostkant, het indrukwekkendst, met een rijk versierde gevel die 's avonds fraai wordt ver-

Semana Santa in Antigua

De viering van de **Semana Santa (Heilige Week)** in Antigua is misschien wel de meest uitbundige van heel Latijns Amerika – een week van nachtwaken, processies en tableaus ter ere van de heiligste week van de christelijke kalender. De viering begint met een processie op Palmzondag, waarmee de intocht van Christus in Jeruzalem wordt herdacht, en gaat de hele week door tot aan het hoogtepunt op Goede Vrijdag. Op donderdagavond worden de straten bedekt met patronen in gekleurd zaagsel, waarna op vrijdagochtend in een reeks processies de gang van Christus naar de plek van zijn kruisiging wordt verbeeld. Vanaf de kerken La Merced en Escuela de Cristo en het dorp San Felipe vertrekken rond 8 uur groepen boetelingen gekleed in wit en paars en met een puntmuts op; ze dragen afbeeldingen van Christus en het kruis op enorme draagbaren, begeleid door de plechtige klanken van lokale fanfares en wolken wierook. Om 15 uur, het moment van de kruisiging, verkleden de boetelingen zich in zwart.

Het is een grote eer om aan de processie te mogen meedoen, maar het is ook zwaar – het grote cederhouten blok dat vanaf La Merced wordt meegedragen weegt 3500 kilo en wordt door tachtig man gedragen. Sommige van de meegedragen beelden dateren uit de 17de eeuw. De processies zouden vlak na de Spaanse verovering door Alvarado zijn ingesteld.

Haal het programma van de activiteiten op het toeristenbureau, waar je ook een kaartje kunt krijgen met de routes van de processies. Tijdens de heilige week zijn vrijwel alle hotels van Antigua volgeboekt. Maar ook als je uit Guatemala-stad of van het Lago de Atitlán moet komen, is het de moeite waard om te gaan, vooral op vrijdag.

licht. In 1545 werd met de bouw van de eerste kathedraal begonnen, met geld uit het enorme fortuin dat Alvarado bij zijn dood naliet. Maar de constructie was zo slecht dat er voortdurend reparaties nodig waren, en bij een aardbeving in 1583 stortte het dak grotendeels in. In 1670 werd aan een nieuwe kathedraal begonnen, die bij Antigua's status als hoofdstad moest passen. Elf jaar lang keek de stad toe hoe Maya's in verplichte arbeidsdienst aan het spectaculairste koloniale gebouw van Midden-Amerika werkten. De schaal van de nieuwe kathedraal was verbazingwekkend: een enorme koepel, vijf schepen, achttien kapellen en een middenschip van 90 bij 20 m. Het hoofdaltaar was ingelegd met parelmoer, ivoor en zilver, terwijl de muren bedekt waren met beelden en schilderijen van heiligen, gemaakt door de beste Europese en koloniale kunstenaars.

De nieuwe kathedraal weerstond de aardbevingen van 1689 en 1717, maar de muren waren verzwakt, en bij de aardbeving van 1773 stortten ze in. Twee van de kapellen zijn gerestaureerd als de **Iglesia de San José**, gelegen aan het Parque Central; binnen vind je een beeld van Christus van de koloniale beeldhouwer Quirio Cataño, die ook de beroemde Zwarte Christus van Esquipulas maakte (zie blz. 272). Achter de kerk, met toegang aan de 5 Calle Oriente, liggen de **ruïnes** ($ 0,50) van de kathedraal, een massa puin, gebroken bogen en zware pilaren, gescheurd en bedekt met mos, de grote koepel een venster naar de hemel. Onder de vloer liggen enkele grote namen van de Conquista begraven, onder wie Alvarado, zijn vrouw Beatriz de la Cueva, bisschop Marroquín en de historicus Bernal Díaz del Castillo. Aan het einde van het oorspronkelijke schip leidt een trap naar een grafgewelf, zwart van de kaarsenrook, waar Maya's regelmatig religieuze ceremonies houden, een voorbeeld van het samengaan van heidens en katholiek geloof, dat zo karakteristiek is voor Guatemala.

▲ Palacio de los Capitanes Generales

Het Palacio de los Capitanes Generales

De hele zuidzijde van het Parque Central wordt ingenomen door het gedrongen, twee lagen tellende **Palacio de los Capitanes Generales**, met een rij van 27 bogen op elke verdieping. Het werd in 1558 gebouwd, maar de eerste versie werd door aardbevingen verwoest. In 1761 volgde de herbouw, maar in 1773 werd het opnieuw beschadigd en vervolgens hersteld in de huidige vorm. Het paleis was de zetel van de koloniale heersers en herbergde bovendien de barakken van de soldaten, de stallen, de koninklijke munt, de rechtbank, het belastingkantoor, balzalen, het uitgebreide ambtenarenapparaat en nog veel meer. Normaal zitten hier nu de politie, de kantoren van het departement Sacatepéquez en het toeristenbureau, maar momenteel wordt het gebouw gerestaureerd.

De Ayuntamiento

Aan de noordzijde van het plein staat de **Ayuntamiento**, het raadhuis, ook wel het *Casa del Cabildo* genoemd, het stadhuis. Het dateert van 1740 en echoot met zijn muren van een meter dik de solide stijl van het Palacio de los Capitanes Generales. Anders dan veel andere gebouwen overleefde het alle vroegere aardbevingen; pas die van 1976 zorgde voor schade, die inmiddels gerepareerd is. Het stadhuis kwam in 1779 met de verplaatsing van de hoofdstad naar Guatemala-stad leeg te staan, maar werd later weer door de gemeente in gebruik genomen. Vanaf de bovenverdieping heb je een schitterend uitzicht op de drie vulkanen rond de stad, vooral bij zonsondergang.

De Ayuntamiento herbergt ook enkele kleine musea, waaronder het **Museo de Santiago** (di–zo 9–16 uur; $ 1,40, zo donatie) met een collectie koloniale voorwerpen zoals keramiek, een zwaard dat van Alvarado zou zijn geweest, traditionele Maya-wapens, portretten van streng kijkende koloniale figuren en enkele schilderijen van veldslagen tussen de Spanjaarden en Maya's. Achter het museum is de oude stadsgevangenis met een kapelletje waar de veroordeelde gevangenen hun laatste momenten beleefden voordat ze naar de galg op het plein werden gebracht. Achter de arcade van het stadhuis zetelt ook het **Museo del Libro Antiguo** (toegangstijden en entree als hierboven) in de ruimten waar ooit de eerste drukpers van Midden-Amerika stond. De pers werd in 1660 vanuit Puebla de los Ángeles in Mexico overgebracht, en drie jaar later verscheen het eerste boek. Het museum bezit een replica van de pers en enkele boeken die er werden gedrukt.

Ten zuiden en oosten van het Parque Central

Tegenover de ingestorte kathedraal, in de 5 Calle Oriente (Calle de La Universidad), zit het **Museo de Arte Colonial** (di–vr 9–16, za & zo 9–12 & 14–16 uur; $ 3) in het voormalige gebouw van de Universidad de San Carlos Borromeo. Bisschop Marroquín kwam in 1559 met het idee voor een universiteit, maar pas in 1676 kwam er toestemming voor het plan, dat gefinancierd werd met de erfenis van de bisschop. In 1681 begonnen de colleges met zeventig studenten voor studies die varieerden van rechten tot het Kaqchikel. Eerst hadden alleen zuivere Castilianen het recht er te studeren, later mochten ook anderen zich inschrijven. De patio in Moorse stijl, de diep geplaatste ramen en prachtig versierde kloostergangen maken dit tot een van de fraaiste gebouwen van Antigua. Het museum bezit een goede collectie religieuze kunst, beelden, meubels, muurschilderingen van het leven op de koloniale campus, en een 17de-eeuwse kaart van Antigua van de historicus Antonio de Fuentes y Guzmán.

Verder in westelijke richting in de 5 Calle Oriente, bij de kruising met de 1 Avenida Sur, biedt het fraai gerestaureerde koloniale herenhuis **Casa Popenoe** (ma–za 14–16 uur; $ 1,40) een welkome afwisseling met de kerkruïnes en een kijkje in het huiselijke leven in de koloniale tijd. Het huis dateert van 1634 en was een ruïne toen dr. Wilson Popenoe, een wetenschapper van de United Fruit Company, in 1932 met een volledige restauratie begon. Hij en zijn vrouw sorteerden het puin zorgvuldig en herstelden het huis in zijn oude glorie, waarna ze er een verbazingwekkende collectie koloniale meubels en schilderijen bijeenbrachten. Tussen de schilderijen zijn portretten van bisschop Marroquín en de dreigend kijkende Alvarado. In het huis is alles tot in de details authentiek, tot aan de originele leren lampenkappen, beschilderd met religieuze partituren, en de grote houten bedden met ingewikkeld houtsnijwerk. Ook de keuken en de ruimten voor de bedienden zijn zorgvuldig gerestaureerd, je kunt de broodovens, de kruidentuin en het duivenplat zien, vanwaar de bewoners de postdienst verzorgden. Een smalle trap leidt van het duivenplat naar het dak met spectaculair uitzicht over de stad en op de vulkanen. Dr. Popenoe stierf in 1972, maar twee van zijn dochters wonen nog in het huis.

Rond Parque Unión

Aan een smal, met palmen beplant plein, het **Parque Unión**, een blok ten zuiden en een blok ten westen van het Parque, aan de 6 Calle Oriente, staan twee kerken tegenover elkaar. Aan de westkant staan de kerk en het hospitaal van **San Pedro**. De gebouwen dateren van 1680 en boden regelmatig onderdak aan aardbevingsslachtoffers, maar de kerk werd in 1976 gesloten, toen het dak na een naschok op instorten stond. De restauratie werd in 1991 voltooid en de gevel is zo netjes gedaan dat hij met de rest van Antigua detoneert. Aan de andere kant van het plein staan de kerk en het klooster van **Santa Clara**, in 1699 gesticht door nonnen uit Puebla in Mexico. In de koloniale tijd traden hier veel meisjes uit gegoede families in, omdat het leven er niet al te hard was; de nonnen werden beroemd om hun kookkunst en verkochten brood aan de aristocratie. Het oorspronkelijke klooster werd in 1717 volledig verwoest, net als later de nieuwbouw in 1773, maar het derde gebouw doorstond de schok van 1976 en de decoratieve gevel ('s avonds aangelicht) is intact. Voor de Santa Clara staan de enorme bogen van een *pila*, een washuis waar de lokale vrouwen komen wassen en de laatste roddels uitwisselen.

Net ten zuidwesten van de 1 Avenida Sur staat de imposante **iglesia de San Francisco** (dag. 8–18 uur), een van de oudste kerken van Antigua. De kerk dateert van 1579 en groeide uit tot een enorm religieus en cultureel centrum met onder andere een school, hospitaal, muziekruimten, een drukpers en een klooster. Oorspronkelijk was de kerk rijk versierd met sierlijsten en beelden, maar die raakten zwaar beschadigd bij aardbevingen en werden in 1960 bij een restauratie verwijderd. In de kerk bevindt zich de tombe van **Hermano Pedro de Betancourt**, een franciscaan die onder meer op de Canarische Eilanden had gewerkt, stichtte het hospitaal van Belén in Antigua. Hij zou ook wonderen hebben verricht – hij wordt in honderden plaquettes voor zijn interventies bedankt, en paus Johannes Paulus II riep hem in 2002 uit tot eerste heilige van Midden-Amerika. De **ruïnes** (dag. 8-18 uur; $ 0,40) van het klooster zijn erg indrukwekkend en de grasvelden naast de kolossale ingestorte bogen en zuilen zijn een leuke plek om te picknicken.

Ten noorden van het Parque Central

Als je vanaf het Parque Central in noordelijke richting gaat, kom je bij de ruïne van **El Carmen** aan de 3 Avenida Norte. Ooit was dit een van de grote kerken van de stad, in 1683 gesticht en vele malen herbouwd; de bovenste helft van de gevel kwam in 1976 naar beneden, maar de resten geven een idee van de vroegere glorie.

Iets naar het noordoosten, aan de kruising van de 2 Calle Oriente en 2 Avenida Norte, staat **Las Capuchinas** (9–17 uur; $ 4), het grootste klooster van de stad, waarvan de ruïnes tot de best geconserveerde van Antigua horen, maar tegelijk ook het minst worden begrepen. De kapucijner nonnen, die uit Madrid kwamen, behoorden tot de laatkomers, ze stichtten in 1726 het vierde klooster van de stad. De koloniale autoriteiten gaven toestemming een klooster te bouwen op voorwaarde dat ze geen geld van de novices vroegen. De kapucijner orde was de strengste van Antigua. Hun aantal was beperkt tot 25, de nonnen sliepen op houten bedden met strokussens. Eenmaal ingetreden mochten de vrouwen waarschijnlijk geen visueel contact met de buitenwereld hebben; eten werd via een draaischijf verstrekt en ze konden alleen door een rooster met bezoekers praten.

De ruïnes zijn de mooiste van Antigua, met fonteinen, binnenplaatsen en zware zuilen om aardbevingen te weerstaan. De toren of 'retraite' is het opmerkelijkste deel, met achttien piepkleine cellen in de muren van de bovenverdieping met elk een eigen riool. Twee cellen zijn in de oorspronkelijke staat teruggebracht om te laten zien hoe extreem spartaans het leven van de nonnen was. De benedenverdieping wordt gedomineerd door een massieve pilaar die de bovenverdieping draagt en waarin zeventien nissen zijn uitgespaard, sommige met ringen in de muur. Theorieën over het doel zijn er in overvloed – opslag, wasruimte, gemeenschappelijk bad en zelfs martelkamer – maar waarschijnlijk was het een opslag en werd er vlees aan de ringen gehangen. De buitenkant van deze architectonische curiositeit is ook interessant, met kleine stenen nissen die de staties van de kruisweg verbeelden.

Verder naar het noordwesten, op de kruising van de 4 Avenida Norte en 1 Calle, kom je bij de kerk en het klooster van **Santa Teresa**. Het complex werd door een Peruaanse filantroop gesticht voor een groep karmelieter nonnen uit Lima; tegenwoordig is het de stadsgevangenis.

Een blok verder naar het westen staat aan de 1 Calle de **Nuestra Señora de La Merced**, met een van de rijkste en indrukwekkendste gevels van de hele stad. De kerk is prachtig gerestaureerd en in mosterdgeel en wit geschilderd, de overdaad aan stuclijsten vormt intrigerende patronen. Als je goed kijkt, kun je ook maïskolven zien, iets wat je normaal niet op een katholieke kerk zult aantreffen; waarschijnlijk zijn ze door de Maya's die de kerk bouwden aangebracht. De kerk is nog in gebruik, maar het klooster en de tuinen ($ 0,80) liggen in puin. Op een van de binnenplaatsen staat een monumentale fontein met vier bekkens, de *Fuente de Pescados*; de monniken gebruikten de bekkens om vis te kweken. De koloniale fontein voor de kerk is ook de moeite waard vanwege het goed bewaard gebleven beeldhouwwerk.

La Merced staat vlak bij 5 Avenida Norte, overspannen door de **boog van Santa Catalina**, een van de emblemen van Antigua en het enige restant van een klooster dat hier in 1609 werd gesticht. Op het hoogtepunt in 1697 woonden er 110 nonnen en zes novices, en werd de boog gebouwd zodat ze van het ene deel van het klooster naar het andere deel konden lopen zonder aan de bezoedeling van de buitenwereld blootgesteld te worden. Op de een of andere manier overleefde de boog alle aardbevingen, en in de 19de eeuw werd hij gerestaureerd; het is een favoriet plekje, bijna een cliché, van fotografen, want je hebt er een goed zicht zonder obstakels op de Volcán de Agua.

Verder naar het noordoosten staan aan de 1 Avenida Norte de zwaar beschadigde ruïnes van de kerken van **Santa Rosa**, **Candelaria** en **Nuestra Señora de los Dolores del Cerro**, die alleen interessant zijn voor de ware ruïneliefhebber.

Ten westen van het Parque Central

De laatste van de belangrijke ruïnes ligt ten westen van het Parque, vlak bij het busstation. Bij de kruising van de 4 Calle Poniente en 6 Avenida Norte staat **La Compañia de Jesús**, een onderwijsinstelling en kerk van de jezuïeten, die in 1767 echter op last van koning Karel III van Spanje, die zich door hun groeiende macht bedreigd voelde, uit de koloniën werden gezet. Het gebouw is onlangs door Spaanse experts gerestaureerd en wordt nu voor exposities en evenementen gebruikt.

Als je voor het busstation naar rechts gaat en de met bomen beplante Avenida Alameda Santa Lucía uit loopt, kom je bij de spectaculaire resten van de **San Jerónimo** (dag. 9–17 uur; $ 4), een school die in 1739 werd gebouwd. Er zijn goed onderhouden tuinen tussen de enorme brokken puin en verkruimelende muren, die regelmatig als spectaculair decor voor klassieke concerten worden gebruikt. Achter de San Jerónimo leidt een straat naar de nog grotere, en minstens zo chaotische, ruïne van **La Recolección** (dag. 9–17 uur; $ 4), met in het midden de puinberg van het dak en de muren van de kerk. De monniken kwamen in 1685 naar de stad en vroegen toestemming om te bouwen, maar pas in 1701 begonnen ze aan de kerk, die veertien jaar later voltooid was. Al een paar maanden na de voltooiing stortte de kerk bij een zware aardbeving in. De tweede versie werd in 1773 verwoest en staat sindsdien verder te verkruimelen.

Aan de zuidkant van het busstation staat aan de Avenida Alameda Santa Lucía het imposante monument voor **Rafael Landívar** (1731–1793), een jezuïet en componist die als de beste dichter van de koloniale periode wordt beschouwd. Samen met de andere leden van zijn orde werd hij in 1767 Amerika uitgezet. Als je nu via de 5 Calle Poniente terugloopt naar het Parque Central, kom je langs de **Iglesia de San Agustín**, met de resten van een klooster van ooit een half blok groot, dat na de aardbeving van 1773 niet werd herbouwd, omdat de augustijnen de regering naar Guatemala-stad volgden.

Eten

Antigua bezit een fantastisch aanbod aan **cafés** en **restaurants**, met allerlei keukens goed vertegenwoordigd. Je kunt voor een paar euro je maag vullen en voor $ 15–20 per persoon in stijl dineren met een perfecte espresso als besluit. Het enige wat niet makkelijk te vinden is, is een authentieke Guatemalteekse *comida típica* – wat een opluchting zal zijn als je in de bergen op eieren en bonen hebt geleefd.

Vulkaanbeklimmingen vanuit Antigua

De Volcán de Pacaya (zie blz. 91), vlak bij Guatemala-stad, is een spectaculaire, zeer actieve vulkaan die regelmatig torenhoge rookwolken en feloranje lava uitbraakt – al vinden de spectaculaire uitbarstingen sporadisch plaats. Gran Jaguar Tours, 4 C Poniente 30 (☎7832 2712, Ⓦwww.granjaguartours.com), biedt sobere excursies aan voor $ 5–7, terwijl in adventure gespecialiseerde organisaties (zie blz. 109) rond $ 40 rekenen voor een dagexcursie met een comfortabele minibus en met eten, en $ 75 inclusief overnachting op de vulkaan. De entree voor het Parque Nacional Pacaya is nog eens $ 3,50.

Andere vulkanen die je kunt beklimmen zijn de **Agua** (zie blz. 115) en **Acatenango** (zie blz. 112–113), de zwaarste klim in de streek, met een fraai uitzicht op de zeer actieve krater van de naburige Volcán de **Fuego**.

De beste **delicatessenwinkel** is *Epicure*, 6 Avenida Norte 35A, waar je allerlei specialiteiten uit Guatemala vindt, waaronder salami, worsten en goede kaas, naast wijn en andere heerlijkheden uit Europa, Noord-Amerika en Azië. Je kunt er ook sandwiches krijgen.

Cafés

Bagel Barn 5 C Poniente 2. Ideaal voor een vroeg ontbijt (vanaf 6 uur) of een lekkere, maar ietwat dure, gevulde bagel. Er worden ook films vertoond.

Café Condesa ten westen van het Parque Central – loop via de boekhandel Casa del Conde. Dit elegante café is erg populair bij welgestelde Guatemalteken en toeristen, met een patio met murmelende fontein die de koloniale sfeer verhoogt. Voortreffelijke (maar dure) ontbijten, lunches, taart en snacks.

Café La Escalonia 5 Av Sur 36 C. Dit café, zo'n 800 m ten zuiden van het Parque (in een plantenkwekerij), is een vredige plek, waar veel van het eten biologisch is. Je kunt er een gezond ontbijt, *pan de hierbas*, sandwiches, hartige taart en salades krijgen.

Caffè Opera 6 Av Norte 17. Chique, duur café met een overdaad aan opera-memorabilia, comfortabele stoelen en een tegelvloer. Goede koffie en broodjes (maar de prijzen voor licuado zijn torenhoog); er zijn ook dagspecialiteiten, waaronder soms *gnocchi*. Gesl. wo.

Cookies Etc 3 Av Norte 7. Biedt een vrijwel eindeloos assortimenten lekkere koekjes, maar ook ontbijt, sandwiches, muffins; en gratis koffie bijschenken. Meenemen mogelijk.

Doña Luisa's 4 C Oriente 12. Vanouds een populair café-restaurant in een historisch koloniaal huis. Eenvoudig menu met sandwiches, hamburgers en salades; de bijbehorende bakker is de beste van de stad. Brood en gebak zijn bij de aangrenzende winkel te koop.

Fernando's Kaffee 7 Av Norte 43. Liefhebbers van arabicakoffie hoeven niet verder te zoeken, want hier wordt de beste koffie van Antigua geserveerd – de bonen worden ter plekke geroosterd en gemalen. De vriendelijke eigenaar Fernando is een Engels sprekende Guatemalteek en zijn partner Belinda bakt heerlijke taarten en cakejes. Er is een leuke patio achter.

La Fuente 4 C Oriente 14. Aantrekkelijk, redelijk geprijsd restaurant/café met patio, waar je een goed bord pasta, een sandwich of soep kunt eten en goede koffie kunt drinken. Op zaterdag houden indiaanse vrouwen een *huipil*-markt rond de centrale fontein.

Peroleto Alameda Santa Lucía Norte 36. De ene helft is een rommelige juicebar waar je ook kunt ontbijten, de andere helft een comedor. Beide goedkoop en erg Guatemalteeks.

Rainbow Reading Room 7 Av Sur 8. Heerlijke plek om een paar uurtjes door te brengen. In dit café-restaurant staan de tafeltjes rond een centrale patio en op het menu staan fantasierijke salades, vegetarische en internationale gerechten, shakes en Chileense wijnen per glas ($ 3). Er zijn lezingen over cultuur, livemuziek (rond een kampvuur als het weer het toelaat), wifi, en je vindt er een van de beste tweedehands boekwinkels van Antigua plus een reisbureau.

Y Tú Piña Tambien 1 Av Sur & 6 C Oriente. De perfecte plek voor een gezond begin van de dag. Dit hippe cafeetje heeft een rijke keuze aan sappen (erg lekker is de 'gamma' met mango, wortel, appel en gember) en serveert pannenkoeken, omelet, taart en baguettes. Wifi en leestafel met tijdschriften.

Restaurants

Bistrot Cinq 4 C Oriente 7 www.bistrotcinq.com. Uitstekend nieuw Frans restaurant met een kleine menukaart met eenvoudige gerechten (bereid met de beste, geïmporteerde ingrediënten), een open keuken en een elegant modern interieur. Voortreffelijk bereide klassiekers als steak *frites* en magret de canard naast een paar goede visgerechten. Gaat om 12 uur open voor brunch (rond $ 10); diner vanaf $ 25 pp.

Café Panchoy 6 Av Norte 1B. Degelijke keuken met Guatemalteekse inslag. De tafeltjes staan rond de open keuken. Veel gegrild vlees plus taco's en lokale schotels als *chiles rellenos*. Beroemd om zijn *horchata*, en er zijn ook goede margarita's. Gesl. di.

Caffè Mediterraneo 6 C Poniente 6A. Echte Italiaanse keuken met verse pasta, *bruschette* en altijd een dagspecialiteit. Erg beschaafd en populair bij de lekkerbekken van Antigua. Gesl. di.

Casa de las Mixtas 1 Callejón, bij 3 C Poniente. Echte comedor, licht, goedkoop en onovertroffen. Uitgebreide ontbijtkaart.

La Casserole Callejón de la Concepción 7. Elegant, duur restaurant met een fraaie tuinpatio met limoenboom; de reputatie van Franse kwaliteitskeuken is terecht – laat wat ruimte over voor een van de geweldige desserts. Gesl. ma.

Comedor Típico Antigüeño Alameda Santa Lucía Sur 5. Dit eenvoudige restaurantje, onopvallend tegenover het busstation en de markt gelegen, biedt een lunchmenu voor $ 2 (bijvoorbeeld *pollo a la carbon* en *pepián*), met altijd soep als voorafje.

La Cuevita de los Urquizú 2 C Oriente 9. Een goede plek om typisch Guatemalteekse gerechten te eten – maak je keuze bij de borrelende pannen bij de ingang. Rond $ 6 pp, inclusief drankje en toetje. Dag. 9–19 uur.

Don Martín 4 Av Norte 27. Klein restaurantje met creatief, lekker Guatemalteeks eten met een draai (plus wat Italiaanse gerechten). De klassiek opgeleide chef heeft een betaalbare menukaart met onder andere *pepián* (pittige stoofpot), *lomito* en pasta. Gesl. ma.

La Escudilla 4 Av Norte 4. Gezien het fantastische koloniale decor rond een patio is dit een spotgoedkoop restaurant. De ontbijtspecialiteit (tot 10.30 uur) kost maar $ 1,50, terwijl het lunchmenu ($ 3) dagelijks wisselt. Je kunt à la carte kiezen uit een mooi aanbod Europese gerechten ($ 4,50-8), salades (een aanrader is de *jardinera*), vegetarische schotels en Mexicaanse klassiekers als nachos en fajitas. Altijd druk, maar als je moet wachten, kun je alvast wat drinken in de bijbehorende *Riki's Bar*.

La Fonda de la Calle Real drie vestigingen: bovenverdieping 5 Av Norte 5; 5 Av Norte 12; en een derde (de mooiste plek) in de 3 C Poniente 7, ⓦwww.lafondadelacallereal.com. Dit redelijk geprijsde restaurant heeft een goede naam als het gaat om echt lekker, authentiek Guatemalteeks voedsel. De specialiteiten zijn *caldo real* (kippensoep met rijst, kruiden en citroen), *pepián* en gegrild vlees, waaronder heerlijke plaatselijke worstjes. De koffie komt van de heuvels rond Antigua. Gesl. wo.

Frida's 5 Av Norte 29. De bekende Mexicaanse gerechten in een levendige sfeer, vooral in het weekend. De eetzalen zijn intiem en gedecoreerd met Americana uit de jaren vijftig.

Nokiate 1 Av Sur 7 ⓦwww.nokiate.com. Hip en stijlvol restaurant waarvan de keuken naar eigen zeggen Aziatisch–Latino is, een combinatie die misschien alarmbellen doet afgaan, maar de gerechten zijn goed doordacht en goed bereid. De sushi en *ceviche* zijn de beste van de stad en er zijn altijd dagspecialiteiten als kipvleugels in Vietnamese stijl. Attente bediening. Je kunt zowel wijn als sake drinken. Tevens een loungebar; de Martini-specials zijn erg lekker. Gesl. ma.

Palacio de la India 4 Av Norte 42. Ongedwongen, intiem restaurant met authentiek Indiaas eten en diverse opties voor vegetariërs. Alle gerechten zijn mild gekruid en redelijk geprijsd.

Panza Verde 5 Av Sur 19. Hoog aangeschreven, stijlvol en altijd goed Europees restaurant, de Zwitserse chef-kok heeft een mooi menu opgesteld met vis- en vleesgerechten en heerlijke desserts. Het decor is passend elegant, met tafeltjes rond een heerlijke tuinpatio. Duur.

El Punto 7 Av Norte 8A. Ziet er eenvoudig uit, maar serveert het meest authentieke Italiaanse eten van de stad tegen redelijke prijzen. Vlees, pasta en *gnocchi* en enkele interessante wijnen. Gesl. ma.

Quesos y Vinos 1 C Pon 1. Dit Italiaanse restaurant is al een paar keer verhuisd, maar zit nu op een bijzonder fraaie locatie met een mooi terras met tuin en een elegant interieur in koloniale stijl. Op de kaart staan heerlijke crostini, salades, vleesgerechten, pasta en pizza (uit een houtgestookte oven).

Su Chow 5 Av Norte 38. Goed en goedkoop Chinees eten, bereid en geserveerd door een charmante familie uit Belize. Gesl. di.

Travel Menu 6 C Poniente 14. Klein restaurantje van Nederlanders met grote porties heerlijke Latijns-Amerikaanse en Europese gerechten in een sfeervol interieur met kaarslicht.

Cafés en uitgaan

Antigua's belangrijkste *zona viva* (levendige zone) ligt rond de boog over de 5 Avenida Norte, maar je vindt door de hele stad bars. De clubscene is klein maar levendig, al zorgt de nationale sluitingstijd van 1 uur 's nachts vaak voor een voortijdig einde van het feest. In de meeste weekenden worden er in woningen 'after hours'-party's gehouden, die met flyers worden aangekondigd.

Als je wilt leren **salsadansen**, is lerares Gloria Villata een goede keus; je kunt haar bellen ⓣ5857 0344 of mailen ⓔgvillata@yahoo.com.

Een paar videobioscopen tonen dagelijks een selectie westerse films; het weekprogramma is op mededelingenborden door de hele stad te vinden. Twee locaties zijn *Bagel Barn*, 5 Calle Poniente 2, en *Café 2000*, 6 Avenida Norte. Het Proyecto Cultural El Sitio, 5 Calle Poniente 15, programmeert Latijns-Amerikaanse films en filmhuisfilms.

Bars en clubs

Café No Sé 1 Av Norte 11C. Deze wat sjofel ogende bar, een eind ten westen van het centrum, is sfeervol en altijd goed voor een praatje, want er zijn zowel Antiguanen als buitenlanders. Er is een kleine bar aan het begin, een verborgen tequila/mescal-bar (met een flink aantal ambachtelijk gestookte soorten, waaronder het huismerk *Ilegal*) en een eethoek met goedkope, stevige gerechten. Bijna elke avond vanaf 21 uur livemuziek, al brengen de artiesten soms te veel sentimentele covers ten gehore.

Café Sky 1 Av Sur. Schitterend uitzicht vanaf het terras op de tweede verdieping (beneden is een restaurant). Uitgebreide kaart met cocktails, de perfecte plek voor een zonsondergang.

La Casbah 5 Av Norte 30 ⓦwww.lacasbahantigua.com. Nachtclub die bemiddelde mensen aantrekt met een spectaculair uitzicht op de aangelichte ruïnes van een barokkerk. Latin dance en house doen de dansvloer in het weekend volstromen, op donderdag mixen dj's elektronische underground, terwijl woensdag salsanacht is. Er is een dakterras; de drankjes zijn duur. Di–do $ 3, vr & za rond $ 6.

Mono Loco 2 Av Norte 6B. Enorm café vol gringoclichés met middelmatige mainstreammuziek en saai eten. Om onduidelijke redenen is het een van de populairste tenten van de stad.

Onis 7 Av Norte & 6 C Poniente. Artistiek ogende bar over twee verdiepingen met wat snacks op de kaart en een fraai uitzicht op de ruïne van de San Agustín. Alleen in het weekend druk.

Reds 1 C Pon 3. Grote bar van Britse eigenaar met een goede selectie bieren, pooltafels en een uitgebreide menukaart met lokaal, Mexicaans, Thais en Engels eten (waaronder soms roast beef). Op zondagavond is er een leuke quiz (trivia).

Riki's Bar 4 Av Norte 4. Kleine, stijlvolle bar die bijna altijd vol is vanwege de gunstige locatie in *La Escudilla* en het lange happy hour (19–21 uur). Ook de muziek is vaak aantrekkelijk, er wordt veel funk, jazz en lounge gedraaid.

La Sala 6 C Poniente 9. Prettige, chique bar met livemuziek (Latin/funk/rock) in het weekend, en een goede drankkaart.

Handig om te weten

Adventure Old Town Outfitters, 5 Av Sur 12 (ⓣ5399 0440, ⓦwww.bikeguatemala.com), organiseert vulkaanwandelingen, waaronder op de Acatenanago ($ 60), mountainbiketochten (halve dag $ 40), klimmen voor alle niveaus, zeekajakken (2 dagen $ 150), en verhuurt tenten, slaapzakken, rugzakken en fietsen. Maya Mountain Bike Tours, 1 Av Sur 15 (ⓣ7832 3383, ⓦwww.guatemalaventures.com), heeft ook een goed aanbod aan tochten (zesdaagse fietstocht voor $ 700) en verhuurt fietsen. Ox Expeditions, 1 Av Sur 4B (ⓣ7832 0074, ⓦwww.guatemalavolcano.com), is gespecialiseerd in vulkaanwandelingen (de Agua kost $ 30).

Apotheken Farmacia Santa María, westkant van het Parque (dag. 8–22 uur).

Auto- en motorverhuur Avis, 5 Av Norte 22 (ⓣ7832 2692, ⓦwww.avis.com.gt), en Tabarini, 6 Av Sur 22 (ⓣ7832 8107, ⓦwww.tabarini.com), verhuren auto's vanaf $ 35 per dag en terreinwagens vanaf $ 60. CA Tours, 6 C Oriente 14 (ⓣ7832 9638, ⓦwww.catours.co.uk), verhuurt scooters voor $ 35 per dag en crossmotoren vanaf $ 50; ze organiseren ook motortochten door Guatemala.

Banken Banco Industrial, 5 Av Sur 4, ten zuiden van het Parque, heeft een geldautomaat voor Visakaarten. De Banco del Quetzal, aan de noordzijde van het Parque, heeft een automaat voor MasterCard en wisselt travellercheques. Er zijn meerdere geldautomaten in de stad.

Bibliotheken en culturele instellingen El Sitio, 5 C Poniente 15 (ⓣ7832 3037, ⓦwww.elsitiocultural.org), heeft een theater, bibliotheek en galerie en organiseert tentoonstellingen en concerten; zie hun website of *Revue* voor het programma.

Boekhandels Casa del Conde en Un Poco de Todo, beide aan de westkant van het Parque, voor nieuwe boeken, waaronder *Rough Guides*. De beste tweedehands boekwinkels zijn de *Rainbow Reading Room*, 7 Av Sur 8, en *Dyslexia Books*, 1 Av Sur 11.

Fietsverhuur Maya Mountain Bike Tours en Old Town Outfitters (zie Adventure boven) verhuren goede mountainbikes voor $ 20 per dag.

Fitness La Fábrica, C Del Hermano Pedro 16 (ⓣ7832 0486), heeft uitstekende faciliteiten, alsmede cursussen fitness en vechtsporten.

Internet Er zijn tientallen internetcafés; ze rekenen rond $ 1 per uur. Conexión, op de patio van *La Fuente*, 4 C Oriente 14 (dag. 8.30–19 uur), is waarschijnlijk de beste, met flatscreens en een snelle verbinding. Funky Monkey, 5 Av Sur 6 (naast *Mono Loco*), is ook goed. Beide branden digitale foto's op een cd.

Spaans studeren in Antigua

De taalscholen van Antigua zijn een belangrijke economische factor met tientallen officiële scholen en nog een heleboel meer of minder betrouwbare instellingen die vanuit een woonkamer opereren. Of je nu in een week of twee de basisbeginselen onder de knie wilt krijgen of de taal in een paar maanden vloeiend wilt kunnen spreken, Antigua is een van de beste plekken in Latijns Amerika om Spaans te leren: het is een mooie, prettige stad, de lessen zijn goedkoop (maar duurder dan in andere delen van Guatemala) en er zijn diverse uitstekende scholen.

Een school kiezen

De volgende scholen hebben zich bewezen en behoren tot de duurdere; ze rekenen tussen $ 140 en $ 240 per week voor dagelijks vier uur privéles en onderdak en eten bij een familie.

Academia de Español Antigüeña 1 C Poniente 10 ⓣ7832 7241, ⓦwww.spanishacademyantiguena.com

APPE 6 C Poniente 40 ⓣ7882 4284, ⓦwww.appeschool.com. Er is ook een filiaal in het naburige dorp San Juan del Obispo.

Los Capitanes Generales 4 Av Sur 2, ⓣ7832 8769, ⓦwww.loscapitanes.com.

Centro Lingüístico Maya 5 C Poniente 20 ⓣ7832 0656, ⓦwww.clmmaya.com.

Christian Spanish Academy 6 Av Norte 15 ⓣ7832 3922, ⓦwww.learncsa.com.

Cooperación 7 Av Norte 15B ⓣ7832 0472, ⓦwww.spanishschoolcooperacion.com.

Probigua 6 Av Norte 41B ⓣ7832 2998, ⓦwww.probigua.org.

Projecto Lingüístico Francisco Marroquín 7 C Poniente 31 ⓣ7832 2886, ⓦwww.plfm-antigua.org. Biedt ook lessen in Mayatalen aan.

San José El Viejo 5 Av Sur 34 ⓣ7832 3028, ⓦwww.sanjoZielviejo.com.

Sevilla 1 Av Sur 17C ⓣ7832 5101, ⓦwww.sevillantigua.com.

Tecún Umán 6 C Poniente 34 A ⓣ7832 2792, ⓦwww.tecunuman.centramerica.com.

La Unión 1 Av Sur 21 ⓣ7832 7337, ⓦwww.launion.edu.gt.

Medische verzorging Er is altijd een eerste hulp open bij het Santa Lucía Hospital, Calzada Santa Lucía Sur 7 (ⓣ7832 3122). Dr. Aceituno, die goed Engels spreekt, heeft een praktijk in de 2 C Poniente 7 (ⓣ7832 0512).

Paardrijden Ravenscroft Stables, 2 Av Sur 3 (ⓣ7832 6229) in het dorp San Juan del Obispo; zie blz. 113.

Politie Het hoofdbureau van politie zit aan de zuidkant van het Parque (ⓣ7832 0251). De toeristenpolitie zit achter de markt (ⓣ7832 7290).

Poolbiljarten 3 C Poniente 4–5A. Een door mannen gedomineerde wereld, maar toeristen van beide geslachten zijn welkom, al zal de geur ze misschien weerhouden.

Post Het hoofdpostkantoor zit aan de Av Alameda Santa Lucía, tegenover het busstation (ma–vr 8–16.30 uur). Federal Express, 2 C Poniente 3.

Reisbureaus Enkele van de beste van de tientallen reisbureaus in Antigua zijn: Rainbow, 7 Av Sur 8 (ⓣ7832 4202, ⓦwww.rainbowtravelcenter.com), voor vluchten en tours; Atitrans, 6 Av Sur 8 (ⓣ7832 3371, ⓦwww.atitransguate.com), en Adrenalina Tours, 5 Av Norte 31 (ⓣ7832 1108, ⓦwww.adrenalinatours.com), zijn goed voor shuttlebussen; Viajes Tivoli, 4 C Oriente 10 (ⓣ7832 4274, ⓔantigua@tivoli.com.gt), is een uitstekende allrounder. Adventure Travel Center Viareal, 5 Av Norte 25B (ⓣ7832 0162, ⓔviareal@guate.net), organiseert goede avontuurlijke tochten.

Shoppen Nim Po't, 5 Av Norte 29 (ⓦwww.nimpot.com), verkoopt fraaie stoffen uit heel Guatemala voor redelijke prijzen. De winkel lijkt wel een museum voor moderne weefsels van de Maya's met een groot aanbod aan complete kostuums, maar er is ook ander handwerk als houten maskers en wat souvenirs. Voor originele cadeaus moet je naar Doña Gavi, 3 Av 2, met natuurlijke zepen en lotions, kruidendrankjes en kleding van wit linnen ontworpen door de eigenares. In Fuente, 4 C Oriente 14, zitten kwaliteitswinkels voor kleding en handwerk, terwijl ook Al Pie del Volcán, 4 Av Norte 7, goed handwerk verkoopt. Chocolandia, in Deliciosa, 3 C Poniente 2, heeft heerlijke truffels en ambachtelijke chocolade, gemaakt door een professionele chocolatier.

Stadswandelingen De historica Elizabeth Bell, *Hotel Casa Santo Domingo* (☎7832 5821, ⓦwww.antiguatours.net) organiseert goede stadswandelingen ($ 20).

Supermarkt La Bodegona, 4 C Poniente en Alameda Santa Lucía.

Taxi's Aan de oostkant van het Parque, bij de markt, of bel ☎7832 0479. Bel voor een vrouwelijke taxichauffeur Chiqui, ☎5715 5720.

Telefoons Australis, 4 C Poniente 15, is een professionele belwinkel met geluidsdichte cellen. Bellen naar Noord-Amerika kost $ 0,15; rond $ 30 naar de rest van de wereld. Bij internetcafés (zie 'Internet') kun je goedkoop via internet bellen.

Wasserettes Rainbow Laundry, 6 Av Sur 15 (ma–za 7–19 uur).

Zwembaden *Villa Antigua*, 9 C, even ten zuiden van de stad aan de weg naar Ciudad Vieja, heeft twee (onverwarmde) baden, waar niet-gasten voor $ 15 per dag mogen zwemmen, lunch is daarbij inbegrepen, evenals gebruik van de fitnessruimte en de sauna.

Rond Antigua: dorpen en vulkanen

De omgeving van Antigua is buitengewoon vruchtbaar en adembenemend mooi. Er liggen talrijke dorpjes in de vallei, variërend van traditionele indiaanse dorpen als Santa María de Jesús tot het chique San Juan del Obispo, dat wordt gedomineerd door een enorm koloniaal paleis. In Jocotenango, even ten noorden van Antigua, zijn twee voortreffelijke musea. Alle dorpen zijn binnen een halfuur te bereiken en vormen interessante bestemmingen voor een uitstapje. Wie avontuur wil, kan de zware maar schitterende beklimming van de **vulkanen** Agua en Acatenango ondernemen.

Ten zuidwesten van Antigua

Als je vanuit Antigua de hoofdweg naar Escuintla en de kust neemt, kom je door het brede landbouwdal van de Panchoy, gedomineerd door drie vulkanen, en bestrooid met olijfgroene koffieplantages.

Het eerste interessante dorp is **CIUDAD VIEJA**, even ten oosten van de hoofdweg, een armoedig en loom plaatsje met een voornaam verleden: hier vestigden de Spanjaarden in 1527 hun tweede hoofdstad van Guatemala, Santiago de los Caballeros. Maar er is geen spoor meer over van de oorspronkelijke stad, alles wat er van die tijd rest is een eenzame boom op de hoek van het plein met een plaquette die eraan herinnert dat hier de eerste mis van het land werd gehouden. Aan het plein staat een 18de-eeuwse koloniale kerk die onlangs is gerestaureerd.

Drie kilometer ten westen van Cuidad Vieja ligt aan de andere kant van de hoofdweg **SAN ANTONIO AGUAS CALIENTES**, een indiaans dorp aan de rand van een komvormig dal onder de top van de Acatenango. San Antonio is beroemd om zijn weefsels met de kenmerkende ingewikkelde florale en geometrische patronen; aan het plein zit een overdekte textielmarkt waar je de lokale producten kunt zien. Dit is ook een goede plek om de traditionele techniek van het weven op een heupgetouw te leren; als je geïnteresseerd bent, kun je het beste de vrouwen op de markt naar de mogelijkheid van lessen vragen.

Er gaan voortdurend **bussen** van het busstation van Antigua naar Ciudad Vieja en San Antonio; de laatste keert rond 19 uur terug.

Drie kilometer voorbij San Antonio ligt **SAN MIGUEL DUEÑAS**, een stoffig, onsamenhangend plaatsje met bamboehekken langs de straten en rond de koffiefinca's. Er is weinig in San Miguel zelf te zien, maar een kilometer voor het dorp staat het **Valhalla Experimental Station** (dag. 8–17 uur; ⓦwww.exvalhalla.net), dat een bezoek waard is. De excentrieke Amerikaanse eigenaar Lorenzo Gottschamer, die een passie voor het milieu heeft, bezit een macadamiaboomgaard met 60.000 bomen, die niet geënt zijn (waardoor de oogsten groter en de bomen

Vertrek uit Antigua

Vanwege zijn beperkte omvang en de ligging op enige afstand van de Interamericana, beginnen er weinig busroutes in Antigua. Als je naar het oosten wilt, moet je de eerste de beste bus naar Guatemala-stad nemen en daar overstappen. Voor meer gemak kun je ook een shuttlebus nemen. Als je naar het westelijke hoogland gaat, kun je het beste eerst een bus naar Chimaltenango nemen en daar overstappen. De volgende bussen vertrekken vanaf het hoofdbusstation (behalve de bus naar Panajachel).

Guatemala-stad 1 uur. Er vertrekt een constante stroom bussen naar de hoofdstad (ma–za 4–20, zo 6–20 uur).

Ciudad Vieja elke 20 min.; 20 min.

Chimaltenango, via Parramos elke 20 min.; 40 min.

Escuintla, via El Rodeo elk uur; 1 uur

Panajachel Om 7 uur vertrekt er een bus vanaf 4 de Calle Poniente 34.

San Antonio Aguas Calientes elke 30 min; 20 min.

San Juan Del Obispo elke 30 min.; 15 min.

Santa María de Jesús elke 30 min.; 30 min.

Yepocapa en **Acatenango** 9 per dag; beide 40 min.

Shuttles

Vanuit Antigua rijden minibusjes naar tal van bestemmingen in het land, je kunt bij de meeste reisbureaus een plaats reserveren, bijvoorbeeld bij Atitrans en bij Adrenalina Tours (zie 'Handig om te weten'). Shuttles kosten rond drie keer zo veel als een gewone bus, maar zijn veel comfortabeler en iets sneller. Er rijden veel shuttles naar de luchthaven en Guatemala-stad ($ 6–8), afhankelijk van het moment van de dag; er gaan er een paar per dag naar Panajachel ($ 7,50–10); minstens een per dag naar Monterrico ($ 10). Naar Chichicastenango ($ 6–8) vertrekken op marktdagen (do & zo) veel shuttles. Er rijden ook shuttles op Copán, Honduras ($ 15–20), je kunt ook met Hedman Alas om 4 uur 's ochtends met een minibus vanaf *Hotel Posada de Don Rodrigo*, 5 Av Norte 17, naar Guatemala-stad rijden, waar je een luxebus voor $ 35 kunt nemen.

Bij voldoende vraag rijden er ook shuttles naar Río Dulce (rond $ 20), Quetzaltenango ($ 25), Huehuetenango ($ 30) en San Cristóbal de las Casas, Mexico ($ 60).

beter resistent zijn tegen ziekten). Bezoekers zijn welkom, en tijdens de korte rondleiding leer je de geheimen van het oogsten en roosteren van de noten kennen, waarna je de heerlijke macadamiapannenkoeken in het café kunt eten of cosmetica en chocola kunt kopen.

San Miguel Dueñas is het beste beginpunt voor de beklimming van de vulkanen Acatenango en Fuego. **Bussen** naar San Miguel vertrekken elk halfuur vanuit Antigua.

De beklimming van de Acatenango

Er zijn diverse reisbureaus in Antigua die de beklimming (zie blz. 109) van de **Acatenango** organiseren, maar je kunt ook op eigen gelegenheid gaan.

Het pad begint bij de toegang tot **LA SOLEDAD**, een armoedig dorp op een kale rug hoog boven het dal. Je kunt het beste een taxi of tuktuk vanuit Antigua hier naartoe nemen om een vroege start te kunnen maken. Er rijden ook af en toe pick-ups vanuit San Miguel Dueñas.

Vraag ter plekke waar het pad precies begint, het is in de buurt van een verzameling bamboehutten met rechts een voetbalveld en links een kleine tienda. Iets voorbij de tienda loopt links een pad omhoog, boven het dorp langs en richting de beboste benedenhellingen van de Acatenango. Het pad kruist een ander vrij breed pad, waarna het tussen de naaldbomen door omhoog begint te slingeren. Vlak voor het bos moet je een kleiner pad nemen dat naar rechts gaat; neem rond 100 m verder een ander smal pad dat links omhoog gaat. Dat leidt naar een lage rug, waar een smal pad naar links loopt, de vulkaan op – dit pad loopt door tot aan de top, een wandeling van zes à zeven uur. Soms is het pad wat vaag, maar meestal is het makkelijk te volgen.

Na anderhalf uur kom je langs een mooie, met gras begroeide open plek, een ideale **kampeerplek** – het pad loopt in het midden verder, laat je dus niet verleiden door het grotere pad dat naar rechts gaat. Na nog eens anderhalf uur kom je langs een houten hut op een vlak stuk grond tussen de naaldbomen; je bent nu halverwege.

Het pad is tamelijk zwaar, een smalle lijn over gladde vulkanische as die onophoudelijk door dicht bos steil omhoog gaat. Pas de laatste 50 m kom je het bos uit en bereik je de rand van de benedenkrater. In het zuiden ligt de hoofdkrater, een zware klim van een uur door een grote grijze kom naar een hoogte van 3975 m. Je hebt er een schitterend uitzicht over het dal beneden. Aan de overkant ligt de Volcán Agua en rechts de top van de Fuego vol brandmerken. In het westen zie je de drie vulkanen die het Lago de Atitlán omringen, en daar weer achter de Volcán Santa María, die hoog boven Quetzaltenango uitsteekt.

Als je weer wilt afdalen, ziet de rechtstreekse route naar Alotenango er bedrieglijk eenvoudig uit, maar het is een lastige afdaling. Het is het makkelijkst om dezelfde weg terug te nemen.

Ten zuidoosten van Antigua

De uitstekende weg naar Santa María de Jesús loopt door een smal dal; je passeert de ene koffieplantage na de andere. Voordat de weg begint te stijgen, kom je langs het dorpje **SAN JUAN DEL OBISPO**, onzichtbaar vanaf de weg, maar herkenbaar aan wat de mooiste bushalte van het land moet zijn, prachtig gemaakt van lokale natuursteen. Het dorp zelf is aantrekkelijk en biedt vanaf de hobbelige

De ongelukkige

Nadat de Spanjaarden al snel hun eerste nederzetting in de buurt van Iximché, de hoofdstad van de Kaqchikel-Maya's, hadden opgegeven, stichtten ze op 22 november 1527 **Santiago de los Caballeros**. Gelegen te midden van groene weiden in de schaduw van de vulkanen Acatenango en Agua kwam de stad snel tot bloei; binnen twintig jaar telde de plaats een school, kathedraal, kloosters en boerderijen met geïmporteerd vee. Terwijl de meeste Spanjaarden bezig waren een leven op te bouwen, was hun leider, de hebzuchtige **Alvarado**, al weer op zoek naar actie, rijkdom, veroveringen. In 1541 ging hij op weg naar de Specerijeneilanden. Onderweg, bij Jalisco, stierf hij, verpletterd onder een vallend paard.

Toen zijn vrouw, **Doña Beatriz**, het nieuws van zijn dood hoorde, dompelde ze de hoofdstad in een periode van rouw onder en liet ze zwarte klei op het paleis smeren, op de binnen- en buitenkant. Ze benoemde zichzelf tot opvolger van haar man en op 9 september 1541 werd ze de eerste regerende vrouw van Amerika; ze ondertekende de verklaring met *La Sin Ventura* (de ongelukkige) – een profetische benaming.

Op de avond van de inauguratie van Beatriz trof een aardbeving de krater van de Volcán de Agua, waarna een enorme modderlawine de hoofdstad wegvaagde, waarbij de nieuwe heerseres en haar meeste hovelingen omkwamen. De precieze locatie van de stad is onzeker, maar waarschijnlijk lag hij 2 km ten oosten van Ciudad Vieja.

straatjes uitzicht op de koepels van Antigua. De grote bezienswaardigheid is het **Palacio de Francisco Marroquín**; deze Francisco was de eerste bisschop van Guatemala. Er woont nu een tiental nonnen; als je aanklopt op de grote houten dubbele deuren, zal een van hen een rondleiding in het Spaans geven (dag. 9–12 & 14–16 uur; donatie). Marroquín kwam met Alvarado naar Guatemala en zou het christendom onder de Maya's hebben verspreid en de Spanjaarden van tijd tot

▲ Volcán de Agua

tijd aan het bestaan ervan hebben herinnerd. Na de dood van Alvarado's vrouw regeerde hij tijdelijk het land en hij speelde een grote rol in de bouw van Antigua. Hij stierf in 1563 na zijn laatste dagen gesleten te hebben in het enorme paleis dat hij hier in San Juan voor zichzelf had gebouwd. Het paleisinterieur, gegroepeerd rond twee binnenplaatsen, is buitengewoon mooi, met in sommige zalen nog het oorspronkelijke meubilair. Er hangt ook een portret van Marroquín zelf. Goede informatiepanelen (in het Spaans en het Engels) schetsen het leven van de bisschop, die veel Guatemalteken als de eerste vader van de natie beschouwen en die het concept van multiculturalisme zou hebben geïntroduceerd. Bij het paleis hoort een fantastische kerk vol weelderig houtsnijwerk, sierlijsten in stuc en strenge religieuze schilderijen.

San Juan is ook beroemd om zijn **chocolade,** die in een vorm van huisvlijt wordt geproduceerd. De cacaobonen worden vanaf de kust aangevoerd en in diverse huizen tot repen verwerkt, onder andere door Doña Josefa, 200 m ten noordoosten van het paleis – kijk uit naar het 'chocolade'-teken. Je kunt het productieproces bekijken (alleen 's ochtends) en elk moment van de dag wat repen kopen (vanaf $ 1,65); er zijn smaken als kaneel en amandel, en Guatemalteken houden van erg zoet. In het dorp vind je ook de Ravenscroft Stables, eigendom van Engelsen, op een blok afstand van het *palacio* (zie bij Antigua 'Handig om te weten' voor meer informatie).

Vanaf de markt in Antigua vertrekken elk uur **bussen** naar San Juan (7–18.30 uur; 20 min.); je kunt ook een willekeurige bus richting Santa María de Jesús nemen, het dorp ligt vijf minuten lopen van de hoofdweg.

Santa María de Jesús

Voorbij San Juan klimt de weg naar **SANTA MARÍA DE JESÚS**, het startpunt voor de beklimming van de Volcán de Agua. Hoog op de helling van de vulkaan gelegen, zo'n 500 m boven Antigua, heb je hier een schitterend uitzicht over het dal van de Panchoy en op de rokende top van de Pacaya in het oosten. Het dorp werd eind 16de eeuw gesticht voor Maya's uit Quetzaltenango, die de taak hadden brandhout voor Antigua te verzamelen; het dorp kreeg daardoor de bijnaam 'Aserradero', houthandel. Sindsdien heeft het zich tot een boerengemeenschap ontwikkeld waar de vrouwen prachtige paarse *huipiles* dragen. Het dorp heeft een zekere armoedige charme, met als enige **overnachtingsmogelijkheid** het hospedaje *El Oasis* (☎7832 0130; ❶), vlak bij het plein aan de weg het dorp in; het is een vriendelijk, schoon hotel waar de maaltijden even eenvoudig zijn als de kamers. De eigenaar, Aurelio, kan een gids voor de beklimming van de Agua en paardrijtochten regelen.

Bussen naar Santa María vertrekken tussen 6 en 19 uur elk halfuur vanuit Antigua; de rit duurt een halfuur.

Volcán de Agua

De **Agua** is de makkelijkst te beklimmen vulkaan van Guatemala en daarom erg populair, op zaterdag overnachten tientallen mensen op de top. De beklimming is heerlijk en eenmaal boven heb je een fantastisch uitzicht. Het pad begint in Santa María de Jesús – je komt er door het plein recht over te steken, tussen de twee oude zuilen door, en de straat tegenover de kerkdeuren in te slaan. Ga vlak voor het einde rechtsaf, loop langs het kerkhof het dorp uit. Daarna is het gewoon omhoog lopen over het duidelijke pad (met vaak veel afval), waarbij je de weg, die nog een stukje omhoog gaat, afsnijdt. De beklimming duurt vijf tot zes uur. Op de top, 3766 m hoog, is het 's nachts altijd koud; als er ruimte is, kun je er slapen in een kapelletje. Het uitzicht maakt de beklimming meer dan de moeite waard. Jammer genoeg zijn er de afgelopen jaren enkele wandelaars vlak buiten Santa

María beroofd, informeer daarom eerst bij Inguat in Antigua naar de situatie of ga met een groepsbeklimming mee (zie blz. 109).

Ten noorden van Antigua

De route naar Chimaltenango leidt door een reeks rommelige dorpen, een armoedig begin van het westelijk hoogland, al valt er wel wat te zien. Het eerste interessante dorp is **SAN FELIPE DE JESÚS**, dat zo dicht bij Antigua ligt dat je ernaartoe kunt lopen: het is niet meer dan een kilometer naar het noorden langs de 6 Avenida Norte. In San Felipe staat een kerkje in gotische stijl waar een beroemd beeld van Christus wordt bewaard, de Jesús Sepultado, waarvan verteld wordt dat het wonderen verricht. De kerk werd zwaar beschadigd door de aardbeving van 1976, maar is sindsdien fraai gerestaureerd. Op 30 augustus wordt er een feest gevierd ter herdenking van de komst van het beeld in 1670. De andere attractie van het dorp is een **zilverwerkplaats**, waar zilver, afkomstig van het hoogland van de Alta Verapaz, wordt verwerkt en verkocht. Je komt bij de werkplaats als je het bordje naar de Platería Típica La Antigüeña volgt.

De groezelige voorstad **JOCOTENANGO**, 'plaats van bitter fruit', die inmiddels aan San Felipe is vastgegroeid, heeft als hart een groot, stoffig plein met een schitterende, maar verweerde, vaalroze barokkerk. In de koloniale tijd was Jocotenango de toegangspoort tot Antigua, hier werden officiële bezoekers ontvangen en naar de stad geëscorteerd. De economie van de stad, die berucht is om zijn verlopen kroegen, draait rond koffieproductie en houtsnijwerk. Je vindt allerlei fraai gesneden schalen bij het familiebedrijf Artesanías Cardenas Barrios in de Calle San Felipe, waar ze al vijf generaties in het vak zitten.

Joco's belangrijkste troef ligt 500 m ten westen van het plein: het **Centro La Azotea** (ma–vr 8.30–16, za 10–13 uur; $ 3,50, inclusief een rondleiding in Engels of Spaans; ⓦwww.centroazotea.com). Het Centro herbergt het **Casa K'ojom**, een museum gewijd aan de cultuur van de Maya's, en dan vooral hun muziek. Je vindt er een heldere presentatie van de geschiedenis van de indiaanse muziektradities vanaf de precolumbiaanse oorsprong, via 16de-eeuwse Spaanse en Afrikaanse invloeden – met instrumenten als de marimba, bugel en drums – tot het heden, met audiovisuele documentatie van feesten en ceremonies. Andere zalen zijn gewijd aan de dorpsweverijen van het departement Sacatepéquez en de cultus van Maximón (zie kader beneden). Verder is er een **Museo de Café**, een koffiebedrijf uit 1883, waar je rond kunt kijken op een biologische koffieplantage. De technie-

De slechte heilige van San Andrés Itzapa

San Andrés deelt met veel andere dorpen van het westelijke hoogland (waaronder Zunil en Santiago Atitlán) de verering van **San Simón**, of Maximón, de slechte heilige, wiens beeld in een heidense kapel in het dorp staat. Zijn huis is het domein van dronken mannen, sigaren rokende vrouwen en honderden brandende kaarsen, die elk een verzoek symboliseren. San Simón trekt vooral veel ladino's aan en is erg populair bij prostituees. In het schemerig verlichte heiligdom zijn de muren bedekt met honderden bordjes uit heel Guatemala en Midden-Amerika waarop San Simón voor zijn hulp wordt bedankt. Voor een klein bedrag kun je een *limpia*, een zielreiniging, krijgen: een van de aanwezige vrouwen slaat je met een bosje kruiden, terwijl je een fles lokaal vuurwater, *aguardiente*, met San Simón deelt (de drank druipt over het beeld) waarbij de vrouw af en toe alcohol uit haar mond over je vernevelt. Als je op 28 oktober in de buurt bent, moet je zeker naar San Andrés gaan, want dan wordt San Simón uit zijn heiligdom gehaald en door de straten gedragen in een heidense viering met veel alcohol en dans.

Feesten

De streek rond Guatemala-stad en Antigua staat niet bekend om zijn feesten, maar enkele dorpen, hieronder genoemd, kennen een lange traditie van uitbundige vieringen. Daarnaast worden evenementen genoemd die in de tekst niet zijn besproken, maar die de moeite waard kunnen zijn als je er in de juiste periode bent.

Januari
1–4 Fraijanes.
1–5 Santa María de Jesús. Belangrijkste dag: 1.
Variërend San Pedro Ayampuc.

Februari
Eerste vrijdag grote vasten in Antigua; grote pelgrimage bij San Felipe de Jesús.

Maart
6–14 Villa Canales. Belangrijkste dag: 14.
6–20 San Pedro Pinula, Belangrijkste dag: 19.
18–20 San José del Golfo. Belangrijkste dag: 19.

Heilige Week
Fanatiek gevierd in Antigua (zie kader blz. 101).

April
26–30 Palencia. Belangrijkste dag: 30.

Mei
1 Guatemala-stad; de Dag van de Arbeid wordt gevierd met marsen en demonstraties.
1–7 Amatitlán. Belangrijkste dag: 3.

Juni
24 San Juan del Obispo en Comalapa hebben grote feesten.
22–27 San Juan Sacatepéquez. Belangrijkste dag: 24.
27–30 Yepocapa. Belangrijkste dag: 29.

Juli
25 Antigua, ter ere van Santiago.
24–30 Palín, laatste dag climax.

Augustus
4 Mixco.
15 Jocotenango.
15 Guatemala-stad.

September
29 San Miguel Dueñas; diverse dansen, waaronder Los Toritos.

Oktober
18 San Lucas Sacatepéquez; diverse dansen, waaronder Moros y Cristianos.
28 San Andrés Itzapa; de hele nacht, waarbij San Simón door het dorp wordt gedragen.

November
1 Sumpango en Santiago Sacatepéquez, grote vliegers van papier worden vanaf het kerkhof opgelaten.
20–28 San Catarina Pinula. Belangrijkste dag: 25.
27–1 dec San Andrés Itzapa. Belangrijkste dag: 30.

December
4–9 Chinautla. Belangrijkste dag: 6.
6–11 Villa Nueva. Belangrijkste dag: 11.

ken van het pellen, zeven en branden worden duidelijk uitgelegd en er loopt een 'didactisch pad' langs de koffiestruiken van de finca. Als je in februari of maart komt, is de lucht gevuld met de heerlijke, aan jasmijn herinnerende geur van de bloeiende koffiestruiken. Speciale minibussen ($ 0,75 retour) vertrekken in Antigua elk uur vanaf de 4 Calle Oriente (ten oosten van het Parque) naar het Centro La Azotea.

Als je een rustiek verblijf zoekt, is de **Earth Lodge** (Ⓣ5664 0713 of 5613 6934, Ⓦwww.earthlodgeguatemala.com; ❶–❸) een aanrader, geweldig gelegen hoog in de heuvels boven Jocotenango. De Earth Lodge ligt 7 km ten noordoosten van Antigua met schitterend uitzicht over het dal van de Panchoy en op de vulkanen; de eigenaren zijn een gastvrij Canadees–Amerikaans echtpaar dat al jaren in Guatemala woont. Er zijn comfortabele houten cabañas, een slaapzaal in een blokhut ($ 4,50 per nacht) en twee boomhutten – de deluxe heeft het mooiste uitzicht. Er wordt gezond gekookt en 's avonds is er een gemeenschappelijk diner. Andere faciliteiten zijn een *chuj* (Maya-sauna), goede wandelpaden en veel ruimte om te frisbeeën en voetballen. Vrijwilligers betalen half geld voor eten en overnachting. Reserveer tijdig voor weekends en drukke tijden; op verzoek word je uit Antigua opgehaald.

Zo'n 4 km verder ligt **SAN LORENZO EL TEJAR**, waar heerlijke warme bronnen zijn; ze liggen een paar kilometer van de hoofdweg. Als je een bad in het zwavelhoudende water wilt nemen, kun je in het goedkope gemeenschappelijke bad gaan of er voor een paar dollar eentje voor jezelf huren – een kleine ruimte met een groot betegeld bad in de vloer. De baden zijn dagelijks van 7 tot 17.30 uur open, behalve dinsdag- en vrijdagmiddag, als ze schoongemaakt worden; zondag is het vaak erg druk met lokale families.

Als je verder naar het noorden gaat, kun je of de hoofdweg langs Antigua nemen (die Chimaltenango met Santa Catarina Barahona verbindt) of de smalle weg inslaan die door **Parramos** gaat, een stoffig boerendorp. Een paar kilometer na Parramos is er een afslag naar **SAN ANDRÉS ITZAPA**, een van de vele dorpen die zwaar te lijden hadden onder de aardbeving van 1976. Tegenwoordig is San Andrés vooral beroemd om de cultus van San Simón, of Maximón (zie kader blz. 116). Als je de zogeheten slechte heilige wilt bezoeken, loop dan van de toegangsweg naar het centrale plein, sla bij de kerk rechtsaf, loop twee blokken door en vervolgens een heuveltje op, waar je een straatverkoper vindt met talismannen, wierook en kaarsen. Als je verdwaalt, vraag je naar het Casa de San Simón. Het dorp is ook nog interessant vanwege de intrigerende patronen van de *huipiles* van de vrouwen. De motieven zijn verfijnd en krachtig, vergelijkbaar met die rond Chimaltenango. De dinsdagsmarkt van San Andrés is ook een bezoek waard. Er rijden elk uur bussen tussen San Andrés Itzapa en Antigua.

Reisdetails

Guatemala-stad is het vervoersknooppunt van het land met elke dag letterlijk duizenden bussen die de stad in- en uitrijden en die de hoofdstad met steden en dorpen verbinden. De meeste busroutes zijn te vinden onder 'Reisdetails' in de andere hoofdstukken; voor de belangrijkste **busdiensten** van Guatemala-stad, zie het kader 'Vertrek uit Guatemala-stad' op blz. 88–89; voor bussen uit Antigua, zie blz. 112.

Internationale **vluchten** vertrekken vanaf de luchthaven Aurora in Guatemala-stad, binnenlandse vluchten verbinden de hoofdstad met Flores in Petén, de enige andere internationale luchthaven van het land. De meeste vluchten naar Flores gaan 's ochtends rond 7 uur; tickets voor de 50 minuten durende vlucht zijn bij vrijwel alle reisbureaus in de hoofdstad (zie blz. 87) en Antigua (zie blz. 110) te koop, een retour kost vanaf $ 200.

2

Het westelijke hoogland

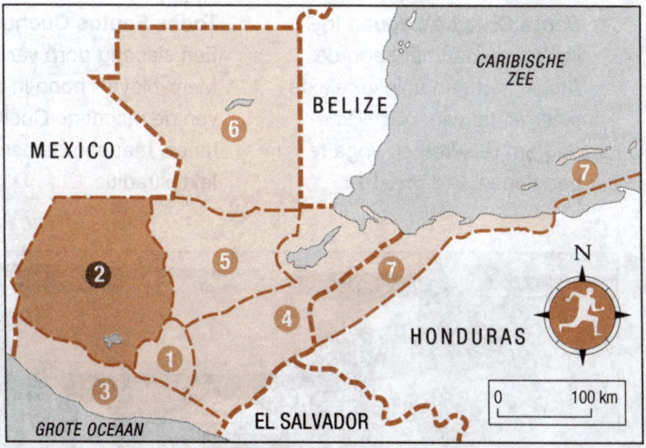

HOOFDSTUK 2 Hoogtepunten

* **Chichicastenango** De beroemde markt van deze pittoreske stad is de beste plek om textiel en souvenirs te kopen. Zie blz. 130

* **De Ixil-driehoek** Verken de heuvels van deze afgelegen, zeer traditionele indiaanse streek. Zie blz. 140

* **Lago de Atitlán** Een overweldigend mooi kratermeer met steile wanden, omringd door vulkanen en indiaanse dorpjes, de ideale plek om te chillen. Zie blz. 149

* **Santa Cruz La Laguna** Idyllisch dorp aan het Lago de Atitlán met een unieke relaxte sfeer en tal van mogelijkheden om te kuren en yoga te beoefenen. Zie blz. 169

* **Quetzaltenango** Guatemala's elegante tweede stad ligt fraai in het hoogland en is een uitstekende plek om Spaans te leren. Zie blz. 173

* **Fuentes Georginas** De perfecte plek om een middagje te ontspannen, de heerlijke baden, gevoed door hete bronnen, liggen halverwege een vulkaan. Zie blz. 184

* **San Francisco el Alto** De weekmarkt is een chaos van mensen, dieren, vruchten en groenten. Zie blz. 189

* **Todos Santos Cuchumatán** Een slaperig dorp van de Mam-Maya's hoog in een dal van de machtige Cuchumatanes, met een beroemde textieltraditie. Zie blz. 204

▲ Kerk in San Mateo Ixtatán

2

Het westelijke hoogland

Guatemala's westelijke hoogland, dat van de buitenwijken van Antigua tot de grens met Mexico loopt, is misschien wel het mooiste en boeiendste deel van het land. De streek wordt door twee geologische fenomenen gedomineerd: een reeks indrukwekkende vulkanen langs de zuidkant, en de hoge bergketen van de Cuchumatanes in het noorden. Tussen deze twee natuurlijke barrières rijgen de fraaie beboste heuvelruggen, meren, snelstromende rivieren en steile groene dalen zich aaneen.

Het land wordt door tal van factoren bepaald, maar bovenal door **hoogte**. De vegetatie in de lagere delen is bijna tropisch met dichte bossen, afgewisseld met plantages voor **koffie, katoen**, **bananen** en **cacao**. Hoger in de heuvels groeien **naaldbomen, ceders** en **eiken**, met daartussen een lappendeken van **maïs-** en aardappelakkers. Op de hoogste delen, de *altiplano*, groeien bijna geen bomen, er hangt vaak mist en alleen kudden schapen en geiten gedijen er. De seizoenen spelen ook een rol: in het regenseizoen, van mei tot oktober, is alles overweldigend groen en ontspruit overal leven, terwijl de hellingen in de droge wintermaanden langzaam stoffig geel kleuren.

Het westelijke hoogland is het stamland van de **Maya's**, die hier al tweeduizend jaar onafgebroken wonen en hun samenleving, talen en tradities grotendeels intact hebben weten te houden.

Geschiedenis in het kort

Het westelijke hoogland was in de klassieke periode (300–900) een perifeer gebied, maar tegen het einde van de 12de eeuw werd het gekoloniseerd door de **Tolteken** uit Centraal-Mexico. Onder de heerschappij van de Tolteken streden de lokale stammen (elk met een eigen taal en eigen ceremonieel centrum) hevig om de regionale hegemonie. Deze traditionele afbakening tussen de stammen (zie kaart blz. 430) bestaat nog altijd.

De K'iche'-taal, gesproken rond de stad Santa Cruz del Quiché en naar het westen tot in het dal van Quetzaltenango, kent de meeste sprekers. De sprekers van het Mam bewonen het hoogland rond Huehuetenango, terwijl de Tz'utujil-Maya's langs de zuidoever van het Lago de Atitlán wonen, en de Kaqchikel-Maya's meer naar het oosten. Kleinere stammen als de Ixil- en de Chuj-Maya's bewonen duidelijk afgebakende gebieden in de Cuchumatanes en hebben hun eigen talen en kleding.

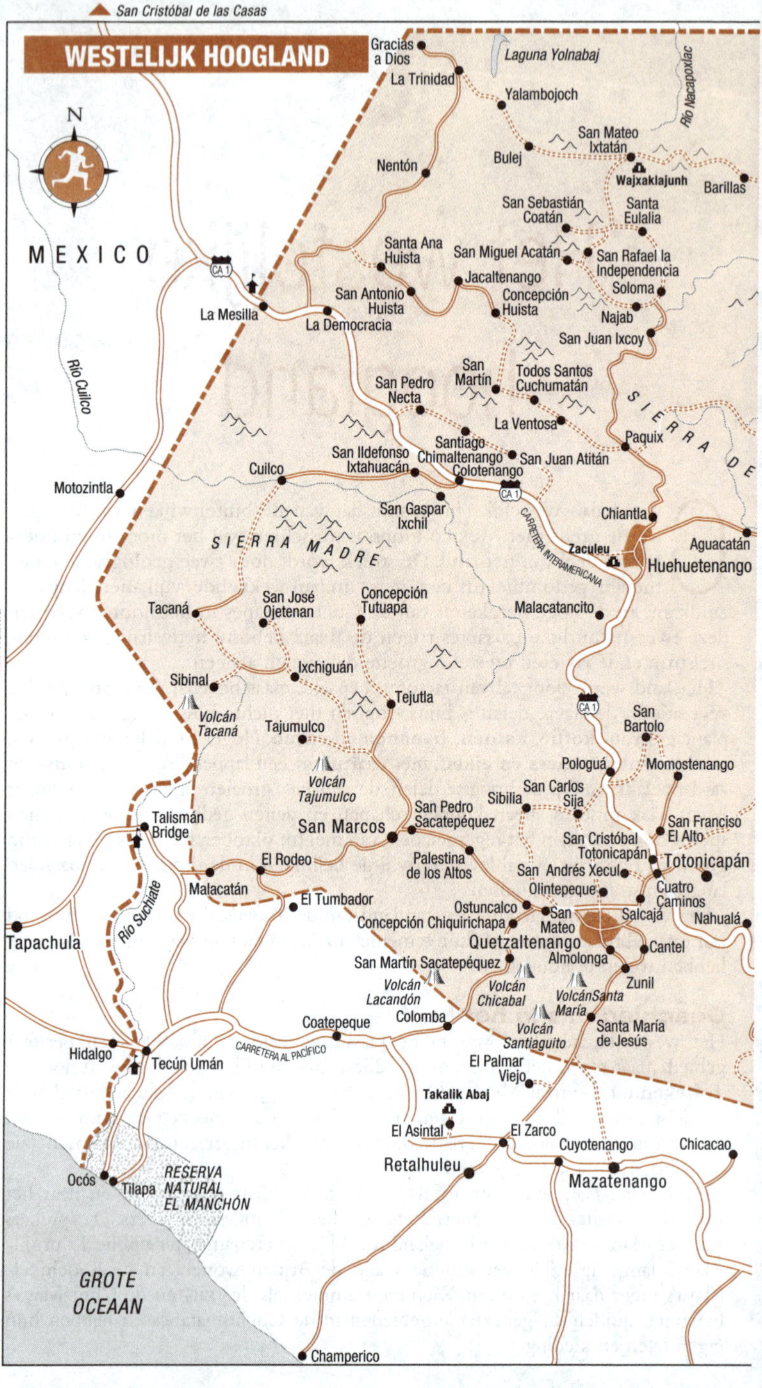
San Cristóbal de las Casas
WESTELIJK HOOGLAND
N
MEXICO
Gracias a Dios
Laguna Yolnabaj
La Trinidad
Yalambojoch
Río Nacapoxlac
San Mateo Ixtatán
Bulej
Wajxaklajunh
Barillas
Nentón
San Sebastián Coatán
Santa Eulalia
Santa Ana Huista
San Miguel Acatán
San Rafael la Independencia
CA 1
Jacaltenango
Soloma
San Antonio Huista
Concepción Huista
La Mesilla
La Democracia
Najab
San Juan Ixcoy
Río Cuilco
San Martín
Todos Santos Cuchumatán
San Pedro Necta
La Ventosa
SIERRA DE
Paquix
Santiago Chimaltenango
San Ildefonso Ixtahuacán
San Juan Atitán
Cuilco
Colotenango
Motozintla
San Gaspar Ixchil
CARRETERA INTERAMERICANA
Chiantla
SIERRA MADRE
Zaculeu
Aguacatán
Huehuetenango
San José Ojetenan
Concepción Tutuapa
Tacaná
Malacatancito
Huixtla
Ixchiguán
Sibinal
Tejutla
Volcán Tacaná
San Bartolo
Tajumulco
Pologuá
Momostenango
Volcán Tajumulco
San Carlos Sija
Sibilia
Talismán Bridge
San Pedro Sacatepéquez
San Marcos
San Francisco El Alto
San Cristóbal Totonicapán
Totonicapán
Palestina de los Altos
El Rodeo
San Andrés Xecul
Malacatán
Olintepeque
Cuatro Caminos
Huixtla
El Tumbador
Ostuncalco
San Mateo
Salcajá
Nahualá
Río Suchiate
Concepción Chiquirichapa
Quetzaltenango
Tapachula
Cantel
Almolonga
San Martín Sacatepéquez
Zunil
Volcán Lacandón
Volcán Chicabal
Volcán Santa María
Colomba
Coatepeque
Volcán Santiaguito
Santa María de Jesús
Hidalgo
Tecún Umán
CARRETERA AL PACÍFICO
El Palmar Viejo
Takalik Abaj
El Asintal
El Zarco
Cuyotenango
Chicacao
Retalhuleu
Mazatenango
Ocós
Tilapa
RESERVA NATURAL EL MANCHÓN
GROTE OCEAAN
Champerico

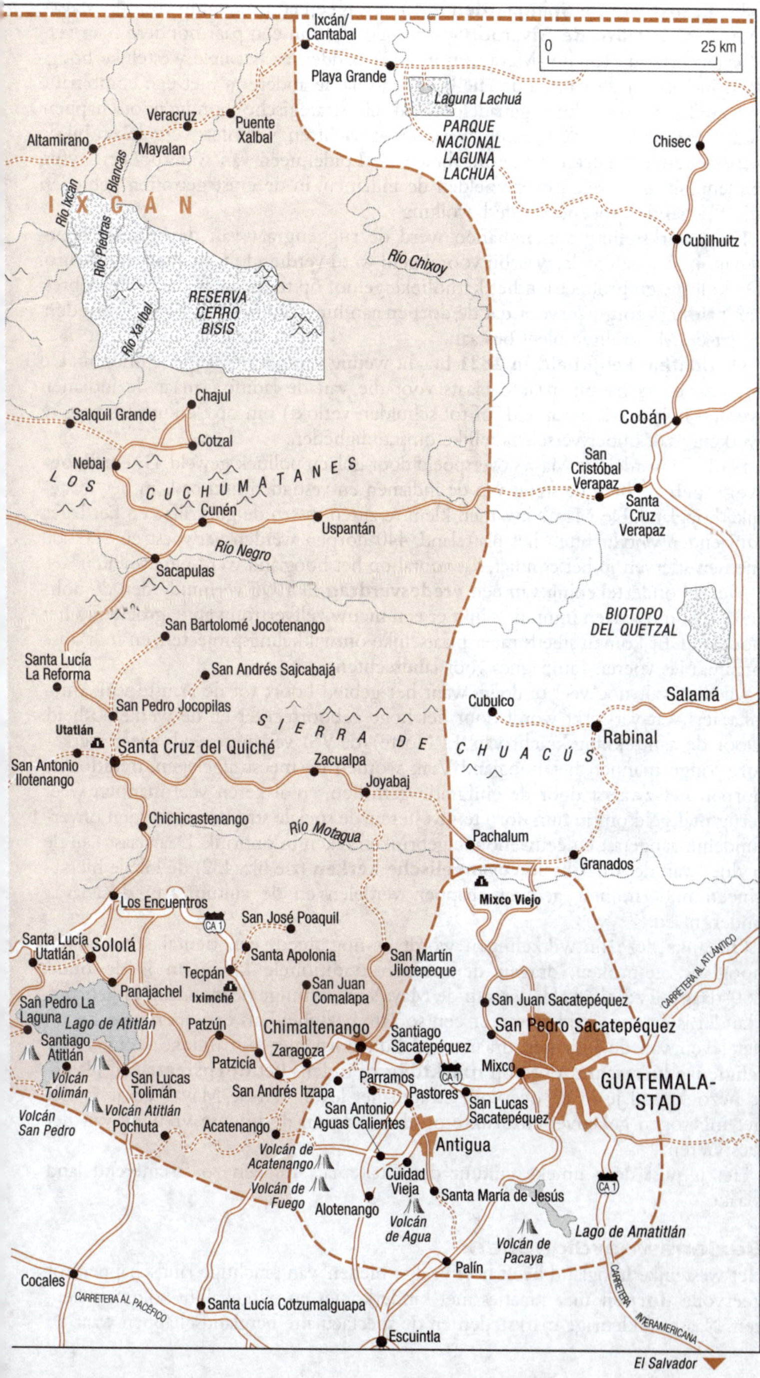
Ixcán/
Cantabal
0
25 km
Playa Grande
Laguna Lachuá
PARQUE
NACIONAL
LAGUNA
LACHUÁ
Sayaxché & Flores
Chisec
Veracruz
Puente
Xalbal
Altamirano
Mayalan
Blancas
Río Ixcán
I X C Á N
Cubilhuitz
Río Piedras
Río Chixoy
RESERVA
CERRO
BISIS
Río Xa Ibal
Chajul
Salquil Grande
Cotzal
Cobán
Lanquín
Nebaj
San
Cristóbal
Verapaz
L O S
C U C H U M A T A N E S
Santa
Cruz
Verapaz
Cunén
Uspantán
Río Negro
Sacapulas
BIOTOPO
DEL QUETZAL
San Bartolomé Jocotenango
Santa Lucía
La Reforma
San Andrés Sajcabajá
Salamá
San Pedro Jocopilas
Cubulco
El Rancho
Utatlán
S I E R R A D E C H U A C Ú S
Rabinal
Santa Cruz del Quiché
San Antonio
Ilotenango
Zacualpa
Joyabaj
Chichicastenango
Río Motagua
Pachalum
Granados
Mixco Viejo
Los Encuentros
CA 1
San José Poaquil
Santa Lucía
Utatlán
Sololá
Santa Apolonia
San Martín
Jilotepeque
CARRETERA AL ATLÁNTICO
Puerto Barrios & Río Dulce
Tecpán
Panajachel
Iximché
San Juan
Comalapa
San Juan Sacatepéquez
San Pedro La
Laguna
Lago de Atitlán
Patzún
Chimaltenango
San Pedro Sacatepéquez
Santiago
Atitlán
Santiago
Sacatepéquez
Zaragoza
Patzicía
Mixco
Volcán
Tolimán
San Lucas
Tolimán
Parramos
CA 1
GUATEMALA-
STAD
San Andrés Itzapa
Pastores
Volcán
San Pedro
Volcán Atitlán
San Antonio
Aguas Calientes
San Lucas
Sacatepéquez
Pochuta
Acatenango
Antigua
Volcán de
Acatenango
Cuidad
Vieja
CA 1
Volcán de
Fuego
Santa María de Jesús
Alotenango
Volcán
de Agua
Lago de Amatitlán
Volcán de
Pacaya
Palín
Cocales
CARRETERA AL PACÍFICO
CARRETERA
INTERAMERICANA
Santa Lucía Cotzumalguapa
Escuintla
El Salvador

De **komst van de Spanjaarden** in 1523 was een enorme ramp voor de Maya's. Aanvoerder **Pedro de Alvarado** en zijn legertje van een paar honderd man versloegen eerst de K'iche'-Maya's, en in 1527 hadden ze het hele westelijke hoogland in handen, ze namen de ene hoofdstad na de andere in met een combinatie van militaire discipline, genadeloosheid en strategische bondgenootschappen. Maar de schade die de Spaanse zwaarden aanrichtten, was niets vergeleken bij de verwoestende **ziekten** die ze meebrachten. Epidemieën van waterpokken, tyfus, builenpest en mazelen overspoelden de indianen, in de ergst getroffen gebieden stierf negentig procent van de bevolking.

De tewerkstelling van indianen werd de ruggengraat van de Spaanse heerschappij in Guatemala, waarbij vooral geld werd verdiend met **cacao** en **indigo**. De kolonisten probeerden het katholieke geloof op te dringen, maar een gebrek aan priesters zorgde ervoor dat de dorpen aan hun tradities vast konden houden, zodat de Mayareligie bleef bestaan.

De **onafhankelijkheid in 1821** bracht weinig verandering op dorpsniveau. De Spaanse heerschappij maakte plaats voor die van de ladino's, maar de indianen werden nog steeds geronseld (of tot schulden verlokt) om op de kustplantages te werken, vaak onder verschrikkelijke omstandigheden.

Na 1970 werden de Maya's overspoeld door golven politiek geweld. **Guerrillabewegingen** zochten de steun van de indianen en vestigden hun basis in het westelijke hoogland. De Maya's kwamen klem te zitten tussen de guerrilla's en het leger. Duizenden ontvluchtten het platteland, 440 dorpen werden verwoest en 200.000 mensen stierven in het conflict, dat vooral op het hoogland werd uitgevochten.

Met de ondertekening van een **vredesverdrag** in 1996 verminderden de politieke spanningen, en inmiddels lijkt er een nieuw zelfvertrouwen te groeien in het hoogland. Er komen steeds meer plaatselijke ontwikkelingsprojecten, en indiaanse organisaties voeren campagnes voor landrechten.

Maar er valt nog veel te doen, want het gebied hoort tot de armste van Amerika, iets wat versterkt wordt door het hoge geboortecijfer en de werkeloosheid. Door de aantrekkingskracht van 'El Norte' (de VS) verlaten steeds meer werkeloze jonge mannen het hoogland. Vaak worden de meest afgelegen, traditionele dorpen het zwaarst door de emigratie getroffen, en al keren veel mannen weer terug met geld om in hun dorp te investeren, de sociale structuren worden onvermijdelijk aangetast en eeuwenoude gebruiken raken in onbruik. Daarnaast kan de invloed van de Amerikaanse **evangelische kerken** (zie blz. 432) de lokale hiërarchieën ondermijnen, gemeenschappen verdelen en de cultuur van de Maya's ondergraven.

Ondanks deze ontwikkelingen wordt er nog steeds een tiental talen in het hoogland gesproken, dragen de mensen traditionele kledij en is de oude, 260-daagse Tzolkin-kalender van de Maya's in sommige dorpen nog in gebruik. Handel is er nog altijd evenzeer een sociale bezigheid als een economische, en het leven van de indianen draait rond hun dorp met zijn unieke seculiere en religieuze hiërarchie. Als je op **marktdag** of tijdens het **dorpsfeest** een plaatsje bezoekt, zul je in de overvolle straten het leven van de Maya's ervaren met het ingetogen gekeuvel en drukte op de markt en de intense vreugde van het feestvieren.

Het is juist deze unieke cultuur die Guatemala tot een zo fascinerend land maakt.

Bezienswaardigheden

Het westelijke hoogland heeft heel veel te bieden, van prachtige landschappen tot sfeervolle **dorpen** met straatjes met kinderkopjes en witgekalkte koloniale kerken. Naast de kleurige marksteden en de spectaculaire berglandschappen waar de

Marktdagen

In het westelijk hoogland zijn de weekmarkten de spil van het economische en sociale leven, ze trekken mensen uit de wijde omgeving aan. Probeer zo veel mogelijk markten te bezoeken – na de lokale feesten zijn ze de beste mogelijkheid om een glimp op te vangen van een manier van leven die al eeuwenlang onveranderd is.

Maandag
Chimaltenango, San Juan Atitán, Santa Bárbara, Zunil.

Dinsdag
Chajul, Comalapa, Olintepeque, Patzún, Salcajá, San Andrés Semetabaj, San Antonio Ilotenango, San Marcos, San Pedro Jocopilas, Sololá, Totonicapán, Yepocapa.

Woensdag
Almolonga, Chimaltenango, Colotenango, Cotzal, Huehuetenango, Momostenango, Palestina de los Altos, Patzicía, Sacapulas, San Sebastián.

Donderdag
Aguacatán, Chichicastenango, Chimaltenango, Jacaltenango, La Libertad, Nebaj, Panajachel, Patulul, Patzite, Patzún, Sacapulas, San Juan Atitán, San Lucas Tolimán, San Luis Jilotepeque, San Mateo Ixtatán, San Miguel Ixtahuacán, San Pedro Necta, San Pedro Pinula, San Rafael La Independencia, Santa Bárbara, Santa Cruz del Quiché, San Pedro Sacatepéquez, Soloma, Tajumulco, Tecpán, Totonicapán, Uspantán, Zacualpa.

Vrijdag
Chajul, Chimaltenango, San Andrés Itzapa, San Francisco el Alto, San Martín, Santiago Atitlán, Sololá, Tacaná.

Zaterdag
Almolonga, Colotenango, Cotzal, Ixchiguan, Malacatán, Nentón, Palestina de los Altos, Patzicía, Santa Clara La Laguna, Santa Cruz del Quiché, Todos Santos Cuchumatán, Totonicapán, Yepocapa.

Zondag
Aguacatán, Cantel, Chichicastenango, Chimaltenango, Cuilco, Huehuetenango, Jacaltenango, Joyabaj, La Libertad, Malacatancito, Momostenango, Nahualá, Nebaj, Nentón, Ostuncalco, Panajachel, Patzite, Patzún, Sacapulas, San Bartolo, San Carlos Sija, San Cristóbal Totonicapán, San Juan Comalapa, San Lucas Tolimán, San Luis Jilotepeque, San Martín Jilotepeque, San Mateo Ixtatán, San Miguel Acatán, San Miguel Ixtahuacán, San Pedro Necta, San Pedro Sacatepéquez, Santa Bárbara, Santa Cruz del Quiché, Santa Eulalia, Sibilia, Soloma, Tacaná, Tecpán, Tejar, Uspantán, Yepocapa, Zacualpa.

streek beroemd om is, zijn er fascinerende **archeologische opgravingen**, zoals die van de precolumbiaanse steden Iximché, Utatlán en Zaculeu, die de moeite waard zijn – al halen ze het niet bij Tikal en andere vindplaatsen in het laagland.

Als je vanuit Guatemala-stad de Carretera Interamericana neemt, kom je eerst door het dichtbevolkte gebied rond de armoedige stad Chimaltenango voordat de weg geleidelijk begint te klimmen. Ten noorden van de weg liggen in het departement **El Quiché** het bekende marktplaatsje **Chichicastenango** en de ruïnes van **Utatlán**. Ten zuiden van de weg ligt het **Lago de Atitlán**, het juweel van het westelijke hoogland, omringd door vulkanen en enkele van de fascinerendste dorpen van Guatemala – je komt er via het kleurige stadje **Sololá**. In het noorden liggen de ruige, schitterende toppen van de **Cuchumatanes**, met aan de voet de afgelegen en sterk traditionele dorpen van de **Ixil-driehoek**.

Verder naar het westen kom je bij Guatemala's tweede stad, **Quetzaltenango** (Xela), de ideale basis voor bezoeken aan de lokale dorpen en voor de beklimming van de bijna perfect kegelvormige **Volcán de Santa María**. Daarachter liggen tegen de grens met Mexico de departementen **San Marcos** en **Huehuetenango**, beide met mooie berglandschappen en afgelegen dorpen, waaronder het fraai gelegen **Todos Santos Cuchumatán**.

Over de Carretera Interamericana rijdt een constante stroom **bussen,** terwijl alle belangrijke bestemmingen eveneens met shuttlebusjes bereikbaar zijn. De afgelopen jaren zijn ook veel kleinere wegen geasfalteerd, en de busverbindingen zijn sterk verbeterd. Het is het handigst om in een grotere plaats onderdak te zoeken en van daaruit dagtrips te maken naar de dorpsmarkten en -feesten, al heeft zelfs het kleinste dorp vaak nog wel een vorm van accommodatie.

Het hoogland in: de Carretera Interamericana

De bochtige **Carretera Interamericana** is de belangrijkste transportader van het hoogland, zodat deze hoofdweg en zijn aftakkingen je al snel vertrouwd zullen worden. Het stuk tussen Guatemala-stad en de afslag naar Quetzaltenango is tegenwoordig een goede snelweg, maar wel altijd erg druk. De eerste van de drie belangrijke afslagen die je goed zult leren kennen, is die naar **Chimaltenango**, waar je de bus naar Antigua kunt nemen. Verder naar het westen is bij **Los Encuentros** de volgende grote afslag, hier gaat een weg naar het noorden naar Chichicastenango en een andere naar het zuiden naar Panajachel en het Lago de Atitlán. De Interamericana begint nu te klimmen tegen een bergrug en daalt daarna naar **Cuatro Caminos**, waar zijwegen naar Quetzaltenango, Totonicapán en San Francisco el Alto leiden. De hoofdweg zelf gaat door naar Huehuetenango en bereikt vervolgens de Mexicaanse grens bij La Mesilla. Bijna alle bussen over de Interamericana stoppen bij deze afslagen, waar je meteen fruit, drinken en snacks kunt kopen bij een legertje straatverkopers, waarvan sommigen de bus bestormen op zoek naar klanten, terwijl anderen hun waren naast de bus omhoog houden.

Chimaltenango en omgeving

Het groezelige **CHIMALTENANGO** leeft van de Carretera Interamericana, die door de zuidkant van de stad loopt en een eindeloze stroom vrachtwagens en bussen brengt. De stad probeert alles uit deze verkeersstroom te halen, de weg is dan ook een aaneenschakeling van goedkope comedores, werkplaatsen en armoedige bars. Er is geen enkele reden om hier rond te hangen – ook al omdat Antigua vlakbij is – en je moet goed op je bagage letten als je hier overstapt, want zakkenrollers hebben het op onoplettende reizigers gemunt.

Chimal werd zwaar getroffen door de aardbeving van 1976, die een groot deel van de omgeving verwoestte, maar het **centrale plein,** twee blokken ten noorden van de Interamericana, is nog steeds aantrekkelijk. Er staat een koloniale fontein precies op de continentale waterscheiding – de rivieren aan de ene kant stromen naar de Caribische Zee, die aan de andere kant naar de Grote Oceaan – en er is een vredesmonument met een Mayavrouw die een gebroken geweer boven haar hoofd houdt.

Bussen die door Chimaltenango rijden, stoppen bij alle belangrijke punten langs de Carretera Interamericana; bij de markt vertrekken tussen 5 en 19.30 uur elke twintig minuten bussen naar Antigua – maar je kunt ook wachten bij de afslag bij de Interamericana.

San Martín Jilotepeque

Vanuit Chimaltenango loopt een weg naar het noorden langs duizelingwekkende ravijnen en door naaldbossen naar het dorp **SAN MARTÍN JILOTEPEQUE** op 19 km. San Martín moest na de klap van 1976 herbouwd worden, maar de grote zondagsmarkt is de moeite waard. De lokale stoffen, vooral de *huipiles* van de vrouwen, horen tot de beste die je zult zien, met ingewikkelde decoratieve patronen in vooral rood en paars.

Bussen naar San Martín vertrekken tussen 5 en 18 uur elk halfuur bij de markt van Chimaltenango, de rit duurt een halfuur, zes bussen rijden verder in noordelijke richting naar **Joyabaj**.

San Juan Comalapa, Patzicía en Patzún

Na Chimaltenango volgt langs de Carretera Interamericana een reeks afslagen naar interessante, maar zelden bezochte dorpen. Het eerste dorp is **SAN JUAN COMALAPA**, dat 16 km ten noorden van de Interamericana aan een diep ravijn ligt. Het werd door de Spanjaarden gesticht, die hier de bevolking van diverse dorpen van de Kaqchikel-Maya's onderbrachten. Op het dorpsplein staat een verzameling verweerde precolumbiaanse beelden en een monument voor Rafael Alvarez Ovalle, die hier geboren werd en het volkslied van Guatemala componeerde. Aan het plein staat een fraaie, onlangs gerestaureerde barokkerk die uit de koloniale tijd dateert.

In de afgelopen decennia hebben de dorpsbewoners van Comalapa naam gemaakt als **naïeve kunstenaars**. De traditie begon met **Andrés Curuchich** (1891–1969), die eenvoudige dorpstaferelen schilderde en tot in New York exposeerde; er is een permanente tentoonstelling van zijn werk in het Museo Ixchel in Guatemala-stad. Enkele tientallen schilders hebben de traditie van Curuchich voortgezet; hun werk is te koop in de galeries van het dorp en er is een museum gepland, het Museo de Arte Maya.

Zoals altijd is de **marktdag**, zondag, de beste dag, want dan zijn er veel mensen op de been. **Bussen** naar Comalapa vertrekken elk uur vanuit Chimaltenango (45 min.), bij de afslag staan ook minibusjes klaar.

Patzicía en Patzún: een route naar het meer

Verder naar het westen kom je bij een afslag naar het Lago de Atitlán. Deze zijweg loopt langs een paar dorpjes, te beginnen met **PATZICÍA**, waarvan het onbeduidende uiterlijk niets verraadt van de onafhankelijke geest van weleer, want in 1944 kwamen lokale Maya's in opstand, met driehonderd doden als resultaat. De dorpelingen meenden dat er in het hele land een opstand tegen de heerschappij van de ladino's was uitgebroken en ze vermoordden alle niet-indianen die ze in handen kregen. Gewapende ladino's uit de hoofdstad sloegen de opstand vervolgens neer en doodden de meeste rebellen. Toevallig werd hier in 1871 de Declaratie van Patzicía getekend, waarin de doelen van de liberale revolutie werden geformuleerd.

PATZÚN, 11 km van de Interamericana in de richting van het Lago de Atitlán, is een verspreid gebouwd, armoedig Mayastadje, waar de traditionele felrode dracht nog gedragen wordt. De kleurige zondagsmarkt is de belangrijkste attractie.

Na Patzún leidt de weg naar **Godínez**, hoog boven de noordoever van het Lago de Atitlán. Sommige toeristenshuttles nemen deze route naar het meer, die door een dicht bebost ravijn leidt. Als je met eigen vervoer bent, moet je beseffen dat er af en toe auto's door gewapende bandieten worden aangehouden, al is het aantal gevallen de afgelopen jaren afgenomen.

Tecpán en Iximché

Het stadje **TECPÁN** ligt enkele honderden meters ten zuiden van de Carretera Interamericana, negentig minuten rijden van Guatemala-stad. Alvarado vestigde waarschijnlijk hier de eerste Spaanse hoofdstad en op deze plek trokken de Spaanse troepen zich terug toen ze in augustus 1524 uit Iximché werden verdreven. Tegenwoordig is het een bescheiden stadje met een fraaie 16de-eeuwse **kerk** waar je een schitterend, origineel balkenplafond en zilveren altaren kunt zien.

Aan het centrale plein zitten diverse **restaurants,** maar voor een echt culinaire ervaring moet je naar *El Granero*, 4 km ten zuiden van de stad langs de weg naar de ruïnes, waar je voortreffelijk lokaal vlees en regionale gerechten kunt eten.

Iximché, de precolumbiaanse hoofdstad van de Kaqchikel-Maya's, ligt 5 km ten zuiden van Tecpán op een prachtige open helling, aan drie kanten beschermd door diepe ravijnen en omringd door naaldbossen. Al snel na de komst van de Spanjaarden sloten de Kaqchikel-Maya's een bondgenootschap met hen, zodat de stad minder te lijden kreeg dan andere. Maar de tijd en het weer hebben inmiddels hun tol geëist, en omdat de meeste gebouwen van adobe waren gebouwd, zijn ze verdwenen, je kunt er alleen nog een paar piramides van steen, duidelijk afgebakende pleinen en balspelbanen zien. Niettemin is de plek, waar ooit tienduizend mensen woonden, erg sfeervol, de grasvelden zijn heerlijk vredig, vooral doordeweeks, als je mogelijk de enige bezoeker bent.

De Kaqchikel-Maya's vestigden hun hoofdstad rond 1470 na een langdurig conflict met de naburige K'iche'-Maya's op deze plek. Toen de Spanjaarden kwamen, sloten ze zich bij Alvarado aan om hun vijanden te kunnen verslaan. Dank-

▲ De ruïnes van Iximché

baar voor de hulp vestigden de Spanjaarden op 7 mei 1524 hun hoofdkwartier in de buurt – waarschijnlijk op de plek waar nu Tecpán ligt. De Kaqchikel noemden Alvarado *Tonatiuh*, zoon van de zon, en als teken van respect kreeg hij de dochter van een koning van de Kaqchikel als geschenk. Al na enkele maanden kwamen de Kaqchikel in opstand, verontwaardigd over de schatting die Alvarado eiste. De conquistador sloeg terug door Iximché plat te branden, waarna hij zijn hoofdkwartier naar het veiligere Ciudad Vieja verplaatste, niet ver van Antigua.

Meer dan vierhonderd jaar later, in 1980, gaf het Comité de Unidad Campesina, een groep die voornamelijk uit Maya's bestaat, hier de **Verklaring van Iximché** uit. De Maya's waren getergd door het bloedbad onder hun leiders tijdens een bezetting van de Spaanse ambassade in Guatemala-stad dat jaar. Ze bestempelden in de verklaring de gruweldaad als de jongste episode in meer dan vier eeuwen van door de staat bedreven genocide tegen de Maya's.

George W. Bush bezocht Iximché in 2007 en werd getrakteerd op marimbamuziek en een demonstratie van het balspel van de Maya's. Niet iedereen was ingenomen met zijn komst, en dorpsoudsten van de Maya's hielden een ceremonie om de plek spiritueel te zuiveren van 'slechte energie'.

De opgraving

De **ruïnes van Iximché** (dag. 8–17 uur; $ 6,50) bestaan uit vier hoofdpleinen, enkele balspelbanen en een paar kleine piramides. Bij de meeste gebouwen werden alleen de funderingen en de benedenmuren in steen gebouwd, terwijl de muren daarboven van adobe waren, met rieten daken gesteund door houten balken. Van veel gebouwen is het ontwerp nog zichtbaar, maar alleen de belangrijkste constructies, helemaal van steen gemaakt, staan nog overeind. De belangrijkste gebouwen stonden rond de pleinen A en C en hadden waarschijnlijk een rituele functie. Op de zijkant van **Tempel 2** zijn nog wat sterk verweerde muurschilderingen te herkennen, in een stijl die erg aan die van de codices doet denken.

De plek was, net als de meeste steden in het hoogland, waarschijnlijk vooral bedoeld als ceremonieel centrum voor religieuze rituelen; nog altijd voeren Maya's hier rituelen uit langs een smal pad dat door het naaldbos achter het laatste plein loopt. Archeologen hebben interessante vondsten in de stad gedaan, waaronder de schedels van mensen die geofferd waren, graven, slijpstenen, messen van obsidiaan, een fluit van een kinderdijbeen en grote aantallen wierookbranders.

Iximché is een perfecte plek voor een picknick of barbecue, je kunt ter plekke *aguas* kopen. **Om erheen te gaan**, stap je bij de afslag naar Tecpán uit een van de vele bussen die over de Carretera Interamericana rijden. Het is ongeveer 500 m lopen naar het centrum; daar vertrekken minibusjes naar de ruïnes (elk halfuur, 10 min.). Zorg dat je voor 17.30 uur terug bent op de Interamericana om nog een bus te kunnen nemen.

El Quiché

Het departement **El Quiché** vormt het hart van het westelijke hoogland, het ligt ingeklemd tussen de Verapaces en Huehuetenango en bezit het volledige arsenaal aan Guatemalteekse landschappen. Het zuiden is vruchtbaar en dichtbevolkt, terwijl het landschap naar het noorden toe steeds dramatischer wordt en uitmondt in de hoge, kletsnatte toppen van de **Cuchumatanes**. Achter de bergen liggen de vlakten en laaglandbossen van **Ixcán**.

Het departement is genoemd naar het volk dat in de precolumbiaanse tijd het talrijkst was, de **K'iche'-Maya's**, die rond 1450 een groot deel van het hoogland domineerden vanuit hun hoofdstad Utatlán. Hun rijk was al in verval toen de Spanjaarden arriveerden, maar ze verzetten zich niettemin met alle macht tegen de conquistadores. Omdat er weinig te halen viel, was deze afgelegen, bergachtige streek van weinig belang voor de Spanjaarden. Het gebied werd eind jaren zeventig van de 20ste eeuw een centrum van guerrilla-activiteiten met een voor Guatemala ongeëvenaarde repressie als gevolg, waarbij het leger tienduizenden dorpelingen doodde. Katholieke priesters, die vaak verbonden waren aan de movimiento cooperativo, werden ook doelwit, velen werden vermoord; in 1981 trok de kerk zelfs alle priesters uit het departement terug. Het hoogland is nog altijd een bolwerk van Mayacultuur, en El Quiché is met zijn dorpjes en bergstadjes het toneel van fantastische feesten en markten.

El Quiché heeft veel te bieden, zowel in het toegankelijke zuiden als het ruigere noorden. **Chichicastenango**, een centrum van Mayareligie, is het toneel van een enorme markt die twee keer per week wordt gehouden. Iets verderop, in het midden van de centrale vallei, ligt de hoofdstad van het departement, **Santa Cruz del Quiché**, met in de buurt de ruïnes van **Utatlán**. Verder naar het noorden beginnen de echte bergen en krijgt het landschap een monumentaal karakter. De prachtig gelegen, geïsoleerde dorpen kennen een rijke indiaanse cultuur en vormen een nevelige, mysterieuze eigen wereld. Als je de Sierra de Chuacús passeert en afdaalt naar de Río Negro, kom je bij **Sacapulas** aan de voet van de **Cuchumatanes**. Je kunt nu door de heuvels naar Cobán in het oosten reizen of naar Huehuetenango in het westen, of, als je echt avontuur zoekt, de bergen in gaan naar de drie plaatsjes van de **Ixil-driehoek** – Nebaj, Chajul en Cotzal.

De weg naar Chichicastenango en het departement El Quiché begint bij km 127,3 van de Carretera Interamericana, bij **Los Encuentros**.

Chichicastenango

Als je vanuit Los Encuentros naar het noorden gaat, daal je al snel door een dicht, aromatisch naaldbos in een diep ravijn af, waar een zijrivier van de Río Motagua stroomt. De weg slingert zich vervolgens in een eindeloze reeks haarspeldbochten weer omhoog naar **CHICHICASTENANGO**, 17 km na de afslag van de Interamericana. Inguat noemt de stad Guatemala's 'Mecca del Turismo'; het is een compact en traditioneel plaatsje met straatjes met kinderkopjes en charmante oude huizen van adobe, al zijn die nu in de minderheid ten opzichte van de moderne betonnen gebouwen. Op zondag en donderdag wordt de kalmte van het hooglandstadje doorbroken door de **markt**, die toeristen, handelaren en Maya-wevers uit het hele centrale hoogland aantrekt. Op deze dagen zul je waarschijnlijk een van de zeldzame provinciale verkeersopstoppingen van Guatemala meemaken als handelaren, toeristen en inwoners naar het centrum stromen.

Chichicastenango werd door de Spanjaarden gesticht voor K'iche'-Maya's die het naburige Utatlán waren ontvlucht, dat door de Spanjaarden in 1524 was verwoest. De naam van de stad betekent 'plek van de brandnetels' in het Nahuatl.

De markt is niet het enige bijzondere van Chichicastenango, want de stad is ook een belangrijk cultureel en religieus centrum voor de omgeving. In Chichicastenan-

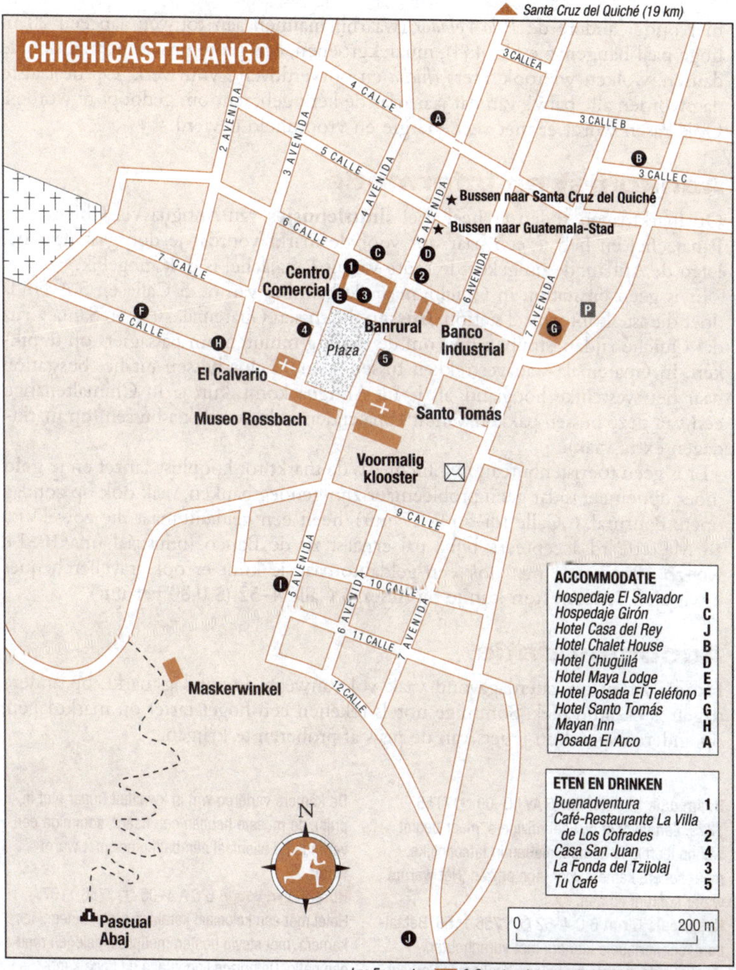

go worden de tradities en het volkskatholicisme van de Maya's van oudsher met een zeldzaam respect behandeld, al werd deze zegen onvermijdelijk afgewisseld met golven van willekeurige vervolging en uitbuiting. De stad bezit een belangrijke verzameling Mayavoorwerpen, een Mayabestuur naast een Ladinobestuur, en twee kerken waar openlijk onconventionele heidense erediensten worden geaccepteerd. De Maya's van Chichi beoefenen de traditionele weeftechnieken en de vrouwen dragen er fantastische *huipiles* met bloemmotieven. De mannendracht bestaat uit een korte broek en een jasje van zwarte wol met borduursels in zijde, maar het kostuum is duur en bijna alle mannen dragen nu westerse kleding. Op zondag en tijdens feesten draagt nog een handvol *cofradres* (ouderlingen in de religieuze hiërarchie) de traditionele kleding; ze paraderen dan door de straten met grote zilveren processiekruisen en antieke wierookbranders.

De liefde van Chichicastenango voor religieuze hartstocht is vooral duidelijk tijdens het **fiësta** van Santo Tomás, 14-21 december. Het is een spectaculair feest met onder andere de *Palo Volador* (waarbij mannen aan touwen aan een 20 m hoge paal hangen; zie blz. 434), muziekgroepen, een grote processie, traditionele dansen, wolken wierook, liters *chicha* en oorverdovend vuurwerk. Op de laatste dag worden alle baby's van dat jaar naar de kerk gebracht om gedoopt te worden. Ook Pasen wordt er met veel energie en vroomheid gevierd.

Aankomst en informatie

Op marktdagen rijden er heel veel **shuttlebusjes** van Antigua via Chichi naar Panajachel en heb je een paar uur voor de markt voordat je doorgaat naar het Lago de Atitlán; de omgekeerde route vanuit Panajachel is ook mogelijk.

Er is geen busstation in Chichi, maar de kruising van de 5 Calle en 5 Avenida doet dienst als informeel station. **Bussen** die tussen Guatemala-stad en Santa Cruz del Quiché rijden, stoppen hier om de twintig minuten om passagiers op te pikken. In Guatemala-stad vertrekken tussen 4 en 17 uur bussen uit het busstation naar het westelijke hoogland; als je uit Antigua komt, kun je in Chimaltenango een van deze bussen pakken.Vanuit Pana rijden ook tweedeklasbussen (op marktdagen extra vaak).

Er is geen toeristenbureau in Chichi.Als de markt tot kooplust aanzet en je **geld** moet opnemen, is dat geen probleem, er zijn genoeg banken, vaak ook op zondag open: Banrural, 6 Calle (di–zo 9–17 uur), heeft een geldautomaat die zowel Visa als MasterCard accepteert, bijna pal ernaast zit de Banco Industrial (ma 10–14, wo–zo 10–17 uur) met ook een geldautomaat; je kunt er ook travellercheques inwisselen. **Internetten** kun je bij Acses, 6 Calle 4–52 ($ 0,80 per uur).

Accommodatie

Hotels zitten op zaterdagavond vaak vol vanwege de zondagsmarkt, op andere dagen is er altijd plek. Sommige hotels rekenen een hoger tarief op marktdagen, op andere dagen kun je iets van de prijs af proberen te krijgen.

Hospedaje El Salvador 5 Av 10–09 ⓣ7756 1329. Een favoriet bij veel reizigers, maar begint wel op leeftijd te komen, niettemin fatsoenlijke, maar sobere kamers voor lage prijzen. Het warme water komt af en aan. ❷

Hospedaje Girón 6 C 4–52 ⓣ7756 1156. Betaalbare, comfortabele kamers met vurenhouten meubels; de meeste met eigen badkamer. Parkeergelegenheid. Goede deal voor wie alleen reist. ❸

Hotel Casa del Rey 1 km ten zuiden van het centrum ⓣ7756 1053, ⓦwww.hotelcasadelrey.com. Groot hotel met fraai uitzicht, maar met onaantrekkelijke accommodatie in blokken in motelstijl. Zwembad en restaurant aanwezig. ❻–❼

Hotel Chalet House 3 C 7–44 ⓣ7756 1360, ⓦwww.chalethotelguatemala.com. Rustig gelegen op vijf minuten lopen van de markt. Veertien aantrekkelijke, maar wat kleine tweepersoonskamers, allemaal met badkamer (sommige met bad) en comfortabele bedden met hooglanddekens. Ontbijt mogelijk, gratis internet en een dakterras. ❹

Hotel Chugüilá 5 Av 5–24 ⓣ7756 1134. Oudgediende met grote kamers op diverse verdiepingen. De kamers variëren wat in kwaliteit (maar niet in prijs), de meeste hebben een haard, sommige een veranda en allemaal een badkamer met warm water. ❺

Hotel Maya Lodge 6 C A 4–08 ⓣ7756 1167. Hotel met een koloniaal karakter, grote, betegelde kamers, met stevig houten meubilair, gelegen rond een patio. De prijzen liggen aan de hoge kant, probeer korting te krijgen. ❺

Hotel Posada El Teléfono 8 C 1–64 ⓣ7756 1197. Eenvoudig en vriendelijk hotelletje met kleine, schone, Spartaanse kamers en steile trappen. Er is een keuken voor de gasten, de gemeenschappelijke badkamers zijn netjes. ❷

Hotel Santo Tomás 7 Av 5–32 ⓣ7756 1061. Groot hotel met ruime, moderne kamers, allemaal goed ingericht en met fraaie badkamer met bad, ze liggen rond twee patio's in koloniale stijl en een (verwarmd) zwembad. De grootte en het feit dat er veel reisgezelschappen zitten, maakt het hotel wat onpersoonlijk. Met een restaurant en een plezierige lounge/bar. ❽

Mayan Inn 8 C & 3 Av ⓣ7756 1176, ⓦwww.mayaninn.com.gt. Alsof je in een tijdmachine naar de koloniale tijd gaat. Eerbiedwaardig hotel met stijlvolle kamers met antieke meubels en open haard. De gasten krijgen een personeelslid toegewezen, gekleed in nep traditioneel kostuum; hij bewaakt je deur (er zijn geen sloten) en steekt 's avonds de haard aan. Niet iedereen zal van dit meester/bediende-gedoe genieten. $ 104. ⑨

Posada El Arco 4 C 4–36 ☎7756 1255. Voortreffelijk pension van twee vriendelijke, Engels sprekende broers, die goed voor hun gasten zorgen (ze maken zelf heerlijke jam en pindakaas). Er zijn zeven grote, aantrekkelijke kamers met goede houten bedden en leeslampjes; de kamers 6 & 7 geven toegang tot een fraai terras. Er is ook een mooie tuin met fantastisch uitzicht over het hoogland, en een veilige parkeerplaats. ④

De stad

De meeste bezoekers komen voor de markt, maar Chichicastenango biedt ook een ongewoon kijkje in de traditionele religieuze praktijken van het hoogland. In de kerk van **Santo Tomás** aan de zuidoosthoek van het centrale plein, beoefenen de lokale K'iche'-Maya's (de *Maxeños*) hun eigen vorm van religie, waarin ze precolumbiaanse en katholieke rituelen vermengen. De kerk werd in 1540 gesticht op de plek waar een Maya-altaar stond en in de 18de eeuw herbouwd. De plaatselijke Maya's zouden in de kerk geïnteresseerd zijn geraakt toen Francisco Ximénez, die hier van 1701 tot 1703 priester was, hun heilige boek, de **Popol Vuh** (zie blz. 134), begon te lezen. Toen ze zagen dat hij veel respect had voor hun religie, verplaatsten ze hun altaren van de heuvels naar de kerk. Deze oude, unieke versmelting van indiaanse en katholieke rituelen wordt nog altijd in de kerk beleden.

Het is gebruikelijk dat een bezoeker voordat hij de kerk betreedt een offer brengt in een vuur of *copal-* en *estoraque-wierook* in geperforeerde blikjes brandt, waardoor er wolken zoete rook boven de treden komen te hangen. Binnen wijden de gelovigen zich met overgave aan hun geloof. Het zachte gezoem van constant geprevel vult de lucht, terwijl de gelovigen knielen om kaarsen voor hun voorouders en heiligen neer te zetten. Het hele gebouw is in hun ogen gevuld met de zielen van

Chichicastenango's markt

Er wordt al honderden, misschien wel duizenden jaren een markt in Chichicastenango gehouden. Ondanks de vele stalletjes die prullaria aan toeristen proberen te verkopen blijft de lokale bevolking hier twee keer per week producten verhandelen. Op zondag en donderdag staan de straten van Chichicastenango vol stalletjes en schuifelt de menigte kopers erlangs; het aanbod is overweldigend, van kwalitatief superieure *huipiles* uit Ixil tot houten dansmaskers, en alles daartussen, waaronder aardewerk, kalebassen, riemen en dekens, plus een kleurige selectie aan stoffen. Je kunt nog authentieke geweven stoffen vinden, maar dan moet je je wel door een zee van middelmatig spul worstelen – en fors afdingen. Voor 10 uur is de kans om een goede koop te doen het grootst, daarna komen de toeristenbussen, maar ook aan het einde van de middag, als het weer rustiger wordt, kun je je slag slaan. De beste stoffen uit de lokale dorpen vind je meestal op het midden van het plein. De prijzen zijn redelijk, maar voor echte koopjes moet je verder het hoogland in – al is Panajachel weer beter voor *típica*-kleding.

Voor een goed overzicht van de groentemarkt, moet je naar het binnenbalkon van het Centro Comercial aan de noordzijde van het centrale plein. Je kunt rustig naar de dorpelingen kijken terwijl ze onderhandelen en kletsen boven de stapels groenten (en foto's nemen zonder opdringerig te zijn). Je kunt de diverse kostuums van het hoogland zien, waaronder *huipiles* van de dorpen rond het Lago de Atitlán tot helemaal aan Chajul; de mannen in grappige 'spacecowboyshirts' komen uit de naburige streek Sololá.

de doden, die elk een eigen plaats hebben. De plek van de 'eerste mensen', de oudste voorouders, is onder het altaarhek; voormalige hoogwaardigheidsbekleders huizen rond het midden; gewone mensen aan de westkant; overleden indiaanse priesters naast de deur. De katholieke heiligen zijn even belangrijk, ze genieten hetzelfde respect en krijgen voortdurend kaarsen en alcohol aangeboden. Daarnaast worden in sommige delen van de kerk bepaalde patronen gemaakt met kaarsen, rozenblaadjes en *chicha* om specifieke vormen van zegening af te smeken, bijvoorbeeld voor kinderen, een reis, huwelijk, oogst of genezing. Betreed de kerk niet via de voordeur, die is gereserveerd voor *cofrades* en hoge kerkfunctionarissen, maar door de **zijdeur**. Het nemen van **foto's** in de kerk wordt als buitengewoon beledigend ervaren – absoluut niet doen.

Naast de kerk staat een voormalig **klooster**, nu in gebruik door het kerkbestuur. Hier las de Spaanse priester Francisco Ximénez de Popol Vuh (zie kader), een meesterwerk uit de indiaanse literatuur, die begin 18de eeuw in de parochiearchieven verborgen lag.

Aan de zuidkant van het centrale plein, op marktdagen vaak verborgen achter de kraampjes, vind je het **Museo Rossbach** (di, wo, vr & za 8–12 & 14–16, do 8–16 & zo 8–14 uur; $ 0,80) met een brede collectie precolumbiaanse voorwerpen, vooral keramiek (waaronder enkele demonisch uitziende wierookbranders), kettingen en oorhangers van jade en stenen beeldjes (sommige 2000 jaar oud). Verder zijn er wat interessante oude foto's van Chichi en lokale geweven stoffen en maskers.

Aan de westkant van het plein staat de witgekalkte kapel van **El Calvario**, een soort miniatuurversie van de grote kerk van Chichi. Binnen is de sfeer al even vroom met gebeden die rond het beroete houten altaar worden opgezegd, terwijl vrouwen een liggende Christus in een glazen kist bloemen aanbieden en buigen om de kist te kussen, die tijdens de heilige week door de straten wordt gedragen. Op de treden voor de kapel wordt veel wierook gebrand, en de kerk geldt als een goede plek om te biechten en absolutie te krijgen.

De Popol Vuh

De Popol Vuh werd kort na de komst van de Spanjaarden in Utatlán geschreven en verhaalt in ruim negenduizend regels over de kosmologie, mythologie en geschiedenis van de K'iche'-Maya's. Het heilige gedicht bestaat uit twee delen, het eerste vertelt over de schepping van de K'iche' door hun god, Hart van Lucht. Volgens de Popol Vuh was er eerst alleen water en lucht; de schepper maakte vervolgens aarde en bergen, planten en bomen. Daarna kwamen de dieren; hij schiep de wezens van het bos, waaronder herten, vogels en jaguars. Ontevreden met deze dieren – ze konden alleen brullen en schreeuwen – maakte de schepper mensen van maïspap na twee eerdere mislukte pogingen om mensen van modder en hout te maken. De Popol Vuh verhaalt vervolgens over de avonturen van de voorouders van de mens, de tweeling Hunahpú en Xbalanqué, die uiteindelijk de epische strijd tegen de dodenheersers van Xibalbá, de onderwereld van de Maya's, winnen, waarmee de scheppingscyclus is begonnen.

Het tweede deel van de Popol Vuh beschrijft de migratie naar het zuiden van de voorouders van de K'iche' uit het Tolteekse gebied in Mexico en hun vestiging op het hoogland van Guatemala. Onderzoek van archeologen en epigrafen heeft aangetoond dat dit deel tamelijk accuraat is. Het boek eindigt met een geschiedenis van de koningen van de K'iche', die verwant aan de goden zouden zijn. Dennis Tedlocks vertaling van de Popol Vuh in het Engels (zie 'Boeken', blz. 449) geldt als de definitieve.

Vertrek uit Chichicastenango

Er gaan om de twintig minuten rechtstreekse bussen naar Guatemala-stad (3 uur), de laatste vertrekt rond 18 uur; er gaan dagelijks tussen 6 en 15 uur zeven bussen naar Quetzaltenango (2:30 uur). Voor Antigua neem je een bus richting Guatemala-stad en stap je in Chimaltenango over, op marktdagen kun je een directe shuttle nemen. Als je naar het noorden wilt, kun je het beste de bus naar Santa Cruz del Quiché nemen (elke 20 min.; 30 min.), waar bussen naar Nebaj en Uspantán vertrekken. Als je een **shuttlebus** vanuit Chichicastenango wilt nemen, regel je dat bij Chichi Turkaj Tours, 5 Avenida 5–24 (Ⓣ7756 1579).

Het heiligdom van Pascual Abaj

Kerken zijn niet de enige plekken waar de Maya's religieuze rituelen uitvoeren, op de heuvels rond de stad, zoals eigenlijk overal in het hoogland, staan talrijke heiligdommen. Het dichtstbijzijnde, minder dan een kilometer van het centrale plein, staat bekend als **Pascual Abaj**. Er komen regelmatig toeristen, maar vergeet niet dat de **ceremonies** die de Maya's hier houden een diepe religieuze betekenis hebben, blijf daarom op afstand en neem geen foto's als de mensen dat niet willen. Het heiligdom bestaat uit een paar altaartjes tegenover een streng kijkend precolumbiaans beeld. De ceremonie, meestal onder leiding van een sjamaan, gaat gepaard met wolken wierook, het rondsproeien van drank, en bezweringen, en er worden bloemen geofferd, en soms een kip. In 1957, tijdens een uitbarsting van religieuze rivaliteit, werden de altaren van Pascual Abaj door katholieken kapot geslagen, maar de traditionalisten verzamelden de brokstukken en pasten ze weer aan elkaar.

Om bij Pascual Abaj te komen loop je vanaf de Santo Tomás in zuidelijke richting naar beneden door de 5 Avenida en sla je de eerste zijstraat rechts in, de 9 Calle. Volg deze straat de stad uit. Al snel kom je over een riviertje, waarna een bordje de weg wijst; je komt onderweg langs een werkplaats voor houten maskers. Als er een ceremonie wordt gehouden, zul je Pascual Abaj aan de dunne rookkolom herkennen. Blijf het pad omhoog volgen; na tien minuten door dicht naaldbos kom je bij het heiligdom.

Eten

Chichi is een prima plek om je te goed te doen aan de stevige kost van de Guatemalteekse comedores. Als je liever iets verfijnder eet, kun je bij *Hotel Santo Tomás* en de *Mayan Inn terecht*. Op **marktdagen** kun je op het plein het authentieke eten van het hoogland proeven: ga naar een van de standjes met ketels stoofpot en soep.

Buenadventura bovenverdieping van het Centro Comercial. Boven de groentemarkt, ideaal voor een no-nonsense *comida típica* – een van de goedkoopste ontbijtadresjes van de stad.

Café-Restaurant La Villa de Los Cofrades 6 C & 5 Av, 1ste verdieping. Goede ontbijtkaart en goed geprijsde menu's – soep, een hoofdgerecht met salade, friet en brood kost rond $ 4. De huiskoffie is sterk en er is wijn.

Casa San Juan naast de kerk van El Calvario. Dit prettige bar-restaurantje is de stijlvolste van de stad, er hangt veel kunst aan de muren en het menu mag er zijn: lekkere sandwiches en westerse snacks naast Guatemalteekse en Mexicaanse gerechten.

La Fonda del Tzijolaj bovenverdieping van het Centro Comercial. Vanaf de tafeltjes op het balkon heb je een mooi uitzicht op de markt en op de Santo Tomás. Bescheiden prijzen, flinke gerechten, waaronder pizza en pasta; de huisspecialiteit is *chiles rellenos*.

Tu Café oostkant van het plein. De eigenaar is een vriendelijke Guatemalteek die vele jaren taxichauffeur was in New York. Uitgebreide ontbijtkaart, snacks als nachos met guacamole, en sandwiches; de lunchgerechten worden met rijst, salade en soep geserveerd.

Santa Cruz del Quiché en omgeving

De hoofdstad van het departement El Quiché, **SANTA CRUZ DEL QUICHÉ**, ligt een halfuur ten noorden van Chichicastenango. De goede asfaltweg erheen leidt door naaldbossen en ravijnen, en langs de **Laguna Lemoa**. Volgens een plaatselijke legende ontstond dit meer door de tranen die de vrouwen van de koningen van de K'iche' vergoten toen de Spanjaarden hun echtgenoten vermoordden. Quiché, zoals de stad gewoonlijk genoemd wordt, is een grote, gezichtsloze stad, die als uitvalsbasis kan dienen voor de ruïnes van Utatlán. Je kunt hier de bus naar de Ixil-driehoek nemen.

De stad

Het centrale **plein** van Santa Cruz del Quiché wordt gedomineerd door een grote koloniale kerk en een klokkentoren die werd gebouwd met stenen van de ruïnes van Utatlán. In het midden staat een standbeeld van Tecún Umán, leider van de K'iche', in een krijgshaftige houding, maar zijn waardigheid heeft wel te lijden onder de armoedigheid van de omgeving. De **markt** wordt op dezelfde dagen als in Chichicastenango gehouden – donderdag en zondag – dan staan de kraampjes vanaf het plein naar het zuiden en oosten tot aan het busstation. Palmvezels weven is een lokale specialiteit, soms zie je Maya's bezig een band te vlechten terwijl ze door de stad lopen.

Praktische informatie

Het **busstation**, groot, vies en onoverdekt, ligt vier blokken ten zuiden en een paar blokken ten oosten van het centrale plein. De verbindingen vanuit Quiché zijn over het algemeen goed. Tweedeklasbussen naar Guatemala-stad vertrekken elk halfuur tot 17 uur (3:30 uur), ze rijden via Chichicastenango (30 min.) en Los Encuentros (1 uur). Er rijden ook bussen naar Nebaj (5 per dag; 2:15 uur), Joyabaj (elk uur; 1:45 uur), Uspantán (6 per dag; 2:45 uur) en Quetzaltenango (10 per dag; 3 uur). Microbusjes rijden ook frequentr op Uspantán (elke 90 min. tot 18 uur), Nebaj (elk uur tot 19 uur) en Joyabaj. Aan de weg naar Totonicapán wordt gewerkt, in 2009 gaan er regelmatig bussen rijden.

Banrural aan de noordwesthoek van het plein heeft een geldautomaat en wisselt travellercheques.

Het **hotelaanbod** van Quiché is beperkt en er is niets in de luxecategorie. Het beste budgethotel is het *Hotel San Pascual*, 7 Calle 0–43, Zona 1 (Ⓣ7755 1107; ❷), met schone kamers, verdeeld over twee verdiepingen rond een patio; *Hotel Maya Quiché*, een blok ten westen van het plein, 3 Avenida 4–19, Zona 1 (Ⓣ7755 1464; ❸), is luxer met ruime kamers, sommige met badkamer. De meeste **restaurants** vind je in de buurt van het plein. *El Torito Steakhouse*, 7 Calle 1–73, ten zuidwesten van het plein, met een kitscherig cowboydecor en een kaart met veel vlees, waaronder enorme steaks, is zo ongeveer het chicste wat er is in Quiché; als je naar een typische comedor zoekt, probeer dan *Las Rosas*, 1 Avenida 1–28.

De ruïnes van Utatlán (K'umarkaaj)

Begin 15de eeuw stichtte Gucumatz (Gevederde Slang), een koning van de K'iche'-Maya's, na een periode van succesvolle veroveringen een nieuwe hoofdstad, K'umarkaaj. Honderd jaar later kwamen de Spanjaarden, die de stad **Utatlán doopten en vervolgens verwoestten**. De **ruïnes** (dag. 8–17 uur; $ 6,50) liggen ongeveer 4 km ten westen van Santa Cruz del Quiché.

Volgens de Popol Vuh was Gucumatz een groot heerser die bijgestaan werd door machtige geesten. Zijn stad getuigde daarvan, met diverse citadellen verspreid over de heuveltoppen. Hier huisden de negen dynastieën van de tribale elite, waaronder de vier belangrijkste heersers van de K'iche', en er stonden 23 paleizen. De schittering van de stad weerspiegelde de macht van het rijk van de K'iche', dat op zijn hoogtepunt een miljoen inwoners had.

Toen de Spanjaarden kwamen, waren de K'iche' al verzwakt en was hun rijk versplinterd. De eerste contacten vonden bij de kust plaats en daarna leden ze een zware nederlaag tegen Alvarado in de buurt van Quetzaltenango, waarbij hun leider Tecún Umán omkwam. De K'iche' nodigden de Spanjaarden vervolgens naar hun hoofdstad uit, iets wat Alvarado's wantrouwen wekte. Toen hij de versterkte stad zag, vermoedde hij een valstrik en nam de K'iche'-leiders Oxib-Queh en Beleheb-Tzy gevangen. Zijn volgende stap was karakteristiek wreed: 'Omdat ik wist van hun slechte instelling tegenover het dienen van zijne majesteit, en om de rust en vrede te verzekeren, verbrandde ik ze en stuurde [soldaten] om de stad plat te branden.'

De opgraving

Utatlán is lang niet zo monumentaal als de grote ruïnecomplexen in Petén, maar de plek, omringd door diepe ravijnen en naaldbossen, is indrukwekkend en de historische betekenis intrigerend. Sinds de verwoesting door de Spanjaarden is er nauwelijks iets gerestaureerd, en alleen een paar van de grote gebouwen zijn herkenbaar; de meeste zijn nu grasheuvels in de schaduw van naaldbomen. In het **museumpje** toont een maquette hoe de stad er ooit moet hebben uitgezien.

Het centrale plein is vrijwel zeker de plek waar Alvarado de twee K'iche'-leiders in 1524 levend liet verbranden. Tegenwoordig kun je er de drie overgebleven **tempelgebouwen** zien, de grote monumenten van Tohil, Auilix en Hacauaitz; het waren eenvoudige piramides met een rieten hut bovenop. De Tempel van de soevereine gevederde slang stond ooit midden op het plein, maar nu is alleen de fundering van deze ronde toren nog te zien. De enige andere structuur die nog vaag herkenbaar is, is de **balspelbaan**, die onder de met gras begroeide helling ten zuiden van het plein ligt.

Het interessantste van de hele plek is misschien wel dat er nog steeds *costumbristas* (Maya's die religieuze handelingen uitvoeren) komen voor het uitvoeren van heilige rituelen die tot duizenden jaren teruggaan. Overal kun je kleine, ronde brandplekken zien – de as van wierook – en er worden regelmatig kippen op en rond het plein geofferd.

Onder het plein loopt een 100 m lange **tunnel**. Volg de bordjes voor *la cueva*; bij de ingang liggen vaak wierookverpakkingen en lege flessen *aguardiente*. In de tunnel zijn negen heiligdommen, corresponderend met het aantal niveaus van Xibalbá, zoals de Maya's de onderwereld noemen. Gelovigen bidden bij elk heiligdom, maar het negende, in een aparte ruimte, wordt het meest gebruikt. Het is niet bekend waarom de tunnel werd gegraven, maar volgens een plaatselijke legende wilden de K'iche' er hun vrouwen en kinderen voor de oprukkende Spanjaarden verbergen, die ze bij Utatlán wilden overvallen. Volgens anderen symboliseert de tunnel de grotten van Tula, die in de Popol Vuh (zie blz. 134) worden vermeld. De tunnel is nu een centrum voor Mayarituelen en een geliefde plek om offers te brengen; de vloer is bedekt met kippenveren en er branden kaarsen in de nissen aan het einde. Loop voorzichtig in de tunnel, want sommige zijgangen eindigen met een afgrond. Als er een ceremonie wordt gehouden, hoor je het gemompel van gebeden en ruik je de wierook meteen bij binnenkomst; in dat geval kun je beter niet storen door te dichtbij te komen.

Om vanuit Santa Cruz del Quiché naar Utatlán te gaan, kun je een bus richting Totonicapán nemen en dan verder lopen, of een taxi pakken (ongeveer $ 12 voor de rit heen en terug en een uur bij de ruïnes). Het is een leuke wandeling van 40 minuten; loop vanaf het plein naar het zuiden over de 2 Avenida en sla rechts af de 10 Calle in, die naar de ruïnes leidt.

Ten westen van de ruïnes loopt de weg door naar San Antonio Ilotenango en naar Totonicapán. Als de wegwerkzaamheden eenmaal klaar zijn, zal er veel meer verkeer over deze achterafroute gaan, inclusief een regelmatige busdienst tussen Quiché en Toto.

Naar het oosten naar Joyabaj

Vanaf Santa Cruz del Quiché loopt een geasfalteerde weg naar het oosten onder de indrukwekkende toppen van de **Sierra de Chuacús** langs, door een reeks dorpen in een prachtig golvend boerenland. Het eerste dorp, **Chiché**, is een zusterdorp van Chichicastenango, waarmee het tradities en kledij deelt, maar hier is de markt op woensdag. Daarna komt **Chinique**, gevolgd door het grotere **Zacualpa**, waar de markt op donderdag en zondag op het mooie grote plein wordt gehouden. De naam Zacualpa betekent 'waar ze mooie muren maken'; in de heuvels naar het noorden liggen de resten van een precolumbiaanse nederzetting.

Bij het stadje **JOYABAJ**, de laatste plaats langs deze route, vind je aan de noordkant ook een kleine opgraving. In de koloniale tijd was Joyabaj een belangrijke halteplaats aan de koninklijke route naar Mexico, maar van de meeste gebouwen uit die glorietijd bleef weinig over nadat het stadje werd verwoest tijdens de aardbeving van 1976, die hier honderden slachtoffers maakte. De vervallen gevel van de koloniale kerk, die voor de nieuwe geprefabriceerde kerk staat, is een van de weinige restanten. De afgelopen jaren heeft het stadje veerkracht getoond en is het opnieuw tot een welvarend traditioneel centrum uitgegroeid. De enorme **zondagsmarkt**, die zaterdagmiddag al begint, is een bezoek meer dan waard, net als het **dorpsfeest** in de tweede week van augustus – vijf dagen onafgebroken feesten met onder andere fantastische traditionele dansen en de spectaculaire *Palo Volador*, waarbij 'vliegende' mannen of *ángeles* aan een hoge paal langzaam naar beneden spiralen. Hoewel het feest voortkomt uit een vermenging van indiaanse en christelijke tradities, symboliseren de *ángeles* de heldhaftige tweeling uit de Popol Vuh, die in de onderwereld afdaalden om de dodenheersers te verslaan.

Je kunt vanuit Joyabaj over de Sierra de Chuacús naar Cubulco in de Baja Verapaz **wandelen**. De tocht is schitterend maar zwaar en duurt zeker een dag, de omgekeerde route is minder zwaar.

Praktische informatie

Er rijden **bussen** tussen het busstation voor het westelijke hoogland in Guatemala-stad en Joyabaj, ze komen ongeveer elk uur door Santa Cruz del Quiché (8–15.30 uur vanuit de hoofdstad, 3–15 uur vanuit Joyabaj); er rijden ook veel microbusjes vanuit Quiché. Joyabaj telt enkele simpele **pensiones** (*Hospedaje Mejia* (❶), aan het plein, is een van de beste), en je vindt er talrijke **comedores** en twee **banken**; de Banrural heeft een geldautomaat.

Je kunt ook via een andere route terug naar Guatemala-stad; het gaat om een slechte, weinig gebruikte weg die door **Pachalum** en langs de ruïnes van **Mixco Viejo** loopt. Er rijdt dagelijks één bus (die om 2.30 uur vertrekt) over deze route, op andere tijden ook pick-ups.

Naar de Cuchumatanes: San Andrés Sajcabajá, Sacapulas en Uspantán

Het gebied ten noorden van Santa Cruz del Quiché is dunbevolkt en heuvelachtig. Alleen bereikbaar via een slechte onverharde weg, 17 km ten noordoosten van de stad, ligt de *Posada San Rafael* (Ⓣ5570 3336, Ⓦwww.posada-sr.com; ❹–❺), een heerlijk landelijk hotel in een oude finca in de buurt van het dorp **San Andrés Sajcabajá**, ver in de heuvels van Quiché. De Frans-Guatemalteekse eigenaren bieden paardrijtochten aan naar de Mayaruïnes van Chijoj (met een indrukwekkende balspelbaan), tochten naar indiaanse dorpen, warmwaterbronnen en watervallen, en ze serveren heerlijk biologisch eten. Als je belt, is de kans groot dat iemand je uit Santa Cruz del Quiché ophaalt, want er rijden weinig bussen die kant op; je kunt ook bij het busstation vragen of er een pick-up naar San Andrés gaat. De reis duurt een uur.

Het eerste plaatsje waar je door komt na Santa Cruz is **San Pedro Jocopilas**, waarna je langs de westelijke rand van de Sierra de Chuacús gaat, om vervolgens af te dalen naar het geïsoleerde stadje **SACAPULAS**, anderhalf uur van Quiché. Het is spectaculair aan de Río Negro gelegen onder de uitlopers van de Cuchumatanes. Sacapulas heeft een koloniaal kerkje met fraaie houten beelden van heiligen, en op donderdag en zondag is er een goede markt, die tussen twee enorme kapokbomen op het plein wordt gehouden. Sommige vrouwen dragen nog indrukwekkende *huipiles* en steken hun haar op met fraaie pompons, vergelijkbaar met die van Aguacatán.

Al lang voordat de Spanjaarden kwamen werd hier **zout** geproduceerd in bekkens naast de Río Negro, een belangrijk product dat het stadje aanzien gaf. De plaats heette oorspronkelijk Tajul, wat 'warmwaterbronnen' betekent, maar de Spanjaarden veranderden de naam in Sacapulas, 'de grasplek', ter ere van de rietmanden die er gemaakt werden. Langs de rivier, stroomafwaarts ten opzichte van de brug, vind je diverse poeltjes waar warm water opwelt, en waar de bevolking de was doet. Aan de overkant stoppen bussen en vrachtwagens voor een lunch bij gammele comedores en fruitstalletjes.

Sacapulas is gemakkelijk te bereiken – elke bus of microbus vanuit Santa Cruz del Quiché naar Uspantán (elk uur; 1:45 uur) of Nebaj (elk uur; 1:15 uur) is goed. De laatste bus naar Quiché gaat om 19.30 uur, naar Nebaj om 17 uur. Er gaan ook microbusjes naar Aguacatán (7 per dag; 1:30 uur), waar je kunt overstappen voor Huehuetenango. In Sacapulas kun je in het *Comedor y Hospedaje Tujaal* (❷) met uitzicht op de rivier overnachten, of je kunt een eenvoudig bed nemen in het *Hospedaje y Restaurant Río Negro* (☎5410 8168; ❶). De beste plek om te eten is *Tujaal*, kies bijvoorbeeld de goede lokale vis *mojarra* en *papas fritas*. Er zijn stalletjes met de (erg) zoete lokale snack *melcocha*, die door het hele land wordt verkocht. Aan de noordkant van het plein zit een **bank**, Banrural, waar je travellercheques en dollars kunt wisselen.

Naar het oosten naar Uspantán en Cobán

Ten oosten van Sacapulas loopt een onverharde weg steil tegen de berghelling omhoog, zodat je de Río Negro al gauw in de diepte ziet stromen. De uitzichten worden steeds mooier en Sacapulas valt helemaal in het niet in het majestueuze landschap. De weg bereikt een bovendal en je komt bij **USPANTÁN**, een stadje weggestopt in een koude opening in de bergen waar vaak een gestage motregen valt. Rigoberta Menchú, de K'iche'-Maya die in 1992 de Nobelprijs voor de vrede won, komt uit Chimel, een dorpje in de buurt. Er zijn niet veel toeristen die hier wat langer blijven, maar er zijn een paar redelijke hotels, waaronder het voortreffelijke *Hotel Posada Doña Leona,* 6 Calle 4–09, Zona 1 (☎7951 8045, ❷–❸), met brandschone kamers, elk met tv en badkamer. Eten kun je in het kleine *Cafeteria María Luisa,* 6 Avenida en 7 Calle, Zona 2, met goedkoop ontbijt, snacks en een lunchmenu voor $ 2. Er rijden **microbussen** naar Cobán (elk uur tot 17 uur; 3 uur) en Santa Cruz del Quiché (elke 90 min. tot 18 uur; 2:30 uur); er rijden ook veel tweedeklasbussen.

De Ixil-driehoek: Nebaj, Chajul en Cotzal

Hoog langs de ruggengraat van de Cuchumatanes, in een landschap van steile hellingen, komvormige dalen en snelstromende rivieren, ligt de **Ixil-driehoek**. De drie afgelegen en buitengewoon traditionele stadjes Nebaj, Chajul en Cotzal delen een taal die nergens anders wordt gesproken. De driehoek die de stadjes vormen is het centrum van een streek waar het **Ixil** wordt gesproken; het is een uitgestrekt hoogland dat naar de Mexicaanse grens afdaalt en waar ten minste 130.000 mensen wonen. De weelderig groene, natte heuvels zijn moeilijk te bereiken en te controleren; een bittere geschiedenis van slepende conflicten ligt verborgen onder de huidige vriendelijke sfeer, gedomineerd door de kleuren en gewoonten van de Maya's.

Zowel de schoonheid van het landschap als de kracht van de indiaanse cultuur van Ixil zijn overweldigend. Toen rond 1970 kerkleiders naar het gebied kwamen, troffen ze zeer sterke gemeenschappen aan, waar de mensen wantrouwend tegenover de nieuwe autoriteit stonden uit angst voor ontwrichting van hun traditionele structuren waarin vrouwen betrokken waren bij het nemen van gemeenschappelijke beslissingen. Tegenover deze kracht staan de gruwelijke mensenrechtenschendingen die er tijdens de burgeroorlog plaatsvonden en die tot de ergste van Midden-Amerika horen.

Voor de komst van de Spanjaarden was Nebaj een belangrijke stad omdat er grote hoeveelheden jade werden geproduceerd, en bovendien had Nebaj waarschijnlijk een bondgenootschap met Zaculeu, hoofdstad van de Mam. De Spanjaarden gingen bij de verovering erg wreed te werk. Na enkele tegenslagen wisten ze Nebaj in 1530 in te nemen, en uit frustratie over de hardnekkige tegenstand brandden ze de stad plat en maakten de overlevenden tot slaaf. In de jaren daarna vielen de Lacandón-Maya's uit het noorden regelmatig het gebied binnen en er waren vernietigende epidemieën. De onafhankelijkheid bracht geen verbetering: de Ixil werden als bron van goedkope arbeidskracht beschouwd en moesten op de kustplantages werken. Velen kwamen nooit meer terug, en nog steeds trekken veel Ixil naar de kust, Guatemala-stad en zelfs de VS, op zoek naar werk.

In de jaren tachtig van de 20ste eeuw was het gebied het toneel van bloedig geweld toen het Guerrillaleger van de Armen (het EGP) hier zijn hoofdoperatiegebied had. Veel dorpelingen kwamen klem te zitten in het conflict en werden vermoord, veel dorpjes werden door het leger verwoest, terwijl de mensen bijeen werden gedreven in 'beschermde' kampen. Na het vredesverdrag van 1996 is de streek genormaliseerd en de mensen zijn naar hun dorpen teruggekeerd om hun huizen te herbouwen.

Ondanks deze vreselijke geschiedenis horen de weelderig groene heuvels tot de mooiste van het land en de stadjes zijn vriendelijk en toegankelijk, er hangt een ontspannen en heel eigen sfeer in een mistige, besloten wereld.

Nebaj

NEBAJ is het centrum van de streek en het grootste van de drie stadjes. Tot voor kort had vrijwel geen enkel huis hier een verdieping en waren alle muren van adobe, maar inmiddels domineren betonnen gebouwen het centrum. Niettemin is de stad nog altijd erg sfeervol en aantrekkelijk, zij het wat sjofel aan de randen. Er komt een klein stroompje avontuurlijke reizigers, ofwel aangetrokken door de geweldige wandelmogelijkheden en de taalschool, of gewoon omdat ze de gebaande paden van Guatemala willen verlaten.

Het **textiel** van Nebaj heeft ongebruikelijke en intrigerende patronen, vooral de *huipiles* van de vrouwen zijn voorzien van een massa complexe geometrische

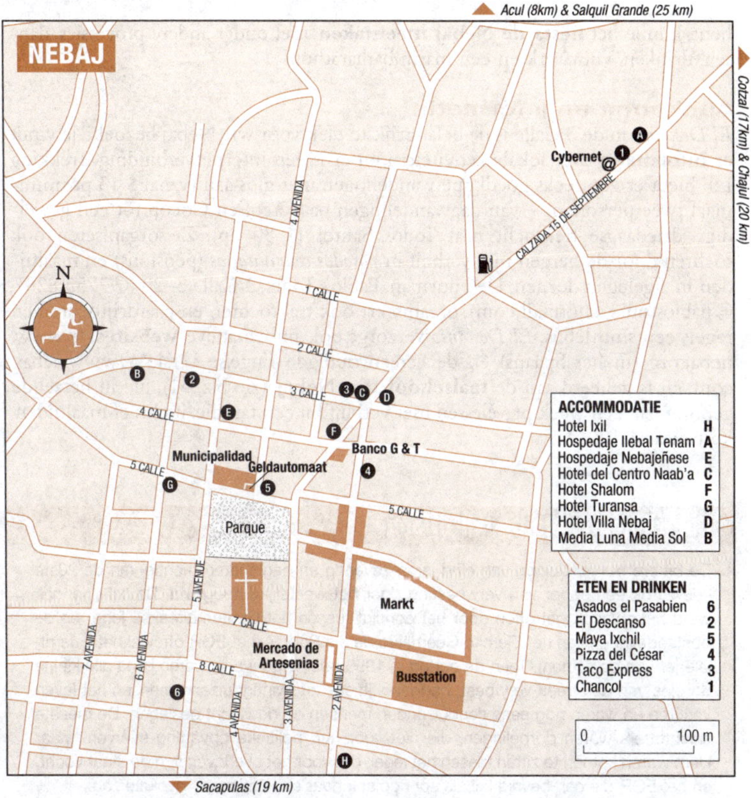

patronen. Tot voor kort domineerden de kleuren groen, geel, rood en oranje, gedragen bij felrode *cortes* (rokken), maar nu worden ook andere kleuren gedragen. Het spectaculairste deel van de *traje* van Nebaj is de hoofddoek, een lang stuk handgeweven stof, gedecoreerd met pompons, die de vrouwen om hun hoofd binden. De mannen dragen nog maar zelden traditionele kleding, ze geven de voorkeur aan tweedehands kleding uit Noord-Amerika van de markt. Het ceremoniële scharlakenrode mannenjasje wordt alleen tijdens feesten gedragen; het ontwerp van de rijk versierde jasjes is gebaseerd op de Spaanse officiersjassen.

Het mooie, onlangs opnieuw ingerichte plein van Nebaj is het centrum van het gemeenschapsleven, hier staan het gemeentehuis en de grote witte katholieke kerk – binnen zie je links tientallen kruisen ter nagedachtenis aan de slachtoffers van de burgeroorlog. Er is niet veel te doen in Nebaj, al is de **markt**, een blok ten oosten van de kerk, een bezoek waard. De meeste dagen is het er tamelijk rustig, maar je kunt er zonder al te opdringerig te zijn goed foto's maken terwijl de Nebajeños met hun dagelijkse leven bezig zijn. Op donderdag en zondag is het drukker, dan komen handelaren van buiten de stad om tweedehands kleding te verkopen, en ook kippen, eieren, groenten en fruit van het hoogland.

Als je door de stad loopt, zullen vrouwen en meisjes proberen kleding aan je te verkopen, maar je kunt ook een fraaie selectie vinden bij de nieuwe **Mercado de Artesenías** ten zuiden van de markt aan de 2 Avenida. Aan de 7 Avenida zit een zaak waar je kunt poolbiljarten. Als je in de tweede week van augustus in de stad bent, kun je het **fiësta de Nebaj meemaken**, met onder andere processies, dansen, drinken, vuurwerk en een marimbamarathon.

Aankomst en informatie

El Descanso in de 3 Calle is de belangrijkste plek voor wie Nebaj bezoekt, je vindt er **informatie** over lokale activiteiten en er is een internetverbinding. Trekking Ixil biedt er een reeks goedkope wandelingen met gids aan (vanaf $ 13 pp, minimaal twee personen) – van dagwandelingen naar Acul en Cocop tot een geweldige driedaagse trektocht naar Todos Santos ($ 80 pp). Ze organiseren ook tochten door de bergen met verblijf in *posadas comunitarias* (pensions) en maaltijden in afgelegen dorpen. De buurman, Pablo's Tours, 3 Calle 3–20 (ⓣ7755 8287, ⓔpablostours@hotmail.com), organiseert ook trektochten en paardrijtochten en regelt een shuttlebus. *El Descanso* verzorgt ook informatieve **websites**, ⓦwww.nebaj.org (in het Spaans) en de vereenvoudigde Engelse versie ⓦwww.nebaj.com, en is gelieerd aan de **taalschool van Nebaj** (zie blz. 51), die in hetzelfde gebouw zit; een week privélessen met verblijf bij een familie, inclusief maaltijden, kost maar $ 120.

Guerrillaoorlog in de Ixil-driehoek

De bittere **burgeroorlog** van eind jaren zeventig en begin jaren tachtig van de 20ste eeuw trok een spoor van verwoesting door het westelijke hoogland. De Ixil-driehoek werd het zwaarst getroffen door het conflict tussen het Guatemalteekse leger en de opstandelingen van het Ejército Guerrillero de los Pobres (het EGP, oftewel het Guerrillaleger van de Armen). Toen de oorlog in 1996 beëindigd werd, waren bijna alle kleine dorpjes van de streek verwoest, hadden vijftien- tot twintigduizend mensen het leven verloren en waren nog eens tienduizenden mensen op de vlucht geslagen. De meeste slachtoffers waren dorpelingen, die niet voor hun politieke opvatting stierven, maar klem waren komen te zitten tussen het leger, dat voor het overleven van de staat vocht, en het EGP, die een bevrijd Ixil als springplank naar een nationale revolutie zag.

De omvang van het geweld zegt iets over het succes van het EGP, dat ruim twee decennia in het noorden van Quiché vocht. Het EGP stak in 1972 met een klein groepje guerrilla's (van wie sommigen in een eerdere guerrillacampagne hadden gevochten) vanuit Mexico de grens over en legde contacten met de bevolking. Er zaten toen nog weinig soldaten in de streek en de guerrilla's maakten indruk op de Ixil-Maya's met hun plannen voor een politieke en sociale revolutie. Ze begonnen hun militaire campagne in 1975 met de moord op Luis Arenas, de eigenaar van de Finca La Perla, ten noorden van Chajul, waar honderden arbeiders in een systeem van schuldslavernij vastzaten. Het EGP schoot Arenas voor de ogen van honderden van zijn werknemers dood. De guerrilla's beschreven de reactie zo: 'Kreten van vreugde stegen op uit kelen die eeuwenlang alleen stilte en jammerklachten kenden, en met een soort voorouderlijke schreeuw scandeerden ze met één stem onze slogan "Lang leve de armen, dood aan de rijken".' Volgens andere verslagen ondernamen sommige mensen een dagenlange wandeling om hun laatste eer aan Arenas te betuigen.

Deze eerste acties riepen een heftige reactie op van het leger, dat iedereen die als guerrilla of als sympathisant werd beschouwd vermoordde of ontvoerde en martelde. Maar de guerrillabeweging had zich inmiddels stevig verankerd en de wreedheden van het leger dreven steeds meer mensen naar het EGP. Eind 1978 bezette het EGP regelmatig dorpen, waar ze bijeenkomsten belegden en gevangenissen voor schuldenaars afbraken. In januari 1979 werd een andere landeigenaar vermoord, Enrique Brol van de Finca San Francisco bij Cotzal. Dezelfde dag bezette het EGP kortstondig ook Nebaj zelf, waarbij alle inwoners, inclusief westerlingen, naar het centrale plein werden geroepen om de barbaarse ongelijkheid van het leven in de Ixil aan de kaak te stellen.

Er zijn ook **banken** in de stad: Banrural, aan de noordkant van het plein, heeft een geldautomaat, terwijl Banco G&T, Calzada 15 de Septiembre, geld en travellercheques wisselt.

Het **busstation** ligt twee blokken ten zuidoosten van het plein. De reis naar Nebaj is simpel, vanuit Santa Cruz del Quiché vertrekken elk uur tot 19 uur microbusjes (2:15 uur). Nu de wegen naar Chajul en Cotzal geasfalteerd zijn, is **rondreizen** door de Ixil-driehoek veel makkelijker geworden, er rijden microbusjes, pick-ups en enkele tweedeklasbussen. De vertrektijden variëren, maar er gaan ruwweg elk uur microbusjes naar Chajul en Cotzal en nog vaker naar Acul.

Als je weer uit Nebaj **vertrekt**: elk uur tot 17.30 uur gaan er microbusjes en bussen naar Quiché en om 12.30 uur gaat er een tweedeklasbus rechtstreeks naar Guatemala-stad. Om 6 uur vertrekt er een dagelijkse bus naar Cobán, als je die mist, neem je een microbusje richting Quiché tot aan de afslag naar Uspantán, waar je overstapt. Als je naar Huehuetenango wilt, stap je in Sacapulas over. Bij Pablo's Tours kun je een shuttlebus regelen naar allerlei bestemmingen, zoals Antigua, Quetzaltenango en Cobán – maar dat kan duur uitpakken als je niet met een groep reist.

Het leger reageerde met een golf van geweld tegen de burgerbevolking. Legereenheden kamden het gebied uit, waarbij ze wreedheden begingen, dorpen platbrandden en duizenden mensen, waaronder vrouwen en kinderen, vermoordden. Toch werden de guerrilla's alleen maar sterker en in 1981 vielen ze opnieuw Nebaj aan, inmiddels een garnizoensstad. Kort daarop vloog de chef-staf van het leger, Benedicto Lucas García (de broer van de president), naar Nebaj en waarschuwde de bevolking in een korte toespraak dat als ze niet snel 'schoon schip' zouden maken, hij vijfduizend man zou sturen 'om de volledige bevolking af te maken'.

Nadat president Lucas García in 1982 in een coup was afgezet, veranderde het leger van tactiek. De nieuwe president, **generaal Ríos Montt**, gebruikte anticommunistische propaganda en zette burgerpatrouilles (PAC's) in om zich van de loyaliteit van de burgers te verzekeren. De dorpelingen kregen oude M1-geweren om hun gemeenschap tegen de guerrilla's te beschermen. Tegelijkertijd begon het leger een grote campagne in het hoogland, waarbij vijftig Ixil-dorpen werden verwoest, terwijl de inwoners naar Nebaj werden overgebracht om gevoed en uiteindelijk in nieuwe 'modeldorpen' gehuisvest te worden. Het EGP trok zich in meer afgelegen gebieden terug en de Ixil-gemeenschappen pasten zich aan de hervonden dominantie van het leger aan; steeds meer mensen weigerden contacten met de guerrilla's.

Het zwaar getroffen EGP reageerde met wanhoopsacties. Op 6 juni 1982 hielden guerrilla's bij Cotzal een bus aan en executeerden dertien aanvoerders van burgerpatrouilles en hun vrouwen; elf dagen later trokken guerrilla's het dorp Chacalté binnen, waar de burgerpatrouille erg actief was; ze schoten honderd mensen dood en verwondden nog eens 35 mensen.

Het amnestieaanbod van het leger, gekoppeld aan de voortdurende jacht op de guerrilla's, lokte steeds meer vluchtelingen uit de bergen: tussen 1982 en 1984 gaven 42.000 mensen zich over om te ontsnappen aan het harde leven onder bescherming van het EGP. Anderen kwamen terug na jarenlang als nomaden te hebben rondgetrokken, levend van de jacht in de jungle van de Ixcán. In 1985 hadden de guerrilla's alleen nog een paar bolwerken in de bergen bij Xeputul, Sumal en Amachel, ten noorden en westen van Chajul en Cotzal, in handen. Tot 1996 vonden er nog schermutselingen plaats, maar met het vredesverdrag kwam daar een einde aan. Sindsdien zijn ex-guerrilla's en de voormalige leden van de burgerpatrouilles naar hun oude dorpen teruggekeerd om hun gemeenschappen te herbouwen.

Accommodatie

Nebaj telt veel goede budgethotels, vaak met een speciale hooglandcharme, maar veel luxe is er niet. Afgezien van *Media Luna* hebben ze allemaal een veilige parkeerplaats.

Hospedaje Ilebal Tenam Calzada 15 de Septiembre, ⓣ7755 8039. Een vlekkeloos beheerd hospedaje met 35 kamers, van klein en functioneel tot aantrekkelijk, comfortabel met tv en badkamer in het nieuwe blok aan de achterkant. Handdoeken en tissues zijn aanwezig en er is altijd warm water. Wel een stukje lopen van het centrum, rond 400 m van het plein; met een kleine tuin. ①–③

Hospedaje Nebajeñese 5 Av & 4 C ⓣ7755 8071. Dit hotel boven een winkel heeft Spartaanse kamers en alleen gemeenschappelijke badkamers, maar de eigenaren, de familie Xed, hadden niet vriendelijker kunnen zijn en er is een keuken voor de gasten. ①

Hotel del Centro Naab'a 3 C 3–18, Zona 1 ⓣ7755 8101. Dit hotel biedt waar voor zijn geld met brandschone kamers, sober maar comfortabel, met eigen badkamer, tv en goede bedden. Vriendelijke eigenaren. ③

Hotel Ixil 2 Av 9–15, Zona 5 ⓣ7756 0036. Aangenaam, veilig hotel met twaalf schone kamers van redelijk formaat en met tegelvloer, tv en eigen badkamer, gelegen rond een grote en mooie tuinpatio. ②

Hotel Shalom Calzada 15 de Septiembre & 4 C ⓣ7755 8028. Grote kamers, sommige met houten lambrisering, allemaal met bureau en tv. Er is boven een zitkamer. ③

Hotel Turansa 5 C & 6 Av ⓣ7755 8219. Hotel over twee verdiepingen met kleine, maar leuke kamers met houten meubilair, comfortabele bedden, kabel-tv en eigen badkamer; de kamers op de bovenverdieping zijn lichter. ③

Hotel Villa Nebaj Calzada 15 de Septiembre 2–37 ⓣ7755 8115, ⓦwww.villanebaj.com. Dit felgekleurde gebouw van vier verdiepingen detoneert wat in het landschap, maar de kamers zijn erg comfortabel – aantrekkelijk, erg schoon, goede bedden, bedlampjes, tv en telefoon; de Ixil-stoffen zorgen voor kleur. De kamers zonder eigen badkamer zijn gunstig geprijsd. ③–④

Media Luna Media Sol 3 Calle 6–15 ⓣ5311 9100. Budgethotel met schone slaapzalen en één privékamer. Tot de faciliteiten horen een tv-ruimte, tafeltennis en een eenvoudig keukentje; het hotel ligt naast een (luidruchtige) evangelische kerk. ②

Eten en drinken

Dit is een geïsoleerd stadje in het hoogland, dus het aanbod is beperkt en niet meer dan één tent heeft iets wat op een kosmopolitische sfeer lijkt. De heerlijke kaas uit de vallei van Acul (zie onder) is te koop bij Chancol in de Calzada 15 de Septiembre.

Asados el Pasabien 5 Av & 9 C. Donker, wat onaantrekkelijk ogend restaurant, maar het gegrilde vlees, waaronder *churrascos* en *pollo a la plancha,* is voortreffelijk.

El Descanso 3 Calle. Populair bij reizigers en ontwikkelingswerkers, naast ontbijt (onder andere muesli) kun je er stevige burritos krijgen, en op donderdag specialiteiten als *boxboles* (een Ixil-gerecht van gestoomd maïsdeeg, geserveerd met citroen en tomatensaus of pindasaus). Op de drankkaart vind je koud bier, Cuba Libre en wijn en er zijn tijdschriften en banken om te loungen.

Maya Ixchil aan de noordkant van het plein. Goede ontbijtkaart en verder pasta en gebarbecued vlees; het lunchmenu is $ 2,50.

Pizza del César 2 Av. Redelijke pizza's, ook per punt te koop.

Taco Express 3 C 3–18. Piepklein, schoon eethuisje met goedkope Mexicaanse snacks: taco's ($ 1,50), *gringas* (tortilla's en sla) en burritos.

Rond Nebaj

Door het gematigde klimaat en het schitterende landschap is Nebaj een uitstekend gebied om te **wandelen**, maar sommige plekken zijn ook per microbus te bereiken als je geen zin hebt in lopen.

Naar Acul

Een van de interessantste wandelingen gaat naar het dorp **Acul**, anderhalf uur omhoog over een steil pad. Begin bij de kerk van Nebaj en loop oostwaarts naar beneden door de 5 Calle langs *Hotel Turansa*. Beneden aangekomen splitst de weg zich, ga naar rechts de stad uit.

Als je de laatste huizen gepasseerd bent, kun je rechts enkele precolumbiaanse grafheuvels zien. Er worden nog steeds religieuze ceremonies gehouden, als je goed kijkt zie je de brandplekken waar offers zijn gebracht.

Het brede pad slingert zich vervolgens in haarspeldbochten tegen een steile helling omhoog en loopt via een smalle pas naar het volgende dal, waar het afdaalt naar het dorp. **ACUL** was een van de oorspronkelijke zogenaamde 'modeldorpen', waar de mensen bijeen werden gedreven nadat het leger hun huizen had verwoest. Dankzij de inspanningen van de Verenigde Naties en andere organisaties begint het langzaam een identiteit te ontwikkelen; de gemeente telt nu ongeveer vijfhonderd huishoudens, verdeeld over Ixil- en K'iche'-Maya's. Er zijn geen echte

▲ Kinderen in traditionele kostuums in Nebaj

bezienswaardigheden, maar het is fascinerend om te zien hoe goed het dorp zich heeft ontwikkeld; elk huis heeft een akkertje om maïs en groenten te verbouwen en er is een lieflijk wit kerkje in barokstijl. Je kunt in het dorp **overnachten** in de prima *Posada Doña Magdelena* (Ⓣ5782 0891; ❷), met kamers aan een fraaie bloementuin. Het wordt gedreven door een vriendelijke Ixil-vrouw, die ook goede gerechten serveert. **Minibusjes** (elk halfuur) verbinden tot 17 uur Acul met Nebaj.

Als je vanuit het dorp de weg naar Nebaj neemt, kom je al snel langs twee voortreffelijke **hotels**, beide van de Italiaans–Guatemalteekse familie Azzari, die hier al generaties lang boert. De ligging is werkelijk adembenemend met uitzicht over een paradijselijk dal met rijke weidegronden en naaldbomen tot aan de bergen van de Cuchumatanes. De *Hacienda Mil Amores* (Ⓣ5704 4817, Ⓦwww.haciendamilamores.com; ❻*)* heeft vier stenen gastenhuisjes, elk met open haard, comfortabele kamers en veranda met uitzicht. Aan de andere kant van de velden staat de *Finca San Antonio* (Ⓣ5599 3352; ❹), het oorspronkelijke huis van de familie, met stijlvolle, eenvoudig ingerichte kamers met fraai rustiek meubilair en een eigen badkamer. Maaltijden kosten bij beide hotels $ 6 per persoon, paardrijden is $ 18 voor een tocht van vier uur, inclusief gids. Op de finca worden twee varianten van de beste **kaas** van Guatemala gemaakt; niet-gasten zijn welkom om producten te kopen.

Naar Cocop

Deze cirkelvormige wandeling van een halve dag leidt tegen de steile oosthelling van de natuurlijke kom rond Nebaj omhoog, gaat naar het dorp **COCOP** en vervolgens naar de hoofdweg tussen Nebaj en Cotzal. Begin in het centrum en loop door de 2 Avenida door het marktgebied en langs *Hotel Ixil* tot het einde van de straat, ga daar naar rechts en neem de eerste straat naar links naar beneden naar de brug. Steek de brug over en loop door tot aan de pueblo **Xemamatzé** aan de rand van Nebaj. Het dorp was ooit een enorm interneringskamp waar Ixil uit de dorpen die zich hadden overgegeven, onderworpen werden aan een lange 'repatrieringsbehandeling' voordat ze naar hun dorp mochten terugkeren. In Xemamatzé neem je meteen na het bord *Pepsi tienda* het veel gebruikte pad omhoog, na vijf minuten kom je bij een groene wegwijzer naar **COCOP** – dit pad klimt gestaag en na een uur ben je op 2300 m. Achter je heb je een spectaculair uitzicht op Nebaj. Als het pad vlakker wordt, tegenover een maïsveld, maakt het een scherpe bocht naar links en loopt rond de berg. Het pad volgt in talloze bochten het terrein en begint uiteindelijk langzaam te dalen terwijl het dorpje Cocop beneden in zicht komt. Het dorp is onlangs herbouwd op de oude fundamenten; tijdens de burgeroorlog werd het verwoest en 98 dorpelingen werden door het leger vermoord. Nu is het een liefelijk dorpje, fraai gelegen naast een murmelende rivier, met een paar winkeltjes waar je warme frisdrank kunt kopen. Als je wilt **overnachten**, vraag je naar Gaspar Brito (de toerismecoördinator van het dorp), die een bed voor je regelt en je misschien de *cusha-destilleerderij van* Cocop laat zien. Als je verder wilt, loop je bij de kruising in het centrum van het dorp rechtdoor, langs de Iglesia Emmanuel, waarna een fraaie wandeling volgt van een uur, door het V-vormige dal langs weiden met schapen. Het pad eindigt bij het dorp **Río Azul** aan de weg tussen Cotzal en Nebaj, waar je een microbusje of pick-up kunt nemen, of in anderhalf uur terug kunt lopen naar Nebaj.

La Cascada

Het korte pad naar het prachtige **watervalletje** La Cascada de Plata ligt vaak zo vol afval dat het niet de moeite waard is, tenzij er net een schoonmaak is geweest (informeer in *El Descanso*). Neem de weg naar Chajul en ga net voor de brug naar links, een kilometer of twee buiten Nebaj. Laat je niet misleiden door de kleinere versie, vlak voor de hoofdwaterval.

San Juan Cotzal en omgeving

Vanuit Nebaj rijden regelmatig minibusjes naar de twee andere steden van de Ixil-driehoek, San Juan Cotzal en Chajul; plan je bezoek bij voorkeur op marktdagen, want dan is er meer te zien. (In Cotzal wo & za, in Chajul di & vr.) De wegen tussen de drie stadjes zijn inmiddels helemaal geasfalteerd.

SAN JUAN COTZAL ligt het dichtst bij Nebaj, het is prachtige gelegen in een lieflijk dal, beschut door de Cuchumatanes, maar het stadje zucht vaak onder een klamme deken van mist. Rond 1920 was dit de grootste en drukste van de drie Ixil-steden, want het vruchtbare land in het noorden werd vanuit hier gekoloniseerd. Cotzal is een rustig, vriendelijk plaatsje met een fraai pleintje en een goed nieuw project voor **toerisme** met de naam Tejidos Cotzal (Ⓣ5428 8218, Ⓦwww.tejidoscotzal.org) en een kantoor achter de markt. Het project steunt dertig lokale wevers, die natuurlijke verfstoffen en heupgetouwen gebruiken; hun werk is te koop bij het kantoor. Een tweedaagse rondleiding ($ 13 pp, minimaal twee personen) laat de wevers en andere ambachtslieden aan het werk zien en biedt de mogelijkheid lokale specialiteiten als *boxboles* te proeven. De tweede dag is er een wandeling naar een Maya-altaar op een heuveltop voor het bijwonen van een religieuze ceremonie en een bezoek aan een waterval.

De stad heeft een eenvoudig **hotel**, *El Maguey* (Ⓣ7765 6199; ❷), twee blokken ten noorden van het plein, met schone, sobere kamers met tv; de badkamers zijn gemeenschappelijk. De comedor van het hotels is de beste van de stad, met een menu voor $ 2,25.

Santa Avelina

Een onverharde weg naar het westen leidt door een prachtige brede vallei naar het koffiedorpje **Santa Avelina**, 10 km van Cotzal. Vlak bij dit dorp vind je een waterval, de Xej Sibelá, 30 m hoog en met poelen waar je goed kunt zwemmen. Omdat het particulier terrein is, moet je eerst de sleutel halen bij *Tienda Lux*, vlak bij de kerk, en $ 0,80 per persoon betalen; het pad naar de waterval begint achter deze winkel en de wandeling duurt een kwartier. Je kunt ook een bezoek brengen aan de Café Cooperativa in het dorp, die in de schaduw geteelde biologische koffie naar de VS exporteert, vooral naar het bedrijf Ethical Bean; een pond kost $ 3.

Chajul

Het laatste maar zeker niet het minste van de drie Ixil-stadjes is **CHAJUL**, met nog veel oude huizen van adobe met houten balken en rode pannendaken, zwart uitgeslagen door de rook van kookvuren. Dit is het meest traditionele en minst tweetalige van de Ixil-stadjes. Op straat is het meestal druk: je wordt ontvangen door een legertje kleine kinderen, terwijl de vrouwen de was doen in het stroompje dat zijn weg zoekt dwars door het plaatsje. De jongens jagen hier nog met blaaspijpen op vogeltjes, een oeroude gewoonte die elders vrijwel verdwenen is. De vrouwen van Chajul zijn erg bedreven in weven, en gehuld in hun *huipiles*, waarop ze dieren en symbolen borduren, geven ze de straten kleur. Tot enkele jaren geleden werden alle stoffen hier in rood geweven, maar inmiddels is blauw bijna net zo algemeen. Let ook eens op de oorhangers van de vrouwen, die gemaakt worden door oude munten aan wol te rijgen. De mannen dragen hun traditionele rode jasjes nog maar zelden. Bezoek in ieder geval de winkel van de plaatselijke weverscoöperatie, Va'l Vaq Quyol, tussen de kerk en de markt, met handgemaakte stoffen die tot de beste van het land horen voor hele redelijke prijzen.

De koloniale kerk aan het plein is fascinerend: als je door de enorme houten deur met dierenmotieven naar binnen loopt, kom je in een interieur vol bladgoud met boven je een houten dak dat door enorme balken wordt gedragen. De kerk herbergt de **Christus van Golgotha**, het doel van een grote pelgrimage op de tweede vrijdag van de grote vasten – een bijzondere tijd voor een bezoek.

Het plein voor de kerk is tamelijk vies, maar tussen het vuil zijn interessante geschilderde figuren te zien, waaronder twee quetzals. In haar autobiografie beschrijft Rigoberta Menchú hoe het leger op deze plek haar broer executeerde. Volgens Menchú toonde het leger haar broer en anderen die ze ervan verdachten communist en vakbondsleider te zijn aan de bevolking; ze droegen onmiskenbaar de sporen van vreselijke marteling. Ze beschrijft de anticommunistische tirade van de commandant, die vervolgens bevel gaf de gevangenen levend te verbranden. Het staat vast dat er inderdaad gruwelen plaatsvonden, maar nauwkeurig onderzoek van de schrijver David Stoll en de getuigenis van EGP-lid Mario Payeras spreken de versie van Menchú tegen – volgens ooggetuigen werden de gevangenen met een machinegeweer doodgeschoten. De precieze datum is ook onduidelijk en het is niet zeker of Menchú er zelf bij was. De standrechtelijke executie was op zich natuurlijk gruwelijk, maar de betrouwbaarheid van Menchú's verslag is op losse schroeven komen te staan.

Als je wilt **overnachten**, is de *Posada Vetz K'aol* (☎7765 6114; ❸), 300 m ten zuiden van het plein en aangegeven langs de hoofdweg, veruit de beste keuze. Het is een schitterend historisch gebouw, een voormalige kliniek, met houten lambriseringen. De grote, schone kamers met goede houten stapelbedden en dekens zijn bedoeld voor groepen, maar iedereen is welkom. Er is een fraaie zitruimte met een open haard en een tv, en beheerder Eduardo Molina kookt lekkere, goedkope maaltijden en zet een sterke espresso. De andere pensiones in de stad zijn erg armoedig. Rond het plein zitten wat comedores, waaronder *Las Gemelitas*, twee blokken heuvelafwaarts vanaf de kerk. Particulieren verhuren ook kamers aan het gestage stroompje reizigers dat inmiddels Chajul weet te vinden; je hoeft niet op zoek te gaan, ze komen vanzelf naar je toe. Bij de Banrural aan het plein kun je dollars wisselen.

Achter de driehoek: Ixcán

De dunbevolkte streek ten noorden van de Ixil-driehoek, **Ixcán**, die geleidelijk naar de Mexicaanse grens daalt en overloopt in de regenwouden van Lacandón, was lang het ongetemde pioniersgebied van Guatemala. Net als de Ixil-driehoek werd er in deze streek, een voormalig bastion van het EGP, zwaar gevochten tijdens de burgeroorlog. Vanaf 1960 trokken grondbeluste migranten uit Quiché en Huehuetenango naar Ixcán en stichtten nieuwe gemeenschappen in het bos. Tien jaar later kwam ook het EGP naar de streek, en een decennium van bittere gevechten tussen opstandelingen en leger verwoestten het gebied; vrijwel alle dorpen werden platgebrand en duizenden mensen vluchtten naar Mexico.

Inmiddels zijn veel vluchtelingen en ex-guerrilla's naar het noorden van Ixcán teruggekeerd en er zijn een paar nieuwe dorpen gesticht. De route door het uiterste noorden van Ixcán van Playa Grande naar Barillas is op blz. 302 beschreven, maar momenteel zijn er alleen erg slechte wegen (en geen openbaar vervoer) die dit gebied met Ixil verbinden.

Lago de Atitlán

Het Comomeer lijkt me op het randje van wat er aan pittoresk is toegestaan, maar Atitlán is Como met een extra versiering in de vorm van diverse enorme vulkanen. Het is allemaal wat te veel van het goede. Na een paar dagen in dit onmogelijke landschap begin je vanzelf met nostalgie aan de Engelse graafschappen te denken.

Aldous Huxley, *Beyond the Mexique Bay* (1934)

Of je Huxley's hypergevoeligheid nu deelt of niet, niemand zal ontkennen dat het **LAGO DE ATITLÁN** onvoorstelbaar mooi is, en de meeste mensen zwelgen maar al te graag in de landschappelijke schoonheid van het meer. Een handvol gringo's kon zich er zelfs niet meer van losmaken en zit al veertig jaar aan de oevers; tegenwoordig is het Lago de Atitlán de grootste toeristische trekpleister van het land.

Het meer is omringd door vulkanen en steile hellingen en is ten minste 320 m diep; er is geen zichtbare uitstroomopening, het water gaat via een ondergrondse

rivier naar de Grote Oceaan. Het meer heeft een omtrek van 18 bij 12 km, en in de loop van de dag verandert de kleur in een groot aantal schakeringen van blauw en staalgrijs naar groen. 's Ochtends is het oppervlak gewoonlijk kalm, maar in de middag komt de *xocomil*, 'de wind die de zonde wegblaast', van de kust, waardoor het meer woelig wordt en een boottocht verandert in een kermiservaring. Volgens de Maya's betekent een noordenwind dat de geest van het meer een verdronken lichaam prijsgeeft nadat hij de ziel heeft geclaimd.

Een ander opmerkelijk aspect van het meer is de kracht van de Mayacultuur die je in de dorpen aan de oevers zult zien. Ondanks de vakantiehuizen en de duizenden toeristen die elk jaar toestromen, zijn veel van de dorpen nog erg traditioneel – **San Antonio Palopó**, **Santiago Atitlán** en **Sololá**, in de heuvel boven het meer, behoren tot de weinige plekken in het land waar de mannen nog steeds *traje* dragen. Rond de zuidwestoevers, van Santiago tot San Pablo La Laguna, spreken de mensen het **Tz'utujil,** ze stammen af van een van de kleinere stammen van voor de Conquista, hun hoofdstad lag op de hellingen van de Volcán San Pedro. Aan de andere kant van het water, van San Marcos La Laguna tot Cerro de Oro, wordt **Kaqchikel** gesproken, want hier ligt de westgrens van deze stam.

Er liggen dertien dorpen aan de oever – van het kosmopolitische **Panajachel** tot het piepkleine, geïsoleerde **Tzununá** – terwijl er in de heuvels nog veel meer zijn, voornamelijk bewoond door kleine boeren. Het gebied is vanouds dichtbevolkt, maar het toerisme is een recent fenomeen. Tot voor kort overnachtten alle reizigers in Panajachel, maar inmiddels zijn er in de meeste dorpen hotels, pensions en toeristische faciliteiten. Je kunt dan ook per boot of te voet het meer rond en elke nacht in een ander dorp slapen.

De schoonheid van het Lago de Atitlán blijft overweldigend, maar is niet geheel onbedreigd. Ondanks de status van nationaal park zijn grote stukken van de oever inmiddels eigendom van buitenlanders en rijke investeerders uit Guatemala-stad. De bevolkingsexplosie in de Mayadorpen heeft ook schadelijke gevolgen, want de behoefte aan meer landbouwgrond heeft tot ontbossing en erosie geleid. Een derde van de indiaanse kinderen rond het meer is ondervoed. De visindustrie, die ooit bloeide door de overvloed van kleine vissen en krabben, heeft het moeilijk gekregen door de introductie van een **baars**, die de kleine vissen en watervogels eet, en die zelf moeilijk te vangen is.

Bezienswaardigheden

De meeste mensen gaan eerst naar Panajachel, een stadje aan de noordoever, dat door het toerisme gedomineerd wordt, met een overvloed aan hotels en restaurants. Als je een echt karakteristiek Atitlán-dorp wilt zien, kun je per boot naar Santiago Atitlán of San Antonio Palopó, terwijl in **San Pedro** vanouds

Misdaad rond het Lago de Atitlán

Rond het meer kwam in het verleden heel af en toe beroving van wandelaars voor, en sporadisch een verkrachting. Statistisch is de kans dat je het slachtoffer van een misdaad wordt erg klein, honderden mensen wandelen elke maand probleemloos rond het meer. Maar als je een van de vulkanen wilt beklimmen of tussen San Pedro en Santa Cruz gaat wandelen, kun je beter eerst naar de veiligheidssituatie informeren. Hotelmedewerkers in Santa Cruz zijn gewoonlijk goed op de hoogte en ook sommige taalleraren van de taalschool in San Pedro kunnen advies geven, net als het toeristenbureau in Panajachel.

veel reizigers zitten in de vele goedkope hotels. De noordoever tussen San Marcos en **Santa Cruz** is het beste deel als je rust en wandelmogelijkheden zoekt.

De **website** Ⓦ www.atitlan.com geeft goede historische en culturele informatie, naast adressen van de betere hotels.

Sololá en omgeving

SOLOLÁ, de hoofdstad van het departement en toegangspoort tot het meer, ligt 12 km ten zuiden van de afslag langs de Carretera Interamericana bij Los Encuentros. De stad ligt op een natuurlijk balkon 600 m boven het water, maar is zelf het aanzien nauwelijks waard. Er is een enorm centraal plein (waar het goed mensen kijken is) met een klokkentoren aan de ene kant en een moderne kerk aan de andere. De **vrijdagsmarkt** (er is ook een kleinere op dinsdag) is een van de beste van Midden-Amerika, een fascinerend vertoon van kleuren en handel, door Aldous Huxley omschreven als 'een wandelend kostuummuseum'. De markt trekt handelaren uit het hele hoogland aan en talrijke Maya's uit Sololá; de vrouwen in gestreepte rode stoffen, de mannen in bizarre 'spacecowboyshirts', wollen schort en rijk geborduurde broek.

Sololá is een van de weinige plaatsen van het land met een indiaans bestuur en een ladino-bestuur naast elkaar. Het is een van de grootste Mayasteden van Guatemala, en tradities domineren het dagelijkse leven. De stad is naar verluidt in sectoren verdeeld, die elk door een Maya-clan worden bestuurd, net als voor de Conquista. Het stadssymbool, te zien op de rug van de mannenjasjes, is een gestileerde vleermuis, een verwijzing naar het koninklijk huis van Xahil, dat over de Kaqchikel-Maya's heerste toen de Spanjaarden kwamen.

Zondag is ook een interessante dag voor een bezoek aan Sololá, want dan paraderen de **cofradías**, de ouderlingen in de indiaanse religieuze hiërarchie, door de straten in ceremonieel kostuum om de mis bij te wonen. Ze zijn makkelijk herkenbaar aan hun stok met zilveren punt, breedgerande hoed en uitbundige jasjes. In de kerk zitten de geslachten gescheiden, waarbij de vrouwen hun hoofd bedekken met een sjaal.

Er zijn nauwelijks reizigers die in Sololá overnachten, maar het *Hotel y Restaurante Posada del Viajero*, aan de oostzijde van het plein, heeft sobere **kamers** (❷) en goede *comida típica*. In de populaire *Comedor Las Rosas*, aan de noordkant van het plein, kun je ook lekker eten. Er rijden elke 20 minuten tot 19.30 uur **bussen** naar Panajachel en Los Encuentros.

Nabijgelegen dorpen

Vanuit Sololá kun je naar diverse dorpen in de buurt; de meeste kun je te voet doen. Zo'n 8 km naar het oosten ligt **Santa María Concepción**, een buitengewoon rustig boerendorpje met een fraai gerestaureerde, witte koloniale kerk met prachtige vergulde cherubijntjes bij het altaar. De wandeling ernaartoe over een onverharde weg langs de heuvels boven Panajachel biedt prachtige uitzichten over het meer. Af en toe rijdt er een minibus of pick-up over deze route.

San Jorge La Laguna is een gehucht tegen een helling onder Sololá met huizen van betonblokken en adobe en een fraai uitzicht over het meer. De dorpelingen kennen een lange geschiedenis van rampen: het dorp werd gesticht door overlevenden van de aardbeving van 1773 in Antigua, maar de eerste versie verdween door een aardverschuiving in het meer, waarna de bewoners het hoger op de helling herbouwden. De afgelopen jaren hebben grondbeluste inwoners van San Jorge aan het meer een nieuw dorpje gebouwd, Bahía La Laguna, hoewel het in een overstromingsvlakte ligt.

Panajachel

PANAJACHEL ligt tien kilometer van Sololá en is bereikbaar via een steile afdaling. In de afgelopen jaren is het ooit kleine Mayadorpje flink gegroeid omdat er veel buitenlanders zijn gaan wonen, en daar komt in de winter nog een contingent seizoensmigranten uit Noord-Amerika en een horde toeristen bij. In de jaren zestig en zeventig was Panajachel de belangrijkste bestemming voor hippies van Midden-Amerika, maar nu is het een gewone toeristenplaats, die even populair is bij Guatemalteken (en Mexicanen en Salvadoranen) als bij westerlingen. Maar de lotuseters en kristalkijkers hebben de stad niet de rug toegekeerd – velen hebben zich gewoon tot het kapitalisme bekeerd en begonnen een restaurant of exporteren handwerk. Ze zeggen dat Atitlán een van de weinige vortex-energievelden van de wereld is, samen met de Egyptische piramides en Machu Picchu. Nu zul je er geen vis achteruit zien zwemmen of bussen omhoog naar Sololá zien rollen, maar het meer heeft onmiskenbaar een soort van magie en Panajachel telt een internationale bevolking van genezers, therapeuten en masseurs. In veel opzichten zijn het de **gringo's** die de stad zijn moderne karakter en identiteit geven – vortex-energiecentrum of niet.

Niet zo lang geleden (al lijkt het een heel ander tijdperk) was Panajachel een rustig dorpje van de **Kaqchikel-Maya's**, wier voorouders hier werden neergepoot nadat de Spanjaarden een legermacht van Tz'utujil op deze plek hadden verpletterd. In deze beginperiode bouwden de franciscanen een kerk en klooster in het dorp als uitvalsbasis voor hun bekeringscampagne in de streek. Het oude dorp is inmiddels omringd door een zee van nieuwe, meestal gezichtsloze gebouwen, maar de ligging aan het meer blijft prachtig. De meeste Maya's bewerken nog steeds hun akkers in de rivierdelta achter de stad, en op de zondagsmarkt, waar mensen uit de hele streek op af komen, gaan de Maya's onverstoorbaar hun gang.

Aankomst en informatie

De meeste bussen uit Sololá stoppen bij de Calle del Embarcadero en aan het einde van de hoofdstraat, de Calle Santander, die naar het meer loopt. Pana heeft twee aanlegsteigers, waar boten naar de andere plaatsjes vertrekken (zie kader blz. 154). Het **toeristenbureau** van Inguat, vlak bij de Calle Santander (dag. 9–17 uur; ⓣ7762 1106, ⓔinfo-panajachel@inguat.gob.gt), heeft hulpvaardig Engels sprekend personeel dat informatie geeft over hotels en de vertrektijden van de boten. **Tuktuks** ($ 0,80 pp) vind je overal in Pana, terwijl er bij de Santiago-steiger taxi's staan, je kunt ook bellen ⓣ7762 1571. Er is een tiental **internetcafés** in de stad, ze rekenen rond $ 1 per uur. Aanraders zijn Mayanet, halverwege de Calle Santander, en ICC, aan de zuidkant van dezelfde straat.

Pana heeft twee taalscholen waar je **Spaans kunt leren** (zie blz. 51).

Accommodatie

Panajachel zit vol met goedkope **hotels**, en er zijn een hoop **'kamers'** te huur. Kampeerders kunnen terecht bij *Campaña* (ⓣ7762 2479; $ 3 pp), langs de weg naar Santa Catarina bij de Calle del Cementerio, over de brug. Tot de faciliteiten horen een keuken en elektriciteitsaansluitingen en je kunt er slaapzakken en een tent huren of een van de schone cabañas (❸) nemen

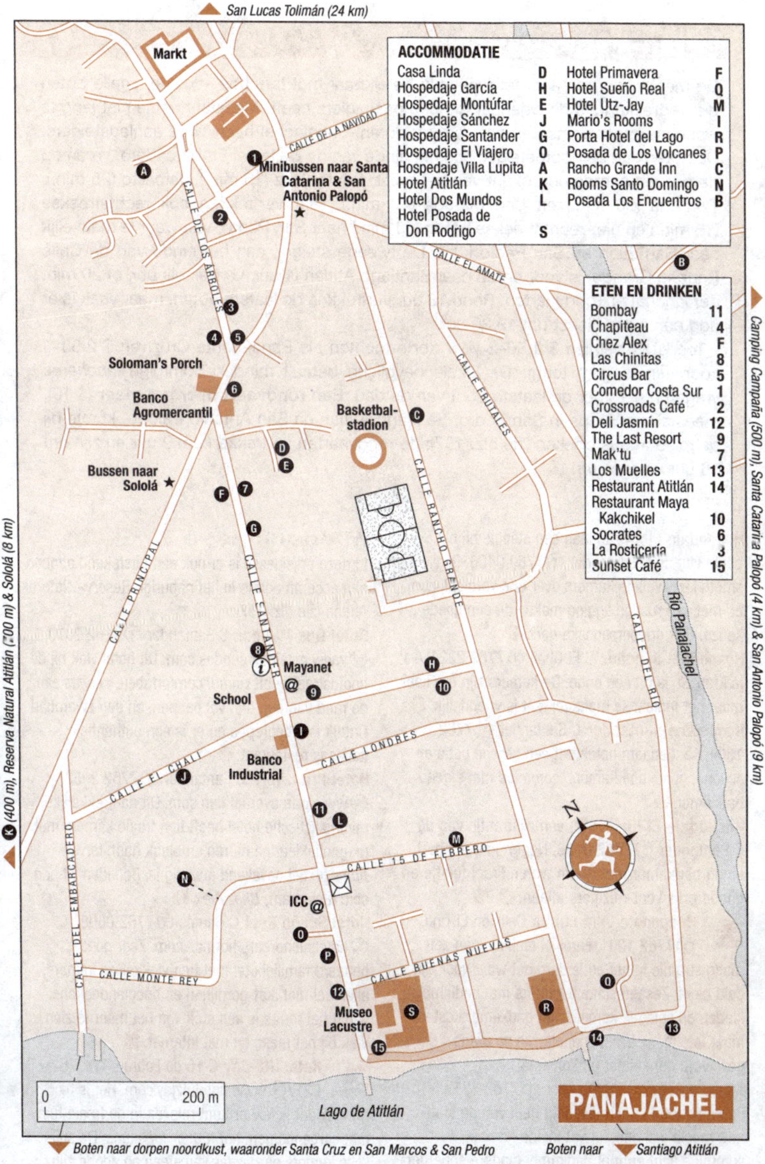

Budget

Casa Linda in een zijstraatje aan het begin van C Santander ☎ 7762 0386. Veilig, goed en vriendelijk met een schitterende tuin. Alle kamers zijn brandschoon, sommige hebben een eigen badkamer. ③

Hospedaje García C El Chali ☎ 7762 2187. Een overvloed aan zeer schone betegelde kamers, sommige met eigen badkamer; de kamers aan de achterkant hebben een groot gemeenschappelijk balkon. Checkout is om 10 uur. ②–③

Boten

De meeste dorpen aan het meer zijn bereikbaar met **lanchas** – kleine, snelle boten die vertrekken als de eigenaar genoeg passagiers heeft. Meestal hoef je niet lang te wachten, maar soms kan het een uur duren. Panajachel heeft twee aanlegsteigers. De boten aan de hoofdsteiger, aan het einde van de Calle del Embarcadero, varen op de dorpen aan de noordkant van het meer: Santa Cruz (15 min.), Jaibalito (25 min.), Tzununá (30 min.) en San Marcos (40 min.). Hier vertrekken ook rechtstreekse (15 min.) en niet-rechtstreekse boten (50 min.) naar San Pedro, van waar je makkelijk naar San Juan en San Pablo kunt. De tweede steiger, aan het einde van de Calle Rancho Grande, is voor boten naar Santiago Atitlán (1 uur, vertrek elk uur, of 20 min. per *lancha*) en rondvaarten. Rond 18 uur vertrekken de laatste boten, maar vaak is er nog een extra dienst om 19.30 uur.

Toeristen betalen $ 1,50–2 voor korte tochten als Pana–Santa Cruz, en $ 2,50–3 voor een langere tocht. De lokale bevolking betaalt minder. Sommige *lancheros* vragen meer voor de laatste boot van de dag. **Een rondvaart over het meer** ($ 10), meestal met stops in San Pedro, Santiago Atitlán en San Antonio Palopó, kun je bij de reisbureaus boeken (zie blz. 157); de rondvaarten vertrekken om 9 uur en zijn om 16 uur weer terug.

Hospedaje Montúfar aan een steegje bij het begin van de C Santander ⓣ 7762 0406. De smetteloze, veilige kamers over drie verdiepingen en met een rustige ligging maken dit een goede keuze. Ook driepersoonskamers. ❷

Hospedaje Sánchez C El Chali ⓣ 7762 2224. Als je krap zit, is dit een optie. De kamers zijn erg kaal, maar het indiaanse management is vriendelijk. ❶

Hospedaje Santander C Santander ⓣ 7762 1304. Aangenaam hotel met een groene patio en schone, goedkope kamers, sommige met eigen badkamer. ❷

Hospedaje El Viajero in een zijstraatje van de C Santander ⓣ 7762 0128. Negen kamers met eigen badkamer met warm water. Fraai tuintje en goede prijs voor reizigers alleen. ❷–❸

Hospedaje Villa Lupita Callejón El Tino ⓣ 7762 1201. Familiehotelletje aan een rustig straatje in het oude dorp dat waar voor zijn geld biedt. Zestien schone kamers met bedlampjes, kleden en spiegel; kamers met badkamer kosten maar iets meer. Groot zonneterras en gratis gezuiverd drinkwater en koffie. ❷

Mario's Rooms C Santander ⓣ 7762 1313. Populair hotel in een levendig deel van de stad met mooie, schone, ietwat kleine kamers, sommige licht en met badkamer, andere soberder. Warme douches. ❷–❸

Rooms Santo Domingo aan een zijpad van de C Monterrey ⓣ 7762 0236. Van oudsher een reizigersfavoriet, op afstand van de drukte van de C Santander, met een fraaie tuin. Er staan nog wat oude houten huisjes, maar de meeste kamers zijn nu netjes en modern, sommige met badkamer. ❷–❸

Middenklasse

In deze prijsklasse is er ook een uitstekend aanbod aan accommodatie in het naburige Reserva Natural Atitlán (zie blz. 157).

Hotel Dos Mundos C Santander ⓣ 7762 2078, ⓦ www.hoteldosmundos.com. Dit hotel vlak bij de hoofdstraat heeft ruime, comfortabele *casitas* aan de rand van een tuin vol palmen, en een zwembad. Ontbijt is inbegrepen en er is een authentiek Italiaans restaurant. ❻

Hotel Primavera C Santander ⓣ 7762 2052, ⓦ www.primaveraatitlan.com. Dit aantrekkelijke, minimalistische hotel heeft tien fraaie kamers met magnoliakleurige muren en blank hout, terwijl *típica* textiel opvallend afwezig is. Beneden zit een chic restaurant, *Chez Alex*. ❻

Hotel Sueño Real C Ramós ⓣ 7762 0608, ⓔ hotelsuenoreal@hotmail.com. Zeer goed beheerd familiehotel met tien vlekkeloze kamers, allemaal met ikat-gordijnen en hooglanddekens. Vanaf het terras is een stuk van het meer te zien. Vlak bij het meer, en met internet. ❺

Hotel Utz-Jay C 15 de Febrero ⓣ 7762 0217 ⓦ www.hotelutzjay.com. Het is hier ruim, zodat je lekker kunt relaxen in de fraaie tuin met citroenbomen, hot tub en *tuj*-sauna. De stijlvolle kamers en *casitas* van steen en adobe zijn ingericht met handgesneden meubilair en tapijten en hebben een eigen badkamer. De aanbouw ernaast heeft vier mooie kamers met open haard. Ruime parkeerplaats. ❺

Posada Los Encuentros Callejón Chotzar 0–41 ⓣ 7762 2093, ⓦ www.atitlan.com/losencuentros. Deze B&B van Amerikanen op een kwartiertje lopen van het centrum heeft grote kamers, een appartement, een fraaie tuin, een sauna, thermaal bad en fitnessruimte. 6–7

Posada de los Volcanes C Santander Ⓣ 7762 0244, Ⓦ www.posadadelosvolcanes.com. Lichte, schone kamers met goede bedden, eigen badkamer en kabel-tv. Hulpvaardig management. Iets aan de dure kant, probeer in het laagseizoen korting te krijgen. 6

Rancho Grande Inn C Rancho Grande Ⓣ 7762 2255, Ⓦ www.ranchograndeinn.com. Pana's oorspronkelijke B&B heeft bungalows en kamers ingericht met lokaal textiel en oude meubels; sommige kamers zijn wat donker en beginnen op leeftijd te komen. Er is een grote fraaie tuin en een klein zwembad. Het stevige ontbijt met pannenkoeken is inbegrepen. 5–6

Luxe

Hotel Atitlán 1 km ten westen van het centrum Ⓣ 7762 1441 of 7762 1416, Ⓦ www.hotelatitlan.com. Panajachels tophotel bezet het mooiste plekje aan het meer en heeft een schitterende tuin tot aan de oever, met hot tub en zwembad. De kamers zijn van alle moderne gemakken voorzien en bieden uitzicht op vulkanen. Vanaf $ 138. 9

Hotel Posada de Don Rodrigo C Santander Ⓣ 7762 2326, Ⓦ www.posadadedonrodrigo.com. Hotel in koloniale stijl met groot buitenzwembad, sauna en squashbaan. De kamers zijn comfortabel, maar de meeste kijken niet op het meer uit, vraag daarom een kamer in de nieuwe vleugel (nr. 301–311); die kamers zijn beter, ruimer en met uitzicht voor een paar euro meer. Kamers vanaf $ 120. 9

Porta Hotel del Lago direct aan het meer Ⓣ 7762 1555, Ⓦ www.portahotels.com. Groot zakenhotel met veel uitstekende faciliteiten maar weinig karakter. Kamers vanaf $ 178. 9

De stad

Panajachel is een van die bestemmingen waar reizigers onvermijdelijk belanden, en hoewel het door niemand als een leuke stad wordt vermeld, blijven de meeste mensen er wel een paar dagen hangen. De **oude kern** – een handjevol smalle straatjes rond een sombere, stenen katholieke kerk uit 1567 – is niet bijzonder pittoresk, al is het leuk om even door de straatjes te dwalen. De **markt** is onlangs gerenoveerd, maar is nog steeds toegesneden op de lokale behoefte en niet op toeristen gericht; hij ligt een blok ten noorden van de kerk.

Voor interessantere drukte moet je naar de hoofdstraat van Pana, de **Calle Santander**, een kleurrijke streep door het moderne hart van de stad. Aan deze straat van een kilometer zitten tientallen winkels en kraampjes met een caleidoscopische collectie van stoffen en ander handwerk uit heel Guatemala, en daarnaast is er een verbijsterend aanbod aan restaurants, bars en internetcafés. Straatverkopers met armenvol *típica* shirts en bonte prullaria proberen met grote aanhoudendheid hun goederen te slijten, terwijl tuktuks snorrend heen en weer schieten.

Aan het zuideinde van de Calle Santander ligt Pana's **strand**, een onooglijke strook zand en niet erg aantrekkelijk om te zwemmen en te zonnebaden, ook al is de waterkwaliteit verbeterd; er zijn elders veel betere plekken om te zwemmen. Bij het strand kun je wel kajaks huren (het meer is 's ochtends meestal kalmer) en je kunt er zelfs duiken met ATI Divers (zie 'Handig om te weten').

Cultureel valt er niet echt veel te doen in Pana, al is er wel het goede **Museo Lacustre** (dag. 8–18 uur; $ 4,75, studenten $ 3), gewijd aan de streek. Het is gevestigd op het terrein van *Hotel Posada de Don Rodrigo* aan de Calle Santander en is goed ingericht met teksten in het Spaans en Engels over de turbulente geologische geschiedenis die tot de vorming van het meer heeft geleid. Er is ook een interessante collectie Maya-artefacten, met keramiek uit de preklassieke en klassieke periode en prachtige, groteske ceremoniële wierookbranders.

Eten, drinken en uitgaan

Panajachel heeft een overvloed aan cafés en **restaurants**, maar het niveau is matig. Er is wel een hoop variatie, met Italiaanse, Mexicaanse, Aziatische en, ja, zelfs Midden-Amerikaanse eettentjes. Goedkope comedores vind je aan en bij de strandpromenade en bij de markt.

Bombay halverwege C Santander. Eclectisch vegetarisch eethuisje dat met weinig Indiase gerechten zijn naam geen eer aandoet; op de kaart vind je Indonesische *gado-gado*, Mexicaanse schotels, sandwiches met pitabrood en biologische koffie.

Chez Alex halverwege C Santander. Chic dineren met een Europees menu vol klassiekers als Zwitserse kaasfondue en gerechten als *robalo* met mosselen en garnalen. Duur, met linnen tafelkleedjes en fraai bestek.

Las Chinitas noordkant van C Santander. Kan een beetje onvoorspelbaar zijn, maar is een poging waard als je naar Aziatisch eten verlangt: Nonyan (Maleisisch–Chinees), curry's, roerbakgerechten en *saté*. Gesl. ma.

Circus Bar C de los Árboles. De beste pizza van Pana, sfeervol eethuisje met ingerichte hoekjes, de muren bedekt met circusposters. Goed gesorteerde bar, lekkere koffie en de meeste avonden livemuziek.

Comedor Costa Sur vlak bij C Principal, in het oude dorp. Pana's beste comedor: schoon en goedkoop en goed voor ontbijt en lunch, met een menu voor $ 2.

Crossroads Café C del Campanario, in de oude dorpskern. In de hele streek van Atitlán en waarschijnlijk in heel het land vind je nergens zulke goede koffie als in dit tentje. De bonen worden geselecteerd, gemengd en geroosterd door een Amerikaanse perfectionist, die zelfs koffie uit Ethiopië importeert en die mengt met lokale variëteiten voor de ideale huisblend. Ook kruidenthee en rijke warme chocolademelk. Gesl. zo, ma en siëstatijd (13-15 uur).

Deli Jasmín C Santander. Het beste café van de stad met een gezonde menukaart met ontbijt, sandwiches, salades (de tabouleh is aanbevolen), Mexicaanse gerechten en tempeh; de meeste gerechten kosten $ 3–5. Gelegen bij een heerlijke tropische tuin met een fraaie patio. Gesl. di. Er is een filiaal met dezelfde menukaart halverwege C Santander. Gesl. wo.

Guajimbos halverwege C Santander. Ideaal voor een Zuid-Amerikaans feestje, al het vlees – waaronder kebab, *chorizo* en enorme steaks – wordt gebarbecued op een enorme *parrilla*. Ook voordelige ontbijten. Gesl. do.

The Last Resort C El Chali. Heeft vaag iets van een Engelse pub, maar met een heerlijk Amerikaans ontbijt. Je kunt er ook pasta, rib-eye steak ($ 4,50) en vegetarische gerechten krijgen.

Los Muelles aan het meer bij de Santiago-steiger. Dit eenvoudige eettentje zit direct aan het water en is goedkoop voor zijn locatie. Je kunt uit een van de lunchmenu's voor $ 3 kiezen of à la carte bestellen, bijvoorbeeld vis, *pollo a la plancha* of een sandwich.

Restaurante Atitlán aan het meer bij de Santiago-steiger. Enorme tent met palapa-dak en fraaie uizicht op het meer; op de kaart staan grote porties van Guatemalteekse favorieten, zoals *camarones especial Atitlán*.

Restaurant Maya Kakchikel C El Chali 2–25. Eethuisje van een vriendelijke indiaanse familie; je vindt er een goed ontbijt, enorme *caldos* en *comida típica*.

La Rosticería C de los Árboles. De specialiteit is heerlijke kip aan het spit (een halve portie is $ 3,50), maar er zijn ook lekkere ontbijtmenu's, hamburgers en broodjes. Gesl. zo.

Uitgaan

Panajachel bruist in het weekend en tijdens de vakanties, want dan komen veel jonge Guatemalteken naar het meer om te drinken en te flirten, maar op andere dagen is het rustig. *Sunset Bar* aan het meer, met een passende naam, is een goede plek om de avond te beginnen; daarna kun je bijvoorbeeld iets drinken in *Mak'tu* in de Calle Santander, er is een grote tuin en de meeste avonden spelen er **bandjes**. Aan het zuidelijke einde van de Calle de los Árboles zitten meer bars en clubs, bijvoorbeeld de *Circus Bar* met livemuziek en de **nachtclub** *Chapiteau*. In de Calle Principal zit *Socrates*, een mainstream discoclub waar een jong, voornamelijk Guatemalteeks publiek op Latin danst.

Voor **films** kun je terecht bij de videobioscoop Turquoise Buffalo in de Calle de los Árboles. In *unital Soloman's Porch* worden boeiende **lezingen** over sociale onderwerpen en het milieu gegeven, onder andere door voormalige bendeleden en Maya-activisten.

Handig om te weten

Apotheken Farmacia La Unión, C Santander.

Banken Banco Agromercantil heeft een geldautomaat en wisselt travellercheques, ook de Banco Industrial, C Santander, heeft een geldautomaat.

Boekhandels Vrisa, C Principal 0–99, bij noordeinde C Santander, goed aanbod aan tweedehands boeken; ook The Gallery, C de los Árboles, verkoopt tweedehands boeken. Libería Libros del Lago, C Santander 9, heeft een redelijk aanbod boeken over de Maya's, en kaarten en reisgidsen.
Fiets- en motorfietsverhuur Emanuel, C 14 de Febrero (Ⓣ 7762 2790), verhuurt mountainbikes ($ 7 per dag) en crossmotoren ($ 30).
Medische zorg Dr. Edgar Barreno spreekt goed Engels; zijn praktijk zit in de eerste zijstraat rechts van de C de los Árboles (Ⓣ 7762 1008).
Politie Aan het plein in de oude dorpskern (Ⓣ 7762 1120).
Postkantoor C Santander en C 15 de Febrero, je kunt ook naar Get Guated Out in de C de los Árboles (Ⓣ 7762 0595) voor grotere verzendingen.
Reisbureaus Unión Travel, C Santander (Ⓣ 7762 2426, Ⓦ www.igoguate.com).
Telefoon Veel zaken en internetcafés in de C Santander rekenen gunstige tarieven voor internationaal bellen, bijvoorbeeld ICC: $ 0,25 per minuut naar Noord-Amerika $ 0,40 naar Europa.
Wasserette Lavandería Automático, C de los Árboles 0–15 (ma–za 7.30–18.30 uur). $ 3,50 voor wassen, drogen en opvouwen.
Watersporten Kano's, kajaks en windsurfplanken zijn te huur bij het hoofdstrand. Als je wilt duiken, moet je naar ATI Divers in Santa Cruz, maar ze hebben een kantoor in Pana aan de Plaza Los Patios, C Santander (Ⓣ 7762 2621, Ⓔ atidivers@gmail.com); een keer duiken kost $ 30, een PADI Open Water-cursus is $ 210.

De omgeving van Panajachel

Een kilometer ten westen van Panajachel ligt het **Reserva Natural Atitlán** (8–17 uur; $ 5; Ⓦ www.atitlanreserva.com), een particulier natuurreservaat met steile boshellingen boven het meer. Er lopen diverse paden (20-75 min.) door het dichte bos en bij de uitzichtplatforms heb je een goede kans slingerapen en kleine zoogdieren als opossums en rolstaartbeertjes te zien. In het reservaat is ook een **vlinderpark** met tientallen soorten, waaronder de oranje monarchvlinder en blauwe *morpho*, en een kweekstation; verder vind je er een orchideeëntuin en een vogelhuis. Je kunt voor een bijzondere kijk op het bos langs acht kabels glijden ($ 18,50), variërend in lengte van 90 tot 320 meter, geholpen door het uitste-

▲ Lago de Atitlán

kende personeel. Er zijn ook een paar stijlvolle **kamers** (6–7) in steen en hout met enorme balkons, een camping en een restaurant. Het **pad** naar het reservaat begint bij het *Hotel Atitlán* (zie blz. 155); daar wijzen borden het juiste pad aan.

Rond het Lago de Atitlán

De dorpen rond het meer zijn stuk voor stuk makkelijk bereikbaar. Je kunt een middaguitstapje maken door vanuit Panajachel in zuidoostelijke richting langs de oever naar **San Antonio** en **Santa Catarina Palopó** te lopen. Als je een paar dagen hebt om het gebied te verkennen, is het een goed idee om het meer over te steken naar **Santiago Atitlán** en **San Pedro La Laguna**. Je kunt in vier tot vijf dagen om het hele meer lopen; snijd eventueel hier en daar een stuk af door een boot van het ene dorp naar het volgende te nemen. De mooiste **wandeling** is misschien wel die tussen San Pedro en Santa Cruz, zo'n zes uur lopen.

De oostelijke oever

Er gaan vanuit Panajachel twee wegen langs de oostkant van het meer: de een volgt de oever, de ander loopt hoog door de heuvels naar Godínez. Er liggen een paar dorpen aan het meer, met hun rug naar de helling, het eerste is **SANTA CATARINA PALOPÓ**, 4 km van Panajachel. De inwoners van Santa Catarina leefden vroeger bijna uitsluitend van de vis- en krabbenvangst, maar inmiddels heeft een uitgezette baars daar een einde aan gemaakt. Nu bewerken ze akkers en verhuren ze zich als seizoensarbeider, terwijl veel vrouwen in Panajachel en Antigua hun stoffen verkopen. De *huipiles* van Santa Catarina hadden vroeger motieven van mensen en dieren in rood, maar tegenwoordig worden ze gesierd door verbluffende zigzagpatronen in kleurige tinten turkoois en paars. De veranderingen zijn deels veroorzaakt door een Noord-Amerikaan die in de jaren zeventig het dorp bezocht en een *huipil* in paars, blauw en groen bestelde in plaats van in de traditionele kleuren. De nieuwe kleuren werden al snel erg populair in het dorp en zijn nu algemeen.

Een groot deel van de oever langs dit deel van het meer is opgekocht en ontwikkeld; er zijn grote villa's gebouwd met hoge muren en er verschijnen steeds meer **luxehotels**. *Hotel Villa Santa Catarina* (Ⓣ7762 1291, Ⓦwww.villasdeguatemala.com; 7–8) bezet een van de mooiste plekjes aan het meer en verhuurt 36 zeer comfortabele maar niet al te grote **kamers** in een aantrekkelijk gebouw in koloniale stijl met een groot zwembad. Verder naar het zuiden vind je het *Tzam Poc* (Ⓣ7762 2680, Ⓦwww.atitlan.com/tzampoc; kamers vanaf $ 148; 9), van een gastvrije Italiaan, met ruime kamers met stijlvolle accenten en een fraai zwembad, maar er hangt wel een prijskaartje aan. Een kilometer voorbij Santa Catarina staat hoog boven de oever het beste hotel van deze luxezone, het weelderige en smaakvolle *Casa Palopó* (Ⓣ7762 2270, Ⓦwww.casapalopo.com; tweepersoonskamers vanaf $ 140, suites $ 165 9), met schitterende kamers met balkenplafond en luxueuze badkamer, terwijl de suites allemaal een privéterras hebben. Ook het restaurant is voortreffelijk (maaltijden vanaf $ 25); het biedt bovendien uitzicht op het meer. Als je op zoek bent naar een **luxevilla**, dan is *Casa B'alam* een goede keuze (Ⓣ7832 1745, Ⓦwww.panzaverde.com/en/atitlan.htm): twee schitterende huizen, beide met vrij uitzicht op het meer.

De oeverweg begint vervolgens, net als San Antonio in zicht komt, te dalen en gaat langs een prachtig besloten strandje, bijna onzichtbaar door het riet.

SAN ANTONIO PALOPÓ is een groter en traditioneler dorp, onder aan een steile helling. Het dorp is in de route van reisgezelschappen opgenomen, waardoor sommige inwoners een vasthoudende verkooptechniek hebben ontwikkeld. De hellingen boven San Antonio worden goed geïrrigeerd en er zijn terrassen aangelegd, die aan rijstvelden doen denken. De meeste mannen dragen de *traje* van het dorp: een rood shirt met verticale strepen en een korte wollen kilt. De vrouwen dragen bijna hetzelfde shirt, en van dezelfde stof, maar met subtiele variaties in de kraag. Het witte dorpskerkje is een bezoekje waard; links van de ingang zie je twee oude klokken en binnen vind je een kerststal met Jozef in het dorpskostuum.

Vanaf de Calle El Amate in Panajachel rijden **minibusjes** (6–19 uur, elke 20 min.) langs de oever naar beide dorpen; je kunt ook naar San Antonio lopen vanaf de bovenweg (zie onder). In San Antonio zijn een paar **accommodaties**: het goede *Hotel Terrazas del Lago* (ⓣ7762 0037, ⓦwww.hotelterrazasdellago.com; ❺) aan het meer, heeft comfortabele kamers met stenen muren en een prachtig uitzicht; en, waar je het dorp binnenkomt, het eenvoudige maar schone pensión (❶) van Juan López Sánchez. De comedor bij de kerk serveert goedkope **maaltijden**.

De bovenweg naar San Lucas Tolimán

De bovenweg langs de oostkant van het meer gaat eerst door de vruchtbare rivierdelta achter Pana en klimt vervolgens naar **San Andrés Semetabaj**, met de fantastische ruïne van een koloniale kerk. Het pad dat tegenover het hoofdportaal van de kerk begint, leidt terug naar Panajachel, slingerend door velden en langs koffiestruiken – een leuke wandeling van een uur. Na San Andrés volgt de weg de bergrug en biedt een breed panorama op het meer beneden en de onregelmatige krater van de vulkaan Tolimán aan de overkant. Even voor het dorp Godínez kom je bij een *mirador*, waar paden beginnen die naar beneden naar San Antonio Palopó aan het meer leiden.

Bij **Godínez**, een armoedig, winderig dorp, splitst de weg zich, de ene tak gaat naar de Carretera Interamericana (via Patzicía en Patzún – als je rijdt, moet je niet vergeten dat er langs deze weg een paar overvallen hebben plaatsgevonden); de andere tak loopt om het meer heen naar **SAN LUCAS TOLIMÁN**. Dit plaatsje, voornamelijk door ladino's bewoond, is in veel opzichten anders dan de andere dorpen en waarschijnlijk het minst aantrekkelijk. De omgeving bestaat voornamelijk uit koffieplantages, die de sfeer van het plaatsje bepalen. De ligging is wel bijzonder: aan het einde van een kleine inham met rietkragen, met de vulkaan Tolimán in de rug. De **vulkanen** Tolimán en Atitlán kunnen van hieruit beklommen worden, maar je moet wel met een gids gaan, want de paden zijn moeilijk te vinden – informeer bij een van de hotels of ga naar een touroperator in San Pedro of Panajachel. De belangrijkste **marktdagen** zijn donderdag en zondag.

Als je een **hotel** zoekt, kun je naar het rustieke *Hotel Don Pedro*, aan het einde van de Calle Principal (ⓣ7722 0023; ❸), met uitzicht over het meer, parkeergelegenheid en een restaurant; of naar het rustige *Hotel Tolimán* (ⓣ7722 0033, ⓦwww.atitlan/toliman.htm; ❻–❼), met een fraai gazon aan het meer, een zwembad en comfortabele kamers. Ten zuiden van San Lucas, bij km 164 van de weg naar Cocales, ligt *Los Tarrales* (ⓣ5136 3410, ⓦwww.tarrales.com; ❻–❼), een koffieplantage en natuurreservaat met accommodatie. Je kunt er met een vogelexcursie mee ($ 10 pp voor een halve dag en $ 30 voor een wandeling naar het nevelwoud); er zijn meer dan 300 vogelsoorten in het reservaat waargenomen. De gidsen zijn heel goed onderlegd en de accommodatie heeft een rustieke, ouderwetse charme.

Er rijden met grote regelmaat **bussen** van San Lucas naar Santiago Atitlán en er gaat elk uur een bus via Cocales naar Guatemala-stad. Er gaan dagelijks vijf bussen naar Panajachel (1 uur), en af en toe boten.

Santiago Atitlán

In de zuidwesthoek van het meer, naast een hoefijzervormige inham, ligt **SANTIAGO ATITLÁN** in de schaduw van de vulkanen San Pedro, Atitlán en Tolimán. Dit is het grootste en belangrijkste van de dorpen aan het meer en tevens een van de meest traditionele; het is een centrum van de Tz'utujil-sprekende Maya's. In de tijd van de Spaanse invasie hadden de Tz'utujil een versterkte hoofdstad, **Chuitinamit-Atitlán**, op de hellingen van de San Pedro, maar het grootste deel van de bevolking woonde verspreid over het gebied van het huidige dorp. Alvarado en zijn mannen, het hoeft geen betoog meer, verwoestten de hoofdstad en slachtten de inwoners af, dit keer bijgestaan door een legertje Kaqchikel-Maya's, die gekomen waren in driehonderd kano's.

Tegenwoordig is Santiago een bedrijvig plaatsje met een schitterende ligging. Overdag domineert de handel het dorp, de **hoofdstraat** (die bij de aanlegsteiger begint) is omzoomd door textielwinkels en galeries en je wordt voorturend aangeklampt door volhardende en opdringerige verkopers, vooral op vrijdagochtend, als er een enorme **markt** is.

Er valt verder niet echt veel te zien in Santiago, maar je kunt een kijkje nemen in het nieuwe weefmuseum, **Museo Cojolya** (ma–vr 9–16, za 9–13 uur; gratis), ongeveer 100 m na de steiger links in de hoofdstraat. Er zijn uitstekende informatiepanelen (in het Engels en Spaans) over de traditie van het weven op het heupgetouw in Santiago, en je kunt om 11 en 13 uur een paar wevers aan het werk zien. Ze verkopen kwalitatief erg goede shirts, tassen en souvenirs.

Ook de fraaie koloniale **kerk** is een bezoekje waard vanwege de fascinerende religieuze beleving van de Maya's. Het reusachtige centrale altaarstuk, gesneden toen de kerk in handen van *cofradía* was, culmineert in een bergtop en een kruis en symboliseert de wereldboom van de Maya's. Langs de muren zie je tientallen heiligenbeelden (allemaal in indiaanse kleding). Na de deur is meteen rechts een stenen gedenkteken voor **pater Stanley Rother**, een Amerikaanse priester die de parochie leidde van 1968 tot 1981. Pater Rother verdedigde vol toewijding zijn parochianen in een tijd waarin, zoals hij zelf zei, 'handen schudden met een indiaan een politieke daad is geworden'. President García bestempelde hem als communist en hij werd vermoord door een paramilitair doodseskader, net als honderden van zijn landgenoten voor en na hem. Zijn lichaam werd in zijn geboortestaat Oklahoma begraven, maar eerst werd zijn hart verwijderd en in de kerk bijgezet. Op Ⓦwww.mesoweb.com staat een interessant artikel over de kerk.

Net als elders op het hoogland is de katholieke kerk in Santiago in een bittere rivaliteit verwikkeld met diverse evangelische sektes, die in snel tempo kerken bouwen. Het volkskatholicisme speelt een grote rol in Santiago, dat een van de belangrijkste centra voor de verering van **Maximón**, de 'slechte' heilige, is. Je moet een paar quetzal betalen om zijn heiligdom te mogen betreden en nog wat extra neertellen om een foto te mogen nemen. Voor een kleine fooi leiden kinderen je naar zijn huidige woning (Maximón verhuist elk jaar).

De traditionele dracht van Santiago, nog door heel wat oudere mannen gedragen, is bijzonder. De mannen dragen lange shorts, die net als de *huipiles*, wit-paars gestreept zijn, versierd met geborduurde vogels en bloemen. Sommige vrouwen dragen ook een *xk'ap*, een 10 m lange band van rode stof die rond het hoofd wordt gewikkeld en afgebeeld staat op de muntjes van 25 centavo. Helaas is deze hoofdtooi vrijwel in onbruik geraakt; alleen tijdens feesten en op marktdagen zie je hem nog wel eens, gedragen door meisjes die, heel uitgekiend, de aandacht zoeken van de toeristen (en dan geld vragen voor een foto).

Maximón

Pasen is een bijzondere tijd in Santiago, bij het naderen van de heilige week neemt de opwinding toe en komt het plaatsje tot leven. **Maximón** speelt een belangrijke rol in het geheel. Op de maandag van de heilige week wordt zijn beeld naar het meer gedragen, waar het wordt gewassen, op dinsdag wordt het gekleed en op woensdag krijgt het een plaatsje in een kapelletje vlak bij het plein. Daar blijft het tot Goede Vrijdag, als er een enorme en plechtige religieuze processie wordt gehouden, waarbij het plein stampvol is en iedereen zijn mooiste traditionele kleren draagt. Er wordt een beeld van Christus door de straten gedragen en de stoet komt om twaalf uur bij de kerk aan, waar het beeld op een kruis wordt gebonden en boven het altaar wordt gehangen. Om 15 uur komen de *cofradres* om Christus van het kruis te halen en in een doodskist te leggen. Dan breekt een pandemonium los als tientallen gelovigen parfum op het beeld spuiten en de lucht zwaar is van de geuren en drijfgassen. Boetelingen dragen Christus de kerk uit op een enorm cederhouten platform, moeizaam schuifelend – het duurt twee uur voor ze de kerk uit zijn –, met daarna op het plein een symbolische confrontatie met Maximón, die eveneens door dragers uit zijn kapel is gehaald.

De aanwezigheid van Maximón, gekleed in een vilten hoed en westerse kleding en met een sigaar in zijn mond, valt slecht bij moderne katholieken, maar traditionalisten hechten er sterk aan. De precieze oorsprong van de heilige is onbekend, maar hij wordt ook wel San Simón, Judas Iscariot en Pedro de Alvarado genoemd, en hij geldt als een vijand van de kerk. Volgens sommigen was hij een franciscaanse monnik die achter jonge indiaanse meisjes aanzat; zijn benen zijn hem voor de zekerheid afgenomen. 'Max' betekent in het Mam tabak en Maximón wordt altijd geassocieerd met ladino-ondeugden als roken en drinken; hij staat plaatselijk ook bekend als *Rij Laj* of *Rilej Mam*, de machtige man met een witte baard. Er is een *cofradía* die het hele jaar voor hem zorgt; wil je de heilige eer bewijzen, vraag dan naar *La Casa de Maximón*, en iemand zal je erheen brengen. Neem een pakje sigaretten en een fles Quezalteca mee voor de altijd dorstige heilige en zijn verzorgers, die een bijdrage voor de feestkas zullen vragen. Op bladzijde 185 vind je nog een stukje over San Simón in Zunil en een waarschuwing over de ernst van de cultus.

Rond Santiago: vulkanen en het natuurreservaat

Het land rond Santiago is grotendeels vulkanisch, met hier en daar een lapje vruchtbare grond tussen de zure as. Landbouw, visserij en de traditionele productie van *cayucos* (kano's) leveren niet langer voldoende op om de bevolking te voeden, zodat veel mensen naar de kust trekken, en verder weg, of op de koffieplantages rond de vulkaan werken. De **vulkanen** Tolimán en Atitlán kunnen beide vanuit Santiago beklommen worden, maar neem wel altijd een gids mee, want er zijn berovingen gemeld – informeer bij *Hotel Chi-Nim-Ya* (zie onder).

Als je een hele dag voor Santiago hebt uitgetrokken, kun je een wandeling naar San Lucas Tolimán maken of een **kano** huren en het meer op gaan – informeer bij de steiger. Ten noorden van Santiago ligt een eilandje dat tot **natuurreservaat** is uitgeroepen, oorspronkelijk ter bescherming van de *poc*, oftewel de atitlanfuut, een futensoort die niet kan vliegen. De *poc* kwam veel voor op het meer, maar door twee factoren is hij uitgestorven: het overmatig snijden van het riet waar hij nestelde en de introductie van een roofzuchtige baars, die de jongen opat. Ondanks de verdwijning van de *poc* is het eiland nog altijd een prachtige plek en een mooie bestemming als je in een kano over het meer peddelt.

Praktische informatie over Santiago Atitlán

Lanchas verbinden Santiago met San Pedro (15 min.) en Panajachel (20 min.); ze vertrekken als ze vol zijn. Er gaan ook grotere boten naar de **overkant**; bij de steiger hangt een vaarschema.

Santiago heeft goede busverbindingen met Cocales en Guatemala-stad (7 bussen per dag tussen 3 en 16 uur), en er gaan microbusjes naar San Lucas Tolimán. Pick-ups en bussen naar San Pedro vertrekken bij een halte bij Hotel Chi-Nim-Ya.

Van de **accommodaties** zijn er twee favoriet bij backpackers: het schone en vriendelijke *Hotel Chi-Nim-Ya* (Ⓣ7721 7131; ❷–❸), links omhoog vanaf de steiger; en het *Hotel Lago de Atitlán*, in het centrum (Ⓣ7721 7174; ❷), met een goede kwaliteit-prijsverhouding. Als je iets bijzonders zoekt, zijn er een paar mogelijkheden, bereikbaar over de weg of met een watertaxi. De voortreffelijke *Posada de Santiago*, 1 km ten zuiden van het dorp (Ⓣ7721 7366, Ⓦwww.posadadesantiago.com; ❹–❽), is een heerlijke B&B aan het meer met een breed aanbod aan accommodatie: kamers, cottages van vulkaansteen en suites. De gasten mogen gratis gebruikmaken van de mountainbikes, kano's, wifi, *hot tub* en sauna, en er is een goed restaurant (met een goede wijnkaart) en een zwembad. *Hotel Bambú* (Ⓣ7721 7332, Ⓦwww.ecobambu.com; ❻–❼), tien minuten lopen ten noorden van de steiger, is ook een goede keuze, daar vind je prachtige stenen bungalows en kamers rond een groot gazon, allemaal met uitzicht op het meer, en er is een voortreffelijk restaurant met Spaanse specialiteiten en goede wijnen.

In Santiago vind je twee goede **restaurants,** ongeveer 400 m van de steiger: *Wach'alal* met goede *comida típica* en meervis; en *El Horno* met vers gebakken

De verdrijving van het leger uit Santiago Atitlán

De recente geschiedenis van Santiago Atitlán is net als die van zo veel dorpen in Guatemala getekend door onrust en geweld. Maar het dorp speelde een unieke rol doordat het als eerste met succes het leger wist te verdrijven. De relatie tussen het leger en het dorp was sinds 1980 gespannen, toen het leger vanwege de aanwezigheid van guerrilla's van ORPA in de streek een permanente basis in Santiago vestigde. Het leger beschuldigde de dorpelingen van steun aan de opstandelingen en probeerde de bevolking met geweld tot onderdanigheid te bewegen. Er werden dorpelingen ontvoerd, gemarteld en gedood – in elf jaar tijd werden rond driehonderd dorpelingen vermoord.

Na de komst van een burgerregering in 1986 nam de dreiging van de guerrilla af en de inwoners van Santiago kregen meer zelfvertrouwen en waren boos over de onnodige aanwezigheid van het leger. Op de avond van 1 december 1990 schoten twee dronken soldaten een dorpeling dood. De militairen vluchtten naar de kazerne aan de rand van het dorp, waar zich al snel een ongewapende menigte van uiteindelijk tweeduizend man verzamelde. Uit angst om overweldigd te worden openden de zeshonderd soldaten van het garnizoen het vuur, waarbij dertien mensen, onder wie drie kinderen, omkwamen en twintig gewonden vielen. Na het incident tekenden twintigduizend mensen een petitie waarin de terugtrekking van het leger uit Santiago werd geëist. Na zware internationale druk gaf het leger toe en sloot de kazerne.

Daarna waren er moeilijkheden met de politie: op 6 december betrapte de lokale burgerpatrouille een groep politieagenten tijdens een verdachte nachtelijke missie. Al snel omsingelde een menigte het politiebureau en ook de politie werd gedwongen te vertrekken. Toen er vervanging kwam uit Guatemala-stad, weigerden de inwoners van Santiago twee weken lang de nieuwe rekruten voedsel te verkopen – en het duurde een maand voor ze hen toestemming gaven gebruik te maken van het openbare toilet.

In juni 1991 werd het voorbeeld van Santiago gevolgd door San Lucas Tolimán, waar de moord op een gemeenschapsleider door een soldaat eveneens tot de verdrijving van het leger leidde. Ook andere dorpen in gevoelige gebieden, waaronder Joyabaj en Chajul, ondernamen stappen om legerbases te sluiten. Het vredesverdrag van 1996 beperkte de militaire bemoeienis met het civiele leven verder, en in 2004 verminderde president Berger het aantal soldaten aanzienlijk. Maar door de toenemende sociale onrust laat het leger zich momenteel weer meer zien en patrouilleert weer langs de grote wegen.

belegde stokbroodjes, taart (waaronder macadamianotentaart) en lekkere koffie. Aan de noordkant van het plein is een geldautomaat.

San Pedro La Laguna

Aan de andere kant van de Volcán San Pedro ligt het stadje **SAN PEDRO LA LAGUNA**, dat inmiddels Panajachel is voorbijgestreefd als *de* plek voor jonge reizigers om te chillen en feesten. Nergens in Guatemala is de sfeer zo alternatief als in San Pedro, waar volop getrommeld en geblowd wordt. Ondanks de voor de hand liggende cultuurbotsing tussen de lokale bevolking (voor het grootste deel evangelische christenen) en buitenlanders, lijkt iedereen het redelijk met elkaar te kunnen vinden.

Maar San Pedro is veel meer dan een plek om te feesten; in de afgelopen jaren zijn de **taalscholen** er hard gegroeid – de prachtige plek en goedkope scholen trekken steeds meer cursisten aan. Het niveau wordt steeds beter, terwijl de prijzen nog altijd extreem laag liggen, variërend van $ 90 tot $ 150 per week voor vier uur privéles per dag en volledige kost en inwoning bij een lokale familie (zie blz. 50 voor een lijst van aanbevolen scholen).

De ligging is gewoonweg spectaculair. Het plaatsje ligt op de benedenhelling van de Volcán San Pedro, met in het noordwesten de steile Atitlán-caldera, met de grillige piek die Indiaanse neus wordt genoemd. Er zijn tal van plekjes om te zwemmen en zonnen, met een strandje even ten westen van de steiger, en langs de weg weiden tot aan het water.

De tradities leven hier niet zo sterk meer, alleen wat oudere inwoners, voornamelijk mannen, dragen de oude dracht nog, al geven de smalle straatjes met kinderkopjes en oude huizen een gevoel van continuïteit. De Pedreños zijn beroemd om hun *cayucos* (kano's), gemaakt van de grote ceders die op de hellingen van de vulkaan groeien. Ze hebben ook de reputatie hard te onderhandelen bij de verkoop van hun koffie en avocado's, en ze hebben veel grond weten op te kopen van het naburige San Juan, de eeuwige rivaal.

De **Volcán San Pedro**, die met zijn 3020 m boven het dorp uittorent, is grotendeels bedekt met tropisch bos; ga voor een beklimming vroeg op pad om meer kans op helder weer te hebben en de ergste warmte te ontlopen. De tocht omhoog duurt vier uur en de afdaling twee tot drie uur. De beklimming is tegenwoordig goed georganiseerd en veilig, met een 'basiskamp' (Ⓣ5593 8302, Ⓦwww.volcansanpedro.org) 2 km ten zuiden van het stadje. Officiële gidsen ($ 13 pp) begeleiden de wandelaars omhoog over een goed onderhouden pad met een stop bij een *mirador* met een schitterend uitzicht over het meer. De top zelf is omringd door bossen, die het zicht op San Pedro verhinderen, maar een open plek aan de zuidkant biedt wel mooi zicht op Santiago. Excursion Big Foot (zie onder) organiseert ook tochten met gids (rond $ 11 pp) naar de Indiaanse Neus, waar je zo mogelijk een nog beter uitzicht hebt op het meer en de drie vulkanen. Maya's houden regelmatig religieuze ceremonies op deze top – als je tijdens je wandeling zo'n ceremonie ziet, kun je maar beter geen foto's nemen.

Excursion Big Foot (Ⓣ7721 8203), links van de Panajachel-steiger, organiseert paardrijtochten voor $ 2,50 per uur (inclusief gids) en verhuurt fietsen voor $ 8 per dag, en kano's voor $ 1,30 per uur. **Atitlán Adventures**, aan de hoofdweg (Ⓣ4130 5025), heeft snorkelspullen, biedt speervissen aan als activiteit en verhuurt mountainbikes en kajaks. In de **warmwaterbronnen** tussen de twee steigers kun je relaxen.

Aankomst en informatie

Er zijn twee aanlegsteigers in San Pedro. Alle **boten** uit Panajachel en de dorpen aan de noordkant van het meer, inclusief Santa Cruz en San Marcos, leggen bij de Panajachel-steiger aan de noordkant van de stad aan. De boten uit Santiago Atitlán

varen naar een andere steiger, tien minuten lopen naar het zuidoosten. Het pad tussen de steigers staat bekend als **the trail**; hier zitten talloze kleurige bars, restaurants en hotels; dit deel is van de westerlingen.

San Pedro is per **bus** verbonden met Quetzaltenango (7 per dag, de laatste om 11 uur; 2:30 uur) en Guatemala-stad (9 per dag, de laatste om 14 uur; 3:15 uur); ze vertrekken allemaal vanaf het plein. Pick-ups (elk kwartier) verbinden de stad met San Juan, San Pablo en San Marcos, maar je kunt ook een tuktuk huren; ze rijden overal rond in San Pedro. Excursion Big Foot kan **shuttlebusjes** voor je regelen naar Quetzaltenango ($ 8), Antigua ($ 8) en San Cristóbal de las Casas in Mexico ($ 40). In het centrum vind je de markt (do en zo zijn de drukste dagen), het postkantoor, en een Banrural met geldautomaat en de mogelijkheid travellercheques te wisselen. Van de internetcafés is *D'Noz* de beste; je kunt er ook foto's op een cd branden en mp3-cd's kopen. Zuvuya Books, tussen de steigers, heeft een klein maar interessant aanbod aan tweedehands boeken.

Accommodatie

De accommodatie in San Pedro hoort tot de goedkoopste van Latijns-Amerika, met enkele sobere, schone pensions voor minder dan $ 3 per persoon per nacht. In het middensegment is er momenteel niet veel, maar elk jaar komen er nieuwe hotels bij. Straatnamen zijn een recent fenomeen in San Pedro, om je hotel te vinden kun je een van de lokale kinderen vragen je te brengen; een fooi van twee quetzal is dan gepast.

Casa Elena links van de Pana-steiger Ⓣ 5310 9243. Drie verdiepingen met schone, functionele kamers, sommige met eigen badkamer. Achter het hotel is een steiger waar je kunt zwemmen. ②–③

Hospedaje Casa María tussen de steigers Ⓣ 4145 0307. Vriendelijk hospedaje van een charmant Israëlisch–Guatemalteeks stel. De kamers, allemaal met tweepersoonsbed en badkamer, zijn goed onderhouden. Er is een keuken voor de gasten. ②

Hotel Gran Sueño links van de Pana-steiger Ⓣ 7721 8110. Leuk en goed beheerd hotel van de gastvrije familie González. Acht schone kamertjes met eigen badkamer en tv, sommige met een leuk accent, zoals een muurkaart; de twee op de bovenverdieping kijken op het meer uit. ②

Hotel Mansión del Lago omhoog bij de Pana-steiger Ⓣ 7721 8041, Ⓦ www.hotelmansiondel-lago.com. Goed gebouwd hotel met lichte, schone kamers met eigen badkamer en balkon met uitzicht op het meer. Met *hot tub* op het dak en internet-café. In het weekend reserveren. ③

Hotel Maria Elena links van de Pana-steiger Ⓣ 5098 1256. Nieuw hotel met elf ruime kamers met eigen badkamer over twee verdiepingen. Op de gemeenschappelijke balkons vind je hangmatten voor het echte relaxen. ③

Hotel Mikaso vlak bij de Santiago-pier Ⓣ 5973 3129, Ⓦ www.mikasohotel.com. San Pedro's best hotel is in Spaanse stijl, een fraai gebouw met mooie tegels. De kamers zijn elegant en comfortabel, er is een gezellige slaapzaal (met badkamer) en een goed restaurant aan het dakterras (zie beneden). Slaapzaal $ 8–10, kamers. ⑤

Hotel Nahual Maya links van de Pana-steiger Ⓣ 7721 8158. Fraai wit gebouw in koloniale stijl met twee verdiepingen met goed onderhouden, aantrekkelijke en lichte kamers met eigen badkamer. Aan de voorkant is een tuintje, er is veel parkeergelegenheid en het management is vriendelijk. ③

Hotel San Francisco 5 Av 2–32, Zona 3 Ⓣ 7721 8016. Goedkoop en vrolijk met schone kamertjes, sommige met badkamer, en de meeste met balkon waar je uitkijkt op het meer. Gastenkeuken beschikbaar. ②

Hotel Valle Azul rechts van de Pana-steiger Ⓣ 5011 6564. Soort van betonnen monstruositeit in Sovjetstijl, maar met een hoop schone, sobere kamers (sommige met badkamer); die op de bovenverdieping hebben een prachtig uitzicht. ②

Hotelito El Amanecer Sakcari 7 Av 2–12, Zona 2 Ⓣ 7721 8096, Ⓦ www.hotelsakcari.com. Heeft goed onderhouden, wat anonieme kamers met badkamer in kleurig geschilderde blokken. De meeste kamers hebben een gemeenschappelijk balkon dat op het meer uitkijkt. ④

Posada Casa Domingo tussen de steigers. Zes aantrekkelijke, schone kamers, allemaal met tegelvloer, badkamer en goede matrassen en uitzicht op de Volcán San Pedro. In een apart blok zijn ook zeer Spartaanse, celachtige kamers te huur. ①–③

Eten

San Pedro's **cafés** en **restaurants** zijn duidelijk internationaal georiënteerd, de meeste bieden waar voor hun geld. Vegetariërs hebben er voldoende keuze en er zijn ook een paar typisch Guatemalteekse comedores in het centrum en bij de Santiago-steiger.

Café La Puerta tussen de steigers. Op het uitgestrekte gazon langs het meer kun je gemakkelijk een dag doorbrengen met genieten van het landschap en van de sandwiches, taco's en quesadillas, die je kunt wegspoelen met koud bier of heerlijke verse vruchtensappen.

D'Noz boven *Nick's Place*, Pana-steiger. Populair café-restaurant met een uitgebreide menukaart met onder andere baguettes, bagels, curry's en Chinese gerechten. Er is een weekoverzicht van het nieuws en een uitstekende knipselmap over Guatemala. Open tot 1 uur 's ochtends.

La Crêperie ga bij de Pana-steiger naar links. Behoorlijk goede crêpes en snacks.

Matahari ga bij de Santiago-steiger rechts. De beste comedor van San Pedro, schoon en met goed Guatemalteeks eten en verbazingwekkend lekkere friet.

Mikaso vlak bij de Santiago-steiger. Een bijzondere plek om te eten, want dit hotel-restaurant heeft een dakterras met fantastisch uitzicht op het meer. Pasta, vis, enorme salades en paella bij bestelling vooraf. Vrij duur.

Munchies tussen de steigers. Vegetarisch restaurant met stevige, gezonde soepen en salades, geserveerd op een prettige patio.

Nick's Place bij de Pana-steiger. Populair restaurant van een dorpeling met internationale en Guatemalteekse gerechten voor weinig geld (een maaltijd kost rond $ 3), fraai aan het meer gelegen.

Pinocchio tussen de steigers. Behoorlijke Italiaan in een fraaie tuin, met vis uit het meer, pizza en pasta.

Zoola tussen de steigers. Fantastisch tuinrestaurant met Israëlische en internationale gerechten.

Drinken, uitgaan en vermaak

Als je wat wilt **drinken**, kun je bij een van de cafés vlak bij de Pana-steiger terecht. In *D'Noz* draait elke avond om 20.30 uur een film, terwijl boekhandel Zuvuya 's middags documentaires vertoont.

Alegre Pub net boven de Pana-steiger. In deze intieme bar kun je de Engelse competitie volgen en naast je drankje iets eten (bijvoorbeeld fish'n'chips).
El Barrio tussen de steigers. Altijd druk tijdens het lange happy hour (17-20 uur). Breed assortiment dranken, de muziek is vaak wat mainstream.
Buddha tussen de steigers. Ooit min of meer stijlvol op een artistieke manier, nu vooral verlopen en shabby. Niettemin goed voor optredens, onder andere van de huisband, die blues speelt.
Freedom bij de Pana-steiger naar rechts. Hippe bar met een hoop zithoekjes en kussens bij het meer. Later op de avond weten dj's met trance en house de dansvloer op te jutten met behulp van de grote geluidsinstallatie. Er is ook een goedkope menukaart.
Shanti Shanti Relaxte tent tegen een helling met bamboemuren, goed voor een hapje en een drankje. Ook volledige maaltijden, en bekend om zijn falafel.

De noordoever

Langs de **noordkant** van het meer ligt een reeks geïsoleerde, traditionele dorpen. Vanaf San Pedro loopt een slechte weg tot aan Tzununá, waar een spectaculair pad begint dat tot Sololá loopt. Niet-rechtstreekse *lanchas* naar Panajachel stoppen bij alle dorpen onderweg, maar de beste manier om deze reeks geïsoleerde plaatsjes te bekijken, is **te voet**; het is een fantastische dagtocht (maar lees de waarschuwing op blz. 150). Tussen het water en de steile heuvels ligt een strook vlak land, die af en toe ophoudt, zodat het pad langs de hellingen omhoog moet en je duizelingwekkende uitzichten hebt over het meer beneden. De wandeling van San Pedro naar Santa Cruz duurt vijf tot zes uur. Onderweg kun je bij een aantal dorpen iets drinken, snacks en maaltijden krijgen, en accommodatie vinden.

Vanuit San Pedro is het maar 2 km naar het propere, rustige plaatsje **SAN JUAN LA LAGUNA**, aan een weidse baai met smalle strandjes. De gemeente heeft een uitstekend **toeristisch project** opgezet (Ⓣ5964 0040, Ⓦwww.sanjuanlalaguna.com), met als speerpunten een bezoek aan een weefcoöperatie waar natuurlijke verfstoffen worden gebruikt, vogelexcursies in de plaatselijke bossen, rondleidingen over een koffieplantage, en uitleg over handwerk (zoals *petates,* matten van lokaal riet), cultuur en folklore van San Juan. Je kunt ook gewoon een kijkje nemen bij een van de vele galeries en weefcoöperaties. Las Artesanías de San Juan zit links van de steiger (bordje), de Asociación de Mujeres de Color rechts – geld uitgeven is hier geen probleem.

San Juan heeft twee **hotels**; het eenvoudige *Hospedaje Estrella del Lago* (Ⓣ7759 9126; ❷) vlak bij de steiger heeft sobere kamers zonder eigen badkamer en een gastenkeuken. Aan de andere zijde staat de *Uxlabil Eco-Lodge* (Ⓣ2366 9555, Ⓦwww.uxlabil.com; ❻–❼), een groot stenen hotel met fraai uitzicht en een goed restaurant. In het centrum van het dorp is een goede comedor, *Restaurant Chi'nimaya*, en vrijwel pal ernaast vind je een heiligdom voor **Maximón** (zie blz. 185). Daar binnen is de slechte heilige gehuld in plaatselijke kledij – dit heiligdom krijgt minder bezoek dan andere, dus misschien kun je hem wat drank of een sigaar geven. Er rijden elke twintig minuten pick-ups en minibusjes tussen San Pedro en San Juan.

Na San Juan kom je onder het Tz'utujil-dorp **SAN PABLO LA LAGUNA** langs, dat hoog boven het meer ligt, op een kwartier lopen. De traditionele specialiteit van het dorp is het maken van touw van agavevezels; soms zie je op straat hoe de lange stukken worden gerekt en gedraaid.

Een steile maar geasfalteerde weg leidt van San Pablo omhoog naar **Santa**

Clara La Laguna, een stadje op een plateau hoog boven de westoever van het meer, bekend om zijn manden. De vrouwen gebruiken *cañvera*, een soort bamboe, om fraaie fruitschalen en andere huishoudelijke goederen te maken; je kunt ze bekijken bij de weverscoöperatie Copikaj, 4 Avenida 2–71. Negen kilometer noordwaarts ligt het **Parque Chuiraxamoló** (Ⓣ7927 1859), een bosreservaat waar je langs enkele van de langste kabels ($ 10) van Midden-Amerika kunt glijden, en waar je wandel- en fietspaden en picknick- en kampeerplekken vindt. Het is allemaal professioneel gedaan en het betekent een leuk dagje uit. Van het Parque is het maar 6 km naar de Carretera Interamericana. Alle bussen tussen Xela en San Pedro komen door Santa Clara en langs de ingang van het Parque.

San Marcos La Laguna

Het dorpje **SAN MARCOS LA LAGUNA**, ongeveer twee uur lopen van San Pedro of twintig minuten rijden in een van de pick-ups die regelmatig over de weg tussen de dorpen hotsen, is Guatemala's belangrijkste new age-centrum. De alternatieve hotels en pensions van San Marcos zijn op een respectvolle manier bij de oever gebouwd – hier dichtbegroeid met bananen, mango's, jocote en avocadobomen – terwijl het Mayadorp wat hoger op de helling ligt. De relatie tussen de twee gemeenschappen is wat afstandelijk. Afgezien van de grote nieuwe **kerk**, die gebouwd werd nadat de koloniale kerk bij de aardbeving van 1976 was verwoest, is er niet echt iets te zien in het Mayadorp. Als je vanuit het dorp verder omhoog gaat langs de rivierbedding, is het niet ver naar Caalbalacha, een cultuurproject waar lokale kinderen over dans, muziek en theater leren; vrijwilligers zijn altijd welkom, en er zijn voorstellingen.

San Marcos is juist vanwege de rust aantrekkelijk – er wordt niet echt gefeest en er zijn geen bars. Een van de troeven is *Las Pirámides,* waar yoga en meditatie worden onderwezen, maar er zijn nog veel meer yogaleraren en masseurs, plus de verplichte biologische bakker en een centrum voor healing (San Marcos Holistic Center en het Jazmin Flower House), waar je voor acupunctuur, reflexologie, massages, kristaltherapie en natuurlijke remedies terechtkunt. Je kunt er ook Spaans leren aan de San Marcos Spanish School, op het terrein van restaurant *Il Guardino*; voor meer informatie moet je bij de San Pedro Spanish School (zie blz. 51) zijn.

Het dorp biedt een betoverend uitzicht op de drie vulkanen van Atitlán met een goed zicht op de dubbele top van de Tolimán, plus een glimp van de grijze, 3975 m hoge piek van de Acatenango, ruim 50 km naar het oosten. Bij de houten steigers langs het meer is het prima zwemmen, terwijl je bij een gebouwtje vlak bij *Aaculaax* een kano kunt huren; paragliden kost $ 65 per vlucht: informeer bij Guy (Ⓣ5854 5365) van de *Sol y Tul* (zie onder).

Voor **internet**: Rapinet ($ 1,75 per uur) is 300 meter landinwaarts vanaf de *Posada Schumann*.

Accommodatie

De meeste hotels en pensions van San Marcos zijn het makkelijkst te bereiken vanaf de westelijkste van de twee aanlegsteigers, bij de *Posada Schumann*; bordjes wijzen er de weg naar de hotels. Vermijd *Hotel Jivana*.

Aaculaax Ⓣ5803 7243, Ⓦwww.aaculaax.com. Dit ecohotel is een verbazingwekkend staaltje fantasie, gebouwd door een (excentrieke) visionaire Duitser, met gebruikmaking van duizenden recyclede flessen en hout, met glas-in-lood en enorme vlinders die als lampenkapjes dienstdoen. De meeste kamers zijn voorzien van muurschilderingen en hebben een eigen badkamer, de 'Mirador' heeft ook een keuken. Het café-restaurant is erg goed. 3–4

Hospedaje Panabaj Ⓣ5483 1225. Eenvoudig hotel in het dorp (achter het Instituto Vascó) met zes schone, sobere kamers die waar voor hun geld bieden. 2

Hotel La Paz Ⓣ5702 9168. Relaxt hotel met comfortabele, rustieke kamers, een bungalow (met drie bedden) en prettige slaapzalen ($ 7) in een ruim opgezet complex, er is ook een sauna/massageruimte. Je kunt er goed eten; Benjamin, de Guatemalteekse eigenaar, had ooit een restaurant in Liverpool. ❸

Hotel Silam aan de oostkant van San Marcos, aan het meer Ⓣ2425 8088, Ⓔsilanihotel@yahoo.com. Fraai gelegen met mooi zicht op het meer, een strandje en eigen steiger. De Guatemalteekse eigenaar, een fotograaf, wil nieuwe bungalows in hout en steen toevoegen aan de al bestaande huisjes (sommige met badkamer). Er is ook een café gepland en op sommige avonden is er livemuziek. ❸–❹

El Paco Real Ⓣ4084 5974, Ⓦwww.paco-real.com. Fraaie bungalows in steen en hout met rieten dak, sommige met plaats voor vier, in een schaduwrijke tuin. Geen privébadkamers, maar de gemeenschappelijke faciliteiten zijn brandschoon. ❸

Las Pirámides Ⓣ5205 7151, Ⓦwww.laspiramidesdelka.com. Niet zo zeer een hotel, als wel een ervaring. Dit meditatiecentrum in een fraaie tuin organiseert maandelijkse cursussen, die de dag na volle maan beginnen (maar je kunt ook een dag of een week meedoen). Tot het aanbod horen hatha-yoga, metafysica, meditatietechnieken en een esoterische leerweek, gevolgd door een slotweek van vasten en absolute stilte. De accommodatie bestaat uit comfortabele piramidevormige cabañas; er wordt heerlijk vegetarisch gekookt. De prijs is $ 15/420 pp (per dag/maand), inclusief cursus, maar zonder maaltijden. ❹

Posada Schumann Ⓣ5202 2216. Aantrekkelijke kamers en stenen bungalows aan het meer (8 & 10 bieden fraai uitzicht op de vulkaan) met zonne-energie. Er is een heerlijke tuin aan het meer met hangmatten, een steiger om te zonnen en zwemmen, een restaurant, en een sauna in Maya-stijl. Je kunt hier alleen betalen met dollars. ❺–❼

Eten

Er is een breed aanbod aan keukens in San Marcos, waar vegetariërs volop keus hebben; de prijzen variëren niet zo veel (rond $ 3–5 voor een maaltijd). Als je een goedkope comedor zoekt, moet je naar het dorp.

Aaculaax Het café van dit hotel serveert misschien wel het beste voedsel van San Marcos met een heerlijk ontbijt, en lekkere broodjes en crêpes. 's Avonds staat er een ander team in de keuken en worden er tapas en internationale specialiteiten gemaakt.

Los Abrazos achter de kerk. Eethuisje van een Maya waar je goede, goedkope *comida típca* kunt eten; er is ook een houtgestookte pizzaoven. De stoelen (van modder, klei en zand) met condorkoppen zijn verbazingwekkend.

Il Giardino Dit vegetarische restaurant zit in een lieflijke tuin en serveert voornamelijk Italiaans eten en een paar Latijns-Amerikaanse gerechten.

Moonfish aan de westkant van het dorp. Café aan het meer met salades, falafel, hummus met brood en sandwiches. De bediening is soms traag.

El Paco Real Goed voor Mexicaans eten en cocktails, waaronder piña colada's, margarita's en mojito's. Gesl. ma.

Las Pirámides Voortreffelijk vegetarisch eten (waaronder heerlijke broodjes en salades).

Tul y Sol Aan het meer met fraai uitzicht; de beste plek voor vlees, met vrij dure Franse gerechten als varkenslende in pepersaus, ook kleinere gerechten als burritos en sandwiches.

Van Tzununá naar Jaibalito

De dorpen na San Marcos zijn geïsoleerder, de inwoners lijken verbaasd een westerling te zien en proberen snel een glimp van passerende gringo's op te vangen. Het eerste dorp is **TZUNUNÁ**, een armoedig geval op een steile helling. Oorspronkelijk lag het dorp aan het meer, maar een overstroming in 1950 richtte grote schade aan, waarna de dorpelingen hun huizen hogerop herbouwden. De lokale kledij is, hoe kan het ook anders, opvallend, de vrouwen weven felrode *huipiles* met blauwe en gele strepen aan de achterkant.

Tzununá is misschien wel het meest geïsoleerde en armste dorp van het Lago de Atitlan, tot voor kort profiteerde het nauwelijks van het toerisme. Maar met de bouw van een goed nieuw hotel, het *Lomas de Tzununá* (Ⓣ5201 8272, Ⓦwww.lomasdetzununa.com; ❼), voorzien van zonnepanelen en tien minuten lopen ten oosten van de steiger, begint dat te veranderen. Het is een schitterend hoog boven het meer gelegen complex van een gastvrij Uruguayaans-Belgisch echtpaar, met adembenemend uitzicht over het meer. Het is een uitstekende keuze met tien mooie huisjes, stuk voor stuk met een grote glazen schuifdeur voor ongehinderd zicht op het meer. Er is een klein zwembad en een goed restaurant met een gezond menu en heerlijk zelfgemaakt ijs. Het is een steile klim van het meer naar het hotel, maar als je van tevoren belt, word je bij de dorpssteiger opgehaald.

De weg eindigt bij *Lomas*; daarna is er enkel een smal pad dat uit de steile helling is gehakt. Het volgende dorp, **JAIBALITO**, genesteld tussen hoge, met *milpa* begroeide hellingen, was tot voor kort erg geïsoleerd. Het is nog steeds heel erg Kaqchikel – de mensen spreken nauwelijks Spaans en maar weinig vrouwen zijn buiten de streek rond het Lago de Atitlán geweest – maar de ontplooiing van vier op het toerisme gerichte activiteiten betekent dat de buitenwereld invloed begint te krijgen. Meer informatie over het dorp vind je op Ⓦwww.jaibalito.com.

Vlak bij het hoofdpad staat de gastvrije *Vulcano Lodge* (Ⓣ5410 2237, Ⓦwww.vulcanolodge.com; ❺) met een prachtige tuin vol exotische struiken en cactussen. Je hebt er geen uitzicht op het meer, maar wel een hoop ruimte om te genieten, met ligstoelen en hangmatten verspreid door de tuin. Alle kamers en huisjes zijn brandschoon en erg comfortabel en je kunt in het restaurant voortreffelijk Europees en Guatemalteeks eten; het uitgebreide diner ($ 13) is gemeenschappelijk. In het centrum van het dorp staat de op backpackers gerichte *Posada Jaibalito* (Ⓣ5598 1957, Ⓦwww.posada-jaibalito.com; ❷–❸), een van de goedkoopste accommodaties aan deze kant van het meer met goede slaapzalen ($ 4 pp) en een paar kamers op een groot, schaduwrijk stuk grond; op het menu is alles onder de $ 3 geprijsd. Aan het meer staat het protserige nieuwe *Ven Acá* Ⓦwww.clubvenaca.com), een café-restaurant dat zich richt op een welgestelde clientèle, met een *hot tub* en zwembad, een fusionmenu en geweldige cocktails.

Vanuit het dorp loop je in vijf minuten steil omhoog in westelijke richting naar het fraai gelegen *La Casa del Mundo* (Ⓣ5218 5332, Ⓦwww.lacasadelmundo.com; ❸–❺). Het is een verbazingwekkende plek met zestien accommodaties die tegen de rotswand zijn geplakt, waaronder een budgetkamer, tweepersoonskamers (de kamers 1 & 3 hebben het mooiste uitzicht), stenen huisjes en een suite. Er is ook een uitstekend restaurant (diner is $ 9 pp), sommige activiteiten zijn tegen een meerprijs: voor een kajak betaal je $ 3–7 per uur en de *hot tub* aan het meer kost $ 35 voor maximaal 10 personen). Vanuit het hotel is het een halfuurtje lopen naar Santa Cruz langs een schitterend en makkelijk pad, parallel aan de steile helling.

Santa Cruz La Laguna

SANTA CRUZ LA LAGUNA, dat zich zo'n twee kilometer over een groene strook langs het meer uitstrekt, is een buitengewoon vredig en mooi dorp. Je vindt er voortreffelijke accommodatie, veelal met spa, en je kunt er aan yoga doen en prima wandelen; meer en meer mensen ontdekken de onbedorven pracht van Santa Cruz. Wat het zo aantrekkelijk maakt, is dat wegen (vrijwel) ontbreken – er is één weggetje dat zich omhoog slingert naar het Mayadorp hoog boven het meer; verder is het alleen per boot bereikbaar. Hier kun je nog echt een kalm leventje leiden, een beetje langs het meer slenteren, toekijken hoe de kolibri's van exotische bloem naar exotische bloem zoemen of hoe vissers krabben binnenhalen. Je komt er helemaal tot jezelf.

De grond langs het meer is grotendeels opgekocht door buitenlanders en rijke Guatemalteken, terwijl de Maya's op een plateau 150 m boven het meer wonen. Het contrast tussen de twee werelden is enorm, de zesduizend indianen leven in armoedige omstandigheden, terwijl langs het meer het goede leven heerst. Niettemin leven de twee gemeenschappen vredig naast elkaar; veel dorpelingen hebben werk gevonden in de toeristische sfeer, en de liefdadigheidsorganisatie Amigos de Santa Cruz (Ⓦwww.amigosdesantacruz.org) helpt de Maya's door middel van programma's op het gebied van milieu, educatie en gezondheid; vrijwilligers zijn altijd welkom.

Er is niet echt iets te zien in Santa Cruz, al kun je even rondlopen door het Mayadorp; er staat een kerk uit de 16e eeuw. De meeste mensen komen om te ontspannen; ze lezen een boekje of ze gaan **zwemmen**. Dat laatste kun je het beste wat verder van het centrum doen, vooral bij de baai van Paxanax, een kilometer naar het oosten, is het water schoon. Als je wilt duiken, kun je bij ATI Divers (zie onder) terecht, en er zijn goede mogelijkheden om te **wandelen**, onder andere naar een waterval boven het voetbalveld en langs een schitterend pad naar Sololá. Het personeel van de *Iguana Perdida* kan je de paden voor deze wandelingen aanwijzen.

Accommodatie en restaurants

Santa Cruz heeft prima hotels en restaurants, allemaal aan het meer. De dorpssteiger, bij de *Iguana Perdida* en *Arca de Noé*, vormt het middelpunt, maar de boten kunnen je overal afzetten; de volgende locaties hebben allemaal een eigen steiger.

Casa Erik Ⓣ5410 2237. Aan de oostzijde van het dorp, 5 minuten lopen van de oever; twee fraaie eenkamerappartementen en een *casita* (met plaats voor zes) met prachtig zicht op het meer, een keuken en luxueuze badkamer. De appartementen liggen in een prachtige tuin en zijn van de *Vulcano Lodge* in Jaibalito. Appartementen vanaf $ 275 per week, *casita* vanaf $ 500.

Hotel Arca de Noé Ⓣ7848 1407, Ⓦwww.arcasantacruz.com. Een reeks rustieke, comfortabele stenen huisjes en kamers in een grote, prachtige tuin aan het meer met een overvloed aan ruimte om te relaxen. Eenvoudige, goede maaltijden; het stevige ontbijt is $ 4 en het gemeenschappelijke diner $ 9. Er is een kleine fitnessruimte en een 'biertuin' aan het water. Eigendom van een Australisch stel, dat hier de helft van het jaar zit. ❸–❺

Iguana Perdida Ⓣ5706 4117, Ⓦwww.laiguanaperdida.com. Een traditionele favoriet bij budgetreizigers met goedkope, erg eenvoudige accommodatie – simpele houten huisjes, boomhutten, slaapzalen ($ 3–4,50) en een- en tweepersoonskamers – maar inmiddels uitgebreid met goede, zeer ruime kamers in de middenklasse, sommige met uitzicht op het meer. Het is daardoor wat minder intiem geworden, maar het blijft een vriendelijke, sociale plek waar de gasten 's avonds samen eten. Er zijn yogasessies, en op zaterdag een barbecue en feest met dresscode. Je kunt er een kajak huren en er is internet, wifi en een filmzaal. Dit is tevens het hoofdkwartier van ATI Divers, een professionele duikschool. Budgetkamers ❷–❸, middenklasse kamers ❺

Isla Verde 10 min. lopen ten westen van de steiger Ⓣ5760 2648, Ⓦwww.islaverdeatitlan.com. Het aanbod van dit hotel van een bereisde Spanjaard bestaat uit een reeks fraaie, eenvoudig ingerichte bungalows tegen een steile helling. Er hangt een relaxte sfeer over het hele complex en er is een heerlijke tuin aan het meer. Er zijn boeken en tijdschriften om te lezen. Het restaurant aan het water hoort tot de beste van Guatemala met creatieve gerechten uit de hele wereld, waaronder veel mediterrane schotels; een maaltijd kost rond $ 4–7, een menu $ 10. ❹

Jacaranda aan het meer, 5 min. ten oosten van de steiger. Goed, door Engelsen beheerd café met schitterend uitzicht op het meer en een gezonde ontbijtkaart (vanaf 7 uur), broodjes en dagspecialiteiten. Je kunt er op de privésteiger zonnen.

Casa Rosa Ⓣ5803 2531, Ⓦwww.atitlanlacasarosa.com. Prachtige, vredige tuinen, ruime bungalows en kleine kamers, plus een restaurant met eenvoudige gerechten. Het management is soms wat star. ❹–❻

Villa Sumaya aan de baai van Paxanax, 10 min. lopen ten westen van de steiger Ⓣ5617 1209, Ⓦwww.villasumaya.com. Luxueus pension van Amerikaanse eigenaar aan het meer met zestien kamers – die in de *torre* zijn groter – met allemaal een fabelachtig uitzicht op het meer, zachte bedden en stijlvol decor. Verder vind je er een voortreffelijk restaurant, een bibliotheek, *hot tub* en sauna; een zwembad staat gepland. Je kunt je er laten masseren en er zijn dagelijks sessies in yoga/meditatie/pilates in een geweldige ruimte op het dak. ❼–❾

Langs de Carretera Interamericana: van Los Encuentros naar Cuatro Caminos

Tussen Los Encuentros en Cuatro Caminos, waar het dal van Quetzaltenango begint, loopt de Carretera Interamericana door fantastische berglandschappen. Alleen al de uitzichten zijn geweldig. Als je een zondagochtend over hebt, is het de moeite waard de markt van Nahualá te bezoeken.

Nahualá

Ten westen van Los Encuentros loopt de Carretera Interamericana door een soms spectaculair en dunbevolkt landschap. De enige wat grotere plaats voor Cuatro Caminos is **NAHUALÁ** ('plaats van de tovenaars'), een heel traditioneel stadje een kilometer ten noorden van de Interamericana, aan de rand van een groot komvormig dal waar intensieve landbouw wordt bedreven. De sfeer van isolatie en de onverschilligheid voor de buitenwereld maken Nahualá tot een van de meest indrukwekkende en ongewone K'iche'-steden.

Het stadje zelf is niet erg bezienswaardig, het bestaat uit straatjes met huizen van adobe, afgewisseld met moderne betonnen bouwsels, maar de inwoners van Nahualá hebben de naam fel aan hun onafhankelijkheid vast te houden en ze verzetten zich koppig tegen inmenging door ladino's. Eind 19de eeuw confisqueerde de regering een groot deel van hun land, zoals ze overal deed, en verkocht het aan koffieplanters. Uit protest liep de volledige mannelijke bevolking van Nahualá de 150 km naar Guatemala-stad en eiste president Barrios in persoon te spreken; de indianen weigerden diens aanbod om een woordvoerder te ontvangen en stelden dat ze als één waren. Uiteindelijk werden ze in de enorme ontvangstzaal toegelaten, waar ze knielden en het voorhoofd tegen de vloer drukten; ze weigerden te vertrekken voordat ze hun landrechten terugkregen of toestemming hadden hun land terug te kopen, iets wat ze al twee keer eerder hadden gedaan. Met de actie wisten ze hun grond te behouden, maar sindsdien is veel land toch opgeslokt door koffieplantages.

Tijdens de jaren dertig van de 20ste eeuw, onder president Ubico, werden ladino's naar de stad gestuurd als verpleegsters, telegrafisten en soldaten. Opnieuw deden de Nahualáns een rechtstreeks beroep op de president; ze drongen erop aan dat hun eigen mensen voor die banen werden opgeleid, en opnieuw werd hun verzoek ingewilligd. Ubico wilde ook een regeringswinkel voor drank openen, maar de bewoners kozen ervoor om alcohol uit de stad te bannen, en Nahualeños die zich elders bedronken, moesten hun schuld bekennen en kregen twintig zweepslagen op het centrale plein.

Het verbod is inmiddels opgeheven, en als je hier op 25 november tijdens het stadsfeest bent, zul je zien dat de mensen de droge jaren flink aan het compenseren zijn. Nog steeds woont er niet meer dan een handjevol ladino's in de stad en de Maya's staan bekend om hun vijandige houding; er gaan allerlei geruchten over de zwarte magie die lokale sjamanen zouden bedrijven. Maar je hoeft je geen zorgen te maken als je op zondag een bezoek brengt aan de **markt**, want dan stroomt de stad vol en de inwoners lijken het leuk te vinden om vreemdelingen te zien. Op donderdag is er ook een kleinere markt.

De stad is ook een belangrijk centrum voor handwerk. Het **weven** staat er op een hoog niveau: de *huipiles*, met ingewikkelde geometrische patronen van oranje op wit, maakten veel indruk op de Spanjaarden omdat de tweekoppige adelaar erin verwerkt was, het wapen van de Habsburgers die de Spanjaarden in de tijd van de Conquista regeerden. De mannen dragen shirts in geel en roze met fraai geborduurde kraag, korte wollen 'rokken', de *rodilleras*, over een witte broek, en enorme hoeden en leren sandalen zoals de oude Maya's die droegen. Verder worden er wollen kledingstukken als *capixay* en jasjes geweven. De stad is ook beroemd om zijn houtwerk; de timmerlieden van Nahualá nemen een groot deel van de nationale productie van bedden en kasten van vurenhout en cederhout voor hun rekening.

Om naar Nahualá te komen, neem je een willekeurige bus langs de Carretera Interamericana tussen Los Encuentros en Cuatro Caminos, en stap je uit bij Puente Nahualá, waar minibusjes de kilometer omhoog naar het centrum rijden. Er zijn een paar eenvoudige pensions, maar je kunt beter een dagtrip maken van je bezoek aan de stad, vanaf het meer of vanuit Quetzaltenango.

Santa Catarina en het hoogland van Alaska

Na Nahualá klimt de Interamericana naar het westen en passeert de afslag naar **SANTA CATARINA IXTAHUACÁN**, een zusterstad en bittere rivaal van Nahualá, even ten noorden van de Interamericana. Santa Catarina lag eerst op onstabiele grond ten zuiden van de weg, maar werd in december 2000 naar de huidige plek verplaatst nadat diverse huizen in enorme zinkputten waren verdwenen. De kleding en tradities van Santa Catarina en Nahualá, gezamenlijk bekend als de **Pueblos Chancatales**, lijken veel op elkaar, en ze zijn beide beroemd als producent van *metates*, de stenen waarmee het maïs wordt gemalen. Tegenwoordig wordt het maïs meestal machinaal gemalen en daarom maken ze nu kleine speelgoedversies en rustiek houten meubilair – om langs de weg te verkopen.

Ten westen van Santa Catarina bereikt de Interamericana een vlak plateau hoog in de heuvels – dit is een van de indrukwekkendste delen van de Carretera Interamericana. Dit land op een hoogte van 3000 m wordt ook wel **Alaska** genoemd en is uitstekende weidegrond voor schapen. Vroeg in de ochtend zijn de weiden vaak bedekt met rijp.

Even verder begint de weg weer te dalen en krijg je links de vlakte van Quetzaltenango en de Volcán Santa María te zien. De kruising van **Cuatro Caminos** is de belangrijkste kruising in dit deel van het land, de zijwegen links en rechts leiden naar Quetzaltenango en Totonicapán; terwijl de Interamericana doorloopt naar Huehuetenango en de Mexicaanse grens.

Quetzaltenango en omgeving

Het **bassin van Quetzaltenango**, een uitgestrekte vruchtbare vlakte, vormt het natuurlijke centrum van het westelijke hoogland. Het was ooit deel van het koninkrijk van de Mam, maar ergens tussen 1400 en 1475 veroverden de K'iche'-Maya's het gebied en stichtten er de ommuurde stad Xelajú. Tegenwoordig wordt in het westelijke deel van de streek Mam gesproken en in het oostelijke deel K'iche'. De conquistador Pedro de Alvarado begon hier zijn tocht naar het hoogland en vocht er een beslissende slag tegen de K'iche' uit, waarbij de Maya's werden afgeslacht – volgens de legende doodde Alvarado koning Tecún Umán in een gevecht van man tegen man. De Spanjaarden stichtten vervolgens Quetzaltenango, 'de plek van de quetzals', waarschijnlijk vanwege de felgroene quetzal-veren waarmee de edelen en krijgers van de K'iche', inclusief Tecún Umán zelf, zich tooiden.

Bezienswaardigheden

In **Quetzaltenango** zelf is niet veel te zien, maar zijn gewoonheid is in veel opzichten zijn kracht – een zeer Guatemalteekse hooglandstad buiten de toeristische route, met een gastvrijheid en vriendelijkheid die je niet verwacht van een stad van die omvang. Het is ook een prima basis voor de verkenning van de omgeving, waar je markten en dorpsfeesten vindt, een bad kunt nemen in warme bronnen als die van de Fuentes Georginas of in de bergen kunt wandelen.

In de vlakte van Xela en de omringende heuvels liggen talrijke stadjes en dorpen, meest indiaanse boerengemeenschappen en weefcentra. Op **markt- en feestdagen** komen deze dorpen tot leven; probeer in ieder geval San Francisco el Alto of Almolonga te bezoeken, beide een genot voor de zintuigen, de straten een en al kleur. De mooiste **wandeling** in het gebied is de schitterende tocht naar het kratermeer van de Volcán Chicabal. Ver van de gebaande paden, zal het woeste en afgelegen hoogland van het naburige departement San Marcos veel indruk op je maken.

Quetzaltenango (Xela)

QUETZALTENANGO (XELA), Guatemala's tweede stad, is heel anders en veel kleiner dan de hoofdstad, en er heerst de wat ingetogen provinciale sfeer die je verwacht van de hoofdstad van het hoogland. Hoe vreemd het ook klinkt: Quetzaltenango heeft in karakter en uiterlijk vaag iets weg van de industriële steden van Noord-Engeland – grauw en koel, met vriendelijke, aardse inwoners. De stad is omringd door hoge bergen en het is er bitter koud in de vroege ochtend. Quetzaltenango ontwaakt daardoor langzaam, het leven komt pas op gang als de zon voelbaar wordt. Het centrale plein, sterk neoclassicistisch, is een monument voor stabiliteit, met grote grijze platen steen die een geschiedenis van onrust en strijd verbergen. Het stadshart bezit de kalme orde van een regionaal bestuurscentrum, maar hoe verder je van het plein komt, hoe chaotischer het wordt met druk verkeer dat de hooglandlucht met uitlaatgassen vult, vooral rond het hoofdbusstation. De stad wordt kortweg Xela genoemd (spreek uit 'sjee-la'); dit betekent 'onder de tien', waarschijnlijk een verwijzing naar de omringende bergen.

Geschiedenis in het kort

In de koloniale tijd was Quetzaltenango een bloeiend handelscentrum, dat profiteerde van de vruchtbaarheid van de omringende landbouwgrond en de goede verbindingen met de haven van Champerico. Toen het onafhankelijkheidsvirus zich verspreidde, wilde de stad het lot in eigen hand nemen: toen de Midden-Amerikaanse Federatie in 1820 met Mexico brak, riep Quetzaltenango zichzelf uit tot hoofdstad van de onafhankelijke staat **Los Altos**, bestaande uit de huidige departementen Huehuetenango, Sololá, San Marcos en Totonicapán. Maar president Carrera wist de separatisten in 1840 op de knieën te krijgen en een latere poging tot afscheiding, in 1848, werd met geweld neergeslagen. Ondanks de gedwongen status van provinciestad bleef Xela een belangrijk centrum van handel en cultuur dat constant rivaliseerde met Guatemala-stad. De groeiende vraag naar koffie eind 19de eeuw speelde een belangrijke rol, want Quetzaltenango beheers-

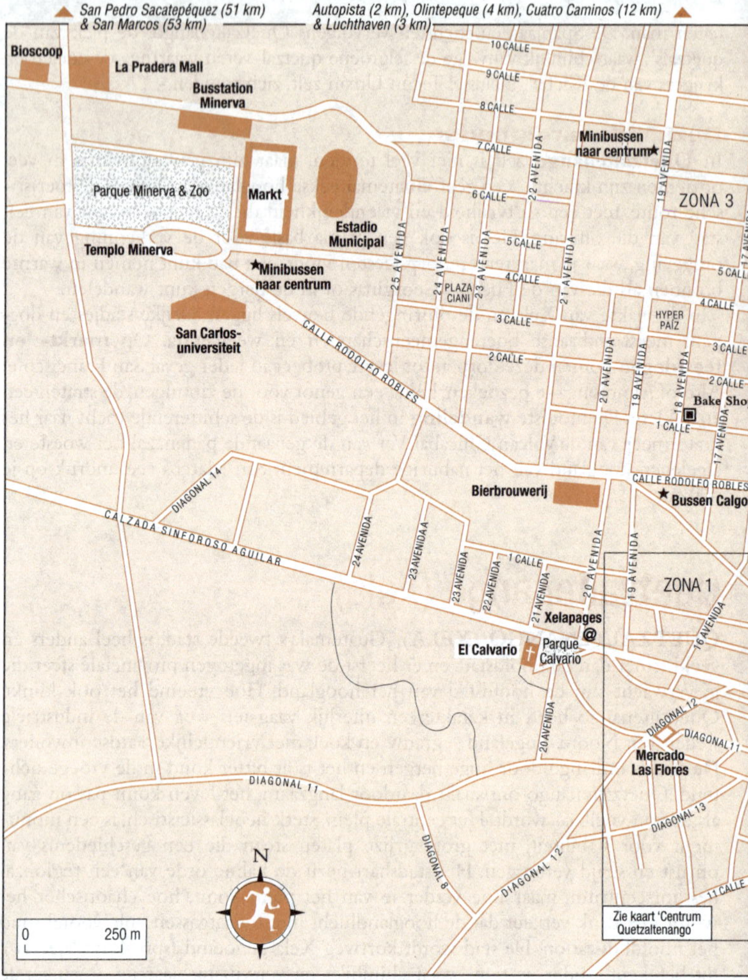

te enkele van de rijkste koffiegebieden van het land. De welvaart en bevolking groeiden snel, onder andere dankzij een groot aantal Duitse immigranten, zodat Quetzaltenango eind 19de eeuw de gelijke was van Guatemala-stad.

De grote **aardbeving van 1902** maakte een abrupt einde aan die status; de stad werd vrijwel volledig verwoest. De herbouw vond plaats in een sfeer van optimisme; de monumentale neoclassicistische architectuur dateert uit die periode. Er werd een nieuwe spoorweg aangelegd om de stad met de kust te verbinden, maar die werd kort na 1930 gesloten en de stad raakte steeds verder achterop bij de hoofdstad en kon zijn voormalige glorie niet herwinnen.

Niettemin heeft Quetzaltenango nog altijd de attributen van rijkdom en eigendunk: de monumentale architectuur, de grote banken, en een lijst van beroemde burgers. Maar het ontbreekt merkwaardig genoeg ten enenmale aan de ongebreidelde energie die je verwacht van een stad met 140.000 inwoners. Soms lijkt de stad in de 19de eeuw te zijn blijven steken met een uitstraling

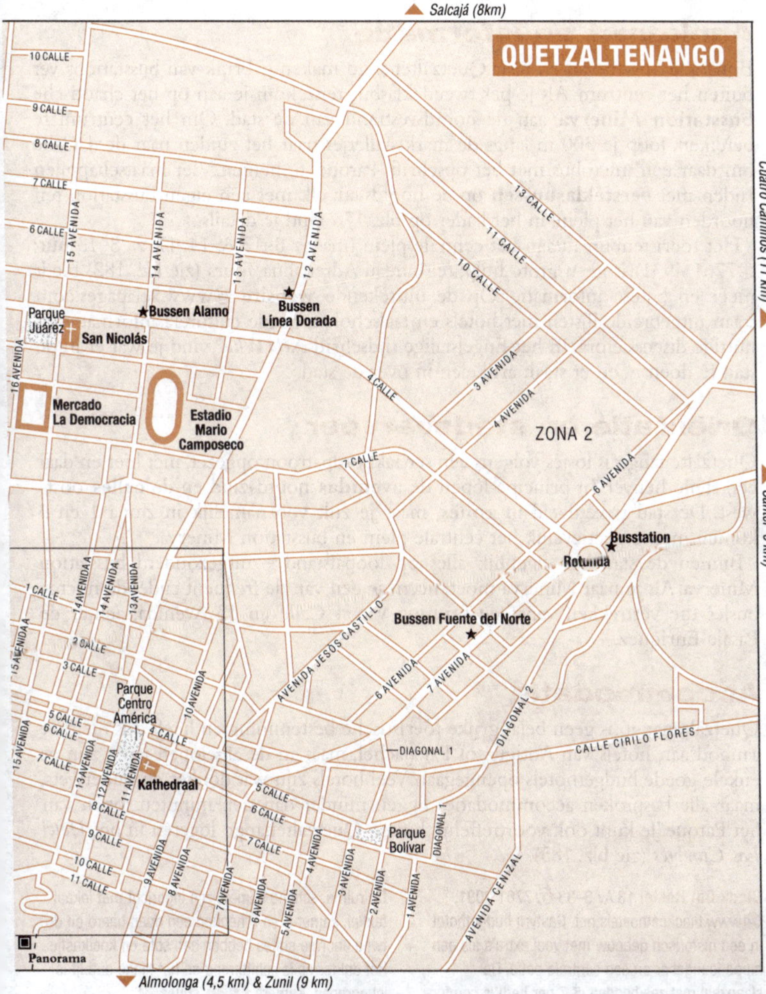

van kalme waardigheid, misschien vanwege het karakter van de Quetzaltecos, die de naam hebben formeel en beleefd te zijn en zich op hun terughoudendheid laten voorstaan.

De stad steekt de hoofdstad nog wel naar de kroon als **centrum van educatie** met universiteiten en privéscholen, waar studenten uit het hele land en zelfs uit El Salvador op af komen. Sinds begin jaren negentig van de 20ste eeuw is Quetzaltenango ook een van de belangrijkste centra van Latijns-Amerika voor **taalscholen** met inmiddels tientallen goede scholen om Spaans te leren (zie blz. 180). Steeds meer **ontwikkelingsprojecten** vestigen hun basis in de stad, en de stroom buitenlandse studenten, reizigers en vrijwilligers begint een kosmopolitische invloed uit te oefenen op de cafés, restaurants en het culturele leven van Quetzaltenango. Veel van deze buitenlandse bezoekers voelen zich onmiddellijk thuis in het ontspannen leven van de stad; ze sluiten lokale vriendschappen en blijven vaak veel langer dan gepland.

Aankomst en informatie

Bijna alle bussen van en naar Quetzaltenango maken gebruik van busstations ver buiten het centrum. Als je per tweedeklasbus reist, kom je aan op het chaotische **busstation Minerva** aan de noordwestrand van de stad. Om het centrum te bereiken, loop je 300 m langs de marktstalletjes naar het zuiden naar de 4 Calle om daar een microbus met het opschrift 'Parque' te nemen. Vier maatschappijen rijden met **eersteklasbussen** op de hoofdstad, elk met een eigen busstation ten noorden van het plein; in het kader op blz. 178 vind je details.

Het toeristenbureau aan het centrale plein (ma–vr 8–13 & 14–17, za 8–13 uur; ⓣ7761 4931) is geen grote hulp; reisbureau Adrenalina Tours (zie blz. 182) biedt meer en betere informatie. Op de uitstekende **website** ⓦwww.xelapages.com staan uitgebreide lijsten met hotels en taalscholen, goede culturele informatie en nuttige discussiefora. In het Engelstalige tijdschrift *Xela Who?* vind je wat er in de stad te doen is, en er staan artikelen in over de stad.

Oriëntatie en stadsvervoer

Quetzaltenango is losjes volgens een schaakbordpatroon opgezet, met hier en daar een steile heuvel. In principe lopen de **avenidas** noord-zuid en de **calles** oost-west. De stad is verdeeld in **zones**, maar je zult voornamelijk in Zona 1 en 3 komen met respectievelijk het centrale plein en busstation Minerva.

Binnen de stad ligt eigenlijk alles op loopafstand – uitgezonderd busstation Minerva. Als je naar Minerva moet, neem je een van de frequent rijdende microbusjes die vertrekken vanaf de kruising van 4 Calle en 13 Avenida, achter de Pasaje Enríquez.

Accommodatie

Quetzaltenango is geen belangrijke toeristische bestemming en heeft dus niet het aanbod aan hotels van Antigua of Panajachel, maar in de afgelopen jaren zijn er enkele goede budgethotels opengegaan. Veel hotels zijn wat donker en ouderwets, maar alle besproken accommodaties liggen minder dan tien minuten lopen van het Parque. Je kunt ook voortreffelijk buiten Quetzaltenango logeren in het *Hotel Las Cumbres* (zie blz. 185).

Black Cat Hostel 13 Av 3–33 ⓣ7761 2091, ⓦwww.blackcathostels.net. Gastvrij budgethotel in een historisch gebouw met veel extra's als een hippe loungebar en een centrale patio. De slaapzaal met zes bedden ($ 7 per bed) is comfortabel en er zijn kamers met bedden in Japanse stijl; de kamer met eigen badkamer is te duur. Ontbijt inbegrepen. ❸

Casa Argentina 12 Diagonal 8–37 ⓣ7761 2470. Al tien jaar de favoriet bij jonge reizigers, al neemt de competitie toe. De vriendelijke familie Morales verhuurt de tientallen kleine kamertjes (de meeste met tv, sommige met badkamer) voor een redelijke prijs. Er is ook een grote slaapzaal ($ 3 per bed), een keuken, zonneterras en een café. Het is 10 min. lopen van het Parque en tevens de basis van Quetzaltrekkers (zie blz. 182). ❷

Casa Mañen 9 Av 4–11 ⓣ7765 0786, ⓦwww.comeseeit.com. Deze B&B van een Texaan is Xela's beste accommodatie in de luxecategorie. De ruime, schone kamers zijn ingericht met lokaal textiel, kamer 8 en 9 hebben een open haard en de twee enorme suites hebben een sofa en koelkastje. Het dakterras is schitterend en het flinke ontbijt is inbegrepen. Kamers ❻–❼, suites ❾

Hotel Casa Florencia 12 Av 3–61 ⓣ7761 2811, ⓦwww.hotelcasaflorencia.com. Zeer centraal gelegen vlak bij het plein, negen tamelijk comfortabele maar ouderwetse kamers met gebloemde bedspreien en vast tapijt – maar geen ramen naar buiten. ❹

Hostal Don Diego 6 C 15–12 ⓣ5482 4294, ⓔhostaldondiego@gmail.com. Goed budgethotel met veel eenvoudige, schone kamers (een paar met badkamer) en twee slaapzalen met vijf bedden ($ 6 pp). Er is een keuken en een patio. Korting bij verblijf per week of maand. ❸

Hotel Modelo 14 Av A 2–31 ⓣ7761 2529, ⓔhotelmodelo1892@yahoo.es. Stijlvol historisch hotel met fraaie eetzaal, statige receptie, wifi en veel karakter. De kamers zijn ruim, maar ietwat krakerig, ze hebben allemaal een badkamer en tv en veel kijken op een tuinpatio uit (de kamers aan de straatkant kunnen in het weekend luidruchtig zijn). Het bijgebouw is een vergelijkbaar, iets goedkoper alternatief. Ontbijt inbegrepen. ❹–❺

Hotel Villa Real Plaza 4 C 12–22 ⓣ7761 4045, ⓔvillareal@xelaenlinea.com. Vrij comfortabel hotel met 54 kamers aan het Parque, tegenover het *Bonifaz*, waarvan het een modern(ige) rivaal is – maar inrichting en sfeer zijn wat onpersoonlijk. ❻

Hotel Virginia 11 Av 8–11 ⓣ7761 7355. Gunstig geprijsd hotel met twintig kamers met tapijt, mooie houten bedden met fatsoenlijke matrassen, bureau en kabel-tv. Er is een dakterras met tafels, stoelen en parasols. Het ontwerp van het gebouw – het hotel staat op een parkeergarage – is nogal bizar. ❺

Pensión Altense 9 C 8–48 ⓣ7761 2811. Ouderwets pension met tamelijk ruime, schone (maar niet brandschone) kamers, waarvan de meeste met tv en douche. Veilige parkeerplaats. ❷–❸

Pensión Andina 8 Av 6–07 ⓣ7761 4012. Dit hotel biedt veel waar voor zijn geld, de kamers zijn klein maar erg schoon en met eigen badkamer, ze liggen rond een overdekte binnenplaats. ❷

Pensión Bonifaz noordoosthoek van het Parque ⓣ7761 2182, ⓔbonifaz@intel.net.gt. Karakteristiek hotel, gebouwd in 1935, met een indrukwekkende gevel en lobby, maar de kamers zijn wat gedateerd (vooral de badkamers). Straalt veel vergane glorie uit; met chique restaurant en een klein zwembad. ❼

De stad

Er zijn niet veel bezienswaardigheden in Quetzaltenango, maar als je een dag over hebt, is het leuk om wat door de straten te dwalen voor de sfeer en een bezoek aan een museum. Het **centrale plein**, dat officieel Parque Centro América heet, is het hart van de stad. Hier vind je de verplichte stenen bankjes en verzorgde bloemenperken en struiken naast een monument voor de voormalige president Barrios – allemaal overschaduwd door een massa Griekse zuilen. Met zijn kalme grandeur geeft het plein weer hoe de stad zichzelf zag ten tijde van de herbouw na de aardbeving van 1902. De gebouwen stralen een trotse autoriteit uit, maar de bedrijvigheid die je er verwacht ontbreekt – behalve op de eerste zondag van de maand, als er een goede markt voor artesanía wordt gehouden met dekens, manden en geweven stoffen.

De Griekse zuilen moesten waarschijnlijk het culturele belang van de stad en zijn rol in de voorste gelederen van de liberale revolutie symboliseren, maar de meeste fungeren tegenwoordig als veredelde straatlantaarns. De noordkant van het plein wordt gedomineerd door de monumentale Banco de Occidente, compleet met gebeeldhouwde fakkels. Aan de westkant zitten Bancafé en de imposante **Pasaje Enríquez**, ooit een chique passage met dure winkels; daarna vele jaren een bouwval, en nu weer in opkomst. In de passage vind je een van de beste bars van Xela, de *Salón Tecún*, het texmex-restaurant *Dos Tejanos* en een reisbureau.

Aan de zuidkant van het plein, naast het toeristenbureau, zit het **Casa de la Cultura** (ma–vr 8–12 & 14–18, za 9–13 uur; $ 0,75), de meest schaamteloze kopie van een Griekse tempel van de stad. Binnen vind je een merkwaardig mix van lokale collecties. Op de begane grond is links een tentoonstelling met documenten, foto's en pistolen uit de tijd van de liberale revolutie en de staat Los Altos (zie blz. 173), en verder zijn er sporttrofeeën, en een zaal gewijd aan de marimba. Boven liggen wat bescheiden precolumbiaanse voorwerpen en er hangen historische foto's, en dan is er nog een bizarre natuurhistorische zaal met opgezette vleermuizen en slangen op sterk water. Je vindt er ook enkele macabere grillen van de natuur, waaronder een geit met vier horens.

Aan de oostkant van het plein staat de **kathedraal**, dat wil zeggen: een nieuwe betonnen versie achter een verkruimelende oude gevel. Iets verderop staat nog een stukje onbeschaamde Griekse grandeur: de **municipalidad**, het stadhuis. Op de binnenplaats is een leuk tuintje rond een palmboom aangelegd. Tussen de kathedraal en het Casa de la Cultura is de oude **mercadito,** die nog steeds in gebruik is, al staat hij nu in de schaduw van de veel grotere markt bij het busstation in Zona 3.

Busverbindingen vanuit Quetzaltenango

Omdat Quetzaltenango het centrum van het hoogland is, komen er dagelijks honderden bussen aan. Het is dan ook gemakkelijk om **Quetzaltenango** te bereiken: er rijden rechtstreekse bussen vanuit Guatemala-stad en je kunt langs de Carretera Interamericana een bus naar Xela aanhouden (ze komen elk halfuur langs) of de eerste de beste bus naar Cuatro Caminos nemen en daar overstappen. Als je vanaf de kust komt, neem je een bus bij El Zarco, Coatepeque of Retalhuleu. **Als je de stad uit wilt**: naar Guatemala-stad rijden **eersteklasbussen**, naar andere bestemmingen alleen tweedeklasbussen, die vanuit Minerva vertrekken.

Als je een **shuttlebusje** wilt nemen, moet je naar een reisbureau, bijvoorbeeld Adrenalina Tours (zie blz. 182), dat een uitgebreid netwerk beheert met shuttles naar onder andere Panajachel ($ 13), Antigua ($ 25), Guatemala-stad ($ 32) en San Cristobal de las Casas in Mexico ($ 25). Adrenalina Tours biedt ook een erg nuttige shuttle over de achterafwegen aan, die dagelijks tussen Quetzaltenango en Cobán ($ 37) rijdt met stops in Huehuetenango ($ 17) en Nebaj ($ 27).

Eersteklasbussen

De eersteklasbussen rijden uitsluitend op Guatemala-stad; op zondag moet je tijdig reserveren. Als je naar Antigua gaat en toch comfortabel wilt reizen, kun je een eersteklasbus tot aan Chimaltenango nemen en daar overstappen – dat is een stuk goedkoper dan een shuttle.

Fuente del Norte 7 Avenida 3–33, Zona 2 ☎ 7761 4587, 5 per dag.
Línea Dorada 12 Avenida & 5 Calle, Zona 1 ☎ 7767 5198, 2 per dag.
Transportes Álamo 14 Avenida 5–15, Zona 3 ☎ 7761 7117, 5 per dag.
Transportes Galgos 21 Calle 0–14, Zona 1 ☎ 7761 2248, 3 per dag.

Tweedeklasbussen

Hieronder staan de belangrijkste routes vanuit Xela; de bussen vertrekken allemaal vanuit busstation **Minerva**. Details over vervoer naar de dorpen rond Quetzaltenango vind je in de relevante hoofdstukken.

Naar	Frequentie	Reistijd
Chichicastenango	10 per dag	2:30 uur
Coatepeque	elke 30 min.	1:45 uur
Guatemala-stad	20 per dag	4 uur
Huehuetenango	22 per dag	2 uur
La Mesilla	6 per dag	3:30 uur
Momostenango	elke 45 min.	1:15 uur
Panajachel	6 per dag	2:30 uur
Retalhuleu	elke 30 min.	1:15 uur
San Francisco el Alto	elke 30 min.	45 min.
San Marcos	elke 45 min.	1:30 uur
San Pedro La Laguna	5 per dag	2:15 uur
Tecún Umán	elk uur	3 uur
Totonicapán	elke 30 min.	1 uur
Zunil	elke 30 min.	30 min.

Naast gewone bussen rijden er ook steeds meer **minibusjes** op populaire routes zoals die naar Totonicapán en Momostenango; ze vertrekken ook vanaf Minerva en kosten hetzelfde.

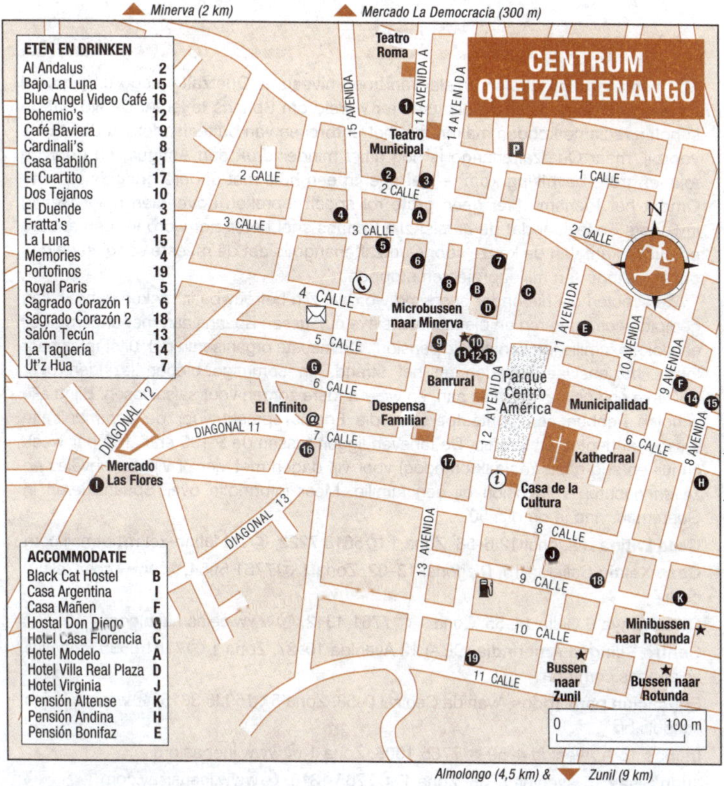

Buiten het plein

De straten rond het plein zijn een mengeling van oud en nieuw. De 14 Avenida is de belangrijkste winkelstraat, compleet met pizzarestaurants en neonreclame. Aan het begin van de 14 Avenida, bij de kruising met de 1 Calle, staat het gerestaureerde **Teatro Municipal**, ook al in neoclassicistische stijl. Op het pleintje voor het theater staan busten van lokale kunstenaars als Osmundo Arriola (1886–1958), Guatemala's eerste nationale dichter, en Jesús Castillo, 'de herschepper van Mayamuziek' – een andere troef van Quetzaltenango in de strijd om culturele superioriteit. Op heldere dagen heb je vanaf de treden voor het theater een bijzonder uitzicht op de Volcán Santa María.

Iets verderop merk je duidelijk dat Xela een regionaal handelscentrum is, want in Zona 3 ligt de **Mercado La Democracia**, een uitgestrekt overdekt marktcomplex dat al weer te klein is, zodat er ook in de omringende straten kraampjes staan. Enkele blokken ten noorden van de markt, naast het Parque Juárez, staat de moderne **Iglesia de San Nicolás**, een bizarre neogotische kerk met spitsbogen.

Aan de westelijke rand van de stad vind je een ander monument in Griekse stijl: de **Templo Minerva**. Achter de tempel ligt een **dierentuintje** (di–zo 9–17; gratis), tevens speeltuin. De kooien zijn klein, maar alle dieren – waaronder vogels, apen en pizotes – worden goed verzorgd. Onder de tempel liggen de uitgestrekte, stoffige **markt** en het **busstation**. Dat is de plek waar je de rol van de stad als centrum van het westelijk hoogland kunt voelen, met indiaanse

Spaans leren in Quetzaltenango

Met tientallen taalscholen, veelal van hoog niveau, is Quetzaltenango uitgegroeid tot een van de populairste plaatsen ter wereld om Spaans te leren. De tijd dat de scholen reclame konden maken met het ontbreken van buitenlanders in de stad is voorbij, maar Quetzaltenango is nog altijd minder druk dan Antigua, en door de relatief grote bevolking kom je niet snel in een huis met andere gringo's terecht. Omdat het toerisme hier geen grote rol speelt, spreken bovendien maar weinig inwoners Engels, zodat de cursist zijn Spaans snel beter ziet worden. Een andere positieve kant van de keuze voor Quetzaltenango is dat de meeste scholen geld in ontwikkelings- en milieuprojecten stoppen.

Alle scholen die hieronder genoemd worden, zijn betrouwbaar, maken gebruik van gediplomeerde leraren en bieden intensieve cursussen Spaans aan met onderdak bij een lokale familie (gewoonlijk volpension). De meeste organiseren ook uitstapjes naar lokale bezienswaardigheden en het strand, en sommige bieden lezingen over politieke en sociale kwesties aan, en weer andere zorgen voor salsalessen. Bijna alle scholen hebben een contactpersoon die Engels spreekt voor de communicatie tussen studenten en leraren. De tarieven liggen tussen de $ 130 en $ 180 per week (in juli en aug gaan ze vaak omhoog) voor vijf dagen met vier of vijf uur privéles en zeven nachten volpension bij een familie. Meer informatie over Spaans leren in Guatemala vind je op blz. 50.

Casa Latina Diagonal 12 6–58, Zona 1 Ⓣ5613 7222, Ⓔsol-latino-xela@hotmail.com

Casa Xelajú Callejón 15, Diagonal 13–02, Zona 1 Ⓣ7761 5954, Ⓦwww.casaxelaju.com

Celas Maya 6 Calle 14–55, Zona 1 Ⓣ7761 4342, Ⓦwww.celasmaya.com

Centro Bilingüe Amerindía (CBA) 12 Avenida 10–27, Zona 1 Ⓣ7761 8535, Ⓦwww.xelapages.com/cba

Educación para Todos Avenida Cenizal 0–58, Zona 5 Ⓣ5935 3815, Ⓦwww.spanishschools.biz

Inepas 15 A Avenida 4–59 Ⓣ7765 1308, Zona 1 Ⓦwww.inepas.org

Juan Sisay 15 Avenida 8–38, Zona 1 Ⓣ7765 1318, Ⓦwww.juansisay.com

Kie-Balam Diagonal 12 4–46, Zona 1 Ⓣ7761 1636, Ⓦwww.kiebalam.com

La Democracia 9 Calle 15–05, Zona 3 Ⓣ7763 6895, Ⓦwww.lademocracia.net

Mesoamerican Academy 10 Calle 16–12 Zona 1 Ⓣ7766 9531, Ⓦwww.mesoamericaspanish.org. Ook cursussen in Mayatalen.

Miguel de Cervantes 12 Avenida 8–31 Zona 1 Ⓣ776.5 5554, Ⓦwww.learn2speakspanish.com

La Paz Diagonal 11 7–38, Zona 1 Ⓣ7761 2159, Ⓦwww.xelapages.com/lapaz

Pop Wuj 1 Calle 17–72, Zona 1 Ⓣ7761 8286, Ⓦwww.pop-wuj.org

Proyecto Lingüístico Quetzalteco de Español 5 Calle 2–40, Zona 1 Ⓣ7763 1061, Ⓦwww.hermandad.com. Heeft nog een school aan de kust.

Sakribal 6 Calle 7–42, Zona 1 Ⓣ7763 0717, Ⓦwww.sakribal.com

handelaren uit het hele gebied die zaken doen en bussen die naar alle denkbare dorpen en steden vertrekken. Achter de markt staat het nieuwe winkelcentrum **La Pradera** met meer dan honderd winkels, en een bioscoopcomplex ernaast. Om in dit deel van de stad te komen kun je een microbusje nemen bij de kruising van de 13 Avenida en 4 Calle in Zona , achter de Pasaje Enríquez.

Eten

Quetzaltenango heeft een beperkt, maar toenemend aanbod aan restaurants, passend bij het karakter van een bescheiden, pretentieloze stad. Voor 8 uur 's ochtends is er vrijwel niets open, dus een vroeg ontbijt zit er niet in.

Al Andalus 2 C 14 Av A–30. Spaans eethuisje met authentieke tapas, hoofdgerechten, waaronder paella, sangría en wijn; je kunt op de aangename patio eten. Soms livemuziek met jazz, bossanova of soul.

Bake Shop 18 Av and 1 C, Zona 3. Bakkerij van mennonieten, beroemd om zijn volkorenbrood, gebak, geglazuurde donuts en pasteitjes. Open 9–18 uur, alleen di & vr.

Café Baviera 5 C 12–50, een blok van het Parque. Ouderwets koffiehuis met oude foto's van Xela's notabelen aan de muur. Je kunt er ook thee, gebak, broodjes en soep krijgen. Er is een niet-rokergedeelte en wifi.

Cardinali's 14 Av 3–41. Beproefde Italiaan met geblokte tafelkleedjes en Chianti-flessen langs de muren. Goed voor pizza of pasta met flinke porties voor redelijke prijzen. Je kunt ook laten bezorgen: bel ⓣ 7761 0924.

Casa Babilón 13 Av and 5 C. De menukaart van dit café is veel te lang, met van alles, van sushi tot Thais tot Arabisch. Beperk je tot hun specialiteit: flinke broodjes en salades. Gesl. zo.

El Cuartito 13 Av 7–09. Xela's hipste cafeetje is shabby-chic met lampen gemaakt van oude bierflesjes, chillout dj's en akoestische muziek. Er is een simpele kaart met falafel, kaas en snacks plus goede espresso en wijn per karaf. Wifi. Gesl. di.

Dos Tejanos 4 C 12–33. De 'Twee Texanen' is een elegant restaurant met heerlijke texmex-gerechten als gegrilde knoflookvis, spareribs en *lomito a la diablo*. Hoofdgerechten kosten $ 8–16. Ook ontbijt; in de Pasaje Enríquez.

La Luna 8 Av 4–11. Ingericht met een hoop curiositeiten en antiek. *La Luna* serveert zeven soorten chocolademelk, maar het eten is middelmatig. Ma–vr 9.30–21, weekend 16–21 uur.

Memories 15 Av & 3 C. Deels beschaafd café, deels speelgoedmuseum; je kunt er lekkere broodjes krijgen, gebak (probeer de *pay de queso*) en ter plekke gebrande koffie. De modelvliegtuigjes en -helikopters en poppen zijn in vitrines uitgestald.

Panorama ten zuiden van 11 C. Restaurant in een villa, 20 min. lopen ten zuiden van het Parque, met uitzicht over de stad. De eigenaar is een Zwitser, het menu Europees. Open wo–vr 17–22, weekend 13–22 uur.

Portofinos 12 Av 10–21. Vriendelijk familierestaurant waar chef-kok Daniel goede pasta en gnocchi bereidt. Tevens rustige bar met twee poolbiljarttafels.

Royal Paris 14 Av A 3–06. Groot restaurant op bovenverdieping met authentieke Franse en enkele Italiaanse gerechten tegen redelijke tot hoge prijzen. De sfeer op wo, vr en za is aangenaam met livemuziek, voornamelijk jazz, rumba en accordeonmuziek.

Sagrado Corazón 1 14 Av 3–08. Informeel restaurantje van een formidabele *señora* waar goede Guatemalteekse specialiteiten op tafel komen, zoals *pepián* en *jocón* (vlees gestoofd met pepers en tomatillos).

Sagrado Corazón 2 9 C 9–00. Bescheiden, goedkope kleine comedor met goed ontbijt, een enorm lunchmenu voor $ 2,75 en een vriendelijke bediening.

La Taquería 8 Av & 5 C. Goed en behoorlijk authentiek Mexicaans eten tegen redelijke prijzen.

Ut'z Hua 12 Av & 3 C. In dit intieme, drukke eethuisje zitten de gasten onder een palapa-dak. De keuken is Guatemalteeks en er is een voortreffelijke keuze aan hoofdgerechten voor $ 3–4, waaronder *jocón*, *quichóm*, lokale worstjes, *mojarra* (vis) en zeven soorten soep.

Drinken en uitgaan

Doordeweeks wordt Xela na het invallen van de duisternis snel stil, maar in het weekend heerst er in enkele **bars** en **clubs** een levendige drukte. In Zona 1 komen er steeds meer tenten rond het Parque, geconcentreerd rond de Pasaje Enríquez, waar *Salón Tecún* zit, een populaire, historische bar, terwijl *Bohemio's* alternatiever is met hiphop en reggae. Vlakbij zit *El Cuartito,* een relaxte loungebar, terwijl je in de **Zona Viva** aan de 14 Avenida A nog veel meer tenten vindt, sommige met dansvloer: *El Duende*, *La Bodega Duende* en *El Zaguán*. Salsaliefhebbers kunnen naar *La Parranda,* 6 Calle en 14 Avenida, (gratis lessen op wo) en *Kokoloko's*, 15 Avenida en 4 Calle, (gratis salsalessen op vr). Als je alleen rustig iets wilt drinken, kun je naar *Bajo La Luna*, 4 Calle en 8 Avenida, met een ruime keuze aan wijnen, waar je wat kaas of ham bij kunt nemen.

Quetzaltenango is een goede stad om naar de **film** te gaan. In het centrum zit Blue Angel, 7 Calle 15–79, met elke avond films, terwijl er een bioscoop met meerdere zalen bij winkelcentrum La Pradera zit, vlak bij het busstation Minerva. Wat er te doen valt in Xela, kun je nalezen in *Xela Who?* (Ⓦ www.xelawho.com).

Handig om te weten

Autoverhuur Tabarini, 9 C 9–21 (Ⓣ 7763 0418), verhuurt auto's vanaf $ 33 per dag.

Banken Aan het Parque zitten diverse banken die travellercheques wisselen, waaronder Banrural, met ook een geldautomaat die alle kaarten accepteert, en Banco Industrial met een geldautomaat voor Visa/Plus.

Boekhandels Vrisa, 15 Av 3–64, heeft duizenden tweedehands boeken; koopt ook in en ruilt. North & South, 8 C & 15 Av, heeft veel titels op het gebied van cultuur en politiek en reisgidsen. Er is een leuk café in hetzelfde gebouw.

Fietsverhuur Boekhandel Vrisa (zie onder) verhuurt fietsen voor $ 6 per dag, $ 13 per week en $ 26 per maand.

Internet Er zijn tientallen internetcafés in Xela; ze rekenen meestal rond $ 1 per uur. Bij Xelapages, 4 C 19–48, heb je een snelle verbinding, net als bij El Infinito, 7 C 15–18.

Medische zorg Hospital San Rafael, 9 C 10–41, Zona 1 (Ⓣ 7761 4414).

Postkantoor 15 Av en 4 C.

Reisbureaus Adrenalina Tours, in de Pasaje Enríquez, Plaza Central (Ⓣ 7761 4509, Ⓦ www.adrenalinatours.com), is goed voor shuttlebusjes, tours in de streek rond Xela, onder andere naar Takalik Abaj en Olintepeque, wandelingen en vulkaanbeklimmingen (Volcán Santa María kost $ 20 pp). Maya Explorer, 1 Av A 6–75 (Ⓣ 7761 5057, Ⓦ www.mayaexplor.com), heeft veel ervaring en organiseert excursies naar de meeste vulkanen en bezienswaardigheden van Guatemala. Quetzaltrekkers, in het *Casa Argentina* (zie 'Accommodatie', blz. 176; Ⓣ 7761 4520, Ⓦ www.quetzalventures.com), organiseert culturele excursies en vulkaanbeklimmingen (een tweedaagse tocht op de Santiaguito is $ 54); de winst komt ten goede aan een project voor straatkinderen.

Telefoon Xelapages en El Infinito (zie 'Internet' boven) bieden de beste tarieven: bellen via internet met goede kwaliteit is $ 0,15 per minuut naar de VS en Canada, $ 0,25 naar Europa.

Wasserette Lavanedía El Centro, 15 Av 3–51; $ 3 voor wassen en drogen.

De omgeving van Quetzaltenango

Het hoogland rond Xela is één van de mooiste delen van Guatemala, met vulkanen die hoog boven beboste hellingen uittorenen en fascinerende indiaanse dorpen. Langs de weg naar het zuiden, naar de kust, liggen **Almolonga** en **Zunil**, waar je prachtige warme bronnen kunt bezoeken als de **Fuentes Georginas**. Iets naar het westen ligt de **Volcán Santa María**, die boven Quetzaltenango uittorent; de beklimming is schitterend maar vermoeiend.Veel makkelijker is de beklimming van de **Volcán Chicabal,** ten zuidwesten van de stad, waar je naar een fraai meer in de krater van de uitgedoofde vulkaan kunt wandelen.

Ten noorden van Xela ligt het traditionele Mayastadje **Olintepeque**, beroemd om zijn heiligdom voor de heidense heilige San Pascual. Iets verder liggen **Totonicapán**, hoofdstad van een departement, en de beroemde marktstad **San Francisco el Alto**. Nog verder ligt midden in de naaldbossen **Momostenango**, het belangrijkste wolproducerende centrum van het land. De Mayacultuur is nog altijd sterk in deze streek van eenvoudige landelijke stadjes en dorpen, waar de weekmarkten het levensritme bepalen.

Naar het zuiden naar Almolonga en Zunil

De directe route van Quetzaltenango naar de kust loopt door een smalle opening tussen de bergen en komt langs **ALMOLONGA**, dat aan de randen van een dal met steile wanden en vlakke bodem ligt, op slechts 5 km van Quetzaltenango. Almolonga is K'iche' voor 'de plaats waar water ontspringt', stroompjes tuimelen er van de hellingen en worden naar de gewassen geleid. Dit is de moestuin van de streek: het vlakke land, te kostbaar om te bebouwen, is netjes in geïrrigeerde akkers opgedeeld.

Op de markten van het hele westelijke hoogland is de handel in groenten in handen van vrouwen uit Almolonga; ze zijn makkelijk herkenbaar aan hun krachtige oranje *huipiles* met zigzagmotieven en prachtig geweven haarbanden. In het dorp zelf zijn woensdag en zaterdag de **marktdagen** – de zaterdagmarkt is de grootste – de stad stroomt vol en stapels radijzen en wortels verwisselen van eigenaar. De markt van Almolonga is dan wel niet de grootste van Guatemala, maar wel een van de drukste en is zeker een bezoek waard. Als je toch in het dorp bent, neem dan even een kijkje in de **kerk**, een boeiend geval in geel en wit aan het dorpsplein. Binnen staat onder de koepel een fantastisch en opzichtig verguld altaar met een zilveren beeld van een predikende San Pedro, compleet met Bijbel, achter tralies. Geef de beheerder een quetzal en het hele altaar licht op als een kermisattractie in technicolor-kleurtjes, inclusief de halo van de heilige.

Een paar kilometer voorbij het dorp liggen **Los Baños**, waar een tiental ondernemingen een bad aanbieden in het door de vulkaan opgewarmde water; Fuentes Saludable en El Recreo (dag. 5–22 uur) zijn een goede keuze. Voor een paar dollar krijg je een eigen kamer met een verzonken betonnen bad en genoeg warm water om een olifant te verdrinken. In een land van lauwe douches is dit een paradijs. De baden weergalmen van het lawaai van indiaanse families, die soms blootsvoets in de rij staan te wachten op een goede schrobbeurt. Tussen de baden en het dorp kun je voor weinig geld een duik nemen in een warm zwembad, Los Chorros genaamd – volg het bord naar Agua Tibia.

Als je liever een stoombad neemt, dan zit je hier ook goed, want dat komt gewoon uit de heuvel. Om bij de **vapores**, zoals ze genoemd worden, te komen, stap je halverwege tussen Quetzaltenango en Almolonga bij het bord voor Los Vahos uit en slaat het pad in. Neem na zo'n 40 minuten het pad naar rechts en loop nog een halfuur door tot bij de stoombaden. Hier kun je een tijdje zweten in een van de kamers en dan naar buiten stappen in de koele berglucht of een verfrissende douche nemen voor het complete sauna-effect.

In Quetzaltenango vertrekken elk kwartier **bussen** vanuit het busstation Minerva naar Almolonga, ze stoppen onderweg bij de kruising van de 9 Avenida en 10 Calle in Zona 1. Ze stoppen ook in Almolonga zelf voordat ze doorgaan naar de baden; de baden zijn tot 22 uur open, maar de laatste bus gaat terug rond 19.30 uur.

Na Los Baños loopt de weg door een andere smalle kloof en komt bij Zunil weer op de hoofdweg naar de kust. De bussen richting Zunil rijden ongeveer om het halfuur.

Cantel, Zunil en de Fuentes Georginas

Veel bussen vanuit Quetzaltenango naar de kust gaan niet via Almolonga, maar rijden naar **Las Rosas** en nemen daar de afslag naar **CANTEL FÁBRICA**, een fabrieksdorp gebouwd rond een enorme textielfabriek. Op de weefgetouwen van de fabriek produceren indiaanse arbeiders met Duitse verfstoffen en Engelse machines een reeks stoffen van Amerikaans en Guatemalteeks katoen.

Een kilometer na Cantel kom je over de weg naar Zunil langs de **glasfabriek Copavic** (Ⓦwww.copavic.com), een van de succesvolste coöperaties van Guatemala. Copavic gebruikt uitsluitend gerecycled glas en exporteert de producten over de hele wereld. Bezoekers kunnen de glasblazers bezig zien (ma–vr 8–13 uur), of de fabriekswinkel bezoeken (ma–vr 8–17 & za 8–12 uur), waar een fraai assortiment glazen, vazen, kannen en andere goederen wordt verkocht.

Verderop in het dal ligt **ZUNIL**, ook een centrum voor groenteteelt. Net als Almolonga is het dorp in tweeën gesplitst om de beste gronden voor de landbouw te behouden. Het plein wordt gedomineerd door een witte koloniale kerk met twee klokkentorens en een prachtige barokgevel – versierd met een Boeddha-achtige figuur, een quetzal en wijnranken. Binnen is het rijke zilveren altaar achter beschermende tralies opgesteld. De vrouwen van Zunil dragen paarse *huipiles* en felgekleurde sjaals, en tijdens de maandagse markt is het plein een zee van kleur. Vlak bij het plein zit een **textielcoöperatie** (ma–za 8.30–17, zo 14–17 uur), waar honderden vrouwen hun prachtige stoffen verkopen; je kunt er ook weeflessen volgen. Zunil is ook bekend om zijn cultus van **San Simón** (of Maximón), de slechte heilige. Vanwege de afkeuring van de katholieke kerk laten de Maya's hun Judas, ook wel Alvarado genoemd, niet graag zien, maar tijdens de heilige week wordt zijn beeld door de straten gedragen, gekleed in westerse kleren, en met een sigaar. De rest van het jaar kun je hem opzoeken (zie kader, blz. 185).

In de heuvels boven Zunil liggen de **Fuentes Georginas**, spectaculaire natuurlijke hete bronnen op de groene hellingen van de Volcán Pico Zunil. De baden ($ 2,50) worden omringd door frisgroene varens, dik mos en weelderig bos, en er is een restaurant ($ 3–8 voor een maaltijd) met een goed gesorteerde bar. Helaas wordt de natuurervaring soms bedorven door lullige ingeblikte muziek, maar de stomende baden zijn hemels en net groot genoeg om een paar slagen te zwemmen. De faciliteiten worden momenteel verbeterd en er komt een nieuwe kleedkamer. Er zijn barbecue- en picknickplekken en je kunt overnachten in stenen **bungalows** (☎7765 4442; ④), compleet met bad, twee tweepersoonsbedden en haard (hout is aanwezig); ze zijn wat muf, maar hebben een rustieke charme.

De tocht naar de baden – over een weg vol haarspeldbochten door een schitterend vulkanisch landschap – is ook al prachtig. De makkelijkste manier erheen is met de bus van Adrenalina Tours ($ 6 voor een retourtje), die twee keer per dag tussen het kantoor in Xela en de baden rijdt, uitgezonderd maandag. Er rijden ook pick-ups vanaf het plein in Zunil, ze kosten $ 7 per trip, ongeacht het aantal passagiers; de terugweg is opnieuw $ 7.

Bussen naar Cantel en Zunil vertrekken elk halfuur vanaf busstation Minerva in Quetzaltenango, maar je kunt ook in het centrum een bus nemen naast het benzinestation van Shell bij de 10 Calle en 9 Avenida in Zona 1. De laatste bus terug vertrekt in Zunil om 18 uur. Alle bussen naar de kuststad Retalhuleu komen hier ook langs.

Een kilometer voorbij Zunil vind je een van de aangenaamste **hotels** van Guatemala, *Las Cumbres* (☎7767 1746; ⑤–⑥), gelegen tegen een steile helling met schitterend uitzicht over het dal op de beboste heuvels rond de Volcán Pico Zunil. Het is een voortreffelijk hotel met tientallen brandschone kamers met houten bedden en open haard, de meeste met een enorm bad met water uit de warme bronnen, en een eigen sauna (de kamers 6–9 hebben het mooiste uitzicht). Er is ook een goed restaurant met prima *comida típica* ($ 5–9 voor een maaltijd), een kleine fitnessruimte en een squashbaan. Er wordt geen alcohol geschonken en roken is er verboden. Niet-gasten kunnen van een van de zeven grote sauna's ($ 4 per uur) gebruikmaken.

Een bezoek aan San Simón in Zunil

Zunil staat bekend om zijn verering van San Simón, en net als in Santiago Atitlán, kun je de heilige zelf zonder al te veel moeite een bezoek brengen. Elk jaar wordt San Simón (ook bekend als Maximón) op 1 november, aan het einde van het jaarlijkse dorpsfeest, naar een nieuw huis gebracht. Zijn beeld staat in een verduisterde ruimte, gehuld in westerse kleding en bewaakt door enkele dienaren, waarvan er een de taak heeft de as van zijn brandende sigaretten te verwijderen – de as wordt verkocht als middeltje tegen slapeloosheid, terwijl de peuken bescherming tegen dieven zouden geven. San Simón krijgt een constante stroom dorpelingen op bezoek die om zijn hulp vragen, ze gebruiken kaarsen om hun verzoek te verduidelijken: wit voor de gezondheid van een kind, geel voor een goede oogst, rood voor liefde en zwart om een vijand kwaad toe te wensen. De smekelingen raken de heilige aan en omhelzen hem, en om er zeker van te zijn dat hij hun gebeden verhoort, schenken ze hem sigaretten, geld en rum. Een van de bedienden dient de drank toe door het hoofd van San Simón te kantelen en het spul in zijn keel te gieten, waarbij hij waarschijnlijk wat voor zichzelf overhoudt. Voor het huis brandt constant een vuurtje waarin offers worden gelegd, waaronder eieren – als ze barsten, zal San Simón de wens vervullen.

Als je San Simón bezoekt, wordt je geacht aan zijn levensonderhoud bij te dragen ($ 0,75 ongeveer), en als je foto's wilt nemen moet je ook betalen. Het lijkt allemaal chaotisch en vermakelijk, maar in feite is het bloedserieus, buitenstaanders hebben klappen gekregen omdat ze de draak met San Simón staken – toon dus respect.

David Dickinson

Volcán Santa María

Pal ten zuiden van Quetzaltenango rijst de perfecte kegel van de **Volcán Santa María** tot een hoogte van 3772 m op. Vanuit de stad is alleen de top zichtbaar, maar vanuit de rest van het dal lijkt de vulkaan boven alles uit te torenen. Het uitzicht vanaf de top is spectaculair en als je bereid bent de zware klim te ondernemen, zul je achteraf zeker geen spijt hebben. Je kunt in een dag heen en weer, maar het beste moment op de top is bij zonsopkomst en daarvoor moet je op de ijskoude top slapen of ergens onderweg kamperen en het laatste deel in het donker met een zaklantaarn doen. Neem in ieder geval genoeg eten, water en uithoudingsvermogen mee voor de tocht, en zorg dat je aan de hoogte gewend bent voordat je op pad gaat.

Voor meer **informatie** over de beklimming van de Santa María of een van de andere vulkanen van de streek kun je terecht bij de reisbureau's van Xela (zie blz. 182). Informeer daar ook naar de veiligheidssituatie of kijk op het forum van Ⓦwww.xelapages.com, want er zijn berovingen gemeld.

De top beklimmen

Om bij het startpunt te komen, neem je een pick-up (ruwweg elk uur tussen 7 & 17 uur) naar het dorp **Llanos del Pinal**; de pick-ups vertrekken bij de kerk van El Calvario, naast het hoofdkerkhof van Quetzaltenango aan de zuidkant van de Calzada Sinforoso Aguilar. Het dorp ligt op een hoog plateau onder de vulkaan, waar de chauffeur je op de juiste plek zal afzetten. De weg loopt omhoog en gaat al snel in een zandweggetje over. Geschilderde pijlen wijzen dit eerste deel van de route. Na een tijdje kom je bij een vlak stuk grasland ter grootte van een voetbalveld, je bent dan anderhalf tot twee uur onderweg – een ideaal plekje om te **kamperen**. Het pad buigt hier naar rechts en loopt min of meer recht tegen de helling omhoog, een modderige en zware klim van twee tot drie uur.

De top van de vulkaan bestaat uit een mengeling van grasland en vulkanische as, die 's ochtends meestal bevroren is. Op het hoogste punt staat een altaar, waar de Maya's kopal branden en dieren offeren. Op heldere dagen is het **uitzicht** adembenemend – net als de kou als je er tijdens de zonsopgang bent. 's Ochtends vroeg ligt er een deken van wolken over het dal van Quetzaltenango, in het donker zorgen de lichten van de stad voor een oranje vlek; als de zon op is, boren de stralen zich in de wolken en wordt het land zichtbaar.

Naar het zuiden ligt de woeste, met lavastromen bedekte **Santiaguito**, die sinds 1902 ononderbroken in werking is. Af en toe spuugt hij grote grijze wolken van stenen en stof honderden meters de lucht in. In het westen, achter een wirwar van heuvels, liggen de toppen van de Tajumulco en Tacaná, die de grens met Mexico markeren. Maar het oosten biedt het indrukwekkendste uitzicht. Gehuld in de ochtendnevel zijn er nog eens vier vulkanen te zien, twee boven het Lago de Atitlán en nog eens twee boven Antigua. De rechter van dit tweede paar is de Fuego, waar 's ochtends soms een sliert rook uit komt.

Naar het westen naar San Juan Ostuncalco en Laguna Chicabal

Vanuit Quetzaltenango loopt een goede geasfalteerde weg naar het westen. Na 15 km kom je bij het welvarende dorp **SAN JUAN OSTUNCALCO**, het handelscentrum van het westelijk deel van de vlakte van Xela. De grote zondagsmarkt trekt mensen uit alle omringende dorpen, en je ziet er meubels die lokaal van hout en touw worden gemaakt, geschilderd in felle primaire kleuren. De andere bezienswaardigheid van het dorp is de kerk van de Virgen de Rosario, die volgens zeggen wonderen kan verrichten. Het kalme, traditionele dorpje **CONCEPCIÓN CHIQUIRICHAPA**, ten zuiden van Ostuncalco en er inmiddels bijna aan vastgegroeid, houdt op donderdag een lokale markt, waar maar weinig buitenstaanders komen en waar het er rustig aan toe gaat. Er rijden elk halfuur **bussen** en microbusjes tussen Quetzaltenango en Ostuncalco.

Na Chiquirichapa begint de weg door de heuvels te stijgen en daalt na een winderige pas naar het boerendorpje **SAN MARTÍN SACATEPÉQUEZ**, ook bekend als San Martín Chile Verde, een geïsoleerd plaatsje waar Mam wordt gesproken, omringd door steile, beboste hellingen. De mannen hebben een ongewone dracht bestaande uit een lange witte tuniek met dunne rode strepen, die rijk geborduurd is bij de manchetten en die met een rode sjerp om het middel dicht wordt gebonden; de vrouwen dragen prachtige rode *huipiles* en blauwe *cortes*.

Vanuit San Martín kun je in twee uur naar de **Laguna Chicabal** lopen, een mooi kratermeer in de Volcán Chicabal, waar de Maya's religieuze rituelen houden. Vraag de buschauffeur je af te zetten bij de halte 'la laguna', loop vervolgens naar beneden naar een bruggetje en omhoog naar de geel-met-rode kerk van Arca de Noe, waar je links aanhoudt. Het zandweggetje loopt steil omhoog om na veertig minuten af te vlakken bij de ingang van het Reserva Natural Laguna de Chicabal ($ 2,50 entree); je ziet er een voetbalveld en een paar palapas, elk met vier stapelbedden ($ 3 pp).

Een gemarkeerd pad loopt door het bos omhoog en rond de top naar de krater rand, waar je uit twee routes naar het meer kunt kiezen: naar links langs een *mirador* (met prachtig uitzicht over het smaragdgroene meer en op de vulkanen Santa María, Santiaguito, Tajamulco en Tacaná), of via steile treden recht naar beneden naar het meer. Bij het meer kom je in een andere wereld, er heerst een griezelige stilte, alleen doorbroken door het gezoem van kolibrievleugels of de kreet van een parkiet. Bij de zandige baaitjes zul je verkoolde kruisen zien, terwijl hoopjes vers geplukte bloemen de plek van rituele offers markeren. Elk jaar op 3 mei komen hier *costumbristas* om ceremonies voor het feest van het heilige kruis uit te voeren; je moet altijd, en zeker rond deze datum, oppassen geen rituelen te verstoren die aan de gang zijn. Je kunt aan het meer kamperen, maar je moet wel alle spullen zelf meenemen.

Bussen die tussen het busstation Minerva in Quetzaltenango en Coatepeque (richting kust) rijden, komen elk halfuur langs San Martín. De reis duurt veertig minuten; de laatste bus uit San Martín vertrekt rond 19 uur.

Olintepeque en omgeving

Ten noorden van Quetzaltenango ligt het textielstadje **OLINTEPEQUE** aan de rand van een vlakte. Volgens sommige verslagen werd hier een grote en beslissende slag uitgevochten tussen de Spanjaarden en K'iche', maar tegenwoordig is het een rustig stadje, bekend om zijn fascinerende heidense heiligdom en de grote **veemarkt** op dinsdag. De markt begint bij het aanbreken van de dag en duurt tot in de middag, als honderden varkens, kippen, geiten en koeien zijn gekeurd en bekeken, gekocht en verkocht.

Olintepeque's andere bezienswaardigheid is de **Capilla de Rey San Pascual**, midden in het centrum van de stad, achter de enorme, mosterdkleurige katholieke kerk. Deze heidense tempel is gewijd aan een afgodsbeeld dat volgens de gelovigen bovennatuurlijke krachten heeft: talrijke bordjes op de muren van het heiligdom bedanken San Pascual voor het genezen van zieken (en het toebrengen van tegenslag aan vijanden). San Pascual biedt in ieder geval een merkwaardige aanblik: een beeldje van 30 cm hoog met naakte schedel en gekleed in kleurige gewaden, omringd door honderden kaarsen en bloemen. Een trap leidt omhoog naar een platform, het *quemadero* ('vreugdevuur'), waar de gelovigen bezweringen uitspreken in wolken prikkelende kopalrook (dennenhars). **Bussen** naar Olintepeque (20 min.) vertrekken elk halfuur vanuit het busstation Minerva in Quetzaltenango.

Naar het noordoosten naar Cuatro Caminos

Tussen Cuatro Caminos en Quetzaltenango rijdt druk verkeer door het onaantrekkelijke ladino-stadje **SALCAJÁ**, een van de belangrijkste industriële weefcentra van Guatemala. Langs de weg zie je meestal lange lappen stof die liggen te drogen of op een verfbad wachten; de stof wordt veel voor de *cortes* van de Mayavrouwen gebruikt.

Salcajá's andere bijzonderheid (in elk geval volgens sommige historici), is dat de Spanjaarden hier hun eerste nederzetting van het land bouwden. De bescheiden Iglesia de San Jacinto, met een eenvoudige gevel, versierd met ananassen en bananen in stucwerk, zou daarmee de eerste katholieke kerk van Guatemala zijn. Dinsdag is de beste tijd voor een bezoek aan Salcajá, dan is er markt, waarna je in een bar de plaatselijke specialiteiten *caldo de fruitas* (fruitliqeur) en *rompopo* (ei en *aguardiente*) kunt proeven.

Een paar kilometer na Salcajá leidt een afslag naar links naar de rand van het dal en het dorp **SAN ANDRÉS XECUL**. De eerste indruk van het dorp met zijn buitenwijken van grijze betonsteen, omringd door steile, dorre heuvels, is er een van intense verlatenheid, maar dat doet het dorp geen recht. Aan het centrale plein staat een verbazingwekkende kanariegele **kerk** met een gevel die is overwoekerd door wijnranken met plompe paarse vruchten en een overdaad aan engeltjes. De twee jaguars bovenop zouden de heldhaftige tweeling uit de Popul Vuh, het heilige boek van de Maya's, symboliseren. Binnen hangen schitterend kitscherige kroonluchters van glas, munten en rozenkranskralen.

De andere religieuze activiteiten in het dorp zijn minder orthodox. De kunstenares Carmen Peterson beweerde zelfs dat er een 'universiteit' voor *brujos* in het dorp zit, die jonge leerling-sjamanen uit K'iche'-dorpen uit het hele land zou trekken. Er zijn geen bewijzen voor haar bewering, maar het lijdt geen twijfel dat San Andrés een belangrijk religieus centrum is voor de Maya's. Omhoog door de 1 Calle kom je bij **La Casa de Maximón**, waar Guatemala's heidense heilige huist (zie blz. 185) en waar je een houten kist met zeldzaam Mayakeramiek kunt zien. Verderop staat aan de 1 Calle het geel-met-groene kerkje El Calvario, met ernaast een Maya-altaar waar vaak ceremonies worden gehouden waarbij dikke wolken kopalrook opstijgen. Er zouden nog tientallen andere altaren in de heuvels rond het dorp zijn. Er rijden elk uur **bussen** vanaf het busstation Minerva in Quetzaltenango naar San Andrés; de laatste keert rond 17 uur terug.

Bij **Cuatro Caminos**, het belangrijkste verkeersknooppunt van het westelijk hoogland, kruist de Carretera Interamericana de wegen naar Quetzaltenango en Totonicapán. Een kilometer naar het westen ligt het ladino-stadje **SAN CRISTÓBAL TOTONICAPÁN** op het punt waar de rivieren Sija en Salamá samenvloeien. Het is een rustig plaatsje en een belangrijk centrum voor **feestkleding**, die bij diverse zaken kan worden gehuurd. Als je er eens iets van wilt zien, ga dan naar de 5 Calle 3–20, waar kostuums voor rond $ 50 per twee weken worden verhuurd, afhankelijk van ouderdom en kwaliteit. De kolossale barokke **koloniale kerk**, aan de andere kant van de rivier, is het belangrijkste monument van de stad, met een schitterend balkenplafond en fraaie fresco's. De zijaltaren zijn uitbundig gedecoreerd met heiligenbeelden van zilver – vooral Sint Michaël is mooi. De paasweek is een goede tijd om San Cristóbal te bezoeken, dan trekken er enorme processies naar de kerk. Of je kunt op een zondag komen, als er markt is. **Bussen** naar San Francisco el Alto komen langs het dorp – ze vertrekken vanaf busstation Minerva.

San Francisco el Alto en Momostenango

Fraai gelegen op een heuvel kijkt het marktstadje **SAN FRANCISCO EL ALTO** uit over de vallei van Quetzaltenango. Het is alleen al vanwege het uitzicht een bezoek waard, met het grote plateau dat zich beneden uitstrekt en de Volcán Santa María aan de overkant. Soms hangt er ochtendmist in de vallei en steekt alleen de vulkaan boven de deken van wolken uit.

De **vrijdagmarkt** – de grootste weekmarkt van het land – is eveneens een goede reden voor een bezoek. Handelaren uit elke uithoek van Guatemala komen op de markt af, velen arriveren de avond ervoor en sommigen beginnen al om 4 uur bij kaarslicht te verkopen. De hele ochtend door rijdt er een gestage stroom bussen en vrachtwagens de stad in; rond 12 uur is de markt op zijn hoogtepunt.

Het stadje is tegen een heuvel gebouwd met steile straatjes die de diverse niveaus verbinden. Helemaal boven wordt op een open veld de **veemarkt** gehouden, waar dieren – van varkens tot papegaaien –van eigenaar wisselen. De kopers inspecteren de tanden en tong van de dieren, en soms ontaardt dat in een worstelpartij met varkens, waarbij potentiële kopers door de modder rollen. Het centrale plein, beneden, wordt gedomineerd door **textiel** en kleding. Bij de meeste kraampjes kun je geïmporteerde *ropa americana* en spijkerkleding kopen, maar onder de arcade en in het overdekte deel tegenover de kerk vind je een behoorlijk aanbod traditionele stoffen. (Als je een goed overzicht over de markt en de omgeving wilt, moet je de kerkbeheerder een quetzal geven en op het kerkdak klimmen.) De straten beneden zijn gevuld met groenten, fruit, aardewerk, meubels, goedkope comedores en nog veel meer. Aan het begin van de middag begint de drukte af te nemen en bij zonsondergang is het afgelopen – tot de volgende vrijdag.

Er rijden een hoop **bussen** tussen Quetzaltenango en San Francisco, vanaf 6 uur vertrekken ze om de twintig minuten uit het busstation Minerva; sommige stoppen ook bij de rotonde aan de oostkant van de stad. De beste plek in San Francisco om te overnachten is het *Hotel Galaxia*, 2 Calle 1–81 (Ⓣ7738 4007; ❷), met eenvoudige kamers met badkamer. Om te eten zijn er bijna alleen eenvoudige comedores.

Momostenango

Boven San Francisco gaat een geasfalteerde weg verder omhoog tegen de heuvel, om vervolgens door naaldbos af te dalen naar **MOMOSTENANGO**, nog geen uur rijden. Het geïsoleerde stadje is het centrum voor **wolproductie** van het hoogland; de Momostecos reizen door het hele land om hun dekens, sjaals en kleden te verkopen. Door jarenlange ervaring zijn het harde onderhandelaars geworden met een scherp oog voor toeristen. De wol wordt ook voor traditionele kledingstukken gebruikt, zoals de korte rokken die de mannen van Nahualá en San Antonio Palopó dragen en de jasjes van Sololá. De ideale plek om de dekens van Momostenango te kopen is de **zondagsmarkt**, die zich op de twee pleinen van de stad afspeelt. Op woensdag is er een kleinere markt.

De mensen van Momostenango houden hardnekkig aan de Mayatradities vast. Je kunt ze tegenover de kerk alcohol en wierook op een vuurtje zien offeren, terwijl ze een verzoek aan de goden prevelen. Momostenango is een van de twee of drie dorpen waar de religieuze kalender nog steeds gebaseerd is op het oude, 260 dagen tellende *Tzolkin*-jaar – dat opgedeeld is in dertien maanden van twintig dagen. De bekendste ceremonie is *Guaxaquib Batz*, 'Acht Apen', waarmee het begin van een nieuw jaar wordt gevierd. Het was oorspronkelijk een puur heidense ceremonie die bij zonsopgang van de eerste dag van het jaar begon, maar de katholieke kerk wist een voet tussen de deur te krijgen, en nu wordt de avond ervoor een katholieke dienst gehouden. De volgende ochtend trekken de mensen naar de Chuitmesabal (Kleine bezem), een heuvel 2 km ten westen van de stad. Hier wordt bij eeuwenoude altaren gebroken aardewerk geofferd. (Momostenango betekent 'de plaats van de altaren'.) Sjamanen houden toezicht, want zij zijn verantwoordelijk voor de communicatie met de goden. Als het schemert, wordt de ceremonie verplaatst naar de Nim Mesabal (Grote bezem), waar de *costumbristas* de hele nacht bidden en wierook branden.

Bezoekers krijgen er meestal niets van te zien, ook niet als ze op het juiste moment in de stad zijn; je kunt Momostenango daarom het beste voor de markt of voor het feest van 1 augustus bezoeken. Als je een paar dagen blijft, kun je een wandeling naar *los riscos* maken, een paar bizarre zandstenen pilaren aan de noordrand van de stad, of de **hete bronnen** van Pala Chiquito bezoeken, ongeveer 2 km verder. Overdag zijn er bij de bronnen wevers aan het werk, die hun dekens in het bronwater wassen en krimpen – ga daarom vroeg, zodat er nog weinig mensen zijn en het water niet vol zeep zit.

Praktische informatie

Hospedaje Paglóm (❷) in de 1 Calle heeft vrije schone, sobere kamers en serveert goede maaltijden. Aan het centrale plein zitten enkele comedores. Banrural, 1 Calle en 1 Avenida, heeft een geldautomaat en wisselt geld en travellercheques.

Bussen rijden vanaf busstation Minerva in Quetzaltenango naar Momostenango via Cuatro Caminos en San Francisco el Alto, ze vertrekken elke 45 min. vanaf 7 uur (1:15 uur). De laatste bus terug vertrekt rond 17 uur. Op zondag rijden er vanaf 6 uur elk halfuur extra bussen; sommige stoppen bij de rotonde.

Totonicapán

TOTONICAPÁN, hoofdstad van een van de kleinere departementen, is een plezierige, onopvallende provinciestad, bereikbaar via een rechtstreekse weg die vanaf Cuatro Caminos naar het oosten loopt. Aan het begin van de stad kom je langs een van de mooiste *pilas* (openbare wasplaatsen) van het land, omgeven door gotische zuilen. De stad is omringd door rollende heuvels en naaldbossen, en is het centrum van een dichtbevolkte en intensief bewerkte streek (landbouw). Het Toto-dal heeft invloeden van buiten altijd op afstand weten te houden en vormt een geïsoleerde wereld; in 1820 brak hier een van de beroemdste **Maya-opstanden** uit, na het opleggen van belastingen. De indianen verdreven alle ladino's uit de stad en kroonden hun leider, Antanasio Tzul, tot 'koning en fiscaal koning'. Het duurde slechts 29 dagen, toen sloegen troepen uit de hoofdstad de opstand met geweld neer – een stenen monument op het zuidelijke plein herinnert aan de gebeurtenissen.

De spanningen liepen in augustus 2001 weer hoog op, toen een verhoging van de btw tot rellen leidde; een aantal gebouwen, waaronder banken en het huis van de burgemeester, werd platgebrand. De rust keerde pas terug nadat de noodtoestand was uitgeroepen en tanks naar de stad waren gestuurd.

Maar afgezien van de periodieke opstanden is Totonicapán een rustig plaatsje, waar alleen op dinsdag en zondag tijdens de markt drukte heerst, als de twee pleinen volstromen. Tot vrij recent droegen de mensen hier zeer decoratieve traditionele kleding, maar nu is de stad een centrum voor **industrieel weven**, waar een groot deel van de *jasped* wordt gemaakt, gebruikt door de indiaanse vrouwen in heel Guatemala voor hun rokken. Als je het werk van lokale handwerkers wilt zien, kun je naar het Casa de la Cultura, 8 Avenida 2–17 (Ⓣ7766 1575, Ⓦwww.larutamayaonline.com/aventura.html), dat *rondleidingen* organiseert ($ 7–10 pp voor groepen van 2–6 mensen) langs heilige plekken van de Maya's, werkplaatsen waar maskers en feestkostuums worden gemaakt en huizen van wevers (lunch inbegrepen); het geld komt aan de gemeenschap ten goede.

Je kunt ook een wandeling maken door **El Abrisco** (8–18 uur; $ 7 inclusief gids), 7 km ten noorden van de stad aan de weg naar Santa Cruz del Quiché. Ooit was dit bos een basis van het Amerikaanse leger, nu vertelt je gids er (in het Spaans) over de bomen en hun betekenis voor de lokale Maya's. In het bos leven veel *buho*, een grote uilensoort, en er zijn rustieke cabañas ($ 12), een kampeerplaats en een speelveld voor kinderen.

Totonicapán is 's avonds nogal stil, maar als je er toch wilt overnachten, is het beste **hotel** *Hotel Totonicapán*, 8 Calle en 8 Avenida (Ⓣ7766 4458, Ⓦwww.hoteltotonicapan.com; ⑤), met grote, moderne, comfortabele kamers, een restaurant en parkeergelegenheid. Het *Hospedaje San Miguel*, 8 Avenida en 3 Calle, een blok van het centrale plein (Ⓣ7766 1452; ②–③), kan ermee door voor een nacht. Voor goedkoop **eten** kun je bij de comedores aan de twee pleinen van de stad terecht; bij *Dino's* op een bovenverdieping aan de kruising van de 6 Calle en 8 Avenida, Zona 4, kun je terecht voor pizza, steak, sandwiches en salades; het is de beste zaak van de stad. **Bussen** en minibusjes naar Totonicapán vertrekken in Quetzaltenango elk halfuur tussen 6 en 17 uur vanaf busstation Minerva, ze rijden via Cuatros Caminos; de laatste minibus terug vertrekt om 19.30 uur.

Het departement San Marcos

Ten westen van Quetzaltenango ligt het verwaarloosde, weinig bezochte departement **San Marcos** – een potentiële **route naar Mexico**. Hier staat de hoogste vulkaan van het land, de **Tajumulco**, terwijl het schitterende berglandschap uitstekende mogelijkheden tot wandelen biedt.

Ten westen van Quetzaltenango gaat de weg eerst naar San Mateo en Ostuncalco en begint in de heuvels te stijgen om vervolgens weer af te dalen naar het dorp Palestina de los Altos. Na het dorp slingert de weg door een U-vormig dal naar de tweelingsteden **San Marcos** en **San Pedro Sacatepéquez**. Deze stadjes vormen het centrum van het meest westelijke departement van Guatemala, waar ooit een belangrijke handelsroute doorheen liep. Er is weinig te zien in beide stadjes, maar ze vormen een goede uitvalsbasis voor een tocht naar het bergachtige gebied in het noorden.

San Pedro Sacatepéquez en San Marcos

SAN PEDRO SACATEPÉQUEZ is de grootste en drukste van de twee steden, een bedrijvig en onaantrekkelijk handelscentrum met een enorm centraal plein waar op donderdag en zondag markt wordt gehouden. Vroeger was hier een Mayadorp, beroemd om zijn heldergele geweven stoffen waarin zijde was verwerkt. San Pedro werd ooit uitverkoren voor een hoogst twijfelachtige eer: in 1876 veranderde president Rufino Barrios de status van de bevolking met één pennenstreek van indianen tot ladino's.

Een tweebaansweg verbindt San Pedro met zijn zusterstad **SAN MARCOS**, 2 km naar het westen. Een langdurig conflict tussen de twee steden over de exacte grens tussen de twee gemeenten werd opgelost door halverwege, bij **La Unión**, het bestuursgebouw van het departement te bouwen. Het gebouw staat bekend als het **Palacio Maya** en is een bizar stukje architectuur dat de gezichtsloosheid van de twee steden enigszins compenseert. De opzet van het gebouw is relatief sober, maar de gevel is bedekt met imitaties van Mayabeeldhouwwerk, met rondom decoratieve friezen. Twee brullende jaguars bewaken de ingang, terwijl boven de hoofdingang een fantastische klok hangt met Mayacijfers en wijzers in de vorm van slangen. Een paar kilometer verderop is een recreatiegebied met **zwembaden** die door bronnen worden gevoed; je vindt er een pierenbadje, een paar duikplanken en een comedor. Om er te komen sla je op het centrale plein van San Pedro de 5 Calle richting San Marcos in en gaat voor de Templo de Candelero naar links de 2 Avenida in. Deze weg volg je een dal in, en daarna ga je door een tweede, waar je de afslag naar links naar beneden neemt. Het bad – aangegeven als *Agua Tibia* – is van 6 tot 16 uur open; er wordt een bescheiden entree geheven.

Praktische informatie

San Marcos heeft de beste **accommodaties**. In *Hotel Fairmont*, 10 Calle 8–74 (Ⓣ7760 4893; ❷), vind je schone, eenvoudige kamers; *Hotel Pérez*, 9 Calle 2–25 (Ⓣ7760 1007; ❸), is een waardig etablissement met traditie, kamers *en suite* en een restaurant.

In beide steden heb je goedkope **comedores**, maar in San Pedro kun je ook echt Italiaans eten bij *La Cueva de los Faraones,* 5 Calle 1–11, terwijl je in San Marcos het voortreffelijke *Antigua Café* vindt, vlak bij de hoofdstraat, met lokale gerechten als *tablita antigüena* (een grote schotel gegrild vlees); op zaterdagavond is er vaak livemuziek. In beide steden zit een Banrural met een geldautomaat.

Gedeelde **taxi's** ($ 0,30 pp) verbinden de twee steden. Er rijden van 5 tot 17 uur elk halfuur **tweedeklasbussen** van Quetzaltenango via San Pedro naar San Marco (1:30 uur). Marquensita rijdt met eersteklasbussen rechtstreeks van San Marcos naar Guatemala-stad met een stop op het centrale plein van San Pedro (8 per dag tussen 2.30 en 16 uur).

Naar Tacaná en het bergland

Ten noordwesten van San Pedro liggen tussen de vulkanen Tajumulco en Tacaná schitterende berglandschappen, die een voortzetting zijn van de Mexicaanse Sierra Madre. Er loopt een ruwe onverharde weg door deze bergen, die een reeks geïsoleerde, onbeschut liggende dorpen verbindt.

De weg vanuit San Pedro naar het noorden klimt steil door dichte naaldbossen en bereikt een hoog, met gras begroeid plateau. Er volgt een uitgestrekte moerassige vlakte, vervolgens buigt de weg rond de **Volcán Tajumulco**, die met zijn 4220 m de hoogste top van Midden-Amerika is. De beklimming kun je het beste bij het gehucht **Tuichán** beginnen (de naam van de halte is Llana de la Guardia), de tocht naar de top duurt ongeveer vijf uur. De beklimming is niet zo zwaar, als je maar **geacclimatiseerd** bent - op deze hoogte loop je een goede kans op hoogteziekte. Quetzaltrekkers en Adrenalina Tours, beide gevestigd in Quetzaltenango, organiseren beklimmingen met gids van de Tajumulco. De lucht is tussen oktober en maart het helderst.

Het gebied is dunbevolkt, hier en daar staan adobehuizen en er grazen kudden schapen en geiten. De bergruggen zijn kaal en de bomen zijn vervormd door de kou. De lucht is ijl, en het beetje adem dat je hebt, wordt je benomen door de verbazingwekkende uitzichten die je – behalve als er mist of wolken zijn – bij elke bocht wachten. Na Tuichán is **Ixchiguán**, op een onbeschutte helling op 3050 m, het eerste dorp van enige omvang; het wordt omringd door kale heuvels en ligt in de schaduw van twee hoog oprijzende vulkanen. Bussen stoppen meestal in Ixchiguán voor een lunch, zodat je even je benen kunt strekken en kunt ontdooien met een stomende kom *caldo*.

▲ Uitzicht vanaf de Volcán Tajumulco

Na Ixchiguán stijgt de weg naar **Cumbre de Cotzil**, een spectaculaire pas op 3400 m langs een van de hoogste wegen van Midden-Amerika. Vervolgens gaat het gestaag naar beneden naar het dorp **TACANÁ**, een bloeiend handelscentrum waar de weg eindigt – 73 km van San Marcos en minder dan 10 km van de Mexicaanse grens. De **Volcán Tacaná** (4064 m) torent boven het dorp uit, de beklimming ervan begint in het dorp Sibinal. In theorie is hij actief, maar de laatste uitbarsting was in 1855, zodat beklimmen veilig wordt geacht. Er rijden vier **bussen** per dag van het busstation van San Pedro naar Tacaná, de meeste aan het eind van de ochtend; er zijn bovendien pick-ups die de vier uur durende route rijden. Verder gaat er een bus naar Sibinal en Concepción Tutuapa – met dezelfde vertrektijden. *Hotel Pérez* (❶) in Tacaná is schoon en erg goedkoop; er zijn ook een paar comedores in het plaatsje.

Van Tacaná kun je met een pick-up naar Cuilco (waar bussen naar Huehuetenango vertrekken) en naar Niquimiul, een afgelegen grensovergang met Mexico (maar buitenlanders mogen Guatemala niet via deze grensovergang verlaten).

Naar de Mexicaanse grens

De hoofdweg door San Pedro gaat naar het westen, door San Marcos, en het dal uit. Daar begint de afdaling in eindeloze haarspelden langs kilometers koffieplantages naar de vlakte langs de Grote Oceaan. De uitzichten op de oceaan onderweg zijn fabelachtig. Uiteindelijk kom je in de drukkend warme laaglandvlakte; je rijdt langs San Rafael en El Rodeo met hun erbarmelijke hutten voor plantagearbeiders. Anderhalf uur na vertrek uit San Pedro kom je aan in **MALACATÁN**, een vrij rustig plaatsje naar kustmaatstaven. Als je hier op weg naar of vanaf de grens komt vast te zitten, kun je overnachten in het eenvoudige *Pensión Lucía*, aan het plein (Ⓣ7776 9415; ❷), of in het comfortabelere *Hotel Don Arturo*, 5 Calle &

7 Avenida (Ⓣ7776 9169; ❹). Er zijn diverse banken met een geldautomaat in de stad.

De bussen tussen Malacatán en San Marcos rijden elke 25 minuten tussen 5 en 17 uur. Vanuit Malacatán rijden elk halfuur minibusjes naar de grens bij Talismán, en regelmatig passeren er bussen die tussen de grens en de hoofdstad rijden. (Zie hoofdstuk 3 voor meer informatie over deze grensovergang.)

Huehuetenango en de Cuchumatanes

Het **departement Huehuetenango**, dat het noordwestelijke deel van het hoogland vormt, is een prachtig woest gebied dat de meeste bezoekers links laten liggen. De streek wordt gedomineerd door de bergen van de **Cuchumatanes**, maar omvat ook een kalksteenplateau in het westen en een strook dicht bos in het noorden. Met voldoende tijd en liefde voor avontuur kan dit een van de meest bevredigende en spectaculaire gebieden van het land zijn om te verkennen.

Als je over de Carretera Interamericana richting Mexicaanse grens rijdt, krijg je maar een glimp te zien van het geïsoleerde karakter van dit indrukwekkende landschap. Als je een reis door de bergen naar **Todos Santos Cuchumatán** of zelfs helemaal naar **San Mateo Ixtatán** onderneemt, zul je kennismaken met de buitengewone rijkdom van de Mayacultuur. Het is een wereld van ruige pieken en diep uitgesneden dalen, waar Spaans niet meer dan de tweede taal is en waar de vrouwen strikt aan de traditionele kledij vasthouden. Voor de Conquista was dit gebied dichtbevolkt, nu liggen er verspreid over de heuvels precolumbiaanse ruïnes; de grootste opgraving is die van **Zaculeu**, even buiten **Huehuetenango**, een verrassend levendige stad met goede budgethotels en behoorlijke restaurants, cafés en bars.

Ondanks de verwoestingen die ze bij hun komst aanrichtten, hadden de Spanjaarden verbazingwekkend weinig invloed op dit hoogland; de dorpen hier behoren tot de meest traditionele van Guatemala. Een bezoek aan deze bergdorpen tijdens de marktdagen of de dorpsfeesten (en van beide zijn er veel), bieden een ideale gelegenheid het leven van de Maya's van dichtbij te zien.

Vanuit Huehuetenango ben je in anderhalf uur bij de **Mexicaanse grens** en in vijf of zes uur in Guatemala-stad, maar je kunt ook over kleinere wegen via **Aguacatán** door het bergland naar Sacapulas, Nebaj of Cobán reizen.

Huehuetenango

HUEHUETENANGO, vijf kilometer van de Interamericana, aan de voet van de machtige Cuchumatanes, is de hoofdstad van een departement en het handels- en transportcentrum voor een groot deel van het noordwesten van Guatemala. De stad heeft een provinciaalse, ontspannen sfeer, al doet het zware verkeer dat door

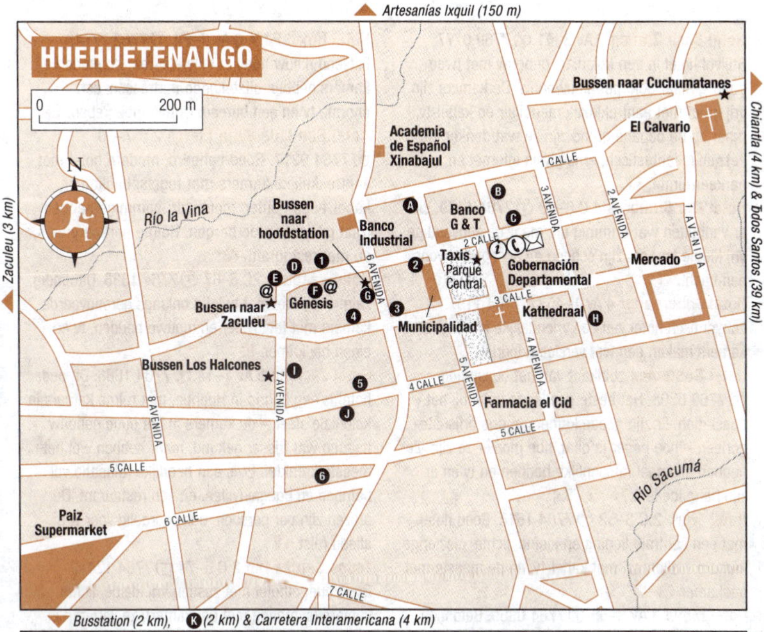

ACCOMMODATIE				ETEN EN DRINKEN			
Hotel Casa Blanca	I	Hotel Maya	H	La Cabaña del Café	1	Le Kaf	6
Hotel Los Cumbres	J	Hotel Royal Park	G	Café Gallery Cake	4	Mi Tierra	5
Hotel Gobernador	B	Hotel San Luis de la Sierra	E	Café Jardín	3		
Hotel Guatemex	K	Hotel Vásquez	F	Disco Kactus	6		
Hotel Mary	C	Hotel Zaculeu	A	La Fonda de Don Juan	2		
		Todos Santos Inn	D				

het centrum dendert wel wat afbreuk aan de aantrekkingskracht. De naam is een woord in het Nahuatl en betekent 'de plaats van de oude mensen'; voor de komst van de Spanjaarden lag hier een voorstad van Zaculeu, de hoofdstad van de Mam. In de koloniale tijd ontstond er een klein regionaal centrum dat weinig te bieden had buiten een klein stroompje zilver en wat weidegrond. De zilveraders zijn al lang uitgeput, maar er worden nog wel andere mineralen gedolven, en tegenwoordig wordt er ook koffie verbouwd.

Aankomst en informatie

Huehuetenango, meestal Huehue genoemd, is vrij klein en het meeste wat van belang is zit rond het Parque Central. Je vindt een nuttig **informatiekantoor** in de 2 Calle, vlak bij het Parque (ma–vr 8–13 & 14–17; ☎5539 1984).

Alle bussen stoppen bij het chaotische **busstation**, halverwege tussen de Carretera Interamericana en de stad (eersteklasbussen van Los Halcones rijden door naar hun kantoor in de stad). Er rijdt een stroom microbusjes tussen het centrum en het busstation.

Accommodatie

Huehuetenango heeft een heel behoorlijk aanbod aan **hotels**, maar niets in de luxecategorie. Als je het niet erg vindt om een beetje buiten het centrum te zitten, kun je kiezen uit een paar hotels in de middenklasse in de buurt van het busstation.

Hotel Casa Blanca 7 Av 3–41 ⓣ7769 0777. Stijlvol hotel in een koloniaal gebouw met twee patio's, maar ook met nieuwbouw. De kamers zijn vrij groot met aantrekkelijk meubilair en kabel-tv, maar op de begane grond zijn ze wat donker. De eetzaal is fantastisch, er is gratis internet en parkeerruimte. ❺

Hotel Los Cumbres 4 C 6–83 ⓣ7764 1189. Ziet er vanbuiten wat grimmig uit, maar de eenvoudige, vrij kleine kamers zijn schoon en acceptabel voor een nacht. ❷

Hotel Gobernador 4 Av 1–45 ⓣ7764 1197. Labyrintisch hotel van een vriendelijke familie; de kamers maken een wat versleten indruk. ❷

Hotel Guatemex zuidkant van het busstation ⓣ7769 0398. Het beste goedkope hotel bij het busstation. Er zijn goede kamers in drie prijscategorieën – hoe hoger je gaat, hoe mooier ze zijn. Ze hebben allemaal fatsoenlijke bedden en tv en er zijn handdoeken. ❸–❹

Hotel Mary 2 C 3–52 ⓣ7764 1618. Goed hotel met een centrale ligging en kleine, lichte, plezierige kamers – allemaal met kabel-tv, en de meeste met badkamer. ❷–❸

Hotel Maya 3 Av 3–55 ⓣ7764 0369. Betonnen, wat zielloos hotel, maar biedt wel waar voor zijn geld. De kamers zijn vrij ruim met fatsoenlijke bedden en eigen badkamer. Parkeergelegenheid. ❹

Hotel Royal Park 6 Av 2–34 ⓣ7762 7774. Flitsend nieuw hotel in felle kleuren; de moderne kamers hebben uitstekende matrassen, een enorme tv en een bureau. Ontbijt inbegrepen. ❻

Hotel San Luis de la Sierra 2 C 7–00 ⓣ7764 9217. Goed beheerd, modern hotel met aantrekkelijke kamers met tegels, badkamer, kabel-tv en houten meubilair; sommige hebben fraai uitzicht op de bergen. Ruime parkeerplaats, en met restaurant. ❹

Hotel Vásquez 2C 6–67 ⓣ7764 1338. Uitbundig, zalmroze hotel met twintig onlangs gerenoveerde kamers met tegelvloer en nieuwe bedden, tv en eigen badkamer. ❸

Hotel Zaculeu 5 Av 1–14 ⓣ7764 1086. Dit oude hotel is een begrip in Huehue, met ruime kamers in koloniale sfeer – de kamers in het oude gebouw hadden wat frisser gekund, maar hebben wel het meeste karakter. Er is een heerlijke tuinpatio vol bamboe en bougainvillea, en een restaurant. De prijzen zijn per persoon, dus voordelig voor wie alleen reist. ❺

Todos Santos Inn 2 C 6–74 ⓣ7764 1241. Goed budgethotel met zestien vrij kleine, lichte kamers (sommige met badkamer); ze variëren in kwaliteit, probeer er een te krijgen op de bovenverdieping. De gemeenschappelijke badkamers zijn schoon en de prijzen voor soloreizigers zijn voordelig. ❷–❸

De stad

Huehuetenango is een sympathieke maar onopvallende provinciestad, die gekarakteriseerd wordt door de lome sfeer op het aantrekkelijke **centrale plein** met lommerrijke wandelpaden en monumentale bestuursgebouwen. Het plein wordt verder gekenmerkt door een schelpvormige muziektent, een klokkentoren en een grandioze neoclassicistische kerk, een wit gebouw met een gevel vol Dorische zuilen en Griekse vazen. In het midden van het plein vind je een **reliëfkaart** van het departement met vlaggetjes die de dorpen aangeven. De details zijn vaag en de schaal is een beetje vervormd, maar je krijgt een indruk van de rotsformaties die de streek domineren en de diepe rivierdalen die door de bergen snijden.

Als je het allemaal wat te kalm vindt, moet je de paar blokken naar de **markt** lopen, waar de straten zijn gevuld met handelaren uit Mexico en campesinos uit alle hoeken van het departement. Dit deel van de stad, rond de 1 Avenida, is altijd levendig; de straten zijn volgepakt met mensen, en rotte groenten.

Eten en drinken

De meeste betere **restaurants** zitten rond het centrale plein of iets naar het zuidwesten rond de 6 Calle (tevens het centrum van het uitgaansleven van Huehue). *Mi Tierra*, in de 4 Calle, is een goede plek om rustig wat te drinken. *Disco Kactus* in de 6 Calle is een populaire **club**, met de laatste Latin- en reggaetonhits.

▲ Hotel Las Cumbres even buiten Zumil (blz. 185), niet te verwarren met Los Cumbres in Huehuetenango (blz. 196)

La Cabaña del Café 2 C 6–50. Café in een soort blokhut met een mooie sortering koffie, waaronder espresso, en verder sandwiches, baguettes, tostadas, nachos, en lekker gebak. Je kunt er in de *National Geographic* bladeren.

Café Gallery Cake 3 C 6–69. Populair café met lekkere koffie, ontbijt, taart en pannenkoeken, maar ook een lunchmenu. Gesl. zo.

Café Jardín 3 C and 6 Av. Dit vriendelijke eethuisje is goed voor stevige *comida típica* en biedt een lunchmenu voor $ 3, snacks en ontbijt.

Hotel Casa Blanca 7 Av 3–41. De elegante eetzaal van dit hotel vormt een heerlijk decor voor de tafeltjes die uitkijken op een fraaie tuinpatio. Goed voor ontbijt; op de kaart staan verder broodjes ($ 2), omelet en heerlijke hoofdgerechten, met als huisspecialiteit geroosterd varkensvlees.

La Fonda de Don Juan 2 C 5–35. Groot, wat mediterraan ogend restaurant met geblokte tafelkleedjes, maar de pizza, pasta en hamburgers zijn aan de dure kant en de porties konden groter. Het lunchmenu kost $ 3.

Le Kaf 6 C. Grote, moderne zaak die populair is bij jonge mensen. De pizza en pasta zijn vrij duur; er zijn ook cocktails. Bel Ⓣ 7764 3202 voor bezorging.

Mi Tierra 4 C 6–46. Kleurig geschilderd, beschaafd café-restaurant op een overdekte patio met een gastvrije sfeer. Het menu kost $ 3 en er zijn hotdogs, pasta, plus Guatemalteekse en Mexicaanse gerechten, waaronder *dobladitas*. Ook de koffie is goed. Grotendeels rookvrij.

Handig om te weten

Banken Banco G&T Continental aan het plein en Banco Industrial in de 6 Av hebben een geldautomaat.

Bellen Telgua, naast het postkantoor in de 2 C 3–54 (dag. 7–22 uur), maar het is veel goedkoper om internationaal (en nationaal) te bellen vanuit de telefooncellen aan de westkant van het plein.

Immigratiedienst In de Farmacia el Cid aan de zuidkant van het plein.

Internet Génesis in de 2 C rekent $ 0,75 per uur.

Postkantoor 2 C 3–54 (ma–vr 8–16.30 uur).

Shoppen Voor schitterend textiel moet je naar de Artesanías Ixquil, 1 C 1–115, een kwartier lopen ten noorden van het plein door de 6 Av naar de top van de heuvel, dan naar rechts – zowel prijzen als kwaliteit zijn er hoog.

Supermarkt Paiz, ten zuidwesten van het centrum, kruising 6 C en 10 Av.

Vertrek uit Huehuetenango

Vrijwel alle bussen vertrekken vanuit het hoofdbusstation aan de rand van de stad. Er rijden microbusjes tussen de 6 Avenida (tussen de 2 en 3 Calle) in het centrum en het busstation. Het busstation is stoffig en onoverdekt, maar overzichtelijk ingedeeld. Iedere busmaatschappij heeft een eigen kantoor, waar je naar de vertrektijden kunt informeren, want de tijden op de muren zijn vaak achterhaald. Je moet hier ook voor een tweedeklasbus je kaartje van tevoren bij het betreffende kantoor kopen. Voor alle bestemmingen geldt meestal dat er 's ochtends vaker bussen vertrekken.

Bussen naar de Mexicaanse grens (1:45 uur) vertrekken vanaf 5 uur om het halfuur, de laatste gaat om 18 uur. Er gaan tussen 4 en 18 uur ook om het halfuur bussen naar **Quetzaltenango** (2 uur). Vier maatschappijen rijden met eersteklasbussen op **Guatemala-stad** (6 uur): Los Halcones, 7 Avenida 3–62 (Ⓣ7764 2251), vertrekt doordeweeks om 2, 4.30, 7 en 14 uur (op zondag drie bussen) vanuit het eigen station; Transportes Velásquez en Rápidos Zaculeu rijden samen twaalf keer vanuit het hoofdbusstation. Línea Dorada heeft de comfortabelste bussen, ze vertrekken om 14.30 en 23 uur voor *Hotel California*, tegenover het busstation. Er gaan ook elk halfuur tweedeklasbussen naar Guatemala-stad. Als je naar **Antigua** wilt, neem je een bus richting hoofdstad en stap je over bij Chimaltenango; voor het Lago de **Atitlán** en Chichicastenango stap je bij Los Encuentros over.

Voor het **noorden** en de Cuchumatanes moet je de bus naar Todos Santos (10 per dag; 2:15 uur) hebben, sommige bussen gaan door naar San Martín en Jacaltenango. Er gaan ook bussen naar Barillas (7 per dag; 6 uur), allemaal via Soloma en San Mateo Ixtatán; er rijden vier bussen per dag naar San Miguel Acatán en San Rafael La Independencia. Naar Nentón (3 uur) en Gracias a Dios (4 uur) vertrekken vijf bussen per dag, naar Yalambojoch twee (4 uur). Tussen al deze plaatsen rijden vaak ook microbusjes.

Er rijden **vijf bussen per dag** naar het geïsoleerde Cuilco (2 uur) in het westen. Er vertrekken elk halfuur bussen en microbusjes naar het oosten naar Aguacatán (40 min.), van waar microbusjes naar Sacapulas rijden, dat goede verbindingen heeft met **Nebaj en Uspantán.**

Adrenalina Tours (zie blz. 182) rijdt met een **shuttlebus die op verzoek overal stopt** tussen Quetzaltenango en Cobán, hij komt om 9.30 uur door Huehue en rijdt om 13.15 uur terug naar Quetzaltenango; om 10 uur is er een dagelijkse service naar La Mesilla en San Cristóbal de las Casas in Mexico.

Pick-ups naar **San Juan Atitán** vertrekken bij *Cafetería Tucaná*, 2 Calle 2–15, de laatste gaat rond 16 uur; bussen naar de ruïnes van **Zaculeu** gaan vanaf de kruising van de 2 Calle en de 7 Avenida.

Taalscholen Huehuetenango is een goede plek om Spaans te leren, omdat er niet al te veel andere buitenlanders zitten. Academia de Español Xinabajul, 6 Av 0–69 (Ⓣ&[f]7764 1518, Ⓔacademiaxinabajul@hotmail.com), krijgt goede beoordelingen. Abesaida Guevara de López geeft goede privélessen: bel Ⓣ7764 2917.

Tours Mario Martínez (Ⓣ5762 1903), die voor Adrenalina Tours in Quetzaltenango heeft gewerkt, is een betrouwbare en goed geïnformeerde lokale gids/chauffeur. Hij kan excursies organiseren in het departement Huehue.

Wasserette Winkelcentrum Turismundo, 3 Av 0–15.

Zaculeu

Een paar kilometer ten westen van Huehuetenango liggen de ruïnes van **ZACULEU**, hoofdstad van de **Mam**, een van de belangrijkste hooglandstammen vóór de komst van de Spanjaarden. De archeologische site (dag. 8–18 uur; $ 6,50) bestaat onder andere uit enkele grote tempels, pleinen en een balspelbaan, maar helaas is het in 1946 en 1947 allemaal weinig subtiel gerestaureerd door de United Fruit Company. De muren en oppervlakken werden bedekt met een dikke laag witte pleisterkalk, zodat ze kaal en ongedecoreerd zijn. Er zijn geen dakkammen, beelden of stucreliëfs, en op slechts enkele plekken is het originele steenwerk te zien. Niettemin heerst er een bijzondere, heel eigen sfeer die de plek de moeite waard maakt; omringd door bomen en met keurig geschoren gazons en fraai uitzicht op de bergen is het tevens een ideale picknickplek.

Er is weinig bekend over de vroege geschiedenis van Zaculeu, want de verslagen van de Mam hebben de verovering niet overleefd. De stad zou een religieus en bestuurlijk centrum zijn geweest, en woonplaats van de elite, terwijl de rest van de bevolking in dorpen rondom en verspreid in de heuvels woonde. Zaculeu was het middelpunt van een groot gebied waar het Mam werd gesproken, de grenzen liepen in de bergen, bij Todos Santos, en langs het Selegua- en Cuilco-dal, een streek waar het Mam nog steeds de dominante taal is.

Voor de geschiedenis van de stad moeten we vertrouwen op de verslagen van de K'iche', een machtige en vijandige buurstam. De K'iche' onderwierpen volgens de Popol Vuh ergens tussen 1400 en 1475 de meeste andere hooglandstammen, waaronder de Mam: 'Onze grootvaders en vaders verdreven hen toen ze zich tussen de Mam van Zakiulew vestigden.' De K'iche' bleven onder hun leider Quicab oppermachtig, maar na diens dood in 1475 begonnen de onderworpen stammen zich te roeren. Ook de Mam wisten hun onafhankelijkheid te heroveren, maar ze waren nog maar net aan de klauwen van de K'iche' ontsnapt of de **Spanjaarden** kwamen, waarmee ze van de regen in de drup belandden.

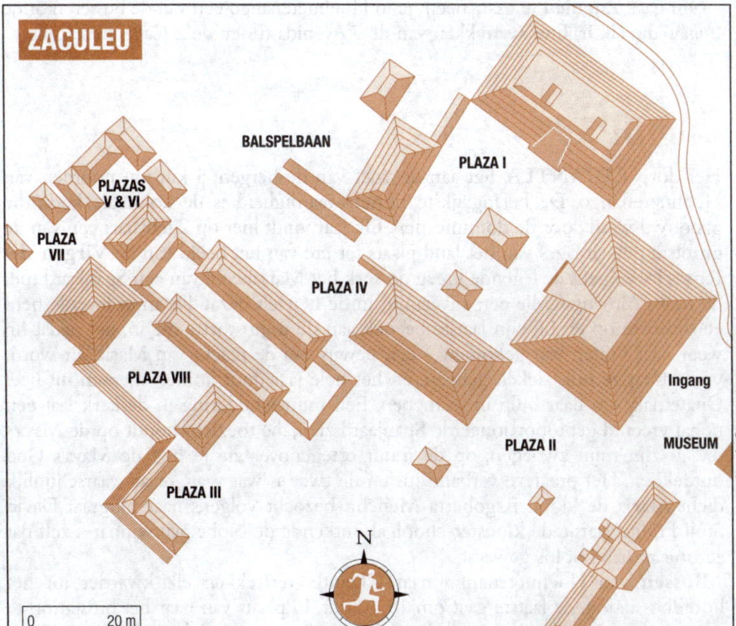

De Spanjaarden versloegen eerst de K'iche', de dominante macht in het hoogland. Toen Sequechul, de leider van de K'iche', de Spanjaarden vertelde dat **Caibal Balam**, koning van de Mam, zijn vader voorgesteld had om het Spaanse leger te verbranden in Utatlán, keerden de conquistadores zich tegen de Mam. De Spaanse aanvoerder Pedro de Alvarado stuurde een strafexpeditie onder commando van zijn broer Gonzalo. De Spanjaarden werden bij het huidige dorp Malacatancito opgewacht door vijfduizend krijgers van de Mam, waarop de Spanjaarden een slachtpartij aanrichtten. Toen Caibal Balam zag dat zijn troepen geen partij voor de Spanjaarden waren, trok hij zijn leger terug in Zaculeu, waar ze aan drie zijden beschermd werden door diepe ravijnen en aan de vierde zijde door muren en greppels. De Spanjaarden sloegen buiten de stad hun kamp op en bereidden zich voor op een langdurig beleg, terwijl Gonzalo de Maya's voor een simpele keuze stelde – 'vreedzaam' christen worden of 'dood en vernietiging'.

Geen van beide opties leken de Mam aantrekkelijk en daarom bleven ze de stad verdedigen. Op een gegeven moment kwam er een ontzettingsleger van achtduizend man uit de bergen, maar ook zij slaagden er niet in de gedisciplineerde gelederen van de Spanjaarden te doorbreken. Na zes weken van beleg en toenemende honger gaf Caibal Balam zich aan Gonzalo over. De bittere ironie wil dat een van de eliteregimenten van Guatemala die tussen 1970 en 1985 talloze bloedbaden beging, een verbasterde versie van zijn naam draagt – de 'Kaibiles'.

Tijdens de opgraving zijn honderden graven gevonden, die uiteenlopende manieren van begraven tonen: lichamen waren in urnen gepropt, in grafkelders gelegd en zelfs gecremeerd. De graven en de voorwerpen die gevonden zijn, waaronder plaquettes van pyriet en gesneden jade, doen banden met Nebaj vermoeden. In het kleine **museum** (dag. 8–12 & 14–18 uur) zie je voorbeelden van de manieren van begraven, en wat interessante keramiek.

Om naar **Zaculeu** te gaan, neem je in Huehuetenango een van de bussen naar de '*ruinas*' die elk halfuur vertrekken van de 7 Avenida tussen de 2 Calle en 3 Calle.

Chiantla

Het dorp **CHIANTLA** ligt aan de voet van de bergen, 5 km ten noorden van Huehuetenango. De belangrijkste bezienswaardigheid is de koloniale kerk, die gebouwd werd door de dominicanen. Elk jaar vindt hier op 2 februari een van de grootste pelgrimages van het land plaats ter ere van het beeld van de **Virgen del Rosario**. Volgens de legende kreeg de kerk het Mariabeeld van een Spanjaard met de naam Almengor, die een zilvermijn in de heuvels bezat. De mijn leverde hem een fortuin op en bij zijn laatste bezoek aan de mijn stortte die in, net nadat hij weer naar buiten was gekomen – een bewijs van de macht van Maria. Er wordt verteld dat ze ook zieken geneest, en het hele jaar door komen mensen uit heel Guatemala om haar hulp in te roepen. Een muurschildering in de kerk laat een nogal vreemd geproportioneerde Spanjaard zien, die toezicht houdt op de Maya's die in zijn mijn zwoegen; op de muur ertegenover zie je hoe de Maya's God ontdekken. Het precieze verband tussen de twee is wat vaag, maar waarschijnlijk dicht Maria de kloof. Rigoberta Menchú bezocht volgens haar biograaf David Stoll in dit plaatsje de kloosterschool, al ontkende de Nobelprijswinnares zelf dat ze ooit naar school is geweest.

Bussen van Huehuetenango naar Chiantla vertrekken elk kwartier uit het hoofdbusstation, de laatste gaat om 19.30 uur. In plaats van naar het busstation te gaan, kun je ook bij het centrale plein opstappen of bij de Calvario wachten (kruising 1 Av en 1 C).

Naar het oosten naar Aguacatán

Ten oosten van Huehuetenango begint bij Chiantla een geasfalteerde weg die door de stoffige uitlopers van de Cuchumatanes naar **AGUACATÁN** slingert. Het landbouwstadje bestaat voornamelijk uit een lange hoofdstraat die een dalletje langs een helling volgt. Het plaatsje is de creatie van dominicanen, die kort na de verovering verscheidene kleinere nederzettingen van twee verschillende stammen samensmolten. De resten van een van de precolumbiaanse dorpen zijn een paar kilometers naar het noorden te zien, en er zijn nog altijd subtiele verschillen in kleding en dialect bespeurbaar – nog steeds is het dorp losjes verdeeld langs de precolumbiaanse lijnen, met de Chalchitek-Maya's ten oosten van de markt en de Awakatek-Maya's ten westen. Vroeger werd gezegd dat beide volken Awakateko spreken, maar onlangs is beslist dat de 18.000 inwoners van het dal elk hun eigen taal hebben.

In de koloniale periode werd er in de heuvels in de buurt goud en zilver gedolven; de Maya's zouden bakstenen van puur goud voor de koning van Spanje hebben gemaakt om hem over te halen hen het land te laten behouden. Tegenwoordig is het een erg traditioneel stadje waar de mensen van de groenteteelt leven; ze verbouwen grote hoeveelheden knoflook, die grotendeels geëxporteerd wordt.

Aguacatán's enorme **zondagsmarkt** begint al op zaterdagmiddag, als de marktlui aankomen om de beste plekjes te claimen. Op zondagochtend trekt een gestage stroom mensen door de hoofdstraat, vult de markt en het plein, en zwermt uit over het omringende gebied. Rond twaalf uur begint de stroom om te keren en gaan de mensen terug naar hun dorpen, waarbij de ezels de dronken berijders de weg wijzen. De markt is ondanks zijn omvang rustig en ontspannen: voor veel mensen is het sociale aspect even belangrijk als de handel.

De traditionele dracht van de vrouwen van Aguacatán is erg eenvoudig: hun rokken zijn van donkerblauw katoen en de *huipiles*, die los hangen, zijn versierd met banden van gekleurd lint op een effen witte ondergrond. Deze eenvoud staat in contrast met de lokale specialiteit – de *cinta*, of hoofddoek, een rijk geborduurd stuk stof in blauw, rood, geel en groen, die de vrouwen om hun haar dragen.

De andere attractie van Aguacatán is de bron van de **Río San Juan**, die een kilometer ten oosten van het centrum fris en koel bij een heuvel ontspringt. De bron zelf, met water dat onder een bosje omhoogkomt en tussen betonnen muurtjes is gekanaliseerd, ziet er wat teleurstellend uit voor de leek (grotonderzoekers en geologen smullen ervan), maar als je een paar uur over hebt, is het een goede plek voor een ijskoude duik en een picknick (er wordt een kleine entree geheven).

Er vertrekken elk halfuur tot 19 uur **minibusjes** en **bussen** uit Huehuetenango naar Aguacatán (40 min.). Je kunt **overnachten** in *Hotel y Restaurant Ray* (Ⓣ7766 0877; ❸) in de 1 Avenida, Zona 1, met brandschone, goed onderhouden kamers met badkamer en een goed restaurant. Het *Hotel 3 Oros*, 3 Calle 4–03 (Ⓣ7766 0656; ❸) is een fatsoenlijke tweede keuze met zachte bedden, kabel-tv en handdoeken. In de hoofdstraat zit een filiaal van Banrural waar je travellercheques kunt wisselen.

Na Aguacatán loopt de geasfalteerde weg over een bergrug naar beneden, met fantastisch uitzicht, en daalt uiteindelijk naar het dal van de Chixoy en het stadje **Sacapulas**, anderhalf uur naar het oosten. Er rijden elk halfuur tot 17.30 uur minibusjes langs deze route.

De Cuchumatanes

De **Cuchumatanes**, met toppen tot 3837 m even ten noorden van Huehuetenango, vormen het hoogste niet-vulkanische gebergte van Midden-Amerika. De bergketen begint bij een kalksteenplateau dicht bij de Mexicaanse grens, haalt zijn grootste hoogte boven Huehuetenango en begint in oostelijke richting te dalen, loopt door het noorden van El Quiché en is onderdeel van het hoogland van Alta

▲ Groepje mannen in Todos Santos

Verapaz. De naam betekent 'dat wat door grote kracht bijeen werd gebracht', van de Mam-woorden *cucuj*, verenigen, en *matan*, grote kracht.

Het berglandschap is magnifiek, met woeste rotspieken en weelderige, vredige rivierdalen. De hogere hellingen zijn kaal, met hier en daar rotsblokken en schrale cipressen, terwijl de lagere hellingen juist erg vruchtbaar zijn; daar wordt maïs, koffie en wat suikerriet verbouwd. Tussen de toppen liggen in de diep ingesneden dalen honderden gehuchten, geïsoleerd door de enorme schaal van het landschap. Het gebied had de Spanjaarden weinig te bieden; ze lieten zich er daarom maar af en toe zien, voornamelijk als het weer eens tijd was voor een religieuze vervolging, terwijl ze ook ziekten brachten. De indianen werden grotendeels aan hun lot overgelaten en hielden aan hun oude gebruiken vast, hun tradities zijn nog goed zichtbaar tijdens dorpsfeesten en in de kleding en hun volkskatholicisme.

In een jonger verleden waren de bergen het toneel van felle gevechten tussen het leger en de guerrilla's. Eind jaren zeventig en begin jaren tachtig van de 20ste eeuw overspoelde een golf van terreur de streek, en duizenden mensen vluchtten naar Mexico. Inmiddels zijn de meeste families teruggekeerd en hebben hun leven weer opgebouwd, maar de uittocht is opnieuw begonnen, want duizenden jonge dorpelingen zijn naar de VS getrokken op zoek naar werk.

Het reizen gaat hier langzaam en de hotels en restaurants zijn primitief, maar als je gaat, ben je verzekerd van een unieke ervaring met een bijzonder kijkje in het leven van de Maya's, terwijl je een paar van de beste markten en feesten van het land kunt bezoeken. De bergen zijn ook ideaal om te wandelen, vooral als je even geen vulkaan meer kunt zien.

Bezienswaardigheden

De streek is landschappelijk misschien wel de mooiste van Guatemala en heeft ook nog eens fascinerende dorpen. Het makkelijkst toegankelijke plaatsje, en het enige waar regelmatig wat toeristen komen, is **Todos Santos Cuchumatán**, tevens een van de interessantste dorpen. De markt op zaterdag is zeker een bezoek waard, en de paardenrace op 1 november is ongetwijfeld het uitbundigste feest van het land. Vanuit Todos Santos kun je over de heuvels naar **San Juan Atitán wandelen** of door het dal naar **Jacaltenango**. Verder de bergen in ligt het traditionele dorp **San Rafael La Independencia**, van waaruit je de prachtige bergen en geïsoleerde Maya-heiligdommen kunt verkennen. **San Mateo Ixtatán**, iets noordelijker, houdt op donderdag en zondag markt en is ook al een fascinerend dorp met sterke indiaanse culturele tradities. Na San Mateo komt **Barillas**, een ladinostadje, de basis van waaruit het junglelaagland verderop wordt gekoloniseerd. Een van de ruigste wegen van het land loopt hier in oostelijke richting naar Playa Grande in de Alta Verapaz.

Van Huehuetenango naar Paquix

De weg van Huehuetenango naar de Cuchumatanes – goed geasfalteerd tot Soloma – begint na Chiantla aan de lange klim tegen de steile, droge zuidkant van de bergketen. Bussen worstelen zich door de ene haarspeldbocht na de andere, maar de uitzichten over de vallei zijn geweldig. Als je met eigen vervoer bent, kun je een stop maken bij de *mirador* bijna aan het einde van de klim van 1000 meter om te genieten van het spectaculaire uitzicht op de keten van vulkanen in het zuiden, waaronder de bijna perfecte driehoek van de Volcán Santa María.

Ongeveer 1 km na de *mirador* ben je boven; hier begint rechts een met een bord aangegeven onverhard weggetje naar de *Unicórnio Azul* (Ⓣ5205 9328, Ⓦwww.unicornioazul.com; ❼), 6 km van de asfaltweg, een schitterende ranch van een Frans-Guatemalteeks stel dat schitterende **paardrijtochten** organiseert (een rijtocht van een uur is bij de kamerprijs inbegrepen). De kamers hebben aantrekkelijke muren van adobe, en het lekkere eten (ontbijt is inbegrepen, diner is $ 8) komt vers van het land. Dezelfde afslag leidt verder oostelijk door de heuvels via San Nicolás naar Salquil Grande – deze onverharde weg is bij hevige regen vaak onbegaanbaar, maar als je op zoek bent naar onverwachte avonturen, kan het een spectaculaire tocht zijn.

Weer terug op de asfaltweg kom je al snel in de *región andina* oftewel de *altiplano*, een desolaat met gras begroeid plateau op 3000 meter tussen de met rotsen bezaaide toppen, die 's middags vaak in wolken zijn gehuld. Op deze hoogte is de lucht koel, ijl en fris, de grond is soms stijf bevroren en af en toe ligt er een dun laagje sneeuw. Zo'n 10 km na de *mirador* kom je bij **Paquix**, met een paar comedores, een benzinestation en de afslag naar Todos Santos.

Todos Santos Cuchumatán

De afslag bij Paquix naar het westen voert langs schitterende landschappen over de *altiplano* naar het dorpje **La Ventosa**, op een hoogte van 3400 meter tussen de bergtoppen gelegen. Hier begint een pad naar het noorden naar de top van de **La Torre** (met 3837 m de hoogste niet-vulkanische berg van Guatemala). De beklimming duurt ongeveer anderhalf uur, een fantastische tocht langs boerderijtjes van adobe, en vervolgens door een dennen- en cederbos. Op de top staan antennes. Op heldere dagen (ochtenden zijn meestal helderder) zie je in het zuiden een reeks vulkanen in de verte, van de Tacaná tot de Tolimán.

Als je na La Ventosa weer verder over de weg naar het westen gaat, zul je al snel dorpelingen in de traditionele dracht van Todos Santos zien, de mannen in roodwit gestreepte broeken, zwarte wollen kniebroek en kleurige geborduurde overhemdkragen; de vrouwen in donkerblauwe *cortes* en prachtig gedecoreerde *huipiles*. Beneden in een diep uitgesneden dal met steile wanden ligt **TODOS SANTOS CUCHUMATÁN** zelf – uitgerekt langs een lange hoofdstraat met tiendas en een paar stokoude houten huizen. Er is een uitstekende **website** – Ⓦwww.stetson.edu/~rsitler/TodosSantos – gewijd aan de mensen en de omgeving van Todos Santos.

Todos Santos werd voor het eerst op de kaart gezet door de schrijfster Maud Oakes (haar *The Two Crosses of Todos Santos* werd in 1951 uitgegeven) en fotograaf Hans Namuth, die al meer dan veertig jaar dorpelingen portretteert. De hardnekkigheid van de tradities en de geïsoleerdheid van het dorp maken het zo aantrekkelijk voor bezoekers en vooral voor fotografen, al moet je oppassen met het nemen van foto's – vooral van kinderen. Er gaan geruchten in het gebied dat sommige buitenlanders baby's stelen en aan satanisme doen; een tragisch misverstand leidde in 2000 tot de dood van een Japanse toerist.

In het plaatsje wonen 2500 mensen, maar er leven misschien wel tien keer zo veel mensen in de heuvels rondom, die van Todos Santos afhankelijk zijn voor handel, voorraden en sociale contacten. Maar de grond kan dat aantal mensen niet voeden, en veel Maya's trekken naar de kust, de hoofdstad en de VS op zoek naar werk. Maar elk jaar komen ze op 1 november terug voor het beroemde **feest** van Allerheiligen (*todos santos*). Drie dagen lang geeft het dorp zich over aan drinken, dansen en marimbamuziek. Het feest begint met een massale **paardenrace** die de hele dag duurt. De ruiters jagen over het parkoers, geven hun paarden ervan langs, hun capes wapperend in de wind. Aan het einde van het traject nemen ze een borrel en rijden vliegensvlug terug naar de start, op weg naar het volgende drankje. In de loop van de dag geven sommige ruiters het op, andere vallen van hun paard en weer anderen binden zichzelf aan het zadel vast om vol te kunnen houden. Op de tweede dag, 'De dag van de doden', gaat iedereen naar het kerkhof, er spelen marimbabands tussen de graven en er wordt drank verkocht voor een intens ritueel waarin verdriet en vreugde worden gecombineerd. Na afloop liggen de straten vol dronken dorpelingen en zit de gevangenis vol herrieschoppers.

Als je niet in de feesttijd in het dorp bent, dan is zaterdag de beste dag voor een bezoek, want tijdens de **markt** stroomt het dorp vol en valt er ook heel wat te zien. De rest van de week is het dorp vrij kalm, het is dan een plezierige, vredige plek omringd door een verbluffend mooi landschap. Je kunt een bezoek brengen aan het **museumpje** (9–17 uur; $ 0,75) op enkele blokken van het plein, waar je wat feestkostuums, een paar marimba's en prachtige oude foto's kunt zien. De **taalscholen** vertonen 's avonds films en documentaires en organiseren lezingen over cultuur.

Todos Santos is een van de weinige plekken waarvan gezegd wordt dat de mensen nog gebruikmaken van de 260 dagen tellende *Tzolkin*-kalender, die uit de precolumbiaanse tijd stamt. Boven het dorp – bereikbaar via het pad dat achter *Comedor Katy* omhooggaat – ligt een kleine Maya-vindplaats, **Tojcunanchén**, bestaande uit een paar met gras en naaldbomen begroeide heuvels. Af en toe komen hier *costumbristas* om wierook te branden en dieren ritueel te offeren.

Praktische informatie

Per dag rijden er tien **bussen** van Huehuetenango naar Todos Santos (2:15 uur), de laatste om 16.30 uur – kom op tijd om een kaartje te kopen en een zitplaats te hebben. Een paar bussen rijden verder door het dal naar Jacaltenango. De vertrektijden kun je bij Hispano Maya controleren.

Er zijn diverse **accommodaties**, het *Hospedaje Casa Familiar* (Ⓣ7783 0656; ❷), vanaf het plein iets omhoog, heeft grote, sobere kamers met muren van hout en een populair café met terras. *Hotelito Todos Santos* (Ⓣ7783 0603; ❸) – vlak voor *Casa Familiar* naar links – heeft kleine, schone kamers, sommige met badkamer, vriendelijk personeel en een comedor. Iets omhoog aan het einde van deze straat vind je *El Viajero* (Ⓣ7783 0705; ❷), een betonnen gebouw van twee verdiepingen met eenvoudige, vrij schone kamers en gemeenschappelijke badkamers.

Als je een goedkope **maaltijd** wilt, kun je *comida típica* eten bij *Comedor Katy*, achter de kerk; een vegetarische maaltijd kost iets meer dan $ 1. Het café van *Casa Familiar* ligt prachtig en heeft muesli en havermoutpap op de ontbijtkaart staan, maar de prijzen liggen hoger, rond $ 3–4 voor een maaltijd. *Restaurant Chuchuma-*

Spaans of Mam leren in Todos Santos

Todos Santos heeft twee **taalscholen**. Het goed aangeschreven Hispano Maya (Ⓦ www.hispanomaya.org), tegenover het *Hotelito Todos Santos*, geeft lessen Spaans (plus koken, en organiseert wandelingen), terwijl Nuevo Amanacer (Ⓔ escuela_linguistica@yahoo.com), een andere goede school, aan de hoofdstraat 150 m verder, lessen Spaans en Mam verzorgt (en cursussen weven).

Omdat Spaans hier de tweede taal is (na het Mam), krijg je maar beperkt de kans die taal bij je gastfamilie te oefenen, die zelf Mam spreekt. Maar als je vooral ook voor de **culturele uitwisseling** komt, is dit een prima plek – zeker als je geen moeite hebt met de primitieve leefomstandigheden. Sommige cursisten vinden onderdak bij ladino-families, die Spaans spreken, maar daar zijn er niet zo veel van. De lessen – vier of vijf uur per dag – plus een kamer en maaltijden bij een lokale familie kosten tussen de $ 110 en $ 140 per week. Beide scholen steken een deel van hun winst in lokale ontwikkelingsprojecten, terwijl ze ook buiten de lessen om activiteiten organiseren.

jlaán, 250 m ten oosten van het plein, is met steaks en pizza het meest mondaine eethuis van de stad; het eten is middelmatig, maar je kunt er boeken ruilen en het is een leuke plek voor een koude Gallo.

Banrural heeft een **bank** aan het plein waar je travellercheques kunt wisselen. Er zijn twee uitstekende coöperaties waar je prachtige **geweven stoffen** kunt kopen: de ene zit naast het *Casa Familiar* en de andere (de Cooperativa Estrella de Occidente) zit aan de hoofdstraat ten oosten van het plein – erboven zit een duur **internetcafé** met een langzame verbinding. In Todos Santos is gewoon rondhangen het leukste, maar het zou zonde zijn om niet een traditionele **rooksauna** (*chuc*) te proberen. De meeste hotels bieden deze faciliteit aan.

Wandelingen vanuit Todos Santos

Rond Todos Santos ligt een van de mooiste landschappen van Guatemala; reden te over dus om de weg te verlaten en te voet verder te gaan. Je kunt in een dag naar **San Juan Atitán** wandelen en van daar doorlopen naar de Carretera Interamericana of naar **Santiago Chimaltenango**. Bij de Interamericana kun je een bus naar Huehuetenango nemen en daar overnachten; ook in Santiago kun je zonder moeite een plek vinden om te overnachten. Donderdag is de beste dag voor deze wandeling – als je vroeg vertrekt (rond 6.30 uur), ben je in San Juan voordat de markt daar is afgelopen.

Je kunt ook door het dal van Todos Santos naar **San Martín** wandelen, en vervolgens naar **Jacaltenango**, een route met schitterende uitzichten.

Wandeling naar San Juan Atitán

Het dorp **SAN JUAN ATITÁN** ligt op vijf uur lopen van Todos Santos, een wandeling door een prachtige geïsoleerde vallei. Het pad gaat langs het *Casa Familar*, loopt in eindeloze, modderige haarspeldbochten steil boven het dorp omhoog en leidt geleidelijk naar rechts. Na ongeveer een uur ben je boven, en als de lucht helder is, heb je een fabelachtig uitzicht op de vulkanen Tajumulco en Tacaná. Hier splitst het pad zich: rechts liggen de restanten van een oud nevelwoud en een lieflijk groen dal, recht vooruit loopt het pad naar San Juan, dat langs een paar hutten en door een prachtig bos afdaalt. Het pad gaat eindeloos op en neer, leidt door weelderig groene bossen en je steekt vijf keer een riviertje over, alleen de eerste en derde keer met behulp van een brug.

Tussen het vierde en het vijfde riviertje – drie uur lopen van Todos Santos – vind je een ideaal plekje voor een **picknick** met uitzicht over de vallei. Daarna begint het pad naar links te stijgen naar een andere pas, waarna het dorp San Juan, gelegen tegen een helling, in de verte zichtbaar wordt (maar het is nog wel meer dan een uur lopen). Houd hier links aan.

San Juan is een erg traditioneel dorp: alle mannen dragen een donkerbruine wollen *capixay* (een soort poncho tot op de knieën) over een rood shirt, dichtgebonden met een sjerp, en een witte broek. De hoge sandalen die ze dragen, zie je ook op Mayabeelden afgebeeld – ze worden eveneens gedragen in sommige dorpen rond San Cristóbal de las Casas in Chiapas, Mexico.

Net als de meeste bergdorpen in deze streek is San Juan een rustig plaatsje, dat alleen op de marktdagen maandag en donderdag tot leven komt. Op het centrale plein vind je een fraaie tuin en een enorme palm, terwijl je vanaf de markt, onder het gezondheidscentrum, een spectaculair uitzicht hebt over de vallei.

Er zitten een paar eenvoudige hospedajes in San Juan; het *San Diego* (❶) is het beste en heeft een kleine comedor beneden (pas op voor de loeihete *picante*-saus). Er rijden vanaf 6 uur elk uur pick-ups naar Huehuetenango (1 uur). In Huehuetenango vertrekken de pick-ups naar San Juan voor het *Cafetería Tucaná*, 2 Calle

2–15, de laatste gaat rond 16 uur. Kom op tijd om een plaatsje te bemachtigen. De reis deze kant op duurt vaak iets langer.

Door naar Santiago Chimaltenango

SANTIAGO CHIMALTENANGO, meestal kortweg 'Chimbal' genoemd, is ook een leuk doel voor een wandeling. Als je er vanuit Todos Santos rechtstreeks naartoe wilt lopen, ga je bij de pas met uitzicht op San Juan meteen naar rechts, langs de flank van de heuvel en over een volgende pas naar een groot komvormig dal. Het dorp ligt aan de andere kant. Chimbal is niet het mooiste dorp van de streek, maar het heeft nog wel karakter, met smalle straatjes met kinderkopjes en adobehuizen afgewisseld met moderne betonnen gebouwen. De vrouwen dragen prachtige rode *huipiles* met witte figuren en binden hun haar met smalle repen rode stof in een knotje.

Door het dal rijden pick-ups langs de koffieplantages naar het dorp San Pedro Necta en verder naar de Carretera Interamericana; je kunt ook in twee of drie uur naar de Interamericana lopen. *Mini Tienda La Benedición* (❶), onder de markt, heeft erg Spartaanse **kamers**.

Van Todos Santos naar San Martín en Jacaltenango

Na Todos Santos loopt de weg door het dal naar het dorpje **SAN MARTÍN**, dat uit één straat bestaat en vanaf Todos drie uur lopen is. Er wonen bijna uitsluitend ladino's, maar de markt op vrijdag trekt indianen uit de hele omgeving aan, ook uit Todos Santos. Iets voorbij het dorp splitst de weg door het dal zich, de aftakking naar rechts loopt 11 km langs de steile westelijke rand van de Cuchumatanes. Op heldere dagen heb je er fantastische uitzichten tot aan Mexico toe. Aan het einde van de oude weg ligt het armoedige **Concepción Huista** op een berghelling; achter het dorp daalt een weg naar Jacaltenango, de eindbestemming van twee bussen uit Todos Santos.

JACALTENANGO, gelegen op een plateau dat uitkijkt over de kalksteenvlakte die zich tot in Mexico uitstrekt, is het centrum van een streek die ooit erg traditioneel was en bewoond wordt door een kleine stam die het Akateko spreekt. Het onderzoek dat hier begin 20ste eeuw werd gedaan, vormde de basis voor verschillende boeken over de gebruiken van de Maya's, waaronder de klassieker *The Year Bearer's People* van Douglas Byers (zie het kader op blz. 209 voor meer over religie en 'gebedszeggers' van de Maya's). De beroemdste inwoner van het dorp, Víctor Montejo, heeft zijn ervaringen tijdens de donkere dagen van de burgeroorlog, toen hij hier als onderwijzer werkte, opgetekend in zijn boek *Testimony: Death of a Guatemalan Village* (zie voor meer over dit boek en over andere boeken over Guatemala, het hoofdstuk 'Achtergrond' van deze gids).

Inmiddels is de rust in het gebied weergekeerd. In de afgelopen jaren zijn er koffieplantages in de buurt aangelegd en is de bevolking gegroeid door de komst van ladino's. Het plaatsje heeft intussen een kalme en vrij welvarende uitstraling. Van de diverse eenvoudige hotelletjes springt het *Hospedaje Buen Samaritario* (❶) er duidelijk uit; bij de markt, waar het op zondag het drukst is, zit een reeks comedores. Er is een **geldautomaat** bij het filiaal van Banrural in de 2 Calle 2–11, Zona 2.

De makkelijkste manier om het stadje te bereiken is via de geasfalteerde afslag van de Carretera Interamericana, dicht bij de Mexicaanse grens. Er rijden dagelijks vijf **bussen** van Huehuetenango naar Jacaltenango en er rijden microbusjes van en naar de Interamericana.

De hoge weg naar Barillas

Ten noorden van Paquix (zie blz. 204) loopt een tot Soloma geasfalteerde weg door de Cuchumatanes, over het winderige centrale plateau en kronkelend door brede dalen, om ten slotte af te dalen naar het gematigde koffieland rond Barillas. In dit schitterende bergland, een van de meest geïsoleerde delen van Guatemala, ligt een netwerk van sterk traditionele indiaanse dorpen, verdeeld over drie afzonderlijke **taalzones**: tussen San Juan Ixcoy en Santa Eulalia wordt het Q'anjob'al gesproken; rond San Miguel Acatán het Acateko; en in het gebied rond San Mateo Ixtatán het Chuj.

Tot vrij recent hield de weg na Barillas min of meer op, maar nieuwe bruggen over de machtige rivieren van de Ixcán en wegwerkzaamheden hebben een nieuwe, maar nog altijd erg lastige route naar het oosten naar de Alta Verapaz opengelegd, zodat een pick-up nu af en toe Barillas met Playa Grande verbindt.

Naar San Juan Ixcoy

Na Paquix loopt de weg door magische dalen met grote grijze rotsblokken en oeroud ogende eiken en cipressen, hun stammen verwrongen door de bittere winden. Hier en daar weerstaan families de ontberingen van de hoogte, ze sprokkelen brandhout en weiden kudden schapen. Al sinds de komst van de Spanjaarden, die dit gebied als de beste weidegrond van Midden-Amerika beschouwden, worden hier schapen gehouden, maar lamsvlees staat zelden op het menu, net zo min als elders in Guatemala.

Verder naar het noorden slingert de weg over het plateau langzaam naar beneden, tot aan de rand van een ongelooflijk steil dal. Het noordelijk deel van de Cuchumatanes bestaat uit bijzonder dramatische landschappen en deze weg zal af en toe de rillingen over je rug jagen. De weg is honderden meters boven de dalbodem uit de rotswand gehakt. Rechts zie je, terwijl de weg scherp daalt, de twee reusachtige snijtandvormige rotspartijen die de **Piedras de Captzín** worden genoemd, de Q'anjob'al-Maya's die hier wonen beschouwen ze als heilig.

Het eerste dorp na de afdaling is **SAN JUAN IXCOY**, een centrum van appelteelt op de dalbodem. Er is geen speciale reden om er een stop te maken, maar als je hier wilt overnachten, biedt het *Hotel Captzín de Tomas* (☎7780 6152; ❷) krachtige warme douches, en de *Comedor El Viajero* twee deuren verder serveert goedkope maaltijden. In het oogstseizoen, rond eind augustus, worden passerende bussen belegerd door horden fruitverkopers. Dit onschuldig ogende dorp heeft een gewelddadig verleden. Op de avond van 17 juli 1898, na een conflict over lonen, vermoordden de Maya's van San Juan de lokale opzichter, en in een wanhopige poging om de misdaad geheim te houden, maakten ze alle ladino's van het dorp op één na af. De autoriteiten reageerden genadeloos, ze doodden tien Maya's voor elke omgekomen ladino. In de lokale mythologie staat de revolte bekend als *la degollación*, de onthoofding.

Er rijden dagelijks veertien **bussen** tussen Huehuetenango en San Juan Ixcoy (2:45 uur).

Soloma

De weg gaat verder over een volgende reeks heuvels en daalt vervolgens naar het volgende dal, waar **SOLOMA** ligt, het grootste, drukste en rijkste stadje van de noordelijke Cuchumatanes. Het vlakke dal was ooit de bodem van een meer; bij elke aardbeving en bij menig noodweer komen delen van de steile hellingen rondom naar beneden. Soloma betekent (in het Q'anjob'al, de belangrijkste taal aan deze kant van de bergen) 'zonder veiligheid' en de geschiedenis van het plaatsje is vol rampen: het werd in 1773 en 1902 door aardbevingen verwoest,

De Mayapriesters van de Cuchumatanes

De hoge bergen en het ruige terrein van de Cuchumatanes beschermen een van de meest traditionele Mayaculturen van het land. Etnograaf Krystyna Deuss, auteur van *Shamans, Witches, and Maya Priests: Native Religion and Ritual in Highland Guatemala*, bestudeert al ruim twintig jaar de rituelen in deze afgelegen gemeenschappen, waarbij ze vooral naar de gebedszeggers keek, die een positie parallel aan de dorpspriesters bekleden. In onderstaand stuk verklaart ze hun rol en enkele rituelen die ze uitvoeren.

Enkele van de zuiverste Mayarituelen die zijn overgebleven, zijn te vinden bij de Q'anjob'al in het noordwesten van de Cuchumatanes. Hier bestaat de functie van **alcalde resador** (hoofdgebedszegger) nog altijd, en de mensen gebruiken er de 365-daagse *Haab-k*alender naast de 260-daagse *Tzolkin*. De eerste eindigt met de vijf dagen van *Oyeb' ku'*, als de zielen van volwassenen het lichaam verlaten; de terugkeer van de ziel op de vijfde dag brengt het nieuwe jaar. Omdat dat altijd op een dag van *Watan*, *Lambat*, *Ben* of *Chinax* valt, staan deze 'vierdagenheren' bekend als de 'Jaardragers' of 'Hoofden'. Afhankelijk van het dorp begint het *Haab-jaar* eind februari of begin maart, de tijd waarin de maïs wordt geplant.

Het is de taak van de *alcalde resador* om zijn dorp tegen kwaad te beschermen en om een goede oogst te verzekeren door voor regen te bidden in de zaaitijd en voor bescherming tegen wind, plagen en ziekten als het maïs groeit. Hij is een jaar in functie – gedurende die tijd moeten hij en zijn vrouw celibatair blijven – en treedt op 1 januari aan. Santa Eulalia, Soloma en San Miguel Acatán, waar de tradities erg sterk leven, woont hij in een huis dat speciaal voor hem is gebouwd. Traditionalisten bezoeken hem regelmatig en verzoeken dan om gebeden, waarna ze maïs, bonen, kaarsen en geld schenken. Op het altaar van het huis staat de **ordenanza**, een kast met religieuze iconen en oude dorpsdocumenten, een overblijfsel uit de tijd dat religieuze en civiele autoriteit dezelfde was. De kast is een symbool van autoriteit en een heilig object, de *alcalde resador* mag hem één keer per jaar openen, op een moment dat hij alleen is. De *resador* bidt de hele dag: thuis voor het altaar met de *ordenanza*, in de kerk en op heilige plekken in het dorp, gemarkeerd met kruisen. Gebeden voor regen gaan vaak gepaard met het ritueel offeren van kalkoenen, waarvan het bloed over kaarsen en wierook wordt gegoten, die de volgende dag op heilige plekken worden gebrand. Deze ceremonies zijn niet openbaar.

Op 1 januari draagt de zittende *alcalde resador* in een openbare ceremonie zijn functie aan zijn opvolger over. In **Soloma** wordt de *ordenanza* na een nachtwake in een processie naar het midden van het marktplein gedragen en op een geïmproviseerd altaar onder een dennenboog gezet. Als de nieuwe functionarissen aankomen, wordt er gebeden en ritueel gedronken, en ze krijgen de houten staf die hun gezag symboliseert; daarna mag de aftredende *alcalde resador* (meestal een man van in de zestig of zeventig) terug naar zijn eigen huis. De groep van de nieuwe gebedszegger blijft op het plein en zamelt aalmoezen en drank in tot 15 uur, waarna ze de *ordenanza* terugbrengen naar de officiële residentie in een wat chaotische processie. Na opnieuw een nacht van waken en ceremonieel drinken gaat de *alcalde resador* de volgende ochtend om 7 uur op pad voor zijn eerste gebedsronde over de heilige bergen rond de stad.

In **San Juan Ixcoy** zijn de ceremonies rond de jaarwisseling wat anders, want daar wordt de nieuwe *resador* niet van tevoren aangewezen. De vertrekkende groep draagt hier op de 31ste de *ordenanza* naar een kapelletje bij de kerk, waar een comité van traditionalisten hem ontvangt. De gebruikelijke nachtwake met bidden, ritueel drinken en aalmoezen verzamelen gaat de volgende dag door, terwijl iedereen gespannen wacht of er een kandidaat komt. Omdat je als *resador* een zware taak hebt, met afnemende steun in de gemeenschap, die vooral ook veel geld kost, is er niet altijd meteen een opvolger. De *ordenanza* verblijft soms een paar dagen in de afgesloten kapel voordat er zich een vrijwilliger (meestal een voormalige gebedszegger) meldt, die niet wil dat de *ordenanza* en de traditie opgegeven worden.

– Krystyna Deuss, the Guatemalan Maya Centre, Londen

brandde in 1884 half af, en in 1885 werd de bevolking door waterpokken gedecimeerd. De lange witte *huipiles* van de vrouwen lijken op die van San Mateo Ixtatán en de Lacandones, en zijn waarschijnlijk niet veel anders dan die in de precolumbiaanse tijd. Tegenwoordig dragen alleen sommige oudere vrouwen ze nog als er **markt** is (do & zo), de beste dagen voor een bezoek.

Soloma ligt op drie uur van Huehuetenango en is een goede plek om even te pauzeren en eventueel te **overnachten**. Het schone en vriendelijke *Hotel Estrella del Norte*, Diagonal 1 6–10 (☎5715 7636; ❸), is een goede keus, alle kamers hebben tv en de meeste een eigen badkamer. Het hoog oprijzende *Hotel Don Chico* (☎7780 6087; ❸), ten noorden van het plein, is het chicste hotel van de stad met moderne kamers, een restaurant en parkeergarage. Voor een **maaltijd** kun je terecht bij *Restaurante California* aan de zuidkant van het plein. In de straten rond het plein zitten diverse internetcafés; de Banrural, 6 Calle 7–03, heeft een geldautomaat en wisselt travellercheques. Er komen elk uur **bussen** uit Huehuetenango door Soloma op weg naar Barillas en andere dorpen in het noorden; de laatste bus vertrekt om 17 uur uit Huehue.

Santa Eulalia

Na Soloma houdt het asfalt al snel op en loopt de onverharde weg over een andere reeks heuvels naar het grote dorp **SANTA EULALIA**, waar de mensen koppig vasthouden aan de religieuze rituelen van het hoogland. De plaatselijke kerk is fascinerend: een groot, vaalroze gebouw waar de gelovigen op hun knieën hun gebeden zeggen en de lucht stijf staat van de rook van honderden kaarsen. Na afloop branden velen nog wierook bij een in rook gehuld Maya-altaar voor de kerk. Het schone en erg goedkope *Hotel y Restaurante Eulalense* (☎7765 9634; ❶), net onder de kerk, heeft warm water en keurige kamertjes, terwijl het *Cafetería Margol* ernaast goede *comida típica serveert*.

Na Santa Eulalia komt bij Cruce Pett een afslag naar rechts; deze weg naar het noorden gaat naar Barillas en loopt langs weidegronden en naaldbossen en biedt fraaie uitzichten naar het westen over Mexico. Op het prachtige, 3000 meter hoge plateau heb je het gevoel ver van de bewoonde wereld te zijn; je zult er bijna niemand zien, hoogstens een enkele herdersjongen met zijn geiten.

San Rafael La Independencia, San Miguel Acatán en omgeving

In **Cruce Pett**, 5 km ten noorden van Santa Eulalia, vind je drie comedores, en er is een afslag die naar het westen leidt, en rond de bergen van de Cuchumatanes naar **SAN RAFAEL LA INDEPENDENCIA**, 11 km naar het zuidwesten. Het dorp ligt op een westhelling met een schitterend uitzicht richting Mexicaanse grens. De mensen spreken er Akateko en het bestaat uit niet meer dan een handvol oude houten huizen en een paar betonnen gebouwen. Het is niettemin een prettige plek om een paar dagen te blijven hangen en te proeven van een gebied waar de Maya's nog strikt aan hun tradities vasthouden. Het Centro Cultural Maya Akateko (☎7779 7239), boven de *municipalidad*, toont een fascinerende collectie oude voorwerpen, waaronder polychroom keramiek, werktuigen van obsidiaan, een blaaspijp van twee meter en interessante foto's. Het personeel kan je een gids aanraden (bijvoorbeeld Pedro Juan Méndez Martinez) als je uitstapjes wilt maken naar de Mayaruïnes van **Tenam**, de Chimbam-kapel, het ceremonieel centrum Xeyatak en de talrijke heilige grotten en altaren in de heuvels rondom. Er komt een nieuw **hotel** aan de weg naar Cruce Pett, maar je kunt ook overnachten in de kale kamers boven de *Tienda San Andrés* (❶), een blok omlaag vanaf het plein; helaas is er daar geen warm water.

Van San Rafael is het maar 4 km naar het grotere, maar veel minder aantrekkelijke dorp **SAN MIGUEL ACATÁN**, met een paar hospedajes (❶), een hoop comedores, een zondagsmarkt en een filiaal van Banrural waar je travellercheques kunt wisselen. Er rijden vier keer per dag **bussen** van Huehuetenango via San Rafael naar San Miguel (4:30 uur). Je kunt via een andere route terug: bij San Miguel begint een smalle, maar redelijke onverharde weg die via een reeks afgelegen dalen en het dorpje **Najab** even ten noorden van Soloma bij de weg Huehue–Barillas uitkomt. Als je deze route wilt nemen, moet je een pick-up zien te vinden, want er rijden geen bussen.

Vanuit San Miguel Acatán kun je een schitterende **wandeling** maken van een dag langs de rand van het gebergte, naar Jacaltenango. Bij San Miguel moet je eerst de rivier oversteken en dan het pad nemen dat rechts omhoog de heuvel aan de overkant op gaat. Bij de splitsing halverwege de klim neem je het hoge pad, dat bij een schuilhut het hoogste punt bereikt. Aan de andere zijde daalt het pad naar het volgende dal. Hier volg je het pad door het dal stroomafwaarts aan deze kant van de rivier; je komt door een smalle kloof en bij een oude houten brug. Steek de rivier over en klim tegen de helling omhoog naar het einde van het dal. Het pad dat rechts het dal uit loopt, gaat naar Nentón, terwijl het andere pad, dat links omhoog over de bergrug loopt, naar **Jacaltenango** leidt. Tijdens de wandeling heb je prachtige uitzichten op de ruige toppen van de zuidelijke Cuchumatanes en de grote vlakte die tot in Mexico doorloopt – op heldere dagen kun je de Lagunas de Montebello zien, 50 km verderop in Mexico. Aan de andere zijde van de bergrug daalt het pad via het dorp San Marcos Huista naar Jacaltenango: bij elkaar acht of negen pittige, maar mooie uren wandelen vanaf San Miguel.

San Mateo Ixtatán

Van Cruce Pett is het over de weg naar Barillas 24 km naar **SAN MATEO IXTATÁN**, het meest traditionele en misschien wel interessantste van deze reeks dorpen. De naam is afgeleid van de Nahuatl-woorden voor 'overvloed aan zout' en de winning ervan is nog altijd belangrijk voor het dorp. De zoutmijnen die rond het dorp liggen zijn gemeenschapsbezit. San Mateo is niet veel meer dan een verzameling houten huizen tegen een steile oosthelling tussen twee rivierdalen. De inwoners spreken het **Chuj** en behoren tot een groep Maya's die de uiterste noordwesthoek van het hoogland en de bossen daarachter bewoont; hun gebied grenst aan dat van de Lacandón, een junglestam die nooit door de Spanjaarden is onderworpen en die deze dorpen in de koloniale tijd voortdurend lastig viel. De beste tijden voor een bezoek zijn het dorpsfeest (17–21 september) en de marktdagen donderdag en zondag – op andere dagen is het dorp vrijwel uitgestorven.

De traditionele dracht begint zeldzaam te worden, maar oudere vrouwen dragen nog wel vaak hun ongewone en opvallende *huipiles*, lange witte rokken met borduursels in rood, geel en blauw vanuit een stervormig centrum. Sommige mannen dragen nog de korte wollen, ponchoachtige tuniek die *capixay* wordt genoemd, vaak met bloemen op de kraag en quetzals op de rug geborduurd.

De crèmekleurige **kerk** van San Mateo, met een bouwvallige gevel vol nissen en heiligenbeelden, is een van de interessantste van Guatemala vanwege het heidense karakter van de eredienst met niet meer dan een vluchtige verwijzing naar het conventionele katholicisme. Over het plein voor de kerk waait rook van een Maya-altaar, dat verzorgd wordt door *costumbristas,* terwijl de gelovigen binnen op de lemen vloer knielen met kaarsen in hun hand en het constante gemompel van de plechtige bezweringen tegen de muren echoot.

Iets onder het dorp liggen de aanzienlijke en ongerestaureerde resten van de Mayastad **Wajxaklajunh** op een magische plek met uitzicht over het dal van San Mateo en over de heuvels die in het oosten tot aan de horizon doorlopen. Er zijn diverse tempels, waaronder de piramidevormige Yolk'u, een woord dat 'in de warme plek' betekent, en je kunt een balspelbaan en verweerde stèles in de schaduw van cipressen zien.

De **accommodatie** van San Mateo is erg eenvoudig; het beste hotel is *Hotel Ixtateco* (T7756 6586; ❶), dat warm water heeft. *Restaurante Wajxaklajunh*, boven het politiebureau, is schoon en goedkoop en er is een **internetcafé**. De website Wwww.ixtatan.org van de ontwikkelingsorganisatie Ixtatán Foundation is erg informatief, en je kunt medewerkers aan het project in het dorp ontmoeten. Er gaan dagelijks acht **bussen** van Huehuetenango naar San Mateo (5:15 uur). Je kunt vanuit San Mateo met een pick-up in ongeveer tweeëneenhalfuur in noordwestelijke richting naar het dorp Yalambojoch rijden (zie blz. 217).

Barillas en omgeving

Na San Mateo daalt de weg naar **BARILLAS**, een onaantrekkelijk ladino-stadje op 28 km dat in het relatief warme laagland ligt en een centrum is van koffieteelt. Het *Hotel el Quetzal* (❷), aan het plein, is in ieder geval schoon en vriendelijk, en ook *Hotel Sol* (T7870 2618; ❷), naast het busstation, is goed; er zijn diverse comedores in de stad. Banrural heeft een **bank** aan de 3 Avenida 2–28, Zona 1, met geldautomaat. Er rijden vanuit Huehuetenango dagelijks acht bussen naar Barillas (6:30 uur), die bij alle dorpen onderweg stoppen. Er is een vliegveldje, waar je kunt informeren of je mee kunt met een van de vluchten van de missionarissen (drie keer per week; rond $ 55) in een vijfzitter naar Guatemala-stad.

Rond 18 km ten noorden van het stadje (neem de onverharde weg naar het dorp Yolhuitz) ligt de prachtige, zandlopervormige **Laguna Maxbal**, omringd door bos, met op sommige ochtenden een quetzal. Vanuit Barillas loopt een erg slechte weg naar het westen door een landschap van weidegronden en stukken dichte, onbewoonde jungle: dit is de **Ixcán** – het gebied loopt af naar het bekken van de rivier de Usumacinta. Er rijdt af en toe een pick-up door deze vrijwel vergeten uithoek van het land om de route van Barrillas naar Playa Grande in vijf uur of meer af te leggen, afhankelijk van de toestand van de weg.

Naar het westen tot de Mexicaanse grens

Van Huehuetenango is het over de Carretera Interamericana nog 79 km door het smalle dal van de Selegua naar de Mexicaanse grens bij **La Mesilla**. Dit traject leg je in minder dan twee uur af in een van de bussen die tussen 5 en 18 uur ongeveer elk halfuur uit Huehuetenango vertrekken. Langs deze route, niet ver van de Interamericana, liggen nog enkele interessante traditionele dorpen, die zich niets aantrekken van de grote weg die door hun land snijdt. De meeste kun je heel goed als dagtochtje vanuit Huehuetenango bezoeken.

Het eerste dorp, 22 km van Huehue, is **San Sebastián Huehuetenango**, een rustig plaatsje 200 m ten noorden van de Interamericana. Deze plek was al in de precolumbiaanse tijd bewoond en later lag er een plaatsje met de naam Toj'jol, dat in 1891 door de Río Selegua werd weggespoeld. Iets verderop gaat de Interamericana door een erg smal deel van het dal, **El Tapón**, 'de kurk', waarna de afslagen naar San Juan Atitán (12 km) en naar San Rafael Petzal, 2 km van de hoofdweg, volgen. Daarna komen afslagen naar Colotenango, Nentón en Jacaltenango.

Er volgt nog een dorp, La Democracia, voordat je bij de grens komt bij **LA MESILLA**, waar een bank zit (met geldautomaat) en je overal geldwisselaars aantreft. Als je hier moet **overnachten**, kun je naar het *Hotel Maricruz* (2), met schone kamers met eigen badkamer en met een restaurant, of naar het iets goedkopere *Hospedaje Marisol* (2). De twee douaneposten liggen 3 km uit elkaar; er rijden collectieve taxi's ($ 0,50) tussen de grensposten; aan de Mexicaanse kant kun je in het grensstadje **Ciudad Cuauhtemoc** een bus naar **Comitán** nemen, of zelfs direct naar **San Cristóbal de las Casas**. Als je in Guatemala aankomt, kun je een bus naar Huehuetenango nemen; bij de grens vertrekken elk halfuur tot rond 19 uur bussen (1:25 uur). Wat je bestemming in Guatemala ook is, je kunt het beste eerst naar Huehue gaan en daar overstappen.

Colotenango, San Ildefonso Ixtahuacán en Cuilco

Het belangrijkste dorp vlak langs de Interamericana is **COLOTENANGO**, gelegen op een heuvel 1 km ten zuiden van de grote weg. De gemeente Colotenango omvatte vroeger ook de plaatsjes San Rafael Petzal en San Ildefonso, maar in 1890 werden dat zelfstandige dorpen. De banden tussen de drie zijn nog altijd sterk en de rode *cortes* die de vrouwen van de dorpen dragen, zijn bijna identiek. Colotenango is nog steeds een centrum voor de twee kleinere dorpen, en de zaterdagmarkt is de grootste van het dal. Zaterdagochtend vroeg stroomt het plein vol en zijn de wegen en paden verstopt met handelaren, indiaanse families, vee, kippen, weerspannige varkens en de onvermijdelijke dronkaards. Uit alle dorpen in de omgeving komen mensen aanzetten, de meesten in traditionele kledij. Andere goede momenten voor een bezoek zijn de heilige week, als de passie van Christus uitgebreid en bloederig nagespeeld wordt (de dapperste dorpeling neemt de rol van Judas op zich en krijgt er genadeloos van langs door de rest), en het dorpsfeest van 12-15 augustus.

Voor Colotenango neem je in Huehuetenango een willekeurige **bus** richting Mexicaanse grens en vraag je de chauffeur je bij de afslag naar het dorp af te zetten; de reis duurt zo'n 45 minuten.

Naar San Ildefonso en Cuilco

Na Colotenango gaat een geasfalteerde weg de heuvels over en via een pas naar het dal van de Río Cuilco. De weg loopt hoog boven de rivier over een graat en biedt fraai uitzicht over het dal: beneden zie je het piepkleine dorpje San Gaspar Ixchil, dat uit niet veel meer dan een kerk en een kerkhof bestaat.

Een paar kilometer verderop ligt het mijnbouwplaatsje **SAN ILDEFONSO IXTAHUACÁN**. Het lijkt erg op Colotenango en heeft een grote en erg traditioneel ingestelde Mayabevolking die een geschiedenis van verzet kent. In 1977 liepen mijnwerkers die geen toestemming hadden gekregen om een vakbond op te richten de 260 km naar Guatemala-stad om hun zaak te bepleiten, een actie die het land in de ban hield; 100.000 mensen kwamen hen verwelkomen. In 2005 ontstond een nieuwe controverse toen het Canadese bedrijf Glamis Gold (later Goldcorp) goud in een dagbouwmijn 15 km ten zuiden van het dorp wilde gaan winnen met een lening van $ 45 miljoen van de Wereldbank, ondanks breed lokaal verzet. Op de Carretera Interamericana wierpen demonstranten blokkades op, en een demonstrant werd doodgeschoten; in 2007 ging de goudwinning toch van start.

Na San Ildefonso daalt de weg naar de bodem van het dal en kruist de rivier. De weg eindigt bij **CUILCO**, een ladino-stadje van enige omvang op 36 km van de Carretera Interamericana. De Mexicaanse grens ligt op maar 15 km en de stad drijft handel met Mexico, zowel binnen als buiten de wet. Buiten het huidige dorp

Feesten

Het westelijke hoogland kent tal van traditionele Guatemalteekse dorpsfeesten. Elk dorp, hoe klein ook, heeft een eigen heilige, op wiens dag een feest wordt gevierd dat een dag tot wel twee weken kan duren. Bij al deze feesten zijn traditionele dansen te zien, waarin precolumbiaanse bewegingen met Spaanse stijlen worden gecombineerd, en elk dorp heeft zijn specialiteit, van een paardenrace tot een vuurwerk.

Januari

3–6 San Gaspar Ixchil, een gehucht aan de weg naar Cuilco.
3–8 El Tumbador, departement San Marcos.
9–15 Sibilia. Belangrijkste dag: 13.
10–16 Santa María Chiquimula, ter ere van de Zwarte Christus van Esquipulas.
12–15 Chinique, een erg traditioneel feest.
12–16 La Libertad.
12–16 Colomba.
13–16 Nentón.
15–17 San Antonio Ilotenango.
18–20 San Sebastián Coatan.
19–21 Santa Lucía La Reforma.
19–24 Ixtahuacán.
22–26 San Pablo La Laguna. Belangrijkste dag: 25.
23–27 San Pablo, departement San Marcos.

Februari

28 jan–2 feb Chiantla. Belangrijkste dag: 2 feb.
28 jan–2 feb Jacaltenango.
1–4 Cunén. Belangrijkste dag: 2.
6–10 Patzité, El Quiché. Belangrijkste dag: 8.
8 San Juan Ostuncalco.
8–13 Santa Eulalia. Belangrijkste dag: 8.
Varieert Palestina de los Altos, departement San Marcos, viert de 1ste vrijdag van het vasten.

Maart

14–20 San José el Rodeo. Belangrijkste dag: 19.
19 San José Poaquil, bij Chimaltenango.
Varieert Chajul en La Democracia, de tweede vrijdag van het vasten met grote pelgrimages.

Heilige week

Santiago Atitlán, Maximón wordt door de straten gedragen, meestal op woensdag; San Cristóbal Tonicapán, de grootste processies in de streek rond Xela.

April

22–28 San Marcos. Belangrijkste dag: 25.
24 San Jorge La Laguna.
25 San Marcos La Laguna.
29–4 mei Barillas.
30–4 mei La Esperanza.
Varieert Zacualpa en Aguacatán, feesten 40 dagen voor begin Heilige Week.

Mei

1–3 Cajola.
6–10 Uspantán. Belangrijkste dag: 8.

8–10 Santa Cruz La Laguna.
8–10 Santa Cruz Balanya, departement Chimaltenango.
20 Patzún.

Juni

12–14 San Antonio Palopó, Lago de Atitlán. Belangrijkste dag: 13.
12–14 San Antonio Huista.
21–25 San Juan Ixcoy, ten noorden van Huehuetenango.
21–25 Olintepeque, even ten noorden van Quetzaltenango.
22–25 San Juan Cotzal. Belangrijkste dag: 24.
22–26 San Juan Atitán. Belangrijkste dag: 24.
23–26 San Juan La Laguna. Belangrijkste dag: 24.
24 Comalapa.
24–30 San Pedro Sacatepéquez.
26–30 Soloma. Belangrijkste dag: 29.
27–30 San Pedro Jocopilas.
27–30 San Pedro La Laguna. Belangrijkste dag: 29.
28–30 Almolonga. Belangrijkste dag: 29.
Varieert Sacramentsdag wordt in juni in heel Guatemala gevierd, vooral spectaculair in Patzún.

Juli

1–4 Santa María Visitación, bij Sololá. Belangrijkste dag: 2.
12–17 Huehuetenango.
21–4 aug Momostenango. 25 juli is een belangrijke dag in de religieuze Mayakalender, 1 augustus is de belangrijkste feestdag.
22–27 Tejutla. Belangrijkste dag: 25.
22–27 San Cristóbal Totonicapán. Belangrijkste dag: 25.
22–27 Chimaltenango. Belangrijkste dag: 26.
22–27 Patzicía. Belangrijkste dag: 27.
23–26 Malacatancito.
23–27 Santiago Atitlán. Belangrijkste dag: 25.
25–27 Santa Ana Huista. Belangrijkste dag: 26.
29–31 Ixchiguan. Belangrijkste dag: 31.

Augustus

1–4 Sacapulas. Belangrijkste dag: 4.
9–15 Joyabaj. Belangrijkste dag: 15de. Schitterend feest; een van de traditionele dansen is de *Palo Volador*.
10–13 Santa Clara La Laguna. Belangrijkste dag: 12.
11–17 Sololá. Belangrijkste dag: 15.
12–15 Nebaj. Belangrijkste dag: 15.
12–15 Colotenango. Belangrijkste dag: 15.
12–15 Tacaná. Belangrijkste dag: 15.
12–18 Cantel, bij Quetzaltenango. Belangrijkste dag: 15.
14–19 Santa Cruz del Quiché. Belangrijkste dag: 18.
18–25 San Bartolo. Belangrijkste dag: 24.
21–27 Pologuá.
22–25 Sipacapa.
22–28 Salcajá. Belangrijkste dag: 25.
27–30 Sibinal. Belangrijkste dag: 29.

(Vervolg blz. 216)

Feesten *(vervolg)*

September

12–18 Quetzaltenango. Belangrijkste dag: 15.
17–21 San Mateo Ixtatán. Belangrijkste dag: 21.
21 San Mateo, ten westen van Quetzaltenango.
24–30 Totonicapán. Belangrijkste dag: 29.
25–30 San Miguel Acatán. Belangrijkste dag: 29.
26–5 okt Tecpán.

Oktober

1–6 San Francisco el Alto. Belangrijkste dag: 4.
2–6 Panajachel. Belangrijkste dag: 4.
15–20 San Lucas Tolimán, Lago de Atitlán. Belangrijkste dag: 18.
21–2 nov Todos Santos Cuchumatán, lange aanloop naar de grote dag.

November

1–2 Todos Santos Cuchumatán, woeste, met alcohol overgoten paardenrace op de 1ste, op de 2de gaat iedereen naar het kerkhof voor Allerzielen.
7–12 San Martín Jilotepeque. Belangrijkste dag: 11.
14–18 Malacatancito. Belangrijkste dag: 18.
22–26 Zunil. Belangrijkste dag: 25.
23–26 Nahualá. Belangrijkste dag: 25.
24–26 Santa Catarina Ixtahuacán. Belangrijkste dag: 25.
25 Santa Catarina Palopó, Lago de Atitlán.
27–1 dec Cuilco. Belangrijkste dag: 28.
27–1 dec San Andrés Semetabaj. Belangrijkste dag: 30.
27–1 dec San Andrés Xecul. Belangrijkste dag: 30.

December

1–4 Santa Bárbara.
5–8 Huehuetenango. Belangrijkste dag: 8.
5–8 Concepción Huista. Belangrijkste dag: 8.
7 Het verbranden van de duivel wordt op het hoogland in veel dorpen gevierd met vreugdevuren en mannen die verkleed als duivel rondrennen.
7–9 Concepción.
9–14 Malacatán.
11–15 Santa Lucía Utatlán. Belangrijkste dag: 13.
14–21 Chichicastenango, erg indrukwekkend feest. Belangrijkste dag: 21.
25–28 Chiché. Belangrijkste dag: 28.

liggen de ruïnes van een eerdere nederzetting, **Cuilco Viejo**. Cuilco heeft de reputatie een centrum van heroïneproductie te zijn, maar antidrugscampagnes hebben de papaverteelt in de afgelopen jaren sterk teruggedrongen.

Er rijden tussen 5 en 15 uur elke twee uur **bussen** tussen Huehuetenango en Cuilco. Er zijn een paar eenvoudige hotels in Cuilco, waaronder het *Hospedaje Osorio* (❶) terwijl het grote *Hotel Perla Escondida*, Calle la Paz (☎7861 2889; ❹–❺), kamers met airconditioning heeft. Als de wegen het toelaten, rijden er trucks en pick-ups van Cuilco naar het zuiden naar het bergdorp Tacaná, waar regelmatig bussen naar San Pedro vertrekken.

Naar het noorden naar Nentón en Yalambojoch

Even voor de grens begint bij het dorpje **Camoja Grande** een geasfalteerde weg naar het noorden, die parallel aan de grens loopt. In het dorpje Río Azul in deze streek zit een nieuwe **taalschool**, een fascinerende plek om Spaans te leren; kijk op Ⓦwww.xelapages.com/rioazul voor meer informatie. De weg gaat verder over een stoffig wit kalksteenplateau naar het dorp **Nentón** en leidt vervolgens naar de uiterste noordwesthoek van het land, waar je een schitterend natuurfenomeen kunt bewonderen: de verbazingwekkende *cenote* **El Cimarrón** (een verdwijngat in het kalksteen), een bijna perfect cirkelvormig gat met een doorsnee van 500 m, en 300 m diep. Er doen plaatselijk allerlei legendes de ronde over de *cenote,* en er wordt gezegd dat de bodem (met een meer en dicht bos) nooit betreden is. El Cimarrón ligt 4 km van het dorpje **La Trinidad**, dat op zijn beurt 35 km ten noorden van Nentón ligt.

Negen kilometer ten oosten van La Trinidad ligt het wat grotere dorp **YALAMBOJOCH**, waar dagelijks twee **bussen** naar Huehue vertrekken (beide gaan vroeg in de ochtend), en pick-ups naar San Mateo Ixtatán. Het is ook de uitvalsbasis voor het magnifieke kobaltblauwe water van de **Laguna Yolnabaj**, een groot meer 5 km naar het noorden, ook wel Laguna Brava genoemd. De bevolking, onder wie veel *repatriados* (vluchtelingen die weer zijn teruggekeerd uit Mexico), is een herbebossingsproject rond het meer begonnen en heeft zich (tot dusverre) met succes tegen Amerikaanse onroerendgoedspeculanten verzet. Gids Mario Martínez (zie blz. 198) uit Huehuetenango organiseert excursies naar het meer.

De recente geschiedenis van Yalambojoch is verbonden met die van **Finca San Francisco**, een klein dorp 3 km naar het oosten. In 1982 slachtte het leger hier driehonderd mensen af, waarna de complete bevolking van de streek naar Mexico vluchtte. Ruim tien jaar later begonnen de mensen terug te keren, en tegenwoordig lijkt het leven in de streek weer zijn normale gang te gaan. Bij Finca San Francisco is een kleine Mayatempel en een plaquette om de slachtoffers van het bloedbad te herdenken.

De weg loopt door naar de **grensovergang** met Mexico bij Gracias a Dios (5 km ten noordwesten van La Trinidad). Guatemalteken en Mexicanen steken hier regelmatig de grens over, maar buitenlanders moeten eerst in Huehue een uitreisstempel bij de immigración halen. Aan de andere kant van de grens vind je in het dorp Carmixán transport naar Comitán, waar je een inreisstempel voor Mexico kunt krijgen.

Reisdetails

Bussen

Er rijdt een bijna constante stroom bussen over de Carretera Interamericana – tussen ruwweg 8 en 18 uur hoef je eigenlijk nooit langer dan twintig minuten te wachten – en alle belangrijke steden van het westelijke hoogland liggen vlak bij de Interamericana. De belangrijkste routes vind je hieronder, de schema's van de lokale bussen vind je bij de beschrijving van de dorpen in dit hoofdstuk.

Chichicastenango naar: Guatemala-stad (elke 20 min.; 3 uur); Quetzaltenango (7 per dag; 2:30 uur); Santa Cruz del Quiché (elke 20 min.; 30 min.).

Chimaltenango (afslag naar Antigua) naar: Antigua (elke 20 min.; 40 min.); Guatemala-stad (elke 20 min.; 1 uur); Quetzaltenango (elke 30 min.; 3 uur).

Huehuetenango naar: Aguacatán (elke 30 min.;

40 min.); Guatemala-stad (17 eersteklasbussen per dag, elk halfuur tweedeklasbussen; 6 uur); La Mesilla (26 per dag; 1:45 uur); Quetzaltenango (22 per dag; 2 uur); Todos Santos Cuchumatán (10 per dag; 2:15 uur).

Panajachel naar: Antigua (1 bus om 10.45 uur; 3 uur); Chichicastenango (5 per dag do & zo, andere dagen 1–2 per dag; 1:30 uur); Cocales (8 per dag; 2 uur); Guatemala-stad (10 per dag; 3:30 uur); Quetzaltenango (6 per dag; 2:30 uur).

Quetzaltenango naar: Chichicastenango (10 per dag; 2:30 uur); Guatemala-stad (15 eersteklasbussen per dag, elk halfuur tweedeklasbussen; 4 uur); Huehuetenango (22 per dag; 2 uur); Momostenango (elke 45 min.; 1:15 uur); Panajachel (6 per dag; 2:30 uur); San Francisco el Alto (elke 30 min.; 45 min.); San Pedro La Laguna (5 per dag; 2:15 uur); Totonicapán (elke 30 min.; 1 uur); Santa Cruz del Quiché (10 per dag; 3 uur); Zunil (elke 30 min.; 30 min.).

San Marcos naar: Guatemala-stad (8 per dag; 5:30 uur); Malacatán (elk uur; 1:30 uur); Quetzaltenango (elk uur; 1:30 uur).

Santa Cruz del Quiché naar: Guatemala-stad, via Chichicastenango (elke 20 min.; 3:30 uur); Joyabaj (elk uur; 1:45 uur); Nebaj (5 per dag; 2:15 uur); Quetzaltenango (10 per dag; 3 uur); Uspantán (11 per dag; 2:30 uur).

3

Langs de Grote Oceaan

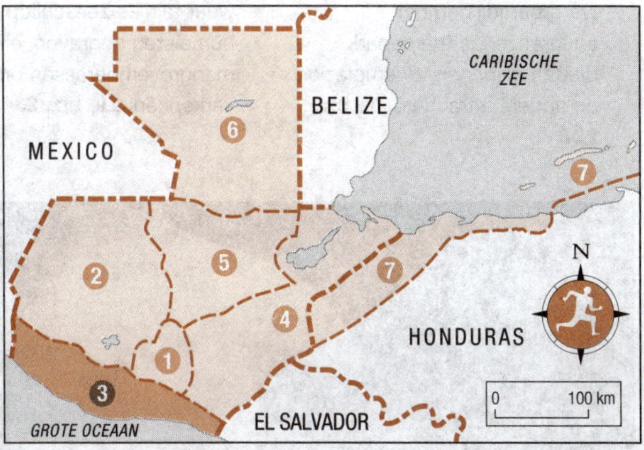

HOOFDSTUK 3 Hoogtepunten

* **Tilapa** en **Tilapita** Fraaie, donkere zandstranden met palmbomen. De zee wordt hier maar langzaam dieper en dus is dit een perfecte plek voor een duik. Zie blz. 224
* **Takalik Abaj** Kleine maar interessante archeologische opgraving met goed beeldhouwwerk van Olmeken en Maya's. Zie blz. 226
* **Xocomil** en **Xetulul** Guatemala's grootste waterparadijs en het aangrenzende themapark bieden glijbanen, zwemplezier en andere attracties. Zie blz. 227
* **La Democracia** Op het dorpsplein staat een opmerkelijke verzameling buikige stenen beelden, de 'dikke jongens'. Zie blz. 231
* **Sportvissen** Voor de kust van Guatemala is viswater van wereldformaat te vinden: de twee belangrijkste centra zijn Puerto Quetzal en Iztapa. Zie blz. 233
* **Monterrico** Dit dorpje aan de oceaan heeft een fraai strand waar talrijke zeeschildpadden hun eieren begraven, en mangrovemoerassen om te verkennen. Zie blz. 234

▲ Witte pelikaan, Monterrico

3

Langs de Grote Oceaan

Een keten van vulkanen scheidt de koele berglucht van een drukkend warme strook tropisch laagland van 300 km lang en 50 km breed, bewoond door ladino's. Deze kustvlakte wordt gewoonlijk **La Costa** genoemd en heeft weinig karakter; het is een erg vruchtbaar gebied – dat vroeger uit moeras, bos en savanne bestond – vol uitgestrekte finca's, saaie handelsstadjes en armetierige badplaatsjes aan een genadeloos rechte kust met zwart zand.

De streek kende ooit bloeiende indiaanse culturen, waardoor je er belangrijke archeologische overblijfselen kunt bekijken. Tegenwoordig domineert de grootschalige verbouw van vooral suikerriet, palmolie, katoen en rubber, die samen een aanzienlijk deel van Guatemala's export voor hun rekening nemen. Alleen in wat geïsoleerde delen, vooral in de mangrovemoerassen, kun je nog een idee krijgen van de tropische vegetatie die ooit de hele streek bedekte. Het **Reserva natural de Monterrico** is zo'n plek; hier is het unieke kustmilieu met zijn zeeschildpadden, leguanen, krokodillen en talrijke vogelsoorten beschermd.

De archeologische erfenis van de streek is grotendeels verdwenen, maar je kunt nog wat van de cultuur van de Pipil terugvinden rond het stadje Santa Lucía Cotzumalguapa. De enige vindplaats die in de buurt komt van wat er elders in het land te zien is, is **Takalik Abaj**, bij Retalhuleu, waar zowel resten van de Maya's als van Olmeken te zien zijn.

De belangrijkste attractie van het gebied zou de **kust** moeten zijn, maar helaas zijn de dorpen er nogal armoedig en heeft de oceaan er een gevaarlijke onderstroom. Voor **surfen** zijn de stranden van El Salvador en Mexico beter, maar er zijn goede golven in Iztapa en **Sipacate**, waar een surfkamp is. Sinds enkele jaren is **sportvissen** in de wateren voor de Guatemalteekse kust in opkomst, want het wemelt er van de zeilvis, tarpon, tonijn en marlijn; Iztapa en Puerto Quetzal zijn de belangrijkste havens voor visexcursies.

Het kustdorpje **Monterrico** is zeker geen echte badplaats, maar het heeft een onbedorven charme en is daarom een bezoek waard. Je vindt er een van de mooiste stranden van het land met heerlijk en schoon zand, en een natuurreservaat om te verkennen.

De belangrijkste verbinding van het gebied is de grote kustweg, de **Carretera al Pacífico** (CA-2), de snelste weg van het land. De eersteklasbussen tussen Guatemala-stad en de Mexicaanse grens rijden bijna allemaal over deze weg, zodat reizen er snel en comfortabel gaat.

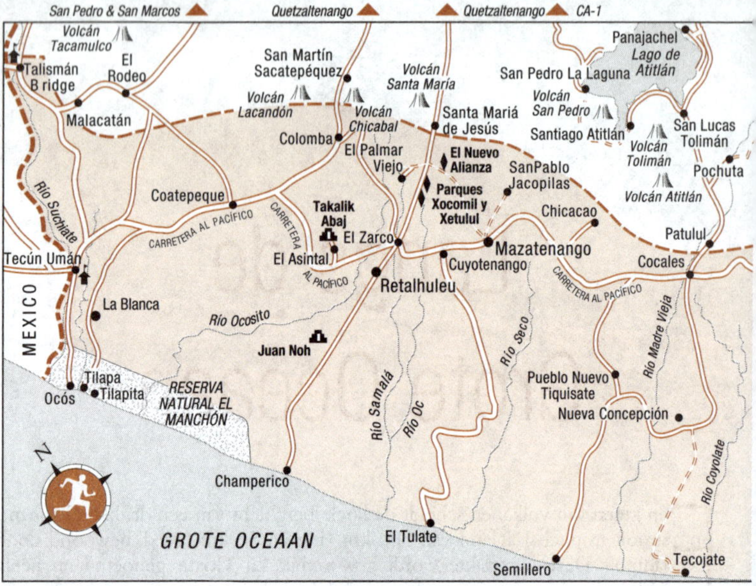

Geschiedenis in het kort

Over de vroege geschiedenis van het kustgebied is weinig bekend. De archeologen denken dat de invloed van de **Olmeken** zich – vanuit wat nu Mexico is – langs de kust verspreidde en zo de opkomende culturen van de **Ocós** en **Iztapa** vormde, die na 1500 v.C. opbloeiden. Het ging om twee kleine volken, die in dorpen woonden en aanzienlijke vaardigheden ontwikkelden in steenhouwen en pottenbakken.

Tussen 400 en 900 n.C. werden delen van de kustvlakte veroverd door de **Pipil**, die vanuit Mexico naar het zuiden trokken, mogelijk na de val van Teotihuacán. De nieuwkomers brachten hun architectuur en artistieke vaardigheden mee, en de resten van hun beschaving laten zien dat ze een andere kalender gebruikten en goden uit Mexico vereerden. De Pipil bouwden een zestal steden, allemaal compact opgezette ceremoniële centra met piramides, en dreven handel in cacao. Rond de tijd van de Conquista drongen de stammen van het hoogland de kustvlakte binnen om een graantje van de rijkdom mee te pikken.

Hier zetten de **Spanjaarden** voor het eerst voet in Guatemala, en Pedro de Alvarado kwam al snel tegenover krijgers van de K'iche' te staan. Toen ze een basis hadden gevestigd, stuurden de Spanjaarden een handvol franciscanen erop uit om de kustbevolking te bekeren, maar ze stuitten op hevige tegenstand van de Pipil. In de **koloniale tijd** werd het land vooral gebruikt voor de productie van indigo en cacao en voor de veehouderij, maar het ongezonde klimaat, en ziekten, eisten al snel hun tol, zodat de kust in die tijd vooral een achterafgebied bleef. Pas na de **onafhankelijkheid** kwam de grootschalige landbouw – koffie, bananen en suikerriet – op. Begin 20ste eeuw was het gebied inmiddels belangrijk genoeg om aan de aanleg van twee spoorwegen naar de kust en een verbinding met de Mexicaanse grens te beginnen.

Nu is deze kuststrook het intensiefst bewerkte landbouwgebied van Guatemala met hele dorpen die in wezen bij de uitgestrekte finca's horen. Hier wordt een groot deel van het nationale inkomen verdiend, en de grotere stadjes gonzen van

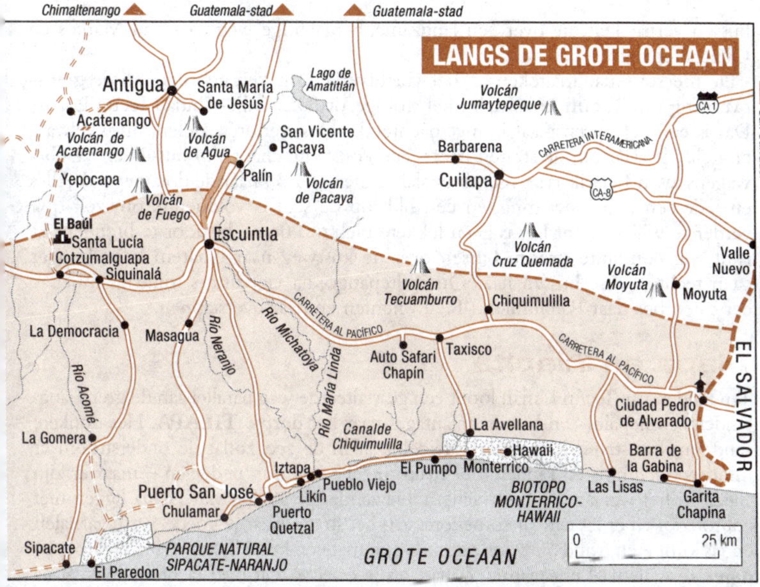

de activiteiten; je vindt er de protserige huizen van de rijken, en het machismo van de ladino's is er dominant. De steden hier zijn volkomen gezichtsloos, alleen **Retalhuleu** heeft nog iets aantrekkelijks. Als je naar de kust wilt, kun je het beste naar **Monterrico** gaan, maar voor een dagje strand is **Tilapa** het makkelijkst vanuit Quetzaltenango te bereiken.

De grens

De meeste reizigers laten de kuststrook langs de Grote Oceaan voor wat hij is en gaan vanaf de grens rechtstreeks naar Quetzaltenango of Guatemala-stad. Drie busmaatschappijen – Galgos, Ticabus en Línea Dorada (zie blz. 88–89) – rijden met **rechtstreekse bussen** tussen Tapachula in Mexico en Guatemala-stad (via Escuintla, met goede verbindingen met Antigua).

Voor de meeste nationaliteiten is een visum niet nodig om Guatemala te kunnen bezoeken (zie ook het hoofdstuk 'Praktische informatie'), maar er is een consulaat in Tapachula als je er toch een nodig hebt. Hetzelfde geldt voor Mexico; wie toch een visum nodig heeft, kan naar het Mexicaanse consulaat in Retalhuleu, Quetzaltenango, Huehuetenango of Guatemala-stad.

Talismán en Tecún Umán

De grensovergangen met Mexico bij de kust zijn de drukste van Guatemala; er zijn er twee, bij Talismán en Tecún Umán, en beide zijn dag en nacht open. Er rijden tot 21 uur elke twintig minuten minibusjes van de grensovergangen naar Tapachula (30 min.).

De noordelijkste en makkelijkste van de twee is bij de **Puente Talismán**, ook wel El Carmen genoemd. De busverbindingen zijn er minder goed dan bij Tecún Umán, maar er gaan regelmatig bussen naar **Malacatán**, waar hotels zijn en bussen vertrekken die over een langzame, bergachtige weg naar San Marcos en Quetzaltenango rijden.

De meeste Guatemalteken en het vrachtverkeer maken gebruik van de grensovergang van **Tecún Umán**, bij het stoffige, drukke stadje Ciudad Tecún Umán. Dat is een echt grensplaatsje met nachtelijke bars, verloren zielen, smokkelwaar en geldwisselaars; in de straten heerst een constante chaos van bussen en vrachtwagens, waar fietsriksja's tussendoor slalommen ($ 1,30 naar de douanepost). Alles en iedereen is in beweging, en één blik op de stad is voldoende om zelf ook verder te willen, want het is geen lekkere plek om de nacht door te brengen. Er rijdt een constante stroom bussen over de kustweg naar Guatemala-stad en er gaan rechtstreekse bussen naar Quetzaltenango; na vier uur 's middags moet je eerst een bus naar Retalhuleu ('Reu') nemen en daar overstappen.

Tilapa en Tilapita

Ten zuiden van Tecún Umán loopt een geasfalteerde weg parallel aan de grens langs eindeloze oliepalm- en bananenplantages naar het dorpje **TILAPA**. Het donkere zand van het strand loopt hier geleidelijk af in de zee, zodat de onderstroom er minder krachtig is en kinderen er makkelijker terug kun peddelen – maar er zijn alleen in het weekend strandwachten. De zanderige straten van Tilapa liggen niet vol rotzooi en er zit een rij comedores aan het strand waar je goede, verse garnalen en vis kunt eten (rond $ 6 voor een maaltijd) met een koud biertje erbij. De **hospedajes** zijn allemaal erg primitief, maar als je er echt wilt overnachten, heeft *Hotel Tilapa* (☎4777 9190; ❶) kale kamers en parkeergelegenheid.

De kustlijn maakt deel uit van het **Reserva Natural El Manchón**, bestaande uit 30 km strand waar veel zeeschildpadden hun eieren begraven, en een tien kilometer brede strook daarachter met moerassen en mangroves, waar krokodillen, leguanen, ijsvogels, ooievaars, zilverreigers en een overvloed aan vissen leven. Als je deze **moerassen** wilt verkennen, kun je met een lokale schipper onderhandelen over een tocht door de kanalen en lagunes.

▲ Het strand van Tilapita

Onderstroom

De Grote Oceaan heeft bij Guatemala een sterke onderstroom, die ontstaat doordat grote golven op een snel aflopende kust breken. Het water van de gebroken golf kan maar één kant op, en dat is onder de volgende golf door, waardoor er dicht bij de kust een sterke zuigkracht naar beneden ontstaat. Tenzij je een erg goede zwemmer bent, kun je maar beter niet te ver het water in gaan als er hoge golven zijn. In het deel waar je nog kunt staan, kun je in de aanrollende golf springen, die je naar het strand duwt. Als je in de onderstroom terechtkomt, moet je niet in paniek raken, want de zuigkracht duurt maar een paar seconden, waarna je weer boven komt. Haal adem, duik onder de volgende golf door en zwem rustig terug naar het strand.

Aan de andere kant van het estuarium ligt het stranddorpje **TILAPITA**, dat nog wat aantrekkelijker is dan Tilapa. Hier ben je er echt even helemaal uit en kun je op het prachtige, schone strand met donker zand luieren en zwemmen in de oceaan (met een minder sterke onderstroom). Er is een goed **hotel**, *El Pacífico* (Ⓣ5940 1524; ❸), eigendom van het sympathieke echtpaar Siria en Alex Mata, met achttien functionele, grote kamers met fatsoenlijke matrassen, ventilator en douche – maar neem zelf een muskietennet mee. Het zwembad is druk in het weekend. Je kunt er goed eten, waaronder verse vis, en koud bier kost maar $ 1,25 per flesje.

Naast het hotel is een klein **schildpaddenstation** waar eieren gecontroleerd worden begraven tot ze uitkomen; er staan ook een paar informatieborden (vooral warana's leggen hier hun eieren).

De makkelijkste manier om **naar Tilapa** te gaan is met een van de shuttlebusjes van Adrenalina Tours in Xela (zie blz. 182), al zijn die wel duur ($ 75 voor een retourtje). Het is ook niet zo moeilijk om er op eigen houtje heen te gaan, er is een regelmatige busverbinding tussen Coatepeque en Tilapa (elk halfuur, laatste bus gaat om 18 uur terug; 2:30 uur). Als je op de Carretera al Pacífico zit, kun je bij de afslag naar Tilapa op een verbinding wachten. Schippers varen je in Tilapa voor $ 1,20 per persoon in tien minuten over het kanaal **naar Tilapita**; bij laagtij kun je naar de overkant waden.

De kustweg: Coatepeque en Retalhuleu

Komende vanuit Mexico is **COATEPEQUE** de eerste grotere plaats aan de hoofdweg, het is een erg drukke, geheel op de handel gerichte stad, waar een groot deel van de koffie uit de streek wordt verwerkt. De armzalige stad is berucht om zijn straatbendes, en met zijn loeihete, zweterige klimaat is het een plaats om snel weer te verlaten. Vanuit het **busstation** rijden tot 19 uur elke twintig minuten bussen naar de twee grensovergangen met Mexico en naar Quetzaltenango (via Colomba en Zunil) en elk uur tot 18 uur naar Guatemala-stad. Als je er toch moet overnachten, kun je naar het *Villa Real*, 6 Calle 6–57 (Ⓣ7775 1308; ❹), een modern hotel met een restaurant en veilige parkeergelegenheid, terwijl het gemoedelijke *Hotel Baechli*, 6 Calle 5–35 (Ⓣ7775 1483; ❷), goedkoper is.

Retalhuleu en omgeving

Na Coatepeque volgt het dichtstbevolkte deel van de kustvlakte, met als centrum **RETALHULEU**, kortweg **Reu** genoemd (uitgesproken als 'Ree-oe'). Het ligt

6 km ten zuiden van de Carretera al Pacífico en is omringd door de ommuurde huizen van de rijken. Reu heeft door een combinatie van welvaart en traditie de ergste excessen van de kust weten te vermijden.

Reu is een beschaafde stad vergeleken met de chaos die elders langs de kust heerst. Fraaie palmen omzomen de weg die de stad in gaat, terwijl het **plein** een zekere mate van verbleekte autoriteit uitstraalt – hier staan de *municipalidad* (die momenteel aan een grootschalige renovatie onderworpen wordt) met enorme Griekse zuilen en een grote, aantrekkelijke koloniale kerk. De sfeer is relaxed, en op de warme avonden zitten jonge stelletjes verstrengeld op de parkbankjes. Het kleine **Museo de Arqueología y Etnología** in het *municipalidad* is een tijd dicht geweest, om in 2010 weer open te gaan; het bezit een collectie antropomorfe Mayabeeldjes met een sterke Mexicaanse invloed en enkele mooie oude foto's van de streek.

Praktische informatie over Retalhuleu

Goedkope **accommodatie** is er niet veel in Retalhuleu. Het *Hotel América*, 8 Avenida 9–32 (Ⓣ7771 1154; ③), is niet duur en heeft schone kamers met ventilator en badkamer. Iets meer luxe biedt het *Hotel Casa Santa María*, 4 Calle 4–23 (Ⓣ5202 8180; ④–⑤), een goed hotel in koloniale stijl met een klein zwembad en acht fraaie kamers, sommige met airconditioning. De eigenaren, die tevens het reisbureau Reuxtreme drijven (zie onder), geven goede informatie over de streek en serveren heerlijk eten (alleen doordeweeks) in het café. Het moderne *Hotel Posada de Don José*, 5 Calle 3–67 (Ⓣ771 0180, Ⓔdonjose@terra.com.gt; ⑥), heeft comfortabele kamers met airconditioning, een redelijk restaurant en een zwembad; de kamers in het bijgebouw zijn goedkoper (④).

Rond het **centrale plein** zitten diverse **banken**, waaronder de Banco Agromercantil met een geldautomaat. Er zijn ook veel **restaurants** in de buurt, waaronder *Cafetería la Luna*, waar je goedkoop Guatemalteeks kunt eten, terwijl het café *Lo de Chaz*, 5 Calle 4–83, ten westen van het plein, de juiste plek voor een biertje is.

Voor avontuurlijke tochten rond Reu, zoals met de mountainbike naar Takalik Abaj, en kajakken door mangrovemoerassen, kun je terecht bij Reuxtreme (Ⓣ7771 0443, Ⓦwww.reuxtreme.com), gevestigd in *Hotel Casa Santa María*. De meeste **bussen** die langs de kustweg rijden, maken een stop in het busstation van Retalhuleu aan de 7 Avenida en 10 Calle, tien minuten lopen van het centrale plein. Er gaan elk halfuur bussen naar Guatemala-stad, de Mexicaanse grens en Quetzaltenango; er rijden ook regelmatig bussen naar Champerico en El Tulate. In Retalhuleu zit een **Mexicaans consulaat** in de *Posada de Don José* (ma–vr 16–18 uur).

Takalik Abaj

De archeologische vindplaats **Takalik Abaj** (dag. 7–17 uur; $ 6,50, gids $ 6,50), 15 km ten westen van Retalhuleu, heeft een nieuw licht geworpen op de vroege cultuur van de Maya's en de invloed van de **Olmeekse** cultuur. De stad controleerde de handel in jade, cacao en obsidiaan langs de kust. In 2002 werd er een niet geplunderde koninklijke Mayatombe gevonden, en de opgravingen gaan nog altijd door. Alleen het centrum is toegankelijk, de buitenwijken van de stad liggen verspreid over vijf koffieplantages. De eerste nederzetting werd rond 1800 v.C. gebouwd, en de eerste ceremoniële gebouwen en monumenten ontstonden tussen 800 en 400 v.C. in Olmeekse stijl, waaronder de karakteristieke dikbuikige mensfiguren met gezwollen oogleden. In de late preklassieke periode maakte de Olmeekse kunst plaats voor beeldhouwwerk in Maya-stijl van plaatselijke heersers. In de klassieke periode ontstonden hier enkele van de mooiste jademaskers van de Maya's – ze zijn nu te zien in het Museo Nacional de Arqueología y Etnología in Guatemala-stad (zie blz. 81).

Het eerste grote bouwwerk dat je ziet, is **Terraza 3**, een lage, getrapte tempel met drie Olmeekse stenen hoofden voor een ceremonieel Maya-altaar. De mooiste stèles staan voor **Tempel 12**, de grootste van de stad met een draagvlak van 56 m; Monument 67 verbeeldt een jaguarkop; Monument 68 een pad; Monument 9 is een zeldzame afbeelding van een uil. Het indrukwekkendst is het geheel van **Altaar 8** en **Monument 5** (met twee koningen met vastgebonden gevangenen, gedateerd 126 n.C.). Tegenover Tempel 12 staat **Tempel 11**, een met gras begroeide heuvel, die uit het midden van de klassieke periode stamt en waar zeven stèles voor staan. Meer goed beeldhouwwerk vind je achter Tempel 12 met onder andere Monument 99 in Olmeekse stijl van een baviaanachtig wezen met vooruitstekende kaak.

Achter Tempel 12 vind je een klein **museum** met een maquette van Takalik Abaj en wat beeldhouwwerk en keramiek. Er zijn ook een paar miserabele hokken waarin onder andere witsnuitneusberen, slingerapen en stekelvarkens zitten. Je kunt bij de ingang meestal een warme *agua* kopen, maar geen eten.

Als je naar **Takalik Abaj** wilt, neem je in Reu de bus naar **El Asintal**, een dorpje 15 km naar het westen, waar je een pick-up kunt zoeken, of de 4 km naar de opgraving kunt lopen langs koffie- en cacaoplantages. Als je met de auto bent, neem je op de Carretera al Pacífico de afslag naar El Astinal.

Er zijn twee landelijke **overnachtingsmogelijkheden** in de buurt, beide een paar kilometer naar het noorden langs de weg vanaf El Astinal. Het eco-resort *Takalik Maya Lodge* (Ⓣ2337 0037, Ⓦwww.takalik.com; ⑨) is een van de beste hotels van de streek met stijlvolle kamers in twee gebouwen en een zwembad; het hotel organiseert tochten te paard, vogelexcursies en rondleidingen met gids langs de opgraving. De lokale gemeenschap is bij het project betrokken in een soort 'fair trade'-partnerschap. Het *San Isidro Piedra Parada* is een bed & breakfast (⑥) in een elegant herenhuis. Een rondleiding over de finca, waar tachtig mensen werken, is bij de prijs inbegrepen; Adrenalina Tours in Quetzaltenango kan alles voor je regelen (zie blz. 182).

Van Retalhuleu richting Quetzaltenango

Bij **El Zarco**, ten noorden van Retalhuleu aan de Carretera al Pacífico, begint een van de mooiste routes van het land, die op weg naar het hoogland langs twee goede themaparken, het verlaten dorp El Palmar Viejo en een biologische koffieplantage voert. Vervolgens klimt de weg langs de benedenhellingen van de Volcán Santa María en de Volcán Zunil omhoog, om uit te komen in de vallei van Quetzaltenango.

Xocomil en Xetulul

Als je bij El Zarco de afslag naar het noorden neemt, kom je na 6 km bij een voortreffelijk themapark, eigendom van Irtra (Ⓦwww.irtra.org.gt). Het **Parque Acuático Xocomil** (do–zo 9–17 uur; $ 11,50, kinderen $ 7,50) is een uitgestrekt complex met 1,2 km aan waterglijbanen, golfslagbaden en kunstmatige rivieren op een terrein vol Mayatempels en weelderig groen. Het aangrenzende **Parque Xetulul** (do–zo 10–18 uur; $ 28, kinderen 5–12 $ 14, toegang attracties $ 6,50 extra) is opgedeeld in zones met op de Plaza Chapina kopieën van beroemde Guatemalteekse gebouwen, bij de Plaza España een galjoen, en op het Plaza Francia replica's van beroemde Parijse gebouwen als het Gare de France. Er zijn ook een paar duizelingwekkende attracties, zoals de achtbaan La Avalancha, en het park is net als het buurpark schoon, efficiënt en buitengewoon populair bij Guatemalteekse gezinnen. Er zijn vier voortreffelijke, op gezinnen ingestelde **hotels** – onder andere een in koloniale stijl en een in de vorm van een ranch – maar die zijn duur, een eenvoudige tweepersoonskamer begint bij $ 45, en veel kamers kosten meer dan $ 100. **Bussen** tussen Retalhuleu en Quetzaltenango passeren de parken overdag elk halfuur.

El Palmar Viejo

Ongeveer 14 km na de parken is er links een afslag naar de boeiende resten van het dorp **El Palmar Viejo**. Na zware regenval in 1998 trad de Río Nimá buiten zijn oevers; modderstromen raasden door het boerendorpje, waarbij het dorpskerkje in tweeën werd gescheurd en de gevel boven een ravijn kwam te hangen. De dorpelingen werden naar de andere kant van de grote weg geëvacueerd – en al zijn de resten van El Palmar Viejo niet bepaald een Guatemalteeks Pompei te noemen, het overwoekerde spookplaatsje heeft zo zijn fascinatie en herinnert aan de destructieve kracht van orkaan Mitch, die honderden mensen in Guatemala en duizenden in Honduras en Nicaragua het leven kostte.

Bij het ravijn bij de gammele brug staan verkopers met frisdrank en er stoppen pick-ups. Als je de brug oversteekt en het pad langs modderstromen neemt en over een tweede brug, kom je bij een mooi, zandlopervormig **meer**, waar je goed kunt picknicken; het is een kwartier lopen van het ravijn.

Voor El Palmar Viejo is elke bus die tussen Retalhuleu en Quetzaltenango rijdt goed; je stapt uit bij de afslag naar El Palmar Viejo, waar je vervolgens de 3,5 km kunt lopen of op een pick-up moet wachten. Er zijn ook excursies vanuit Quetzaltenango (zie blz. 182).

El Nuevo Alianza

Aan de andere kant van de weg ligt **Nuevo Alianza** (Ⓣ5539 6898, Ⓦwww.comunidadnuevaalianza.org), een biologische koffie- en macadamianotencoöperatie. Je kunt een kijkje nemen in het fraaie herenhuis in koloniale stijl, rondlopen op de uitgestrekte plantage, waar ook een waterval is, en alles leren over het verbouwen en de verwerking van koffie. Je kunt er overnachten op een slaapzaal ($ 8 pp) of in een kamer ($ 10 pp), en ook eten ($ 4); vrijwilligers zijn welkom. Veel taalscholen en reisbureaus uit Quetzaltenango organiseren excursies naar de finca.

Champerico

Ten zuiden van Retalhuleu loopt een goede geasfalteerde weg naar het strand bij **CHAMPERICO**, de vierde haven van het land, al zou je dat niet zeggen. De stad werd in 1872 gesticht en was oorspronkelijk per spoor met Quetzaltenango verbonden. De koffie-export zorgde voor een korte periode van bloei. In 1934 bezocht Aldous Huxley de stad, maar hij was blij te kunnen ontsnappen aan 'de onuitsprekelijke saaiheid van het leven in Champerico'. Er is sindsdien weinig veranderd, alleen de roestige pier is wat opgeknapt. Champerico doet niet veel anders dan wachten op het weekend, als horden stadsbewoners naar de kust komen om vettige gefrituurde vis te eten en kratten koude Gallo te drinken. De afmetingen van het **strand** met donker zand zijn indrukwekkend, maar je moet er goed oppassen voor de gevaarlijke **onderstroom**, ook als er strandwachten zijn. De **restaurants** aan het strand lijken allemaal op elkaar, maar het *Hotel Miramar*, 2 Calle en Avenida Coatepeque (Ⓣ7773 7231; ❷), serveert paella en heeft een fantastische houten bar – de beste plek van de stad om je dorst te lessen – en donkere kamers zonder ramen.

Er rijden tussen 7 en 12 uur elke tien minuten bussen tussen Champerico en Retalhuleu; de laatste bus uit Champerico vertrekt rond 20 uur. Als je ergens anders heen moet, neem je de bus van Champerico naar Retalhuleu (waar elk halfuur bussen naar Quetzaltenango vertrekken).

Van Cuyotenango naar Cocales

Na Retalhuleu gaat de Carretera al Pacífico verder naar **Cuyotenango**, een gezichtsloos stadje waar het zware verkeer doorheen dendert. Hier is een afslag naar het palmenstrand met zwart zand van **EL TULATE**. Het dorp en de oceaan zijn van de toegangsweg gescheiden door een smalle strook mangrovemoeras; bootjes varen passagiers over voor $ 0,50. Aan zee vind je een reeks comedores waar je vis kunt eten, maar als je wat verder loopt, vind je zeker een rustig plekje aan het strand, want het is maar een klein plaatsje. Het strand loopt geleidelijk af, zodat het hier veiliger zwemmen is dan bij de meeste andere stranden langs de Grote Oceaan van Guatemala. Er zijn een paar eenvoudige **hotels** in het dorp, en *Playa Paraíso* (Ⓣ5985 0300; ⑥), 1 km ten oosten van het centrum aan het strand, heeft comfortabele bungalows met veranda, twee zwembaden en een restaurant. Er rijden **bussen** (elk halfuur; 1:30 uur) vanuit zowel Retalhuleu als Mazatenango.

Weer op de Carretera al Pacífico is **MAZATENANGO** de volgende stop, ook al een druk handelsstadje, maar rond het plein, weg van de grote weg, is het wat kalmer en zijn er lange, schaduwrijke straten. Er is geen reden hier te blijven, maar als je er goedkope **accommodatie** zoekt, kun je naar *Hotel La Cabaña*, 2 Calle 2–10, Zona 2 (Ⓣ7872 1635; ③), dat goede kamers met badkamer en parkeergelegenheid heeft. Voor meer comfort moet je naar *Hotel Alba* aan de grote weg (Ⓣ7872 0264; ④–⑤); je kunt er veilig parkeren en er is een restaurant. Rond het plein zitten nog meer restaurants, en er zijn banken.

Ongeveer 48 km na Mazatenango kom je bij **COCALES**, een verkeersknooppunt waar **bussen** naar het noorden naar Santiago Atitlán, Panajachel en San Lucas Tolimán rijden. Als je richting Atitlán moet, kun je het beste een bus naar San Lucas nemen en van daaruit met een boot of bus naar een van de andere plaatsjes aan het meer gaan. De laatste bus naar San Lucas vertrekt rond 18 uur uit Cocales.

Santa Lucía Cotzumalguapa en omgeving

Na nog eens 23 km langs de Carretera al Pacífico kom je bij **SANTA LUCÍA COTZUMALGUAPA**, een saai stadje in de vlakte even ten noorden van de grote weg. De enige attracties van de streek zijn de **archeologische opgravingen** van Pipil- en Mayanederzettingen rond Santa Lucía, de kolossale Olmeekse beelden bij La Democracia, en het strand bij Sipacate in het zuiden, waar je kunt **surfen**.

Santa Lucía Cotzumalguapa

Deze nogal gezichtsloze stad wordt door de meeste reizigers terecht overgeslagen, maar als je in de buurt bent en wat tijd over hebt, kun je een groep ongewone beelden en archeologische resten in de omringende suikerrietvelden gaan bekijken. Ze zijn alleen per taxi makkelijk bereikbaar. Aan het schaduwrijke **centrale plein** staat een van de lelijkste gebouwen van het land, een afzichtelijk betonnen gemeentehuis. Rond het plein vind je enkele armetierige **hotels**; voor een fatsoenlijke kamer moet je naar het *Hotel Internacional* (Ⓣ7882 5504; ③–⑤) ten zuiden van de Carretera al Pacífico; hier vind je schone kamers met een ventilator of airconditioning. Als je wilt **eten** kun je naar de populaire *Taquería Palankiny,* 4 Calle 3–60, of bij *Cevichería La Española* aan de 4 Avenida vers zeebanket met een biertje nemen. Er zijn diverse **banken**; Banco Agromercantil aan de 3 Avenida heeft een geldautomaat.

Eersteklasbussen die over de Carretera al Pacífico rijden, zetten je af bij de toegang tot de stad, tien minuten lopen van het centrum. Er rijden tweedeklasbussen ('directo', elk halfuur; 1:45 uur) tussen de hoofdstad en het busstation op een paar blokken van het plein.

Archeologische vindplaatsen

Een bezoek aan de archeologische vindplaatsen rond Santa Lucía Cotzumalguapa kan vermoeiend en frustrerend zijn, omdat je in de smoorhitte door eindeloze maïsvelden moet ploeteren. Alles te voet doen is het goedkoopst, maar het is zwaar en kan riskant zijn – er hebben zich berovingen voorgedaan. Het is daarom beter een taxi te nemen – ze staan in alle stadia van verval op het centrale plein –, met wat onderhandelen moet je voor zo'n $ 15 alle vindplaatsen kunnen zien.

Bilbao

In 1880 werden meer dan dertig laatklassieke stenen monumenten uit de Pipil-opgraving **Bilbao** weggehaald, waarbij de negen beste naar Duitsland gingen. Er bleven vier groepen achter, en twee daarvan laten de ongelooflijke precisie van de beeldhouwers zien, die in zwart vulkanisch gesteente werkten. Om er te komen, loop je vanaf het plein omhoog door de 4 Avenida tot aan het Convento Las Hermanas, waar je naar links gaat over een onverhard weggetje langs een suikerrietveld. Na ongeveer 200 m zie je een vrij breed pad naar links het suikerriet in. Na 20 m kom je bij twee grote stenen met vogelachtige patronen en vreemde cirkelvormige hiërogliefen in groepjes van drie: veel van de hiërogliefen verwijzen naar de namen van de dagen die gangbaar waren in het zuiden van

▲ Dios Mundo in Finca El Baúl

Mexico. In hetzelfde suikerrietveld staat aan hetzelfde pad nog een sterk verweerde steen, en iets verder vind je een groepje goed bewaard gebleven stenen met figuren en in elkaar grijpende motieven.

Finca El Baúl

De tweede vindplaats ligt 5 km verder, op het land van de **Finca El Baúl**, je komt er door de 3 Avenida in noordelijke richting de stad uit te nemen. Op de heuvel staan twee stenen, de een stelt een staande figuur voor in een rok en met uitbundige hoofdtooi, de andere is een enorm, half begraven stenen hoofd (Dios Mundo genoemd) met gefronst voorhoofd en een hoofdband – mogelijk is het Huhuetéotl, de vuurgod van de Mexicanen. Voor de stenen staan een paar altaartjes, waar mensen dierenoffers brengen, wierook branden en bloemen aanbieden. Opgravingen hebben een netwerk van begraven paden blootgelegd – één pad gaat naar het noorden naar de vindplaats **Gloria**, waar grote gebeeldhouwde stenen zijn gevonden – ze staan nu in het Museo Popul Vuh in Guatemala-stad. El Baúl is ook een ideaal schaduwrijk plekje voor een **picknick** met fraai uitzicht op de vulkanen Agua en Fuego in het noorden.

De volgende groep interessante stenen is bij de **finca** zelf (ma–vr 7–17, za 8–12 uur; gratis), een paar kilometer buiten de stad. Er staan enkele schitterende koppen, een stenen schedel, een enorme jaguar en een erg goed bewaard gebleven stèle van een balspeler (Monument 27) uit de laatklassieke periode. Naast deze precolumbiaanse kunstwerken kun je de oude stoommachine van de finca zien, waarmee het suikerriet langs een eigen spoor werd vervoerd, en een Duitse stoomtractor.

Finca Las Ilusiones

Aan de andere kant van de stad ligt de **Finca Las Ilusiones**, waar opgegraven voorwerpen en stenen beelden te zien zijn in het **Museo Cultura Cotzumalguapa** (ma–vr 8–16, za 8–12; $ 1,40). Tot de collectie behoren een dikbuikig beeldje in Olmeekse stijl (Monument 58), waarschijnlijk uit het midden van de preklassieke periode, en een kopie van Monument 21 met drie figuren, de middelste stelt een balspeler voor. Het museum toont nog meer beeldhouwwerk, waaronder een fantastische stèle, wat replica's, en duizenden kleine stenen beeldjes en aardewerkfragmenten. Als je naar het museum wilt, ga je 1 km over de grote weg naar het oosten en sla je bij het bord links het zijweggetje in, het is dan nog 400 m.

La Democracia en Sipacate

Na Santa Lucía Cotzumalguapa leidt de Carretera naar **Siquinalá**, een vervallen stadje, met een afslag naar de kust. Langs deze weg, 9 km naar het zuiden, ligt **LA DEMOCRACIA**, een ordelijk stadje waar je ook een collectie archeologische vondsten kunt bekijken. Ten oosten van de stad ligt de opgraving **Monte Alto**; veel van de mooiste beelden die er gevonden zijn, staan nu in La Democracia op het centrale plein onder een enorme kapokboom. Je ziet grote stenen hoofden met eenvoudige, bijna kinderlijke gezichten, die met een bizarre, Boeddha-achtige tevredenheid grijnzen. Sommige koppen rusten op een klein, rond lichaam; deze 'dikke jongens' liggen op hun rug en houden hun gezwollen buik vast. Ze lijken erg op de oude Olmeekse beelden die bij Villahermosa aan de Golf van Mexico zijn gevonden en dateren waarschijnlijk uit het midden van de preklassieke periode, rond 500 v.C. In het **museum** aan het plein (di–zo 8–16 uur; $ 4,50) is beeldhouwwerk te zien, naast heupstukken, gebruikt bij het ceremoniële balspel, keramiek, maalstenen, een prachtig jademasker en nog wat stenen hoofden.

Na La Democracia is het 21 kilometer naar **La Gomera**, een landbouwstadje waar de bussen meestal een pauze nemen. De weg eindigt bij de kust in het kalme dorpje **SIPACATE** in het Parque Natural Sipacate-Naranjo, een natuurreservaat met mangroves en een strand met de beste **golven** van Guatemala. Tussen het strand en het dorp ligt het zwarte water van het **Canal de Chiquimulilla** (dat tot aan Las Lisas, 100 km naar het oosten, parallel aan de zuidkust van Guatemala loopt); bootjes zetten de gestage stroom passagiers over. Aan het strand vind je een opkomende surfscene. De kans op golven van zo'n twee meter hoog is het grootst tussen december en april (meer informatie vind je op de website van *El Paredón*). Je kunt **overnachten** in de *Rancho Carillo* (☎5517 1069, ⓦwww.marmaya.com; ❼), een comfortabele stek met kamers en cabañas, een zwembad en een restaurant; je kunt er ook terecht voor visexcursies en surflessen in het weekend. Zes kilometer naar het oosten ligt het rustieke *El Paredón Surf Camp* (☎4593 2490, ⓦwww.surf-guatemala.com; ❷), opgezet door Guatemalteekse surfliefhebbers; **surflessen** kosten $ 10 per uur. Je vindt er twee slaapzalen, elk met vier stapelbedden ($ 5), en plek voor hangmatten en campers, en je kunt aan het strand ontbijten of verse vis eten met bier of vruchtensap erbij. Je kunt met de bus naar *El Paredón*, maar het is wel lastig, want je moet meerdere keren overstappen en dan worden opgehaald uit Sipacate. Als je tijdig contact opneemt, kan eigenaar Adolfo Cruz (die goed Engels spreekt) meestal wel iets regelen.

Vanuit Siquinalá aan de Carretera gaan **bussen** naar La Democracia (elk halfuur; 15 min.) en Sipacate (8 per dag; 2 uur).

Escuintla en de kust

De belangrijkste plaatsen in het oostelijk deel van de kustvlakte zijn **Escuintla**, de grootste stad van het gebied, en **Puerto San José**, ooit de belangrijkste haven van Escuintla – maar geen van beide is aantrekkelijk. Meer naar het oosten ligt **Monterrico**, waar je een indrukwekkend strand en het belangrijkste natuurreservaat van de kust vindt, met mangrovebossen waar schitterende vogels leven. De Carretera leidt vervolgens naar de grens met El Salvador; langs dat traject zijn nog een paar afslagen naar kleine dorpjes aan de oceaan.

Escuintla

Gelegen aan de kruising van de twee belangrijkste wegen in het kustgebied is **ESCUINTLA** uitgegroeid tot Guatemala's derde stad met een bevolking van 130.000. Ondanks die grootte valt er niets te zien, maar je krijgt er wel een goede indruk van het leven in de kustvlakte - de drukkende warmte, het tempo, de energie, en de industrie en handel in landbouwproducten die de economische motor vormen. Niet ver van het plein ligt de enorme, chaotische **markt** over diverse blokken uitgespreid, tot aan de 4 Avenida, de hoofdstraat, waar een nepkasteel staat dat als politiebureau dienstdoet.

Rond de 4 Avenida zitten tal van goedkope **hotels**, de meeste zijn nogal armoedig; wil je airconditioning en een veilige parkeerplek, dan is *Hotel Costa Sur*, 12 C 4–13 (☎7888 1819; ❸–❹) de beste keuze. Om te **eten** kun je een van de *cevicherias* in de 1 Calle bij het winkelcentrum Plaza Palmeras proberen; *Blanqui*, 1 Calle 3–55, Zona 2, is een groot, efficiënt restaurant gespecialiseerd in vers zeebanket, *ceviche* en gefrituurde vis – een gemengde schotel kost $ 10. Tijdens lunchtijd en het begin van de middag heerst er een geweldige sfeer met mariachi's die de tafeltjes aandoen, terwijl het er 's avonds rustiger aan toe gaat.

In Guatemala-stad vertrekken bij Treból elke twintig minuten tot 19 uur **bussen** naar Escuintla, waar ze vanaf de kruising 8 Calle en 2 Avenida terugrijden. Voor andere bestemmingen zijn er twee busstations: bussen naar de Mexicaanse grens en de tussenliggende plaatsen rijden door het noorden van de stad, ze stoppen bij het Esso-station tegenover de Banco Uno (stadsbus door 3 Av); bussen richting El Salvador vertrekken vanuit het hoofdbusstation aan de zuidkant van de stad, aan het einde van de 4 Avenida (stadsbus door 4 Av). Er gaan elke 20 minuten bussen naar Puerto San José en de oostgrens, en elk uur tot 17 uur naar Antigua.

Naar de kust: Puerto San José

De weg die van Escuintla naar de kust gaat, voert je langs weilanden naar **PUERTO SAN JOSÉ**, een wat armoedig kuststadje dat dicht bij de hoofdstad ligt en daarom populair is. De haven werd in 1853 aangelegd en was ooit de belangrijkste van Guatemala, hier werden de goederen van en voor de hoofdstad verscheept. De haven is inmiddels vrijwel overbodig geworden dankzij de moderne faciliteiten bij Puerto Quetzal, iets verderop, en stad en haven zijn in verval geraakt. De stad probeert nu zo veel mogelijk te verdienen aan de lawaaiige dagjesmensen die in het weekend de stranden vullen.

Tussen het strand met zwart zand en het stadje ligt het Canal de Chiquimulilla. In het plaatsje vind je de **bars** en **restaurants**, die in het weekend gewoonlijk bomvol zitten met grote groepen ladino's die zich te goed doen aan visschotels en tot diep in de nacht de jukebox laten spelen. De **hotels** zijn relatief duur en niet erg aangenaam, de clientèle bestaat bovendien voor een groot deel uit dronken mensen. Als je een paar dagen aan de kust wilt doorbrengen, kun je beter naar Iztapa of Monterrico gaan.

Er rijden de hele dag elke twintig minuten bussen tussen het plein van San José en Guatemala-stad; veel bussen rijden door naar Iztapa.

Puerto Quetzal en Likín

Aan beide zijden van San José liggen aan de kust de enclaves waar de rijke elite van Guatemala haar vakantiehuizen heeft gebouwd: een bleke afspiegeling van die van Miami Beach.

Even ten oosten van San José ligt de containerhaven en nieuwe **jachthaven** van **PUERTO QUETZAL** met goede faciliteiten. Het is ook een van de belangrijkste havens in Guatemala voor visexcursies (zie blz. 46), maar hotels zijn er niet, je vindt er alleen een restaurant en tientallen ligplaatsen. Daarna komt **Likín**, een residentieel complex voor de rijken met een schaakbordpatroon van kanalen en straten, maar er valt verder niets te doen dan kijken hoe de rijken zich vermaken.

Iztapa en omgeving

Zo'n 13 km ten oosten van Puerto San José ligt **IZTAPA**, een aardig havenplaatsje en tevens badplaatsje dat tot een centrum voor sportvisserij is uitgegroeid. Van alle in onbruik geraakte havens van het land is Iztapa de oudste, want hier lagen de vloten van de conquistadores voor anker – de Spaanse aanvoerder Pedro de Alvarado liet hier de boten bouwen waarmee hij naar Peru voer.

Van dat verleden is in het tegenwoordige Iztapa weinig te zien, maar het slaperige plaatsje heeft wel een kalme charme en ligt fraai aan het Canal de Chiquimulilla. Het lange strand met zwart zand ligt aan de andere kant van het kanaal, bij een dorpje met de naam **Pueblo Viejo** – er is een nieuwe brug ($ 2 voor auto's) over het kanaal. De **golven** zijn er vrij constant, zodat je er kunt surfen, maar er zijn geen faciliteiten. Het is er ook niet druk, er komen alleen wat lokale surfers.

De hotels in Iztapa zijn of armoedig met vooral Guatemalteekse gasten of luxueus en gericht op sportvissers. In die laatste categorie is het *Sol y Playa Tropical* (ⓣ7881 4365; ④) het beste, met kamers (allemaal met badkamer, sommige met airconditioning) rond een vrij groot zwembad omringd door palmen en bananenbomen. Drie hotels hebben banden met organisatoren van vistochten; je zult er logeren als je een volledig verzorgde vistrip boekt; ze hebben alle drie airconditioning en een restaurant. De *Sailfish Bay Lodge* (ⓣ2426 3909, ⓦwww.sailfishbay.com; ⑨) heeft acht tweepersoonskamers direct aan het strand, een zwembad en *hot tub*. *Buena Vista Resort* (ⓣ7880 4203, ⓦwww.buenavistasportfishing.com; ⑨) is ruim opgezet, gesitueerd aan het kanaal, met een zwembad en goede faciliteiten; er staan een jachthaven en bungalows gepland. Het *Pacific Fins Resort* (ⓣ7881 4767, ⓦwww.pacificfins.com; ⑨) heeft naast kamers ook vier aantrekkelijke villa's met twee slaapkamers; het zwembad ligt in een fraaie tuin.

Als je wilt **eten**, is *Rancho San Rafael*, vlak bij de brug, een goed adres voor vis, waaronder ceviche, en knoflookgarnalen. Vanuit Iztapa rijden elk uur (5-17 uur) **bussen** naar Guatemala-stad en Monterrico, terwijl er eveneens elke 30 minuten minibusjes naar Puerto San José vertrekken.

Even buiten Iztapa begint een geasfalteerde weg die door het kustlandschap voert met hier en daar luffaplantages en die de 25 km tussen Pueblo Viejo en Monterrico overbrugt. Sommige stukken kust worden inmiddels ontwikkeld, maar er zijn ook lange lege stukken strand met schoon, donker zand; je komt er door een van de zijweggetjes in te slaan. Even voor Monterrico vind je in het dorp El Pumpo, *Utz Tzaba* (ⓣ5318 9452, ⓦwww.utz-tzaba.com; ⑦–⑨), een fraai hotel van Nederlanders met tien vlekkeloze kamers en vier bungalows (met woonkamer en twee slaapkamers) op een groot stuk grond aan de oceaan, met heerlijke gazons, een groot zwembad en een bar.

Monterrico en omgeving

Van de plaatsjes aan de Grote Oceaan ligt **MONTERRICO** misschien wel het mooist, met een landschap dat tot zijn essentie is teruggebracht: een strook kaarsrecht strand, een krachtige branding, een uitgestrekte, lege oceaan, en de eindeloze horizon. Het dorp is wat armetierig, maar schoon, en de afgelopen jaren hebben een paar uitstekende hotels er hun deuren geopend. Het is een vriendelijk, relaxt plaatsje tussen de zee en het Canal de Chiquimulilla, dat door een fantastisch netwerk van **mangrovebossen** slingert. In het weekend verandert de sfeer iets, want dan stromen de hotels vol met hoofdstedelingen op zoek naar vertier.

Monterrico ligt midden in het **Biotopo Monterrico–Hawaii**, een natuurreservaat van twintig kilometer strand waar veel zeeschildpadden eieren komen leggen; het omvat ook moerassen en de dorpjes Monterrico en Hawaii. Helaas kan de beschermde status niet voorkomen dat stropers veel schildpadeieren opgraven. Een bezoek aan Monterrico is zeker de moeite waard, al was het maar vanwege de prachtige ligging aan de oceaan, maar als je wilt zwemmen, moet je goed oppassen voor de verraderlijke **onderstroom**. In het weekend zijn er strandwachten, maar desondanks komen regelmatig zwemmers in moeilijkheden, en er zijn mensen verdronken.

Aankomst en informatie

Omdat het een heel gedoe is om met gewone bussen Monterico te bereiken, maken de meeste mensen gebruik van de rechtstreekse **shuttlebusjes** (2:15 uur; $ 7–10; zie kader blz. 112) die dagelijks vanuit Antigua rijden.

Als je met het **openbaar vervoer** gaat, heb je twee mogelijkheden. In Guatemala-stad neem je in het zuidkustbusstation, 8 Avenida & 4 Calle, Zona 12, een bus naar Iztapa (vijf per dag), en vervolgens een minibus naar Monterrico (elk

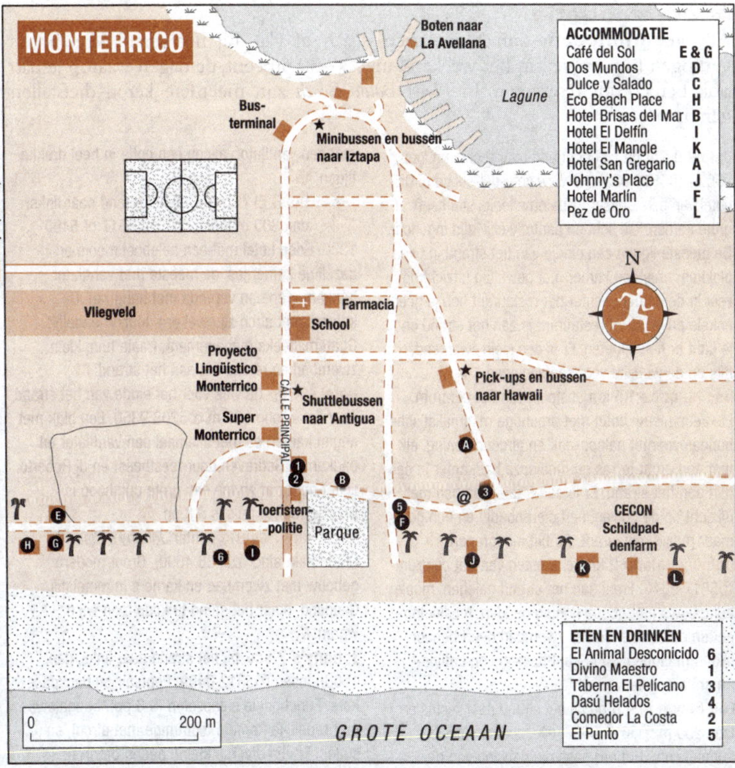

halfuur; 40 min.); je kunt ook via Puerto San José gaan, daar een bus naar Iztapa nemen, en dan naar Monterrico. De andere route is gecompliceerd en duurt langer, ongeveer vier uur. Je begint door een bus te nemen richting Ciudad Pedro de Alvarado aan de grens met El Salvador (elk halfuur vanuit het busstation in Zona 12 van Guatemala-stad), bij Taxisco stap je uit, waarna je een bus naar La Avellana pakt. **Boten** zetten passagiers (8 keer per dag; 40 min.; $ 0,60) en auto's ($ 13) over naar Monterrico aan de andere kant van het mangrovebos. De laatste bus van Taxisco naar Guatemala-stad vertrekt rond 18 uur.

Bij de steiger van Monterrico sla je de Calle Principal in, die langs kokospalmen, tiendas, een voetbalveld en een hoop varkens, kippen en honden leidt. Loop door tot je bij een geplaveide straat komt met palmen en restaurants met terrassen, en al snel zul je de branding horen en datgene zien waar het allemaal om draait: het Playa Baule.

Je kunt in Monterrico **Spaans leren** bij Proyecto Lingüístico Monterrico (Ⓣ5619 8200, Ⓦwww.monterrico-guatemala.com/spanish-school); een cursus, bestaande uit twintig uur les en verblijf en maaltijden bij een familie, kost $ 125. Op de **website**, Ⓦwww.monterrico-guatemala.com vind je informatie over hotels en transport.

Je kunt internetten (met inbelverbinding) bij *El Pelícano*. Er is een **geldautomaat** in de winkel Super Monterrico in de Calle Principal, maar er zijn geen **banken** in Monterrico. Puerto San José heeft wel diverse banken en geldautomaten. De **toeristenpolitie** (Ⓣ5551 4075) heeft een bureau aan de Calle Principal.

Accommodatie

Alle **accommodatie** van Monterrico is aan of vlak bij het strand. Veel hotels verhogen hun prijzen in het weekend met 20–30 procent, de dagen waarop je dan ook beter kunt reserveren. In *Hotel Baule Beach* zijn meerdere keren diefstallen gerapporteerd.

Café del Sol ga bij het strand naar rechts en loop 250 m ⓣ5810 0821, ⓦwww.cafe-del-sol.com. Dit hotel van een Zwitsers-Guatemalteeks stel heeft grote kamers die licht en aantrekkelijk zijn ingericht. De meeste liggen een eindje van het strand in twee blokken; er is één kamer met geweldig uitzicht op zee; in de kamers achter het restaurant heb je geen enkele privacy. Het restaurant is aan het strand en je kunt er heerlijk eten. Er is een klein zwembad. Kijk op de website voor aanbiedingen. ④–⑤

Dos Mundos 1,5 km oostelijk van het centrum. Luxueus nieuw hotel met prachtige minimalistische bungalows met palapa-dak en airconditioning, elk met een groot terras en modieuze badkamer in een tuin aan het strand. Er is een fraai zwembad met uitzicht op de golven, een pierenbadje en een goed, maar prijzig restaurant. Ontbijt inbegrepen. ⑧

Dulce y Salado 2 km ten oosten van het centrum ⓣ5817 9046. Fraai aan het strand gelegen, mooie bungalows met goede houten bedden, muskietennetten en badkamer. Het zwembad heeft behoorlijke afmetingen, en je kunt Italiaans en Latijns-Amerikaans eten. ⑤

Eco Beach Place ga bij het strand naar rechts en loop 250 m ⓣ5611 6637, ⓔecobeachplace@hotmail.com. Het erg gastvrije pension van de charmante Luis (die twee jaar in Engeland heeft gewoond) en zijn zoon Juanito heeft grote, comfortabele kamers; sommige bieden plaats aan vier, en op een na hebben ze allemaal een badkamer. Er staan twaalf nieuwe kamers gepland voor het stuk grond ernaast, allemaal met badkamer en vijf met uitzicht op zee. Er is een goed restaurant en een bar met vanaf de veranda uitzicht op de Grote Oceaan. ⑤

Hotel Brisas del Mar in het dorp ⓣ5517 1142. Ietwat karakterloos, maar veel waar voor je geld. Er zijn 26 kamers, de meeste met badkamer en sommige met airconditioning. Er zijn een paar niet al te schone zwembaden. ③

Hotel El Delfín aan het einde van de C Principal, rechts ⓣ5702 6701. Een hoop kleine kamertjes met een ventilator: alleen een optie in heel drukke tijden. ②

Hotel El Mangle bij het strand naar links, dan 300 m lopen ⓣ5514 6517 of 5490 1336. Goed hotel met een heleboel mooie en gezellige kamertjes, de meeste met ventilator, badkamer en een veranda met hangmat. De kamers met airco zijn wel erg duur. Vriendelijk Guatemalteeks management, fraaie tuin, klein zwembad en restaurant aan het strand. ④

Hotel Marlín ga vlak voor het einde van het strand naar links, loop 120 m ⓣ5208 9350. Een blok met negen kamertjes met allemaal een ventilator en badkamer. Gedreven door feestbeest en dj Roberto, zodat het er af en toe een grote puinhoop is. Doordeweekse prijs is $ 8 pp. ④

Hotel San Gregario achter *Johnny's Place* (in Guatemala-stad ⓣ2238 4690). Groot modern gebouw met zwembad en kamers in motelstijl. Geopend, maar het stond te koop toen wij er waren. ⑤

Johnny's Place bij het strand naar links, dan 150 m lopen ⓣ5812 0409. Populair bij backpackers. Functionele slaapzalen ($ 6 pp), bungalows met redelijke kamers (sommige met airco), en suites. Er zijn diverse kleine baden om in te springen, maar sommige zijn alleen in het weekend gevuld. Met wat meer aandacht en liefde zou dit een geweldige plek zijn. Bij het strand is het al wel erg leuk, met een rij hangmatten, een goed café-restaurant met goed gesorteerde bar, en een strandvolleybalveld. ③–⑤

Pez de Oro bij het strand naar links, dan 350 m lopen ⓣ7920 9785 of 2368 3684, ⓦwww.pezdeoro.com. Aantrekkelijke plek om te logeren, met fraaie, schone huisjes met muskietennet, houten meubilair en beddenspreien van Guatemalteeks textiel (kamer 13 kijkt uit over zee). In de schaduwrijke tuinen liggen twee kleine zwembaden; het restaurant aan het strand serveert Italiaans en internationaal eten. ⑥

Het strand, het mangrovebos en de schildpaddenkwekerij van Monterrico

Monterrico's indrukwekkende **strand**, waar veel zeeschildpadden nesten graven (zie kader blz. 238–239), is een vijftig meter brede strook donkergrijs zand, voortdurend gegeseld door de Grote Oceaan. Het water wordt snel dieper, waardoor er meestal een sterke **onderstroom** staat – pas vooral bij hoge golven goed op.

Hoe verder van het centrum, hoe verlatener het strand, met alleen af en toe een vakantiehuisje of de palapa van een visser tussen de palmen. Groepen pelikanen scheren in formatie vlak boven de golfkoppen over de oceaan, parallel aan de kust – ze worden wel de 'luchtmacht van Monterrico' genoemd.

Achter het strand en het dorp liggen uitgestrekte **mangrovemoerassen**, die een bijzonder rijk milieu vormen, dat is ontstaan doordat de rivieren uit het hoogland vlak voor de oceaan geblokkeerd worden door het zwarte zand van het strand en opzij moeten stromen door de moerassen voordat ze een weg naar zee vinden. Het donkere water is rijk aan voedingsstoffen met een weelderige begroeiing van vier soorten mangroves tot gevolg; daartussen liggen smalle kanalen en open lagunes met biezen en waterlelies. De wirwar van wortels vormt een kraamkamer waar kleine visjes beschermd zijn tegen hun natuurlijke vijanden, terwijl de voedselrijkdom en de dichte vegetatie boven water een ideale biotoop bieden aan honderden vogelsoorten en enkele soorten reptielen en zoogdieren, waaronder wasberen, leguanen, alligators en opossums.

Een tocht door het moeras met zijn labyrint van kanalen is een avontuur, maar neem wel een **gids** mee. De natuurbeschermingsorganisatie CECON, die het reservaat van Monterrico beheerst en onderdeel is van de universiteit van San Carlos, heeft ervaren lokale gidsen in dienst – je vindt ze op het strand voor het bezoekerscentrum van de organisatie (ze dragen een badge). En anders kunnen de meeste hotels wel een lokale schipper aanraden. Je kunt eventueel ook een kleine *cayuco* huren ($ 1,30 per uur) en zelf gaan peddelen. Als je een grotere boot met een motor huurt, zul je veel minder zien, omdat het lawaai van de motor de dieren afschrikt. De kans dat miereneters of wasberen zich laten zien, is klein, maar vogels zul je wel in het vizier krijgen, waaronder ijsvogels, zilverreigers en diverse eendensoorten. Vooral de Laguna la Palmilla is een goede plek. Daarnaast is de tocht ook leuk om de lokale vissers hun netten te zien uitgooien.

Bij het hoofdkwartier van CECON is een **schildpaddenfarm**. Het bezoekerscentrum (dag. 8–12 & 14–17 uur; $ 1,30) zit aan het strand, waar op een

▲ De mangrovemoerassen van Monterrico

schaduwrijk stuk opgegraven **schildpadeieren** opnieuw begraven worden. Bij het hoofdkwartier loopt een kort pad langs de rand van het reservaat langs omheinde stukken waar zoetwaterschildpadden, alligators en groene leguanen worden gefokt om weer in de natuur te worden uitgezet. Er staan ook informatieborden, sommige in het Engels. De organisatie zoekt Spaans sprekende vrijwilligers en contacten met universiteiten in het buitenland. Als je wilt helpen, schrijf dan naar CECON USAC, Reserva Natural Monterrico, 06024 Taxisco, Santa Rosa.

Eten en drinken

Eten in Monterrico komt neer op kiezen tussen de **comedores** in de Calle Principal of een van de **restaurants** aan het strand. Het menu en de prijzen van de verschillende comedores zijn vrijwel identiek: grote borden vis en garnalen

De schildpadden van Monterrico

De lange, lege stranden rond Monterrico zijn belangrijke nestplaatsen voor drie soorten zeeschildpadden, waaronder de grootste soort, de lederschildpad. Het reservaat werd ingesteld om de schildpadden voor de soeppot te beschermen en het verzamelen van hun eieren, die in Guatemala als afrodisiacum worden beschouwd, in te dammen. De schildpadden worden ook bedreigd omdat hun schild gewild is, ze in vissersnetten verstrikt raken en verdrinken, en door vervuiling; vooral plasticzakken, die ze voor kwallen aanzien. Schildpadden kruipen in het donker het strand op. In het broedseizoen heb je tijdens maanloze nachten goede kans ze bij Monterrico te zien.

Lederschildpad De enorme lederschildpad is de grootse schildpad ter wereld, hij kan meer dan twee meter lang worden en 900 kg wegen. Het strand van Monterrico is naar zijn Spaanse naam, *baule*, vernoemd. Hij eet vrijwel alleen kwallen en duikt soms wel 1200 meter diep op zoek naar prooi. Zoals de naam al aangeeft, is zijn schild niet erg hard, hij bestaat uit een laag zwarte, rubberachtige huid. De lederschildpad leeft in tropische en gematigde wateren van Maleisië tot Schotland en onderneemt een van de langste migraties van het dierenrijk – een exemplaar werd gevolgd op een reis van 20.000 kilometer die hem van Indonesië naar de VS bracht. Deze schildpadsoort, die al honderd miljoen jaar bestaat, wordt met uitsterven bedreigd door het vissen met lange lijnen en hangnetten. Bij Monterrico komen ze van half oktober tot laat december hun eieren leggen.

Warana De warana leeft in de tropische wateren van de Grote, Atlantische en Indische Oceaan en is de meest algemene van de acht soorten zeeschildpadden en ook een van de kleinste, hij wordt zo'n 80 cm lang en weegt 35 kg. Warana's verzamelen zich in enorme aantallen voor hun favoriete stranden om te paren, waarna de vrouwtjes aan land kruipen om een nest te graven. Het zijn omnivoren, ze eten vissen en garnalen, zeegras en algen. Bij Monterrico (waar ze *parlamas* worden genoemd) komen ze tijdens het broedseizoen tussen juli en december massaal aan land.

Soepschildpad Tot voor kort werd gedacht dat een donkere ondersoort van de soepschildpad zijn eieren bij Monterrico legde, maar onderzoek dat in 2007 werd gepubliceerd wijst erop dat deze zwarte schildpad een verkeerd ingedeelde soepschildpad was. Soepschildpadden kunnen ruim een meter lang worden en 200 kg wegen, ze zijn herkenbaar aan hun donkere, hartvormige schild. Ze komen in alle tropische zeeën voor en zijn voornamelijk herbivoor, met een voorkeur voor zeegrassen. Vroeger werden soepschildpadden voor hun vet gevangen, dat groen van kleur is; de andere naam van de soepschildpad, groene schildpad, is daarop gebaseerd, want het schild is gewoonlijk bruinig of grijzig. Soepschildpadden leggen van juli tot december hun eieren op de stranden van Monterrico.

voor rond $ 6 en pasta voor $ 3; twee aanraders zijn *Divino Maestro* en *Comedor La Costa*.

Aan het strand is *Johnny's* een van de goedkopere restaurants met vis, spaghetti en hamburgers op het menu, maar de bediening kan traag zijn. De *Eco Beach Place* is gespecialiseerd in goed **gegrild vlees**, waaronder parrillas, terwijl *Pez de Oro* een leuke eetzaal heeft met geblokte tafelkleedjes en Italiaans eten, omelet ($ 3,50) en broodjes ($ 4). *Dos Mundos* serveert ook goed, maar duur Italiaans eten en specialiteiten als paella en *caldo de mariscos*. *Café del Sol* is een relaxte plek voor een snack of maaltijd, met vanaf het terras fraai uitzicht op de golven. Het beste restaurant zit even landinwaarts bij *Johnny's*: de aantrekkelijke *Taberna El Pelícano* (Ⓣ7848 1645; gesl. di) van een Zwitserse eigenaar, met een Europese menukaart waarop pasta en risotto en dagspecialiteiten staan. Een maaltijd kost $ 10–15 per persoon; zaterdagavond moet je reserveren. En dan is er nog een geweldige **ijssalon** van een Siciliaan,

Eieren en hueveros

Alle zeeschildpadden hebben dezelfde broedtechniek: ze kruipen moeizaam het strand op en graven met hun poten onhandig een gat van ongeveer 50 cm diep, waarna ze een honderdtal zachte eieren leggen ter grootte van een golfbal. De schildpadden begraven de eieren vervolgens en keren terug naar zee. De eieren van de twee kleinste soorten komen na 50 dagen uit, die van de lederschildpad na 72 dagen. Eenmaal uitgekomen graven de schildpadjes, niet groter dan de palm van een hand, zich een weg naar boven en kruipen zo snel mogelijk naar het water, waarbij ze proberen te ontkomen aan de zeevogels. In het water wachten weer tal van andere gevaren; slechts een op de honderd schildpadjes wordt volwassen.

Het kan een bijzondere ervaring zijn om een schildpad haar eieren op het strand van Monterrico te zien leggen, maar de aanwezigheid van *hueveros* (eierverzamelaars) verhindert dat nogal eens. In het nestseizoen patrouilleren ze met een zaklantaarn in de hand over het strand, op zoek naar schildpadden in de branding. Als ze een schildpad zien die het strand op komt, eieren legt en weer verdwijnt, graven ze het nest meteen uit. De meeste bezoekers laten het bij een foto en raken hooguit de verbaasde schildpad aan voordat die weer terugkruipt naar zee (gebruik nooit een flits, want daardoor raken de schildpadden gedesoriënteerd), maar sommigen die de *hueveros* aanspraken, werden met machetes bedreigd.

Officieel is het verzamelen van de eieren verboden, maar informeel bestaat er de afspraak dat van elk opgegraven nest een tiental eieren naar de kwekerij van het reservaat gaat, die elk jaar duizenden babyschildpadjes in zee zet. Deze overeenkomst is bedoeld om de relatie tussen de lokale gemeenschap, die de eieren voor $ 2,50 per dozijn verkoopt, en de natuurbeschermers te verbeteren. Sommige bezoekers kopen alle eieren van de *hueveros* (die vaak erg arm zijn) en geven ze aan de kwekerij van CECON in een ethisch maar misschien ook dubieus gebaar.

Tijdens het nestseizoen kan de bezoeker het project steunen door een babyschildpad te adopteren voor de zaterdagse '**schildpaddenrace**' op het strand. De sponsor van de winnende schildpad krijgt een etentje voor twee in een strandrestaurant. Experts staan gereserveerd tegenover de race (net als tegenover het 'aaien' van schildpadden), omdat de schildpadjes voor de race dagenlang in emmers zitten, waardoor ze uitgeput en gedesoriënteerd raken en hun instinct, waarmee ze later hun geboortestrand moeten terugvinden, van slag raakt.

Dasú Helados, tussen *Pez de Oro* en *Dos Mundos*, waar je ook handwerk kunt kopen.

Er zijn enkele **bars** in Monterrico, doordeweeks meestal rustig en in het weekend druk, als jongeren uit Guatemala-stad uitgaan. Een van de levendigste bars aan het strand is *El Animal Desconicido*, met een forse geluidsinstallatie en een uitgebreide kaart met drankjes. Het nieuwe *Sed*, van een Nederlandse eigenaar, zit op een A-locatie aan het einde van de Calle Principal; het is een stijlvolle loungebar waar je een cocktail of biertje kunt drinken. Iets verder van het strand zit de bar-club *El Punto* van dj/producer Roberto, die met techno en drum 'n' bass het vuur op de dansvloer aanwakkert; je kunt er ook poolbiljarten.

Naar het oosten naar Hawaii

Als je vanuit Monterrico 7 km naar het oosten langs het strand gaat, kom je bij **HAWAII**, een slaperig vissersdorpje. Een kilometer voor het dorp vind je de locatie van een groot **schildpaddenproject** (dag. 9–18 uur; donatie verwacht), opgezet door ARCAS, die elk jaar zo'n 30.000 schildpadden in de Grote Oceaan uitzet. Er zijn meerdere paden, tabellen waarop de aantallen eieren worden bijgehouden en een overvloed aan informatie over schildpadden en de mythen en ideeën die er in de wereld over ze bestaan. **Vrijwilligers** zijn altijd welkom (het hele jaar door, maar juni-november is het belangrijkste nestseizoen), neem bij voorkeur van tevoren contact op (Ⓣ5849 8988, Ⓦwww.arcasguatemala.com), maar je kunt ook gewoon langsgaan. Het meeste werk is 's avonds, de vrijwilligers verzamelen de eieren van de zeeschildpadden op het strand en helpen bij de broedstations. Je kunt ook helpen bij het geven van voorlichting, de aanplant van mangrovebossen, en je kunt helpen bij het fokken van kaaimannen en leguanen. Overnachten op een slaapzaal kost $ 60 per week (maaltijden niet inbegrepen). De twee dure **hotels** in Hawaii bieden te weinig en zijn onaantrekkelijk; bij een paar winkels kun je eenvoudig eten. Er rijden dagelijks vier **bussen** tussen Hawaii en Monterrico.

Van Escuintla naar El Salvador

Na Escuintla loopt de Carretera al Pacífico in oostelijke richting naar **TAXISCO**, een rustig landbouwstadje dat bekend is om zijn kaas en dat ten noorden van de weg ligt. Een afslag leidt naar La Avellana, waar je een boot naar Monterrico kunt nemen.

Vlak voor Taxisco leidt de Pacífico naar een van de ongewoonste toeristische attracties van Guatemala, de **Auto Safari Chapín** (Ⓦwww.autosafarichapin.org; di–zo 9.30–17 uur; $ 8), het enige safaripark van Midden-Amerika. In het park, een kilometer ten zuiden van de weg (bij km 87,5) leven onder andere giraffen, nijlpaarden, een paartje zwarte neushoorns, tapirs, en grote katachtigen als leeuwen, poema's en jaguars. Er zijn ook een heleboel zoogdieren, slangen en vogels uit Midden-Amerika. Het park wordt goed onderhouden, er zijn kijkplatforms en paden en de dieren worden goed verzorgd. Alle dieren, op de zwarte neushoorns na, hebben zich hier met succes voortgeplant.

Bij de entree is een rondrit door het park in een minibus inbegrepen, maar je mag ook zelf rijden als je met de auto bent; tot de faciliteiten horen zwembaden, een restaurant en picknickplekken.

Chiquimulilla en Las Lisas

Na Taxisco kom je in **CHIQUIMULILLA**, waar een afslag langs de ene weelderig groene koffieplantage na de andere naar het oostelijke hoogland en het stadje Cuilapa leidt. Chiquimulilla bevindt zich in het hart van ladino-cowboygebied; op

Feesten

Langs de Grote Oceaan is de cultuur van de ladino's dominant – ondanks de vele Maya's die hier, op zoek naar werk, gekomen zijn – zodat de dorpsfeesten vooral om optochten, kermisattracties, vuurwerk, wedstrijden en veel alcohol draaien. Traditionele kleding en precolumbiaanse dansen zul je er niet veel zien, maar ook hier zijn marimabands populair en veel feesten vinden op de dag van de lokale heilige plaats. De mensen langs de kust houden van plezier en weten hoe ze zich moeten vermaken. Ze zijn ook minder op hun eigen dorp gericht dan de Maya's, zodat nationale feestdagen vaak even uitbundig worden gevierd als lokale.

Januari

11–18 Cuyotenango, met onder andere traditionele dansen. Belangrijkste dag:15.

12–15 Taxisco, met onder meer stierenvechten.

12–16 Colomba, met onder meer stierenvechten.

Februari

Varieert Tecún Umán.

Maart

11–19 Coatepeque. Belangrijkste dag: 15.

16–22 Puerto San José. Belangrijkste dag: 19.

Varieert Ocós.

April

30–4 mei Chiquimulilla. Belangrijkste dag: 3 april.

Juli

25 Coatepeque, ter ere van Santiago Apóstol.

Augustus

4–8 Champerico. Belangrijkste dag: 6.

Oktober

20–26 Iztapa. Belangrijkste dag: 24.

November

23–26 Siquinalá.

December

6–12 Retalhuleu. Belangrijkste dag: 8.

6–15 Escuintla. Belangrijkste dag: 8.

18–21 Chicacao, met onder meer traditionele dansen.

31 La Democracia.

de markt kun je er fraaie **lederwaren** kopen, waaronder macheteschedes en zadels. Er zijn diverse banken met geldautomaat, waaronder een Banrural, 1 Calle en 1 Avenida, Zona 3. Als je er wilt overnachten, kun je naar het *Turicentro Baru* (Ⓣ7885 0374; ④), aan de Pacífico bij km 114,5), met een zwembad en kamers in motelstijl, de meeste met airconditioning en tv. Er rijden elk halfuur bussen naar de grens en naar Guatemala-stad via Taxisco, en elk uur naar Cuilapa.

Op weg naar de grens ligt de Carretera al Pacífico net boven de kustvlakte, zodat je een fraai uitzicht hebt over de oceaan. Enkele kilometers ten zuiden van de weg hebben archeologische opgravingen bij de lang vergeten Mayastad **La Nueva** onlangs prachtige stèles blootgelegd en is duidelijk geworden dat hier tussen 250 en 900 n.C. meer dan vijfduizend mensen woonden.

Vlak voor de grens leidt een afslag naar het kustdorpje **LAS LISAS**, een goede plek om naar het strand te gaan – zeker als je in het uitstekende hotel *Isleta de Gaia* (Ⓣ7885 0044, Ⓦwww.isleta-de-gaia.com; ⑧–⑨) gaat logeren. Het idyllische complex op de strandwal heeft twaalf prachtige huisjes van bamboe met uitzicht op oceaan of lagune, een groot zwembad, een restaurant met een Franse chef-kok en een heerlijk en schoon strand – maar pas op voor de onderstroom. Om vanuit Las Lisas bij het hotel te komen, moet je een boot huren (rond $ 15).

Er rijden van 8 tot 17 uur elk uur **bussen** tussen Las Lisas en Chiquimulilla (1:30 uur).

De grens met El Salvador

De Carretera al Pacífico bereikt de grens met El Salvador bij het plaatsje **CIUDAD PEDRO DE ALVARADO**. De meeste vrachtwagens en alle eersteklasbussen naar El Salvador gaan over de Carretera Interamericana, zodat de grensovergang hier tamelijk rustig is; de grens is dag en nacht open. De accommodaties aan de Guatemalteekse kant van de grens zijn nogal armoedig. Tussen de grens en Guatemala-stad rijden tot rond 19 uur elk halfuur tweedeklasbussen, daarna zijn er nog minibusjes naar Chiquimulilla.

Reisdetails

Bussen

De bus is de beste manier om je over de vlakte langs de Grote Oceaan te verplaatsen; over de Carretera al Pacífico rijdt tussen Guatemala-stad en de Mexicaanse grens een constante stroom eersteklasbussen. De andere kant op, naar El Salvador, rijden minder eersteklasbussen, maar op die route zijn wel veel tweedeklasbussen. Langs de hoofdroutes gaat minstens elk halfuur wel een bus die je kunt nemen; als je van de Pacífico af moet, kun je het beste naar de dichtstbijzijnde grotere stad gaan en daar een lokale bus nemen.

De Carretera al Pacifico

De bussen van Guatemala-stad naar de **Mexicaanse grens** (5 uur) stoppen bij alle grotere plaatsen langs de weg. De meeste bussen vertrekken bij het busstation aan de 19 Calle en 9 Avenida in Zona 1. De belangrijkste busmaatschappijen die ritten verzorgen naar de grens bij Talismán en Tecún Umán, zijn Fortaleza del Sur (elk uur, 24–19 uur; ☎2230 3390) en Chinita (16 per dag, 1–18 uur; ☎2251 9144); beide hebben hun kantoor aan de 19 Calle tussen de 8 Avenida en 9 Avenida in Zona 1. Drie maatschappijen rijden rechtstreeks op **Tapachula** in Mexico (zie blz. 89 voor informatie).

Er vertrekken vanuit Zona 12 bij Trébol in Guatemala-stad elk halfuur bussen de andere kan op, naar **Taxisco** (3 uur) en **Chiquimulilla** (3:30 uur). Veel van deze bussen rijden door naar de grens met El Salvador bij **Cuidad Pedro de Alvarado** (1 uur van Chiquimulilla).

Coatepeque naar: Retalhuleu (50 min.); Tecún Umán (40 min.).

Cocales naar: Escuintla (30 min.).

Escuintla naar: Antigua (1:15 uur); Guatemala-stad (1 uur).

Retalhuleu naar: Cocales (50 min.); Mazatenango (30 min.).

Afslagen van de Carretera al Pacifico

Naar Champerico: vanaf Retalhuleu (elke 30 min.; 1:20 uur).

Naar Iztapa: vanaf Guatemala-stad (vijf per dag; 2:30 uur).

Naar Las Lisas: vanaf Chiquimulilla (elk uur; 1:30 uur).

Naar Monterrico: vanaf Iztapa (elk uur; 40 min.).

Naar Puerto San José: vanaf Guatemala-stad (elke 30 min.; 2 uur); elk uur rijdt een bus door naar Iztapa (30 min. van San José).

Naar Tilapa: vanaf Coatepeque (elke 30 min.; 2:30 uur).

4

Naar de Caribische Zee

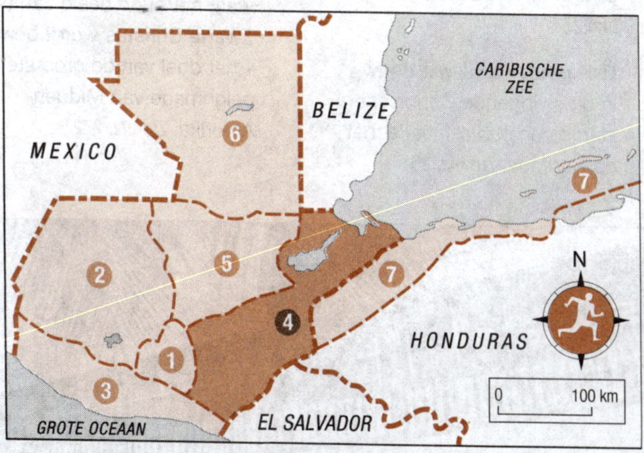

HOOFDSTUK 4

Hoogtepunten

- **De ruïnes van Quiriguá** Kleine Maya-opgraving met kolossale stèles en fraaie gebeeldhouwde altaren. **Zie blz. 247**
- **Hotel del Norte** Geniet van de vergane Caribische glorie in het oudste hotel van Puerto Barrios. **Zie blz. 252**
- **Punta de Manabique** Een natuurreservaat aan de Caribische Zee met een rijk dierenleven en enkele van de mooiste stranden van Guatemala. **Zie blz. 254**
- **Lívingstons nachtleven** Bouw in dit swingende Caribische stadje een *punta*-feestje met de Garífuna. **Zie blz. 261**
- **Río Dulce** Een boottocht door de met jungle begroeide kloof bezorgt je gegarandeerd kippenvel. **Zie blz. 261**
- **Warme waterval** Ontspan een middagje in het water van een warme bron met waterval bij de *Finca el Paraíso*. **Zie blz. 265**
- **Volcán Ipala** Een afgelegen vulkaan met een prachtig kratermeer. **Zie blz. 270**
- **Esquipulas** Een enorme basiliek waar het oude beeld van de Zwarte Christus wordt bewaard – het doel van de grootste pelgrimage van Midden-Amerika. **Zie blz. 272**

▲ Hotel del Norte, Puerto Barrios

4

Naar de Caribische Zee

De grote weg vanuit de hoofdstad naar het noordoosten, de Carretera al Atlántico, daalt eerst door een droog, vrijwel onbewoond gebied en komt bij El Rancho bij de Río Motagua in een woestijnachtig landschap. De weg gaat vervolgens verder door het dal van Río Motagua, een brede, lage vallei die de Sierra del Espíritu Santo, die de grens met Honduras vormt, van de Sierra de las Minas scheidt. De vallei loopt over in een grote overstromingsvlakte met parallelle bergruggen aan weerszijden. Het ongelooflijk vruchtbare land is het hele jaar door weelderig groen, terwijl de lucht er heel vochtig is.

Over de streek ligt een klamme deken van tropische warmte, versterkt door de vele stortbuien. Het oostelijke deel van het dal was in de klassieke periode van de Maya's dichtbevolkt, toen er een belangrijke handelsroute van het hoogland naar de Caribische kust liep en het gebied een belangrijke vindplaats was van jade. Met de neergang van de Maya's raakte de streek vrijwel verlaten, en dat bleef zo tot eind 19de eeuw, toen de **United Fruit Company** het land koloniseerde en er duizenden hectares aan bananenplantages aanlegde, waarmee enorme winsten werden behaald. Op het hoogtepunt van zijn activiteiten was het bedrijf machtig genoeg om regeringen ten val te brengen, terwijl het de handel en transport in het land vrijwel had gemonopoliseerd. Bananen zijn er nog steeds het belangrijkste gewas, maar de veehouderij is inmiddels in opkomst.

Voor de reiziger vormt het dal van de Río Motagua de belangrijkste route naar Petén, en de meeste mensen zien de streek alleen door het busraampje als ze over de Carretera al Atlántico snellen. Maar de streek herbergt de fascinerende ruïnes van twee Mayasteden: **Quiriguá**, slechts 4 km van de Atlántico, en het beroemde **Copán**, net over de grens met Honduras, een van de onderwerpen van hoofdstuk 7.

De streek ten noorden van het dal van de Río Motagua wordt gedomineerd door de subtropische **Río Dulce** en het **Lago de Izabal**, een groot meer omringd door geïsoleerde dorpen, moerassen en warmwaterbronnen. Van het Lago de Izabal kun je langs een reservaat voor lamantijnen en door de spectaculaire kloven van de **Río Dulce** naar de Caribische Zee varen, naar het stadje **Lívingston**, een relaxt plaatsje waar de zwarte Garífuna wonen. Vanuit Lívingston kun je naar de saaie havenstad **Puerto Barrios** gaan, waar je de kustweg naar Honduras of de boot naar Belize kunt nemen.

Het **oostelijke hoogland**, een zelden bezocht gebied ten oosten van de hoofdstad, heeft weinig te bieden. De stadjes zijn er warm en stoffig, maar het landschap is af en toe erg mooi, met de **Volcán Ipala** met zijn schitterende kratermeer als hoogtepunt. **Esquipulas**, het doel van de grootste pelgrimage van Midden-Amerika, met de beroemde Zwarte Christus, is een andere bezienswaardigheid.

Het dal van de Motagua

Als je vanuit Guatemala-stad naar Cobán wilt, kun je het beste de Carretera al Atlántico nemen tot aan **El Rancho**, waar bij de verkruimelende ruïnes van een enorme papierfabriek een afslag omhoog naar het hoogland van de Verapaces leidt, terwijl de Atlántico verder loopt door het dal van de Río Motagua door een droog en afwerend landschap. Het eerste wat grotere plaatsje is **Río Hondo**, met een afslag naar het zuiden, naar Esquipulas en de **grens** met Honduras en El Salvador, terwijl de hoofdweg doorgaat naar de kust. Alle bussen stoppen bij de afslag, waar ze worden bestormd door een legertje verkopers met eten; je vindt er ook comedores en in de buurt een paar motels. Circa 22 km ten oosten van Río Hondo ligt het leuke waterpark **Valle Dorado** (di–zo 9–17 uur; volwassenen $ 7,50, kinderen $ 5,50 per dag) – met de talrijke glijbanen en baden op een schaduwrijk terrein een populair weekenduitje voor Guatemalteken. Als je in het

motel *Valle Dorado*, bij km 149 logeert (Ⓣ7933 1111, Ⓦwww.hotelvalledorado.com; ⑥), mag je gratis het park in. Andere accommodaties zitten rond km 126, bijvoorbeeld *Hotel Nuevo Pasabién* (Ⓣ7933 0606; Ⓦwww.hotelpasabien.com; ⑥), met ruime bungalows met airconditioning en een zwembad.

Als je verder door het dal daalt, begint het landschap radicaal te veranderen; het gebied wordt vlakker en de cactussen maken plaats voor een weelderige tropische vegetatie. Zowel de Maya's als de United Fruit Company lieten hun oog op deze uiterst vruchtbare vallei vallen, en beide profiteerden er enorm van.

De ruïnes van Quiriguá

Over een ding valt niet te twijfelen: hier lag ooit een grote stad; de naam is verloren, haar geschiedenis onbekend; en nooit eerder is verslag gedaan over zijn bestaan. Eeuwenlang lag de stad begraven, als bedekt door de lava van de Vesuvius. Elke reiziger van Yzabal naar Guatimala [sic] kwam er op minder dan drie uur langs; wij zelf hebben dat ook gedaan; en toch lag hij daar, als de uit rots gebouwde stad Edom, onbezocht, vergeten en totaal onbekend.

John Lloyd Stephens (1841)

In 1841 was John Stephens zo onder de indruk van de ruïnes van **Quiriguá** dat hij ze mee naar huis wilde nemen; de stenen moesten over de Río Motagua naar de Caribische Zee worden gebracht, zodat 'de stad fysiek vervoerd kan worden en in New York kan worden opgebouwd'. Gelukkig kon hij het niet betalen en de ruïnes bleven tot 1909 begraven; toen werd het land opgekocht door de United Fruit Company.

Inmiddels zijn de ruïnes deels gerestaureerd en gereconstrueerd, terwijl de bananenplantages zich aan alle kanten uitstrekken. Er komen maar weinig bezoekers naar Quiriguá en dat is zonde, want het beeldhouwwerk hoort tot het beste wat de Maya's hebben gemaakt. Alleen in het naburige Copán vind je dezelfde kwaliteit stèles, altaren en dierenbeelden, bedekt met schitterend gebeitelde hiërogliefen en portretten.

De ruïnes worden omringd door weelderig regenwoud en het klimaat is er **tropisch**. Wolkbreuken komen veel voor en de lucht is vol zoemende muggen – smeer je goed in.

Een korte geschiedenis van Quiriguá

Over de **vroege geschiedenis** van Quiriguá is nog weinig bekend, het enige wat we zeker weten is dat migranten uit het noorden, mogelijk Putun-Maya uit Yucatán, tegen het einde van de late preklassieke periode (400 v.C.–250 n.C.) de heerschappij in handen namen. In de vroege klassieke periode (250–600 n.C.) werd de stad overheerst door Copán, dat ongetwijfeld waarde hechtte aan de strategische ligging op de oever van de Río Motagua, een belangrijke handelsroute, en aan de jade die in het dal werd gevonden. In deze periode waren de heersers zelf mogelijk afkomstig uit Copán, slechts 50 km verderop. Er bestonden in ieder geval nauwe banden tussen de steden; dat blijkt duidelijk uit de architectuur en vooral het beeldhouwwerk.

In de late klassieke periode (600–800 n.C.) kwam Quiriguá op. De hiëroglief met de naam van de stad werd voor het eerst in 731 gebruikt, zes jaar nadat de grootste heerser van Quiriguá, **Cauac Hemel**, de troon besteeg. Cauac Hemel, lid van een belangrijke dynastie, kreeg de macht toen de stad al bezig was aan een expansiecampagne en onafhankelijk van Copán wilde worden. In 738 nam hij de heerser van Copán, Achttien Konijn, gevangen en liet hem executeren, waarmee de breuk definitief werd (zie blz. 365). In zijn 56-jarige regeerperiode namen de

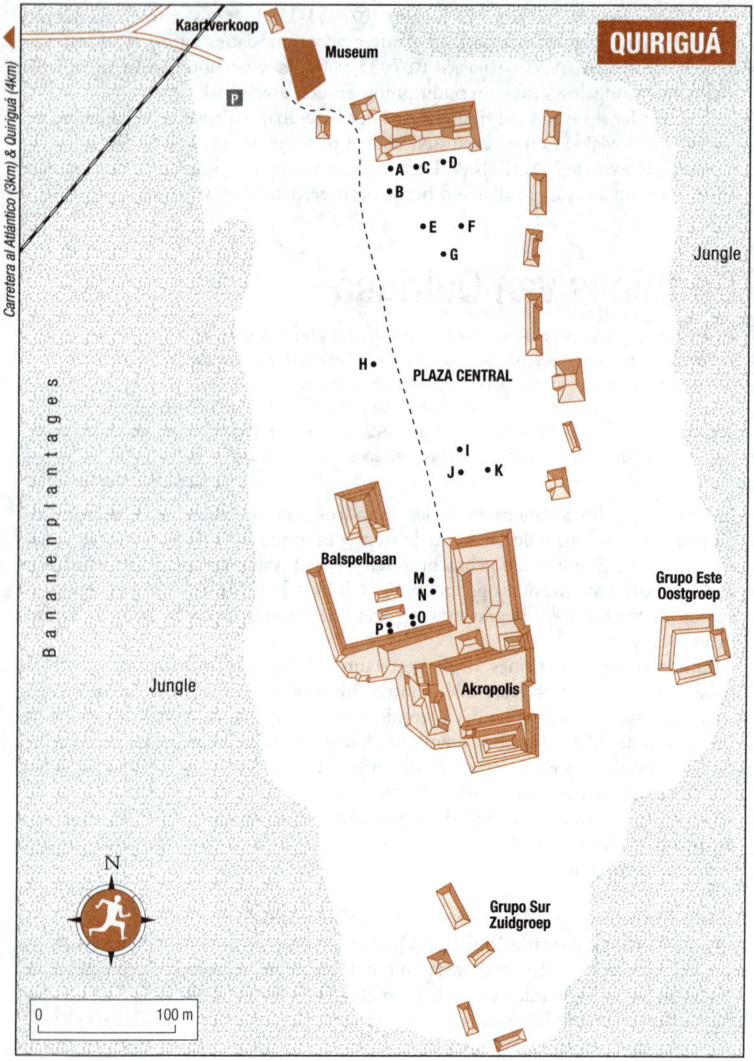

bouwactiviteiten ongekende vormen aan: de meeste grote stèles dateren uit deze periode en zijn voorzien van het portret van Cauac Hemel. Een eeuw lang domineerde Quiriguá het benedenstroomgebied van de Río Motagua. Cauac Hemel stierf in 771 en werd opgevolgd door zijn zoon, Hemel Xul, die negentien jaar regeerde, tot hij werd afgezet door Jade Hemel, die in 790 de macht overnam. Onder Jade Hemel bereikte Quiriguá zijn hoogtepunt met vijftig jaar van grootse bouwprojecten, waaronder een radicale reconstructie van de akropolis. Maar met het aflopen van de heerschappij van Jade Hemel, halverwege de 9de eeuw, kwam er een einde aan de periode van welvaart en macht en werd de stad niet langer vermeld in geschiedkundige verslagen.

De ruïnes

Je komt aan de noordkant van de **Gran Plaza** het terrein op. Links van het pad na het loket staat een sterk vervallen piramide; direct daarvoor staan de **stèles** waar Quiriguá terecht beroemd om is. De negen stèles zijn de hoogste die de Maya's hebben gemaakt en ook kwalitatief behoren ze tot de beste. Het beeldhouwwerk is stilistisch sterk verwant aan dat van Copán en heeft dezelfde opzet, met portretten op de voorkant en hiërogliefen op de zijkanten. De figuren stellen de heersers van de stad voor, waarbij Cauac Hemel op maar liefst zeven stèles is afgebeeld (A, C, D, E, F, H en J). Twee dingen vallen op: de enorme hoofdtooi die veel groter is dan het gezicht, en de baarden, een mode die in Quiriguá dertig jaar later dan in Copán aansloeg. Veel van de figuren houden een ceremoniële staf vast, het symbool van hun functie, met aan de ene kant een god met een lange neus – mogelijk Chaac, de regengod – en aan de andere kant een slangenkop. De hiërogliefen die de rest bedekken, vertellen over de data en gebeurtenissen tijdens de regeerperiode van de afgebeelde heerser.

Stèle E is met een hoogte van 8 m en een gewicht van 65 ton de grootste. Alle stèles zijn uit een ideale, fijnkorrelige zandsteen gehouwen, afkomstig uit een groeve 5 km van de stad. De stenen werden waarschijnlijk over stammen naar de stad gerold, overeind gezet en door beeldhouwers, die op steigers stonden, bewerkt. Gelukkig voor hen was de steen zacht als hij vers uit de groeve kwam, terwijl hij gelukkig voor ons in de loop van de tijd hard is geworden.

Quiriguá is ook beroemd geworden om de bizarre, altaarachtige **zoömorfen**: blokken steen met in elkaar grijpende afbeeldingen van dieren en mensen. Sommige dieren zijn makkelijk herkenbaar, zoals de schildpad, kikker en jaguar, terwijl andere te zeer zijn geërodeerd of te vreemd zijn om herkend te kunnen worden. De mooiste is P, waarop onder andere een Boeddha-achtige figuur te zien is.

Rond het centrale plein zijn diverse andere interessante bezienswaardigheden. Aan de oostkant liggen een paar ongerestaureerde structuren, die mogelijk iets te maken hadden met de rol van de **rivierhaven** van Quiriguá – inmiddels is de loop van de rivier een kilometer verschoven. Aan de zuidkant van de Plaza, bij de grote zoömorfen, kun je de resten van een **balspelbaan** zien, aan drie kanten omgeven door tribunes. De **akropolis** zelf, het enige grotere bouwwerk dat er nog staat, is ongedecoreerd. Opgravingen hebben uitgewezen dat het over diverse oudere versies heen gebouwd is, waarbij de oudste uit rivierkeien werd opgetrokken. Buiten het centrale gedeelte liggen nog wat ongerestaureerde complexen verspreid door het bos, maar die zijn minder interessant.

Praktische informatie over Quiriguá

De **ruïnes** (dag. 7.30–17 uur; $ 10,50) liggen 66 km van Río Hondo en 4 km van de Carretera al Atlántico, aan een zijweg door de bananenplantages. Alle bussen die tussen Puerto Barrios en Guatemala-stad rijden, komen er langs. Bij de afslag staan minibusjes, motorfietsen en pick-ups klaar om passagiers naar de ingang van de ruïnes te brengen; daar zijn een paar mini-tiendas en wat kokosverkopers actief. In het **museumpje** vind je informatieborden over de historische betekenis en geopolitieke rol van de stad, en een diorama laat zien wat er allemaal nog niet is opgegraven.

Om weer terug te kunnen naar de Carretera al Atlántico, moet je wachten tot er een bus of tuktuk komt. Je kunt ook naar het dorp Quiriguá wandelen door eerst richting grote weg te lopen en dan na 2 km links (naar het westen) af te slaan en het in onbruik geraakte spoor te volgen – het is dan nog een kilometer naar het dorp.

Het **dorp** – dat ook Quiriguá heet – ligt vlak bij de grote weg, zo'n 2 km richting Guatemala-stad. Het is een armoedig plaatsje langs het spoor, maar vroeger was het beroemd om zijn ziekenhuis, gespecialiseerd in de behandeling van tropische ziekten; het was gebouwd door de United Fruit Company. Het imposante ziekenhuisgebouw, dat nog altijd op een heuvel boven het spoor staat, is nu een medisch centrum in handen van de overheid; voor het gebouw staat een beeld van de Schotse arts Neil Macphail (die het ziekenhuis veertig jaar lang leidde). De twee **hotels** van het dorp zijn niet echt geweldig, maar het *Hotel y Restaurante Royal* (☎7947 3639; ❷–❸), met oude kamers beneden (sommige zonder raam) en betere kamers boven, is te doen voor een overnachting en een maaltijd.

Naar de kust: Puerto Barrios

Weer op de Carretera al Atlántico richting Caribische Zee kom je na 15 km bij **La Trinchera**, waar een afslag is naar Mariscos aan de oevers van het Lago de Izabal. De weg gaat verder door een altijd groen landschap van veehouderijen en boomgaarden; na een tijdje kom je bij de afslag naar de dubbelstadjes **MORALES** en **BANANERA**, met een verzameling vervallen spoorwegen die een groot deel van de 20ste eeuw het hoofdkwartier van de United Fruit Company (zie blz. 403) vormden. Voor de huidige reiziger zijn de vervallen plaatsjes niet meer dan een onwelkom oponthoud, want veel tweedeklasbussen stoppen hier voor een halfuur pauze.

Iets na de afslag naar Morales/Bananera kom je langs **La Ruidosa**, waar een afslag naar het noordwesten naar Petén en over de Río Dulce leidt. Na nog eens 47 km ben je bij de Caribische Zee. Hier splitst de weg zich nog eens: de rechtertak voert naar de oude haven van Puerto Barrios, de linker naar Puerto Santo Tomás de Castillo, de moderne stad en haven.

Puerto Barrios en omgeving

Bij die splitsing neem je, tenzij je een vrachtlading bananen vervoert, de weg naar **PUERTO BARRIOS**. De smoorhete stad oogt troosteloos, met brede, slecht verlichte straten vol gaten. Het oude Barrios met zijn fraaie houten huizen in Caribische stijl is snel aan het verdwijnen en maakt plaats voor een verzameling anonieme betonnen hotels en winkels en een overvloed aan ruige bars. De meeste reizigers komen hier alleen maar op doorreis naar elders: per boot naar Lívingston of Belize of naar het zuiden naar Honduras via Corinto.

De stad werd eind 19de eeuw gesticht door president Rufino Barrios, maar de haven kwam al snel in handen van de United Fruit Company, die door zijn greep op de spoorwegen de handel grotendeels via deze haven liet verlopen. Puerto Barrios werd in de 20ste eeuw daardoor de belangrijkste haven van Guatemala; United Fruit zelf was vrijgesteld van bijna alle belastingen, maar de andere gebruikers van de haven moesten hoge accijnzen betalen. Rond 1930 kostte het evenveel om koffie uit Brazilië naar New Orleans te verschepen als vanuit Guatemala. Eind vorige eeuw begon de neergang, omdat exporteurs de moderne havens elders gingen gebruiken.

De afgelopen jaren betekenden voor Barrios een bescheiden ommekeer door de modernisering van de belangrijkste infrastructuur, waaronder de containerhaven en een landingsbaan. Er is ook een nieuwe terminal voor cruiseschepen gebouwd, maar de toeristen worden na het afmeren meteen naar aantrekkelijkere bestemmingen als Quiriguá en Río Dulce gebracht.

Aankomst en informatie

Puerto Barrios heeft geen algemeen busstation. De **bussen** van Litegua, die op alle bestemmingen langs de Carretera al Atlántico rijden, vertrekken vanuit het

eigen busstation aan de 6 Avenida, tussen de 9 Calle en 10 Calle. Tweedeklasbussen naar Chiquimula en Esquipulas vertrekken naast het spoor, tegenover het station van Litegua. **Taxi's** (hier *carreras* genoemd) rijden overal in Barrios – de chauffeurs werven in de straten al toeterend klanten.

Inguat heeft hier geen toeristenbureau. De vertrektijden van de bussen kun je bij Litegua navragen, en die van de boten naar Lívingston en Punta Gorda in Belize bij de **pier** aan het einde van de 12 Calle (zie 'Puerto Barrios: verbindingen'). Je kunt **internetten** in Café Internet aan de 5 Avenida. Er zijn diverse **banken**, waaronder een Banrural aan de 8 Avenida/9 Calle, en een Banco Industrial in de 7 Avenida/7 Calle; beide hebben een geldautomaat. **Telgua** heeft een kantoor (dag. 7–24) aan de 8 Avenida/10 Calle; het **postkantoor** vind je in de 6 Calle/6 Avenida.

Accommodatie

Er zijn weinig goedkope **hotels** in Puerto Barrios, en omdat dit een erg warme en vochtige stad is, is een ventilator noodzakelijk en airconditioning wenselijk.

Hotel Caribeña 4 Av ☎7948 0384. Handig gelegen vlak bij de pier, 43 redelijke kamers (sommige met airco) met twee, drie of vier bedden. Er is een populair visrestaurant bij. ❸–❹

Hotel Europa 2 3 Av en 12 C ☎7948 1292. Schoon, veilig en vriendelijk hotel, 2 minuten lopen van de pier. Alle kamers hebben een ventilator en een douche, en de prijzen voor eenpersoonskamers zijn redelijk. Het vrijwel identieke *Hotel Europa 1* ligt aan de 8 Av en 8 C (☎7948 0127). Beide ❸

Hotel del Norte 7 C en 1 Av ☎7948 0087. Sfeervol Caribisch hotel met grote reputatie, geheel van hout gebouwd. Helaas zijn de faciliteiten inmiddels ook bijna antiek, en veel kamers hebben geen eigen badkamer, maar met zo veel stijl en geschiedenis kun je dat wel hebben. Er is een aardig zwembad en de ligging, met uitzicht op de Bahía de Amatique, is schitterend. De maaltijden worden door obers in gesteven witte kleding opgediend in een restaurant met mahoniehouten lambrisering, maar de kwaliteit houdt niet over. De kamers in de moderne vleugel hebben airconditioning. ❹–❺

Hotel El Reformador 7 Av and 16 C ☎7948 0533. Efficiënt geleid hotel met een restaurant en goed onderhouden moderne kamers met kabel-tv en een ventilator of airco. ❸–❹

Hotel Valle Tropical 12 C, tussen 5 Av en 6 Av ☎7948 7084. Groot hotel in motelstijl, de kamers hebben airconditioning, tv, badkamer en tweepersoonsbed. Er is een veilige parkeerplaats, zwembad en een restaurant. ❻

Hotel Xelajú 9 C, tussen 6 Av en 7 Av ☎7948 0482. Oud hotel dat er vanbuiten onaantrekkelijk uitziet, maar het is veilig en de schone kamers hebben een ventilator. ❷–❸

De stad en omgeving

De **markt**, die langs de verroeste sporen bij de kruising van de 9 Calle en 6 Avenida wordt gehouden, is de beste plek om de sfeer van Barrios te proeven. Hele rijen ladino's zetten met behulp van hun blenders vers fruit om in *licuado* om je dorst te lessen, terwijl Garífuna-vrouwen de vliegen wegwuiven van stapels *pan de coco*. Als je van de markt door de 7 Calle naar het westen loopt, kom je na 800 m bij het boegbeeld van de resterende Caribische architectonische erfenis van Barrios, het elegante *Hotel del Norte* (zie 'Accommodatie'), met houtwerk dat is kromgetrokken door een eeuw van stormen en zilte lucht – vergeet niet een kijkje te nemen in de bar in koloniale stijl, en de eetzaal. Naast het hotel ligt een parkje en de nieuwe betonnen *malecón* (pier) met uitzicht over het glinsterende water van de Bahía de Amatique.

Aan de andere kant van de baai, 7 km ten westen van Puerto Barrios, ligt **Santo Tomás de Castillo**, de nieuwste haven van het land. Als je op het betonnen plein staat of naar de nieuwe huizen en de met hekken omgeven haven kijkt, zou je niet denken dat je op een historische plaats staat, maar in 1604 stichtten de Spanjaarden er een nederzetting, waar ze met wat zwarte Caribs woonden, de overlevenden van een expeditie tegen piraten op het eiland Roatán. De piraten op hun beurt plunderden Santo Tomás, dat vervolgens verpieterde; maar de plaats werd in 1843 door Belgen nieuw leven ingeblazen. Er rijden regelmatig bussen van en naar Puerto Barrios, maar behalve de haven is er niet veel te zien.

Eten

Puerto Barrios is een uitstekende plek om **vis en schelpdieren** te eten; je moet zeker de *tapado* proberen (vissoep met kokos, bakbanaan en kruiden), ook al is het geen goedkoop gerecht. Rond de markt zitten veel **comedores**, waar je ook andere specialiteiten als *pan de coco* (kokosbrood) en *tortillas de harina* (tarwetortilla gevuld met vlees en bonen) kunt proberen.

El Cafecito 13 C, tussen 6 Av & 7 Av. Vrolijk cafeetje met een espressoapparaat, een hoop zoete en hartige snacks en wat Portugese gerechten.
Cangrejo Azul einde 4 Av. Enorm visrestaurant dat wat aan een schuur doet denken, maar met een goede naam en een paar tafeltjes op een steiger aan de baai. De *camarones a la plancha* en *sopa pescado* zijn aan te bevelen.
Rincón Uruguayo 7 Av en 16 C. De juiste plek voor de echte vleeseter; dit restaurant met redelijk geprijsde gerechten blinkt uit in *parrilladas* (barbecue in Zuid-Amerikaanse stijl). Er staan ook iets vegetarisch op de kaart, zoals gegrilde lente-uitjes en *papas asados*. Gesl. ma.
Safari noordkant 5 Av. Noordelijk van het centrum in de wijk Rastro, groot restaurant, beroemd om zijn visschotels (rond $ 8–10), vooral *tapado*. Redelijke kwaliteit.

Drinken, clubs en cultuur

Puerto Barrios heeft flink wat **stripteasebars** – de meeste zitten rond de 6 Avenida en 7 Avenida en de 6 Calle en 7 Calle. Reggaeton en punta zijn de muziek van Barrios, je kunt deze stijlen in het weekend horen in de *Canoa Club*, 5 Avenida/2 Calle. Als je iets intellectuelers wilt, kun je naar het Casa Caribe, aan de kruising van de 11 Calle en 5 Avenida; het is een klein **cultureel centrum** met foto- en kunsttentoonstellingen.

Over land naar Honduras

Vanuit Puerto Barrios kun je naar de noordkust van Honduras en de Islas de la Bahía; een vrij eenvoudige, maar langzame reis via San Pedro Sula, de tweede stad van Honduras. Bij de markt vertrekken minibusjes **naar Honduras** (elke 30 min., 6.30–16.30 uur; 1 uur), ze rijden via het stadje Entre Ríos (voor de *migración*) naar de grens. De douane kan een onofficiële grensbelasting van $ 2 vragen. Reizigers die hier met hun **eigen auto** de grens passeren, rapporteren lange wachttijden en veel gedoe, waaronder een verplichte betaling van zo'n $ 30 voor een 'begeleider' die met je meegaat naar het douanekantoor in Puerto Cortés, waar de autovergunning (reken op $ 40 voor een motor en $ 125 voor een auto) wordt afgegeven. De grens bij El Florido (zie blz. 359) levert minder problemen op.

Aan de Hondurese kant rijden pick-ups en minibusjes tussen de grens en het dorp **Corinto**, waar bussen via Omoa naar Puerto Cortés rijden (elk uur; 2 uur). Als je vroeg uit Puerto Barrios vertrekt, ben je rond lunchtijd in San Pedro Sula en kun je nog een middagvlucht naar de Islas de la Bahía nemen (zie hoofdstuk

Puerto Barrios: verbindingen

Elke dag vertrekken er 22 eersteklasbussen van Litegua tussen 1 uur en 16 uur uit het busstation ten zuidoosten van de markt aan de 6 Avenida. Deze bussen horen tot de beste van het land. Zeven bussen rijden via Morales, waardoor ze er een halfuur langer over doen; de andere *directos* (sommige zijn dubbeldekkers) rijden rechtstreeks naar de hoofdstad. Je kunt de kaartjes van tevoren kopen, maar het is niet echt nodig, behalve op zondagmiddag misschien. Er rijden elk uur tussen 6 en 17 uur **tweedeklasbussen** van Puerto Barrios via Morales naar Chiquimula (4:30 uur). Er vertrekken elk uur minibusjes van de markt naar Río Dulce, maar je kunt ook een bus naar de afslag bij La Ruidosa nemen en daar overstappen. Als je snel naar Copán wilt, kun je het beste een *directo* naar Río Hondo nemen en daar overstappen.

Van de pier aan het einde van de 12 Calle vertrekken *lanchas*, zodra ze vol zijn, richting Lívingston (ongeveer elke 40 min.; 6.30–18 uur; $ 3,50; 30 min.); er vertrekt om 10 en 17 uur ook een veel langzamere veerboot ($ 2; 1:30 uur). Als je naar Punta Gorda in Belize wilt, kun je om 10 uur een *lancha* nemen ($ 20; 1:15 uur). Als je naar Belize gaat, moet je eerst naar de **migración** (7–19 uur) om een uitreisbelasting van $ 10 te betalen; het kantoor is in de 12 Calle, een blok landinwaarts van de pier.

7), zodat je daar op tijd bent om de zonsondergang in een strandbar te bekijken. Citul en andere bussen verzorgen een goede verbinding tussen San Pedro Sula en Puerto Cortés (elk halfuur, 5–20 uur; 1:15 uur); het busstation van Citul ligt aan het plein tegenover de *migración*.

Punta de Manabique

Ten noorden van Puerto Barrios ligt het schiereiland **Punta de Manabique** tussen de Bahía de Amatique en de open zee. Je vindt er de beste Caribische stranden van Guatemala, terwijl het ecotoerisme er goed ontwikkeld is. Een groot deel van het schiereiland is beschermd natuurgebied, het Biotopo Punta de Manabique, dat beheerd wordt door de natuurbeschermingsorganisatie **Fundary**. Het is een van de rijkste wetlands van Midden-Amerika: de moerassen, mangroves en regenwouden herbergen kaaimannen, leguanen, slingerapen, brulapen, neusberen, lamantijnen, jaguars, tapirs en een rijk vogelleven, waaronder de uiterst zeldzame dubbelgeelkopamazone (*Amazona oratrix*). Het reservaat omvat ook het aangrenzende kustwater met het enige koraalrif van Guatemala.

In Manabique heeft een duizendtal bewoners, de meeste oorspronkelijk uit het westen van Guatemala, een mager bestaan opgebouwd; ze leven van de visserij (voornamelijk sardines, die gezouten worden), de jacht (vooral op leguanen) en wat kleine rijstveldjes. Hun bestaan wordt bedreigd door de veehouders, die hun vee steeds vaker de drogere gronden in het zuiden van het reservaat op sturen. Fundary heeft deze erg arme bevolkingsgroep gezondheidszorg, scholen en onderwijzers gebracht en licht de mensen voor over natuurbescherming. De organisatie houdt zich ook bezig met de ontwikkeling van **ecotoerisme** in het gebied en heeft een rustiek onderkomen gebouwd, *El Saraguate* (reserveren via Fundary; $ 9 pp), je vindt er vier schone kamers met elk drie of vier bedden en een goed restaurant dat kreeft, gegrilde vis en kip serveert. Vlak bij de accommodatie begint een houten loopsteiger door het moeras, en er zijn paden door de jungle en langs de kust langs witte stranden met een palmendecor, waar je heerlijk kunt zwemmen. Je kunt er ook een boottochtje maken over het vogelrijke **Canal Inglés** ('Engelse Kanaal') – genoemd naar de Britse houtvesters die een tien kilometer lang kanaal groeven tussen de Laguna Santa Isabel en de Río Piteros. Bij het hotel kun je een gids huren, en op verzoek worden er vistochtjes op de Bahía la Graciosa of op open zee georganiseerd. Je kunt ook overnachten op het door zonnepanelen gevoede wetenschappelijke **onderzoeksstation**, een kilometer ten oosten van de Punta de Manabique in Cabo Tres Puntos (details moet je bij Fundary regelen). Er zijn kamers met muskietennet en er is ruimte voor campers, en je hebt een fraai strand met wit zand voor de deur.

Als je naar Manabique wilt, kun je het beste eerst naar Fundary gaan, 17 Calle tussen de 5 Avenida en 6 Avenida (Ⓣ7948 0435), of in Guatemala-stad, Diagonal 6 17–19, Zona 10 (Ⓣ7333 4957, Ⓦwww.guate.net/fundarymanabique). De milieuorganisatie kan transport en accommodatie regelen voor een trip met twee overnachtingen in het reservaat, inclusief maaltijden (vanaf $ 125 pp) en kan je in contact brengen met een lokale gids. Het alternatief is om vanuit Lívingston een dagtocht te maken naar Manabique ($ 40, minimaal zes mensen); daarvoor moet je zijn bij Exotic Travel (zie blz. 256).

Lívingston, Río Dulce en Lago de Izabal

De fascinerende Caribische kust van Guatemala is het zwoelste en meest tropische deel van het land. Het gebied heeft een heel eigen identiteit en vertoont meer overeenkomsten met buurland Belize dan met de rest van Guatemala. De belangrijkste stad is **Lívingston**, waar reizigers op af komen voor de bedwelmende muziek en cultuur van de Garífuna. Als je van Lívingston landinwaarts gaat, kun je de kloven van de **Río Dulce** verkennen of rond het **Lago de Izabal** zwerven om warmwaterbaden en junglestroompjes te bezoeken, terwijl je in een van de hotels aan het meer kunt logeren. De westelijke oever van het meer, die je vanuit het slaperige stadje **El Estor** het makkelijkst kunt verkennen, is onderdeel van het **Reserva Bocas del Polochic**, dat een buitengewoon rijk dierenleven herbergt (naast alligators, leguanen en schildpadden grote aantallen trekvogels en broedende papegaaien en toekans).

Lívingston

Schitterend gelegen aan de Bahía de Amatique biedt **LÍVINGSTON** een unieke combinatie van Guatemalteekse en Caribische cultuur, een plaats waar de marimba samengaat met Bob Marley. De stad is een centrum van de **Garífuna** (of zwarte Cariben), die tussen het zuiden van Belize en het noorden van Nicaragua langs de Caribische kust leven, maar ook van de Q'eqchi'-Maya van de Río Dulce.

Lívingston is zonder meer een van de meest fascinerende steden van Guatemala, maar de bezoekers zijn meestal sterk verdeeld in hun mening: de ene helft geniet van het lome ritme en de charme van verval dat Lívingston kenmerkt, terwijl de andere helft het maar een armoedige boel vindt. Hoe dan ook, Lívingston is in ieder geval een welkome afwisseling met de Latino-cultuur: het Caribische **eten** is over het algemeen voortreffelijk en gevarieerd, en de punta en reggae van de Garífuna zijn weer eens wat anders dan de eeuwige merengue.

De sfeer is er over het algemeen relaxt, maar ook hier bestaat de Midden-Amerikaanse werkelijkheid. Lívingston is zeker geen onveilige stad en je hoeft geen speciale voorzorgsmaatregelen te nemen, maar er zitten wel de nodige scharrelaars die graag weed verkopen aan de reizigers of een biertje proberen te bietsen

Aankomst en informatie

Lívingston is alleen bereikbaar **per boot**: vanuit Puerto Barrios, over de Río Dulce, uit Belize of, een enkele keer, vanuit Honduras. Wat je vertrekpunt ook is, je komt aan bij de haven aan de zuidkant van de stad.

Lívingston is een klein stadje met slechts een handjevol straten, in een paar uur heb je alles gezien wat er te zien valt. Vanaf de haven loopt de Calle Principal omhoog; dit is de hoofdstraat met het leeuwendeel van de restaurants, bars en winkels, en het **douanekantoor** (dag. 6–19 uur), waar je een uitreisstempel kunt halen als je naar Belize gaat of een inreisstempel als je net aangekomen bent.

Je kunt **geld wisselen** bij de Banco Reformador (met geldautomaat voor Visa) en Banrural aan de hoofdstraat. **Telgua** (dag. 7–24 uur) zit rechts als je van de haven de hoofdstraat in loopt, naast het **postkantoor**. Er zijn diverse plekken om te **internetten**, waaronder Buganet.

Exotic Travel (Ⓣ7947 0133, Ⓦwww.bluecaribbeanbay.com), in hetzelfde gebouw als restaurant *Bahía Azul*, is het beste **reisbureau** van de stad. De hulpvaardige eigenaren organiseren **excursies** (minimaal zes personen) in de omgeving, onder andere naar het prachtige Playa Blanca ($ 14), naar de Sapodilla Cayes bij Belize, waar je kunt **snorkelen** ($ 45, plus inreis-/uitreisbelasting) en een jungletocht met een bezoek aan een Garífuna-dorp en de watervallen van Siete Altars ($ 10). Er hangt ook een erg nuttig **prikbord**.

Kaartjes ($ 13 pp) voor de **riviertocht over de Río Dulce** kun je bij elk reisbureau in Lívingston krijgen. De meeste *lanchas* vertrekken om 9 uur. De tocht duurt ongeveer 2:30 uur, afhankelijk van het aantal stops dat de schipper maakt – de meesten stoppen bij het Castillo de San Felipe maar varen verder zo snel mogelijk naar het plaatsje Río Dulce. Als je er langer over wilt doen om onderweg dingen te bekijken en misschien een duik te nemen, kun je beter een boot huren;

informeer daarvoor bij een reisbureau of onderhandel stevig met de *lancheros* bij de haven.

Er vertrekken dagelijks om 5 en 14 uur **veerboten** naar Puerto Barrios (1:30 uur; $ 1,75); daarnaast zijn er **lanchas** die vertrekken als ze vol zijn (ruwweg elke 40 min. 6.30–17.30 uur; 30 min.; $ 3,50). Er varen op dinsdag en vrijdag om 7 uur ook boten naar Punta Gorda in **Belize** (1 uur; $ 22) en als er voldoende passagiers zijn naar Omoa in **Honduras** ($ 300 per boot; 2:30 uur). Gecombineerde kaartjes voor boot en shuttlebus naar Antigua, Copán (allebei $ 37), San Pedro Sula ($ 45) en La Ceiba ($ 55) zijn te koop bij Exotic Travel.

Accommodatie

Lívingston heeft een paar goede budgetopties, maar weinig keuze in het midden- en luxesegment. De hotels aan het strand liggen een eind lopen van de stad. Reserveer in vakantietijd tijdig een kamer, buiten die periode is er altijd iets vrij.

Casa de la Iguana C Marcos Sánchez Díaz ⓣ7947 0064. Ontmoetingsplek voor reizigers, gerund door een stel hedonistische westerlingen die hun sporen in Guatemala hebben verdiend. Alle accommodatie – een paar slaapzalon met zes en vier bedden ($ 4,50 pp) en aantrekkelijke cabañas – bevindt zich in houten gebouwen op een groot grasveld; er zijn ook nog hangmatten en er is ruimte om te kamperen. Er is een levendige bar-restaurant en er wordt prima informatie aangeboden. ❷–❸

Flowas ⓣ7947 0376, ⓦwww.flowascafe.com. Hotel aan het strand van een relaxed Spaans stel met huisjes van twee verdiepingen met de badkamer beneden en een goed restaurant. Heerlijke ligging op een halfuur lopen van het centrum. ❸

Hotel California C Minerva ⓣ7937 0178. De betonnen buitenkant is wat afwerend, maar het functionele hotel heeft eenvoudige, schone kamers met ventilator, de meeste met badkamer. ❷

Hotel Casa Rosada C Marcos Sánchez Díaz ⓣ7947 0303, ⓦwww.hotelcasarosada.com. Erg goed hotel aan het water van een gastvrij Belgisch-Guatemalteeks stel. De vrolijke houten huisjes worden vlekkeloos schoon gehouden en hebben twee bedden, muskietennetten en leuke met de hand geschilderde details. De badkamers zijn allemaal gedeeld. Het zijn paradijsjes met een grote weelderige tuin en een eigen steiger om te zonnen. Je kunt er heerlijk en gezond eten, zie 'Eten'. ❹

Hotel Doña Alida ⓣ7947 0027. Gastvrije eigenaren en ruime, moderne kamers op een rustige plek bij een heuvel met beneden een strandje. Kamer 10 & 11 hebben fraai uitzicht op de zee (en zonsondergang). ❸–❹

Hotel Ecológico Salvador Gaviota Playa Quehueche ⓣ7947 0874, ⓦwww.hotelecologicosalvadorgaviota.com. Direct aan een smal, schoon strand; goede kamers (met of zonder eigen badkamer) en grote bungalows met grasdak aan een grasveld. Lekkere en goedkope lokale maaltijden, waaronder verse vis. Ongeveer 40 min. lopen ten westen van het centrum; je kunt bij de haven een taxi nemen. ❸–❼

Hotel Garífuna ⓣ7948 1091. Goed beheerd en veilig pension met leuke, schone kamers voor een goede prijs, met elk een ventilator en eigen douche. ❸

Hotel Río Dulce C Principal ⓣ7947 0764. Dit prachtige oude houten gebouw in Caribische stijl werd net gerenoveerd toen wij er waren. Er zijn schone, lichte kamers met ventilator boven het restaurant en, iets duurder, aan de achterkant. ❸–❹

Hotel Ríos Tropicales C Principal ⓣ7947 0158, ⓦwww.mctropic.com. Aantrekkelijk, gastvrij hotel met tien mooie kamers, sommige heel groot, met forse houten bedden en ventilator; vijf hebben een eigen badkamer. Er is achter een zonnige patio, en voor een kleine espressobar. ❸–❹

Hotel El Viajero C Marcos Sánchez Díaz ⓣ5718 9544. Nogal primitief met betonnen kamers met weinig licht, te doen voor één overnachting. ❸

Vecchia Toscana ⓣ7947 0883, ⓔvecchiatoscanan@yahoo.it. Het stijlvolste hotel van de stad is van een Italiaan en staat aan het strand; de kamers zijn modern en vlekkeloos, maar aan de kleine kant voor de prijs. Er is een groot zwembad en het restaurant heeft een goede keuken en uitgebreide wijnkaart. Zelden druk. ❻–❾

Villa Caribe vlak bij C Principal ⓣ7947 0072, ⓦwww.villasdeguatemala.com. Luxehotel met ruime, aantrekkelijke moderne kamers met balkon die over de zee uitkijken. Leuke bar, zwembad en een tuin die tot aan het water loopt. De service is niet altijd geweldig. Kamers vanaf $ 115. ❾

Geschiedenis en cultuur van de Garífuna

De Garífuna komen oorspronkelijk van het eiland **Saint Vincent**, een van de Bovenwindse Eilanden. In de tijd dat Columbus Amerika ontdekte, waren de Kleine Antillen net gekoloniseerd door indianen van het vasteland van Zuid-Amerika, die de oorspronkelijke bewoners, de Arawaks, onderwierpen. De nieuwe bewoners noemden zichzelf *Kalipuna*, of *Kwaib*. Hiervan zijn de namen *Garífuna* ('cassave-etende mensen') en *Carib* waarschijnlijk afgeleid; Saint Vincent heette toen Yurimein. De indianen die de Europeanen op het eiland aantroffen, waren afstammelingen van Carib-mannen en Arawak-vrouwen. Er leven nog een paar duizend afstammelingen van de oorspronkelijke Caribs op Dominica en Saint Vincent.

Begin 17de eeuw streden Groot-Brittannië, Frankrijk en Nederland om de heerschappij over het eiland en bevochten elkaar en de Caribs. Vermenging met Afrikaans bloed kwam in 1635, toen twee Spaanse schepen met slaven uit Nigeria voor de Spaanse koloniën in Amerika voor de kust van Saint Vincent vergingen en de overlevenden hun toevlucht op het eiland zochten. In het begin waren er conflicten tussen de Caribs en de Afrikanen. Maar de Caribs waren verzwakt door oorlogen en ziekten, en uiteindelijk werd het zwarte deel dominant. Deze mensen werden bekend als de **Zwarte Cariben**. In hun eigen taal noemden ze zichzelf *Garinagu*, of *Garífuna*. In de 17de en 18de eeuw was Saint Vincent nominaal Brits, maar in de praktijk waren de Garífuna vrijwel onafhankelijk, en in 1660 werden de eilanden Dominica and Saint Vincent met het Verdrag van Basse Terre tot 'eeuwig bezit' van de Caribs uitgeroepen.

Een eeuw later probeerden de Britten de volledige controle over Saint Vincent te krijgen, maar de Caribs wisten hen met Franse hulp af te slaan. Een volgende poging, twintig jaar later, had meer succes, en in 1783 legden de Britten de Garífuna een verdrag op, waarna ze ruim de helft van het eiland overhielden. Maar het verdrag werd nooit geaccepteerd en de Garífuna bleven zich tegen de Britse heerschappij verzetten, met regelmatige gevechten tot gevolg, waarbij de Fransen de Garífuna steeds hulp verleenden. In 1795 deden de Garífuna een laatste serieuze poging om hun onafhankelijkheid te verkrijgen, met aan beide zijden enorme verliezen. De Garífuna verloren hun leider Joseph Chatoyer en op 10 juni 1796, na een jaar van bittere strijd, gaven de Fransen en de Garífuna zich aan de Britten over.

De koloniale autoriteiten konden niet toestaan dat er een vrije zwarte samenleving tussen de slavenhoudende Europese kolonisten bestond en daarom werd besloten de Garífuna te deporteren. Ze werden opgepakt, hun huizen (en een deel van hun cultuur) werden verwoest, en honderden van hen stierven aan ondervoeding en ziekten. De overlevenden, 4300 Zwarte Caribs en 100 Gele Caribs, zoals de Britten hen bestempelden, werden naar het eiland Balliceaux gedeporteerd; binnen zes maanden stierf de helft, de meesten aan gele koorts. In maart 1797 werden de overlevenden in schepen naar **Roatán** gestuurd, een van de Islas de la Bahía voor de kust van Honduras (zie hoofdstuk 7). Een van de schepen werd door de Spanjaarden geënterd en naar Trujillo op het vasteland gebracht. Ongeveer 2000 Garífuna kwamen op Roatán aan, waar de Britten hen aan hun lot overlieten.

Mogelijk na een smeekbede om hulp van de Garífuna, die op Roatán in snel tempo stierven, kwam de Spaanse commandant van Trujillo naar het eiland en werden de

De stad en omgeving

In Lívingston zelf valt niet veel meer te doen dan ontspannen rondhangen in lokale stijl. Verkeer is er nauwelijks (er zijn geen wegen naar de buitenwereld), dus het getoeter en de zwarte wolken uitlaatgassen die het stedelijke leven in Guatemala kenmerken, zijn gelukkig (vrijwel) afwezig. De **stranden** zijn smal, met een decor van palmen, als je wat verder van het centrum bent, kun je er redelijk zwemmen; de bodem loopt heel geleidelijk af. Het bescheiden **Museo Multicultural de Lívingston** (dag. 9–17 uur; $ 0,75; vanuit de haven even overlevenden naar Trujillo overgebracht, waar ze als landarbeiders werden ingezet. De Spanjaarden waren er niet in geslaagd de landbouw hier te ontwikkelen en de komst van de Garífuna, die veel ervaring op dat gebied hadden, kwam de kolonie ten goede. De mannen werden opgeroepen voor het leger, en de Garífuna kregen een grote reputatie als soldaten en huurlingen. Al snel begonnen ze zich langs de kust te verspreiden en in 1802 werden 150 Garífuna als houthakkers naar het zuiden van Belize gebracht; van daaruit stichtten ze in 1806 Lívingston.

Aan het begin van de 20ste eeuw was Lívingston een echte Garífuna-stad geworden, waar de vrouwen jute produceerden en *cohune*-noten verzamelden en de mannen zich met visvangst bezighielden. Net als in de 19de eeuw trokken veel Garífuna de wereld in op zoek naar werk, en in de Tweede Wereldoorlog werkten Garífuna als bemanning op Britse en Amerikaanse koopvaardijschepen. Vanaf 1970 trokken veel Garífuna naar de VS; er wonen er inmiddels 50.000 in New York, en er zijn kleinere gemeenschappen in New Orleans, Los Angeles en andere steden. Er woont zelfs een kleine groep in Londen. De meeste Garífuna leven in dorpen langs de Caribische kust van Honduras (ruim 100.000), en er zijn kleinere groepen in Belize (rond 18.000) en Nicaragua.

De meeste Garífuna spreken Spaans (en sommige Engels) plus het unieke Garífuna, een taal waarvan de woorden uit het Arawak, Frans, Yuroba, Banti en Swahili afkomstig zijn. Hoewel ze allemaal tot de katholieke of een evangelische kerk behoren, beoefenen ze daarnaast hun eigen **dugu** (religie) – waarin voorouderverering een belangrijke plaats inneemt en die in sommige opzichten op de Haïtiaanse voodoo lijkt. *Dugu* draait om rituelen, en de dood wordt als een bevrijding van de geest gezien, die gevierd wordt met dansen, drinken en muziek. De muziek van de Garífuna, de **punta**, is erg ritmisch met hypnotiserende percussiepatronen en ritueel gezang, de West-Afrikaanse oorsprong klinkt er duidelijk in door.

Voor veel Guatemalteken zijn de Garífuna een soort nationale curiositeit, een mysterieus en enigszins gewantrouwd fenomeen. Ze hebben niet alleen met dezelfde discriminatie te maken als waar de Maya's onder lijden, maar zijn ook het onderwerp van allerlei mythen. Zo zou hun samenleving matriarchaal en polygaam zijn en geleid worden door een geheime koninklijke familie. Ook beschuldigingen van voodoo en kannibalisme komen veel voor. De vooroordelen en de geïsoleerde aard van hun gemeenschap – die in Guatemala slechts 6000 leden telt – heeft ertoe geleid dat de jonge Garífuna zich meer aangetrokken voelen tot de zwarte Amerikaanse cultuur (hiphop) en Jamaicaanse cultuur (rastafari) dan tot de Latijns-Amerikaanse.

De onlangs overleden **Andy Palacio**, een algemeen gerespecteerde en prijswinnende cultureel activist uit Belize, is internationaal de bekendste Garífuna-muzikant. De cd *Wátina* uit 2007, opgenomen met het Garífuna Collective (artiesten uit alle hoeken van de Garífuna-wereld), wordt als zijn meesterwerk beschouwd. Het goed besproken *Umalali: The Garífuna Women's Project* is een prachtige compilatie van Garífuna-muziek.

Je vindt meer over de Garífuna op Ⓦwww.garifuna.com, Ⓦwww.garinet.com en het septembernummer van 2001 van de *National Geographic*.

omhoog lopen), geeft informatie over de multi-etnische samenstelling van de streek met onder andere gemeenschappen van Garífuna en Q'eqchi'-Maya's.

Het populairste uitstapje heeft de **Siete Altares** als bestemming, een imponerende reeks watervallen, die vooral in het regenseizoen indrukwekkend is. Er waren hier een paar keer overvallen, zodat het verstandig is om een lokale gids te huren of in een groep te gaan, ook al gebeurde het alweer een tijdje geleden. De watervallen liggen 5 km ten westen van de stad; je komt er door het hoofdstrand langs *Flowas Café* te volgen en vlak voor het einde het pad links te nemen. Volg het pad landinwaarts, en al snel ben je bij de eerste waterval. Bij alle watervallen kun je heerlijk zwemmen, maar de hoogste is tevens de beste.

Eten

Lívingston is een prima stad om uit eten te gaan. Van de lokale gerechten moet je zeker de *tapado* proberen (vissoep met kokos), bij voorkeur bij *Tiburón Gato*, *Tilingo Lingo*, *Buga Mama* of *Margoth*; reken op $ 8–10 voor een enorme kom. Zeebanket is een andere specialiteit met veel verse kreeft en garnalen op de kaart.

▲ Lívingston

De restaurants zijn vrij duur voor Guatemalteekse begrippen (maar goedkoop als je net uit Belize komt).

Antojitos Gaby C Marcos Sánchez Díaz. Goedkope, schone comedor met een terrasje, en een menu met de gebruikelijke Guatemalteekse gerechten plus goede *sopa caracol*, omelet en gefrituurde vis.
Bahía Azul C Principal. Erg populair café-restaurant in een fraai oud Caribisch gebouw met een goedkoop menu (de *coco burguesa* is een aanrader) en een mooi terras om de wereld voorbij te zien trekken.
Buga Mama links van de pier. Stijlvol houten restaurantje met tafeltjes op het balkon voor een zeebriesje. Goede garnalen, *tapado*, pasta en sterke koffie. De winst komt het project Ak'Tenamit ten goede (zie blz. 262).
Hotel Casa Rosada ☎7947 0303. Het diner in dit fraaie hotel-restaurant is een gemeenschappelijke aangelegenheid met drie gangen, geserveerd vanaf 18.30 uur voor $ 13. Op het menu staat filet mignon, kreeft, zeebaars en *tapado*, en er is altijd een vegetarisch gerecht. Reserveren.
Tilingo Lingo C Principal Dit eethuisje van María, een bereisde Mexicaanse dame, heeft een internationaal menu met Latijns-Amerikaanse en indiaanse gerechten plus heerlijke cocktails.
Vecchia Toscana aan het strand ☎7947 0883. Dit hotel-restaurant biedt authentiek, maar duur Italiaans eten, met een houtoven voor pizza, verse pasta en vis- en vleesgerechten, waaronder *milanesa*; reken op $ 18 pp. Er is ook een geweldige Italiaanse wijnkaart. Het is er zelden druk, als je wilt, kun je van tevoren bellen om je bestelling te plaatsen.

Drinken

Voor avondlijk vermaak heeft Lívingston een hoop tenten in de aanbieding, waaronder *Ubafu*, meestal de levendigste bar en de beste plek voor livemuziek, vooral de punta van de Garífuna. De strandtenten aan het einde van de Calle Principal hebben een dansvloer en draaien reggae, punta, R'n'B en Latin. *Casa de la Iguana* (happy hour 18–20 uur) heeft niet echt een lokale uitstraling, maar is erg leuk en het kan er ruig aan toe gaan, variërend van drinkwedstrijden tot modderworstelen als de eigenaren in de stemming zijn; er is ook een groot scherm voor sportwedstrijden. De beste **koffie** van de stad vind je in de piepkleine espressobar bij de ingang van *Hotel Ríos Tropicales*.

De Río Dulce

Opeens waren we op de Río Dulce. Aan beide zijden, honderd tot honderdtwintig meter loodrecht omhoog rijzend, was een levende muur van groen. Langs de oever groeiden bomen en het dichte groen liep ononderbroken omhoog; er viel geen open plek te zien; en aan beide zijden hingen vanaf de toppen van de hoogste bomen lange stengels tot in het water, alsof ze dronken en zo het leven naar de stammen brachten. Het was, zoals zijn naam al aangeeft, een Río Dulce, een sprookjestafereel uit Titanenland, exquise schoonheid gecombineerd met kolossale grandeur. We voeren verder door een bocht en in een paar minuten was de zee niet langer zichtbaar, we waren aan alle kanten omringd door een bosmuur; maar de rivier, zonder te laten zien waar we heen moesten, lokte ons verder.

John Lloyd Stephens (1841)

Een andere goede reden om naar Lívingston te gaan, is om de spectaculaire tocht over de **Río Dulce** te maken, die na 30 km bij het plaatsje Río Dulce eindigt. De rivier passeert na Lívingston een stelsel van kloven met honderd meter hoge rotswanden, bedekt met tropische vegetatie en afhangende lianen. Af en toe zul je zilverreigers zien, of troepen schetterende parkieten, terwijl je door het overweldigende tropische landschap de rivier volgt.

Zo'n 7 km van Lívingston passeer je een paar prachtige zijrivieren die aan weerszijden in de Río Dulce uitmonden, beide met een **eco-hotel**. Boten die tussen Río

Dulce en Lívingston varen, kunnen je er afzetten. Aan de zuidkant, een klein eindje de Río Lámpara op, ligt *Hotelito Perdido* (Ⓣ5725 1576, Ⓦwww.hotelitoperdido.com; ❸–❹), een prachtig nieuw hotel van een gastvrij Engels-Pools stel in een weelderige tropische tuin met pommeraks, lychees, cashewnotenbomen en bananenbomen. Het is een intieme plek met drie split-level houten cabañas en een slaapzaal ($ 6) boven het restaurant. Het eten is behoorlijk goed (diner voor $ 8), de sfeer is ontspannen, en je kunt per kajak het prachtige gebied verkennen.

Aan de noordkant stroomt de **Río Tatín**, waar schippers een kort stukje op varen voor de *Finca Tatín* (Ⓣ5902 0831, Ⓦwww.fincatatin.centroamerica.com; ❸–❹), die rustieke slaapzalen ($ 6 per bed) en kamers heeft, sommige met eigen badkamer. Alle bedden hebben een muskietennet, want de finca ligt in een dichte jungle en dat betekent dat er veel insecten zitten. Het eten is er heerlijk en gezond (gemeenschappelijk diner $ 5,50) en je kunt er kajakken, tafeltennissen, wandelen en Spaanse les volgen. Je kunt een Q'eqchi'-Maya als gids huren om je naar dorpen en grotten in de buurt en naar Ak'Tenamit te brengen.

Een kilometer verder over de Río Dulce kom je bij **Ak'Tenamit** (Ⓦwww.aktenamit.org), een gezondheids- en ontwikkelingscentrum voor 124 Q'eqchi'-Mayadorpen. Voordat het project in 1992 van start ging, hadden de mensen hier geen scholen en medische zorg, en weinig andere voorzieningen. Nu beschikken ze over een kliniek, een lagere en een middelbare school en een varende tandheelkundige kliniek. Er zijn zelfhulpprogramma's, een vrouwencoöperatie voor handwerk, een centrum voor ecotoerisme, en initiatieven ter bevordering van de Mayacultuur. Artsen, verpleegsters en tandartsen die minmaal drie maanden willen helpen, zijn welkom, en je mag altijd even rondkijken.

Weer een kilometer verder stroomopwaarts komt warm, zwavelhoudend water aan de voet van een rots omhoog – een goede plek voor een duik. Vlak daarna verbreedt de rivier zich tot een meertje, **El Golfete**, met langs de noordoever het **Biotopo Chocón Machacas** (dag. 7–16 uur; $ 3), een natuurreservaat ter bescherming van de **lamantijn**, een bedreigde (soort) zeekoe die hier af en toe te zien is. De lamantijn is een groot zoogdier dat zowel in zout als zoet water leeft en dat volgens sommigen de inspiratie vormde voor de mythe van zeemeerminnen. De vrouwtjes zogen hun jongen door ze met hun flippers vast te houden, maar met een gewicht van een ton zijn ze bepaald niet zo sierlijk als de zeemeerminnen uit sprookjes. Het reservaat is ook bedoeld om de rijke moerassen en laaglandregenwouden (waar jaguars, tapirs en heel veel vogelsoorten voorkomen) te beschermen, maar sinds kort dringen campesinos het gebied binnen, met bittere strijd tot gevolg. In 2008 werd een groep Belgische toeristen een dag vastgehouden door protesterende boeren, en er zijn nog steeds veel spanningen, dus informeer eerst naar de situatie als je het reservaat in wilt.

Aan de westkant van El Golfete ligt een ander **ontwikkelingsproject**, een weeshuis voor 250 kinderen. Casa Guatemala is een echt succesverhaal en bestaat inmiddels (ondanks een zware aardbeving die in 1999 de meeste gebouwen verwoestte) uit een budgethotel (*Hotel Backpackers*, zie blz. 265), waar sommige oudere kinderen werken, een boerderij, een visvijver, kassen en een slagerij in Río Dulce. Vrijwilligers met de juiste achtergrond die een paar maanden kunnen blijven (bij voorkeur zes), zijn meer dan welkom. Je moet hard werken en de omstandigheden zijn behoorlijk primitief, maar het is een nuttige tijdsbesteding. Zie voor contactinformatie 'Werken en studeren' in het hoofdstuk Praktische informatie van deze gids.

Lago de Izabal en omgeving

Verder stroomopwaarts, aan de andere kant van El Golfete, wordt de rivier weer smaller; je komt langs het haventje en de brug van het armoedige stadje **RÍO DULCE** (ook wel Fronteras genoemd), op de noordoever van de rivier. De oever

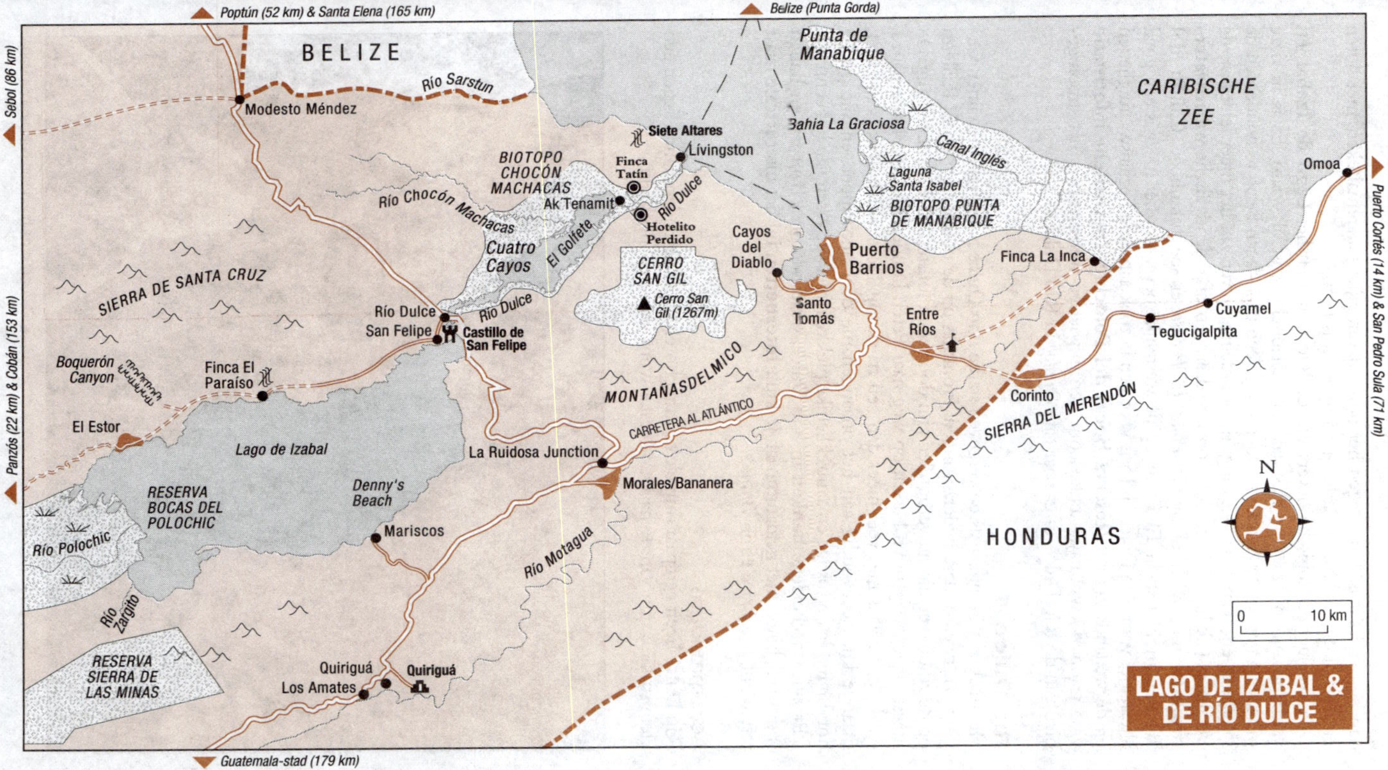
LAGO DE IZABAL & DE RÍO DULCE
Poptún (52 km) & Santa Elena (165 km)
Belize (Punta Gorda)
Puerto Cortés (14 km) & San Pedro Sula (71 km)
Sebol (86 km)
Panzós (22 km) & Cobán (153 km)
Guatemala-stad (179 km)
BELIZE
CARIBISCHE ZEE
HONDURAS
Río Sarstun
Modesto Méndez
Punta de Manabique
Bahia La Graciosa
Canal Inglés
Laguna Santa Isabel
BIOTOPO PUNTA DE MANABIQUE
Siete Altares
Lívingston
Finca Tatín
BIOTOPO CHOCÓN MACHACAS
Río Chocón Machacas
Ak Tenamit
Río Dulce
Hotelito Perdido
Cuatro Cayos
El Golfete
CERRO SAN GIL
Cerro San Gil (1267m)
Cayos del Diablo
Santo Tomás
Puerto Barrios
Finca La Inca
Omoa
Cuyamel
Tegucigalpita
Entre Ríos
Corinto
SIERRA DEL MERENDÓN
SIERRA DE SANTA CRUZ
Río Dulce
San Felipe
Castillo de San Felipe
MONTAÑASDELMICO
CARRETERA AL ATLÁNTICO
Boquerón Canyon
Finca El Paraíso
El Estor
Lago de Izabal
La Ruidosa Junction
Morales/Bananera
Denny's Beach
RESERVA BOCAS DEL POLOCHIC
Río Polochic
Mariscos
Río Motagua
Río Zargito
RESERVA SIERRA DE LAS MINAS
Quiriguá
Quiriguá
Los Amates
N
0
10 km

aan de overkant is daarentegen het domein van rijke Guatemalteken, met boten en huizen die in Monte Carlo niet zouden misstaan.

De weelderige tropische oevers van de Río Dulce en het **Lago de Izabal** iets verderop zijn op zich de reis naar de Caribische kust al waard. Er is in deze omgeving genoeg te zien en te doen om je een paar dagen bezig te houden en de sfeer is er erg relaxt. De weg langs de noordelijke oever van het meer leidt naar de Verapaces (zie blz. 277), en komt op weg daarheen langs de idyllische **warmwaterbronnen** met waterval bij de *Finca El Paraíso* en de torenhoge **Cañón del Boquerón**. Het stadje **El Estor** op de westelijke oever van het meer is een goed alternatief voor Río Dulce als basis voor een bezoek aan deze bezienswaardigheden en de wetlands van het **Reserva Bocas del Polochic**. **Toeristische informatie** vind je op Ⓦwww.mayaparadise.com, een uitvoerige **website** over het stroomgebied van de Río Dulce, of ga naar café *Sundog* in Río Dulce.

Río Dulce

Het drukke, van uitlaatgassen vergeven stadje Río Dulce is een recente samenvoeging van twee oudere nederzettingen, Fronteras op de noordoever en El Relleno op de zuidoever, die nu verbonden zijn door een monsterlijke betonnen brug. De meeste vrachtwagens en bussen op weg naar Petén houden hier een korte pauze, en de stad zelf is niet veel meer dan een truckstop. De eerste indruk is negatief, maar je kunt eenvoudig aan het onaangename deel ontsnappen en alle goede hotels vind je op rustige en aantrekkelijke plekken, niet ver varen van het centrum.

Er zijn verscheidene **banken** in Río Dulce, waaronder een Banrural en Banco Industrial, beide met geldautomaat. Je kunt **internetten** bij het internetcafé naast restaurant *Río Bravo* en in *Bruno's*.

Accommodatie

Río Dulce heeft een paar simpele centrale hotels, maar de onderstaande liggen een klein stukje varen van de haven. Meestal word je gratis opgehaald.

▲ Canyon in de buurt van het Lago de Izabal

Casa Perico 2 km ten noordoosten van de brug ☎5930 5666. Aan een baaitje langs het meer, een rustieke jungle-idylle van Zwitserse eigenaren met een relaxte, open sfeer, populair onder budgetreizigers. Alle gebouwen zijn van hout en staan op stelten, verbonden door loopsteigers. Er zijn slaapzalen (vanaf $ 6) en kamers ($ 7 pp) met veranda en hangmatten; de eigenaren willen nog cabañas met badkamer bouwen. Maaltijden kosten rond $ 4, het diner is $ 7 en op zondag is er een barbecue. ❷–❹

Hacienda Tijax tegenover de haven ☎7930 5505, ⓦwww.tijax.com. Fraai aan het meer gelegen en met zwembad. De accommodatie bestaat uit eenvoudige kamers (❸), hutten met of zonder badkamer (❸–❹) en bungalows (❻); het restaurant is goed, maar aan de dure kant. Je kunt er een tocht door de boomkruinen maken, wandelen en paardrijden ($ 20 voor 2:30 uur).

Hotel Backpackers onder de zuidkant van de brug ☎7930 5169, ⓦwww.hotelbackpackers.com. Dit hotel wordt helaas steeds onaantrekkelijker door een gebrek aan onderhoud en zorg, en dat is zonde, want het hotel helpt het weeshuis Casa Guatemala te financieren en veel van de jonge medewerkers zijn uit het weeshuis afkomstig. De slaapzalen ($ 4 voor een bed) zijn erg groot, maar beddengoed is er niet en de kamers zijn erg sober gemeubileerd. Wel goed om wat te gaan drinken op het dek aan de rivier, en naar de disco te gaan op zaterdagavond. ❷–❹

Hotel Catamaran ☎7930 5494, ⓦwww.catamaranisland.com. Fraai gelegen op een klein eilandje, 5 min. varen met een *lancha* van Río Dulce. Er is een prettige tuin met een klein zwembad, restaurant, bar en tennisbanen. De meeste cabañas staan aan de rivier en zijn redelijk comfortabel, maar bieden te weinig waar voor hun geld, met kleine badkamers en weinig faciliteiten. ❼

Tortugal 4 minuten per watertaxi van Río Dulce ☎5334 1946, ⓦwww.tortugal.com. Uitstekend beheerd complex met een fraai aanbod aan erg goede accommodatie, stuk voor stuk aantrekkelijk ingericht en netjes afgewerkt. In de twee slaapzalen ($ 7–10 per bed) vind je goede matrassen, muskietennetten, lockers en kleine raampjes die het briesje binnenlaten; er zijn mooie ruime kamers en houten bungalows (beide ❹), en een schitterende luxueuze *casita* (❾). Boven het restaurant aan de rivier (maaltijden $ 6–10) is een chill-out-ruimte met gratis internet, een poolbiljart en bibliotheek. Gratis kajaks voor de gasten. ❸–❾

Eten

Alle genoemde hotels hebben een restaurant, maar je kunt ook in Río Dulce wat gaan eten. Het leukste café is het relaxte en vriendelijke *Sundog* van een Nederlandse eigenaar, vlak bij de haven; je kunt er stokbroodjes, sandwiches, espresso en wijn per glas krijgen; de keuken sluit om 20 uur. Buurman *Río Bravo* is bekend om zijn pizza en pasta, terwijl *Bruno's*, iets naar het zuiden, internationale gerechten en Noord-Amerikaanse sportwedstrijden biedt – deze tent is populair bij de zeilgemeenschap. Als je iets goedkoops zoekt, vind je een rij weinig opmerkelijke comedores aan de hoofdstraat, maar de beste plek is zonder meer *Benedición a Dios*, in een zijstraatje, dat bekendstaat om zijn enorme tarwetortilla's met kool en gemarineerd rundvlees (maar er zijn ook vegetarische gerechten) en lekkere licuados vol fruit.

Castillo de San Felipe

Het *castillo* (8–17 uur; $ 3), een soort middeleeuws (miniatuur)kasteel dat de toegang tot het Lago de Izabal bewaakt, is een bewijs voor de vermetelheid van Britse piraten, die regelmatig de Río Dulce opvoeren om voorraden te stelen en de muilezelkaravanen aan te vallen. De Spanjaarden probeerden daar in 1652 een einde aan te maken door het fort te bouwen en de rivier met een ketting af te sluiten. In het fort vind je een labyrint van kleine kamertjes en trappen, een hoop kanonnen en fraaie uitzichten over het meer.

De warme waterval en de Cañón del Boquerón

Achter het *castillo* ligt de enorme watervlakte van het Lago de Izabal, met in de verte de vruchtbare hooglanden. Op 25 km van Río Dulce is een **warme waterval** (dag. 8–18 uur; $ 1,30) op het land van de *Finca el Paraíso*, 300 m ten

Vertrek uit Río Dulce

Er gaan elk halfuur tot 18 uur **bussen** naar zowel Guatemala-stad (5–6 uur) als Flores (3 uur–3:30 uur); Litegua (☎7930 5251) is een goede busmaatschappij en heeft een kantoor aan de grote weg. Er rijden tot 18 uur minibusjes naar Poptún (elk halfuur; 1:45 uur) en Puerto Barrios (elk uur; 2 uur). Er gaan elk uur tot 18 uur minibusjes rond het meer naar El Estor (1:45 uur), ze komen langs de *Finca el Paraíso*. Atitrans (☎5218 5950) aan de grote weg regelt **shuttlebusjes** naar Antigua ($ 40), Copán ($ 32) en andere bestemmingen. Café *Sundog* biedt excursies aan naar Quiriguá en een bananenplantage ($ 22).

Zodra je in Río Dulce uit de bus stapt, zullen schippers van *lanchas* je omringen met het aanbod je over de Río Dulce naar **Lívingston** te brengen; er varen ook *colectivos* ($ 13 pp) vanaf een steiger onder de noordkant van de brug. Als je via je hotel reserveert voor de boot van 9.30 of 13.30 uur, word je meestal op verzoek opgehaald. Stroomafwaarts duurt de tocht ongeveer twee uur, afhankelijk van het aantal stops onderweg. De schippers varen vaak naar het Castillo de San Felipe voor foto's (maar ze stoppen er niet) en minderen vaart bij sommige eilandjes, zodat je de nestelende aalscholvers en pelikanen kunt zien. De meeste boten stoppen een kwartier bij een plek waar warm water in de rivier stroomt en waar grotten zijn (toiletten aanwezig en je kunt er wat te drinken kopen), en ze stoppen opnieuw bij een plek waar veel waterlelies groeien. Als je het meer en de rivier op je gemak wilt verkennen, moet je proberen met een privéjacht mee te gaan (doe navraag in *Bruno's* of bij je hotel) of huur een boot met schipper. César Catalan (☎5819 7436) is aan te bevelen; een dagexcursie voor maximaal zeven personen kost $ 100.

noorden van de weg; het is een van de opvallendste natuurfenomenen van Guatemala. Uit een warmwaterbron stroomt water op badtemperatuur klaterend in poelen en vermengt zich met een koud stroompje; bij dit schitterende natuurlijke kuuroord kun je makkelijk een middagje verluieren. Boven de waterval is een reeks grotten vol vleermuizen en buitengewone vormen en kleuren – en om het helemaal bijzonder te maken: je moet er bij het licht van een zaklantaarn zwemmen om ze te zien (neem zelf een zaklantaarn mee). Twee kilometer ten zuiden van de waterval ligt het **hotel** *Finca el Paraíso* (☎7949 7122; ❺) aan het water met twee rijen grote, comfortabele cabañas, elk met een veranda met hangmat, en een goed, maar prijzig restaurant. De ligging van het hotel is heerlijk rustig, en je kunt er goed zwemmen bij het strand met zwart zand. Je mag er tegen een kleine vergoeding ook kamperen. De bussen tussen Río Dulce en El Estor komen tot 18 uur in beide richtingen elk uur langs de waterval en het hotel.

Als je langs de meeroever verder naar het westen gaat, kom je na 7 km bij de **Cañón del Boquerón**, slechts 500 m van de weg, maar toch onzichtbaar. De vrijwel loodrechte rotswanden rijzen 250 m boven de Río Sauce op, die over kolossale rotsen door deze overweldigende, met jungle begroeide kloof stroomt. Om bij de kloof te komen, moet je een van de lokale schippers inhuren, die bij het pad met de wegwijzer langs de weg staan te wachten. Ze peddelen je voor een prikje stroomopwaarts in een boomstamkano. Heen en weer varen duurt een halfuurtje, maar je kunt de schipper ook vragen je af te zetten en je later op de dag op te halen. De **Cañón del Boquerón** is 5 km lang; neem stevige schoenen mee als je een stuk wilt lopen en klauteren.

El Estor

Na Boquerón kom je na 6 km aan bij het slaperige stadje **EL ESTOR**, dat zijn naam aan Engelse piraten te danken zou hebben, die de Río Dulce waren opgevaren om voorraden te kopen bij 'The Store'. Het is een relaxt, vriendelijk plaatsje, maar het ligt dicht bij nikkelafzettingen die aanleiding gaven tot een scherp conflict tussen mijnbouwmaatschappijen en plaatselijke indianen. In 2008 werden de voorbereidingen voor **dagbouw** (na een onderbreking van 27 jaar) stilgelegd vanwege geldproblemen. Als de nikkelwinning hervat wordt, zal dat invloed hebben op het milieu – het nikkel ligt net onder de bovenste laag aarde – en dat heeft weer gevolgen voor het grote potentieel voor ecotoerisme in de streek.

In El Estor zelf valt niet veel te zien, of het moet de vijver op het plein zijn, met vissen, schildpadden en alligators. Rond de stad zitten grote groene leguanen in de bomen, waar de plaatselijke bevolking met katapulten op schiet. In de nog grotendeels ongerepte omgeving is genoeg te zien om je een paar dagen bezig te houden – de warme waterval, de Cañón del Boquerón en Bocas del Polochic. Voor **informatie** kun je terecht bij Hugo van *Hugo's Restaurant* of Óscar Paz van *Hotel Vista del Lago*, die zijn streek enthousiast promoot en een boot met gids kan regelen om de bezienswaardigheden te bezoeken. Banrural, 3 Calle en 6 Avenida, wisselt travellercheques en heeft een geldautomaat, en er zijn enkele **internet-cafés** in de stad, bijvoorbeeld *El Portal* aan het plein.

Accommodatie en eten

De stad heeft een behoorlijk aanbod van goede **budgethotels**, maar in de andere prijscategorieën is er weinig. Goede *comida típica* kun je krijgen bij *Hugo's Restaurant* en het *Café El Portal*, beide aan het centrale plein, terwijl *Chaabil* vis en gegrild vlees heeft – een grote schotel kost rond $ 7–10.

Chaabil aan het meer bij 3 C ⓣ7949 7272. Goed hotel met kamers in cabaña-stijl met stevige houten bedden en eigen badkamer. ③

Hotel Central 5 Av & 2 C ⓣ7949 7244. Erg goede prijs-kwaliteitverhouding met schone, aantrekkelijke, moderne kamers met badkamer en ventilator. ③

Hotel Ecológico Cabañas del Lago ⓣ7949 7245. Rustig aan het meer gelegen, 1 km ten oosten van het centrum, met comfortabele, ruime en aantrekkelijke houten bungalows en een eigen zandstrandje. Als je langsgaat bij zijn restaurant aan het plein, brengt eigenaar Hugo je. ④

Hotel Villela 6 Av 2–06 ⓣ7949 7214. Oud en eerbiedwaardig hotel met eenvoudige, wat muffe kamers, sommige met een douche. Er is een mooie tuin bij. ②

Hotel Vista del Lago aan het meer ⓣ7949 7205. Prachtig gelegen, fraai oud houten gebouw; dit zou de 'Store' zijn waarnaar het plaatsje is vernoemd. Kleine, schone kamers met eigen badkamer; de kamers boven bieden fraai uitzicht over het meer. ③

Reserva Bocas del Polochic

Een flink stuk van de laaglandjungle aan de westkant van het meer wordt beschermd door het natuurreservaat **Bocas del Polochic**, een van de rijkste wetlands van Guatemala. In het groene labyrint van moerassen en bossen komen zeker 224 vogelsoorten voor, waaronder de goudvoorhoofdspecht, de aztekenaratinga en zwavelborsttoekan. Er leven ook veel zoogdieren, waaronder brulapen, die je vrijwel zeker te zien (en horen) krijgt, en zeldzame lamantijnen en tapirs. Er is een goede accommodatie bij het kleine Q'eqchi'-dorpje **SELEMPÍM** even buiten het reservaat – het grote houten huis met horren en stapelbedden ($ 15 pp per dag, inclusief drie stevige maaltijden) biedt de dorpelingen werk. De indianen treden ook als gids op voor wandelingen door de uitlopers van de Sierra de las Minas en voor kajaktochten door de rivierdelta.

Het reservaat is alleen bereikbaar met een weinig frequente openbare *lancha* of een dure gecharterde boot. Als je er toch heen wilt, kun je het beste naar Defensores de la Naturaleza, 5 Avenida en 2 Calle in El Estor (ⓣ7949 7427 of 5815 1736, ⓦwww.defensores.org.gt) gaan; zij beheren het reservaat en kunnen informatie geven. Er varen per week drie (maandag woensdag en zaterdag) openbare *lanchas* naar en van Selempím; ze vertrekken om 7 uur uit Selempím en varen om 11 uur terug uit El Estor ($ 9; 1:15 uur) – informeer bij Defensores of de tijden nog kloppen. Een dagexcursie naar het reservaat kost $ 50; Hugo en Oscar kunnen een schipper aanbevelen. Een gecharterde boot naar Selempím kost rond $ 120 (retour).

Mariscos en Denny's Beach

MARISCOS, de belangrijkste stad op de zuidelijke oever van het Lago de Izabal, ligt er wat verloren bij sinds de weg langs de noordkant van het meer klaar is. **Denny's Beach** (Ⓣ5398 0908, Ⓦwww.dennysbeach.com) is een fantastisch rustig plekje om te zwemmen, 4 km ten oosten van de stad. Het is een ideale accommodatie om even helemaal tot jezelf te komen met cabañas (❹–❻) en een slaapzaal ($ 10 per bed) boven het zandstrand. Het restaurant serveert lekker eten (maaltijden $ 4–12). Je kunt er gratis kajakken, paardrijden ($ 25) en tochtjes rond het meer maken. Gasten worden gratis opgehaald en afgezet in Mariscos.

Het oostelijke hoogland

Het oostelijke hoogland, vaak kortweg El Oriente genoemd, ligt tussen Guatemala-stad, El Salvador en Honduras en is het minst bezochte deel van het land. De bevolking bestaat vrijwel geheel uit ladino's, die Spaans spreken en westerse kleren dragen, al zijn veel van hen eigenlijk volbloed Maya's. Alleen een handjevol oudere mensen in afgelegen gebieden spreken nog het Poqomam-Maya, de oorspronkelijke taal van de streek. De ladino's van het oosten hebben de naam zich als cowboys te gedragen, en demonstraties van machismo zijn normaal.

Het landschap bezit niet de dramatische schoonheid van het westelijke hoogland, want de bergen zijn er niet alleen lager, maar ze zijn ook minder karakteristiek. De vulkanen missen de fraaie symmetrie van die op het westelijke hoogland, ze zijn sterk geërodeerd en gaan bijna op in de omringende bergen. De heuvels dicht bij de grens met El Salvador zijn ongelooflijk vruchtbaar en de brede dalen zijn weelderig groen, maar in het noorden, rond het streekcentrum **Chiquimula**, is het landschap heel anders, met droge, afgeronde toppen en stoffige velden. Je zit hier niet ver van de ruïnes van Copán in Honduras, terwijl **Esquipulas**, met zijn beroemde basiliek, en het magische kratermeer van de **Volcán Ipala**, ook dichtbij zijn.

Van Guatemala-stad naar El Salvador

Er zijn diverse wegen tussen de hoofdstad en de grens met El Salvador, maar de snelle route door het hoogland via de stad **CUILAPA** en door groene valleien trekt het meeste verkeer. De stad zelf is onaantrekkelijk, maar als je je reis wilt onderbreken, is het plezierige *Turicentro Los Esclavos* (Ⓣ7886 5139; ❺) aan de hoofdweg, 4 km na Cuilapa, een goede keus; het heeft een klein zwembad, een goed café-restaurant en vlekkeloze kamers. Een afslag bij Cuilapa naar het zuiden leidt door een prachtig landschap tussen de Volcán Tecuamburro en Volcán Cruz Quemada naar het stadje **Chiquimulilla** (elk uur bussen; zie blz. 240).

Elf kilometer na Cuilapa splitst de weg zich bij **El Molino**. De zuidelijke tak, de CA-8, is de snelste route naar de grens, het is nog geen 50 km van de splitsing naar de grensovergang **VALLE NUEVO**. De weg is recht, snel en landschappelijk fraai, maar de grensovergang is niet veel meer dan een douanekantoor; er zijn daar en onderweg geen overnachtingsmogelijkheden.

De Carretera Interamericana

Bij El Molino buigt de Carretera Interamericana af naar de bergen en loopt door een geïsoleerde vallei, klimt naar een plateau en bereikt **JUTIAPA**. Deze stad is het centrum voor handel en transport voor het hele oostelijke hoogland; het is een drukke en niet erg aantrekkelijke plaats, maar als je er toch moet zijn, kun je gebruikmaken van faciliteiten als hotels en banken.

De Carretera Interamericana gaat na Jutiapa richting El Salvador en passeert daarbij **El Progreso** en **Asunción Mita** (het vertrekpunt voor een constante stroom bussen en minibusjes naar de grens). De grensovergang zelf is bij het stadje **SAN CRISTÓBAL**, waar je een stel eenvoudige pensiones (❶–❷) en een bureau van Inguat vindt. De laatste **bus** naar Guatemala-stad vertrekt rond 19 uur van de grens, en het laatste minibusje naar Asunción vertrekt rond 20 uur.

Van Jalapa naar Ipala

Als je het oostelijke hoogland bezoekt, moet je zeker een keer de weg **tussen Jalapa en Ipala** nemen, door een waarlijk adembenemend landschap. Vanuit Jutiapa rijden regelmatig bussen naar Jalapa, ze komen langs de Volcán Tahual en door een groot komvormig dal, waar suikerriet, tabak en maïs worden verbouwd. De belangrijkste plaatsjes onderweg zijn **Monjas** en **Morazán**, twee drukke landbouwcentra.

JALAPA is een welvarend, afgelegen stadje op een hoog plateau, omringd door lage bergen en weidegronden. Er zijn diverse **hotels**: het vriendelijke *Hotel Casa del Viajero*, 1 Avenida 0–70 (☎7922 4086; ❷–❸), heeft een goede comedor en sommige kamers hebben er een eigen badkamer, terwijl de *Posada Don Antonio*, Avenida Chipilapa A 0–64 (☎7922 5751; ❹), comfortabeler is, met een douche in elke kamer. Er zitten verscheidene **banken** in de stad, waaronder een Banco G&T, 1 Avenida 1–66, met een geldautomaat. In het prima *Restaurante Casa Real* in de 1 Calle kun je salades, soep of gegrild vlees eten, terwijl *Antojitos Acuarios* aan de overkant goed is voor een snack. Vanuit het busstation van Jalapa vertrekken elk halfuur bussen naar Guatemala-stad (3 uur), die via Jutiapa en Sanarate gaan; er rijden elk uur bussen op Chiquimula (3 uur) via Ipala.

San Luís Jilotepéque en Ipala

Na Jalapa begint de weg naar Ipala door de heuvels te klimmen; dit is het mooiste stuk van de route, je komt over een hoge rug met schitterende uitzichten en daalt vervolgens naar de geïsoleerde dorpen San Pedro Pinula en **SAN LUÍS JILOTEPÉQUE**, twee bolwerken van Mayacultuur. Het plein van San Luís is erg mooi met twee enorme kapokbomen, een koloniale kerk en replica's van stèles uit Copán – en op zondag houden de Maya's hier een enorme markt.

Veertien kilometer na San Luís komt de route bij een belangrijk kruispunt, het stadje **IPALA**, weer uit op de hoofdweg van Jutiapa naar Chiquimula. Het plaatsje zelf is tamelijk troosteloos met een handjevol winkels en een paar **hotels**. De beste accommodatie is het schone *Hospedaje Pinal* (❷), waarvan sommige kamers een badkamer hebben; je kunt ook naar het *Hotel Ipala Real* (☎7923 7107; ❷), waar de kamers kabel-tv en een badkamer hebben.

Ipala ligt op een vlakte aan de voet van de **Volcán de Ipala** (1650 m), die nog het meeste op een afgeronde heuvel lijkt. In de krater ligt een prachtig **meertje** omringd door bomen, terwijl zich op de noordhelling nog een stukje ongerept nevelwoud bevindt. In het meer zwemt een unieke soort *mojarra*, een vissoort met zes grote stekels op zijn rug. Bij een steiger in het meer kun je zonnen en in iets meer dan een uur loop je rond het meer; het is een prachtige plek om te **kamperen**, maar je moet zelf alles meenemen, want er zijn geen faciliteiten.

De makkelijkste weg naar de top is via een pad (aangelegd door vrijwilligers van EarthCorps) dat bij het dorp **El Chagüitón** begint, ten zuiden van Ipala richting Agua Blanca. De beklimming duurt twee uur en je komt langs een bezoekerscentrum, waar je $ 1,30 moet betalen voor je naar het meer mag. Er rijden elk uur bussen en pick-ups van Ipala naar Agua Blanca; stap bij **El Sauce** uit bij km 26,5, vanwaar het via El Chagüitón anderhalf uur naar de top is.

Het noorden: Zacapa, Chiquimula en Esquipulas

In het noordelijke deel van de streek is het machismo van de Oriente het sterkst – de bevolking bestaat voor het grootste deel uit ladino's en is daar trots op, de mensen hebben er de naam opvliegend en hartelijk te zijn en er snel op los te timmeren. **Chiquimula** en **Esquipulas** zijn de belangrijkste steden, en er bevinden zich twee grote bezienswaardigheden in het gebied: de Mayaruïnes van **Copán** (zie blz. 357) net over de grens in Honduras, en het heiligdom van de **Zwarte Christus** in Esquipulas.

De snelste weg naar dit deel van het oostelijke hoogland loopt via de afslag bij Río Hondo aan de Carretera al Atlántico, een weg die over droge, stoffige heuvels naar Zacapa loopt en vervolgens door Chiquimula en Esquipulas naar de grensovergangen met Honduras en El Salvador leidt. Vlak voor Zacapa is er een afslag naar het afgelegen stadje **ESTANZUELA**, dat vreemd genoeg een paleontologisch museum heeft, **El Museo de Paleontología Bryan Patterson** (dag. 8–17 uur; gratis), met curiositeiten als het fossiel van een blauwe vinvis, beenderen van lamantijnen en het skelet van een mastodont dat 50.000 jaar oud zou zijn. Van recentere datum zijn een kleine Mayatombe en een paar stèles.

Zacapa

ZACAPA ligt 13 km van Río Hondo en is een van de warmste plaatsen van het land met temperaturen die regelmatig naar de 40 °C kruipen. Dit verder karakterloze stadje heeft zijn naam gegeven aan misschien wel de beste rum ter wereld – Ron Centenario Zacapa – al wordt die niet hier gemaakt. Aan het plein zitten diverse Chinese **restaurants**, waaronder *Po Wing*, een Banco G&T met een geldautomaat en enkele hotels, al is er geen reden hier te blijven hangen.

Chiquimula

De volgende plaats langs de route is **CHIQUIMULA**, een lelijke, warme, drukke stad met ongeveer 45.000 inwoners. Het grote centrale plein met kapokbomen en

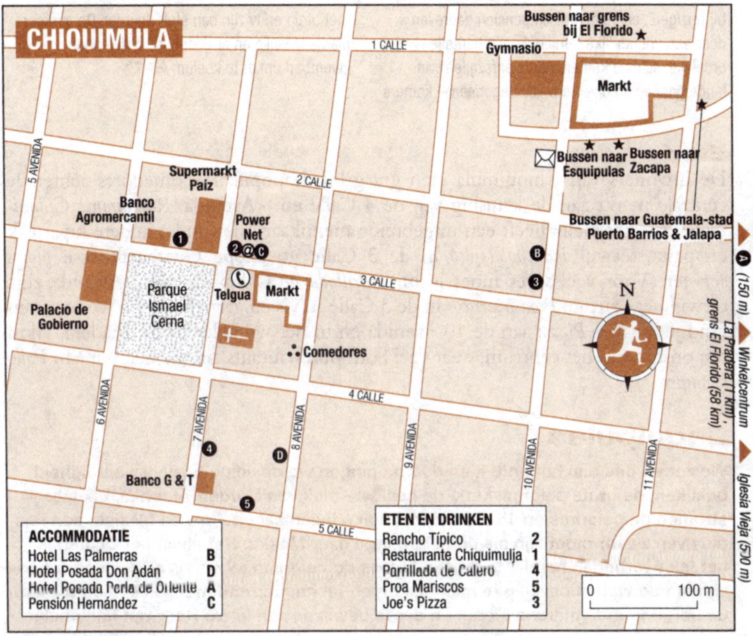

de straten van het centrum zijn permanent verstopt met verkeer, en bezienswaardigheden zijn er nauwelijks. Je kunt even rondlopen over de **markt**, iets ten oosten van het plein, waar je een kitscherig aanbod aan cowboyspullen en lederwaren vindt, of je kunt een kijkje nemen bij de ruïne van een grote koloniale **kerk**, de Iglesia Vieja, aan de oostkant van de stad. De kerk stortte bij de aardbeving van 1765 in, maar de indrukwekkende barokgevel bleef deels staan.

In het centrum zitten verscheidene **banken** met geldautomaat, en bij Powernet aan het plein kun je **internetten**. Vanuit het **busstation**, tien minuten lopen naar het noordoosten, vertrekken elk uur tot 18 uur bussen naar Guatemala-stad (3:30 uur) en Puerto Barrios (5 uur), minibusjes naar Esquipulas (elke 20 min.; 1 uur), Ipala (elk uur; 1 uur; veel bussen rijden door naar Jalapa, 3 uur) en Anguiatú (elke 30 min.; 1 uur). Als je naar Copán wilt, neem je een minibusje naar de grens bij El Florido (elke 30 min. tot 18 uur; 1:30 uur), onderweg is er een stop in Jocotán.

Accommodatie

Dit is een erg warme stad, dus zoek een kamer met airconditioning of in ieder geval een goede ventilator.

Hotel Las Palmeras 10 Av 2–00 ☎7942 4647. Simpel hotel dat voor één nacht voldoet, sommige kamers hebben airco en een badkamer. 2–3

Hotel Posada Don Adán 8 Av 4–30 ☎7942 0549. Elegant en ouderwets hotel met achttien grote kamers met allemaal airco, kabel-tv en een badkamer met warm water. Parkeerplaats. 4

Hotel Posada Perla de Oriente 2 C & 12 Av ☎7942 0014. Met weelderige groene tuin, groot zwembad en een restaurant; de kamers (met of zonder airco) zijn ruim en schoon, maar ietwat kitscherig ingericht. Eenpersoonskamers met ventilator zijn gunstig geprijsd. 4–6

Pensión Hernández 3 C 7–41 ☎7942 0708, ©chapin54@yahoo.com. Van oudsher een favoriet bij reizigers, een labyrintisch pension gedreven door een vriendelijke familie. Er zijn tientallen ordelijke, schone kamers aan weerszijden van lange gangen, in diverse prijscategorieën – kamers met airco en tv zijn een stuk duurder. De parkeerplaats is veilig en er is een klein betonnen zwembad om af te koelen. 2–4

Eten

De inwoners van Chiquimula eten graag bij de populaire comedores achter de centrale markt aan de kruising van de 4 Calle en 8 Avenida. *Restaurante Chiquimulja*, aan het plein, heeft een uitgebreide menukaart met onder andere kip, steak en pasta, terwijl *Rancho Típico* in de 3 Calle goedkope Guatemalteekse *platos* serveert. Voor veel vlees moet je bij *Parrillada de Calero* aan de 7 Avenida zijn, terwijl het prijzige *Proa Mariscos* in de 5 Calle in vis en garnalen doet. Westers eten vind je bij *Joe's Pizza* aan de 10 Avenida en in het winkelcentrum Pradera, 1 km ten oosten van het centrum, waar veel fastfoodrestaurants zitten, inclusief een *Pollo Campero*.

Esquipulas

We zetten ons aan het ontbijt en daarna gingen we de enige bezienswaardigheid bekijken, de grote pelgrimskerk, de heiligste plek van Midden-Amerika. Elk jaar stromen de pelgrims op 15 januari toe, soms helemaal uit Peru en Mexico; een reis die even zwaar moet zijn als de pelgrimage naar Mekka. Net als in het Oosten is het 'niet verboden handel te drijven tijdens de pelgrimage' en als er geen oorlogen zijn om de wegen onveilig te maken, komen tachtigduizend mensen samen tussen de bergen om te marchanderen en eer te bewijzen aan 'onze Heer van Esquipulas'.

John Lloyd Stephens (1841)

De pelgrimage naar Esquipulas

De geschiedenis van de pelgrimage gaat tot in de precolumbiaanse tijd terug, toen het dal werd geregeerd door Esquipulas. In die tijd al was er een belangrijk religieus centrum, dat mogelijk met de naburige Mayastad Copán verbonden was. Toen de Spanjaarden kwamen, wilde **Esquipulas** het gebruikelijke bloedbad vermijden en gaf zich zonder te vechten over; de Spanjaarden noemden de stad die ze er stichtten uit dankbaarheid naar hem. De beroemde koloniale beeldhouwer Quirio Cataño kreeg vervolgens opdracht een beeld van Christus te maken voor de kerk die in de nieuwe stad werd gebouwd; hij sneed het beeld uit balsemhout, een donkere houtsoort, opdat het bij de lokale bevolking in de smaak zou vallen. Volgens een andere versie kreeg Cataño van een Maya opdracht voor het beeld nadat een indiaan een visioen van een donkere Christus had gehad. Hoe dan ook, het beeld werd in 1595 in de kerk geplaatst en kreeg al snel de naam wonderbaarlijke krachten te bezitten. Nadat de bisschop van Guatemala, Pardo de Figueroa, na een bezoek aan Esquipulas in 1737 van een chronische ziekte genas, ging het allemaal snel. De bisschop liet een nieuwe kerk bouwen, die in 1758 werd voltooid; hij ligt onder het altaar begraven.

Tot zo ver is het verhaal eenvoudig, maar het verklaart niet waarom dit beeld het meest vereerde is geworden in een land dat vol is van wonderdoende heiligen. Een mogelijke verklaring is dat de Maya's, die tot recent de pelgrimage domineerden, hier de kans hadden om precolumbiaanse en katholieke verering te vermengen. Onder de Mayagoden waren diverse zwarte goden, bijvoorbeeld Ek Ahau, de zwarte heer, die zeven vazallen had, en Ek'Chuach, de lange zwarte god die reizigers beschermde. Toen Aldous Huxley de kerk in 1934 bezocht, gingen zijn gedachten in die richting: 'Wat de gelovigen dus waarschijnlijk trekt, is niet zozeer de heiligheid van de historische Jezus als wel de magische zwartheid van zijn beeld … sacraliteit is omgekeerd evenredig met helderheid.'

▲ Pelgrims in de kerk van Esquipulas

De laatste stad van het oostelijke hoogland is **ESQUIPULAS**, die nu, net als in de tijd van Stephens, één bezienswaardigheid heeft: de kerk met het donkere beeld van Christus, waarschijnlijk het belangrijkste katholieke pelgrimsoord van Midden-Amerika. Als je uit Chiquimula komt, dalen de bussen door de heuvels langs rotswanden en beboste bergen naar een groot komvormig dal. Esquipulas ligt aan de rand van dit dal en wordt gedomineerd door de vier smetteloos witte koepels van de kerk, die 's avonds aangelicht zijn. De rest van de stad is een chaotische verzameling goedkope hotels, souvenirstalletjes en te dure restaurants. Rond de pelgrimage, die het hele jaar doorgaat, is een alsmaar groeiende stad ontstaan waar mensen uit heel Midden-Amerika naartoe komen om de Zwarte Christus te vereren, te eten, te drinken en zich te vermaken in een bizarre combinatie van vroomheid en genotzucht.

Vijftien januari is de belangrijkste dag van de **pelgrimage**. Zelfs de kleinste dorpen sparen geld om op die dag een paar vertegenwoordigers te kunnen sturen; hun vertrek en terugkomst worden altijd met een dienst gevierd. Deze vertegenwoordigers, aangevuld met duizenden die op eigen houtje gaan, zorgen ervoor dat er nog altijd evenveel mensen komen als in de tijd van Stephens en dat de stad barstensvol is. Bussen uit alle hoeken van Guatemala verstoppen op 15 januari de straten, terwijl de meest toegewijde pelgrims te voet komen (sommige leggen de laatste paar kilometer op de knieën af). Op 9 maart is er een kleinere pelgrimage, terwijl er ook de rest van het jaar veel gelovigen komen. De stad heeft bovendien een belangrijke rol gespeeld in de moderne politiek: in 1987 werden hier de eerste **vredesverdragen** getekend om een einde te maken aan de burgeroorlogen in El Salvador, Nicaragua en Guatemala.

In de **kerk** is een constant gemurmel van gebeden te horen, te midden van

Feesten

Januari

12–15 El Progreso (bij Jutiapa). Belangrijkste dag: 15.
15 Esquipulas, de grootste pelgrimage van Midden-Amerika.
19–21 Cabañas (vlak bij Zacapa). Belangrijkste dag: 19.
20–26 Ipala. Belangrijkste dag: 23 (met stierenvechten).

Februari

1–4 San Pedro Pinula, mooi traditioneel feest. Belangrijkste dag: 4.
5–10 Monjas. Belangrijkste dag: 7.
24–28 Río Hondo. Belangrijkste dag: 26.
Varieert Pasaco (in het departement Jutiapa) en Huite (bij Zacapa) vieren rond carnaval feest.

Maart

3–5 Jeréz (in het departement Jutiapa). Belangrijkste dag: 5.
9 Esquipulas, kleinere pelgrimage naar de Zwarte Christus.
12–15 Moyuta (bij Jutiapa) en Olapa (bij Chiquimula).
15–21 Morales. Belangrijkste dag: 19.
Varieert Jocotán.

April

22–25 La Unión (bij Zacapa). Belangrijkste dag: 25.

Mei

2–5 Jalapa. Belangrijkste dag: 3.
5–9 Gualán (bij Zacapa).

Juni

23–26 Usumatlán.

Juli

16–22 Puerto Barrios. De (onstuimige) belangrijkste dag is de 19de.
22–26 Jocotán (bij Chiquimula).
23–27 Esquipulas, feest ter ere van Santiago Apóstol. Belangrijkste dag: 25.

Augustus

11–18 Chiquimula. Belangrijkste dag: 15 (met stierenvechten).
12–15 Asunción Mita.
25 San Luís Jilotepéque.

September

22–25 Sansare (tussen Jalapa en Sanarate). Belangrijkste dag: 24.

November

7–14 Sanarate.
10–16 Jutiapa. Belangrijkste dag: 13.
26 Lívingston, Día de Garífuna wordt uitbundig gevierd.
26–30 Quesada (bij Jutiapa).

December

4–9 Zacapa. Belangrijkste dag: 8.
13–16 San Luís Jilotepéque.
22–27 Cuilapa.
24–31 Lívingston, carnaval Caribische stijl.

wolken rook en wierook. De pelgrims kruipen op hun knieën naar het beeld, terwijl anderen kaarsen aansteken, verzoeken mompelen of gewoon in stilte staan. Om dicht bij het beeld te komen, moet je de aparte zij-ingang nemen, waar je in de rij kunt gaan staan, die langzaam langs het beeld schuifelt en je voortduwt als je stilhoudt. Buiten zwermen verkopers van religieuze souvenirs rond, terwijl pelgrims die hun plicht hebben gedaan op weg gaan om de rest van hun verblijf aan eten en drinken te besteden. Veel pelgrims brengen ook nog een bezoek aan een paar **grotten** in de buurt, Las Cuevas de las Minas ($ 1,75), tien minuten lopen ten zuiden van de basiliek, die wonderbaarlijke krachten zouden hebben; er zijn ook **warmwaterbronnen** – ideaal voor een rituele wassing.

Praktische informatie

De hotels in Esquipulas zijn in het weekend snel vol, en dan gaan de prijzen (waarover te onderhandelen valt) ook omhoog. De meeste budgethotels zijn smoezelig en kaal, met kamers als kloostercellen – niet uit spiritueel oogpunt, maar om meer gasten kwijt te kunnen.

De goedkope hotels zitten vooral ten noorden van de hoofdstraat, de 11 Calle. *Hotel Posada Santiago* (☎7943 2023; ❸) en *Hotel Villa Edelmira* (☎7943 1431; ❷–❸), beide aan de 2 Avenida, behoren tot de betere in de laagste prijsklasse; beide hebben kamers met badkamers. Meer comfort biedt het *Hotel Portal de la Fe* (☎7943 4124; ❺) in de 11 Calle met schone, aantrekkelijke kamers met smeedijzeren bedden en leuke decoratieve accenten. Ten westen van de kerk aan de zuidkant van de 2 Avenida zitten diverse middenklassenhotels, waaronder het *Hotel Los Ángeles* (☎7943 1254; ❺) met grote, comfortabele kamers, en het *Hotel Payaquí* (☎7943 2025; ❻), met een zwembad, restaurant, spa, en grote, goed uitgeruste kamers met airconditioning.

Er zijn tientallen **restaurants** en **bars** in de stad. Ontbijten in Esquipulas is erg goedkoop, en voor een goede maaltijd hoef je niet meer dan $ 2 te betalen. Veel restaurants hebben een lunchmenu, maar het diner kan duurder uitvallen. Het *Hacienda Steak House*, op een blok afstand van het plein aan de 2 Avenida en 10 Calle, is een van de chicste van de stad, terwijl de goedkope eethuisjes vooral in de 11 Calle en omringende straten zitten – *Taquería Andalé* aan de 2 Avenida en 10 Calle heeft lekkere taco's. Er zijn genoeg **banken** met geldautomaat in de stad, bijvoorbeeld de Banco Industrial in de 9 Calle en 3 Avenida.

Rutas Orientales rijdt elk halfuur met **bussen** tussen Guatemala-stad en Esquipulas; het kantoor zit aan de kruising tussen de hoofdstraat en de 1 Avenida. Er rijden elk halfuur tot 18 uur ook minibusjes van de 11 Calle naar de grenzen met **El Salvador** (1 uur) en met **Honduras** bij Agua Caliente (30 min.). Als je naar de ruïnes van Copán wilt, moet je een minibusje naar Chiquimula nemen (elke 20 min.) en overstappen bij de afslag die naar Jocotán en de grensovergang bij El Florido leidt (zie blz. 359).

Door naar de grenzen: El Salvador en Honduras

De grensovergang naar **Honduras** bij **Agua Caliente**, dag en nacht open, is maar 10 km van Esquipulas. Er is een **Hondurees consulaat** (ma–vr 8–13 & 15–18 uur) in het *Hotel Payaquí*, naast de kerk in Esquipulas, maar voor de meeste nationaliteiten is geen visum nodig.

De grensovergang naar **El Salvador** bij Anguiatú (ook altijd open) ligt 33 km van Esquipulas; de meeste nationaliteiten hebben ook voor dit land geen visum nodig.

Reisdetails

Bussen

De bussen in dit gebied zijn goed en behoorlijk snel, en de grote wegen zijn allemaal geasfalteerd en in goede conditie. Zie voor informatie over de verbindingen met Guatemala-stad blz. 88–89, met Puerto Barrios blz. 253, met Río Dulce blz. 266.

Chiquimula naar: El Florido (elke 30 min.; 1:30 uur); Guatemala-stad (elk uur; 3:30 uur); Ipala (elk uur; 1 uur).

Esquipulas naar: Agua Caliente (elke 30 min.; 30 min.); Anguiatú (elke 30 min.; 1 uur); Guatemala-stad (elke 30 min.; 4:15 uur).

Boten

Lívingston naar: Omoa, Honduras (alleen charters; 2:30 uur); Puerto Barrios, per veerboot (2 per dag; 1:30 uur) of *lancha* (rond elke 40 min.; 30 min.); Punta Gorda, Belize (2 per week; 1 uur); Río Dulce (regelmatig; 2:30 uur).

Puerto Barrios naar: Lívingston, per veerboot (2 per dag; 1:30 uur) of *lancha* (ongeveer elke 40 min.; 30 min.); Punta Gorda, Belize (2 per dag; 1:15 uur).

Río Dulce naar: Lívingston (regelmatig tot 16 uur; ongeveer 2 uur).

5

Cobán en de Verapaces

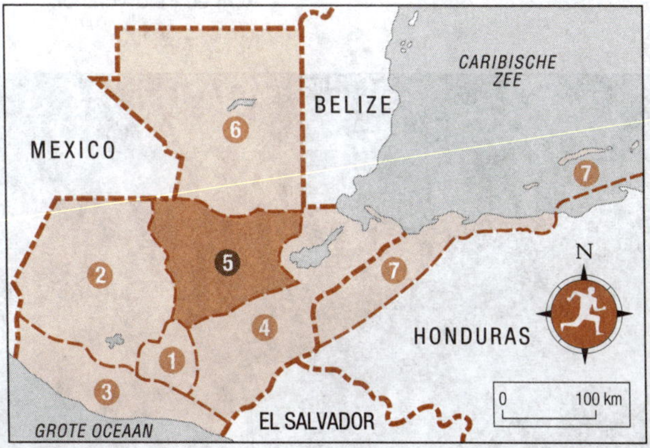

HOOFDSTUK 5 Hoogtepunten

* **Quetzal** Houd in de nevelwouden van de Verapaces je ogen open voor Guatemala's spectaculaire nationale vogel. Zie blz. 286 & 294

* **Semuc Champey** Neem een bad in deze sublieme turkooizen poelen onderaan een steil dal. Zie blz. 295

* **Chisec** Verken de magische meren van de Lagunas de Sepalau en de voor de Maya's heilige grot Bombil Pek bij dit vredige stadje. Zie blz. 297

* **Cuevas de Candelaria** Een buitengewoon stelsel van kalksteengrotten met een lengte van meer dan 20 km en een paar enorme zalen. Zie blz. 298

* **Laguna Lachúa** Een onbedorven, cirkelvormig meer omgeven door laaglandjungle waar jaguars en tapirs voorkomen. Zie blz. 300

* **Feesten** Dompel je in de Baja Verapaz onder in spectaculaire fiësta's met unieke dansen als de Rabinal Achi en Palo Volador. Zie blz. 301

▲ Bombil Pek-grot

5

Cobán en de Verapaces

In principe is dit gebied de voortzetting van het westelijke hoogland van Guatemala, maar de bergen van de Alta (hoge) en Baja (lage) Verapaz zijn in een aantal opzichten altijd anders geweest: vooral het vlakke dal van de Salamá en de vaak in nevels gehulde heuvels rond Cobán zijn landschappelijk heel anders dan de andere bergstreken van het land. De **Baja Verapaz**, het meest zuidelijke departement, is dunbevolkt en bestaat uit diepe dalen en dorre heuvels met stukken nevelwoud op de bergtoppen. Er lopen maar twee wegen – de ene verbindt de steden **Salamá**, **Rabinal** en **Cubulco**; de andere leidt van de Carretera al Atlántico naar Cobán.

De **Alta Verapaz** is het natste en groenste deel van Guatemala's hoogland. Volgens de plaatselijke bevolking regent het er dertien maanden per jaar, met afwisselend stortbuien en de nevelige motregen die ze de *chipi-chipi* noemen. De ontbossing is in sommige delen inmiddels een probleem, maar de bergen zijn bijna altijd nat en groen en bieden welhaast onbeperkte mogelijkheden tot ecotoerisme. De plezierige plaats **Cobán** is de hoofdstad van het departement; hier beginnen wegen naar het noorden naar Petén, naar het westen naar El Quiché, en naar het oosten naar het Lago de Izabal.

Geschiedenis en cultuur

De Verapaces hebben een heel eigen **geschiedenis**. Lang voor de Conquista hadden de lokale Achi-Maya's de reputatie de bloeddorstigste van alle Maya's te zijn, ze offerden iedereen die ze gevangen namen. Alvarado's Spaanse leger wist hen niet te onderwerpen, en uiteindelijk gaf Alvarado de pogingen het gebied te veroveren maar op, hij noemde het *tierra de guerra*, 'oorlogsland'.

De kerk was echter niet van plan zo veel heidense zielen verloren te laten gaan. **Fray Bartolomé de Las Casas**, de zogeheten 'Apostel van de Maya's', maakte namens de kerk een afspraak met de conquistadores: als Alvarado zijn manschappen vijf jaar lang uit het gebied weghield, zouden de priesters het onder controle brengen. In 1537 vertrok Las Casas naar het hoogland, sloot vriendschap met de leiders van de Achi, leerde de plaatselijke dialecten en vertaalde hymnen. In 1538 had hij al een groot aantal Maya's bekeerd en overgehaald om uit de heuvels te verhuizen naar de nieuwe dorpen in Spaanse stijl, elk met een kerk. In vijf jaar tijd waren de beroemde en onoverwinnelijke Achi in Spaanse onderdanen veranderd, en de koning van Spanje gaf de provincie een nieuwe naam: *Verapaz*, 'Ware vrede'.

De Verapaces bleven in de koloniale tijd een geïsoleerd gebied waar niet via de hoofdstad, maar over de Río Polochic en het Lago de Izabal met het Caribische gebied handel werd gedreven. Pas met de **koffiehausse** van begin 20ste eeuw begon de ontwikkeling van de streek, toen Duitse immigranten in grote aantallen naar Guatemala kwamen om finca's te kopen en exploiteren. In 1914 werd de helft van alle koffie in Guatemala verbouwd op land van Duitsers, en de helft van de export ging naar Duitsland.

De nieuwe immigranten vormden een eiland van Europese beschaving rond Cobán, waar in de jaren dertig tweeduizend mensen van Duitse komaf woonden, die hun eigen scholen en clubs (en actieve nazipartij) hadden. Er werd een spoorweg aangelegd door het dal van de Río Polochic, waardoor de Alta Verapaz nog onafhankelijker werd. Tijdens de Tweede Wereldoorlog kwam er een einde aan deze situatie toen de VS eisten dat Guatemala iets aan de Duitse aanwezigheid zou doen, waarna de regering de landeigenaren onteigende.

Het gebied is nog altijd afhankelijk van de koffieproductie, en de economie van Cobán wordt sterk gedomineerd door de rijke plantage-eigenaren. Maar voor de rest zijn de Verapaces vooral indiaans: in de Baja Verapaz wonen de **Achi-Maya's** rond Rabinal, en in de Alta Verapaz vormen de Maya's de meerderheid. De meeste van hen spreken het **Poqomchi'** en **Q'eqchi'**, de twee talen van de Poqomam-Maya's. De productie van koffie, en meer recent van **kardemom** voor het

Marktdagen in de Verapaces

Maandag
Senahú, Tucurú.

Dinsdag
Chisec, El Chol, Cubulco, Lanquín, Purulhá, Rabinal, San Cristóbal Verapaz, San Jerónimo, Tres Cruces.

Zaterdag
Senahú.

Zondag
Chisec, Cubulco, Lanquín, Purulhá, Rabinal, Salamá, San Jerónimo, Santa Cruz Verapaz, Tactic.

Midden-Oosten, heeft diep ingegrepen in hun leven doordat de finca's veel indianen van de goede stukken grond naar marginale gebieden hebben verdrongen. Je zult hier minder traditionele kleding zien dan in het westelijke hoogland; veel vrouwen dragen een soort universele Q'eqchi'-kleding met een loshangende witte *huipil* en een machinaal vervaardigde *corte*. De mannen in de Verapaces dragen geen *traje*.

Bezienswaardigheden

Het toerisme begint in de Verapaz een economische factor van betekenis te worden, al komen er vergeleken met het westelijke hoogland nog altijd weinig bezoekers. De aantrekkingskracht van het gebied is duidelijk: het hoogland is verbluffend mooi met grillige kalkstenen bergen, een nevelige sfeer en overvloedige vruchtbaarheid. Het transportcentrum van de streek is **Cobán**, een aantrekkelijk middelgroot bergstadje met behoorlijke accommodatie en een paar goede koffiehuizen en restaurants. In de Baja Verapaz zijn de steden **Salamá, Rabinal** en **Cubulco** terecht beroemd om hun feesten, terwijl **San Jerónimo** meerdere interessante historische bezienswaardigheden telt.

In de geïsoleerde nevelwouden in het noorden van de Baja Verapaz krijg je met wat geluk de quetzal te zien, Guatemala's nationale vogel, bijvoorbeeld in **El biotopo del quetzal**, dat makkelijk toegankelijk is, maar waarschijnlijk maak je meer kans in het grotere **Reserva Sierra de las Minas**. Ten noordoosten van Cobán liggen de prachtige natuurlijke baden van **Semuc Champey**, omringd door weelderig tropisch bos. In de buurt van het plaatsje **Chisec** zijn ook een paar prachtige natuurlijke attracties te vinden: de smaragdgroene **Lagunas de Sepalau**, en de enorme grot van Bombil Pek, die heilig was voor de Maya's. Chisec is ook de uitvalsbasis voor het reusachtige grottenstelsel van de **Cuevas de Candelaria** en de ruïnes van **Cancuén**. In het uiterste noordwesten van de streek ligt de verbluffend mooie **Laguna Lachúa**, omgeven door regenwoud, die zeker de moeizame tocht erheen waard is.

Baja Verapaz

De Baja Verapaz is een schilderachtige mengeling van droge heuvels en vruchtbare valleien. De historische stadjes **San Jerónimo**, **Salamá**, **Rabinal** en **Cubulco** hebben interessante markten en zijn beroemd om hun feesten. De andere grote attracties zijn **El biotopo del quetzal**, ten westen van de grote weg naar Cobán, en de beboste bergen, watervallen en het dierenleven van het **Reserva Sierra de las Minas**, ten oosten van El biotopo.

De makkelijkste route naar de beide departementen loopt via de Carretera al Atlántico, waar je bij **El Rancho** de afslag naar het hoogland van de Verapaz neemt. Deze weg stijgt geleidelijk en komt langs het voortreffelijke en erg populaire restaurant *Villa del Sol* (bij km 88), waar een stevige maaltijd $ 3,50 kost. Al snel maken de stoffig bruine en gele tinten van de lage heuvels plaats voor een explosie van groen van de dichte naaldbossen en alpenweiden van de bergen. Op 48 km na de afslag kom je bij **La Cumbre de Santa Elena**, waar een weg naar het westen naar de belangrijkste steden van de Baja Verapaz leidt; deze weg begint al snel te dalen naar de bodem van het dal van de Río Salamá. Het dal is omringd door steile, droge heuvels, heeft een vlakke bodem en lijkt volkomen afgesneden van de buitenwereld.

San Jerónimo

Aan de oostkant van het dal ligt het stadje **SAN JERÓNIMO**, 18 km van El Cumbre. In de begindagen van de Conquista bouwden dominicaanse priesters hier een kerk en klooster en plantten een wijngaard aan; hun wijn gold ooit als de beste van Midden-Amerika. In 1845, nadat de religieuze orden waren ontbonden, verving een Engelsman de wijnstokken door suikerriet en begon *aguardiente* te stoken, die even beroemd werd. Ook nu wordt er nog suikerriet verbouwd, maar inmiddels zijn de viskweek en de bloementeelt voor export belangrijker dan de alcoholproductie.

Vanwege een drietal bezienswaardigheden komen er af en toe bezoekers naar San Jerónimo. Aan het centrale plein staat een 17de-eeuwse **barokkerk** met een monumentaal verguld altaar, afkomstig uit Frankrijk, dat werd vervaardigd met bladen 18-karaatsgoud. Heuvelafwaarts van de kerk liggen in een prachtige landelijke omgeving aan de voet van de uitlopers van de Sierra de las Minas de resten van het kloostercomplex: de Hacienda de San Jerónimo. De voormalige suikermolen huisvest nu het **Museo Regional del Trapiche** (ma–vr 8–16, za & zo 10–16 uur; donatie) dat de geschiedenis van de hacienda en de suikerraffinage toelicht, terwijl de grote grasvelden rondom uitnodigen tot een picknick. En dan is er nog het koloniale **aquaduct**, gebouwd in 1679, dat ooit het water aanvoerde voor het waterrad. Een groot deel van de oorspronkelijk 124 stenen bogen zijn bewaard gebleven, je kunt ze aan de zuidkant van het plaatsje zien, tien minuten lopen van het plein – vraag de weg naar het *acueducto antiguo*.

Het voortreffelijke koloniale *Hotel Hacienda Real el Trapiche* (☎7940 2542; ④), bij de toegang tot de stad, heeft erg aantrekkelijke kamers met goede bedden en leeslampjes, en redelijke prijzen voor soloreizigers; het restaurant is ook erg goed. Het *Hotel Posada de Los Frayles* (☎7723 5733; ④) is bijna even goed en heeft bovendien een zwembad. *Los Arcos*, aan het plein, is de beste van de lokale comedores. **Minibusjes** rijden van 6 tot 19.30 uur elk halfuur tussen Salamá en San Jerónimo.

Salamá

SALAMÁ, acht kilometer ten westen van San Jerónimo, is de hoofdstad van het departement Baja Verapaz. De stad is relaxt en welvarend en de meeste bewoners zijn ladino's, zoals wel vaker in deze omgeving. Er valt buiten de **feesttijd** (17–21 sept) niet veel anders te doen dan wat rond te slenteren op de zondagsmarkt en een kijkje te nemen bij de gammele koloniale **brug** aan de rand van de stad en bij de oude **kerk**, waar grote altaren staan met helemaal donker verkleurd vergulsel. Het beste **hotel** van de stad is het moderne *Hotel Real Legendario*, 8 Avenida 3–57 (☎7940 1751; ④), met een klein café en schone kamers met badkamer, comfortabele bedden en kabel-tv. *Hotel Tezulutlán*, ten zuiden van het plein (☎7940 1643; ③), is een redelijk alternatief, al mogen de kamers wel wat beter schoongemaakt worden. Van de budgetopties is *Pensión Juárez*, aan het eind van de 5 Calle (☎7940 1114; ②–③), de beste, met een hoop kamers, sommige met badkamer. Voor een **maaltijd** kun je op het plein terecht: *El Ganadero* is het beste restaurant, terwijl *Deli-Donus* en *Café Central* goed zijn voor koffie en snacks. Banrural, tegenover de kerk, heeft een geldautomaat en wisselt dollars en travellercheques. Bij Telgua, ten oosten van het plein, kun je **internetten**.

Eco-Verapaz, 8 Avendia 7–12, Zona 1 (☎7940 0146), organiseert allerlei excursies op de mountainbike, te voet en te paard, met grotten en culturele bezienswaardigheden in het hele departement als bestemming. De meeste kosten rond $ 40. Er rijden elk halfuur **bussen** tussen Guatemala-stad en Salamá (3:15 uur), ze vertrekken in de hoofdstad vanaf de 11 Avenida bij de 17 Calle, Zona 1; de meeste rijden door naar Rabinal (4 uur) en Cubulco (4:30 uur). Er rijdt een constante stroom minibusjes naar San Jerónimo en La Cumbre, waar je op een eersteklasbus naar Cobán of Guatemala-stad kunt stappen.

Rabinal

Ten westen van Salamá klimt de weg naar een lage pas en daalt vervolgens tussen de heuvels door naar **San Miguel Chicaj**, een groot traditioneel dorp rond een koloniale kerk. Na het dorp begint de weg weer te stijgen en bereikt een pas met schitterende uitzichten over de omringende bergketens, die tot in El Quiché doorlopen.

RABINAL, op minder dan een uur van Salamá, is een stoffig landbouwstadje met lage huizen van adobe en betonblokken, gedomineerd door een grote koloniale kerk. Er wonen hier veel indianen, waardoor zowel de zondagsmarkt als het dorpsfeest de moeite waard zijn. Rabinal werd in 1537 door Bartolomé de Las Casas gesticht als eerste van de reeks nederzettingen die hij bouwde tijdens zijn vreedzame bekeringswerk bij de Achi-Maya's; een 3 km lange steile wandeling naar het noordwesten brengt je bij de ruïnes van een van hun versterkte steden: **Cerro Cayup**. De plek is nu vooral bekend om zijn sinaasappelen, volgens zeggen de beste van het land – de smaak is in ieder geval prima.

In Rabinal zelf is niet veel te zien, maar het **museumpje**, 4 Avenida en 2 Calle, Zona 3 (ma–za 8.30–17 uur), is de moeite waard. Het is gewijd aan traditionele geneeskunde, cultuurhistorie en lokaal handwerk als keramiek en textiel, en er is een zaaltje gewijd aan de burgeroorlog in de streek – alleen al in 1982 vonden ten noorden van de stad vier bloedbaden plaats. De lokale bevolking heeft recentelijk enkele van de massagraven, in de heuvels rond Rabinal, opgegraven, en 4400 slachtoffers van *la violencia* hebben een waardige laatste rustplaats gekregen. In 2004 gaf het Corte Interamericana de Guatemalteekse regering bevel acht miljoen dollar schadevergoeding te betalen aan de familieleden van de slachtoffers van een massaslachting. Maar ondanks acht jaar van justitieel onderzoek zijn slechts drie lage leden van de lokale PUC (paramilitaire organisatie) veroordeeld, en de legerofficieren die de opdrachten gaven, zijn nog altijd op vrije voeten.

Het **feest** van Rabinal, van 19 tot 24 januari, is bekend om zijn dansen van veelal precolumbiaanse oorsprong. De beroemdste is de 'Rabinal Achi', waarin een veldslag tussen de Achi- en K'iche'-Maya's wordt verbeeld; de dans, die uniek is voor de stad, wordt elk jaar op 23 januari uitgevoerd – onlangs is hij door de Unesco tot werelderfgoed uitgeroepen. Een andere dans is de *patzca*, bedoeld om een goede oogst af te smeken, waarbij maskers met een zwelling onder de kaak worden gebruikt, en houten stokken waarin slangen, vogels en mensenhoofden zijn gegraveerd. De **markt** (di en zo) van Rabinal is fascinerend – je kunt er goede lokale artesanías vinden, waaronder houtsnijwerk van de *árbol del morro* (kalebasboom) en traditioneel aardewerk.

Het beste van de nogal primitieve plaatselijke **hotels** is de *Posada San Pablo*, 3 Avenida 1–50 (Ⓣ7940 0211; ❷), een budgethotel met nette kamers, sommige met badkamer. Het alternatief is het *Hospedaje Caballeros*, 1 Calle 4–02 (❶). Voor een goedkope **maaltijd** kun je naar het *Cafetería Mishell del Rosario* in de 1 Calle achter de kerk. De Banrural in de 1 Calle hoek 3 Avenida wisselt alleen dollars. Er rijden heel regelmatig **bussen** tussen Rabinal en Salamá (45 min.). Naar Guatemala-stad rijden dagelijks acht bussen via La Cumbre (4:20 uur), en drie via El Chol en Granados (6 uur).

Cubulco

Na Rabinal loopt de weg naar het westen en begint tegen de volgende bergrug te stijgen, waarbij je naar links een fantastisch uitzicht hebt op de onbewoonde bergketens. In het noorden ligt in een diep dal de waterkrachtcentrale van **Chixoy** (zie blz. 287), een financiële ramp, niet alleen verantwoordelijk voor vijftig procent van Guatemala's elektriciteit maar ook voor de helft van de nationale schuld.

Na nog eens 15 km slechte weg kom je in het volgende dal aan bij **CUBULCO**, een afgelegen stadje waar Achi-Maya's en ladino's wonen en dat aan alle kanten is omringd door steile, beboste bergen. Net als Salamá en Rabinal kun je Cubulco het beste tijdens het dorpsfeest bezoeken, het is een van de weinige plaatsen waar de **Palo Volador** nog te zien is, een precolumbiaans ritueel waarbij de mannen van een dertig meter hoge mast springen met een touw aan hun voeten, waarbij ze in een spiraalvorm rond de paal draaien terwijl het touw zich los windt. Het is een niet ongevaarlijke bezigheid, zeker als je bedenkt dat de meeste dansers behoorlijk dronken zijn; om de paar jaar valt er wel een te pletter. Maar het feest gaat gewoon door, waarbij 25 juli de belangrijkste dag is. Als je tijdens het feest in Cubulco bent, moet je zeker het lokale drankje *chilate* proberen, het wordt gemaakt van maïs en kruiden en geserveerd in een vrucht. Het *Hospedaje Pías* (❶), naast de grote farmacia in het centrum, heeft enkele kamers met eigen badkamer. Vermijd de stinkende *Posada Morales* (❶). Er zijn diverse comedores bij de markt, maar *La Fonda del Viajero* is de beste, met grote porties Guatemalteeks eten voor redelijke prijzen.

Reserva Sierra de las Minas en Biotopo del Quetzal

Op weg naar Cobán, dieper het hoogland in, loopt de weg langs de afslag naar Salamá en begint aan een oneindige reeks bochten langs beboste hellingen. De steile hellingen ten oosten van de weg zijn de uitlopers van de **Sierra de las Minas**, een machtige bergketen met toppen boven de 3000 m tussen de dalen van de Motagua en Polochic. Hier ligt een van de grootste **nevelwouden** van Guatemala, een mistig, dunbevolkt gebied met een rijke fauna, met onder andere brulapen, witstaartherten, coyotes en vogels als de smaragdarassari, kolibri's en een behoorlijk aantal quetzals (zie kader blz. 286).

Een deel van het gebied is aangewezen als reservaat: het **Reserva Sierra de las Minas**. Als je naar het reservaat wilt, moet je eerst naar **San Rafael Chilascó**, 12 km ten oosten van de weg tussen Guatemala-stad en Cobán; stap daartoe uit bij km 145 en wacht op een pick-up of bus naar het dorp; dat kan even duren. In San Rafael vraag je naar het ecotoerismebureau (Ⓣ5301 8928, Ⓦwww.chilasco.

net.ms), dat voor accommodatie (❶), maaltijden bij lokale families en gidsen zal zorgen. Neem een goede regenjas en wandelschoenen mee. Je kunt twee spectaculaire **watervallen** bezoeken: El Saltó de Chilascó, die zich in twee etappen 200 m naar beneden stort tot vlak bij de ingang van het reservaat, en de Saltó de Laguneta, die in enkele etappen maar liefst 350 m valt. Onderweg zie je allerlei zeldzame orchideeën en kom je door een bos met amberbomen.

Weer terug op de weg naar Cobán kom je vlak voor het dorp Purulhá bij de makkelijk bereikbare **Biotopo del Quetzal** (dag. 7–16 uur; $ 3,50), die ondanks zijn naam niet de belangrijkste biotoop voor Guatemala's nationale vogel is, want die komt meer in de bossen ten zuiden van San Pedro Carchá voor (zie blz. 294). Het reservaat is bedoeld om de biotoop van de bedreigde quetzal te beschermen en bestaat uit een steil en dicht nevelwoud, waar de Río Colorado doorheen stroomt en waar je in watervallen en poelen kunt zwemmen. Dit gebied wordt ook wel **Biotopo Mario Dary Rivera** genoemd ter ere van de milieubeschermer die jarenlang campagne voerde voor de bescherming van het nevelwoud in een poging de quetzal te redden. Hij liep daarbij de machtige houtbedrijven voor de voeten en werd in 1988 vermoord. De milieustichting Fundary werd in zijn naam opgericht om beschermde gebieden te beheren, waaronder de Punta de Manabique aan de Caribische Zee.

De biotoop bezoeken

Er lopen twee wandelroutes door het bos boven het hoofdkwartier van het reservaat (waar je een kaart kunt kopen, $ 0,75). De kans om een quetzal te zien is niet heel erg groot omdat het erg schuwe vogels zijn. De beste periode voor een bezoek is net voor of net na het broedseizoen (tussen maart en juni) en het beste tijdstip is zonsopgang. Over het algemeen brengen de vogels de nacht hoog in het bos door en vliegen bij het aanbreken van de dag de weg over naar het bos beneden; ze zijn makkelijk herkenbaar aan hun schokkerige vlucht. Een goede plek om naar ze uit te kijken is bij hun favoriete voedselboom, de breedbladige *aguacatillo*, waar kleine, avocadoachtige vruchten aan groeien. Maar of je nu een quetzal ziet of niet, het bos zelf, meestal vochtig van de *chipi-chipi*, een eeuwige motregen, is mysterieus: een onontwarbare massa lianen, varens, mossen, bromelia's en orchideeën onder een torenhoog bladerdak van cipressen, eiken, notenbomen en peperbomen.

Praktische informatie

Elk halfuur passeren de **bussen** die tussen Cobán en Guatemala-stad rijden de ingang (bij km 161).

Er zijn diverse mogelijkheden om te **overnachten**, **eten en drinken** in de buurt van de Biotopo del Quetzal. Als je uit de richting van Guatemala-stad komt, passeer je eerst de dure *Hacienda Rio Escondido* (Ⓣ5208 1407; ❻) bij km 144, met fraaie houten cabañas, sommige met twee slaapkamers, en een restaurant waar goed gegrild vlees wordt geserveerd. Iets verder ligt het *Hotel Posada Montaña del Quetzal* bij km 156,5 (Ⓣ2332 4969 of 6620 0709, Ⓦwww.hposadaquetzal.com; ❺–❼) met mooie stenen en houten bungalows met open haard en ruime kamers met eigen badkamer; veel kamers bieden een prachtig uitzicht op het bos en er zijn faciliteiten als een restaurant, bar, zwembad, wandelpaden en een orchideeëntuin. De volgende accommodatie is *Ram Tzul*, km 158,5 (Ⓣ5908 4066, Ⓔramtzul@internet.net.gt; ❺–❻), waar het restaurant met zijn bizarre glasgevel het landschap ontsiert, maar daarachter liggen verrassend aantrekkelijke, smaakvolle kamers, de meeste met prachtig uitzicht op de heuvels van de Verapaz. Op maar 100 m voorbij de ingang van de Biotopo ligt het eenvoudige *Hospedaje*

De schitterende quetzal

De **quetzal**, Guatemala's nationale symbool (waar de munteenheid en de tweede stad van het land naar zijn genoemd), heeft een groots verleden en een onzekere toekomst. Van oudsher zijn de veren van de vogel heilig en in de vreemde cultus van Quetzalcoatl, ooit verspreid over heel Midden-Amerika, versmolt de vogel met de gevederde slang, een oppermachtige god. Bij de Maya's was de quetzal zo heilig dat de doodstraf stond op het doden van de vogel, die de *nahual*, de spirituele beschermer, van de Mayaleiders zou zijn. Toen Tecún Umán op het slagveld tegenover Pedro de Alvarado stond, was zijn hoofdtooi versierd met de lange groene veren van de quetzal; en toen de conquistadores een stad bij het slagveld stichtten, noemden ze die Quetzaltenango, 'de plaats van de quetzals'.

In het moderne Guatemala is de quetzal overal te zien: hij staat op de nationale vlag, en burgers die een onderscheiding van de president krijgen, worden benoemd in de Orde van de Quetzal. De vogel wordt ook als een symbool van vrijheid beschouwd omdat quetzals in gevangenschap snel sterven. Desondanks wordt de vogel bedreigd door ontbossing, en de **Biotopo del Quetzal** is zo ongeveer de enige serieuze poging tot nog toe om de soort te redden.

Er bestaan zes soorten quetzals, maar het mannetje van de soort die in Midden-Amerika voorkomt is het mooist gekleurd. Hij heeft een fraaie groene kuif, terwijl zijn buik en borst dieprood zijn; hij is onmiddellijk herkenbaar aan de lange, iriserend groene staartveren (tot wel 60 cm lang), die vooral in het baltsseizoen opvallen. De vrouwtjes hebben een onopvallende bruinige kleur. De vogels nestelen in gaten die in dode bomen zijn uitgehakt; ze leggen een of twee eieren aan het begin van het regenseizoen, meestal in april of mei. Quetzals zijn onmiddellijk herkenbaar aan hun schokkerige, hortende vlucht.

Ranchito del Quetzal (ⓣ2331 3579; ❷–❸) met erg rustieke hutten met rietdak en een vrij miserabel betonnen blok met kamers. Er is ook een eenvoudige comedor, en om de spartaanse faciliteiten te compenseren, zitten er soms quetzals in het bos rond het hotel. Verder richting Cobán kom je bij km 166,5 bij de *Country Delight Inn* (ⓣ5514 0955; ❺–❼) in een soort Zwitserse stijl, met goede kamers met badkamer en fraaie chalets (voor maximaal zes personen) met open haard en keuken. Er zijn verder prettige gazons, een pingpongtafel, speeltuintje en een klein zwembad. Je kunt er ook gewoon even een kijkje nemen en de voortreffelijke *comida casero* eten – probeer de heerlijke plaatselijke ham of de zelfgebakken cakejes.

Alta Verapaz

Na de Biotopo del Quetzal bereikt de weg het departement Alta Verapaz, en na nog eens 13 km eindigen de bossen en kom je in een weelderig groene bergvallei met weidegronden tussen steile, altijd groene hellingen. De meeste mensen reizen hier snel doorheen op weg naar Cobán, maar als je wat tijd over hebt, kun je in deze groene heuvels een paar interessante bezienswaardigheden bezoeken.

Tactic

Het eerste plaatsje van enige omvang is **TACTIC**, een stadje waar vooral Poqomchi' wordt gesproken. De meeste bussen stoppen hier niet. Tactic heeft een merkwaardige attractie, de **pozo vivo** of 'levende put', tegenover de noordelijke toegangsweg bij km 184. Het is niet echt de moeite waard hier een omweg voor te maken, want de kans dat je beweging in de modder ziet is klein, de put staat namelijk meestal droog. De heidense kapel van **Chi-ixim**, hoog boven de stad aan het einde van een lange trap, is veel interessanter. In het kerkje staat een beeld van Christus met donkere huid, waar pelgrims uit het hele land op afkomen, vooral op 15 januari. De muren zijn bedekt met tientallen dankbetuigingen voor wonderen toegeschreven aan de zwarte heilige van Chi-ixim, ook wel Dios del Maíz ('Heer van het maïs') genoemd. De koloniale **kerk** op het plein is ook interessant; de gevel is rijk versierd met onder andere zeemeerminnen en jaguars.

Als je hier wilt **overnachten**, kan dat in *Hotel Villa Linda*, 4 Calle 6–25 (ⓣ7953 9216; ③), dat schone kamers met badkamer heeft, of in het rustieke *Chi'ixim Eco Hotel*, ter hoogte van km 182,5 van de hoofdweg (ⓣ7953 9198; ④), met comfortabele bungalows met haard en een eetkamer. Voor een **maaltijd** kun je bij *Café La Granja* terecht, ter hoogte van km 187, waar Guatemalteekse gerechten op de kaart staan, naast broodjes en salades, geserveerd in een soort blokhut.

San Cristóbal Verapaz en omgeving

Verder richting Cobán vind je bij het saaie plaatsje **Santa Cruz Verapaz** de afslag naar Uspantán, die naar het westen loopt naar **SAN CRISTÓBAL VERAPAZ**, een aantrekkelijk stadje omringd door suikerrietvelden en koffieplantages. Het ligt aan de oever van het **Lago de Cristóbal**, waar je goed kunt zwemmen en vissen, al zorgt een schoenenfabriek in de buurt voor wat vervuiling. De Maya's van San Cristóbal spreken het Poqomchi' en vormen het restant van een van de kleinste en oudste stammen van het hoogland. Als je meer over hun cultuur wilt weten, ga dan naar het interessante **museum**, vlak bij het plein in de Calle del Calvario 0–03. In het **Museo Katinamit** (ma–za 8–13 & 14–17, zo 9–12 uur; $ 1) vind je afdelingen gewijd aan de aloë, waarvan de vezels worden gebruikt om tassen, hangmatten en touw van te maken; de flora en fauna van de Verapaz; en aan muziek – met de mogelijkheid van een bezoek aan een marimbafabriek. Er is ook handwerk te koop. In het museum zit ook het Centro Comunitario Educativo Poqomchi' (CECEP; ⓣ7950 4039, ⓔcecep@intelnet.net.gt), dat **excursies** (vanaf $ 9 voor een wandeltocht van een halve dag) naar indiaanse dorpen en bezienswaardigheden rond San Cristóbal organiseert en **Spaanse les** aanbiedt voor $ 140 per week, inclusief volpension bij een lokale familie. De **website** ⓦwww.sancrisav.net geeft goede informatie over de stad en de lokale cultuur.

San Cristóbal viert 21–26 juli een prachtig **feest** (met 25 juli als belangrijkste dag) en is ook een goede plek om de **Semana Santa** te ervaren, omdat er vrijwel geen toeristen naar de stad komen. Er ligt dan een kilometerlang tapijt van gekleurd zaagsel tussen de grote kerk aan het plein en de Iglesia del Calvario in het westen. De plaatselijke hotels zijn niet aan te bevelen, dus overweeg een dagje over te komen vanuit Cobán.

Ten zuiden van San Cristóbal ligt een dam die, rampzalig genoeg, miljarden heeft gekost: de dam in de **Río Chixoy**. De bijbehorende waterkrachtcentrale levert de helft van de elektriciteit van Guatemala, maar er is een hoge prijs voor betaald. Ongecontroleerde houtkap in het gebied heeft tot een toename van sedimenten in de rivier geleid waardoor de centrale minder kan produceren, en door de kosten van de bouw is de buitenlandse schuld van Guatemala hoog opgelopen. Dorpelingen die voor het project moesten verhuizen strijden nog altijd voor compensatie, meer dan twintig jaar na de voltooiing.

Na San Cristóbal volgt 25 km onverharde weg (die stukje bij beetje wordt geasfalteerd), maar na de brug over de Río Chixoy is de weg naar **Uspantán** helemaal geasfalteerd; vanuit Uspantán rijden bussen via Sacapulas naar Santa Cruz del Quiché. Tussen Cobán en Uspantán rijden elk halfuur tot 18 uur minibusjes, die ook stoppen in San Cristóbal.

Cobán

COBÁN is het hart van deze natte heuvels en de hoofdstad van het departement. Het is tevens het belangrijkste centrum voor de productie van de betere **koffie** van het land. De eerste indruk zal niet positief zijn – er dendert veel verkeer over het centrale plein en de belangrijkste winkelstraten zijn nogal gezichtsloos – maar elders toont Cobán zijn charmes. Het is geen grote stad (65.000 inwoners) en de buitenwijken lopen geleidelijk over in de omringende weiden en naaldbossen, waardoor Cobán op een uit zijn krachten gegroeid bergdorp lijkt.

Als het gaat regenen, krijgt de stad een wat in zichzelf gekeerde sfeer, en 's avonds is de lucht vaak vochtig en koud. Maar de zon laat zich bijna elke dag wel zien en Cobán is een nuttige uitvalsbasis voor een paar dagen. Je kunt er een goed archeologisch museumpje, een orchideeënkwekerij en een koffieplantage bezoeken, en er zijn aangename cafés waar je koffie, gezet van de wereldberoemde Verapazbonen, kunt drinken. De fraaie bergen en rivieren van de omgeving bieden tal van mogelijkheden voor **ecotoerisme**, vaak goed te doen als dagexcursie.

Aankomst en informatie

Transportes Escobar y Monja Blanca, een van de beste **busmaatschappijen** van Guatemala, rijdt elk halfuur tussen Guatemala-stad en het eigen busstation in Cobán in de 2 Calle 3–77, Zona 4 (Ⓣ7951 1793). Het busstation voor **lokale bestemmingen** ligt 2 km ten noorden van het plein.

Inguat heeft geen toeristenbureau in de stad; informatie vind je bij Adrenalina Tours (zie 'Tours'), *Hostal d'Acuña* en *Casa Luna* (zie 'Accommodatie'). Je kunt ook op de **website** Ⓦwww.cobanav.net kijken. Voor goede gidsen en adviezen over reizen naar erg afgelegen gebieden in de Verapaces kun je terecht bij Proyecto Eco-Quetzal (zie 'Handig om te weten').

Net als veel andere steden in Guatemala is Cobán in een aantal **zones** verdeeld; de 1 Calle en de 1 Avenida vormen de grenzen; Zona 1 is het noordwestkwadrant, Zona 2 het zuidwestkwadrant, Zona 3 het zuidoostkwadrant en Zona 4 is het noordoostkwadrant.

Accommodatie

Cobán heeft een goed aanbod aan **hotels**, veelal met de nodige koloniale charme, en een paar prima budgethotels.

Budgethotels

Casa Blanca 1 C 3–25, Zona 1 Ⓣ5931 7862. Momenteel een van de populairste backpackerhotels. Naast vrij grote slaapzalen ($ 5) met zes tot acht bedden zijn er redelijke kamers met badkamer. Er is een keuken voor de gasten, een reisbureau en een comedor. 2–4

Casa Luna 5 Av 2–28, Zona 1 Ⓣ7951 3528. Goed, op buitenlandse gasten gericht hotel met aantrekkelijke kamers en slaapzalen ($ 6 per bed), goede warme douches, hangmatten en een groene patio om rond te hangen. Tevens kantoor van reisbureau Coban Travels. 2–3

Hostal d'Acuña 4 C 3–17, Zona 2 Ⓣ7951 0482, Ⓔcasadeacuna@yahoo.com. Stijlvol budgethotel met fraaie slaapzalen met vier bedden ($ 7 per bed) en een paar kleine kamers rond de weelderige tuin van een koloniaal huis. Het ligt rustig op een paar minuten lopen van het centrale plein. Het restaurant is een van de beste van de stad. Je kunt er ook excursies boeken. 3

Hotel La Paz 6 Av 2–19, Zona 1 Ⓣ7952 1358. Sober budgethotel van een wat norse, maar alerte *señora*. De kamers zijn saai, maar schoon – de meeste met eigen badkamer. Veilig parkeren, tuin en café. 3

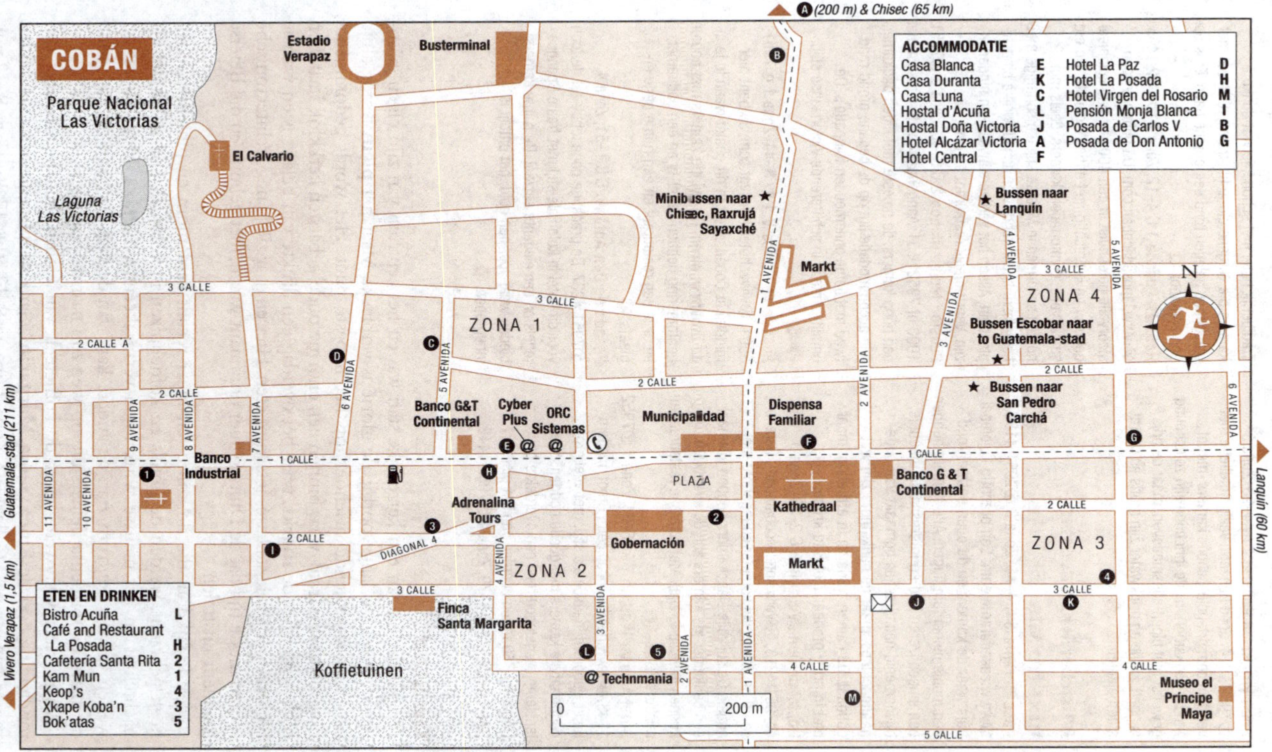
COBÁN
Parque Nacional Las Victorias
Laguna Las Victorias
El Calvario
Estadio Verapaz
Busterminal
A (200 m) & Chisec (65 km)
Minibussen naar Chisec, Raxrujá Sayaxché
Markt
Bussen naar Lanquín
Bussen Escobar naar to Guatemala-stad
Bussen naar San Pedro Carchá
ZONA 1
ZONA 2
ZONA 3
ZONA 4
Banco G&T Continental
Cyber Plus
ORC Sistemas
Municipalidad
Dispensa Familiar
Banco Industrial
Adrenalina Tours
PLAZA
Kathedraal
Gobernación
Banco G & T Continental
Markt
Finca Santa Margarita
Koffietuinen
@ Technmania
Museo el Príncipe Maya
Guatemala-stad (211 km)
Vivero Verapaz (1,5 km)
Lanquín (60 km)
0 200 m
1 CALLE
2 CALLE
2 CALLE A
3 CALLE
4 CALLE
5 CALLE
1 AVENIDA
2 AVENIDA
3 AVENIDA
4 AVENIDA
5 AVENIDA
6 AVENIDA
7 AVENIDA
8 AVENIDA
9 AVENIDA
10 AVENIDA
11 AVENIDA
DIAGONAL 4
ACCOMMODATIE
Casa Blanca E
Casa Duranta K
Casa Luna C
Hostal d'Acuña L
Hostal Doña Victoria J
Hotel Alcázar Victoria A
Hotel Central F
Hotel La Paz D
Hotel La Posada H
Hotel Virgen del Rosario M
Pensión Monja Blanca I
Posada de Carlos V B
Posada de Don Antonio G
ETEN EN DRINKEN
Bistro Acuña L
Café and Restaurant La Posada H
Cafetería Santa Rita 2
Kam Mun 1
Keop's 4
Xkape Koba'n 3
Bok'atas 5

Hotel Virgen del Rosario 2 Av 4–28, Zona 3 ☎7952 1914. Goed beheerd, veilig hotelletje met veertien comfortabele, schone kamers (met of zonder badkamer); bij de inrichting zijn ze scheutig geweest met bloemetjesmotieven, maar de prijs is goed. Koffie en drinkwater zijn gratis en overal staan planten. ②–③

Middenklasse- en luxehotels

Casa Duranta 3 C 4–46, Zona 3 ☎7951 4188, Ⓦwww.casaduranta.com. Een prachtig koloniaal huis waar de kamers en de open eetzaal rond een mooie binnentuin liggen. Alle kamers hebben een smeedijzeren bed en interessante meubels, bijvoorbeeld nachtkastjes gemaakt van oude naaimachines, maar de badkamers zijn wat obligaat. De kamers variëren in afmeting, maar niet in prijs; probeer 7 of 8 te krijgen. ⑥

Hostal de Doña Victoria 3 C 2–38, Zona 3 ☎7951 4213, Ⓦwww.hotelescoban.com. Gerenoveerd herenhuis vol karakter en ingericht met antiek. De stijlvolle slaapkamers hebben allemaal een badkamer (de kamers aan de straatkant kunnen lawaaierig zijn). Met café/bar, restaurant en reisbureau. ④–⑤

Hotel Alcázar Victoria 1 Av 5–34, Zona 1 ☎7952 1143, Ⓦwww.hotelescoban.com. Groot, modern hotel, gebouwd in koloniale stijl, met veel grote, comfortabele kamers met goede bedden, tv en leeslampjes, gelegen rond een overdekte patio. Ongeveer 750 m ten noorden van het plein. ⑤

Hotel Central 1 C 1–79, Zona 4 ☎7952 1442. Traditierijk hotel met schone, ietwat donkere kamers die vergane glorie uitstralen, allemaal met badkamer, gelegen rond een groene patio. Er is ook een comedor. ④

Hotel La Posada 1 C 4–12, Zona 2 ☎7952 1495, Ⓦwww.laposadacoban.com. Dit buitengewoon sfeervolle hotel huist in een 400 jaar oud koloniaal gebouw en is prachtig met antiek ingericht. De erg smaakvolle, comfortabele kamers, deels met houten schermen in Moorse stijl (en sommige met hemelbed) liggen rond twee schaduwrijke binnenplaatsen. Alleen het verkeerslawaai kan hinderlijk zijn. Voortreffelijk restaurant en café. ⑦

Pensión Monja Blanca 2 C 6–30, Zona 2 ☎7951 1900 of 7952 0531. Aangenaam ouderwets en met een hoop kamers, de meeste met eigen badkamer. Alle accommodatie ligt op de begane grond rond twee met liefde onderhouden tuinpatio's. De ontbijtruimte is in schitterende Victoriaanse stijl. ③–④

Posada de Carlos V 1 Av 3–44, Zona 1 ☎7951 3501, Ⓦwww.hotelcarlosvgt.com. Je bent hier midden in Cobán, maar in dit chalet waan je je in de Zwitserse Alpen. De twintig kamers met houten betimmering hebben kabel-tv en een badkamer, en er is een restaurant en een ruime parkeerplaats. ④

Posada de Don Antonio 5 C 1–51, Zona 4 ☎7951 4287. De prachtige hoge lobby zet de toon voor dit hotel in koloniale stijl met fraaie Spaanse tegels en een elegante eetzaal. De ruime kamers bieden waar voor hun geld; het ontbijt is inbegrepen. ⑤

De stad

De tijd dat Cobán een keizerlijke stad was en het centrum van zijn eigen geïsoleerde wereld, is lang voorbij, de glorie is verbleekt. Maar het **plein** is nog altijd een indrukwekkende driehoek op het hoogste punt. Het wordt gedomineerd door de **kathedraal**, waar binnen een enorme oude, gebarsten kerkklok staat. Een blok verder ligt de **markt**, waar het overdag een drukte van belang is en waar je bij een van de vele stalletjes iets kunt eten. Hier en daar zie je nog architectonische sporen uit de tijd dat de Duitsers hier dominant waren, met gebouwen die Beierse grandeur uitstralen.

Met de rijkdom die de koffie (en meer recent kardemom en piment) Cobán heeft gebracht, werden de hotels en koffiehuizen in koloniale stijl gebouwd, de nachtclubs en het nieuwe winkel- en vermaakcentrum **Plaza Magdalena** ten westen van het centrum. Aan de andere kant van de stad slapen in de wijk rond de markt de seizoensarbeiders die op weg zijn naar de plantages.

Als je meer wilt weten over de koffieteelt van Cobán, kun je mee met een rondleiding over de **Finca Santa Margarita**, een koffieplantage even ten zuiden van de stad aan de 3 Calle 4–12, Zona 2 (ma–vr 8–12.30 & 13.30–17, za 8–12 uur; $ 2,75). Tijdens de interessante tour (meestal is er wel een Engels sprekende gids aanwezig) worden de geschiedenis van de finca, in 1888 gesticht door de familie Dieseldorff, en de stadia van verbouw en productie behandeld. Daarna kun je diverse blends van Arabica-koffiebonen proeven, op verschillende hoogten verbouwd, en je kunt natuurlijk koffiebonen kopen.

Een paar blokken naar het oosten is een fraaie collectie archeologische objecten te zien in het **Museo El Príncipe Maya**, 6 Avenida 4–26, Zona 3 (ma–za 9–18 uur; $ 2). Het museum bezit mooie schelpenkettingen, polychrome schalen, oorhangers van jade en allerlei kleifiguurtjes, onder andere van krijgers met dierenmaskers. Tot de hoogtepunten horen bizarre vuurstenen, een vroeg klassieke urn en bovenal een prachtig paneel van een altaar uit Cancuén, versierd met 160 hiërogliefen.

Een van de intrigerendste monumenten van Cobán is de **iglesia El Calvario**, waar vooral indianen komen bidden. De kerk ligt niet ver van het plein: loop in westelijke richting over de 1 Avenida de stad uit, ga rechts de 7 Avenida in en neem vervolgens het steile, geplaveide pad omhoog. Je komt langs een reeks kleine **heiligdommen** – met kruizen die zwart zijn uitgeslagen van de rook en resten van offers. De gelovigen bukken zich bij deze altaren en bidden om genezing, liefde, rijkdom, of om ongeluk voor hun vijanden. Bij het witgekalkte kerkje zelf heb je een fraai uitzicht over de stad. De plek heeft een duidelijk heidense kant met zowel christelijke kruizen als Mayakruizen en honderden maïskolven (heilig in de indiaanse religie) die in de kerk aan het plafond hangen. Naast de kerk ligt het **Parque Nacional Las Victorias** (dag. 8–16.30 uur; $ 0,75), de groene long van Cobán, waar je heerlijk over fraaie paden tussen de dennen kunt wandelen.

Aan de zuidwestkant van de stad ligt de **Vivero Verapaz** (ma–za 9–12 & 14–17, zo 9–12 uur; $ 2), een fascinerende orchideeënkwekerij. Het bedrijf kweekt in het vochtige klimaat van Cobán – ideaal voor orchideeën – zevenhonderd inheemse soorten en heeft daarnaast een handjevol hybriden gecreëerd. De planten groeien in een prachtige schaduwrijke omgeving, en tijdens een rondleiding wijst een van de medewerkers de bijzondere exemplaren aan; tussen november en januari zijn ze op hun mooist. De kwekerij ligt 3 km van het plein: sla de Diagonal 4 in en ga beneden aangekomen naar links, de brug over, en volg de hoofdweg. Een taxi vanaf het plein kost rond $ 3.

▲ Koffie is het belangrijkste product van Cobán

Eten en drinken

Eten in Cobán betekent kiezen tussen een restaurant in Europese stijl en een goedkope, eenvoudige comedor. De plaatselijke specialiteit is *kak-ik*, een heerlijke kalkoensoep. Op de markt is het eten het goedkoopst, maar na de schemering kun je daar niet meer terecht. De stalletjes rond het plein blijven langer open. Het centrum van Cobán is 's avonds meestal behoorlijk stil, maar je kunt een kijkje nemen bij *Xkape Koba'n* voor een beschaafd **drankje** of naar café-restaurant *Bok'atas* gaan, dat in het weekend volstroomt. *Keop's*, 5 Avenida en 3 Calle, is een populaire club waar de dj's merengue, salsa en reggaeton draaien. In het winkelcentrum **Plaza Magdalena**, 2 km ten westen van het plein, zit een bioscoop met drie zalen en er zijn meerdere fastfoodrestaurants.

Bistro Acuña 4 C 3–17, Zona 2. Een buitengewoon restaurant in een prachtige koloniale tuin met elegante bediening, witte tafelkleedjes en opbeurende klassieke muziek. Bij de ontbijtmenu's ($ 4–6) hoort altijd thee/koffie, vruchtensap en vers brood. De lunch- en dinerkaart ($ 10–18) is fantasierijk met pasta, gegrild vlees, vis, en heerlijke taarten en desserts. De wijnkaart is uitgebreid.

Bok'atas 4 C 3–34, Zona 2. Groot, levendig en gezellig café-restaurant, bekend om zijn mediterrane keuken met een behoorlijke paella. Je kunt er ook goede margarita's en wijn krijgen. Zo en doordeweeks tijdens lunch gesloten.

Café and Restaurant La Posada 1 C 4–12, Zona 2, in het *Hotel La Posada*. Stijlvol en formeel restaurant met Guatemalteekse specialiteiten en internationale gerechten. De kaart is uitgebreid en er zijn altijd dagspecialiteiten; als het weer het toelaat, kun je op een veranda aan de hoteltuin eten. In het minder formele en goedkope café (wo–ma 13–20.30 uur) kun je snacks en bagels krijgen.

Cafetería Santa Rita 2 C, aan het plein, vlak bij de kathedraal. Uitstekende comedor om een stevige *comida típica* te eten, ook goed voor een stevig ontbijt. Vriendelijke bediening.

Kam Mun 1 C 8–12, Zona 2. Groot Chinees restaurant met flinke porties en een uitgebreide kaart goedkope gerechten.

Xkape Koba'n Diagonal 4 5–13, Zona 2. Prachtig stijlvol café-restaurant in een schitterend oud huis met muren vol *huipiles* en plaatselijke kunst. De kaart is heel inventief met snacks als *tamales* ($ 2) en veel lokale gerechten, waaronder de beroemde kalkoensoep *kak-ik* ($ 7,50), en *kakaw-ik* (chocolademelk met vanille, chilipeper en honing). De bediening is soms erg traag.

Handig om te weten

Autoverhuur Tabarini, 7 Av 2–27, Zona 2 (☎7952 1504, Ⓦwww.tabarini.com).

Banken Banco G&T heeft twee filialen – 1 C en 4 Av in Zona 1, en 1 C en 2 Av in Zona 3 – beide met geldautomaat.

Internet Cyber Plus, 1 C 3–23, aan de noordkant van het plein, voor een snelle verbinding; een ander internetcafé is Techmania in de 4 C 3–18, Zona 2.

Postkantoor 3 C en 2 Av, Zona 3.

Spaanse scholen Vanwege de relaxte sfeer en omdat er weinig mensen Engels spreken, is Cobán een goede plek om Spaans te leren. Enkele scholen: Oxford Language Center, 4 Av 2–16, Zona 3, Cobán (☎7951 2836, Ⓦwww.olcenlgish.com), en 12 km buiten de stad Eco Cabaña, bij San Juan Chamelco (☎7951 5898, Ⓔecocabana@yahoo.com).

Telefoon Bij Cyber Plus kun je goedkoop bellen; zie 'Internet'.

Tours Diverse reisbureaus bieden excursies aan naar Semuc Champey (rond $ 45), Laguna Lachúa (rond $ 65) en andere bestemmingen en regelen shuttlebusjes, bijvoorbeeld Adrenalina Tours, Diagonal 4, 3–36 Zona 2 (☎7951 2200, Ⓦwww.adrenalinatours.com), *Hostal d'Acuña* (☎7951 0482) en Aventuras Turísticas, 1 C 3–25 (☎5931 7862). Proyecto Eco-Quetzal, 2 C 14–36, Zona 1 (☎7952 1047, Ⓦwww.ecoquetzal.org), is een warm aanbevolen specialist in adventure en cultureel toerisme die de mogelijkheid biedt de gebaande paden te verlaten en onderdak kan regelen bij indianen in afgelegen delen van de Verapaces. Tot het ecotoerismepakket met redelijke prijzen horen excursies naar het nevelwoud van Chicacnab (zie blz. 294), waar nog veel quetzals voorkomen, voor $ 40 pp; terwijl een trip met twee overnachtingen in de prachtige streek Río Ik'bolay (zie blz. 300) $ 35 kost.

Wasserette La Providencia, ten westen van het plein aan de Diagonal 4 (gesl. zo).

Vervoer vanuit Cobán

Het modderige busstation van Cobán (ook wel Terminal Nuevo en Campo Dos genoemd) ligt 2 km ten noorden van het plein. Bussen op de lokale routes vertrekken meestal hiervandaan, inclusief de minibusjes naar Chisec (elke 20 min., laatste om 18.30 uur; 1:20 uur), Salamá (elke 20 min., laatste om 18 uur; 2 uur), Playa Grande (elk uur, laatste om 16 uur; 4:30 uur), Fray Bartolomé de Las Casas (elke 30 min. naar Chisec, laatste om 16 uur; 3 uur, plus drie per dag via Pajal, 6 uur), Sayaxché (acht per dag, laatste om 15.30 uur; 4 uur) en Uspantán (elk uur, laatste om 17 uur; 3 uur). Er gaan ook bussen naar Flores (9 en 13.30 uur; 5 uur) of je kunt een minibus naar Saxyaché nemen en daar op een minibus naar Flores overstappen.

Minibusjes naar Lanquín (elk uur, laatste om 17 uur; 2 uur) en Semuc Champey (5.45, 7.30, 8.30, 11 en 12 uur; 2:30 uur) vertrekken van de 3 Calle en 3 Avendia, Zona 4. Voor San Juan Chamelco (elke 30 min.; 20 min.) vertrekken ze bij de brug over de Wasen, Diagonal 15, Zona 7. Bussen naar Guatemala-stad (elke 30 min., laatste om 17 uur; 4:30 uur) vertrekken vanuit het busstation van Transportes Escobar y Monja Blanca, 2 Calle & 4 Avendia, Zona 4.

Er rijden ook een paar nuttige shuttles waar je op diverse punten kunt in- en uitstappen. *Hostal d'Acuña* (zie 'Accommodatie') rijdt twee routes: van Cobán naar Tikal, met de mogelijkheid uit te stappen bij plaatsen als Chisec, Candelaria, Sayaxché en Flores; de andere route gaat naar Antigua en biedt de mogelijkheid uit te stappen bij El Biotopo del Quetzal. Adrenalina Tours, Diagonal 4, 3–36 Zona 2 (Ⓣ7951 2200, Ⓦwww.adrenalinatours.com), rijdt dagelijks met een shuttlebusje naar Quetzaltenango, met stops in Uspantán, Nebaj (als er passagiers zijn), Sayaxché en Huehuetenango. Deze shuttles zijn handig, maar ook duurder dan gewone bussen: $ 22 naar Flores of Antigua, $ 37 naar Quetzaltenango. Shuttles naar andere bestemmingen, waaronder Río Dulce (ongeveer $ 24), kunnen geregeld worden.

San Juan Chamelco en omgeving

Het zeven kilometer ten zuidoosten van Cobán gelegen **SAN JUAN CHAMELCO** is de belangrijkste stad van de Q'eqchi'-Maya's in de streek. In de bus zul je vaak vrouwen in traditionele kledij zien, met in hun oren een waterval van oude munten. Midden in de stad staat de grote koloniale **kerk**, waarvan de gevel verrassend gedecoreerd is met twee Maya-versies van de dubbele adelaar van de Habsburgers – ongetwijfeld het resultaat van de vroegere Duitse aanwezigheid in de streek. De belangrijkste schat, de kerkklok, hangt in de klokkentoren verborgen; het was een geschenk van keizer Karel V aan de Mayaleider Juan Matalbatz.

Op de grote **markt** bij de kerk wordt van alles verkocht, van lokale landbouwproducten tot spijkerbroeken, maar weinig handwerk. Tijdens de processie voor het jaarlijkse **dorpsfeest** (24 juli) kleden de mensen zich in allerlei kostuums, van precolumbiaanse Mayakledij tot dierenpakken.

Zo'n 5 km buiten Chamelco is een prachtige plek om te **overnachten**, *Don Jerónimo's* (Ⓣ5301 3191, Ⓦwww.dearbrutus.com/donjeronimo; $ 25 pp voor volpension), een eigenzinnig vegetarisch hotel in een prachtig golvend landschap, de eigenaar is een vriendelijke Amerikaan die hier al twintig jaar zit. De bungalows zijn rustiek maar comfortabel met een eigen badkamer. Je kunt een bad in de rivier nemen en in de buurt zwemmen, en er is een indrukwekkende bibliotheek voor regenachtige dagen. Minibusjes die van Chamelco naar het dorp Chamíl rijden, komen langs Don Jerónimo's; ze vertrekken regelmatig van de 0 Calle en 0 Avenida.

Op 500 m van *Don Jerónimo's* liggen de **Grutas de Rey Marcos** (dag. 9–17 uur; $ 3,50, inclusief gids, helm en laarzen), een reeks **grotten** die in mei 1998 werden ontdekt. Het grottenstelsel is ruim een kilometer lang, maar je mag maar een klein stukje naar binnen – je moet door een onderaardse rivier waden om de beste stalactieten en stalagmieten te zien, waaronder het evenbeeld van de scheve toren van Pisa.

Sierra de Caquipec

Ten westen van Cobán **San Pedro Carchá**, beroemd om zijn zilverwerkplaatsen, het eerste stadje waar je langskomt. Daarna begint de weg naar het zuidwesten te klimmen naar het dichte nevelwoud van de **Sierra de Caquipec**, met waarschijnlijk de grootste populatie **quetzals** van Midden-Amerika (zie kader blz. 286). In dit dunbevolkte gebied, dat naar het zuiden tot aan Tucurú loopt en deels tot reservaat voor Guatemala's nationale vogel is uitgeroepen, leven enkele honderden exemplaren. Je kunt de Sierra de Caquipec bezoeken in het kader van een **ecotoerismeproject** van Proyecto Eco-Quetzal (zie blz. 292), waarbij je in het Q'eqchi'-dorp **Chicacnab** overnacht en lokale gidsen je naar het gemengde eiken- en naaldbos meenemen, waar veel quetzals zitten, maar ook wilde zwijnen, rolstaartbeertjes en een enkele jaguar. Voor meer informatie kun je terecht bij het kantoor van Eco-Quetzal of op hun website – het is allemaal niet erg luxueus, maar de ervaring is geweldig.

Lanquín en Semuc Champey

Ten noordoosten van Cobán en San Pedro Carchá leidt een asfaltweg de weelderig groene heuvels in en passeer je de ene koffieplantage na de andere. Na 43 km kom je bij **Pajal** (46 km van Cobán), waar een afslag door een dal naar **LANQUÍN** loopt (12 km). Dit slaperige, bescheiden Q'eqchi'-dorp, waar Spaans niet meer dan een tweede taal is, ligt aan de voet van hoge, groene heuvels, waarvan de benedenhellingen bedekt zijn met koffie- en kardemomstruiken. Het dorp zelf is heel relaxt en aantrekkelijk, maar bijna alle bezoekers komen voor de bassins van Semuc Champey in de buurt. Het dorp heeft een **bank** (Banrural), waar je dollars en travellercheques kunt wisselen (er is geen geldautomaat), en een **internetcafé** ($ 1 per uur) vlak bij het plein, maar de verbinding is slecht.

Accommodatie en eten

Er zijn zowel in als rond Lanquín en langs de weg naar Semuc **accommodaties**. De meeste zijn budgethotels die zich richten op backpackers, voor wie dit zo ongeveer een verplichte stop is in Guatemala. In het dorp zitten ook een paar simpele pensions, die er voor een nachtje mee door kunnen. Van de **comedores** zijn *Café Semuc* en *Comedor Shalom* aan te raden.

Hostal El Portal 100 m van Semuc ☎7983 0046. Uitstekend nieuw hotel van de gemeente met erg behulpzame medewerkers; het ligt prachtig hoog met schitterend uitzicht over de Río Cahabón. De accommodatie bestaat uit fraaie houten cabañas met hangmatten en balkon, vijf gezellige kamers, en een slaapzaal met acht bedden ($ 4). De badkamers zijn erg schoon en aantrekkelijk. Het eten is er lekker en je kunt wijn en koud bier krijgen; er zijn ook kampeerplekken, en je kunt vogels kijken. Het hotel biedt daarnaast excursies en tubing aan. ❷–❹

Hotel El Recreo 100 m ten zuiden van het Parque in het dorp ☎7983 0032. Schoon hotel met grote, kale kamers, sommige met badkamer. Prijzen zijn per persoon, dus gunstig voor soloreizigers. ❸

Posada Illobal 50 m ten zuiden van het Parque, ☎7983 0014. De beste van de budgetopties in het dorp; leuke tuin en vijf schone kamers in een oud houten huis. Gedreven door de erg vriendelijke Ramiro Pop. ❶

Posada Las Marías 1 km van Semuc ☎7861 2209, ⓦwww.posadalasmarias.com. Rustig hotel vlak bij de Río Cahabón, waar je goed kunt zwemmen.

Beheerd door jonge Q'eqchi'-Maya's. Er zijn comfortabele slaapzalen met vijf bedden ($ 3; $ 6 met badkamer) en vijf goede cabañas. Restaurant en bar aanwezig. Het hotel kan van alles organiseren, inclusief caving bij K'anba, en tubing. 2–3

El Recreo aan de weg naar Lanquín ☎7983 0056. Zou beter kunnen. De kamers bevinden zich in een groot, kaal houten gebouw, en het zwembad is soms schoon, maar soms ook niet. 5

El Retiro vanuit Lanquín 10 min. lopen naar het westen, aan de weg naar Cahabón ☎7983 0009. Een fraai op een grasveld aan de río Lanquín gelegen backpackersbastion, dat in korte tijd legendarisch is geworden. Er komen vooral westerlingen, die vrijwel elke avond feestvieren en zich tegoed doen aan de vele huisdrankjes (dubbele dosis voor $ 1,30). De accommodaties liggen ruim uit elkaar, met eenvoudige cabañas met dak van palmbladeren (sommige met badkamer), goede slaapzalen ($ 5 pp) en ruimte om te kamperen. Je kunt er gezond eten, waaronder zelf gebakken brood, terwijl het diner ($ 5,50) gemeenschappelijk is. Er worden allerlei activiteiten georganiseerd, waaronder caving, abseilen, paardrijden en tubing; shuttlebusjes kunnen geregeld worden. Tijdig reserveren, want El Retiro zit snel vol. 2–4

Vervoer

De **verbindingen** zijn de afgelopen jaren sterk verbeterd en er rijden nu rechtstreekse minibusjes tussen Cobán en Semuc (vijf per dag 5.45, 7.30, 8.30, 11 & 12 uur; 2:30 uur); de laatste bus terug vertrekt om 16.30 uur uit Semuc. Daarnaast rijden er elk uur minibusjes (2 uur) tussen Cobán en Lanquín; de laatste vertrekt om 17 uur uit Lanquín. Bij het plein van Lanquín vertrekt elke dag om 9 uur een minibus naar Semuc, die om 16 uur terugrijdt; je kunt voor deze route ook van de bovenstaande bussen gebruikmaken. Daarnaast rijden diverse hotels in Cobán met shuttlebusjes naar Semuc, ze rekenen $ 45–65 voor een dagtrip. Een paar bussen worstelen zich vanaf Pajal naar het noorden naar Fray Bartolomé de Las Casas, maar er wordt aan de weg gewerkt, zodat deze route op termijn sneller wordt; informeer bij je hotel naar de situatie. In oostelijke richting rijden minibusjes en bussen naar Cahabón (ruwweg elk uur; 1 uur), waar elke dag een bus (om 4 uur; 4 uur) en af en toe pick-ups naar El Estor vertrekken. *Posada Las Marías* rijdt met een shuttlebusje naar El Estor (di en vr; $ 13).

De Grutas de Lanquín en Cuevas de K'anba

Een paar kilometer ten westen van Lanquín, niet ver van de weg naar Cobán, liggen de **Grutas de Lanquín**, een doolhof van grotten vol vleermuizen, die zeker 3 km doorlopen (dag. 8–17 uur; $ 4). Er is een looppad door de eerste paar honderd meter aangelegd en dit deel heeft elektrische verlichting, maar het blijft glibberig. Als je er tijdens de schemering bent, kun je duizenden vleermuizen uit de grot tevoorschijn zien komen, die in de nacht verdwijnen. De Maya's houden er soms religieuze rituelen (vooral rond de tijd van het dorpsfeest en op 5 december), waarbij het hele dorp zich verzamelt voor een ceremonie bij kaarslicht.

Vlak voor de toegang tot Semuc kom je langs de **Cuevas de K'anba**, een grottenstelsel dat veel leuker is om te verkennen. *Posada Las Marías* (zie 'Accommodatie') organiseert een tour door de grotten ($ 5; dag. 9.30 uur); bij kaarslicht klauter en zwem je door grotten vol vleermuizen en bizarre druipsteenformaties. Voor de dapperen (of gekken) is er de extra mogelijkheid om langs een touwladdertje naast een waterval van vijf meter omhoog te klimmen en vervolgens in het volslagen duister in een poel te springen. De tour duurt anderhalf uur en eindigt met tubing in de rivier.

Semuc Champey

Semuc Champey ($ 6; parkeren $ 1) is de belangrijkste bezienswaardigheid van de streek en een van de mooiste natuurfenomenen van Guatemala; het gaat om een getrapte reeks sublieme turkooizen bassins op een natuurlijke kalkstenen brug. Deze idyllische plek, 10 km ten zuiden van Lanquín, bevindt zich aan het begin van een steil, met jungle begroeid dal. Het is een ideale plaats om een dagje heerlijk te poedelen en zwemmen, maar pas op voor scherpe randen. Tot voor kort kwamen er nauwelijks bezoekers in dit afgelegen deel van Guatemala, maar het geheim is inmiddels bekend geworden en Semuc is nu een vaste stop op de route tussen Tikal en het westelijke hoogland. Toch vind je er meestal nog wel een rustig plekje.

Als je via een glibberig pad een paar honderd meter stroomopwaarts loopt, kom je bij de rivier die Semuc voedt: de snelstromende **Río Cahabón**, waarvan het meeste water verdwijnt in een grot die onder de bassins doorloopt; verder stroomafwaarts komt het water weer boven. Om het geheel mooi op de foto te krijgen, kun je in een halfuur langs een glibberig, steil pad naar een *mirador* hoog boven de bassins lopen (en deels klimmen).

Houd je spullen in de gaten, want er komt diefstal voor. Zie voor bussen de beschrijving bij 'Vervoer' onder 'Lanquín en Semuk Champey'.

Cahabón

Na Lanquín loopt de weg door naar het stadje **CAHABÓN** – waar een paar eenvoudige pensiones zitten, met als beste het *Hospedaje Carolina* (❶) – 24 km naar het oosten. Daar begint een onverharde weg die in talloze haarspeldbochten door een spectaculair landschap naar Panzós leidt. Er gaat dagelijks een **bus** (om 4 uur) naar El Estor (4 uur), terwijl pick-ups ook met enige regelmaat deze route rijden.

Door de Valle del Polochic naar Panzós

Als je vanuit Cobán naar de Caribische Zee wilt, kun je het beste de route door het dal van de **río Polochic** volgen – neem bij San Julián, vlak na Tactic aan de weg van Coban naar El Rancho, de afslag naar het oosten. De armoedige stadjes in dit V-vormige dal zijn niet erg interessant, maar je ziet het landschap ingrijpend veranderen als je langs de met koffiestruiken bedekte bergen afdaalt en in het tropische laagland uitkomt.

Het eerste plaatsje in het dal is **Tamahú**; 15 km verderop volgt **Tucurú**, gelegen op het punt waar het dal breder wordt en de rivier zijn tomeloze energie kwijtraakt. Even na Tucurú daalt de weg abrupt en maken de koffieplantages plaats voor weidegrond. Aan de dorpen en bewoners kun je zien dat je hier in de tropen bent beland. Na 28 km kom je bij **LA TINTA**, een ruim opgezette stad met het schone *Hotel Los Ángeles* (❶–❷) rechts van de weg; je kunt er een kamer met of zonder eigen badkamer nemen.

Verder in oostelijke richting kom je na 13 km bij **TELEMÁN**, het grootste stadje onder de vervallen handelsplaatsjes in het benedendal; hier verhuurt het vriendelijke *Hotel de los Ralda* (Ⓣ7875 0074; ❷–❸) kamers met warm water en ventilator, terwijl de *Ampakito Comedor* het beste eten van de stad serveert. Bij Telemán gaat een zijweg naar het noorden, die hoog over de vruchtbare heuvels naar het stadje **SENAHÚ** klimt, een belangrijk koffiecentrum in een komvormig dal. Je kunt vanuit de stad naar de **Cuevas de Seamay** wandelen, waar Mayasjamanen ceremonies houden, en er begint een weggetje naar het noorden naar Semuc Champey en Lanquín, dat alleen in het droge seizoen berijdbaar is met een terreinwagen. Het beste pensión is het eenvoudige *Edilson* (❶), terwijl het plezierige *Hotel El Recreo Senahú* (Ⓣ7983 1637; ❹) comfortabeler is; je kunt er een gids inhuren. Tussen Telemán en Senahú rijden bussen.

Verder naar beneden door de Valle del Polochic kom je al snel bij de stad **PANZÓS**, waar vroeger de spoorweg van de Verapaz eindigde. In 1978 kwam Panzós internationaal in het nieuws toen 53 protesterende campesinos (waaronder vrouwen en kinderen) door leger en politie werden gedood, een van de eerste en gruwelijkste bloedbaden van het regime van generaal Lucas García.

Naar het noorden, richting Petén

In het noorden van de Alta Verapaz lopen de groene heuvels abrupt af naar de vlakte, waar het departement Petén begint. Het landschap toont een mix van stukken dicht regenwoud, hoge kalksteenformaties en weidegronden. In dit gebied vind je enkele van de grootste **grottenstelsels** van Latijns-Amerika; vooral rond Candelaria wemelt het van de grotten. Vanuit Cobán loopt één goede geasfalteerde weg naar het noorden, naar Chisec en daarna naar Sayaxché in Petén. Alle andere wegen zijn onverhard en slecht onderhouden, al komen er wel steeds meer weggetjes die het tot voor kort ongerepte bos tot aan de Mexicaanse grens binnendringen, en er ontstaan voortdurend nieuwe dorpen. Veel nieuwe dorpen zijn *aldeas* van Q'eqchi'-Maya's, andere zijn gesticht door *repatriados*, Guatemalteken die in de donkere dagen van de burgeroorlog naar het hoogland moesten vluchten en pas na het vredesakkoord terugkeerden.

Chisec en omgeving

CHISEC ligt 60 km ten noorden van Cobán en is een rustig, aangenaam stadje, in de afgelopen jaren flink gegroeid door grondbeluste migranten die de streek zijn binnengetrokken. Het is een van de weinige stadjes in Guatemala zonder kerk aan het (enorme) centrale plein – veel inwoners zijn voormalige guerrilla's en *repatriados* die niets van religieuze invloed moeten hebben. Meer informatie over deze boeiende streek vind je op de **websites** Ⓦwww.visitchisec.com en www.puertamundomaya.com, maar je kunt ook naar *Cafetería La Huella* aan de hoofdweg gaan.

De beste **accommodatie** is *Hotel La Estancia* (Ⓣ7979 7748; ❸–❹), 800 m ten noorden van het plein, met drie verdiepingen met schone kamers met kabel-tv en airconditioning of ventilator, een goed restaurant en een klein zwembad om af te koelen. Het *Hotel Nopales* (Ⓣ5514 0624; ❷) aan het plein is een goedkoper en groezeliger alternatief met kale kamers met cementvloer. Als je wilt **eten**, kun je in *Cafetería La Huella* aan de hoofdweg goedkope hamburgers, broodjes en pupusas nemen, of anders in het stijlvolle *El Café* een snack of taartje eten; in beide cafés kun je **internetten**. Het erg schone *Restaurant Bombil Pek* aan de zuidkant van het plaatsje is goed voor een stevige *comida típica*, maar aan de dure kant met $ 4 voor een maaltijd. Banco Agromercantil heeft een geldautomaat en wisselt travellercheques. **Microbusjes** rijden elk halfuur van Cobán naar Chisec (1:30 uur), en elk uur via Candelaria naar Raxrujá (1 uur).

Bombil Pek en de Lagunas de Sepalau

Chisec is de perfecte uitvalsbasis voor excursies naar twee opmerkelijke natuurfenomenen. Het dichtstbijzijnde is de 'beschilderde grot' van **Bombil Pek**, 2 km ten noorden van de stad. Langs de weg staat een kantoortje (dag. 8–15.30 uur) waar je de entree moet betalen ($ 3,50) en een zaklantaarn krijgt; ze verhuren er ook **banden** ($ 3; beste tijd juli–okt) als je wilt tuben op de rivier. Een gids begeleidt je tijdens een prachtige, 40 minuten durende tocht door velden *milpa* en bossen en over een steile, glibberige houten trap naar de enorme, vijftig meter hoge hoofdgrot. Er is hier veel aardewerk gevonden, en nog altijd houden de Maya's er religieuze ceremonies. De gids zal je vervolgens proberen over te halen je achterin door een nauw gat te wurmen naar een tweede, veel kleinere grot, waar je een verbleekte schildering van twee apen kunt zien, mogelijk de heldhaftige tweeling uit de Popol Vuh (zie kader blz. 134).

De drie schitterende, jadekleurige meren van de **Lagunas de Sepalau**, het tweede natuurfenomeen bij Chisec, liggen 9 km buiten de stad aan de weg die van de *municipalidad* naar het westen loopt. Vanaf het plein vertrekt af en toe een pick-up in die richting, en om 11 uur gaat er een bus. Je moet uitstappen bij het Q'eqchi'-dorp **Sepalau Cataltzul**, waar je de entree van $ 5,50 betaalt. Een lokale gids begeleidt je naar de meren, 1 km verderop, met een *lancha* om over het meer te peddelen (en met zwemvesten). Het eerste meer, **Laguna Paraíso**, omgeven door dichte, ongerepte jungle, is mooi en vreedzaam, het is de perfecte plek voor een duik. Het tweede, **Atsam'ja**, is een stuk kleiner, maar het derde en grootste meer, **Q'ekija**, een kilometer verder, is heel bijzonder – schitterend blauwgroen van kleur en omgeven door vrijwel loodrechte kalkstenen wanden en een muur van jungle. Je zult er vrijwel zeker brulapen horen en ijsvogels zien, en misschien ook toekans; er zitten ook jaguars in de buurt.

De Cuevas de Candelaria

De kalksteenbergen in het noorden van de Alta Verapaz zitten vol grotten. **Cuevas de Candelaria** is het indrukwekkendste en grootste stelsel, ten noordoosten van Chisec. De Río Candelaria heeft hier een uiterst complex systeem van grotten en gangen gevormd, met hier en daar een opening waardoor licht van boven valt. Langs de weg tussen Chisec en Raxrujá liggen drie plaatsjes die toegang bieden tot het grottenstelsel, dat 22 km lang is (maar bijna 80 km als je alle nevenstelsel erbij optelt) en dat enkele enorme ruimtes omvat. Bij de eerste twee plaatsjes kun je aan **tubing** doen (beide 1:30 uur; $ 5). Veel reisbureaus in Cobán (zie blz. 292) organiseren trips naar de grotten.

Bij **Candelaria Camposanto**, km 309,5, zijn twee grote grotten: de Entrada de Sol – 70 m lang en 30 m breed – en de iets kleinere Murciélago, waar je vleermuizen kunt zien en mogelijk het gebrul hoort van de brulapen die in de buurt leven. Er loopt een didactisch pad van de weg naar de grotten met informatiepanelen over de vruchten, planten, bomen, dieren en folklore van de streek. Iets verderop, bij km 315 en 2 km ten zuiden van de weg, biedt een vergelijkbaar door de gemeenschap opgezet toeristisch project toegang tot de grotten van **Mucbilhá**, waar een gids je naar de Cueva Venado Seco brengt ($ 4,50), een wandeling van een halfuur. Als je hier gaat tuben, kom je over een onderaards deel van de Río Candelaria. Bij de ingang ligt ook een goed **kamp** (❷) met stapelbedden, kampeerplekken en douches.

Iets verder naar het oosten liggen bij km 316,5 nog meer spectaculaire grotten. Het **Complejo Cultural de Candelaria** (Ⓦwww.cuevasdecandelaria.com) bevindt zich op een stuk land dat tientallen jaren lang fel verdedigd werd door een Fransman, maar nu is het van de lokale gemeenschap, die er tours organiseert. De grootste grot is de 200 meter lange, 60 meter brede 'Tzul Tacca', waar schachten voor een spectaculaire lichtshow op de rotsen en het water zorgen. De toegang tot het grottenstelsel, inclusief een rondleiding van twee uur door het eerste grottenstelsel, bedraagt $ 3,50 per persoon. Het fraaie **hotel** (Ⓣ5861 2203; ❹–❻) verhuurt kamers in een grote gedeelde bungalow en erg stijlvolle cabañas, ingericht met meubels, kunst en stoffen, maar ze hebben niet allemaal een eigen badkamer. Je kunt er Guatemalteeks en Frans eten, maar goedkoop is dat niet met prijzen vanaf $ 15 voor lunch en diner. Het hotel heeft een paar strenge regels: geen eten mee naar binnen nemen en je schoenen bij de ingang uittrekken.

Raxrujá en Fray Bartolomé de Las Casas

RAXRUJÁ is niet veel meer dan een paar straten en wat bouwvallige huizen rond een brug over de Río Escondido, een zijrivier van de Río de la Pasión, maar het plaatsje is de uitvalsbasis voor de ruïnes van Cancuén en de Cuevas de Candelaria en heeft fatsoenlijke **accommodatie**. Op de eerste plaats staat *Hotel Cancuén* (Ⓣ7983 0720; ❸–❹), aan de westkant van de stad, waar eigenaar dr. César een heel mooi hotel heeft opgezet met brandschone kamers, sommige met airconditioning, goede bedden, leeslampjes, terracottategels op de vloer en ramen met horren. Er is een goede comedor, je kunt er internetten ($ 1,30 per uur), en het hotel organiseert grot-excursies. *Hotel El Amigo* (☎5872 4136; ❸), in motelstijl, heeft schone, functionele kamers met tegelvloer en koud water in de badkamer; sommige kamers hebben airconditioning; het zwembad wordt zelden schoongemaakt. *Hotel Gutiérrez* (☎5473 7714; ❷) is een gammel maar redelijk schoon hotel. De beste comedor is *Doña Reyna*. De Banrural wisselt dollars en travellercheques.

Er rijden elk halfuur **microbusjes** naar het zuiden naar Chisec (45 min.) en verder naar Cobán (2 uur), en naar het noorden naar Sayaxché (2:30 uur). Er wordt gestaag gewerkt aan de weg naar het zuiden naar Pajal (afslag naar Lanquín), die nu vreselijk slecht is, maar dus langzaam beter wordt. De onregelmatige bussen en pick-ups deden er vijf uur over om bij Pajal te komen, maar als de wegwerkzaamheden voltooid zijn, moet dat in drie uur kunnen; informeer in Raxrujá naar de vorderingen voordat je deze route neemt. Het overweldigend groene berglandschap van de Verapaz – met naaldbossen, weidegronden, dorpjes met adobehuizen en dramatische, met jungle begroeide rotspartijen – compenseert de trage voortgang.

Zestien kilometer ten oosten van Raxrujá ligt het kleurloze stadje **Fray Bartolomé de Las Casas**, meestal 'Las Casas' of 'Fray' genoemd. Er zijn een paar **hospedajes**; *Hotel La Cabaña* (☎7952 0352) springt er duidelijk uit, maar de meeste reizigers stappen hier alleen maar over. Er vertrekken bussen naar Cobán (elk halfuur; 2.30 uur) die via Raxrujá rijden, en naar Poptún (elke 90 min.; 4:30 uur), veelal via Las Conchas (zie blz. 309)

Cancuén

Ten noorden van Raxrujá liggen de ruïnes van **Cancuén** (dag. 8–17 uur; $ 5,50, inclusief Spaans sprekende gids), waar een groot paleis uit de klassieke periode is opgegraven. Cancuén werd in 1907 ontdekt, maar pas na onderzoek in 1999 werd duidelijk hoe groot de koninklijke enclave hier was. De stad kent nog altijd veel raadselen: Cancuén lijkt het zonder de religieuze gebouwen en defensiewerken, zo karakteristiek voor Mayasteden, te hebben gedaan en vooral een seculiere handelsstad te zijn geweest. De grote hoeveelheden jade, pyriet, obsidiaan en fraai keramiek die hier recent zijn opgegraven wijzen erop dat dit een van de belangrijkste handelscentra van de Maya-wereld was, met een geplaveid plein (mogelijk een marktplein) van twee vierkante kilometer. De bloei van Cancuén zou zijn voortgekomen uit de strategische ligging tussen de grote steden van het laagland, zoals Tikal en Calakmul, en het hoogland van Zuid-Guatemala, waar veel mineralen werden gevonden.

Een pad voert langs de resten van werkplaatsen, waar ambachtslieden kostbare materialen als jade tot sieraden verwerkten. Daarna kom je bij een balspelbaan met kopieën van maskers; een ervan verbeeldt de heerser Taj Chan Ahk die de scepter van de heersende dynastie doorgeeft aan zijn zoon Kan Maax in 795 n.C. Voordat bezoekende edelen de koninklijke enclave van Cancuén mochten betreden, voerden ze een rituele reiniging uit bij het tien meter lange stenen **bad**, om vervolgens een trap met hiërogliefen te beklimmen naar de ingang. Het grote, bijna praalzieke **paleis** (Structuur L7-27) telt drie verdiepingen, 170 kamers en 11 binnenplaatsen. De muren zijn versierd met tientallen levensgrote beelden van stuc; het is het indrukwekkendste bouwwerk van Cancuén. Het pad loopt verder langs een paar omgevallen stèles en keert tussen reusachtige bomen terug naar het bescheiden bezoekerscentrum met informatiepanelen (deels in het Engels) en een maquette van de stad. Het mooiste beeldhouwwerk van Cancuén bevindt zich elders; in het museum in Cobán ligt een schitterend altaarpaneel (zie blz. 291).

Als je **naar** Cancuén wilt, kun je in Raxrujá een pick-up of minibusje (ongeveer elk uur) naar de *aldea* **La Unión** nemen, 12 km naar het noorden, waar een schipper je per *lancha* (reserveren ⓣ5978 1465) in een halfuur over de Río de la Pasión naar de ruïnes brengt ($ 40 heen en weer, maximaal zestien personen). Er is een camping ($ 7 pp) met douches en een bivak.

Laguna Lachúa en omgeving

Ten westen van Raxrujá slingert een slechte onverharde weg zich door het drukkend hete, dunbevolkte laagland – af en toe onderbroken door hoge kalksteenrotsen begroeid met bos – naar het magische **Parque Nacional Laguna Lachúa** ($ 5,50; ⓦwww.lachua.org), een vrijwel cirkelvormig meer omgeven door dichte tropische jungle. Dit weinig bezochte nationale park is een prachtige, rustige plek met helder, azuurblauw water, perfect om in te zwemmen. Lachúa heeft een middenlijn van twee kilometer en is 200 meter diep, het gaat waarschijnlijk om een natuurlijk verdwijngat in het kalksteen, al heeft de cirkelvorm geleid tot speculaties dat er een meteoriet is ingeslagen. In het reservaat leven tapirs en alle belangrijke katachtigen van Midden-Amerika, waaronder de jaguar, maar die krijg je niet snel te zien. Brulapen zul je daarentegen vrijwel zeker horen, en je hebt een goede kans om gordeldieren en otters te zien. Er leven ook talrijke vogelsoorten (er zijn rond de 300 soorten geteld), waaronder slakkenwouwen en vliegenvangers, maar pas op voor de muggen.

Om vanaf de parkeerplaats met het informatiecentrum langs de weg bij de uitstekende, onlangs verbeterde **accommodatie** ($ 7 pp) van Lachúa te komen, moet je vier warme kilometers door het bos lopen – voertuigen mogen het park niet in. Het grote houten huis met rieten dak heeft verzorgde kamers met goed bed en muskietennet, maar je kunt er ook kamperen. Je moet zelf eten en drinken meenemen, want er is geen restaurant of winkel, maar er staat wel een volledig uitgeruste keuken tot je beschikking. De parkwachters zijn erg trots op dit schitterende nationale park en staan erop dat je al je niet-afbreekbare afval weer meeneemt. Je kunt een kajak huren voor $ 1 per uur. Tijdens feestdagen wordt de limiet van 84 bezoekers snel bereikt; bel daarom ⓣ5861 0088 om een plaatsje te reserveren.

Ongeveer 25 km ten zuidwesten van Lacúa kun je een ander schitterend natuurfenomeen zien: de **Cañon del Peyán**, waar het turkooizen water van de brede Río Chixoy door een smalle kloof in een kalksteenplateau wordt geperst. Je kunt de kloof, die op sommige plekken maar vier meter breed is, het beste per boot verkennen, maar er is ook een uitzichtpunt hoog boven de rivier, een halfuur lopen van het dorpje **Salacuím** aan de weg tussen Cubilhuitz en Playa Grande. Je kunt in Salacuím naar een schipper informeren of een lokale gids voor de wandeling huren. In Salacuím staat het aanbevelenswaardige *Hospedaje Florentino Prado* (❷), eigendom van een Zweeds–Guatemalteeks stel, maar het is slechts de helft van het jaar open. Voor een stevige maaltijd moet je naar de *Comedor Korayma*.

Twaalf kilometer ten oosten van de Laguna Lachúa ligt langs de weg naar Chisec bij San Benito de voortreffelijke *Comedor California*. Hier begint een slechte onverharde weg die over 12 km naar het zuiden loopt, naar de *aldea* Rocjá Pomtila – het startpunt voor prachtige boottochten over de **Río Ik'Bolay**. De rivier is buitengewoon mooi, langs de oevers staan torenhoge bomen en je zult er zeker ijsvogels zien. Na 45 minuten kom je bij een glibberig pad dat op de oever en langs een waterval naar een *nacimiento* (bron) leidt, waar je kunt hurken op een krachtig natuurlijk bidet. De gemeenschap heeft in Rocjá Pomtila samen met EcoQuetzal uit Cobán (zie blz. 292) een toerismeproject opgezet met excursies hierheen, maar je kunt ook op eigen gelegenheid gaan en naar de dorpscoördi-

Feesten

De Verapaces, en dan vooral de plaatsjes van de Baja Verapaz, zijn beroemd om hun feesten met ongewone traditionele dansen. Daarnaast organiseert Cobán begin augustus het Nationale Folklorefeest, waar indiaanse groepen uit het hele land op af komen.

Januari

15 Tactic, grote pelgrimage naar het heiligdom Chi-ixim/
19–24 Rabinal, de belangrijkste dagen zijn de 23ste (met de dans Rabinal Achi) en vooral de 24ste.
22–25 Tamahú, belangrijkste dag: 25.

Heilige week

San Cristóbal Verapaz, grote religieuze processies.

Mei

1–4 Santa Cruz Verapaz, met de dansen Los Chuntos, Vendos en Mamah-Num
4–9 Tucurú. Belangrijkste dag: 8.

Juni

9–13 Senahú. Belangrijkste dag: 13.
10–13 Purulhá. Belangrijkste dag: 13.
21–24 San Juan Chamelco. Belangrijkste dag: 24 (met fraaie gekostumeerde processies).
24–29 San Pedro Carchá. Belangrijkste dag: 29.
25–30 Chisec. Belangrijkste dag: 29.

Juli

20–25 Cubulco, met de Palo Volador op de laatste dag.
21–26 San Cristóbal Verapaz. Belangrijkste dag: 25.

Augustus

31 juli–6 aug Cobán, gevolgd door het nationale folklorefestival.
11–16 Tactic. Belangrijkste dag: 15.
22–28 Lanquín. Belangrijkste dag: 28.
23–28 Chajal.
23–30 Panzós.

September

4–8 Cahabón. Belangrijkste dag: 6.
17–21 Salamá. Belangrijkste dag: 17.
25–29 San Miguel Chicaj. Belangrijkste dag: 29.
27–30 San Jerónimo. Belangrijkste dag: 30.

December

Eerste week Cobán, orchideeëntentoonstelling in het klooster naast de kathedraal.
6–8 El Chol. Belangrijkste dag: 8.

nator vragen, Javier Ca'al (☏5381 1970). De kosten zijn $ 4 entree, $ 25 voor een boottocht van een halve dag (maximaal zes mensen) en $ 10 voor een gids; maaltijden kosten $ 2,50, en een bed $ 3.

Naar Lachúa reizen is natuurlijk het makkelijkst als je met een excursie meegaat (zie 'Handig om te weten' bij Cobán), maar op eigen houtje kun je er ook komen. Bij de Laguna Lachúa weten de medewerkers meer over de vertrektijden van bussen. Vanuit het busstation van Cobán vertrekken elk uur minibusjes naar Playa Grande (4:30 uur) via Cubilhuitz, Salacuím en San Luís. Pick-ups en bussen rijden langs San Luís naar de ingang van Lachúa. Als je uit Chisec of Raxrujá komt, ga je eerst naar de afslag bij Xuctzul, van daar is het vier uur rijden met een pick-up of bus naar het meer. Er zijn geen vaste tijden voor deze twee laatste routes, maar 's ochtends is er meer verkeer. Er gaat dagelijks één bus (10 uur) van het busstation van Cobán naar Rocjá Pomtila; hij keert om 15.30 uur terug.

Playa Grande en naar Ixcán

Van de Laguna Lachúa kun je doorreizen naar het noorden van het departement Huehuetenango, een zware reis over enkele van de slechtste wegen van het land, en in het droge seizoen zelfs door een rivierbedding. Het transportknooppunt voor deze route en voor de streek is het verspreid gebouwde, stoffige stadje **PLAYA GRANDE** (ook wel Cantabal of Ixcán genoemd), even ten westen van de Río Chixoy. Het is een authentieke grensnederzetting met armoedige huizen van cementblokken en golfplaat, je treft er migranten aan, op weg naar Mexico, en een paar ruige kroegen. Maar het is ook het bestuurscentrum van Ixcán en er zijn meerdere **hotels**; het veilige *Hotel España* (Ⓣ7755 7645; ❶–❹), met kamers in drie klassen met stevige bedden en sommige met badkamer, en het *Hotel Reina Vasty* (Ⓣ5514 6693; ❹), met zeer schone kamers en airconditioning, staan goed aangeschreven. Banrural heeft een geldautomaat en wisselt travellercheques.

Als je vanuit Playa Grande verder naar het westen gaat, kom je door **Ixcán**, tijdens de burgeroorlog het toneel van felle gevechten, waardoor veel mensen naar Mexico vluchtten. Veel van hen zijn inmiddels teruggekeerd. Er rijden dagelijks een paar pick-ups en een enkele tweedeklasbus van Playa Grande door het moerassige laagland, restanten tropisch bos en weidegronden naar Barillas. De reis duurt minimaal vijf uur en soms een stuk langer (afhankelijk van de toestand van de weg), maar het is een fraaie tocht met de Cuchumatanes in de verte, die steeds dichterbij komen.

Reisdetails

Bussen en microbusjes

Baja Verapaz

Als je vanuit Cobán of Guatemala-stad naar de Baja Verapaz gaat, kun je elke bus tussen die twee steden nemen; je moet bij **La Cumbre** (de Santa Elena) uitstappen; daar vind je microbusjes die naar Salamá rijden.

Rabinal naar: Guatemala-stad (8 per dag; 4:20 uur of 6 uur via El Chal).

Salamá naar: Cubulco (elk uur; 1:30 uur); Guatemala-stad (elke 30 min.; 3:15 uur); Rabinal (elke 30 min.; 45 min.).

Alta Verapaz

Voor bussen vanuit Cobán, zie kader blz. 293.

Cahabón naar: El Estor (1 per dag; 4 uur).

Chisec naar: Cobán (elke 30 min.; 1:30 uur); Raxrujá (elke 30 min.; 45 min).

Fray Bartolomé de Las Casas naar: Cobán, via Chisec (elke 30 min.; 2:30 uur), via Pajal (ten minste 3 per dag; 5 uur); Poptún (elke 90 min.; 4:30 uur).

Lanquín Zie blz. 295.

Panzós naar: Cobán (6 per dag; 6 uur).

Raxrujá naar: Cobán (elke 30 min.; 2 uur); Sayaxché (elke 30 min.; 2:30 uur).

6

Petén

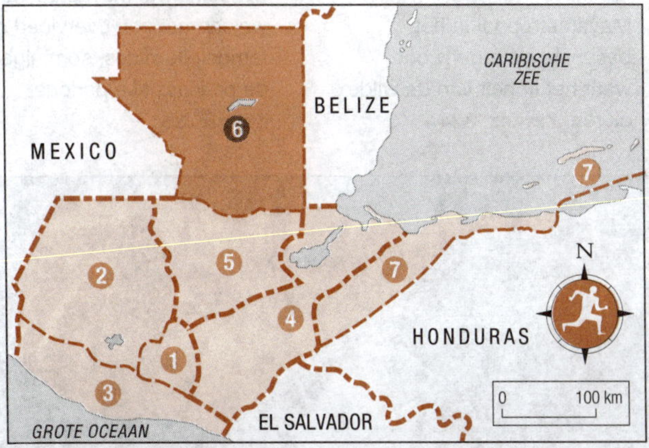

BELIZE
CARIBISCHE ZEE
MEXICO
6
7
5
2
7
4
N
HONDURAS
1
3
0
100 km
GROTE OCEAAN
EL SALVADOR

HOOFDSTUK 6

Hoogtepunten

* **Finca Ixobel** Relax en geniet van gezonde maaltijden in dit ecologische resort te midden van de dennenbossen in het Mayagebergte. Zie blz. 310

* **Flores De charmantste plaats van** Petén is een vriendelijk historisch stadje met een kosmopolitische keuze aan restaurants en cafés. Zie blz. 311

* **Tikal** Bezoek de spectaculaire ruïnes van de oude Mayametropool in het beschermde regenwoud waar het krioelt van de wilde dieren. Zie blz. 324

* **Jungletrektocht** Verken de vrijwel ongerepte oerwouden van noordelijk Petén op weg naar de afgelegen jungleruïnes van El Mirador en Nakbé. Zie blz. 337

* **Lago de Petexbatún** Een schitterend, afgelegen meer, omringd door dicht oerwoud, met rond de oevers enkele fascinerende Mayaruïnes. Zie blz. 344

* **Yaxhá** Bezoek de ruïnes van deze enorme Mayastad van weleer met een overvloed aan tempelpiramides, sommige uit de preklassieke periode. Zie blz. 351

Jungletocht naar El Mirador

6

Petén

De uitgestrekte noordelijke regio Petén beslaat ongeveer een derde van Guatemala, maar is met iets meer dan drie procent van de totale populatie dunbevolkt. Dit uitgestrekte gebied met tropisch regenwoud, moerassen en savannen maakt deel uit van een ongerepte wildernis die tot in het Lacandón-woud en het Calakmul-reservaat in zuidelijk Mexico reikt en tot over het Mayagebergte naar Belize. In tegenstelling tot de rest van het land zijn grote delen van Petén bijna ongerept, met oeroude ceiba- en mahoniebomen van wel 50 meter hoog. Het gebied kent een buitengewoon rijke fauna: alleen al in Tikal zijn zo'n 285 vogelsoorten waargenomen, waaronder een grote variatie aan kolibries, toekans, haviken, valken, wilde kalkoenen en motmots (een paradijsvogel). Zoogdieren hier zijn onder meer tapirs, ocelots, jaguars en apen, en er worden duizenden soorten planten, reptielen, insecten en vlinders aangetroffen.

Maar in de afgelopen decennia wordt Petén steeds meer bedreigd. Door **kolonisatiegolven** werden immense stukken regenwoud gekapt, terwijl de oliemaatschappijen en commerciële houthakkers tot diep in het regenwoud wegen hebben aangelegd. Telde Petén in 1950 nog maar 15.000 inwoners, op dit moment zijn het er naar schatting 500.000, waardoor het regenwoud dat gespaard is gebleven enorm onder druk is komen te staan. Veertig procent van Petén is weliswaar uitgeroepen tot beschermd gebied (**Reserva de la Biósfera Maya**), maar wettelijke voorschriften worden veronachtzaamd en milieuactivisten worden regelmatig bedreigd.

De meeste deskundigen zijn het erover eens dat een explosieve bevolkingsgroei en een uitgeput milieu de neergang van zowel de preklassieke (ca. 150 n.C.) als de laatklassieke Mayacultuur (ca. 900 n.C.) in Petén hebben bespoedigd. Het gebied is bezaaid met honderden Mayaruïnes, hoewel veel daarvan nog steeds verstopt liggen in het oerwoud en andere alleen bekend zijn bij inlanders en plunderaars. In de afgelopen jaren hebben satellietfoto's de restanten van grote steden als El Pajaral en Xulnal onthuld, en archeologisch onderzoek op andere vindplaatsen, waaronder Cancuén en Wakná, toont aan dat de steden veel groter zijn dan men aanvankelijk dacht. Tikal en El Mirador behoren tot de grootste en meest spectaculaire **Mayaruïnes** – Tikal alleen al telt een paar duizend gebouwen.

De mogelijkheden voor het **toerisme** in dit departement zijn grotendeels nog onbenut en het bescheiden aantal bezoekers ziet meestal niet meer dan de streek rond Flores en Tikal. Maar met de snelle aanleg van verharde wegen tussen Petén en het zuiden (via Sayaxché en via Poptún) zijn de verbindingen tegenwoordig uitstekend. Er zijn langetermijnplannen voor de ontsluiting van de grote ruïnes in het El Mirador-bekken in het verre noorden, wellicht met een spoorverbinding. Maar dit voorstel is omstreden en verkeert nog in de beginfase.

PETÉN
MEXICO
Río San Pedro
Tenosique
La Palma
El Pedregral
El Ceibo
El Naranjo
BIOTOPO LAGUNA DEL TIGRE-RÍO ESCONDIDO
PARQUE NACIONAL LAGUNA DEL TIGRE
R E S
D E
N
Waka'
Río San Pedro
El Pajaral
Palenque (85 km)
Piedras Negras
SIERRA DEL LACANDÓN
PARQUE NACIONAL SIERRA DEL LACANDÓN
CARRETERA FRONTERIZA
Río Usumacinta
Yaxchilán
La Técnica
Laguna Mendoza
Frontera Corozal
Bethel
San Javier
Bonampak
MEXICO
Boca Lacuntún
Río de la Pasión
Benemérito
Pipiles
Altar de los Sacrificios
RESERVA AGUATECA DOS PILAS
Dos Pilas
RESERVA DE LA BIÓSFERA MONTES AZULES
San Quintín
Laguna Miramar
Río Lacantún
Río Salinas
Ixcán
Chajul
Flor de Café
0
20 Km
Playa Grande
PARQUE NACIONAL LAGUNA LACHUA
Barillas (32 km)
Cobán (44 km)

6

PETÉN

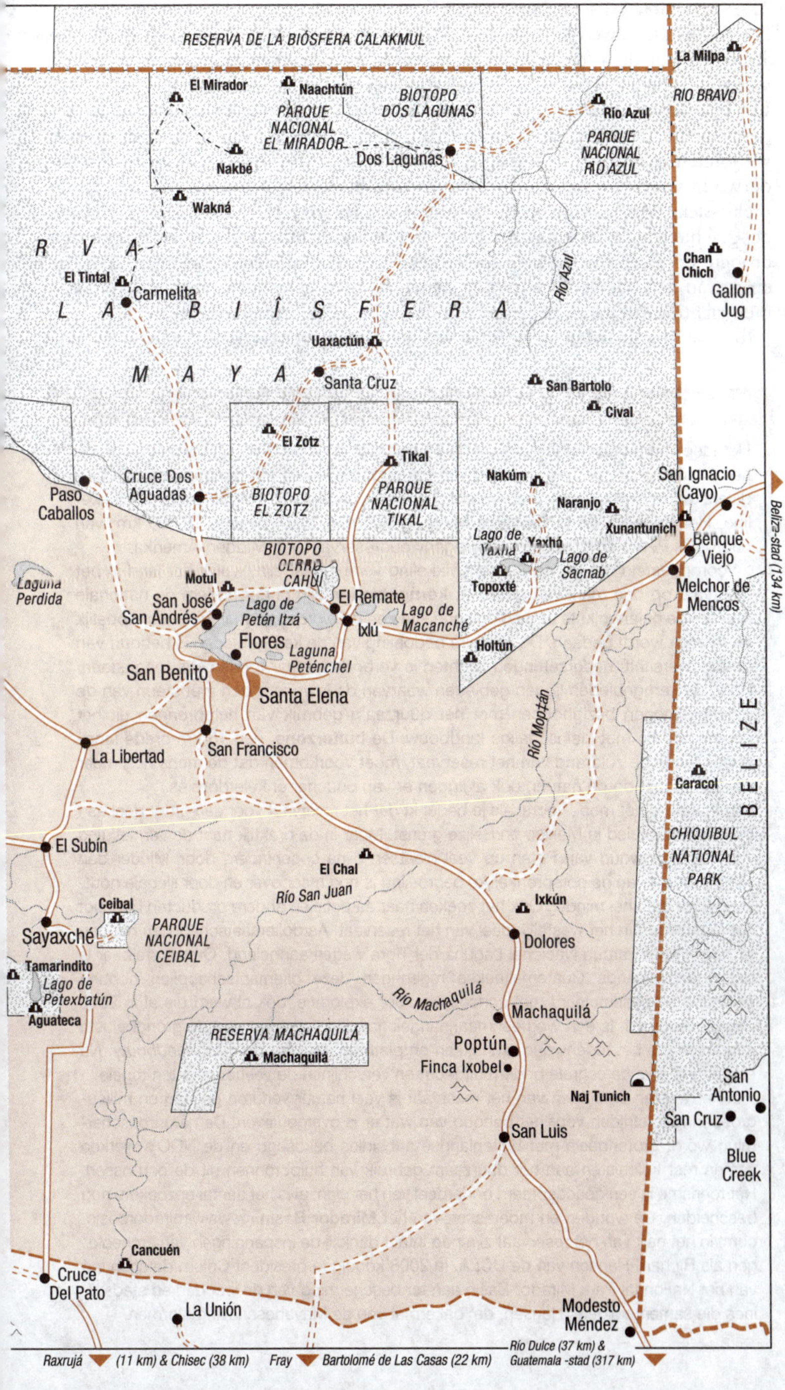

RESERVA DE LA BIÓSFERA CALAKMUL
La Milpa
RIO BRAVO
El Mirador
Naachtún
PARQUE NACIONAL EL MIRADOR
BIOTOPO DOS LAGUNAS
Río Azul
PARQUE NACIONAL RÍO AZUL
Nakbé
Dos Lagunas
Wakná
RESERVA DE LA BIÓSFERA MAYA
El Tintal
Carmelita
Chan Chich
Gallon Jug
Río Azul
Uaxactún
Santa Cruz
San Bartolo
Cival
El Zotz
Tikal
BIOTOPO EL ZOTZ
PARQUE NACIONAL TIKAL
Nakúm
Naranjo
San Ignacio (Cayo)
Xunantunich
Benque Viejo
Melchor de Mencos
Paso Caballos
Cruce Dos Aguadas
BIOTOPO CERRO CAHUÍ
Lago de Yaxhá
Yaxhá
Lago de Sacnab
Topoxté
Laguna Perdida
Motul
San José
San Andrés
Lago de Petén Itzá
El Remate
Ixlú
Lago de Macanché
Holtún
Flores
Laguna Peténchel
San Benito
Santa Elena
Río Mopán
La Libertad
San Francisco
Caracol
BELIZE
CHIQUIBUL NATIONAL PARK
El Subín
El Chal
Río San Juan
Ixkún
Ceibal
PARQUE NACIONAL CEIBAL
Sayaxché
Dolores
Tamarindito
Lago de Petexbatún
Aguateca
Río Machaquilá
Machaquilá
RESERVA MACHAQUILÁ
Machaquilá
Poptún
Finca Ixobel
Naj Tunich
San Antonio
San Cruz
Blue Creek
San Luis
Cancuén
Cruce Del Pato
La Unión
Modesto Méndez
Beliza-stad (134 km)
Raxrujá (11 km) & Chisec (38 km)
Fray Bartolomé de Las Casas (22 km)
Río Dulce (37 km) & Guatemala -stad (317 km)

Geschiedenis in het kort

Petén vormde zowel de bakermat als het hart van de **Mayabeschaving**, die van 1000 v.C. tot de 10de eeuw n.C. floreerde en ongeëvenaarde architectonische, wetenschappelijke en artistieke prestaties neerzette (zie 'Achtergrond', blz. 421). Uit het oerwoud rezen grote steden op, omringd door enorme gebieden met geïrrigeerde terrassen die door een uitgebreid netwerk van verhoogde wegen verbonden waren met de kleinere nederzettingen. Maar het openkappen van het oerwoud voor de tempelbouw veroorzaakte in de 1ste eeuw n.C. de val van de preklassieke Mayacultuur in het noorden van Petén; acht eeuwen later herhaalde de geschiedenis zich toen de grote bevolkingsdichtheid aldaar en langdurige droogte de ineenstorting van de klassieke Mayacultuur teweegbrachten. Aan het einde van de 10de eeuw waren de steden verlaten en trokken enkele Mayastammen richting Yucatán, waar hun cultuur tot de 12de eeuw bloeide.

Toen de **Spanjaarden** arriveerden was het gebied voor een deel opnieuw gekolo-

Het Reserva de la Biósfera Maya

Het idee van biosfeerreservaten, in 1974 bedacht door de UNESCO, was een ambitieuze poging om de bescherming van natuurgebieden en het behoud van hun biodiversiteit te combineren met wetenschappelijk onderzoek en duurzame ontwikkeling. Het **Reserva de la Biósfera Maya**, gesticht in 1990, beslaat 16.000 km² van noordelijk Petén en is het grootste regenwoudreservaat van Midden-Amerika.

Vooropgesteld dat behoud en ontwikkeling verenigbaar zijn, wordt het land in het reservaat op drie manieren gebruikt: **kerngebieden** zijn onder andere de nationale parken, de belangrijkste archeologische sites en de *biotopos*, waar wetenschappelijk onderzoek wordt gedaan. De primaire bedoeling van de kerngebieden is behoud van de biodiversiteit; nederzettingen stichten is verboden, maar toerisme is toegestaan. Rond de kerngebieden liggen gebieden waarvan de inwoners zich met steun van de regering mogen bezighouden met het duurzaam gebruik van hulpbronnen uit het regenwoud en met kleinschalige landbouw. De **bufferzone**, een 15 km brede landstrook langs de zuidrand van het reservaat, moet voorkomen dat de mens nog meer inbreuk maakt op de natuur, ook al liggen er van oudsher enkele dorpjes.

In theorie is het mooi, vooral als je bedenkt dat het reservaat voor een groot deel aan beschermd gebied in Mexico en Belize grenst. Maar in de praktijk gaat de vernietiging van het regenwoud van Petén op veel plaatsen bijna ongehinderd door. Minder dan vijftig procent van de oorspronkelijke begroeiing is nog maar over en door illegale houtkap wordt dat snel minder. Ook het zoeken naar aardolie en andere producten bedreigt het regenwoud in het westelijk deel van het reservaat. Aardoliemaatschappijen hebben tot diep in het Parque Nacional Laguna del Tigre wegen aangelegd. Onvoorstelbaar is dat opeenvolgende Guatemalteekse regeringen deze oliemaatschappijen hebben gesteund en gestimuleerd met concessies voor exploratie, ook al werd die al in 2000 illegaal verklaard. Is een weg eenmaal aangelegd, dan volgen al snel de grondbeluste migranten die het regenwoud omhakken en platbranden voor de *milpa-landbouw*. Na een paar jaar is de schrale bodem uitgeput en verschijnen de veehouders ten tonele.

In het westen en zuiden van het reservaat is veel natuur verloren gegaan en milieugroeperingen strijden voor het behoud van wat er is overgebleven. De natuurbescherming wordt grotendeels met buitenlandse subsidies bekostigd en de NGO's werken samen met kolonisten aan het duurzaam gebruik van hulpbronnen uit de oerbossen. Het toerisme is een geaccepteerd onderdeel van het plan, al is het aantal bezoekers nog bescheiden. De wouden en moerassen van het **Mirador Basin** (ⓦwww.miradorbasin.com) in het hart van het reservaat zijn nog intact dankzij de inspanningen van archeologen als Richard Hansen van de UCLA. In 2008 kondigde president Colom de stichting van het Nationaal Park Mirador Basin aan ter bescherming van de wouden en stadsruines die samen, volgens Hansen, de 'bakermat van de Mayabeschaving' vormen.

niseerd door de Itza, een groep Tolteekse Maya's (oorspronkelijk uit Yucatán) die rond het Lago de Petén Itzá woonden. Het regenwoud was zo ondoordringbaar dat het pas in 1697 in handen van de Spanjaarden kwam, ruim 150 jaar nadat zij de rest van het land hadden veroverd en Tayasal - de hoofdstad van de Itzá-Maya's - was vernietigd. Maar de indringers hadden weinig belangstelling voor Petén; onder hun gezag bleef het een achtergebleven gebied waar weinig meer vandaan kwam dan gom, dat wordt afgetapt van de sapotilleboom. Na de onafhankelijkheid veranderde er weinig; pas in 1970 werd Petén echt bereikbaar door de aanleg van wegen (waarna onmiddellijk de grondbeluste kolonisten in golven arriveerden). Zelfs nu nog is het wegennetwerk heel primair en zijn veel routes in het regenseizoen onbegaanbaar.

Het regenwoud van Petén vormt van oudsher een schuilplaats voor de **guerrillalegers** van Guatemala, waardoor veel kolonisten de grens over gedreven werden naar Mexico en vluchteling werden. De meeste vluchtelingen zijn teruggekeerd, hoewel er in kleine gebieden in de regio nog spanningen heersen. Veel geschillen gaan over grondrechten, waarbij Belizaanse troepen Guatemalteekse campesinos uit het omstreden grensgebied verjagen en georganiseerde pachtboeren particuliere fincas en grondgebied in nationale parken bezetten. Ook drugshandelaren weten inmiddels de weg naar Petén te vinden, en laten uit Zuid-Amerika per vliegtuig cocaïne aanvoeren naar de afgelegen landingsstroken in de regio.

Bezienswaardigheden

Centraal in het gebied ligt het **Lago de Petén Itzá**, met aan de oever de verrukkelijke stad **Flores** en de uitdijende zustersteden **Santa Elena** en **San Benito**. De ruïnes van **Tikal**, goed bereikbaar vanaf het meer, zijn de belangrijkste bezienswaardigheid van Petén. Vanaf Belize is het handiger om het dorpje **El Remate** als vertrekpunt te kiezen, halverwege Flores en Tikal. Wil je een paar afgelegen ruïnes bezoeken – **El Mirador**, **Nakbé** of **El Zotz** – dan vormt Flores de ideale uitvalsbasis voor een excursie; de fascinerende ruïnes van **Yaxhá** zijn inmiddels goed bereikbaar en trekken steeds meer bezoekers. Verder zuidwestelijk liggen **Sayaxché**, omringd door Mayaruïnes (waaronder **El Ceibal**), en de ruïnesteden rond het **Lago de Petexbatún** (zoals **Aguateca**). In het zuidoosten ligt **Finca Ixobel**, een schitterende boerenhoeve vlak bij Poptún: een uitstekende plek om een paar dagen te blijven hangen en de omgeving te verkennen.

Ten noorden van Poptún

Vanaf het stadje Río Dulce is het 38 km noordwaarts naar het saaie **Modesto Méndez** (lokaal bekend als Cadenas) van waaruit een onverharde weg naar het westen voert, naar de brede watervallen van **Las Conchas** op het punt waar de rivieren de Chiyú en de Chahal samenvloeien. Hier vind je enorme waterbekkens waar je kunt zwemmen. Vlakbij ligt een herberg voor backpackers, *Oasis Chiyú* (Ⓦ www.naturetoursguatemala.com; $ 30 per dag, inclusief maaltijden). Minibussen (elk uur) naar het westen vanaf Cadenas via de weg naar Fray Bartolomé de Las Casas komen op zo'n 4 km van de herberg langs.

Vanaf de grote weg naar Flores ligt op 500 m hoogte het sjofele stadje **POPTÚN**, de volgende tussenstop van belang. Er is geen noemenswaardige reden om in het stadje zelf te blijven hangen, maar er zijn internetcafés en een paar banken; Banrural aan Calle 5 heeft een pinautomaat. Bijna elke toerist verblijft in de *Finca Ixobel* (zie ook hierna), maar de schone, vriendelijke *Posada de los Castellanos* (Ⓣ 7927 7222; ③) aan Calle nr. 4 is ook een goede keus, terwijl *Villa de los Castellanos* (Ⓣ 7927 7541; ④), 6 km ten noorden van Poptún langs de grote weg, over grote, comfortabele rustieke cabañas beschikt met eigen badkamer. Informeer bij Don

▲ Boomhuizen op de Finca Ixobel

Placido, eigenaar van beide hotels, naar excursies naar het afgelegen Reserva Machaquilá.

Een minibuspendeldienst verzorgt dagelijks elk halfuur tot 18.30 uur ritten tussen Poptún en Flores, terwijl een constante stroom bussen en minibussen dag en nacht zuidwaarts naar Río Dulce en van daar naar Guatemala Ciudad rijdt. Ook vertrekken er elke negentig minuten bussen naar Fray Bartolomé de Las Casas (5 uur).

Finca Ixobel

Zo'n 5 km ten zuiden van Poptún, in de koele uitlopers van het Mayagebergte, ligt de *Finca Ixobel* (Ⓣ5410 4037, Ⓦwww.fincaixobel.com), een tot ecologisch resort verbouwde boerderij en een bekend trefpunt van toeristen. De finca werd gerund door het Amerikaanse echtpaar Mike en Carole DeVine, tot Mike op 8 juni 1990 door het leger werd gedood, een misdaad die de Amerikaanse regering deed besluiten tijdelijk alle militaire hulp aan Guatemala te staken. Vijf soldaten werden in september 1992 veroordeeld wegens moord, maar de bevelvoerend officier wist kort na zijn arrestatie uit de gevangenis te ontsnappen. Carole heeft de zaak nog jarenlang aangevochten en is op de finca gebleven.

Finca Ixobel is een adembenemend mooi, rustgevend oord waar je kunt zwemmen in het meer, wandelen in de jungle en jezelf tegoed kunt doen aan het heerlijke eten (van eigen bodem en biologisch geteeld). De finca is het ecolabel waardig; er wordt met zonne-energie en natuurlijke bemesting gewerkt. De kosten voor logies, maaltijden (een diner kost $ 3,50–8) en drankjes reken je af bij vertrek, wat je ruw uit je droom kan doen ontwaken. Veel reizigers komen namelijk al snel in de verleiding om veel langer te blijven dan gepland; om dit te kunnen bekostigen werken sommigen dan als kok in de keuken of als hotelmedewerker, in ruil voor kost en inwoning. Tot de recreatiemogelijkheden horen: **trektochten** (een driedaagse trektocht door de jungle kost $ 30), tochten te paard, tubing op de rivier, uitstapjes naar de jungle per 4WD en korte excursies naar de nabijgelegen grotten. Je logeert ofwel in aantrekkelijke bungalows met twee bedden en eigen badkamer (❹–❺), ofwel in **kamers** (❸, met badkamer ❹), **slaapzalen** ($ 3,75 per bed), in een boomhuisje of op de camping (beide $ 3 pp). Ook internet en wifi staan tot je beschikking, en er is een bar bij het zwembad. Vraag de buschauffeur te stoppen bij de toegangspoort van de finca, vanwaar het nog 15 minuten lopen is door het dennenbos; neem als het donker is een taxi vanaf Poptún ($ 3).

De omgeving van Poptún: de Naj Tunich-grotten

De kalksteenheuvels rond Poptún zijn bezaaid met **grotten,** rijkelijk begroeid met tropisch woud. Een van de grootste bevat een ondergrondse rivier en een waterval waar je kunt zwemmen (als je er niet voor terugschrikt om in het pikkedonker in het koude water te springen); *Finca Ixobel* organiseert voettochten ernaartoe. De indrukwekkendste is de afgelegen **Naj Tunich** of het 'stenen huis', bereikbaar via een ruig pad, 23 km naar beneden vanaf Poptún vlak bij de Belizaanse grens. De grot bevat enkele van de mooiste wandschilderingen uit de Mayaperiode uit 100 v.C. Vanwege de kwetsbaarheid van deze vindplaats zijn de originele grotschilderingen niet toegankelijk voor publiek, maar er zijn een paar mooie replica's te bezichtigen op 400 m van de oorspronkelijke grot.

De grotten waren heilig voor de oude Maya's; ze beschouwden ze als toegang tot de Xibalbá, het geduchte dodenrijk. Naj Tunich was een van de meest gerespecteerde plekken, en een bedevaartplaats. Inheemse kunstenaars reconstrueerden omvangrijke hiërogliefentekst, schilderingen van religieuze rites en van het balspel, en **erotische tekeningen**, die als uniek worden beschouwd.

Rondleidingen in Naj Tunich ($ 130, maximaal acht personen inclusief lunch) worden door *Finca Ixobel* (zie blz. 310) en *Villa de los Castellanos* (blz. 309) georganiseerd met gidsen uit het naburige dorp La Compuerta.

Dolores en El Chal

Vanaf Poptún noordwaarts is het 26 km naar **Dolores**, een grauw, uitdijend stadje ten oosten van de hoofdweg, waarvan de inwoners voor een groot deel afkomstig zijn uit de oostelijke hooglanden. De enige reden voor een tussenstop is het archeologische museum (ma–za 8.30–16.30 uur; $ 3,50), met een tentoonstelling van moderne kunst, complex uitgehouwen hiërogliefenstenen uit Ixtutz en voorwerpen (waaronder heel bijzondere wierookbranders) uit vindplaatsen als Ixtuta en Machaquilá. Vanaf de noordkant van het stadje is het een uur lopen naar de Mayaruïnes **Ixkún** (8–17 uur; $ 3,50), een middelgrote vindplaats die uit acht plaza's bestaat.

Dertig kilometer verderop liggen de ruïnes van **El Chal** (dag. 8–17 uur; gratis), aan de westkant van het dorp met dezelfde naam, op minder dan 500 m vanaf de weg. Meld je bij het huisje bij de ingang van de ruïnes voor een gratis rondleiding door de bewaker. De ruïnes hebben verschillende plaza's en een balspelplaats, en vanaf het paleiscomplex, gebouwd op een richel, heb je uitzicht over de landelijke omgeving. De gebouwen zijn nog grotendeels ongerestaureerd, maar de resten van stèles en altaren (met hiërogliefen en uitgebeitelde elementen) zijn duidelijk te onderscheiden.

Flores

Het relaxte **FLORES** is een heerlijk rustige stad met een ouderwetse uitstraling, heel anders dan de overige stadjes in de regio. Met haar keienstraten en oude huizen rond een kerk met twee koepelgewelven is het prachtig gelegen op een klein eiland in het Lago de Petén Itzá, en verbonden met het vasteland door een korte geplaveide weg. De moderne tegenhangers liggen aan de overkant op het

▲ Maya-wandschilderingen in Naj Tunich

vasteland: **SANTA ELENA** en **SAN BENITO**, tamelijk chaotische, uitdijende stadjes, stoffig in het droge seizoen en modderig in de regentijd. Santa Elena, recht tegenover Flores, ligt versnipperd tussen het vliegveld en de markt en telt verschillende hotels, winkels, banken en busstations. San Benito, meer naar het westen, is nog onaantrekkelijker. Vaak worden de drie stadjes samen als Flores eengeduid.

Het **meer** vormt een natuurlijke vestigingsplaats, en in de Mayatijd waren de oevers dan ook dichtbevolkt. **Tayasal**, hoofdstad van de Itza, lag op het eiland en ontwikkelde zich tot het tegenwoordige Flores. Cortés, die in 1525 op doorreis de stad aandeed, schonk de Itza's een kreupel paard. Toen twee franciscaanse monniken in 1618 de stad bezochten, troffen ze een volk aan dat een groot wit stenen paard met de naam 'Tzimin Chac' verafgoodde. Omdat het de monniken niet lukte de Maya's te bekeren, vernielden ze hun afgod en verlieten ze de stad. Latere bezoekers werden dan ook minder warm onthaald: in 1622 werd een expeditieleger van twintig man door Canek, heerser van de Itza, uitgenodigd, waarop ze werden overrompeld en geofferd. Uiteindelijk werd de stad in 1697 vernietigd door Martín de Ursúa met een leger van 235 man. Gedurende de gehele koloniale periode (en lang daarna) verkeerde Flores in een isolement en had het meer contact met het aangrenzende Belize dan met de hoofdstad.

De stad heeft haar plezierige, verfijnde sfeer weten te behouden, ondanks de drommen toeristen die erdoorheen trekken op weg naar Tikal, en de inwoners groeten elkaar hoffelijk op straat. Ook al biedt het stadje op zich niet genoeg om er lang te blijven – een wandeling van een halfuur is genoeg om het goed te leren kennen – vind je er behalve een aangename omgeving ook uitstekende hotels, restaurants en reisorganisaties.

Aankomst

Aankomst met de **bus:** bij Santa Elena's grote moderne Terminal Nuevo aan 6 Avenida, zo'n 2 km ten zuiden van de verbindingsweg (bussen van Línea Dorada rijden door naar Flores). Het **vliegveld** ligt 3 km ten oosten van de verbindingsweg. Een taxirit vanaf de stad kost $ 3. Tuktuks vind je overal: een korte rit kost $ 0,75.

Informatie

Er is een kantoortje van **Inguat** in Flores (☎ 5116 3182) vlak bij de verbindingsweg, en een op het vliegveld (dag. 7–12 & 15.30–18 uur; ☎ 7926 0533); beide met behulpzame medewerkers, een voorraad folders, plattegronden en informatie in het Engels.

Voor plattegronden en informatie over het noorden van Petén neem je contact op met **CINCAP** (Centro de Información sobre la Naturaleza, Cultura y Artesanías de Petén) aan de noordzijde van de plaza in Flores (ma–vr 9–12 & 14–20 uur; ☎7926 0718). CINCAP stelt kunstvoorwerpen tentoon uit het historische en moderne Petén en je kunt er medicinale kruiden krijgen waarvan de opbrengst ten goede komt aan het behoud van het regenwoud. Hier is

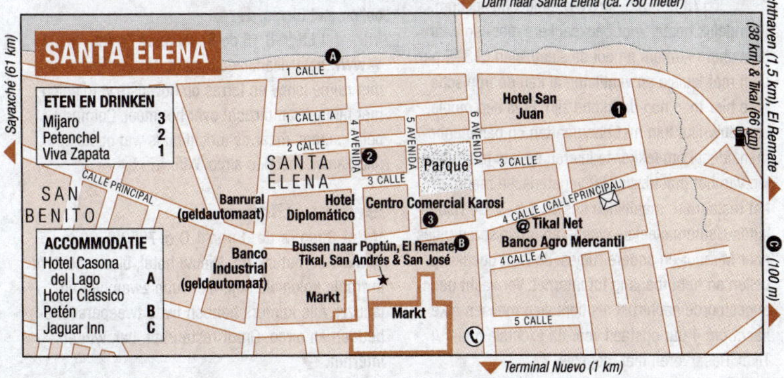

ook de ecologische en ecotoerismeorganisatie Alianza Verde (Ⓦwww.alianza verde.org) gevestigd, die het CINCAP runt.

Ben je van plan trips te maken naar afgelegen delen van het Reserva de la Biósfera Maya, dan heb je het meeste aan de hierna genoemde reisorganisaties (zie 'Handig om te weten') omdat die de beste logistieke informatie geven. Je kunt je ook **melden bij ProPetén** aan Calle Central (ma–vr 8–17 uur; Ⓣ 7867 5155, Ⓦwww.propeten.org) voor actuele informatie over de staat van de wegen, accommodatie en gidsen; zij bieden ook **georganiseerde trips** (zie blz. 316) naar onder andere het Rode Ara-pad.

Accommodatie

Er zijn uitstekende **hotels** in Flores, waaronder enkele heel betaalbare; een overnachting in het lawaaierige, vieze Santa Elena met de verkeersdrukte is dan ook niet nodig. Vermijd het armoedige h*otel San Juan*, dat op een opdringerige manier klanten probeert te lokken.

Flores

Casazul C Fraternidad Ⓣ7867 5451, Ⓦwww.corpetur.com. Stijlvol verbouwd huis in koloniale stijl, smaakvol ingericht in blauwtinten. Grote kamers met eigen bad, koelkast, airco en tv, sommige met walk-in kasten en balkon. ⑥

La Casona de la Isla C 30 de Junio Ⓣ7867 5153, Ⓦwww.corpetur.com. Een van de beste middenklassehotels van Flores; dit wonderschone hotel heeft onberispelijk schone kamers, goede bedden, een ijskoude airco, garderobekasten en kabel-tv. Terras aan het meer, zwembad, jacuzzi, restaurant/bar en internet. ⑥

Hospedajes Doña Goya 2 C Fraternidad Ⓣ7867 5516. Al lang bestaand gastenverblijf met simpele, handig ingerichte, ruime kamers (met ventilator of airco), sommige met eigen bad en balkon. De matrassen kunnen een beetje doorgezakt zijn. Het aangrenzende *Doña Goya* is vergelijkbaar, maar heeft een slaapzaal ($ 3,75 per bed). Beide beschikken over dakterrassen met hangmatten. ③–④

Hostel Los Amigos C Central Ⓣ7867 5075, Ⓦwww.amigoshostel.com. Vriendelijk hostel voor backpackers met een paar betaalbare kamers en goede slaapzalen ($ 3–5 per bed) met kluisje en ventilator, al kan de tropische hitte hier toch nog drukkend zijn. Er is een mooie, schaduwrijke tuin met hangmatten en bananenbomen, ideaal om lekker te luieren en iets te knabbelen van het (hoofdzakelijk) vegetarische menu uit het restaurant; maaltijden kosten $ 3–5. De Nederlands-Guatemalteekse eigenaren organiseren uitjes naar Mirador en andere ruïnes. Je kunt goedkoop bellen en hebt toegang tot internet. Verwacht geen ongestoorde nachtrust als tientallen mensen elke nacht om 4 uur opstaan voor de excursie naar Tikal. Reserveren niet mogelijk. ②

Hotel Casa Amelia C La Unión Ⓣ7867 5430, Ⓦwww.hotelcasaamelia.com. Dit vier verdiepingen tellende groenwitte hotel is onlangs gerenoveerd en biedt waar voor je geld. Ruime kamers met kabel-tv, vele met uitzicht over het meer. Eenpersoonskamers met aantrekkelijke prijzen. ⑤

Hotel Petén C 30 de Junio Ⓣ7867 5203, Ⓦwww.corpetur.com. Modern hotel met frisse kamers met kabel-tv en airco, vele met uitzicht over het meer. Klein zwembad, restaurant aan de oever van het meer en zonneterras. Internet en verhuur van kajaks. ⑥

Mirador del Lago I & II C 15 de Septiembre Ⓣ7867 5409. Betrouwbaar, groot hotel met prima ingerichte kamers met warm en koud stromend water, bad en ventilator; voor uitzicht op het meer betaal je meer. Vriendelijk personeel, een café-restaurant, internet en wasserij. Mirador I zit aan de oever van het meer, II aan de overkant van de straat. ③–⑤

Posada Tayazal C la Unión Ⓣ7867 5151. Efficiënt gerund hotel met een ruime keuze aan kamers, sommige met balkon en bad met warm en koud stromend water. Hoe hoger de verdieping, hoe luxer (en duurder) de kamers. Prachtig dakterras; beneden toegang tot internet en mogelijkheid te bellen met Skype. ②–③

Villa del Lago C 15 de Septiembre Ⓣ7867 5181, Ⓦwww.hotelvilladelago.com.gt. Modern gebouw met ruime lobby en terras op bovenste verdieping met fantastisch uitzicht over het meer. Comfortabele kamers, maar de inrichting is wat ouderwets. Alle kamers hebben airco. Wifi. ⑤–⑥

Santa Elena

Hotel Casona del Lago 1 C Ⓣ7952 8700, Ⓦwww.corpetur.com. Nieuw hotel, blauw geverfd in fraaie koloniale stijl, met ruim zwembad en jacuzzi. Alle kamers hebben twee tweepersoonsbedden en airco. Groot restaurant, bar, wifi en internet. ⑧

Hotel Clásico Petén 4 C & 6 Av ⓣ7926 1651, ⓦwww.clasicopeten.com. Modern hotel met twintig schone, goed verzorgde, redelijk ruime kamers, alle met badkamer en airco. Parkeermogelijkheid en internet. ❹

Jaguar Inn Calzada Rodríguez Macal 8–79 ⓣ7926 0002, ⓦwww.jaguartikal.com. Achttien comfortabele kamers, met eigen badkamer en tv, plus de keuze tussen airco of ventilator, aan een kleine binnenplaats met veel groen. Zo'n 2 km ten oosten van het centrum, met restaurant, een veilige parkeerplaats en vriendelijk personeel. ❹–❺

Eten, drinken en uitgaan

Flores telt veel eetgelegenheden, waaronder restaurants met terrasjes die uitkijken over het meer, maar het is er wel wat duurder dan elders in Guatemala. Santa Elena heeft een beperkt aantal comedores; als je hier verblijft zul je misschien aan de andere kant van de verbindingsweg een gezelligere sfeer moeten opzoeken. Wees gewaarschuwd: menig restaurant heeft wild op de kaart, vaak aangeduid met *comida silvestre*, en vrijwel al dit vlees is afkomstig uit de reservaten, dus illegaal! Vermijd met name *tepescuintle* (paca, verwant aan de cavia), *venado* (hert) en *coche de monte* (pekari, of navelzwijn).

Het nachtelijk uitgaansleven is niet Peténs sterkste punt, maar in Santa Elena heb je *Viva Zapata* aan Calle 2 en Avenida 8, een groot, redelijk exclusief uitgaanscomplex met disco, livemuziek, theater, bar en restaurant. In Flores zijn *Las Puertas* en *Hostel Los Amigos* geschikt voor een drankje, terwijl je in *DJ Bar Raices* kunt dansen. In *Las Puertas Cine Bar* kun je een bioscoopje pikken (dag. 17 en 20 uur) terwijl in *Café Arqueológico Yaxhá* indrukwekkende lezingen (met dia's) over de Maya's worden georganiseerd.

Flores

Café Arqueológico Yaxhá C 15 de Septiembre ⓦwww.cafeyaxha.com. Intrigerende kaart met ongebruikelijke Mayagerechten, waaronder *filete pescado* Tikinchic ($ 7), geserveerd met courgette en yucca, of kip in een tamarindesaus. Eigenaar Dieter Richter bezocht veel afgelegen Maya-vindplaatsen waar hij ook werkte; aan de wanden prijken talloze foto's van opgravingen.

Café Chilero Cool Beans C 15 de Septiembre. Groot café op een helling aan de oevers van het meer met lieflijke tuin met hangmatten. Je kunt hier verse espresso en cappuccino krijgen, smakelijke sandwiches ($ 2–2,75), nachochips, gebak of ontbijt (de hele dag door). Gesl. di.

La Canoa C Centro América. Populair, betaalbaar restaurant met pasta, geweldige soep en een paar vegetarische en Guatemalteekse gerechten, evenals een uitstekend ontbijt.

Capitán Tortuga C 30 de Junio. Reusachtig restaurant met terras aan het meer. Op de kaart staan vleesgerechten van de grill, burrito, pizza en pasta, ca. $ 6–10 per hoofdgerecht.

La Luna C 30 de Junio. Gevestigd in een historisch gebouw en het meest exclusieve restaurant van de stad; er heerst een relaxte Europese sfeer en er prijkt kunst aan de wanden. Op het menu staan verse vis, klassieke Franse en Italiaanse schotels, vegetarische gerechten als *calebacitas* (gevulde pompoen), en er wordt geen wild geserveerd. $ 15–20 pp. In drukke tijden kun je beter reserveren.

Maya Princess Av Reforma. Een gevarieerde kaart met Aziatische gerechten en populaire Guatemalteekse schotels, $ 10 pp voor ruime porties.

Pizzeria Picasso C 15 de Septiembre ⓣ7926 0637. Uitstekende pizza's, geserveerd onder de verkoelende ventilators aan het plafond; ook pizzabezorging.

Las Puertas (staat aangegeven vanaf Av Santa Ana). Voortreffelijke pasta's, heerlijke licuados (milkshakes) en gezonde ontbijtjes. Alleen al de sfeer, met livemuziek, is de moeite waard. Er is ook een bar.

Villa del Chef C La Unión. Rustig, stijlvol restaurantje met terras aan het meer. Gerechten uit Noord-Afrika en het Midden-Oosten, maar ook pizza's en snacks; de bediening is soms traag. Ook een boekenruildienst.

Santa Elena

Mijaro heeft twee locaties: ten zuiden van de verbindingsweg en aan C Principal. Op het menu staan prima *comida típica* en een ruime keuze aan vleesgerechten.

Restaurant Petenchel C 2 en Av 4. Hoofdzakelijk simpele, voedzame kost, waaronder steaks en Guatemalteekse schotels als *ceviche*. De beste eettent in de hoofdstraat; de meeste hoofdschotels kosten $ 4–9.

Handig om te weten

Arts De medewerkers van het Centro Médico Maya, Av 4 vlakbij C 3 in Santa Elena (Ⓣ7926 0180), zijn behulpzaam en professioneel, maar spreken nauwelijks of geen Engels.

Autohuur Budget, Hertz en Tabarini (de laatste heeft de ruimste keuze Ⓣ7926 0253, Ⓦwww.tabarini.com) verhuren vanaf het vliegveld. Tarieven (inclusief verzekering) vanaf $ 44 per dag voor een kleine auto, $ 70 voor een 4WD.

Banken In Flores vind je een pinautomaat aan C de Junio 30, zowel voor MasterCard als Visa. Santa Elena telt veel banken, waaronder twee filialen van Banrural (beide met pinautomaat) aan C Principal. Peten Net (zie 'Internet') accepteert euro's, Belizaanse dollars en Mexicaanse peso's.

Fiets- & kajakverhuur *Hotel La Unión*, C La Unión, rekent $ 8 per dag voor een mountainbike; kajaks kosten $ 2,50 per uur.

Internet Tikal Net aan C Centro América in Flores en C Principal in Santa Elena, en Peten Net aan C Centro América in Flores bieden een snelle verbinding en korting op internationaal bellen.

Postkantoren in Flores aan Av Barrios; in Santa Elena aan C Principal.

Reisorganisaties en touroperators In Flores wemelt het van de reisagenten, de meeste bieden zeer matige kwaliteit. Een bureau dat goed aangeschreven staat is Martsam Travel, bij *Capitán Tortuga*, 30 C de Junio (Ⓣ7867 5093, Ⓦwww.martsam.com); de eigenaren spreken goed Engels; dagtripjes naar Aguateca, Yaxhá ($ 85 pp) horen tot de mogelijkheden, net als nachtelijke jungletrips naar El Zotz ($ 225 pp) en veel andere bezienswaardigheden. Ook rondreizen op maat. Mayan Adventure, bij *Café Arqueológico Yaxhá* aan C 15 de Septiembre (Ⓣ5830 2060, Ⓦwww.the-mayan-adventure.com), organiseert prima uitstapjes naar Yaxhá en Topoxté ($ 49 pp voor vier deelnemers) en nachtelijke excursies naar Yaxhá–Nakum ($ 195 pp). Informeer bij Matthais van *Hostel Los Amigos* naar goedkope trektochten naar El Mirador ($ 160 pp voor vier deelnemers) of El Zotz. ProPetén, een NGO aan C Central (ma–vr 8–17 uur; Ⓣ7867 5155, Ⓦwww.propeten.org), biedt excursies naar Las Guacamayas, een biologisch station vlak bij de ruïnes van Waka (El Perú).

Taleninstituten in Flores vind je Dos Mundos aan C Fraternidad (Ⓣ5830 2060, Ⓦwww.flores-spanish.com), een nieuwe school van goede naam; één week Spaanse les en verblijf bij een gastgezin kost $ 165. San Andrés en San José (twee aantrekkelijke dorpjes aan de noordelijke oever van het meer) hebben ook goede Spaanse scholen, met tarieven rond $ 175–200 per week. Een handjevol mensen spreekt hier Engels, dus je Spaans gaat snel vooruit; er zijn ook veel mogelijkheden voor vrijwilligerswerk (zie blz. 51).

Telefoon zie 'Internet'.

Vrijwilligerswerk De hiervoor genoemde taleninstituten hebben vrijwilligersprogramma's, zoals vrouwenhulpgroepen, onderwijs aan kinderen en activiteiten voor het milieu. ARCAS (Asociación de Rescate y Conservación de Vida Silvestre, een natuurbeschermingsorganisatie, Ⓣ7926 0946, Ⓦwww.arcasguatemala.com) heeft een inspirerend reddings- en rehabilitatieprogramma voor dieren en vogels. Als vrijwilliger betaal je $ 100 per week voor eten, onderdak en vervoer.

Wasserij Lavandería Amelia, achter CINCAP in Flores.

Winkelen La Casa de Jade in Café Arqueológico Yaxhá (zie 'Eten') verkoopt prachtige, betaalbare sieraden geïnspireerd op klassieke Maya-ontwerpen.

De omgeving van Flores

Heb je een middag of enkele dagen de tijd, dan kun je een paar interessante uitstapjes maken naar het Lago de Petén Itzá en de omliggende heuvels. Het meest voor de hand ligt een **boottocht op het meer**. Botenverhuurders nemen je mee op een rondreisje naar onder meer een *mirador*, de bescheiden ruïnes van Tayasal (uit de klassieke periode) en naar de **dierentuin van Petencito** (dag. 8–17 uur; $ 2,50) vlak bij het dorp San Miguel, met dieren die in deze regio leven en er redelijk goed verzorgd worden. Onderweg heb je nog tijd voor een duik in het meer. (Let op: de waterglijbanen bij de dierentuin zijn gevaarlijk.)

Breng ook een bezoek aan het nieuwe **Museo Santa Bárbara** (8–12 & 14–17 uur; $ 1,75) op een piepklein eilandje vlak voor hotel *Santana*; het museum bezit een bescheiden collectie Mayakeramiek uit de klassieke periode. Of ga eens naar **ARCAS**, zo'n 3 km ten oosten van San Miguel, een opvangcentrum en herstellingsoord voor dieren die aan hun lot zijn overgelaten of in beslag werden genomen vanwege de illegale handel in beschermde wilde dieren. Het opvangcentrum zelf is niet opengesteld voor publiek, maar er is een milieu-educatiecentrum, een botanische wandelroute en een observatiehut voor vogelspotters.

Vervoer van en naar Flores

Flores is ruim voorzien van busverbindingen en vluchten vanaf Guatemala-stad; ook zijn er bus- en vluchtverbindingen vanaf Cancún en Belize.

Per vliegtuig De vliegmaatschappijen TAG en Taca vliegen vanaf Guatemala-stad op Flores (4 keer per dag; retourticket $ 210–240; 1 uur). Vanaf Cancún gaan er vluchten van Taca (1 keer per dag; retourticket $ 465; 1:45 uur). Vanaf Flores kun je **chartervluchten** boeken naar Dos Lagunas, El Naranjo, Sayaxché, Playa Grande, Puerto Barrios, Río Dulce, Copán (Honduras) en Palenque (Mexico).

Met de bus Bijna alle bussen maken gebruik van het nieuwe busstation **Terminal Nuevo** in Santa Elena, 2 km ten noorden van de verbindingsweg, mét pinautomaat en café; de Línea Dorada-bussen rijden door naar Flores. De enige uitzondering vormen de bussen naar San Andrés en San José die elk uur vanaf de markt vertrekken, en de bussen van San Juan Travel, een maatschappij met een slechte naam omdat toeristen er te veel moeten betalen.

Op het traject Flores-**Guatemala-stad** (8–9 uur; 30 min.) varieert het aanbod van goedkope niet-rechtstreekse tweedeklasbussen (camionetas) tot luxe, rechtstreekse bussen met airco. Fuente del Norte (Ⓣ7926 0666) zet dagelijks 17 bussen in ($ 14–22), waarvan er vier tot de comfortabeler 'Maya de Oro'-dienst behoren. Van Línea Dorada (Ⓣ7926 1788, Ⓦwww.tikalmayanworld.com) rijden er dagelijks drie luxueuze bussen, om 10, 21.30 en 22 uur ($ 20–25). ADN (Ⓣ5414 2668, Ⓦwww.adnautobusesdelnorte.com) heeft twee uitstekende bussen ($ 26) van vergelijkbare kwaliteit en rijdt met twee chauffeurs; ze vertrekken tweemaal per dag om 21 en 23 uur. Rapidos del Sur beheert twee bussen met airco die dagelijks ($ 17) om 22 en 23 uur vertrekken, en minibusjes voor de aansluiting met Antigua.

Naar **Cobán** (4:30 uur), via Sayaxché en Chisec, rijdt dagelijks een shuttlebus ($ 18; 14 uur); koop een kaartje bij *Hostel Los Amigos*. Je reist goedkoper met de microbus naar Sayaxché (elke 30 min.; 2 uur) en vandaar met een bus naar het zuiden. Voor **Río Dulce** (3 uur) neem je de bus of minibus naar Guatemala-stad (al doen die er langer over). Driemaal daags gaan er ook María Elena-bussen naar **Chiquimula** ($ 13) die doorrijden naar **Esquipulas** ($ 15), en gaat er een Fuente del Norte-bus naar San Salvador ($ 28) om 18 uur.

Reis je naar **Belize**, dan kun je de regelmatig rijdende microbussen vanaf de terminal naar de grens tot Melchor de Mencos nemen (elke 30 min.; 2 uur), plus de 'chicken'-bussen die om het uur vertrekken, of de toevallig passerende pullman. De snelbussen met airco van Línea Dorada/Mundo Maya rijden dagelijks om 17 en 19 uur naar de Marine-terminal in Belize-stad (4 uur; $ 20) en daarna naar de Mexicaanse grens tot Chetumal (nog eens 4 uur, $ 28) voor de noordelijke verbindingen naar Cancún. Is Mexico je reisdoel en reis je via Frontera Corozal of de Río San Pedro, zie dan respectievelijk blz. 346 en blz. 348.

Voor **rondreizen in Péten** vertrekken er 'chicken'- en microbussen vanaf het busstation Nuevo. Er gaan dagelijks acht bussen naar Bethel (4 uur), enkele rijden door tot aan La Técnica (4:30 uur); dagelijks gaan twee bussen (13 & 15 uur; 3 uur) naar Carmelita; microbussen naar El Naranjo (elk halfuur; 4 uur), Poptún (elke 20 min.; 2 uur), Sayaxché (elk kwartier; 2 uur) en El Remate (elk halfuur; 40 min.). Vanaf de markt vertrekken elk halfuur bussen naar San Andrés (30 min.) en San José (40 min.).

Is **Tikal** je reisdoel, dan kan vrijwel elk hotel of reisbureau een shuttlebus voor je boeken (retourtje kost $ 7), die je vanaf 17 uur bij je hotel ophaalt.

De prijs van een **boottocht** is vastgesteld door Inguat (zie blz. 313); het kost circa $ 30 om twee van de bovenstaande attracties te bezoeken. Botenverhuur vind je achter hotel Santana, aan de zuidwestelijke punt van Flores. Je kunt ook gebruikmaken van een bootdienst naar het dorp San Miguel (elke 20 min.; $ 0,25) vanaf hotel Sabana.

Van de talloze **grotten** in de heuvels achter Santa Elena is **Ak'tun Kan de** meest toegankelijke (dag. 8–17 uur; $ 2). De grot staat ook bekend als *La Cueva de la Serpiente*: volgens de legende is dit het verblijf van een reusachtige slang. De bewaker kan misschien een paar van de bizarre namen toelichten die men aan de grillige vormen in de grot gaf; sommige lijken op dieren, en één zelfs op een marimba.

Skyway Ixpanpajul

De **Skyway Ixpanpajul**, op 10 km afstand van Santa Elena, een stukje van de weg af naar Guatemala-stad (dag.; volwassenen $ 25 per activiteit, kinderen $ 15; Ⓦwww.ixpanpajul.com), is een verbazingwekkende route van hangbruggen, kabelbanen en verharde paden die met elkaar 3 km beboste heuveltoppen verbinden in een klein particulier junglereservaat. In apenperspectief kijk je over het bladerdak heen en heb je vanaf een *mirador* een prachtig uitzicht. Je kunt er het beste 's ochtends vroeg heen gaan, of in de namiddag of zelfs 's avonds, omdat de wilde dieren (met name slangen en kinkajoes) dan pas in actie komen; neem een paar uur de tijd en geniet van de bomen- en orchideeënpracht. Er is een goede folder met de beschrijving (in het Spaans) van een zelfstandig te lopen wandelroute. Elke microbus op weg naar Poptún zet je op verzoek bij de ingang af.

Aantrekkelijke **cabañas** (❻) bieden maximaal vijf slaapplaatsen, maar je kunt ook kamperen voor $ 5 per persoon; er zijn douches, toiletten en een café-restaurant. Paardrijden ($ 15 per uur) en mountainbiken ($ 8) horen ook tot de mogelijkheden.

San Andrés en San José

De rustige dorpjes **San Andrés** en **San José,** vanuit Flores gezien aan de overkant van het meer, zijn twee interessante traditionele nederzettingen waar het

▲ Skyway Ixpanpajul

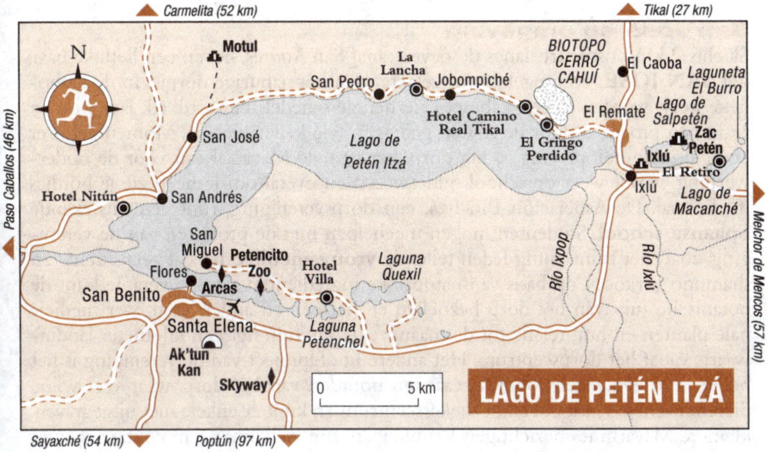

leven in traag tempo verloopt. De straten in beide plaatsjes lopen vanaf de kust steil omhoog en worden geflankeerd door lage huisjes, sommige van palmstokken met strodaken en andere in fel geschilderd beton. Varkens en kippen lopen overal vrij rond.

Pijler van de economie was vroeger de slecht betaalde, zeer inspannende winning van **gom**, het sap van de sapotilleboom, dat gebruikt werd in kauwgom. Er moesten kampen worden opgeslagen in het regenwoud, en tijdens het regenseizoen, als het sap vloeide, werd er maanden achtereen doorgewerkt. Voor de natuurlijke gom zijn vervangingsmiddelen in de plaats gekomen, maar er is nog steeds vraag naar, met name vanuit Japan. Ook andere producten uit het regenwoud worden verzameld, zoals *xate* (spreek uit 'sjeetie': palmbladeren die in bloemstukken worden verwerkt en naar Noord-Amerika en Europa worden geëxporteerd) en *pimienta de jamaica*, ofwel allspice (piment). De oogsters (*pimenteros*) klimmen met behulp van beugels de bomen in en plukken de piment, die ze vervolgens boven een vuur drogen. Maar sinds de oprichting van het Reserva de la Biósfera Maya (zie blz. 308) heeft men zich ingespannen om de dorpsbewoners van andere inkomstenbronnen te voorzien; de afgelopen jaren werden er **Spaanse scholen en handwerkprojecten** opgestart.

De dorpjes zijn het makkelijkst bereikbaar per microbus; ze vertrekken elk halfuur vanuit Santa Elena (ongeveer 40 min.).

San Andrés

De meeste buitenlanders in **SAN ANDRÉS** zijn studenten van een van de twee **taleninstituten** (zie blz. 51). Heel geschikt voor **logies** is het eenvoudige maar aangename *Hotel Corina* (2), boven op de heuvel als je het dorp binnenkomt. Het aantrekkelijke *Hotel Nitún* (T 5201 0759, W www.nitun.com; 9, vanaf $ 185 inclusief vervoer vanuit Flores), ligt 3 km van de oever van het meer en biedt **accommodatie** in stijlvolle *casitas met strodak* en eigen badkamer; ook vind je er een restaurant met verfijnde gerechten op de kaart (niet-hotelgasten zijn ook welkom) en een fantastische barlounge met uitzicht over het meer. Het pension wordt gerund door Lorena Castillo en Bernie Mittelstaedt, een vriendelijk, goed geïnformeerd stel (ze spreken beiden perfect Engels), die ook Monkey Eco Tours leiden en expedities organiseren, met alles erop en eraan, naar afgelegen archeologische sites in heel noordelijk Petén. Er zijn verschillende simpele **comedores** in het dorp, zoals *La Troya*.

San José en omgeving

Slechts 2 km oostwaarts langs de oever vanaf San Andrés, boven een lieflijke baai, ligt **SAN JOSÉ**, zo mogelijk nog relaxter dan het naburige dorpje. In de katholieke **kerk** worden in een kabinet drie heilige schedels bewaard: elk jaar worden ze in een processie door de straten gedragen (zie kader hierna). Momenteel is er een culturele heropleving in het dorp: het Itza, de Mayataal van vóór de onderwerping, wordt weer op school onderwezen en overal om je heen zie je bordjes in die taal. De Asociación Bio-Itzá, een dorpsvereniging, runt een uitstekende **Spaanse school**. Studenten mogen meehelpen met de projecten van de vereniging, zoals het ruim vijftig leden tellende **vrouwencollectief** dat zeep, crème en shampoo verkoopt op basis van natuurlijke ingrediënten als aloë vera. Je kunt de botanische tuin van het dorp bezoeken en het een en ander leren over medicinale planten en hun relatie tot de maancyclus. De tuin ligt een kilometer landinwaarts vanaf het dorpscentrum. Het andere hoofdproject van de vereniging is het beheer van een regenwoudreservaat ten noorden van het dorp, waar veel wilde dieren leven; je vindt er een bezoekerscentrum en kunt er enkele niet uitgegraven, kleinere Mayaruïnes bezichtigen. Vrijwilligers zijn welkom: neem contact op met het Dos Mundos-taleninstituut in Flores. Er is maar één **hotel** in San José, maar de service is goed: *Bahía Taitzá* (Ⓣ7928 8125, Ⓦwww.taitza.com; ⑧). De ligging aan het meer, mét strandje, is schitterend. Ook heeft het acht lieflijke, frisse vakantiehuisjes ter beschikking met balkons met fraai uitzicht. Het restaurant serveert kwaliteitsgerechten. Voor een eenvoudiger maal ga je naar *El Bungalo*, aan de oever van het meer, dat smakelijke en betaalbare *comida típica* heeft.

Zo'n 4 km ten noordwesten van San José staan langs een pad de gedeeltelijk gerestaureerde ruïnes aangegeven van de nederzetting **Motul** uit de klassieke periode (gratis toegang). De vindplaats, van oudsher verbonden met Tikal, heeft vier plaza's en wordt weinig bezocht. Op Plaza B zie je op een grote stèle voor een geplunderde tempel een afbeelding van dansende Mayakoningen. Plaza C is het meest uitgestrekt, met verschillende grafheuvels en binnenplaatsen, terwijl op Plaza D de grootste piramide staat. Het is een rustige plek, ideaal voor vogelaars, en het mak-

De heilige schedels van San José

San José staat bekend om zijn twee **fiësta's**. Het eerste, ter ere van de beschermheilige, wordt gehouden van 10 tot 19 maart en gaat gepaard met optochten en vuurwerk, en een ongebruikelijke, grappig uitziende gekostumeerde dans van een meisje (*la chatona*) en een paard die door de straten van het dorp huppelen. Het tweede fiësta is onmiskenbaar heidens, met een unieke mis op Allerheiligen in de kerk en een festival van 1 november tot El Día de los Muertos. Voor de avonddienst wordt een van de drie vereerde mensenschedels uit het glazen kabinet gehaald (het zouden overblijfselen zijn van de stichters van het dorp, al wordt ook beweerd dat het Spaanse missionarissen zijn geweest) die op het altaar worden geplaatst voor de ceremonie. Daarna wordt de schedel door zwartgesluierde schedeldragers door het dorp gedragen, vergezeld van kinderen, gekleed in de traditionele Itza-*traje,* en honderden gelovigen die kaarsen en lantaarns dragen. De processie slingert zich door de straten, komt zo'n dertig keer tot stilstand bij huizen waar gebeden worden uitgesproken en wordt gezongen, en waar families om de zegening vragen. In elk huis wordt een maïsdrankje gedronken - *ixpasá* - en een feestmaal verorberd, als onderdeel van een ceremonie die langer dan een dag kan duren. De precieze oorsprong van het feest is niet bekend, maar er wordt duidelijk eerbied betoond aan de voorvaderen. Nadat aan alle huizen een bezoek is gebracht, wordt de schedel teruggelegd in de glazen kast in de kerk, waar hij voor de rest van het jaar blijft en samen met de andere twee schedels bezichtigd kan worden.

kelijkst bereikbaar met de fiets vanaf een van de twee dorpjes. Wil je liever even bijkomen en luieren aan het meer, dan vind je ten oosten van het dorp enkele afgeschermde plekken, waaronder een rotsstrandje waar je heerlijk kunt zwemmen.

Reis je vanaf San José naar het oosten over de onverharde weg die parallel loopt aan de noordkant van het meer richting El Remate, dan kom je langs de geïsoleerde dorpjes San Pedro en Jobompiché. Iets ten westen van het laatstgenoemde dorp vind je *La Lancha* (Ⓣ7928 8331, Ⓦwww.lalancha.com; ⑨, tarieven afhankelijk van kamer en seizoen), een klein, rustiek en chique hotel, met tien erg stijlvolle kamers, sommige met marmeren vloer en tribaal graveerwerk, andere met Guatemalteekse weefsels en beschilderde kledingkasten. Het ligt op de rotsen boven het Lago de Petén Itzá. Het hotel is eigendom van filmregisseur Francis Ford Coppola en staat in een rustige omgeving (afgezien van het lawaai van de plaatselijke troep brulapen), heeft een fijn zwembad en serveert uitstekende maaltijden. Het ontbijt is inbegrepen en gasten mogen gratis gebruikmaken van de mountainbikes, maar let op de extra belasting die bij het standaardtarief wordt opgeteld.

Dagelijks rijden er twee bussen en een paar onregelmatig rijdende minibussen tussen Jobompiché en Santa Elena, die ook doorrijden naar El Remate (9 km naar het oosten).

El Remate en omgeving

Aan de oostoever van het Lago de Petén Itzá, 37 km van Santa Elena aan de weg naar Tikal, biedt **EL REMATE** een rustig alternatief voor een verblijf in Flores. Het snel populair geworden dorpje is een goede uitvalsbasis voor een bezoek aan Tikal en andere bezienswaardigheden in de omgeving, zoals de **Biotopo Cerro Cahuí** en de ruïnes van **Ixlú**. Aan de oever van het meer zitten kunstnijverheidsateliers waar ze hoogwaardige producten maken (vlak bij de rand van het dorp, zuidwaarts naar Ixlú) en prachtig **houtsnijwerk** wordt verkocht; stop even bij Artesanía Ecológical om tophoutsnijder Rolando Soto aan het werk te zien.

De reis naar **El Remate** is simpel: elke minibus naar Tikal rijdt door het dorpje, terwijl *colectivo*-minibusjes vanuit Santa Elena ongeveer om de dertig minuten passeren. Kom je vanaf de Belizaanse grens, stap dan uit bij Ixlú; vanaf hier kun je lopen, of wacht op een ritje naar El Remate. Er rijdt ook dagelijks een **pendelbus** naar Cobán (via Chisec), die om 8 uur vertrekt (4:45 uur); een volledige rit naar Cobán kost $ 26, maar je kunt onderweg ook uitstappen bij haltes als Candelaria of Chisec. Tickets koop je bij *La Casa de Don David*.

Accommodatie en eten

El Remate telt veel verschillende, uitstekende **budgethotels** en ook een paar duurdere hotels, verspreid aan de oostkant van het meer. Ook is er een in 2008 geopend, wat duurder hotel, *Pirámide Paraíso*, naast het *Gringo Perdido*. In het dorpscentrum vind je eenvoudige comedores, en ook de meeste hotels hebben een restaurant. Voor een verfijnde keuken kun je het voortreffelijke, door Italianen gerunde ★ *Restaurant las Orquideas* proberen (gesl. ma) zo'n 800 m verderop langs de weg naar Cerro Cahuí, waar je in informele sfeer uitmuntende pizza, pasta, *bruchette*, carpaccio en verse vis uit het meer kunt eten, en waar wijn verkrijgbaar is per glas; je betaalt $ 8–15 per persoon.

De gelegenheden hierna zijn gerangschikt in de volgorde waarin je ze vanaf het knooppunt Ixlú tegenkomt.

Casa de Doña Tonita aan de weg naar Cerro Cahuí Ⓣ5701 7114. Vijf eenvoudige kamers en een slaapzaal ($ 3). Goede, betaalbare gerechten uit eigen keuken. ②

★ **La Casa de Don David** direct op het knooppunt, Ⓣ7928 8469 of 5306 2190, Ⓦwww.lacasadedondavid.com. Al ligt het midden in de Guatemalteekse jungleprovincie, toch biedt dit onberispelijke, efficiënt gerunde hotel vijftien ruime kamers, de meeste met airco en elk met eigen badkamer, verspreid op een enorm grasveld dat naar de oever van het meer afloopt. De Amerikaans-Guatemalteekse eigenaren voorzien je van alle benodigde informatie en het restaurant serveert voedzame maaltijden; je kunt er geld wisselen, er worden excursies georganiseerd, en ze verkopen buskaartjes. Halfpension. 5–6

Casa Mobego aan de weg naar Cerro Cahuí ☎5909 6999. Ook bekend als *Casa Roja*; enigszins sjofele pleisterplaats voor kunstenaars, met solide cabañas met rieten dak, een slaapzaal ($ 5 per bed), camping, goedkope vegetarische gerechten en verhuur van kajaks. 2

Ernesto's naast *Dona Tonita*'s ☎5750 8375. Acht aantrekkelijke cabañas met horren, betonnen vloer en rieten dak; de helft heeft een eigen badkamer. Met comedor. 2–4

El Gringo Perdido aan de noordoever, 3 km van *Don David*'s ☎5804 8639, www.hotelelgringoperdido.com. Hotel met gevestigde reputatie op een stille plek aan het meer met betrekkelijk eenvoudige kamers met bad, kleine cabañas meteen aan het meer, en camping ($ 5 pp). Diner en ontbijt zijn inbegrepen. 6–7

Hostal Hermano Pedro aan een laantje 200 m voor Don David's ☎5719 7394, www.hhpedro.com. Deze efficiënt gerunde zaak is in handen van een vriendelijk gezin. De accommodatie bevindt zich in een groot, goed onderhouden houten huis. Ruime kamers (sommige met eigen badkamer) en met een slaapzaal ($ 7 per bed). Ontbijt en vervoer kunnen geregeld worden. 3

Hotel Gardenias vlak voor *Don David's* ☎5992 3380, www.hotelgardenias.com. Direct bij het knooppunt voor Cerro Cahuí. Het lijkt niet veel voor te stellen, maar voorbij het internet-café/reisbureau tref je grote, schone kamers aan met twee of drie bedden en een eigen badkamer met warm stromend water; vier ervan hebben airco. 3–4

Hotel Sun Breeze tegenover *Posada Ixchel* ☎5807 1487. Waar voor je geld; nette kamers met horren en prachtig licht, sommige met uitzicht over het meer en een eigen badkamer. De gemeenschappelijke ruimten worden erg goed schoon gehouden. 2–3

La Mansión del Pájaro Serpiente ☎7928 8498. Comfortabel en stijlvol, met prima stenen cabañas met bovenverdieping en rieten dak, een suite en kleinere kamers, alle met uitzicht over het meer. Ook uitstekende maaltijden (ca. $ 8) en een goed zwembad. 5–7

Mon Ami aan de weg naar Cerro Cahuí ☎7928 8413, www.hotelmonami.com. Kwalitatief hoogstaande accommodatie in relaxte sfeer. De heerlijke, artistiek ingerichte kamers zijn rond een schaduwrijk terrein gegroepeerd. Ook zijn er ruime adobe bungalows met kwaliteitsbedden en veranda's met hangmatten. De slaapzaal ($ 7,50 per bed) is een klasse apart, de beste in Guatemala, met bedden die met textiel en houten schotten zijn afgeschermd en privacy bieden. Er is ook een voortreffelijk restaurant met Franse gerechten en specialiteiten van de dag. Je kunt er paardrijden en excursies naar Tikal en Yaxhá maken. 3–4

Posada Ixchel 150 m voor *Don David's* ☎7928 8475. Eenvoudige, vriendelijke gelegenheid met kamers met gedeelde douche, of fraai betegelde kamers met prima bedden in het nieuwe blok in het achterste gedeelte. 2–3

Sak-Luk hoog boven het meer, per trap te bereiken ☎5494 5925. Het ziet er nu een beetje verwaarloosd uit, maar dit chaotische, bohemienachtige oord met een paar igloachtige, witgekalkte hutten en een luidruchtige slaapzaal ($ 3) heeft goedkoop en lekker eten – al moet je er meestal wel lang op wachten. Prachtig uitzicht. 2

Westin Camino Real Tikal aan de overkant van Cerro Cahuí ☎7926 0207, www.caminorealtikal.com.gt. Groot luxueus hotel op uitgestrekt terrein aan het meer met mooi uitzicht over het water en privéstrand, plus hangmatten. Maar de kamers zijn fantasieloos en kunnen wel een opknapbeurt gebruiken; het restaurant is prijzig en van middelmatige kwaliteit. Een gratis rondleiding met gids door de Biotopo Cerro Cahuí is inbegrepen. 9 Tweepersoonskamer $ 140, maar let ook op de aanbiedingen.

Biotopo Cerro Cahuí

Dit reservaat ligt aan de noordkust van het meer, 3 km ten westen van El Remate (dag. 7–17 uur; $ 4). Het omvat enkele van de mooiste stukjes onaangetast tropisch regenwoud in Petén. Het is de kleinste en best toegankelijke biotoop van Petén, met een rijke biodiversiteit, speciaal aanbevolen voor vogelaars. Er zijn twee wandelroutes uitgezet, langs enkele kleine ruïnes en op de heuvel bij het meer twee *miradores* met rieten dak; neem bij de ingang een plattegrond mee.

Laguna Macanché en omgeving

In het dorp **MACANCHÉ** aan de oever van het **Laguna Macanché** begint een gemarkeerde route naar het 1,8 km noordwaarts gelegen, rustige *Santuario Ecológico El Retiro* (Ⓣ5704 1300, Ⓦwww.retiro-guatemala.com; ③–⑤). Op het beboste terrein aan de noordoever van het meer staan **bungalows**, voorzien van warme douches en schaduwrijke veranda's ($ 60 voor 2 personen). Ook zijn er ruime **tenten beschikbaar** ($ 20 pp); je kunt er bovendien **kamperen** ($ 3,50 pp). Er is een goed restaurant en een dok waar je kunt zwemmen: aan deze kant van het meer worden gewoonlijk geen krokodillen aangetroffen. Wel vind je hier een **serpentarium** met meer dan twintig soorten slangen, inclusief de dodelijke lanspuntslang en de giftige korsthagedissen (rondleiding met gids kost $ 5). Er is meestal wel vrijwilligerswerk te doen; neem contact op met eigenaar Miguel.

Boven op de heuvel achter het hoofdgebied liggen de stenen overblijfselen van eeuwenoude **Maya-wooncomplexen** – maar veel intrigerender zijn de *chultuns* die hier werden aangetroffen. Een *chultún* is een pompoenvormige ruimte, uitgehouwen in vast gesteente, met een erg nauwe ingang met een ronde steen erbovenop; sommige hebben zijvertrekken. Wat precies hun functie was is onbekend, maar mogelijk dienden ze als opslagruimte, schuilplaats of ruimte voor ceremoniële of religieuze rituelen.

El Retiro maakt deel uit van een groot particulier natuurreservaat waar **krokodillen** hun **domein** hebben; het strekt zich uit langs het meer. Hier worden **rondleidingen** georganiseerd. Een buitengewoon mooie dagtocht ($ 30 inclusief lunch) bestaat uit een wandeltocht door de jungle, een bootreis over het meer naar onder meer het nabijgelegen **Laguneta El Burro** (omringd door dicht regenwoud met veel Mayaruïnes), een trip naar een lagune en naar een reusachtig kalkstenen 'verdwijngat'. Nachtelijke excursies waarin krokodillen worden gespot, inclusief warme maaltijd, kosten $ 40.

▲ Het Laguna Macanché, in de buurt van Flores

Tikal

Tikal, mogelijk de indrukwekkendste van alle Maya-opgravingen, torent hoog boven het regenwoud uit. De ruïnes, op 68 km van Flores, worden gedomineerd door vijf enorme tempels: steil aflopende kalkstenen piramides die maar liefst 60 m boven het oerwoud uittorenen. Daaromheen staan letterlijk duizenden andere bouwsels, vele nog half begraven onder reusachtige wortels of verstopt onder aardhopen.

De vindplaats ligt in het **Parque Nacional Tikal**, een beschermd gebied van zo'n 576 km^2 aan de rand van het veel grotere Reserva de la Biósfera Maya. Honderden diersoorten komen hier voor, waaronder brulapen, spinapen, toekans en parkieten.

Vervoer naar Tikal

De ruïnes zijn het best te bereiken met **toeristen-minibusjes** ($ 7 retourtje), die op het vliegveld van Flores klaarstaan en passagiers ophalen bij elk hotel in Flores, Santa Elena en El Remate, vanaf half 4 ochtends. Zorg dat je vroeg bij Tikal aankomt, voordat het drukkend heet wordt.

Reis je **vanuit Belize**, stap dan over op een bus bij **Ixlú**, het knooppunt van drie wegen aan de oostkant van het Lago de Petén Itzá; vanaf daar rijden er de hele dag door minibussen ($ 3,50 enkeltje).

Praktische informatie

De dienstregeling van de vliegtuigen en lokale bussen zijn zo opgesteld dat je van een bezoek aan de ruïnes een dagtrip vanuit Flores of Guatemala-stad kunt maken, maar als je genoeg tijd hebt is een overnachting zeker de moeite waard. Je hebt de extra tijd nodig om recht te doen aan de ruïnes zelf, maar je kunt dan ook ter plekke de zonsopkomst en schemering ervaren, als onder het bladerdak van het woud een ware symfonie van geluiden losbarst en het oerwoud actief wordt. De roep van de toekans en het gebrul van de brulapen klinkt op, terwijl zwermen parkieten om de tempels cirkelen en vleermuizen in het nachtelijk duister op jacht gaan. Met een beetje geluk zie je misschien ook een grijze vos wegglippen over een van de plaza's.

De entreeprijs van het nationaal park (dag. 6–18 uur) is $ 22 – als je na 15 uur komt, krijg je een toegangskaartje dat ook de volgende dag geldig is. Voor toeristische informatie ga je naar de balie van Inguat (6–16 uur) vlak bij het loket.

Bij de entree van de site vind je een **postkantoor**, winkeltjes en kraampjes (met souvenirs, hoofddeksels, zonnebrandcrème, geheugenkaartjes voor camera's, filmrolletjes, batterijen en water), een **bezoekerscentrum** met café-restaurant, toiletten, bagagedepot ($ 0,15 per uur) en **erkende gidsen** ($ 48 tot vier personen, plus $ 5 per extra persoon; rondleiding van 4 uur). De meeste gidsen weten veel over de flora en fauna en over de ruïnes van Tikal. Het is voordeliger om met een groep te gaan of je bij een groep aan te sluiten. Drie vermeldenswaardige **boeken,** meestal verkrijgbaar bij het bezoekerscentrum, zijn: William Coe, *Tikal: A Handbook to the Ancient Maya Ruins*, een goede gids over de site, hoewel enigszins gedateerd, Frank Smythe, *The Birds of Tikal*, absoluut niet volledig, maar wel het raadplegen waard, en Peter D. Harrison, *The Lords of Tikal*, een uitgebreid en leesbaar verslag van de oude geschiedenis van de stad.

Op de **website** Ⓦ www.tikalpark.com vind je veel nuttige informatie over de vindplaats en het reservaat.

Accommodatie, eten en drinken

Bij de ruïnes vind je drie tamelijk dure **hotels**, waar de service soms te wensen overlaat. Er is maar af en toe elektriciteit (meestal 6–9 en 18–22 uur), de meeste medewerkers spreken geen Engels en de toeslag voor creditcardbetalingen is fors. Dit neemt niet weg dat een nachtje slapen in het regenwoud bij de ruïnes iets onvergetelijks is.

Eerste keus is de aantrekkelijke *Jungle Lodge* (ⓣ2476 8775, ⓦwww.junglelodge.guate.com; ❺–❽). Het heeft comfortabele bungalows met tweepersoonsbed, eenvoudige kamers met gedeelde badkamer en een paar tenten ($ 10) met prima matras; er is een redelijk restaurant ($ 10 per volledige maaltijd) en een zwembad. Een goed alternatief is de *Tikal Inn* (ⓣ7926 1917, ⓦwww.tikalinn.com; ❼–❽); hier vind je aangename bungalows met rieten daken, schone, frisse kamers en een zwembad. Het te prijzige *Jaguar Inn* (ⓣ7926 0002, ⓦwww.jaguartikal.com; ❼) heeft dertien bungalows met kleine veranda's en hangmatten, een zaaltje met vijf bedden ($ 10 pp), hangmatten met klamboe ($ 5), een camping ($ 3,50 pp), een redelijk restaurant en wifi. Je mag ook je tent opzetten of hangmat ophangen op het **kampeerterrein** van Tikal ($ 4), compleet met primitieve douchehokjes. Hangmatten en klamboes (essentieel in het regenseizoen) zijn te huur bij de *Comedor Imperio Maya*, tegenover het bezoekerscentrum. Kamperen tussen de ruïnes of slapen in de openlucht is verboden.

Bij de entree van de site vind je een paar simpele maar prijzige **comedores** (*Tikal* is het geld waard; sandwiches kosten $ 2,75 en gegrild vlees- of visschotels $ 7). Een uitgebreidere en duurdere kaart vind je in het restaurant van de *Jungle Lodge*. Koude frisdranken worden bij de ruïnes verkocht.

De musea van Tikal

Vlak bij de entree zit het **Museo Tikal** (ma–vr 9–17, za & zo 9–16 uur; $ 1,30), één ruimte met kunstvoorwerpen uit de ruïnes, waaronder keramiek, voorwerpen van vuursteen en obsidiaan, jaden sieraden gevonden in tombe 116, en de indrukwekkende **Stèle 31**, die in 445 n.C. plechtig werd ingewijd. Op dit kalkstenen monument staat de elfde heerser van Tikal afgebeeld, Siyah Chan K'awil (Stormachtige Lucht). Hij draagt een gordel met jaguarkop en een jaden halssnoer en wordt geflankeerd door twee krijgers met speerwerpers in de stijl van Teotihuacán, en met pijlen en schilden waarop de regengod met de rollende ogen, Tlaloc, is afgebeeld. De stèle werd uitgehouwen ter ere van het einde van het eerste *katun* onder heerschappij van Stormachtige Lucht, maar de lange gegraveerde tekst op de achterkant bevestigt duidelijk de alliantie met de Mexicaanse metropool Teotihuacán.

In het museum vind je ook een spectaculaire kopie van **het graf** van **Hasaw Chan K'awil, de grote heerser**. De tombe is een van de rijkst gedecoreerde die ooit in het Mayarijk werd gevonden en bevatte 180 bewerkte jaden onderdelen in de vorm van arm- en enkelbanden, halssnoeren en oordopjes, en subtiel ingekerfde benen voorwerpen, met onder meer een beroemde voorstelling van goden die in een kano naar de onderwereld peddelen. Een groter benen voorwerp toont een vastgebonden krijgsgevangene, die ongetwijfeld de offerdood wacht. Dit ongelukkige individu was afkomstig uit de naburige stad Calakmul – de andere grootmacht in het noorden – die in 695 door Hasaw Chan K'awil werd verslagen, een overwinning die een einde maakte aan ruim honderd jaar onderwerping.

In het **Museo Lítico** (zelfde openingstijden; $ 1,30) in het bezoekerscentrum zijn nog negentien stèles te zien, maar helaas ontbreekt daar de extra informatie in het Engels.

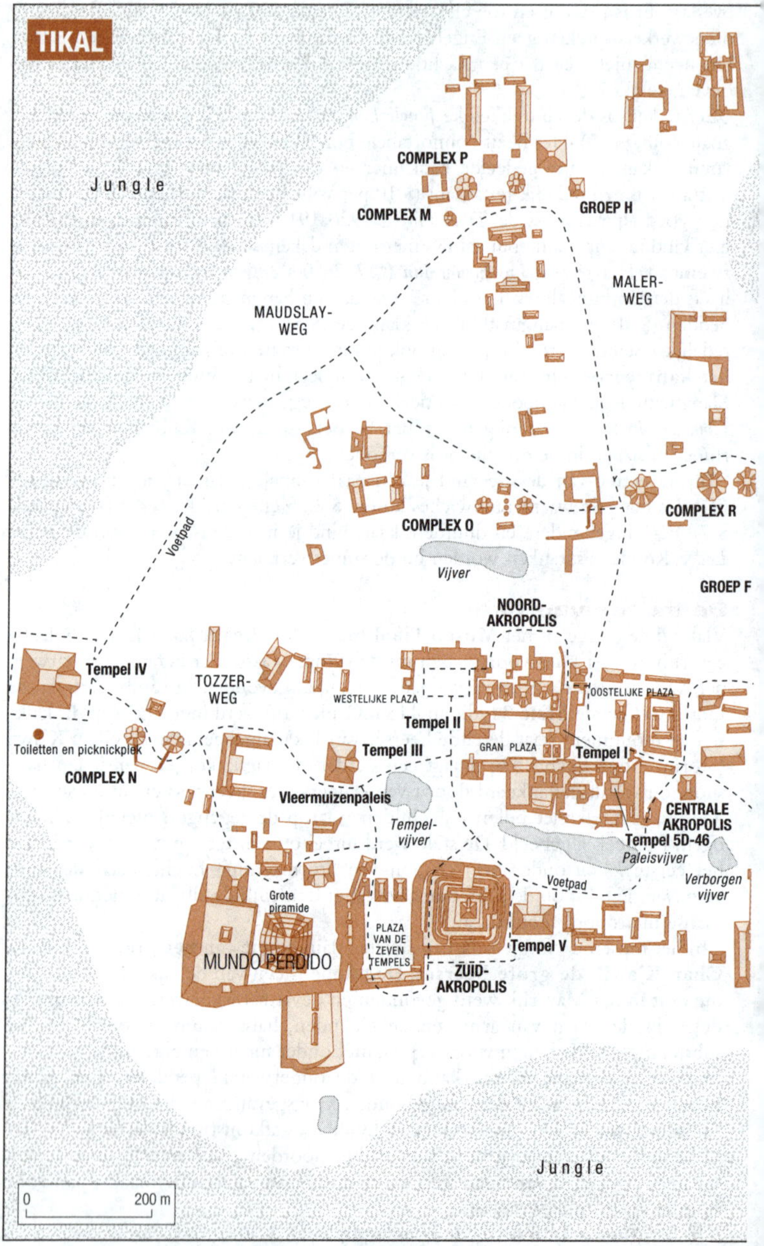
TIKAL
Jungle
COMPLEX P
COMPLEX M
GROEP H
MAUDSLAY-
WEG
MALER-
WEG
Voetpad
COMPLEX O
COMPLEX R
Vijver
GROEP F
NOORD-
AKROPOLIS
Tempel IV
TOZZER-
WEG
WESTELIJKE PLAZA
OOSTELIJKE PLAZA
Tempel II
Tempel III
GRAN PLAZA
Tempel I
Toiletten en picknickplek
COMPLEX N
Vleermuizenpaleis
Tempel-
vijver
CENTRALE
AKROPOLIS
Tempel 5D-46
Paleisvijver
Voetpad
Verborgen
vijver
Grote
piramide
MUNDO PERDIDO
PLAZA
VAN DE
ZEVEN
TEMPELS
Tempel V
ZUID-
AKROPOLIS
Jungle
0
200 m

Uaxactún (22 km)
N
Jungle
Hotel Tikal Inn
Hotel Jaguar Inn
Museo Tikal
P
Jungle Lodge
Camping
Kaart-verkoop
COMPLEX Q
Comedores
Bezoekers-centrum
Comedores
Ingang
Kaartcontrole
Tikal-vijver
Museo Lítico
Plattegrond
Flores (63 km)
Zweethuis
Jungle
GROEP G
MÉNDEZ-WEG
Voetpad
Tempel VI

Opkomst en ondergang van Tikal

Volgens recent onderzoek vestigden de eerste bewoners van Tikal zich er rond 900 v.C., waarschijnlijk vanwege de hogere ligging ten opzichte van de omringende seizoensmoerassen en de aanwezigheid van vuursteen voor de vervaardiging van werktuigen en wapens. In de daaropvolgende vierhonderd jaar was Tikal niet meer dan een dorpje van hutten met rieten daken. Rond 500 v.C. echter werden de eerste treden van een bescheiden astronomische stenen tempel aangelegd, maar de graven waren in die tijd nog betrekkelijk simpel en de keramiek was nog heel primitief. Tikal bleef een kleine nederzetting gedurende de laatste jaren van de midden-preklassieke periode (1000–400 v.C.), terwijl 50 km naar het noorden in **Nakbé**, de eerste stad die in het regenwoud van Petén verrees, torenhoge tempelpiramides werden gebouwd.

Rond 250 v.C., na de val van El Mirador, verrezen de eerste belangwekkende ceremoniële bouwwerken. Er werd een kleine piramide gebouwd in het Mundo Perdido-complex en een paar kleine tempels in de noord-akropolis, maar Tikal was in deze fase nog steeds een onbelangrijke nederzetting. Het imposante **El Mirador** (zie blz. 338) domineerde als eerste Maya-'supermacht' de hele regio, hoewel zijn preklassieke hegemonie later werd opgeëist door een verre, nog machtiger speler: **Teotihuacán** in Centraal-Mexico.

Rond de 1ste eeuw n.C. kreeg de **Gran Plaza** gestalte en had Tikal zijn naam als belangrijke plaats gevestigd. In de volgende twee eeuwen werden kunst en architectuur steeds barokker en verfijnder, bereikte de grote piramide maar liefst een hoogte van 30 m en werden de zijden gedecoreerd met gigantische maskers van stucwerk. De dominante stijlen in de klassieke periode werden in deze vroege jaren geperfectioneerd, en in 200 kwamen de belangrijkste kenmerken van de bouwkunst tot ontwikkeling. Rond het jaar 90 stichtte **Yax Ehb' Xok** (Eerste Schavot Haai) het eerste vorstenhuis van Tikal: een geslacht dat door alle 33 (bekende) latere koningen werd erkend, waarna het in verslagen niet langer wordt vermeld.

De laatste jaren van de laat-preklassieke periode (400 v.C.–250 n.C.) werden gekenmerkt door de uitbarsting van de vulkaan de Ilopango, waardoor een enorm gebied onder een dikke laag vulkanische as werd bedolven en handelsroutes werden ontwricht. De jaren daarna voltrok zich het verval en de leegloop van El Mirador en kregen Tikal en Uaxactún de kans zich tot belangrijke centra van wetenschap, religie en handel te ontwikkelen. De steden lagen op minder dan een dag lopen van elkaar, groeiden beide razendsnel, en raakten in een hevige concurrentiestrijd verwikkeld.

Op 31 januari in 378 veroverden de krijgers van Tikal Uaxactún. Het geheim van Tikals succes schuilt wellicht in de alliantie met Teotihuacán en de introductie van nieuw oorlogstuig uit centraal Mexico. Uit inscripties blijkt dat de overwinning werd beklonken door de komst van een mysterieuze krijger, **Siyak K'ak'** (Vuur Geboren), 'uit het westen'. Deze veldheer zou gezonden zijn door de Teotihuacaanse koning Speerwerper Uil, gewapend met het nieuwste snufje: een *atlatl* (een houten verlengde werparm voor speren). Vermoedelijk gaf de krijger Siyak K'ak' het bevel tot de terechtstelling van Jaguar Poot I, heerser over Tikal, wat weer de aanzet was voor een vanuit Mexico geleide overname, want de volgende koning van Tikal, Yax Nuun Ayin I (Eerste Krokodil, ook wel Krul Neus genoemd), was de zoon van Speerwerper Uil. Eerste Krokodil trouwde zich in de Tikal-dynastie in en stichtte een nieuw vorstenhuis, al probeerde men toch eerbied te blijven betonen aan de onttroonde heerser Jaguar Poot I; zijn paleis (Gebouw 5D-46) was nog vier eeuwen lang een imposante koninklijke residentie.

Tikal 400-909

Door de overwinning op Uaxactún kon Tikal gedurende bijna 500 jaar heerser worden over Centraal-Petén. Tikal groeide uit tot een van de mooiste en meest ontwikkelde Mayastadstaten en eiste de cruciale handelsroutes van het laagland voor zich op; Tikals invloed reikte maar liefst tot Copán in Honduras en Yaxchilán aan de Río Usumacinta. De elite kondigde meteen een groots renovatieprogramma af met een radicale verbouwing van de noord-akropolis en de vernieuwing van de mooiste tempels van de stad. Het is duidelijk dat de alliantie met Teotihuacán een belangrijk aspect bleef van Tikals aanhoudende macht: stèles en schilderijen uit die periode tonen aan dat latere heersers over Tikal de stijl van kleden, aardewerk en oorlogsvoering van Centraal-Mexico overnamen.

Terwijl Tikal verder uitdijde, verrees er in de 5de eeuw in de jungles van het noorden niettemin een nieuwe en geduchte Maya-'supermacht': **Calakmul**, of het Koninkrijk van de Slang. Calakmul sloot regionale coalities met voor Tikal vijandelijke steden, waardoor Tikal in gestaag tempo werd omsingeld; dit loste het machtsvacuüm in het Maya-hart op dat was ontstaan door de tanende invloed van Teotihuacán, Tikals ruggensteun. Rond de vroegklassieke periode had Calakmul een groep vazalstaten aan zich gebonden die grotendeels onder bescherming van Tikal vielen, zoals Naranjo en Waka (zie blz. 348) en ging de stad een coalitie aan met **Caracol**, een machtige stad in opkomst in het zuidoosten van het huidige Belize.

Om de potentiële rivaal te onderwerpen, zette de heerser van Tikal, Wak Chan K'awil of **Dubbele Vogel**, in 556 de aanval in (of 'bijloorlog') tegen Caracol en zijn ambitieuze heerser, Yahaw Te (**'Heer Water'**). Ook al werd een edele uit Caracol gevangengenomen en geofferd, toch was het succes van Dubbele Vogels strategie van korte duur. In 562 sloeg Heer Water terug (met steun van Calakmul) in een vernietigende 'sterrenoorlog' (waarvoor een astronomische gebeurtenis zoals een zonnewende het juiste moment aangaf), die Tikal verwoestte en waarin Dubbele Vogel vrijwel zeker aan de goden werd geofferd. De overwinnaars drongen hun gezag op aan de vernederde adel van Tikal, schonden stèles en graven en vernietigden inscripties. De daaropvolgende periode van 130 jaar werd nog lang Tikals **'hiaat'** genoemd, maar recente ontdekkingen in Tempel V – waarschijnlijk in deze periode gebouwd – dwongen Mayanisten tot herziening van de theorie: inmiddels is duidelijk dat Tikal, ondanks de nederlaag van 562, nooit werd verslagen.

Tegen het einde van de 7de eeuw zwakte de dominantie van Calakmul af en nam Tikals macht geleidelijk weer toe onder het geduchte leiderschap van Hasaw Chan K'awil, of **Hemelse Vaandeldrager** (682–723). Onder zijn bewind werden de belangrijkste ceremoniële plekken, de oostelijke plaza en de noord-akropolis, volledig vernieuwd en gered van de heiligschennis die gepleegd werd toen ze in handen waren van Calakmul en Caracol. Rond 695 was Tikal weer machtig genoeg voor een aanval op Calakmul, waarbij diens koning, Yich'aak K'ak' (**Vurige Klauw** of **Jaguar Poot**) gevangen werd genomen en terechtgesteld. Het jaar daarop pleegde Hasaw Chan K'awil opnieuw een coup door **Gespleten Aarde**, de nieuwe koning van Calakmul, gevangen te zetten en herwon Tikal zijn positie als dominante stad van het Mayarijk.

Tijdens de regering van Hasaw Chan K'awil ontstond een nieuwe, krachtige dynastie: in de honderd jaar na zijn dood werden vijf belangrijke tempels in Tikal gebouwd en liet zijn zoon, Yik'in Chan K'awil, of **Heer Goddelijk Avondrood** (die in 734 de troon besteeg) zijn vader begraven in de schitterende **Tempel I**. Ook bouwde hij Tempel VI, vernieuwde de centrale akropolis en de belangrijkste wegen van de stad en versloeg in 743 en 744 Waka' en Naranjo, waardoor de ring van vijandelijke steden die Tikal omsingelde, werd doorbroken. Omstreeks deze tijd, op het hoogtepunt van de klassieke periode, had Tikal zo'n 100.000 inwoners (volgens sommige Mayanisten zijn het er veel meer), verspreid over een centraal gebied van ongeveer 30 km^2. Maar Tikal voerde ook het bewind over een reeks vazalstaten, waaronder Naranjo, Waka' en Uaxactún, en over talrijke nederzettingen: al met al was het een rijk met wel 500.000 onderdanen.

Begin 9de eeuw kampte het hele Mayagebied met ernstige problemen en dienden de eerste tekenen van crisis zich aan, vermoedelijk aangewakkerd door klimaatveranderingen en een rampzalige periode van droogte. Omdat men massaal het gebied ontvluchtte, kelderde het aantal inwoners van Tikal. Tikals laatste monument werd vastgelegd in de inscriptie op stèle 24, voltooid in 869. Wat uiteindelijk de **val** van Tikal heeft veroorzaakt, blijft een mysterie, maar vaststaat dat rond 900 praktisch de hele Mayabeschaving van het laagland ten onder ging en dat Tikal eind 10de eeuw helemaal verlaten was. Nadien werd de plaats af en toe door andere groepen voor erediensten gebruikt en werd een groot aantal stèles verplaatst, maar Tikal bleef voor altijd onbewoond.

Herontdekking

Na het mysterie van de ondergang was er weinig meer bekend over Tikal, tot in 1695 een verdwaalde priester op 'verscheidene oude bouwwerken' stuitte. Het koloniale bestuur had geen belangstelling voor Petén en in de daaropvolgende 150 jaar waren de ruïnes overgeleverd aan de jungle. In 1848 werden ze herontdekt door een regeringsexpeditie onder leiding van Modesto Méndez. Later in de 19de eeuw werden ze door een Zwitserse wetenschapper bezocht die de prachtig bewerkte houten lateien van de top van Tempel I en IV verwijderde – nu tentoongesteld in een museum in Bazel. In 1881 nam de Engelse archeoloog Maudslay de eerste foto's, die aantonen dat de belangrijkste tempels overwoekerd waren door tropische vegetatie.

Tot 1951 kon de vindplaats hooguit en met veel moeite te paard worden bereikt, en al kwamen er wel bezoekers, toch lagen de ruïnes nog altijd grotendeels verstopt onder het oerwoud. Het gigantische karwei van opgravingen en herstel werd in 1956 gestart door teams van de universiteit van Pennsylvania en het Antropologisch Instituut van Guatemala. Het belangrijkste deel van het werk werd rond 1984 afgerond, maar duizenden kleinere bouwsels liggen nog verborgen onder boomwortels en steenbrokken. Ongetwijfeld zal er nog gigantisch veel worden blootgelegd – in 1996 ontdekte een arbeider nog een stèle (Stèle 40, uit 468) toen hij het gras op de Gran Plaza aan het maaien was. En in 2003 werden er in Tempel V inscripties aangetroffen die doorslaggevend bewijs leverden voor het feit dat er in de klassieke periode nooit sprake is geweest van een 'hiaat' in de macht van Tikal.

De ruïnes

De omvang van de ruïnes in Tikal kan in eerste instantie intimiderend zijn. Het **centrale gebied** met de vijf hoofdtempels is verreweg het indrukwekkendst; verken je de site buiten dit gebied, dan lijk je voor eeuwig rond te dolen in een labyrint van kleinere, **niet-gerestaureerde bouwwerken**. Vergeleken met de omvang en pracht van het centrale gebied zijn ze minder imposant, maar met een goede **plattegrond** (de beste staat in Coe's gids van de ruïnes, te koop bij het bezoekerscentrum) is het verkennen van de nog nauwelijks bezochte delen heel spannend. Zet het uit je hoofd om de afgelegen bouwwerken zonder plattegrond te gaan verkennen; elk jaar verdwaalt er minstens één toerist in de jungle.

Van de ingang naar de Gran Plaza

Als je naar de ruïnes loopt, buigt één van de drie paden naar rechts af, vanaf de **plattegrond** van de locatie naar **Complex Q** en **Complex R**: dit zijn twee van de zeven tweelingpiramides. Ze werden in opdracht van Yax Ain II, ofwel **Chitam**, gebouwd – een van Tikals laatste heersers over wie iets bekend is – om het einde van een *katun* (twintig jaren van 360 dagen) te markeren. Tweelingpiramides zijn uniek in de bouwkunst en worden alleen in de Tikal-regio aangetroffen: verschillende in de stad zelf, en een paar op naburige sites (zoals Nakúm, Yaxhá en Ixlú). Van Complex Q (ingewijd in 771), het eerste stel dat je tegenkomt, werd maar één piramide gerestaureerd en werden de stèles en altaren ervóór opnieuw opgericht. Op de gunstige dagen van de Mayakalender voeren Maya-sjamanen hier religieuze rites op. Aan de noordkant staat een kopie van **stèle 22** (het origineel staat in het Museo Lítico), met hiërogliefen die de troonsbestijging tonen van Chitam II; hij staat in vol ornaat afgebeeld, compleet met hoofdtooi en een kilt van jaguarvel, met de koningsstaf in de hand.

Via het pad dat na de tweelingpiramides van **Complex R** (uit 790) naar links afbuigt kom je bij de achterkant van Tempel I via de **oostelijke plaza**. Links, achter een kleine balspelplaats, is een breed platform omringd door lage gebouwtjes dat bekendstaat als de **marktplaats**, met in de zuidoostelijke hoek van de plaza een indrukwekkende tempel, waaronder de resten van verscheidene schedels zijn gevonden, de slachtoffers van menselijke offergaven. Achter de marktplaats vind je de **zweethutten** die waarschijnlijk als stoombad dienden (vergelijkbaar met die van de huidige Maya's uit het hoogland). Priesters en heersers namen eerst een stoombad om zich te reinigen voordat ze de religieuze rites uitvoerden.

Vanaf hier ben je met een paar stappen bij de **Gran Plaza**, het hart van de antieke stad. Dit plein vormde zo'n duizend jaar lang het centrum van ceremoniele en religieuze activiteiten in Tikal en is omringd door vier massieve bouwwerken. Het oudste gedeelte is de noord-akropolis; de twee geweldige tempelpiramides (die de oorspronkelijke noord-zuidas van de stad ontwrichtten) werden pas in de 8ste eeuw gebouwd. De plaza beslaat een oppervlakte van ruim 9000 m², en onder de huidige grasvlakte liggen vier lagen pleistervloeren, waarvan de oudste uit 150 v.C. dateert en de meest recente uit 700 n.C. Tempel I is al jaren niet toegankelijk voor publiek, maar vanaf Tempel II heb je een prachtig uitzicht. De symmetrie van de twee tempels geeft perfect de Maya-preoccupatie met astronomie weer; tijdens een **equinox** 'kust' de schaduw van Tempel I de voet van Tempel II, en later op de dag doet Tempel II op zijn beurt hetzelfde.

Tempel I, die ruim 44 m boven de plaza uitsteekt, is het handelsmerk van Tikal; het bouwwerk staat ook bekend als de Tempel van de Grote Jaguar vanwege het jaguarmotief op een van de bovendrempels, die zich nu in een museum in Bazel bevindt. De tempel was een grafmonument voor de schitterende **tombe van Hasaw Chan K'awil**, een van Tikals beroemdste heersers, die in 682 (zie blz. 329) de troon besteeg en de aartsvijand - de staat Calakmul - versloeg. De tempel werd kort na zijn dood in 721 gebouwd, onder leiding van zijn zoon en opvolger Yik'in Chan K'awil. In de tombe in het hart van de tempel werden zijn overblijfselen gevonden met het gezicht naar het noorden, omringd door jade, parels, zeeschelpen en stekels van de pijlstaartrog, van oudsher symbool van de mensenoffers. Ook trof men schitterende benen ornamenten aan, misschien afkomstig van de roofbuit uit Calakmul, waarop een reis in een kano naar de onderwereld staat afgebeeld, met peddelende mythische dierenfiguren. Een reconstructie van het graf (tombe 116) is tentoongesteld in het Museo Tikal.

In bouwkundig opzicht week Tempel I radicaal af van alles wat er tot dan toe was gebouwd in de Mayaregio: hij drukte onmiskenbaar vertrouwen uit, en vaststaat dat hij ontworpen werd om Tikals positie als heersende macht opnieuw te laten gelden. De tempel bestaat uit een reeks van negen plateaus die boven op elkaar werden gebouwd, in een stijl die de verticale afmetingen van de tempel benadrukt en de blik als vanzelf naar de dakkam trekt. Om dit hoogte-effect te creëren werden honderden tonnen vuursteen en steengruis over de voltooide graftombe uitgestrooid waaromheen de tempel werd gebouwd, met een trap van brede kalksteenblokken langs de façade. Op de top van het monument staat een gebouw met drie vertrekken en een holle dakkam die oorspronkelijk in crème, rood en mogelijk in groen was geschilderd. Aan de voorkant van de dakkam zie je nog net de afbeelding van een zittende figuur met een gestileerde slang.

Ertegenover, als een hurkende versie van Tempel I, staat **Tempel II**, ook wel de Tempel van de Maskers genoemd vanwege de twee groteske maskers aan weerszijden van de trap, die inmiddels enorm geërodeerd zijn. De tempels waren zo gerangschikt dat ze een lijn van tweelingpiramides vormden, en hun bouw markeerde een invloedrijke verandering in het ceremoniële centrum van de stad. Niet alleen de enorme afmetingen van deze nieuwe tempels zijn een krachtig statement, ook hun positie leidt opzettelijk de aandacht af van de nabijgelegen noord-akropolis, hoog oprijzend boven de monumenten waar Tikals elite al sinds vijfhonderd jaar werd begraven. Tempel II dateert van het begin van de 8ste eeuw en werd vrijwel zeker gebouwd ter ere van de echtgenote van Hasaw Chan K'awil, Vrouwe Twaalf Ara's. Het bouwwerk is nu 38 m hoog, maar als de dakkam nog intact was geweest, had dit bouwsel Tempel I in hoogte geëvenaard. De klim naar het hoogste niveau van het bouwwerk via een steile houten trap is niet moeilijk, en de echo's klinken luid en duidelijk op; het uitzicht, waarbij je bijna op gelijke hoogte staat met het bladerdak van het oerwoud, met de Gran Plaza ver beneden je uitgespreid, is grandioos.

De noord-akropolis

De **noord-akropolis** neemt de complete noordkant van de Gran Plaza in beslag en is een van de meest complexe bouwwerken van het hele Mayarijk. Hier werden vele gebouwen over elkaar heen gebouwd in de traditionele Mayastijl; onder de twaalf tempels van nu liggen de restanten van zo'n honderd andere bouwsels. Al in het jaar 100 v.C. bouwden de Maya's hier tempels en graftombes; rond 250 n.C. werd het hele complex afgebroken en als plateau weer opgebouwd, met daarop vier gewelfde tempels, alle herbouwd in de vroegklassieke periode. Archeologen groeven een deel van het oppervlak af, zodat de vroegere werken werden onthuld, waaronder de twee preklassieke stenen **maskers** die nu onder een beschermend rieten afdak liggen; de ene stelt een god voor met een haakneus en oordopjes in, met een hoofdtooi als een kroon. Oorspronkelijk zouden deze enorme maskers, die talloze trappen van preklassieke Mayatempels opluisteren, zijn afgewerkt met een laag kalksteen en werden ze in scharlakenrood en groen geschilderd.

Voor de noord-akropolis staan twee rijen **stèles**, met afbeeldingen van Tikals elite, en cirkelvormige altaren. De heersers waren geobsedeerd door de optekening van de dynastieke sequentie van de stad, die ze aan grote historische momenten koppelden waarvoor ze zo ver mogelijk terugblikten in de geschiedenis. Veel stèles dragen de sporen van rituele schendingen waaraan de indringers uit Caracol zich in de klassieke periode schuldig maakten; het waren de vernederingsrites van overheersers.

De centrale akropolis

Aan de andere zijde van de plaza staat de centrale akropolis, een enorm doolhof van 45 met elkaar in verbinding staande kamertjes en trappen, gebouwd rond zes binnenplaatsjes. De bouwwerken hier waren vermoedelijk paleizen, gerechtshoven en bestuurscentra. Met name **gebouw 5D-46**, gedeeltelijk vervallen, rechthoekig en met korte stenen trappen aan de voor- en achterkant, is intrigerend. Het dateert uit 360 n.C. en was het verblijf van Chak Tok Ich'aak I (Grote Jaguar Poot). Minstens vierhonderd jaar fungeerde het als paleis en men vond het blijkbaar zo'n heilig, belangwekkend gebouw dat geen enkele heerser er na de 4de eeuw enige verandering van belang in aanbracht. Kijk ook eens bij het twee verdiepingen tellende bouwwerk op binnenplaats 2, **het paleis van Maler**, genoemd naar de archeoloog Teobert Maler die er tijdens zijn expedities in 1895 en 1904 woonde. Achter de akropolis ligt de paleisvijver, een van de zeker twaalf met kleidammen omringde bassins waarop kanalen vanuit de hele stad hun regenwater loosden.

Van de westelijke plaza naar Tempel IV

Achter Tempel II ligt de **westelijke plaza**, met aan de noordkant een groot paleis uit de laatklassieke periode en hier en daar altaren en stèles. Vanaf hier leidt de **Tozzer-weg** – een van de wegen die de centrale delen van de stad met elkaar verbinden – westwaarts naar **Tempel III** (60 m), die overwoekerd is door junglevegetatie en gesloten voor publiek. Een fragment van stèle 24, dat gevonden werd aan de voet van de tempel, bevat de datum 24 juni 810 v.C., die het einde van een *katun* aangaf. Het was gebruikelijk om tweelingtempels te bouwen ter ere van deze veelbelovende gebeurtenis, maar het is ook duidelijk dat de klassieke Maya's in deze periode in de hele regio met ernstige problemen kampten; het zal al een hele prestatie zijn geweest om voldoende mankracht bij elkaar te krijgen voor de bouw van Tempel III. Veel Mayanisten menen dat Tempel III een grafmonument is voor Duistere Zon, de laatste machtige heerser van Tikal, en dat hij statig staat afgebeeld in een schitterend jaguarkostuum op de ernstig geërodeerde bovendrempels die de top van de tempel bekronen. Aan de achterkant is een gigantisch paleizencomplex, waarvan alleen het **Vleermuizenpaleis**, gekenmerkt door brede trappen, is gerestaureerd. Verderop aan de weg ligt links **Complex N**, nog een stel tweelingpiramides uit de laatklassieke periode. In het noordelijk afgescheiden deel van het complex toont de fraai bewerkte **stèle 16** een flamboyant geklede Hasaw Chan K'awil, die onder Tempel I begraven lag, afgebeeld met een gigantische hoofdtooi. De voet van **altaar 5** toont een uitgehouwen tafereel van Hasaw met een mensenschedel en beenderen die als offerande dienden, en een edele uit Maasal, ooit een vazalstaat van Calakmul, wat erop wijst dat Tikal met succes had weten binnen te dringen in de invloedssfeer van zijn aartsvijand rond 711 n.C., toen het altaar werd voltooid. In de begeleidende tekst staat de dood van Hasaw's vrouw vermeld, Vrouwe Twaalf Ara's.

Aan het einde van de Tozzer-weg staat **Tempel IV**, het grootste bouwwerk in Tikal (64,6 m) dat in 741 n.C. werd gebouwd door Yik'in Chan K'awil (Hasaws zoon). Volgens veel archeologen was het een grafmonument. Tot nu toe is men er met de opgravingen, waarbij onder andere vijf tunnels zijn geboord in de kern van het gebouw, niet in geslaagd zijn graf bloot te leggen, al stuitte men wel op een vroege piramide (waarop Tempel IV werd gebouwd). Tempel IV is heel beroemd om zijn bewerkte **houten bovendrempels**, verfraaid met afbeeldingen van de zegevierende koning, en om het weelderige beeldhouwwerk dat ooit zijn top versierde. Om deze te kunnen bewonderen moet je nu naar Zwitserland, maar het archeologisch museum in Guatemala-stad bezit een uitstekende replica van bovendrempel 3.

Via een trap bereik je het hoogste niveau van deze ongerestaureerde tempel. De klim gaat langzaam en is vermoeiend, maar je krijgt er een fantastisch uitzicht over de hele site voor terug. Overal om je heen strekt zich tot aan de horizon een zee van boomtoppen uit, en achter de ruïnes van Naranjo doemt het Mayagebergte van Belize op, een uitzicht dat slechts onderbroken wordt door de dakkammen van de andere tempels. Vanwege deze vergezichten komen hier vaak mensen naar de zonsopkomst kijken. En ook al is de zon vaak in nevelen gehuld vanwege de vochtigheid en mist, het junglekoor dat losbarst bij het aanbreken van de dag stelt zelden teleur.

Vanaf Tempel IV leidt de **Maudslay-weg** naar **Groep H**, met nog twee tweelingpiramides, en vanaf hier leidt de **Maler-weg** je terug naar de oostelijke plaza, langs nog een ander stel piramides.

De Mundo Perdido en de Plaza van de Zeven Tempels

De andere hoofdgebouwen in het centrum van Tikal liggen ten zuidoosten van Tempel IV. De eerste nemen de hele **Mundo Perdido** (Verloren Wereld) in en vormen met elkaar een mysterieuze en afzonderlijke sectie met een eigen sfeer en architectuur. Van de ruïnes in dit deel van de stad is weinig bekend. De grootste bezienswaardigheid is de **Grote Piramide**, een bouwwerk van 32 m hoog dat vier eerdere versies achter zijn façade verbergt; de eerste was een astronomische tempel uit 500 v.C. Er zijn nog vaag zestien maskers te onderscheiden, vier aan elke zijde van de piramide. Ten oosten hiervan zie je de **Plaza van de Zeven Tempels**, die deel uitmaakt van een complex uit de periode voor Christus. Archeologische opgravingen en restauratiewerkzaamheden zijn hier nog volop gaande. De noordkant van de plaza wordt gevormd door een ongebruikelijke drievoudige balspelplaats met aan de oostflank de niet uitgegraven zuid-akropolis.

Tempel V, Tempel VI en daar voorbij

Een korte route vanaf het zuidelijk deel van de Plaza van de Zeven Tempels leidt naar de achterkant van de 58 m hoge **Tempel V**, waarvan de imposante, wijd uitlopende façade helemaal gerestaureerd werd. Volgens recent onderzoek begon heerser Dierenschedel rond 600 v.C. met de bouw, die in totaal vijftig jaar duurde; het vormde de basis van Tikals zes grote tempels, maar verder is er weinig over bekend. Een duizelingwekkend hoge houten trap (gesloten bij zware regenval) aan de zijkant van de tempel leidt naar een rank, hoger gelegen niveau, iets onder het bladerdak, waar je een waanzinnig uitzicht hebt op de tempels van de Gran Plaza en het oerwoud daarachter.

Ten slotte kom je via de Méndez-weg vanaf de centrale akropolis bij **Tempel VI**, ook bekend als de Tempel van de Inscripties. Deze werd in 1957 ontdekt en ligt op ongeveer 1 km van de plaza. Deze middelgrote tempel, die in 766 werd voltooid, is beroemd om zijn dakkam van twaalf meter hoog, met op de achterkant een lange hiërogliefentekst, nu nauwelijks meer zichtbaar. Meer dan 180 tekens leggen de geschiedenis van de stad vast vanaf het stichtingsjaar 1139 v.C. (wat het eerste archeologische bewijs van vestiging dicht benadert). Ook van Tempel VI werd – net als van Tempel IV – vermoed dat Yik'in Chan K'awil, Tikals wonderbaarlijke monumentenbouwer, er begraven lag.

Buiten het centrale gebied liggen talloze kleinere, **ongerestaureerde bouwsels**. Bij de enorme omvang en diepe indruk die alles wat je gezien hebt op je heeft gemaakt, steken deze wat mager af, maar met een goede plattegrond (de beste staat in Coe's gids van de ruïnes, te koop bij het bezoekerscentrum) is het heel spannend om een paar zelden bezochte delen van de site te verkennen. Vaststaat dat Tikal jou eerder zal uitputten dan dat jij het uitputtend zult hebben verkend.

Uaxactún en omgeving

Drieëntwintig kilometer ten noorden van Tikal staan aan beide kanten van een landingsbaan de adobe- en planken huisjes van het dorp **UAXACTÚN**, evenals de ruïnes met dezelfde naam. Er zijn meerdere accommodaties, een paar comedores en dagelijkse busverbindingen vanaf Flores, wat het dorp tot een ideale uitvalsbasis maakt voor de afgelegen noordelijke ruïnes van **El Zotz**, **Naachtún** en **Río Azul**. De archeologische site (in de Mayaperiode bekend als Sia'an K'aan) is veel kleiner dan Tikal en nam in de laat-preklassieke periode in aanzien toe toen Uaxactún een belangrijke medespeler werd. Uaxactún raakte in een hevige concurrentiestrijd verwikkeld met Tikal, die op 16 januari 378 tot een hoogtepunt kwam toen de krijgers van Tikal Uaxactún veroverden met behulp van het nieuwste snufje op wapengebied: speerwerpers uit Mexico. Uaxactún kwam deze historische nederlaag nooit meer te boven en zou in de resterende klassieke periode niet meer dan een onbeduidend provincieplaatsje blijven.

De **ruïnes** van Uaxactún (officieel $ 7,50, maar meestal wordt er geen entreegeld geïnd) zijn niet zo uitgebreid en kunnen na de grandeur van Tikal een beetje tegenvallen, maar een voordeel is dat je de site bijna voor jezelf zult hebben. De dorpskinderen zullen je met hun onweerstaanbare charme een rondleiding aanbieden (al is hun archeologische kennis beperkt) en erop aandringen dat je een pop van maïsbladen koopt, versierd met kralen en droogbloemen. Een fooi van rond de twee quetzal voldoet.

De interessantste bouwwerken staan in **Groep E**, ten oosten van de landingsstrook, waar drie lage, gereconstrueerde tempels – Tempel E-1, E-II en E-III – zij aan zij staan en als observatorium dienen. Vanaf de top van een vierde tempel gezien komt de zon op achter de noordelijke tempel (E-I) op de langste dag van het jaar en achter de zuidelijke (E-III) op de kortste dag. Dit architectonische patroon werd hier voor het eerst ontdekt en is sindsdien ook op een aantal andere vindplaatsen aangetroffen. Het observatiepunt bevindt zich boven de beroemde **E-VII sub**, een ondergrondse preklassieke tempel waarvan ooit werd aangenomen dat hij uit 2000 v.C. dateerde, al denkt men nu dat hij nieuwer is. De piramide heeft aan alle zijden simpele trappen, geflankeerd door monumentale **stucco-maskers** van jaguar- en slangenkoppen. Het was duidelijk een gewijd monument, een platform voor offers en aderlaten, want de jaguar duidt op de Jaguar God van de onderwereld, een van de machtigste godheden; de slang verbeeldt de legendarische 'staart-eter'.

Aan de andere kant van de landingsbaan staan **Groep A en B**, een reeks grotere tempels en huizengroepen, waarvan sommige opnieuw werden opgebouwd en verspreid liggen op de verhoogde grond. Meerdere indrukwekkende stèles maken deel uit van de bouwwerken, elk beschermd door een rieten dakje, maar schrijnend genoeg zijn de meeste gebroken en omgevallen.

Praktische informatie

Vanuit Flores rijden er twee **bussen** (om 13 en 15 uur; 2:15 uur) door Tikal naar Uaxactún; je kunt ook rondreizen vanuit Flores (zie blz. 316). Voor een **overnachting** heb je twee keuzes. Het gastvrije *Campamento Ecológico El Chiclero* (Ⓣ7783 3917, Ⓔcampamentoelchiclero@gmail.com; ❸) heeft simpele kamers met goede matrassen en klamboes, campingplaatsen en plek voor hangmatten (beide $ 3,50) en er zijn gedeelde, schone badkamers. Eigenaar Antonio Baldizón organiseert ook terreinwagentrips (in het droge seizoen feb–mrt) naar Río Azul en Naachtún. Zijn vrouw Neria kookt uitstekende maaltijden, in grote porties geserveerd ($ 6,50). De andere keuze is *Aldana's* (❷) gerund door Bárbara Aldana, een vriendelijk maar minimaal onderkomen, met kamers in houten gebouwtjes, en een camping ($ 2 pp). Voor een goedkope **maaltijd** ga je naar *Comedor Uaxactún* ten noorden van de landingsbaan.

Op het terrein van *El Chiclero* is een klein interessant **museum** (gratis), waar je volgestouwde planken met een verbazingwekkende, nog intacte collectie vazen, borden en ander keramiek vindt. Veel kommen zijn verfraaid met hiërogliefen en dierenfiguren; in sommige is in het midden een gat geboord om ceremonieel de kracht te 'doden' die ze bevatten. Andere voorwerpen zijn onder andere een prachtige halssnoer en vuurstenen bijlbladen, tot glazuur gepolijst.

El Zotz en Río Azul

Afgelegen in de junglezee rond Tikal liggen nog andere belangrijke **ruïnes,** niet gerestaureerd en grotendeels overwoekerd, maar met een eigen, unieke sfeer. Het merendeel van de tempels ligt onder aardhopen, hun zijden verstopt onder de vegetatie, met alleen de hoogste dakkammen zichtbaar. Een zandweg (in feite een oude Mayaweg of *sacbé*) leidt noordwaarts naar Río Azul, en ruwe paden leiden zuidwaarts naar El Zotz en oostwaarts naar San Bartolo. Ben je avontuurlijk ingesteld en wil je een nog ongerepte Mayaruïne zien, dan lenen deze sites zich daar heel goed voor.

El Zotz

Vijfentwintig kilometer ten westen van Uaxactún, langs een jeeproute die in het droge seizoen meestal begaanbaar is (met een 4WD), bevindt zich **El Zotz**, een grote Maya-vindplaats in een eigen *biotopo* vlak naast nationaal park Tikal. Informeer bij de eigenaren van *El Chiclero* in Uaxactún **of bij** de touroperators in Flores (zie blz. 316) naar **vervoer**; zij kunnen pakpaarden organiseren, kampeerspullen, voedsel en een gids. Driedaagse trips met onder andere een trektocht naar El Zotz, een dag bij de ruïnes en een trektocht naar Tikal zijn erg aan te bevelen, vanaf $ 245 per persoon (minimaal twee personen).

El Zotz is nog helemaal ongerestaureerd en werd systematisch geplunderd, ook al is er nu het hele jaar door bewaking en is er zelfs een biologisch station van CECON vlak bij de ruïnes. De drie belangrijkste tempels zijn overwoekerd en bedekt met aarde, maar met behulp van bouwsteigers kun je naar de top van het hoogste bouwwerk klimmen, de **duivelspiramide**, een spectaculaire onderneming. Op heldere dagen kun je de dakkammen zien van de tempels van Tikal, 23 km ten westen van deze plek. *Zotz* betekent in de Mayataal 'vleermuis'; elke avond zie je bij zonsondergang de tientallen, misschien wel honderden **vleermuizen** van allerlei soorten uit een grot vlak bij de camping fladderen. Vooral bij maanlicht is dit een spectaculair gezicht, waarbij de klapwiekende vleugeltjes klinken als een rivier in stroomversnelling: dit is een van de meest opvallende natuurfenomenen in Petén. Let ook op de wijfjesvleermuizen, die met uitgeslagen klauwen op hun prooi duiken.

Río Azul

De afgelegen vindplaats **Río Azul**, ongeveer op de plek waar de grenzen van Guatemala, Belize en Mexico samenkomen, werd pas in 1962 herontdekt. In de Mayatijd heette dit gebied Sak Há Witznal ('Helder Water Berg'), verwijzend naar de rivier vlak bij de vindplaats. Hoewel er van restauratie nauwelijks sprake is, is de kern van de site in veel opzichten vergelijkbaar met Tikal, maar dan veel kleiner. De grootste tempel (A-III) van zo'n 47 m hoog komt met zijn top boven de boomtoppen uit en biedt je een prachtig uitzicht over het oerwoud.

Onderzoek suggereert dat de vindplaats uit 900 v.C. dateert en tot halverwege de klassieke periode een belangrijke stad was. Río Azul was een bloeiend handelscentrum voor handel tussen het Caribisch gebied (dat rijk was aan cacao) en het Mayarijk in ruimere zin, maar ook een belangrijk landbouwcentrum (er werd een uitgebreid netwerk van irrigatiekanalen blootgelegd). De geschiedenis van de site is sterk vervlochten met Tikal en Calakmul, de twee supermogendheden in dat tijdvak. Waarschijnlijk stelde Tikals heerser Stormachtige Lucht een van zijn zoons aan als koning, maar rond de 6de eeuw was Río Azuls positie aan de rand van Tikals grondgebied uiterst kwetsbaar geworden, en in 530 werd de stad dan ook veroverd door Calakmuls Tuun K'ab' Hix (Stenen Hand Jaguar). Na deze nederlaag vond er een leegloop plaats, maar in de laatklassieke periode raakte de stad langzamerhand weer bewoond. Rond 830 echter werd Río Azul geplunderd door roofzuchtige Puuc-Maya's uit de Yucatán.

Enkele verbluffend mooie **tombes** werden hier opgegraven, bedekt met wit pleisterkalk en beschilderd met levendige rode reliëftekeningen. Men neemt aan dat in tombe 1 de beenderen van de zoon van Stormachtige Lucht lagen en dat de nabijgelegen tombes 19 en 23 de dode lichamen van krijgers bevatten, in de karakteristieke kledij van de oude stad Teotihuacán in Centraal-Mexico, wat opnieuw de theorie bevestigt dat Tikal zijn macht grotendeels ontleende aan de alliantie met deze machtige stad. Veel vondsten, waaronder een rijk gedecoreerde kruik met gekromd handvat, worden tentoongesteld in het archeologisch museum in Guatemala-stad (zie blz. 81).

Na de ontdekking van de vindplaats vonden er op grote schaal **plunderingen** plaats door bendes van wel tachtig man; ze schonden de graftombes en ontvreemdden unieke schatten (zoals wonderschone groene jaden maskers en hangers) die ze op de internationale markt verkochten. Graftombes werden van hun ornamenten ontdaan, en een paar van de mooiste muurschilderingen uit het Mayarijk werden van de muren gehakt; tombe 1 wist aan de ergste vernielingen te ontkomen. Tegenwoordig zijn er twee bewakers, die het entreegeld van $ 7,50 innen en je rondleiden. De grootste tempels zijn inmiddels te onveilig om te beklimmen, dus neem het advies van de bewakers ter harte. Meer informatie vind je in *Río Azul: An Ancient Maya City*, door Richard Adams (Universiteit van Oklahoma).

Vervoer

De **weg** van Tikal naar Uaxactún loopt nog 95 km door naar het noorden, naar Río Azul. Deze route is alleen in het droge seizoen begaanbaar en kan afhankelijk van de omstandigheden met een 4WD in vijf uur worden gereden. **Lopend** of **te paard** doe je er drie à vier dagen over. Excursies worden door *El Chiclero* in Uaxactún geregeld of door ProPetén, of een paar touroperators in Flores (zie blz. 316).

Het Mirador Basin

De ruïnes van de eerste grote Mayasteden liggen nog steeds verborgen; opgeslokt door het dichte oerwoud in de Mayaregio in een gebied dat het Mirador Basin heet, dicht tegen de Mexicaanse grens aan in het uiterste noorden van het land. Intensieve archeologische opgravingen worden hier pas sinds een jaar of tien gedaan, maar de ontdekkingen hebben al tot een complete herziening van de herkomsttheorie van de Maya's geleid; het staat vast dat dit afgelegen gebied ooit de bakermat was van de Mayabeschaving. Het belangrijkste gebied is de enorme vindplaats **El Mirador**, de eerste Maya-'supermacht', beroemd om zijn kolossale triadische tempelcomplexen. Maar het naburige **Nakbé**, de eerste stad die rond 800 v.C. verrees, **Wakná** (pas in 1998 ontdekt) en de indrukwekkende ruïnes van **El Tintal** (misschien zo groot als Tikal) zijn slechts drie van de talloze andere steden die ooit in deze afgelegen gebieden floreerden.

De omstandigheden voor opgravingen zijn erg lastig: men werkt op moerassig, door steekmuggen geteisterd terrein dat zo nat wordt dat er maar vijf maanden per jaar opgravingswerk kan worden gedaan. Maar de grootste taak waar de archeologen en Guatemalteekse autoriteiten voor staan, is de ruïnes te redden van de voortdurende dreiging van opdringerige kolonisten, houthakkers, drugssmokkelaars, veehoeders en grafschenders. Vanwege het gebrek aan beveiliging wordt er door de milieubeweging en Mayanisten druk gelobbyd om de hele Mirador-regio

(2169 km^2 jungle vanaf de Mexicaanse grens tot El Zotz in het zuiden) officieel tot **Nationaal Park Mirador Basin** uit te roepen. President Colom kondigde in zijn inaugurele rede in 2008 aan dat de stichting van een nationaal park hier prioriteit heeft. Het moet gekoppeld worden aan het naburige Calakmul-reservaat in Mexico, zodat een binationaal beschermd gebied ontstaat. Ook is er een aanvraag ingediend bij Unesco om Mirador tot werelderfgoed te verklaren.

Onmiddellijke, effectieve bescherming is essentieel. Opeenvolgende Guatemalteekse regeringen stelden zich aarzelend op toen reservaten als Laguna del Tigre in rook opgingen. Veertig gewapende opzichters patrouilleren nu in het Miradorgebied, omdat anders, volgens archeoloog **Richard Hansen** (die hier jarenlang de opgravingen leidde) 'de hele stad verloren gaat'. Volgens Hansen is streng gecontroleerd ecotoerisme, met onder andere de bouw van een jungleherberg en een smalspoor, de beste manier om de oerbossen en de 26 bekende Maya-sites van het Mirador Basin te behouden. Maar niet iedereen is dezelfde mening toegedaan. Veel kolonisten in de randgebieden en het reservaat zelf zien weinig toekomst in ecotoerisme; ze lobbyen voor concessies op het gebied van houtkap en het boerenbedrijf. Af en toe steken de grondbeluste campesinos een opzichterspost in brand; dorpelingen uit Dos Aguadas werd zelfs toegezegd dat ze in het Maya Biosfeer Reservaat mochten 'boeren'. De keuze lijkt dus neer te komen op minder bomen of meer toeristen.

Op dit moment komen er elk jaar maar zo'n drieduizend toeristen naar Mirador, en er lopen meer archeologen rond dan bezoekers. Deze aantallen zijn zo laag vanwege de hoge uitgaven en de moeite die het kost om bij de **ruïnes** (zie hierna) te komen: het vergt een zware, dagenlange trektocht door dicht oerwoud en moerassen. Maar je kunt ook een flitsbezoek brengen als onderdeel van een helikoptervlucht.

El Mirador

El Mirador is misschien wel de meest exotische en mysterieuze van alle Mayavindplaatsen. De indrukwekkende stad wordt omsloten door de jungles van Petén en Campeche en overtreft Tikal in omvang, al is men nog maar pas begonnen zijn

▲ El Mirador

geschiedenis te reconstrueren. Men is niet eens zeker van de naam: *el mirador* betekent 'de uitkijkpost' in het Spaans; maar het kan **Ox Te Tun** zijn geweest (Geboorteplaats van de Goden). Tot in de jaren tachtig werd aangenomen dat Mirador een grote stad was uit de klassieke periode die in dezelfde tijd floreerde als Tikal, Copán en Palenque. Na meerdere opgravingen is deze theorie inmiddels weerlegd en weten we dat Mirador een preklassieke hoofdstad was van ongekende omvang. Zijn val rond 150 n.C. was de eerste van twee catastrofale ineenstortingen waaronder de Mayabeschaving gebukt ging.

De ruïnes worden omringd door een van de dichtste tropische regenwouden van Amerika waar je beslist wilde dieren tegenkomt zoals brulapen en spinapen, toekans en misschien zelfs een felrode ara. Het geplande Nationaal Park Mirador Basin waarin de ruïnes liggen, telt voor Zuid-Amerika een gezond aantal katachtigen, met naar schatting zo'n vierhonderd jaguars, ocelots, *jaguarundi* (wezelkatten) en poema's.

Geschiedenis in het kort

Volgens recent onderzoek werden de eerste kolonisten hierheen gelokt door de moerassige grond van het Mirador Basin; op de vruchtbare *bajo*-modder konden de eerste Maya's nederzettingen stichten waar ze van akkerbouw konden leven. Rond 1000 v.C. – al wijzen opgravingen van keramiek op een nog eerder jaar: 1480 v.C. – werden de nederzettingen in Mirador gesticht en kwamen ze tot bloei. Voor de stad zelf werd een imponerende plek gekozen, in een karstgebied met (kalkstenen) heuvels op zo'n 250 m hoogte, aan de oostkant beschermd door moerassen.

Halverwege de preklassieke periode werden er ceremoniële bouwwerken opgetrokken, zoals de eerste tempels in Los Monos, El Tigre en de centrale akropolis (latere generaties herbouwden alles op veel grotere schaal). Eeuwenlang floreerde Mirador, met name tussen 350 v.C. en 100 n.C., en toentertijd was het onmiskenbaar de grootste stad van Midden-Amerika en de woonplaats van ruim honderdduizend Maya's, met in de Bassin-regio nog honderdduizenden onderdanen.

Mirador groeide uit tot een belangrijk handelscentrum voor jade en obsidiaan uit het hoogland, graniet, schelpen en koraalkralen uit het Caribisch gebied en zout uit de Yucatán. De stad domineerde uiteindelijk de hele regio en moet rond het begin van de christelijke jaartelling het aanschouwen waard zijn geweest met zijn emblematische triadische tempels, geschilderd in natuurlijk vermiljoen rood, oprijzend boven het bladerdak van het regenwoud, en zijn geplaveide straatwegen tussen de hoofdstad en tientallen andere steden in het rijk.

De exacte redenen voor Miradors neergang zijn niet duidelijk, maar aannemelijk is dat na een millennium van tempelbouw en imperiumdrift, intensieve landbouw en ontbossing door verbranding (om kalk te winnen voor de dikke pleisterlaag waarmee elk gebouw bedekt werd), de moerassen waren uitgedroogd en **het milieu was uitgeput**. Andere belangrijke steden als Teotihuacán in Centraal-Mexico en Tikal zetten zich schrap rond de 2de eeuw n.C., wat wellicht heeft geleid tot de bouw van de 25 m hoge stadswallen ter bescherming van de heilige stadskern.

In alle grote steden van het Bassin was er in de laat-preklassieke periode rond het jaar 150 een plotselinge leegloop, maar op grond van onlangs ontdekte inscripties neemt men aan dat de heersers 50 km naar het noorden uitweken om daar een tweede supermacht te stichten. Mayanisten hebben de geschiedenis van deze imperiumbouwers tot nu toe alleen fragmentarisch kunnen beschrijven, en het ware verhaal zal nooit volledig onthuld worden.

De archeologische site

De **ruïnes** ($ 8) van El Mirador liggen nog verscholen in het dichte oerwoud en slechts enkele zijn gedeeltelijk herbouwd. In veel opzichten ervaar je de stad zoals 19de-eeuwse ontdekkingsreizigers als Maudslay Tikal aantrof; je zult dus je fantasie moeten gebruiken om een idee te krijgen van zijn omvang en grandeur. Maar het archeologisch project dat hier wordt uitgevoerd is het grootste van Amerika – er werken elk seizoen zo'n veertig archeologen, tientallen studenten en driehonderd arbeiders – en er worden voortdurend nieuwe ontdekkingen gedaan.

Het centrum van de vindplaats beslaat zo'n 16 km^2 en strekt zich uit tussen twee enorme piramidegroepen. Aangenomen wordt dat Miradors **ceremoniële kern**, soms westgroep genoemd, hoofdzakelijk het domein was van de elite en hogepriesters en honderden tempels en bouwwerken, reservoirs en aquaducten omvat, omringd door een verdedigingswal en mogelijk beveiligd met toegangspoorten. Aan de westrand van dit heilige gebied ligt het **El Tigre-complex**, bestaande uit een enorme, enkele piramidebasis en een hoger gelegen platform met drie tempels. Dit triadische tempelontwerp, met een top van 55 m hoog, is karakteristiek voor El Miradors architectuur (en diende als model dat op alle preklassieke locaties in het gebied werd nagebootst). De tempelbasis van El Tigre meet 125 bij 135 m, de oppervlakte van drie voetbalvelden. Gigantische stucco **jaguarmaskers** werden hier opgegraven, met roodgeverfde tanden en klauwen. Aan de zijkant van de El Tigre-piramide is een trap uitgehouwen; de tempeltop is een geliefde plek voor het bekijken van een zonsondergang (op slechts 15 minuten lopen van de camping).

Voor het El Tigre-complex staat El Miradors heilige centrum: de **centrale akropolis**, een lange smalle plaza waar ceremoniële offerandes zouden zijn uitgevoerd. De grafkamers die in dit centrale gebied werden blootgelegd waren met ijzeroxide behandeld om corrosie te voorkomen; ze bevatten de lichamen van priesters en edelen, omringd door de lancetten van obsidiaan en pijlstaartrogstekels die gebruikt werden om penis, oren en tong te piercen tijdens rituele aderlatingen (zie Context, p. 426–427). Het aderlaten werd door de Maya's gezien als methode om de goden bijeen te roepen en aan te moedigen, en was gebruikelijk in alle grote ceremoniële centra.

Ten zuiden van het El Tigre-complex staat nog een triadisch bouwwerk met plaza, het **Monos-complex** (hoogte 42 m), genoemd naar de grote brulaap die tot diep in de nacht en na hevige regenval brult. De **León-piramide** en het **Cascabel-complex** vormen de noordelijke grenzen van het heilige gebied.

Vanaf de centrale akropolis oostwaarts via de Puleston-weg en langs reservoirs is het ongeveer 1,5 km lopen naar de oostgroep, die laag op laag gestapeld boven het oerwoud oprijst. Het cluster van monumentale gebouwen staat in zijn geheel op een immens stenen basisplatform van 600 bij 330 m. Het pad leidt opwaarts naar een tweede platform, waar je oog in oog komt te staan met de Pava-tempelgroep, kronkelt omhoog van de met junglevegetatie begroeide Pava-piramide naar een derde niveau en komt vervolgens uit op de zijden van de iconische **Danta-piramide** zelf.

De vegetatie aan de gevel van dit enorme bouwwerk wordt langzaamaan weggehaald, maar volgens planning wordt alleen de façade van de piramide blootgelegd en blijft de jungle aan de achterkant en zijkanten intact. Een nieuwe, stevige houten trap leidt naar de top van deze 2000 jaar oude tempel, die 72 m boven het basisplatform uitsteekt (en 79 m boven de bodem van het oerwoud), wat hem tot het hoogste precolumbiaanse bouwwerk van Amerika maakt. Vanaf de top, hoog boven het bladerdak van het oerwoud, zie je in de verte de 'heuvels' van de begroeide piramides van andere grote Mayasteden; ook kun je de tempeltoppen van Nakbé in het zuiden zien. Op heldere dagen kun je zelfs een glimp opvangen van Gebouw

2 in Calakmul in Mexico, ver in het noorden, een stad die vrijwel zeker werd gesticht door de Maya's uit El Mirador.

Het gebied **rond El Mirador** ligt bezaaid met andere (voor)steden en kleinere Maya-vindplaatsen; je passeert zo'n twaalf kleine ruïnes als je te voet uit Carmelita komt. Verschillende wegen, de oude handelsroutes van weleer (de *sakbe'ob, waarvan* sommige wel 40 m breed en 4 m hoog zijn), verbinden talloze kleinere vindplaatsen met El Mirador. Volg je het pad 2 km zuidwaarts, dan kom je in **La Muerte**. Hier worden verscheidene tempels gerestaureerd en zijn fraaie tombes en beeldhouwwerken opgegraven.

Nakbé, El Tintal en Wakná

Zo'n 12 km ten zuidoosten van El Mirador, aan een van de oude hoofdwegen (*sakbé*), verrees ooit **Nakbé** als eerste grotere stad in de Mayaregio (al mogen we aannemen dat er bij toekomstige opgravingen nog oudere steden worden ontdekt). De ruïnes van de oudste bouwwerken dateren van 1000 v.C.; de gemeenschap groeide rond 400 v.C. uit tot een stad met duizenden inwoners en werd een van de belangrijkste centra van de Mayacultuur.

De vindplaats (gratis toegang) is gedeeltelijk gesaneerd, maar wordt nauwelijks bezocht door toeristen; je treft er alleen archeologen, *xateros* (verzamelaars van palmbladen) en *chicleros* (rubbertappers). Opgravingen onder leiding van Richard Hansen en zijn team van de UCLA hebben aangetoond dat de stad een ceremoniële kern van **tempels** had, die door een kilometerslange kalkstenen weg in tweeën was gedeeld, vergelijkbaar met El Mirador. Aan de oostkant rijzen de tempels vanaf hun platform op tot een hoogte van 35 m. Hier vind je de resten van het oudste balspelveld (ca. 450 v.C.) dat ooit in the Mayawereld is gevonden. In de westelijke groep staat het hoogste gebouw van Nakbé, Gebouw I (45 m); vanaf de top is La Danta in El Mirador zichtbaar. Archeologen troffen aan de zijkant van een van de tempels ook vakkundig stuccowerk aan in de vorm van een gigantisch **masker** (5 x 8 m), dat ter bescherming met aarde bedekt blijft. De plaatselijke bewakers zullen je de **chultuns** laten zien (opslagkamers, gehouwen uit kalkstenen rotsen), maar pas op voor slangen en spinnen. Nakbé telt vermoedelijk honderden afgelegen bouwsels, zoals de wooncomplexen rond de plaza's, maar er zullen ongetwijfeld nog veel meer opwindende ontdekkingen volgen.

El Tintal, een andere omvangrijke preklassieke site ten zuiden van El Mirador, werd eveneens door een brede weg met de reusachtige nabuur verbonden, en de ruïnes, al werden ze geplunderd, bieden een ideale kampeerplek op de route naar het Mirador Basin. De ongerestaureerde tempels hier dateren uit een iets later tijdperk, maar zijn ook in triadische formatie gebouwd, compleet met een centrale trap en geflankeerd door enorme stucco maskers, een van de oudste voorbeelden van Mayabeeldhouwkunst. Klim naar de 50 m hoge top van de grootste piramide voor een spectaculair uitzicht met El Mirador in de verte.

Er zijn in het Mirador Basin nog tientallen andere bijna ongerepte vindplaatsen, waaronder veel preklassieke nederzettingen. De enorme vindplaats **Wakná**, of 'huis van zes', werd pas in 1998 ontdekt toen satellietfoto's na zorgvuldige analyse op tempelachtige terpen in de jungle duidden. Dr. Hansen trok met een team naar deze regio en bevestigde dat de terpen de overblijfselen van een stad waren; later werd vastgesteld dat het om een oorspronkelijk preklassieke stad ging. Helaas waren zij niet de eersten die de plaats ontdekten: een geul, uitgehakt in een van de tempels, bevestigde dat er al plunderaars actief waren geweest. Touroperators (zie Flores, 'Handig om te weten'), organiseren zevendaagse uitstapjes naar El Mirador, met ook Wakná en Nakbé op het programma.

Recente opgravingen in het uiterst afgelegen **Naachtún**, zo'n 25 km ten oosten van El Mirador en slechts een kilometer ten zuiden van de Mexicaanse grens, hebben een aanzienlijke stad onthuld die in de laatklassieke periode floreerde. Meer dan veertig stèles zijn opgegraven en de architectuur op deze stad (hachelijk gelegen tussen de giganten Tikal en Calakmul) vertoont bouwstijlen die in beide steden werden aangetroffen; de tempels rond de hoofdplaza zijn sterk beïnvloed door Tikal, terwijl de paleizen gebouwd zijn naar het voorbeeld van de traditionele ontwerpen van Calakmul.

Vervoer naar het Mirador Basin

Vervoer naar El Mirador over land is een hele onderneming, met een bustocht van 77 km van Santa Elena naar het centrum van **Carmelita** – waar gom en *xate* wordt gewonnen – gevolgd door een zware tweedaagse jungletocht met paard of muilezel voor het transport van je uitrusting. De tocht kan onmogelijk in het regenseizoen worden gemaakt vanwege de modder, dus de beste tijd is vanaf half januari tot juli (februari tot april is de droogste periode). De jungletocht biedt wel een unieke kans om door een vrijwel ongerepte jungle te trekken.

De beste **rondreizen** worden in Flores georganiseerd (die van *Hostel Los Amigos* zijn vaak het goedkoopst) maar je kunt ook naar het Turismo Cooperativa in Carmelita gaan (Ⓣ5800 0293 of 7861 0366; alleen Spaans). Je hebt in elk geval gidsen nodig, pakpaarden, eten, water en een kampeeruitrusting. Hoe meer mensen je meekrijgt voor de trip, hoe goedkoper hij uitvalt: een groep van vier betaalt zo'n $ 215 per persoon voor een vijfdaagse trektocht. Voor meer informatie over wat je mee moet nemen en wat je kunt verwachten op zo'n trektocht raadpleeg je de erg informatieve website Ⓦwww.mostlymaya.com. Absoluut noodzakelijk zijn een insectenwerend middel, blarenpleisters, energiesnacks en een voedselvoorraad voor de bewakers, die veertig dagen in het oerwoud blijven en grotendeels op bonen en tortilla's leven.

Organiseer je liever ruim van tevoren een trektocht, neem dan contact op met Maya Expedities (zie Guatemala-stad, 'Handig om te weten'). Zij organiseren uitstekende rondleidingen naar de hoofdsites in de regio Mirador Basin onder leiding van prominente archeologen. Als je liever afziet van de modder en de jungle, dan bieden de **helikoptertrips**, georganiseerd door Tikal/Mirador Park (Ⓣ2367 2837, Ⓦwww.tikalpark.com), een perfect alternatief. Dagtrips kosten $ 380 per persoon, terwijl de aanbevolen 'heli-muildier'-rondreizen veel meer tijd bieden om de ruïnes te verkennen; je vliegt dan per helikopter vanaf Flores en maakt vervolgens een trektocht door de jungle, naar (of vanaf) Carmelita.

Dagelijks rijdt er een **bus** (om 13 uur) die onderweg ook passagiers meeneemt voor de drie uur durende reis van Santa Elena naar het dorp Carmelita, waar je in het nieuwe Mirador-bezoekerscentrum alles over de rondreis kunt uitzoeken en contact opneemt met lokale gidsen. *Campamento Nakbé* (❷), 1,5 km voor Carmelita, biedt eenvoudige, maar schone **accommodatie** in de vorm van grote rieten hutten met klamboes, een camping en hangmatten. Voor een goede maaltijd ga je naar *Comedor Pepe Toño* in het dorpscentrum, dat gerund wordt door Brenda Zapata, die je alles over dit gebied kan vertellen.

Sayaxché en omgeving

Ten zuidwesten van Flores, in een flauwe bocht van Río de la Pasión, ligt **SAYAXCHÉ,** een vrij primitieve nederzetting aan de grens die een goed vertrekpunt vormt voor verkenning van de oerwouden in het zuiden van Petén en de gigantische verzameling van archeologische vondsten aldaar. Sayaxché ligt op een punt waar weg en rivier samenkomen en fungeert als marktplaats en aanvoercentrum voor een uitgestrekt gebied eromheen dat gestaag wordt gesaneerd en gekoloniseerd. Het complexe netwerk van rivieren en moerassen dwars door de jungle vormt al sinds de Mayaperiode een belangrijke handelsroute. In het gebied liggen verschillende ruïnes: stroomopwaarts **Ceibal**, een prachtig in de jungle gelegen vindplaats; zuidwaarts ligt het **Lago de Petexbatún**, van waaruit je de Maya-sites **Aguateca** en Punta de Chimino kunt bezoeken. Daar begint ook het pad naar de ruïnes van **Dos Pilas** en het kleinere Tamarindito. Een bezoek aan dit gebied biedt de unieke kans om het oerwoud van Péten te verkennen en wilde dieren te observeren.

Sayaxché: praktische informatie

Vervoer naar Sayaxché vanuit Flores kan simpel met de minibus (elke 15 min.) of een van de vier bussen die dagelijks 62 kilometer aflegt over de vlakke weg van Santa Elena naar de rivieroever tegenover Sayaxché. Een veerboot ($ 0,20 pp) brengt je naar de overkant van Río de la Pasión. **Accommodatie** in Sayaxché: *Hotel Guayacán* (ⓣ7928 6111; ❹) aan de rivier met schone, functionele kamers met tegelvloer en eigen bad, sommige met airco, en een restaurant met terras aan de rivier; voedzame maaltijden ($ 5–7). *Posada Segura* (ⓣ7928 6162; ❷–❸), 250 m naar rechts vanaf het dok, is goedkoper, met prima prijzen voor soloreizigers; je betaalt hier wel meer voor een eigen badkamer. Dichtbij vind je het nieuwe *Hotel Del Río* (ⓣ7928 6138; ❸–❹) met ruime, onberispelijk schone kamers (sommige met airco) en een comfortabele zitruimte, en dat alles bij een heel vriendelijk gastgezin. **Eten:** *Restaurant Yaxkín* (dicht om 20 uur) serveert enorme porties Guatemalteekse *comida típica*. *Oasis* (1 km ten westen van Sayaxché, gesl. zo) is een opvallend beschaafde gelegenheid met airco, espressomachine en hotdogs.

Veel **botenverhuurders** nemen je maar al te graag mee de rivier op en noemen hun prijzen in dollars; blijf geduldig en ding af tot je een goede deal hebt. Probeer Viajes Don Pedro (ⓣ7928 6109) voor **rondleidingen door de regio** vanaf hun kantoor aan de waterkant. De behulpzame Julián Mariona, eigenaar van *Posada El Caribe* (zie blz. 344), verzorgt ook reisjes naar de nabijgelegen ruïnes, evenals visexpedities (beide zo'n $ 55 per dag). De Banrural-bank heeft een **pinautomaat** (accepteert alle kaartsoorten) en er zijn internetcafés.

Reis je verder vanaf Sayaxché, dan kun je een microbus nemen naar Raxrujá (elke 30 min.; 2:30 uur), Flores (elke 15 min.; 2 uur), of een van de rechtstreekse bussen naar Cobán.

Ceibal (Seibal)

De compacte vindplaats **Ceibal** (ook wel gespeld als 'Seibal'), over land of de rivier te bereiken, is de meest toegankelijke Mayaruïne bij Sayaxché. Een **boottocht** met rondleiding inclusief twee uur bij de ruïnes, kost $ 60–70; na de boottocht van een uur volgt een korte wandeling door het oerwoud. **Via de weg** ligt Ceibal op maar 17 km van Sayaxché. Elk vervoermiddel dat de plaats verlaat richting het zuiden naar Cruce del Pato, passeert de toegangsweg naar de site, vanwaar het 8 km lopen is door de jungle naar de ruïnes. Een taxi vanuit Sayaxché, inclusief een uur bij de ruïnes, kost zo'n $ 25.

De ruïnes (dag. 7.30–17 uur; $ 8) liggen midden in de jungle en zijn gedeeltelijk gerestaureerd. In de klassieke periode was Ceibal een relatief onbelangrijke plaats, maar tussen 830 en 910 was er een enorme groei, waarschijnlijk nadat het onder gezag was gekomen van Putun-kolonisten uit Mexico. In deze periode groeide Ceibal tot een van de grootste zuidelijke steden van het laagland, met naar schatting 10.000 inwoners. Invloed van buitenaf is duidelijk zichtbaar in sommige reliëfs: tekstrollen, rechte neuzen, haar tot op het middel en slangenmotieven zijn beslist niet typerend voor de Maya's. Ook de architectuur verschilt van die van de klassieke Mayasteden, evenals de ronde platforms die eigenlijk thuishoren in de Quetzalcoatl-cultus.

Ceibal heeft vier hoofdclusters van gebouwen, verbonden door wegen die dwars door het oerwoud lopen (*calzadas*), en twee balspelvelden. De meeste grote tempels (Gebouw 10 is 28 m hoog) liggen nog begraven onder de aardhopen, maar Ceibal heeft ook een paar opvallende hardstenen **reliëfs** die uitstekend bewaard zijn gebleven. Van de 57 **stèles** die hier zijn gevonden – sommige wegen meer dan vier ton – staan de indrukwekkendste op de grote centrale plaza en op de naburige Plaza Sur (de omliggende tempels zijn nog niet gerestaureerd en zijn overwoekerd door junglevegetatie). De lage centrale tempel op de Plaza Sur, **Gebouw A-3**, heeft vier mooie stèles die volgens de vier hoofdwindstreken zijn gegroepeerd, en nog een stèle (21) boven in de tempel; opdracht voor de bouw werd in 849 gegeven ter ere van het Mayajaar 10.1.0.0.0. Stucco-fragmenten op Gebouw A-3 duiden aan dat de deuropeningen en daken ooit versierd waren met barokke **friezen**, beschilderd in prachtig rood, blauw, groen, roze, zwart en geel. Ten oosten van de plaza langs Calzada I valt met name de grof uitgehouwen, ongewone stèle 2 met apenkop op, en daarachter, rechtdoor over het pad, stèle 14.

Sla vanaf Calzada II rechtsaf en loop een paar minuten door naar **Gebouw 79**, als enige gerestaureerd: een massief, cirkelvormig stenen platform, buitengewoon mooi geplaatst op een open plek in het oerwoud. Het precieze doel van dit platform, waarvan de fundering uit de laat-preklassieke periode dateert, is onduidelijk, maar het werd zeker gebruikt voor religieuze ceremonies (er is een hoekje gevonden waar kopalhars werd verbrand) en mogelijk ook als observatieplatform voor sterrenkundige waarnemingen. Voor de trap van Gebouw 79 staat een enorm, grof gebeeldhouwd **altaar** met een diameter van ruim 2 m dat de kop van een jaguar draagt, ondersteund door twee knielende mensfiguren.

Lago de Petexbatún

Zo'n 20 km ten zuiden van Sayaxché ligt het **Lago de Petexbatún**, een spectaculair meer omringd door dicht oerwoud; het zit vol (zee)snoek, baars, alligators en zoetwaterschildpadden. Op de oevers van het meer wemelt het van de vogels en brulapen en liggen enkele Mayaruïnes; de meest indrukwekkende is het deels gerestaureerde Aguateca, wat aannemelijk maakt dat het meer een belangrijk handelscentrum was.

Een tocht rond het meer zonder begeleiding is niet mogelijk, dus kun je het beste voor een **rondreis** kiezen. De meeste touroperators in Flores organiseren excursies naar Aguateca (meestal met Ceibal inbegrepen), maar de ideale manier is om ter plekke een boot en een gids te regelen voor een twee- of driedaagse trip rond het meer (informeer bij *Posada El Caribe* of *Chiminos*; zie hierna). Keuze genoeg: je kunt te voet, per boot of te paard rond het meer, je kunt de jungle verkennen, vissen, of een bad nemen in de natuurlijke warme springbronnen aan de oever.

Rond het meer liggen drie **hotels**. Na een speedboottochtje van 45 minuten vanaf Sayaxché naar de noordpunt van het Lago de Petexbatún kom je bij de vriendelijke *Posada El Caribe* (Ⓣ7928 6114, Ⓔposadacaribe@peten.net; ❻, volpension), gerund door de familie Mariona. Het heeft schone, comfortabele houten optrekjes met horren en serveert prima maaltijden. Don Julián, de eigenaar, woont al zijn hele leven in dit deel van Petén en is aan te bevelen voor rondleidingen naar Aguateca en Dos Pilas rond het meer en langs de ruïnes; hij kan paarden regelen, vervoer per 4WD en boot, maar spreekt nauwelijks Engels. Aan de westelijke oever van het meer vind je *Petexbatún Lodge* (Ⓣ7926 0501; ❸–❻), met schitterend uitzicht over het meer en weinig gasten. Reis je verder naar het zuiden, dan kom je bij Guatemala's ultieme toevluchtsoord in de jungle: *Chiminos Island Lodge* (Ⓣ2335 3506, Ⓦwww.chiminosisland.com; vanaf $ 95 pp incl. alle maaltijden), met zes hoge, ruime bungalows met rieten dak, stijlvolle badkamers en inrichting, en geweldige privéveranda's boven het meer. Je kunt hier zonnebaden en zwemmen, de keuken is prima en het personeel vriendelijk en behulpzaam. In het stukje oerwoud rond het hotel liggen enkele kleinere ruïnes en wonen brulapen en exotische vogels.

Aguateca en Punta de Chiminos

Aguateca, hoog gelegen aan de zuidpunt van het meer, is het verst van Sayaxché vandaan maar ook de makkelijkst bereikbare site bij Petexbatún: de boot brengt je op twintig minuten loopafstand van de ruïnes. Deze intrigerende plaats ($ 7), door een natuurlijke kloof in tweeën gespleten, werd pas in 1957 ontdekt en is onlangs gerestaureerd. De site ligt in dicht tropisch oerwoud en er heerst een magische sfeer; vanaf twee *miradores* heb je een geweldig uitzicht over het meer. Gedurende de laatklassieke periode was Aguateca nauw gelieerd aan (of in de macht van) de naburige, dominante stad Dos Pilas in zuidelijk Petén; **Aguateca** had haar bloeitijd in de 8ste eeuw, toen Dos Pilas een agressief expansiebeleid had ontwikkeld. Het zou kunnen dat Aguateca een zusterhoofdstad is geweest van een ambitieuze staat bij Petexbatún. Militaire overwinningen, waaronder een beslissende zege over Ceibal in 735, werden van beide kanten gevierd met opvallend gelijksoortige stèles: Aguateca's stèle 3 beeldt de heerser van Dos Pilas, Meester Zon Jaguar, in vol ornaat af, evenals een gezichtsmasker in Teotihuacán-stijl. Na 761 taande de macht van Dos Pilas en verhuisde de elite het hoofdkwartier naar Aguateca, dat een sterk vestingwerk had. Maar ondanks de bouw van 5 km wallen rond de citadel en zijn akkers wist de vijand hen er al snel onder te krijgen, en na 790 werd Aguateca zelf veroverd.

Voor de rondleiding over de steile, glibberige paden krijg je van de bewakers stevige wandelstokken, inderdaad van essentieel belang, want de tocht kan verraderlijk zijn. De rondleiding duurt iets langer dan een uur en omvat een deel van de verdedigingswerken, de tempels en paleizen (inclusief de residentie van de laatste heerser over Aguateca, Tante K'inich) en een kazerne. Het beeldhouwwerk in Aguateca is prachtig en bevat reliëfs van kolibries, ananassen en pelikanen. De plaza's zijn bezaaid met stèles, waaronder een op de Plaza Principal die Tante K'inich afbeeldt, de baas spelend over een heerser van Ceibal aan zijn voeten, en nog een die door plunderaars aan stukken werd geslagen, in de hoop de brokstukken te kunnen verkopen. Aguateca is ook de site met de enige **brug** die bekend is in het Mayarijk; deze voert over een smalle kloof in de heuvels, maar is op zich niet indrukwekkend. De hotels *Posada El Caribe* en *Chiminos* (zie blz. 344) organiseren trips naar alle sites in dit gebied, maar je kunt ook een rondleiding boeken in Flores (zie blz. 316); de prijzen voor een tweedaagse tour zijn daar zo'n $ 135. Bij de ingang is een bezoekerscentrum, ook het verblijf van de bewakers van Aguateca. Ze zijn altijd blij met gezelschap, en als je er wilt **overnachten** vinden ze beslist een plekje voor je hangmat of tent. Je moet zelf voor een klamboe en eten zorgen.

Zo'n 4 km naar het noorden steekt vanaf de westoever van het meer een schiereiland uit dat bekendstaat als **Punta de Chiminos**. Deze site was het toevluchtsoord van de laatste Maya's uit Petexbatún in de laatklassieke periode, toen het gebied begin 9de eeuw in oorlog en chaos verkeerde. Er werden hier, dwars over het smalle deel van het schiereiland, formidabele vestingwerken gebouwd, waaronder drie uit rotsen gehouwen loopgraven met 9 m borstwering, waardoor een kunstmatige citadel ontstond. Op deze spectaculaire locatie vind je hotel *Chiminos Island Lodge* (zie blz. 344), maar in de omgeving is weinig te beleven.

Dos Pilas en omgeving

Zo'n 12 km ten westen van de noordelijke punt van het Lago de Petexbatún, begraven in de jungle, ligt een praktisch nog niet gereconstrueerde site, **Dos Pilas**, met de meest fascinerende en best gedocumenteerde geschiedenis van welke Mayastad dan ook. **Dos Pilas** werd rond 640 gesticht door afvalligen uit Tikal die de grote stad ontvluchtten in de donkere periode nadat ze verslagen waren door Calakmul. De leider van deze afgescheiden stam, de vorst B'alaj Chan K'awil (Bliksem Lucht), was duidelijk een schaamteloze figuur. Al beweerde hij lid te zijn van het vorstenhuis van Tikal, toch zwoer hij in 648 heimelijk trouw aan Calakmul en probeerde een rivaliserend vorstenhuis in Tikal te stichten. Dos Pilas raakte in de jaren daarna keer op keer in conflict met Tikal, dat de aanmatigende heerser over Dos Pilas steeds probeerde te vernederen. Hoewel B'alaj Chan K'awil er uiteindelijk niet in slaagde het koninklijk nakomelingschap van Tikal op te eisen, lukte het hem wel om Tikal in 679 terug te drijven, een overwinning die hij bezegelde met de bouw van nieuwe stèles en een ingrijpende reconstructie van de plaza.

Dos Pilas deed nog een eeuw zijn invloed gelden door een reeks veldslagen met naburige steden uit te lokken, Ceibal te verslaan (735) en heersers over Yaxchilán en Motul gevangen te nemen. Er werden monumenten gebouwd, waaronder drie trappen met hiërogliefen, maar in de 2de helft van de 8ste eeuw werd de toestand in de regio zo instabiel (waarschijnlijk door de aanvallen van Putun-Maya's uit Mexico) dat de heersers Dos Pilas in 761 ontvluchtten zodat het gebied kort daarna geheel verlaten was.

Helaas zijn de **restanten van de stad** minder spectaculair; veel tempels werden gedurende de chaos (eind 8ste eeuw) gedeeltelijk gesloopt. Niettemin zijn er nog een paar buitengewone reliëfs te bewonderen, waaronder meerdere stèles en vier kleine **trappen met hiërogliefen**, beschermd door rieten afdaken, gegroepeerd rond de plaza. Aan de zuidkant van de plaza liggen de ruïnes van een paleis, en aan de oostkant werd onder Tempel L-51 een rijkelijk versierde tombe ontdekt, waarschijnlijk van heerser Itzamnaaj K'awiil. Rond de restanten van de ceremoniële kern zie je resten van de versterkingen, gebouwd door de laatste bezetters.

Vervoer naar Dos Pilas is beslist niet simpel of goedkoop. Je kunt dit het beste in Sayaxché of Flores regelen. In beide gevallen reis je vanaf Sayaxché, vervolgens 45 minuten per speedboot naar de *Posada El Caribe* (zie blz. 344) en dan nog zo'n 12 km te voet of te paard naar de ruïnes. Deze tocht brengt je bij de kleine site **Arroyo de Piedra**, met een plaza en twee redelijk goed bewaarde stèles, en de ruïnes van **Tamarindito** waar nog een **trap met hiërogliefen** werd ontdekt.

Routes naar Mexico

De westelijke route vanuit Petén naar Mexico is redelijk simpel en op sommige plekken heel pittoresk; je komt langs afgelegen ruïnes en stukjes dicht oerwoud. Hoewel het een paar jaar betrekkelijk rustig is geweest in de Mexicaanse staat Chiapas, zijn er nog steeds spanningen tussen de regering en Zapatista-aanhangers (meestal campesinos); je kunt er dan ook elk uur veiligheidscontroles van het leger verwachten. Bijkomend voordeel is dat rondreizen in deze regio volkomen veilig is.

Veruit de populairste route is de oversteek van de Río Usumacinta naar Chiapas bij **Frontera Corozal**, vanaf **Bethel** of **La Técnica**. Onderweg kom je langs de ruïnes van **Yaxchilán** en Bonampak die zeer de moeite waard zijn. Een alternatief is via het noordwesten **vanaf Flores** met de bus naar **El Naranjo** en dan, na de oversteek over de Río San Pedro, naar **La Palma** in Mexico; hier vaart echter geen boot met regelmatige dienstregeling.

Van Bethel naar Frontera Corozal

De goedkoopste en meest directe route naar Mexico is de oversteek van de Río Usumacinta bij **BETHEL**, waar een Guatemalteekse **migratiepost** zit. Minibussen en dagelijkse bussen naar Bethel (elk uur 5–15 uur; 4 uur) vertrekken vanaf de Terminal Nuevo in Santa Elena. In Bethel vind je vrij makkelijk een *lancha* die je stroomafwaarts brengt naar Frontera Corozal ($ 7 pp; 30 min.). Maar het is goedkoper, en vaak mogelijk, om je uitreisstempel in Bethel te halen en met dezelfde bus nog 12 km verder te reizen naar de piepkleine nederzetting **La Técnica**, waar je de Usumacinta oversteekt naar Corozal aan de overkant ($ 1). In La Técnica is geen accommodatie of andere voorziening. Sommige reisagenten in Flores (zie blz. 316) verkopen tickets voor een rechtstreekse grensoversteek via deze route naar Palenque ($ 30 pp), ondanks de berichten dat Mexicaanse chauffeurs toeslag vragen op tickets van het sluwe San Juan Travel in Santa Elena.

Bethel zelf is een aangenaam dorp met brede straten en genoeg bomen die schaduw bieden, en een paar comedores. Op 1,5 km van het dorp vind je de hoge met bomen begroeide terpen van de **ruïnes van Bethel**, tot 1995 een nog onbekend archeologisch terrein. Al met al vormt het een imposante vlakte bij de Usumacinta, en moet de nederzetting een belangrijke rol hebben gespeeld in het handelsverkeer langs de rivier. Vanaf de ruïnes voert een pad omhoog (zo'n 20 min. lopen) naar een *mirador*, met de restanten van een piramide, vermoedelijk een ceremonieel centrum, zo'n 75 m oprijzend boven de plaza.

In Bethel kun je prima **overnachten** in de *Posada Maya* (ⓣ7861 1799 of 7861 1800). Je vindt er comfortabele houten optrekjes met rieten daken (③), een camping, hangmatplekken (②) en een goede keuken.

Vervoer naar Yaxchilán

In Bethel kan een bootreisje naar Yaxchilán worden geregeld, maar het is makkelijker en goedkoper de Usumacinata over te steken naar het rustige **Frontera Corozal** in Mexico voor een vaartocht met dienstregeling. Sluit je aan bij anderen of bij een groep om de kosten van de boothuur te delen, dan haal je het er snel uit ($ 85 retour voor vier of $ 110 tot acht personen). Het is een schitterende tocht van 45 minuten stroomafwaarts naar de ruïnes; de oevers van de Usumacinta zijn nog dicht begroeid met oerwoud, met name aan de Guatemalteekse kant, en er leven veel vogels.

In Corozal vind je twee goede **accommodaties**: het aantrekkelijke, comfortabele *Escudo Jaguar* (ⓣ55 3290 0993; ④–⑤) aan de oever van de rivier, en *Nueva Alianza* (ⓣ55 5339 0995; ③) met goede, betaalbare kamers in een groot houten gebouw; bij beide zijn maaltijden verkrijgbaar. Vergeet niet het kleine **museum** te bezoeken met een paar magnifieke stèles. Het dorp ligt 18 km ten oosten van de hoofdweg Palenque-Comitán; *colectivo* taxi's ($ 2,50 pp) en minibussen pendelen tussen de twee plaatsen. Vanaf de hoofdweg rijden er minibussen naar Palenque (elk uur, de laatste rond 16 uur; 2:45 uur).

Piedras Negras

Zestig kilometer stroomafwaarts vanaf Yaxchilán doemen de Mayaruïnes van **Piedras Negras** hoog op boven de Guatemalteekse rivieroever. Dit is een van de meest uitgestrekte vindplaatsen van Guatemala, maar ook een van de minst toegankelijke en minst bezochte. In de Mayaperiode werd de stad Yokib' genoemd ('de ingang'). De Spaanse naam Piedras Negras verwijst naar de zwarte stenen langs de rivieroever. De stad werd rond 300 n.C. gesticht en ging met Yaxchilán de strijd aan over de handelsroutes van Usumacinta, een krachtmeting die resulteerde in bloedige veldslagen en strategische verdragen met Calakmul en Tikal. Net als zijn tegenstander is Piedras Negras het meest befaamd om zijn buitengewone **beeldhouwwerk**, dat volgens velen tot het interessantste behoort dat in het Mayarijk is gevonden. De mooiste werken zijn tentoongesteld in het Museo Nacional de Arqueología in Guatemala-stad, zoals een koninklijke troon en voortreffelijk gebeeldhouwde stèles en panelen. Het belangrijkste paneel werd in juni 2000 ontdekt en bevat een ongewoon lange hiërogliefentekst: een waardevol document voor Mayanisten over de laatklassieke geschiedenis van de stad onder heerser Itzamk'anahk K'in Ajaw (626–686) Maar er is nog meer te beleven op deze vindplaats.

Bij aankomst valt onmiddellijk een imposant monument op in de vorm van een grote overhangende rots boven de rivier met een uitgebeitelde zittende mannenfiguur die een bundel overhandigt aan een vrouw. De tekening was ooit omringd door hiërogliefen maar is nu zwaar geërodeerd; 's nachts is de afbeelding het best zichtbaar als je hem vanaf een lager punt met een fakkel beschijnt. Als je verder de heuvel op loopt, plaza's oversteekt en de ruïnes van gebouwen passeert, krijg je een beetje een idee van de omvang van de stad. Verschillende gebouwen zijn vrij goed bewaard gebleven, met name de **stoombaden** (zweethutten) die gebruikt werden voor rituele zuivering; het meest imposant is de **akropolis**, een enorm paleiscomplex met zalen, passages en binnenhoven dat 100 m boven de rivieroever uitsteekt.

Een andere bezienswaardigheid is een gigantische tweekoppige schildpad, uitgebeiteld in een rots die boven een kleine vallei uitsteekt. Het gaat om een verwijzing naar het einde van een *katun*; in de hoofdtekening bevindt zich een reusachtige voorstelling van het Ahau-kalendersymbool, die de mythe van de geboorte van de maïsgod in herinnering brengt. Tijdens onderzoek in Piedras Negras in de jaren dertig ontdekte de kunstenares en inscriptiedeskundige Tatiana Proskouriakoff dat data die op monumenten waren gegraveerd ongeveer samenvielen met de potentiële levensduur van een mens; misschien verwijzen de hiërogliefen dus naar gebeurtenissen die zich tijdens het leven van een individu, mogelijk de heerser over de stad, hebben afgespeeld. De theorie werd decennialang weerlegd door het archeologisch establishment, maar bleek later juist te zijn.

Van oudsher beschermde de aanwezigheid van FAR-guerrillas in dit gebied de ruïnes tegen plundering. Tegenwoordig zijn *narcotraficantes* (cocaïnesmokkelaars) hier erg actief, waardoor de toekomst van de vindplaats onzeker is geworden.

Vervoer naar Piedras Negras is niet probleemloos. De perfecte manier om er te komen is per boot over de Usumacinta, via de oude Maya-handelsroute, maar hiervoor moet je een dure rondleiding boeken (Maya Expeditions is een goede keus; zie Guatemala-stad, 'Handig om te weten', of neem contact op met de eigenaren van *Posada Maya* in Bethel). Een goedkopere en toegankelijkere route is vanuit Mexico: Willy Fonseca, eigenaar van *Restaurante Vallescondido* (☎01 91634 80721) op 61 km van de hoofdweg Palenque–Comitán, biedt goed georganiseerde dagtrips aan per 4WD en boot voor $ 500, ofwel $ 100 per persoon als je je aanmeldt met (maximaal) vijf personen.

El Naranjo en de route langs de San Pedro

Deze route van Flores naar Mexico via de rivier de San Pedro is vrij simpel maar wordt zelden door reizigers gekozen. Het is geen pittoreske route: de weg slingert zich door een afgelegen, ontbost gebied, maar de verbindingen zijn vrij betrouwbaar mits je op tijd vertrekt. Bussen (elke 30 min. vanaf 6 uur; 3:15 uur) rijden van Santa Elena over de verharde weg naar **EL NARANJO**, een verlaten plaats die uit weinig meer dan een legerbasis bestaat. Verder zijn er een **migración** (zorg dat je je uitreisstempel krijgt), winkels (met onvoordelige wisselkoersen), comedores en enkele eenvoudige hotels. Een regelmatige bootdienst (elk uur tot 15 uur; $ 6; 45 min.) vertrekt naar El Ceibo en regelmatig rijden er bussen naar Tenosique (1:15 uur), vanwaar je met een microbus naar Palenque kunt reizen (elke 30 min.; 1:45 uur).

Waka' (El Perú) en de Ruta Guacamaya

Ten oosten van El Naranjo, in de bovenloop van de Río San Pedro, ligt Waka' (ook wel El Perú genoemd), een zelden bezochte en grotendeels ongerestaureerde archeologische site die nog begraven ligt onder het ongerepte regenwoud van Petén. Waka' ('overeind staande plek') ontleent zijn naam aan de ligging op een 130 m hoge, steile helling die boven een zijrivier van de Río San Pedro uitsteekt. De stad groeide in de laatklassieke periode uit tot een belangrijke Peténse nederzetting, die veel invloed had op de cruciale land- en waterroutes. Ook al was het de dichtstbijzijnde plaats van omvang ten westen van Tikal, toch koos het in de machtspolitiek van die tijd de kant van de andere 'supermacht' Calakmul. Rond 650 woonde Yuknoom de Grote van Calakmul hier de troonsbestijging bij van Waka'-heerser K'inich B'alam (Grote Zon Jaguar), en huwde diezelfde leider later een prinses uit Calakmul. Waka' bleef begin 8ste eeuw onder opperheerschappij van Calakmul, maar moest later voor deze connectie boeten toen een herrijzend Tikal de stad in 743 veroverde; nadien werden er 47 jaar lang geen monumenten meer gebeiteld.

De meeste tempelheuvels hier zijn nog overwoekerd, maar Waka' is wellicht het meest beroemd om zijn vele, goed bewaarde **stèles** en de recente ontdekking van de fascinerende **koninklijke tombe** van een vorstin, daterend uit circa 620. Ze was blijkbaar een geduchte en gerespecteerde figuur, getuige naast haar bekken begraven gevechtshelm met pijlstaartrogstekels (voor rituele aderlating), iets wat meestal alleen was voorbehouden aan de mannelijke heersers. Is er geen archeoloog beschikbaar om je rond te leiden, dan kun je proberen de bewakers over te halen, zeker als je wat eetwaren voor ze meeneemt.

Een trektocht naar Waka' regel je in Flores (zie blz. 316). Dit soort tochten wordt vaak aangeduid met **La Ruta Guacamaya** of 'Rode Ara Trektocht.' De opwindende tochten met twee of drie overnachtingen worden per 4WD pick-up door het oerbos en per boot over de rivieren gemaakt, en je kampeert bij de ruïnes; prijzen zijn vanaf $ 210 per persoon. Dicht bij de site, waar de San Pedro en Sacluc samenkomen, is een biologisch station waar parkopzichters toezicht houden op de wouden waar de grootste concentraties rode ara's van noordelijk Centraal-Amerika leven. De kans is groot dat je spin- en brulapen, krokodillen, rivierschildpadden en de Petén-kalkoen kunt spotten, en misschien zelfs een tapir aan de oevers van de Sacluc-rivier. Rode ara's laten zich het vaakst zien tussen februari en juni als ze in de holtes van grote bomen nesten maken; door het jaar heen zijn er ook talloze andere exotische vogels in de Waka'-regio te zien.

Van Yaxhá naar de grens met Belize

Ten oosten van het knooppunt Ixlú loopt een 65 km lange verharde weg (vol kuilen) naar de grens met Belize, met een afslag naar het schitterende Laguna Macanché (blz. 323). Op 30 km van Ixlú zijn rechts de ruïnes van **Holtún** aangegeven, twintig minuten lopen vanaf de weg. Op deze belangrijke vindplaats (850 v.C.) tref je rijzige, ongerestaureerde tempels aan, verfraaid met maskers, meerdere stèles en altaren, en de tweelingtempels van Piramide X en Gebouw 7. Kijk langs de weg uit naar het bordje van Borman Peréz, die interessante, betaalbare kunst verkoopt (hout en keramiek). Hij kan je de weg wijzen naar de vind-

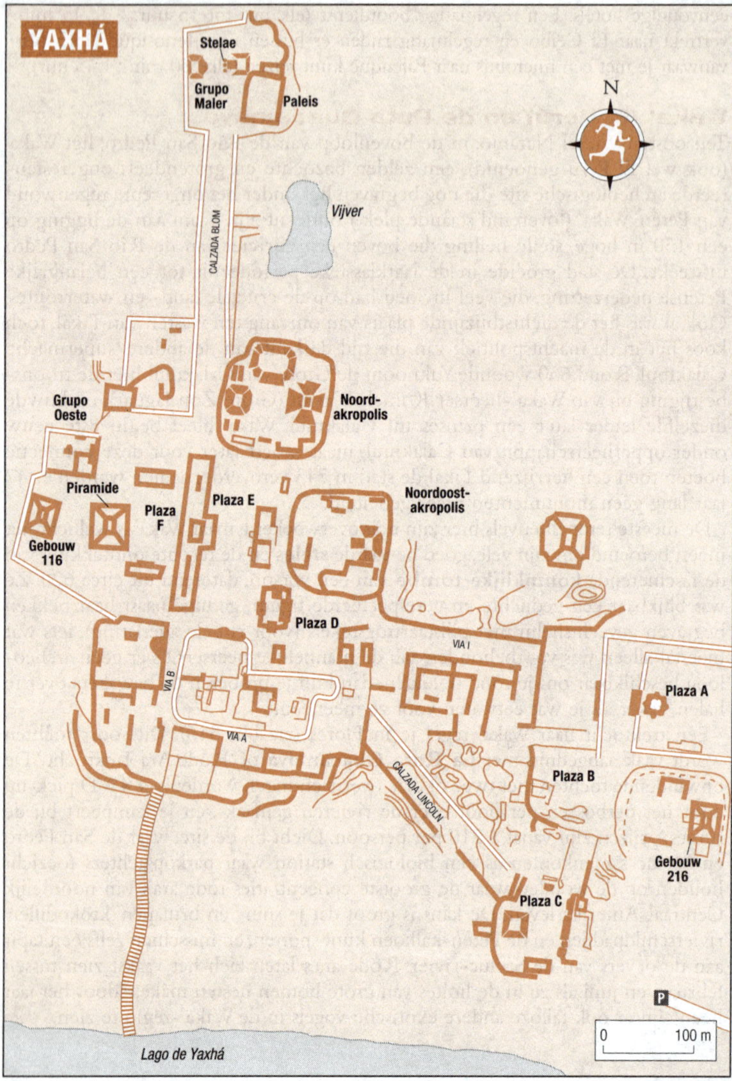

plaats en heeft ook een paar betaalbare **kamers** (2) en kampeerplekken; hij verhuurt bovendien fietsen en paarden om in Yaxhá te komen.

Verder oostwaarts over de weg naar Belize is het nog 1 km naar de weg richting **Yaxhá**, een enorme Mayastad aan de rand van twee prachtige meren: Lago de Yaxhá en Lago de Sacnab. De meren zijn omringd door dicht oerwoud, moerassen, savannen en watergebieden van het **Monumento Natural Yaxhá–Nakúm–Naranjo**; het gebied beslaat 37.000 ha en bevat veel 'tropisch hardhout' in de vorm van mahonie- en ceibabomen, *ramón* en sapotillebomen. Het is ook het domein van jaguars en margays (een soort pardelkat), twee soorten krokodillen, drie soorten schildpadden en tientallen andere reptielen, evenals talloze vogelsoorten: lepelaars, de jariboe of reuzenooievaar, adelaars en gieren. Bovendien is het een van de zeldzame plekken in Guatemala waar tapirs jongen grootbrengen. Ook de postklassieke ruïnes van **Topoxté** zijn vanaf Yaxhá te bereiken, en een derde grote vindplaats, **Nakúm**, ligt zo'n 18 km naar het noorden. Veel touroperators in Flores bieden trips aan naar het Yaxhá-gebied; de tweedaagse tours die Mayan Adventure organiseert (blz. 316) kosten $ 195 (minimaal vier personen) en zijn zeer de moeite waard; een bezoek aan Nakúm is inbegrepen.

Yaxhá

Yaxhá (dag. 8–17 uur; $ 10,75) beslaat enkele km² van een kalkstenen bergkam en kijkt uit op het Lago de Yaxhá. Het is een bijzonder boeiende Maya-vindplaats die een bezoek meer dan waard is. Hier werd het tv-programma *Survivor Guatemala* opgenomen (verslag van een overlevingstocht). De naam betekent 'blauwgroen water', wat verwijst naar de prachtige turkooizen kleur van het meer er beneden. Van alle Guatemalteekse ruïnes zijn alleen Tikal en El Mirador (en misschien El Tintal) qua omvang en impact overweldigender. Yaxhà telt veertig stèles, talloze altaren, hoog oprijzende tempelpiramides en twee balspelplaatsen. De dichte jungle en het bescheiden aantal bezoekers maken de sfeer van deze plek nog specialer, en het wemelt er van de dieren (met name brulapen en toekans).

Er is weinig bekend over de geschiedenis van Yaxhá, deels door de weinige inscripties, maar ook omdat uitgebreide archeologische opgravingen pas onlangs van start zijn gegaan. Ten noorden van Plaza D zijn de ruïnes nog grotendeels preklassiek, terwijl het leeuwendeel van de grote gebouwen in het zuiden van de stad uit de klassieke periode stamt. De omvang van de stad geeft aan dat Yaxhá in deze periode ongetwijfeld een belangrijke speler was in de centrale Mayaregio; Yaxhá's invloed werd wellicht alleen beteugeld door de nabijheid van supermacht Tikal, waarmee het een archeologische gelijkenis vertoont en nauwe betrekkingen had. Gedurende een groot deel van de klassieke periode leek er tussen Yaxhá en de stad Naranjo, zo'n 20 km naar het noordoosten, grote rivaliteit te heersen; Yaxhá domineerde zijn kleinere buurman lange tijd, maar leed in 799 een zware nederlaag toen de heerser Itzammnaaj K'awill van Naranjo de vorst van Yaxhá, K'iinch Lakamtuun, versloeg.

De restauratiewerkzaamheden in Yaxhá zijn gaande, maar de meeste bouwsels moeten nog gesaneerd worden en veel ervan zijn nog door woud overwoekerd. De ruïnes liggen verspreid over negen plaza's, waarvan tot nu toe zo'n vijfhonderd gebouwen in kaart zijn gebracht. Loop vanaf de entree noordwaarts naar Plaza F en beklim de trap van de grote **piramide** voor een overzicht van de ruïnes, hun tempeltoppen en het Lago de Yaxhá ver beneden je. Wandel vanaf hier over Calzada Blom nog 750 m door, richting het noorden naar het indrukwekkende **Grupo Maler**-complex (genoemd naar de Oostenrijkse ontdekkingsreiziger Teobert Maler uit het begin van de 20ste eeuw), waarvan de restauratie bijna afgerond is. Je vindt hier een paar tempels met de voorzijden naar elkaar toe, een elke kant van een grasrijke plaza; een opstelling volgens de tweelingtempel-traditie, zoals in Tikal. Voor de ruïnes van het paleis zie je verweerde stèles, evenals de brokstukken van een cirkelvormig altaar, mogelijk vernield door indringers uit Naranjo. Loop je terug naar het zuiden over Calzada Blom dan kom je bij de **noord-akropolis**, waarvan de restauratie ook haar afronding nadert, met een centrale plaza die aan drie zijden tempels heeft. Het rechthoekige gebouw met de ongebruikelijke afgeronde hoeken aan de noordkant van de plaza is zo'n 22 m hoog.

Ten zuiden van de noord-akropolis volg je de brede graslaan, aan beide zijden overschaduwd door hoog oprijzende, ongerestaureerde tempels, naar Plaza D, en

Feestdagen

Petén biedt niet de meest schitterende Guatemalteekse *fiësta's*, maar op de feestdagen die er zijn, barst de typische ladino-energie los, compleet met vuurwerk en veel drank. In sommige kleinere dorpen kun je getuige zijn van de traditionele dansen op de klanken van de marimba, uit het hoogland hier mee naartoe genomen door veel huidige inwoners van Petén.

Januari
12–15 Flores. De laatste dag is de meest theatrale.

Maart
10–19 San José, een klein fiësta met parades, vuurwerk en dans.

April
27 april –1 mei Poptún, ter ere van San Pedro Martír de Merona.

Mei
1–9 San Benito, absoluut wild en dronken.
15–22 Melchor de Mencos. Belangrijkste dag: 22.
23–31 Dolores. Belangrijkste dag: 28.

Juni
16 Sayaxché, ter ere van San Antonio de Padua.

Juli
18–26 Santa Ana.

Augustus
16–25 San Luís. Belangrijkste dag: 25.

Oktober
1–4 San Francisco.
31 San José, een fascinerend heidens fiësta (zie kader blz. 320) vanaf 8 uur 's ochtends met een mis in de kerk, en de hele nacht door; een mensenschedel wordt in een parade meegetroond door de straten.

November
21–30 San Andrés. Belangrijkste dag: 30.

December
9–12 La Libertad.

vervolg je de weg naar het oosten over Vía 1 naar Plaza B, een open vlakte, begrensd door lage muren. Traptreden leiden vanaf hier naar Plaza A, vanwaar je aan de zuidkant een talud opklautert naar Yaxhá's grootste en meest indrukwekkende piramide, het volledig gerestaureerde **Gebouw 216**. Deze imposante klassieke Mayatempel rijst laag na laag op tot een hoogte van ruim 30 m en heeft een brede centrale trap. De top biedt een spectaculair vergezicht over het woud en de meren, met name bij zonsondergang.

Praktische tips

De hoofdweg Flores–Belize loopt ten zuiden van de duidelijk aangegeven afslag naar Yaxhá nog 11 km door. Als je niet deelneemt aan een rondreis, kun je vanaf de hoofdweg liften; er komt regelmatig verkeer langs naar en vanaf het dorp La Máquina, 2 km voor de meren.

Wil je in de buurt van Yaxhá **overnachten**, overweeg dan het heerlijke *Campamento El Sombrero* (Ⓣ7861 1687, Ⓦwww.ecosombrero.com; ❹–❺) aan de zuidkant van het meer. Het werkt met zonne-energie, heeft negen goede cabañas met rieten daken (sommige met eigen badkamer), een **camping**, restaurant, en een uitstekende boekenruildienst; de Italiaanse eigenaar organiseert boottochtjes op de lagunes en tochten te paard. Vanaf het hotel loopt een pad door het regenwoud naar andere, kleinere Mayaruïnes, waarbij je ook langs *chultuns* en oude groeves komt. Er is nog een *campamento* aan de overkant van het meer, onder Yaxhá, waar je gratis een tent kunt opzetten of een hangmat kunt ophangen onder een rieten afdak.

Topoxté en Nakúm

Topoxté, een veel kleinere vindplaats op een eiland voor de westoever van het Lago de Yaxhá, is het best bereikbaar per boot vanaf *El Sombrero* (zie hierna). Er loopt een pad van 4 km naar een plek tegenover het eiland, waarna je de oversteek nog moet maken (en het meer is het domein van grote krokodillen). Al is het maar een kleine vindplaats, het is wel een heel bijzondere plaats die pas in 1450 n.C. bewoond raakte, waarmee het de belangrijkste postklassieke vestiging is die tot nu toe werd ontdekt. De gerestaureerde tempels hebben rechtstandige muren, pilaren, platte stenen daken en trappen met balustrades; er zijn verschillende plaza's, en de plaats is bezaaid met *chultuns*. Zeventien schedels van geofferde kinderen werden hier in een tombe aangetroffen.

Het aanzienlijke aantal **ruïnes van Nakúm**, de afgelopen jaren onderworpen aan uitgebreid onderzoek, ligt 18 km ten noorden van het Lago de Yaxhá. De plaats telt nu het op een na grootste aantal gerestaureerde gebouwen in Guatemala, op Tikal na. Aangenomen wordt dat Nakúm een handelspost was in het Tikalse rijk, waar de goederenstroom naar en van de Caribische kust werd gereguleerd, een rol waarvoor het de ideale ligging had, aan de bovenloop van Río Holmul. De eerste kolonisten arriveerden er halverwege de preklassieke periode, maar Nakúm kreeg pas bekendheid in de laatklassieke tijd en kwam aan het eind van de klassieke periode tot bloei; er werden hier, terwijl overal in het Mayarijk steden ten onder gingen, nieuwe gebouwen opgetrokken. Rond 950 n.C. werd de stad verlaten.

Nakúms ceremoniële centrum is verdeeld in een noordelijke en een zuidelijke sectie, verbonden door een weg. Het zuidelijke deel is op grootse wijze gerestaureerd; de akropolis bevat een reusachtig **paleis** (Gebouw D) met 44 vertrekken en talloze binnenhoven. Er staan hier nog meer imposante tempels, sommige met prachtige dakkammen, terwijl Gebouw A een indrukwekkende toplaag heeft in triadische stijl. Vanaf Yaxhá is de vindplaats alleen bereikbaar over een slecht begaanbaar pad, maar het grootste deel van het jaar is die rit te maken met een 4WD (al is het dan nog minstens een uur rijden). *El Sombrero* organiseert tweedaagse tochten te paard; de touroperators in Flores bieden ook tochten aan.

Melchor de Mencos en de grens

De onopvallende maar bedrijvige grensstad **MELCHOR DE MENCOS** heeft de bezoeker weinig interessants te bieden (al staan er een paar stèles in het park). Ondanks de verschillen tussen Guatemala en Belize nemen de formaliteiten aan de grens weinig tijd in beslag; waarschijnlijk wordt er een bescheiden (onwettig) bedrag gevraagd bij wijze van 'vertrekpremie' als je Guatemala verlaat. **Geldwisselaars** vallen je lastig aan beide kanten van de grens; de meeste bieden een redelijke koers, en wellicht maak je liever van hun diensten gebruik dan van die van de **bank** vlak achter het immigratiegebouw, waar je geen geld kunt opnemen met je creditcard of dollars kunt wisselen. Naast het immigratiegebouw, aan de oever van de rivier, vind je het bijzonder aangename *Río Mopán Lodge* (Ⓣ7926 5196, Ⓦwww.tikaltravel.com; ❹–❼) met klein zwembad en comfortabele kamers met balkon. Er worden geweldige tochten aangeboden naar afgelegen Maya-sites; ook kun je hier gerust geld wisselen.

Voor informatie over microbussen en bussen tussen Santa Elena en Melchor, zie blz. 317. Voor een rit vanaf de grens **naar Tikal** rekenen taxichauffeurs $ 15 per persoon op basis van gedeelde kosten (ze vertrekken pas met vier passagiers), of je kunt zelf op pad gaan en de bus of minibus nemen naar Ixlú, en vanaf daar een andere bus nemen.

Aan de Belize-kant van de grens vertrekken elk halfuur bussen naar **Belize-stad** (3 uur), meestal direct vanaf de grens. Als er geen bus wacht, kun je een taxi delen naar Benque Viejo of San Ignacio ($ 3 pp; 20 min.) en daar een volgende bus nemen.

Reisdetails

Voor meer gedetailleerde reisinformatie vanaf Flores en Santa Elena, zie kader blz. 317.

Bussen

Poptún naar: Fray Bartolomé de Las Casas (elke 90 min.; 5 uur).
Sayaxché naar: Cobán (2 per dag; 4 uur); Flores (elke kwartier; 2 uur); Raxrujá (elk halfuur; 2:30 uur).

Boten

Bethel naar: Frontera Corozal (30 min.), vertrekken als ze vol zijn.
El Naranjo naar: Mexico, zie blz. 348.
La Técnica naar: Frontera Corozal (5 min.), vertrekken als ze vol zijn.
Sayaxché naar: Benemérito, Mexico. Vrijwel om de dag vertrekt er een vrachtschip (8–24 uur).

Vluchten

Flores naar: Cancún (dag.; 1:45 uur); Guatemala-stad (4 per dag; 50 min.–1 uur).

7

Naar Honduras: Copán en de Islas de la Bahía

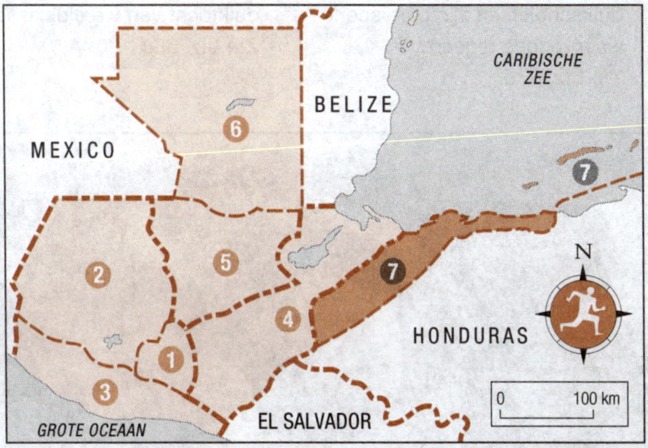

HOOFDSTUK 7

Hoogtepunten

* **Copán Ruinas** Een prachtig klein bergstadje dat een lekker ontspannen sfeer combineert met een internationale keuze aan restaurants, bars en boetiekhotels. Zie blz. 359
* **Copán** Bekijk de wonderschone reliëfs en tempels op de archeologische site die 'het Athene van de Maya's' wordt genoemd. Zie blz. 363
* **Utila** Het Mekka voor reizigers. Dit eiland is beroemd om zijn goedkope duikscholen en zijn partyscene waar reggae regeert. Zie blz. 375
* **Walvishaaien** Ga op zoek naar de grootste vis ter wereld die het hele jaar door voorkomt in de wateren rond Utila. Zie blz. 380
* **West End** op **Roatán** De beste badplaats van de streek, met een strand, uitstekende visrestaurants en ouderwetse Caribische charme. Zie blz. 383
* De koraalriffen van **Guanaja** De steile riffen, canyons van koraal en onderzeese bergen rond Guanaja garanderen een duiktocht van wereldklasse. Zie blz. 386

▲ Altaar in Copán

7

Naar Honduras: Copán en de Islas de la Bahía

Over de grens in **Honduras**, ongeveer vijf uur reizen over de weg vanaf Guatemala-stad, liggen de ruïnes van **Copán**, die behoren tot de meest indrukwekkende van alle Maya-sites. Hoewel het kleine Copán op het eerste gezicht niet zo indrukwekkend is als Tikal, of Chichén Itzá in Mexico, is het toch verbazend rijk aan beeldhouwwerken, stèles en altaren, waaronder een hoge traptoren met hiërogliefen. Voeg daar een prachtig museum en het leuke en vriendelijke dorpje Copán Ruinas, waar de meeste bezoekers overnachten, aan toe, en je begrijpt waarom Copán zo aantrekkelijk is. De **Islas de la Bahía** Utila, Roatán en Guanaja, eenvoudig te bereiken vanuit Copán, zijn totaal anders maar net zo aantrekkelijk: witte zandstranden omzoomd door palmen, de zwoele Caribische zee en vrijwel gave koraalriffen, ideaal voor snorkelen en duiken. Cultureel verschillen ze van de rest van Honduras: de bewoners stammen af van Kaaimaneilanders, piraten en gestrande Afrikaanse slaven, en de meesten spreken nog een zangerig, ouderwets klinkend Engels. **Utila** en **Roatán** zijn goedkope, vriendelijke en toegankelijke eilanden zonder de overdaad aan toeristen en hoge prijzen die andere Caribische bestemmingen soms teisteren, terwijl het wat minder goed bereikbare **Guanaja** een paar legendarische duiklocaties heeft.

Vanuit Guatemala kun je eenvoudig naar **Honduras** reizen. Als je naar Copán wilt, zijn er prima verbindingen per dagelijkse rechtstreekse pendelbus of luxe touringcar vanaf Antigua en Guatemala-stad (zie blz. 112 & 88). Je kunt ook via Chiquimula reizen (blz. 270); je doet er dan wat langer over, maar het is goedkoper. Vanuit Copán kun je nog dezelfde dag naar de Islas de la Bahía. De andere hoofdroute over land tussen Guatemala en Honduras verbindt de Caribische havens Puerto Barrios en Puerto Cortés (blz. 372). Let op: het **landnummer** voor Honduras is 504 en er zijn geen netnummers.

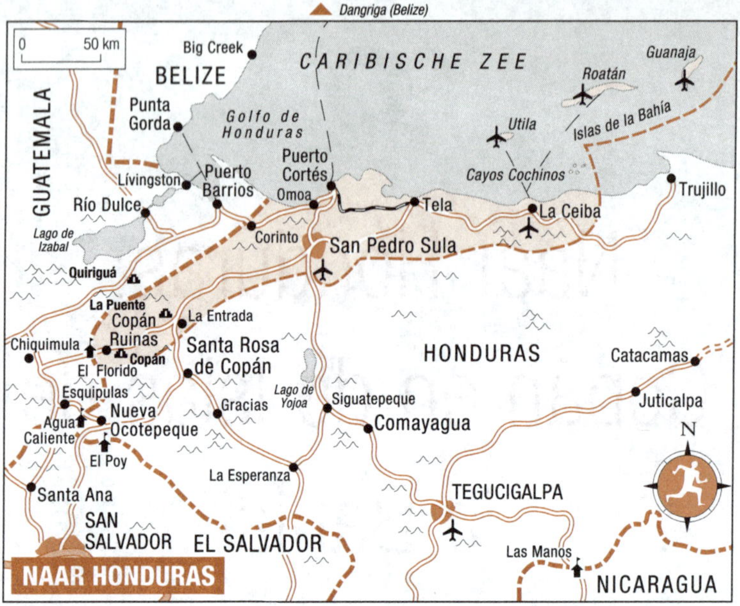

Copán en omgeving

De stadstaat **Copán,** prachtig gelegen in een weids hooggelegen dal, was het meest zuidelijke centrum van de Mayabeschaving. Wat de Maya's zo aantrok in de plek ligt voor de hand: hij ligt aan de vruchtbare oevers van de Río Copán op een aangenaam koele hoogte van 600 m. Tegenwoordig is het landschap rondom Copán nog even aantrekkelijk en overvloedig: groene golvende heuvels met weiden, tabaksvelden en koffiekwekerijen, en hier en daar wat naaldbossen. De archeologische site is de voornaamste attractie, maar er valt in de omgeving nog veel meer te zien, zoals de hete bronnen, een vlinderpark en een vogelreservaat vlakbij. Een klein stukje wandelen vanaf de ruïnes ligt het gemoedelijke **Copán Ruinas,** weinig meer dan een uitgegroeid dorp, maar het is een prima uitvalsbasis met aantrekkelijke hotels, goede cafés en restaurants en snelle doorgaande verbindingen met Guatemala en de rest van Honduras.

Vervoer naar Copán

Snelle, rechtstreekse **pendelbussen** ($ 17 enkele reis) vertrekken dagelijks om 4 uur 's ochtends vanuit Antigua. Ze stoppen een uur later op verzoek in Guatemala-stad om passagiers op te pikken en bereiken Copán om ongeveer 10 uur; vanuit Copán gaan ze om 5.30 en 12 uur terug naar Guatemala. Deze pendelbussen worden gerund door diverse maatschappijen in Antigua (zie blz. 112) en Copán, waaronder Base Camp, gevestigd in *Café Via Via* (Ⓣ651 4695, Ⓦwww. basecamphonduras.com). Twee dagelijkse luxe touringcars met airco (om 5.15 & 9 uur; $ 35 enkele reis) rijden ook de route Guatemala-stad–Copán; ze worden gerund door Hedman Alas, 2 Avenida 8–73, Zona 10 (Ⓣ2362 5072), in Guatemala-stad.

Als alternatief kun je geld besparen door via de Guatemalteekse stad **Chiquimula** te reizen, die regelmatig bediend wordt door de bussen van Rutas Orientales in Guatemala-stad en door plaatselijke bussen vanuit Puerto Barrios. Vanuit Chiquimula vertrekken er elk halfuur minibussen (7–18 uur; 1:30 uur) naar de grens bij **El Florido**, soms via het stadje Jocotán. De formaliteiten aan de grens zijn simpel maar soms traag – en je moet vrijwel zeker een onofficiële belasting van $ 2–3 betalen om hier de grens te passeren. De Banrural **bank** (dag. 8–17 uur), aan de grens in Guatemala, wisselt reischeques en heeft dollars, maar je kunt ook zaken doen met de alomtegenwoordige geldwisselaars aan de grens die tegen redelijke koersen dollars, lempira's en quetzales wisselen.

Vanuit **El Florido** vertrekken er minibussen zodra ze vol zijn (ongeveer elk halfuur tot 17 uur; $ 1,50) naar het stadje Copán Ruinas, een rit van ongeveer 20 minuten. Als je zelf in Honduras wilt **rijden** heb je eerst toestemming nodig van je Guatemalteekse autoverhuurbedrijf.

Voor **vervoer vanuit** Copán, zie kader blz. 364.

Copán Ruinas: het stadje

Twee kilometer ten noordwesten van de archeologische site Copán ligt het stadje **COPÁN RUINAS**, een charmante plaats met steile keienstraatjes en rode pannendaken tegen de achtergrond van het weelderige westelijke hoogland van Honduras. Ondanks een snel groeiend aantal toeristen (tegenwoordig de belangrijkste inkomstenbron van het stadje) is Copán Ruinas nog grotendeels onbedorven en echt vriendelijk. Veel bezoekers raken in de ban van de prettig-ontspannen sfeer, de schone lucht en de landelijke omgeving en blijven langer dan de bedoeling was. Ze leren er Spaans, genieten van lekker eten en drinken, of ze verkennen de overige sites in de streek, de hete bronnen en het fraaie platteland.

Aankomst en informatie

Vrijwel alles wat relevant is ligt binnen een paar blokken van het Parque Central in Copán. **Straatnamen** worden nu ingevoerd, hoewel de plaatselijke bevolking ze weinig gebruikt. (Zie 'Vervoer naar Copán' hierboven en het kader 'Verder reizen vanaf Copán ' op blz. 364 voor vervoersinformatie.) Er zijn genoeg tuktuks (ook wel 'mototaxi's genoemd) in Copán; daarmee zoef je in een oogwenk door het plaatsje of naar de ruïnes voor ongeveer $ 0,50 per persoon per rit.

Ga naar het **toeristenbureau** voor plaatselijke informatie (open dag. 8–19 uur; Ⓣ651 4394, Ⓔinfo@copanhonduras.org) vlak bij het Parque Central, of raadpleeg de twee uitstekende plaatselijke **websites** Ⓦwww. copanruinas.com en Ⓦwww.copan honduras.org. Het **postkantoor** zit vlak buiten het Parque achter het museum.

Accommodatie

Veel oudere **hotels** in het stadje zijn opgeknapt en richten zich op groepsreizen, terwijl er de laatste jaren ook veel nieuwe, trendy middenklassehotels zijn geopend. De goedkope plaatsen zitten snel vol, dus boek van tevoren als je verwacht laat aan te komen.

Budget

Hotel Los Gémelos een stratenblok ten oosten van het Parque Ⓣ651 4077. Vriendelijk bastion van rugzaktoeristen met eenvoudige maar schone kamers met ventilatoren (allemaal met gedeelde badkamer), aan een kleine binnentuin. Heeft betrouwbaar warm water maar is vaak vol. ②

Iguana Azul naast het *Casa de Café B&B* (en van dezelfde eigenaar) Ⓣ651 4620, Ⓦwww.iguanaazulcopan.com. Aantrekkelijk en goedkoop, met drie tweepersoonskamers en twee slaapzalen, allemaal met gedeelde badkamer en behoorlijke matrassen. Verdere voorzieningen zijn privékluisjes, gratis drinkwater, een mooie kleine tuin en een wasserette. Slaapzaal $ 5; tweepersoonskamers. ③

Manzana Verde c/Macanudo Ⓣ651 4652. Heeft veel weg van een jeugdherberg, gerund door het Vía Vía-team (zie blz.360); een prettige sfeer, drie grote slaapzalen, kluisjes, keuken en wasserette, een lounge met tv en een prikbord vol informatie. ②

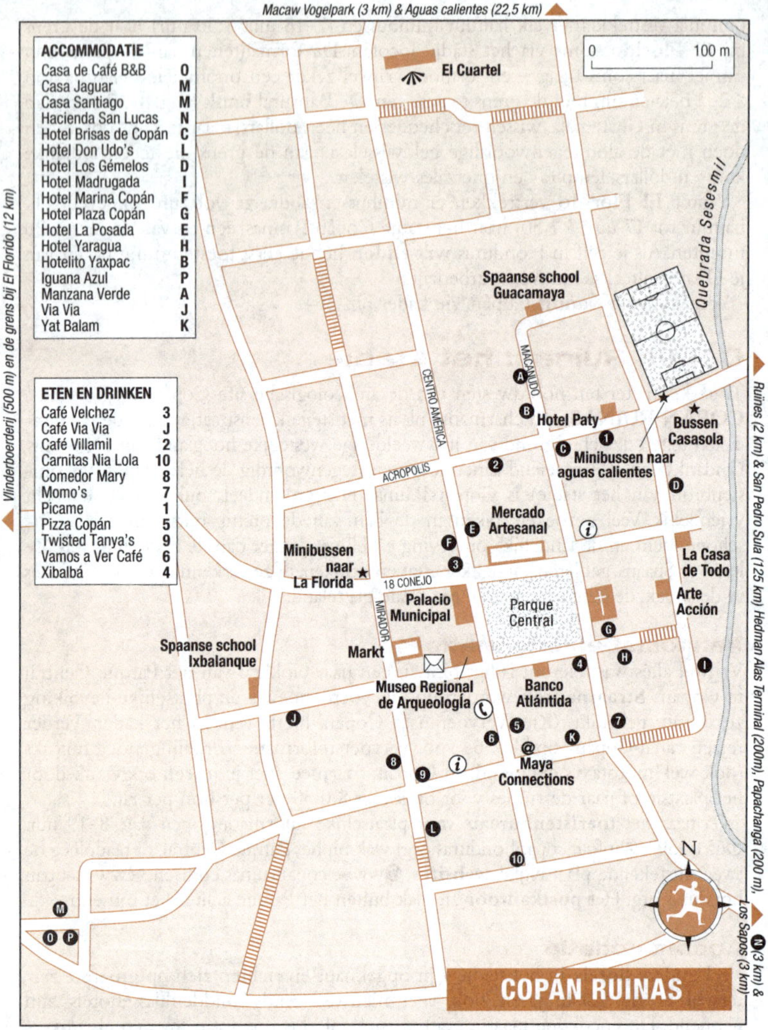

Vía Vía twee stratenblokken ten westen van het Parque ⓣ651 4652, ⓦwww.viaviacafe.com. Eenvoudige, nogal kleine maar brandschone kamers met eigen badkamer en een zespersoonsslaapzaal ($ 5 per bed) boven een populair toeristencafé. Het kan hier 's nachts wat lawaaiig zijn, maar je krijgt waar voor je geld. ❸

Middenklasse- en luxehotels

Casa de Café B&B aan de zuidwestrand van de stad met uitzicht op het dal van de Río Copán ⓣ651 4620, ⓦ.casadecafecopan.com. Charmante zaak, beheerd door een Amerikaans-Hondurees echtpaar, met tien comfortabele en lichte kamers met houten bekleding, een bureau en een eigen badkamer met gloeiend heet water. Er is ook een prachtige tuin waarin je vanuit je hangmat de hele dag van het uitzicht kunt genieten, en een paviljoen voor massages ($ 25). Een stevig ontbijt is inbegrepen, en er is de hele dag gratis koffie of ijsthee. ❻

Casas Jaguar en Santiago ⓣ651 4620, ⓦwww.casajaguarcopan.com en ⓦwww.casadedonsantiagocopan.com. Twee prachtige particuliere huizen met een heerlijke mediterrane sfeer, chique meubels, hoge plafonds, tv, dvd-speler en een volledig uitgeruste keuken. Allebei rustig gelegen en ideaal voor gezinnen of kleine groepen. 7–9

Hacienda San Lucas 5 km ten zuiden van het Parque ☎651 4106, Ⓦwww.haciendasanlucas.com. Mooie verbouwde boerderij met adobe muren en zonnepanelen, in de heuvels ten zuiden van de stad en met spectaculair uitzicht over het dal. Een ideale plek om te ontspannen met volop ruimte (op het terrein liggen de archeologische site Los Sapos en enkele kabelbanen; zie blz. 370). Koloniale stijl. Alle kamers zijn ruim en luxe, met handgemaakte cederhouten bedden en plaatselijk vervaardigde kleden als decoratie. Het eten is verrukkelijk (vijfgangendiner $ 20) en je kunt er paardrijden 8

Hotel Brisas de Copán een stratenblok ten noorden van het Parque ☎651 4118. Moderne, schone kamers, allemaal met badkamer met warm water. Zonneterras met prachtig uitzicht, en parkeergelegenheid. 4

Hotel Don Udo's c/Mirador ☎651 4533, Ⓦwww.donudos.com. Nieuw hotel met Nederlands-Hondurese eigenaren. Zestien comfortabele kamers (do meeste met airco) rond een binnentuin. Voorzieningen omvatten een sauna/jacuzzi, zonnedek met uitzicht over het dal, en een restaurant met goede reputatie. 5–9

Hotel Madrugada ten zuidoosten van het Parque ☎651 4092. Dit krakkemikkige, oude hotel heeft een magnifiek uitzicht over het dal van Copán en een breed gemeenschappelijk balkon met stoelen en hangmatten van waaruit je maximaal profiteert van het uitzicht. De kamers zijn een tikje uitgewoond en hebben een opknapbeurt nodig, maar ze hebben ook charme en zijn schoon. De eigenares is een alleraardigste dame, Celestina Smith. 4

Hotel Marina Copán c/Centro América ☎651 4070, Ⓦwww.hotelmarinacopan.com. Het meest luxe etablissement in de stad. De trendy kamers, allemaal met airco en tv, zijn met zorg ingericht en ruim, en bovendien is er een klein zwembad, een sauna, een sportzaal en een bar. 8

Hotel Plaza Copán oostkant van het Parque ☎651 4508, Ⓦwww.plazacopanhotel.com. Eenentwintig ietwat dure kamers, sommige met uitzicht op het plein en allemaal met airco en kabel-tv. Aangename binnenplaats met fontein en een klein zwembad. Tevens een restaurant. 6

Hotel La Posada c/Centro América ☎651 4059, Ⓦwww.laposadacopan.com. Deze kamers zijn hun geld waard. Ze hebben tv en eigen badkamer en liggen langs overdekte wandelgangen met overal planten. 5

Hotel Yaragua half blok ten oosten van het Parque ☎651 4050, Ⓦwww.yaragua.com. Aangenaam hotel met 24 tamelijk kleine maar comfortabele kamers rond een kleine binnenplaats, met goede tweepersoonsbedden en kabel-tv. 4

Hotelito Yaxpac c/ Macanudo ☎651 4025. Het Yaxpac wordt gerund door een aardige familie en heeft vier eenvoudige, schone kamers, allemaal met eigen badkamer, en twee met een klein balkon. 3

Yat Balam ☎651 4338, Ⓦwww.yatbalam.com. Uitstekend nieuw etablissement met vier voortreffelijke kamers (twee met lounge en balkon). In het interieur worden de natuursteen en houten balken gecombineerd met kalmerende crèmetinten. Alle kamers hebben koelkast, tv en fraai beddengoed. Gelegen boven een paar souvenirwinkels en een café. 7

Het stadje

Een halve dag is genoeg om het stadje te bekijken. Het **Parque Central** – omzoomd met bankjes, overheidsgebouwen en een aantrekkelijke, witgepleisterde barokkerk – is ontworpen door de archeologen Tatiana Proskouriakoff en Gustav Stromsvik. Helaas is de simpele elegantie van het originele ontwerp, dat uitging van klassieke Spaanse vormen, ietwat bedorven door protserige latere aanpassingen. Maar het is nog steeds een populaire plek om te luieren.

Aan de westkant van het Parque ligt het **Museo Regional de Arqueología** (dag. 9–17 uur; $ 3). Het toont Mayareliëfs uit de omgeving van Copán, waaronder de altaren T en U die zijn bedekt met hiërogliefen, Stèle B, waarop de heerser Waxaklajuun Ub'aah K'awiil (Achttien Konijn) staat, en een paar opmerkelijke en uiterst gedetailleerde stenen voorwerpen – decoratieve rariteiten met zeven hoofden van obsidiaan. Er zijn ook twee opvallende **graven.** Het eerste bevat de overblijfselen van een vrouwelijke sjamaan, compleet met jaden sieraden en de schedels van een poema, een hert en twee geofferde mensen. Het andere graf (10J-45) werd in 1999 ontdekt tijdens wegwerkzaamheden. Het was bedoeld voor een 6de-eeuwse heerser van Copán uit de vroegklassieke periode en bevat een overwelfde grafkamer waarin de tot nu toe onbekende heerser was begraven, samen met een grote hoeveelheid aardewerk en twee borstsieraden van bewerkt jade.

Vijf stratenblokken ten noorden van het Parque ligt **El Cuartel** (di–zo 9–17 uur; gratis), een interactief studiecentrum voor kinderen met tentoonstellingen over de Mayaperiode en een speeltuin. Het is gehuisvest in een gerenoveerde legerbasis met fraai uitzicht over de stad.

De buitenwijken van Copán

Ongeveer 3 km ten noorden van het centrum ligt het **Macaw Vogelpark** (dag. 9-17 uur; $ 10; Ⓦwww.macawmountain.com). Het huisvest veel papegaaien, parkieten, toekans, zes soorten ara's, grijze buizerds en een Amerikaanse oehoe, en is ideaal voor een excursie van een halve dag. De meeste vogels zijn eerder als huisdier gehouden en aan het centrum geschonken, en voor erg zeldzame soorten zoals de buffon ara en de geelteugelamazonepapegaai zijn fokprogramma's opgezet. Er zijn volières waar je doorheen kunt lopen en natuurpaden slingeren zich door een prachtig oud bos met ceder, mahonie, vijg en zapote, met hier en daar hoge uitkijkplatforms. Je vindt hier ook een koffiebranderij en een uitstekend café-restaurant (maaltijden $ 4–12) waar je eersteklas koffie uit de streek rond Copán kunt drinken; er is een informatiecentrum waarin de relatie tussen de Maya's en vogels wordt uitgelegd, en een heerlijke natuurlijke zwemvijver.

Aan de andere kant van de stad, op 20 minuten lopen vanaf de plaza langs de weg naar Guatemala, ligt het **Enchanted Wings Butterfly House and Nature Centre** (dag. 8–17 uur; $ 6; Ⓦwww.copannaturecenter.com), opgezet door een Amerikaanse enthousiasteling en zijn Hondurese vrouw. Je kunt er onder andere de bruingevlekte uilvlinder en de rood-met-gele Linnaeusvlinder zien, twee wat steviger soorten. Vlindereitjes komen in de ochtend uit, dus dat is de beste tijd voor een bezoek. Er is ook een tentoonstelling van meer dan tweehonderd soorten orchideeën, ongeveer een derde van alle soorten in Honduras. De maanden februari-april en juli-augustus is de beste tijd om ze te zien bloeien.

Eten en drinken

Er zijn in Copán een paar plekken waar je uitstekend kunt eten en drinken: je mag grote porties verwachten en een goede bediening, hoewel vrijwel alle restaurants tot uiterlijk 22 uur serveren. Het meest populair voor een drankje is *Café Vía Vía* dat min of meer het monopolie heeft op de backpackers, gevolgd door *Carnitas Nia Lola* en *Xibalbá*. Wat betreft **uitgaansleven** is *Café Viá Vía* ongetwijfeld de drukste plek in de stad, met elke woensdag een salsanacht (compleet met dansleraar om je de passen te leren), live gitaarmuziek op vrijdag, dj's die elektronische muziek draaien op zaterdag, en films op zondag.

Café Velchez c/Centro América. Kwaliteitscafé, Europese stijl; schenkt goede maar nogal dure koffie (waaronder espresso), sappen en milkshakes, en alcoholische dranken, cakes en lichte maaltijden.

Café Vía Vía twee stratenblokken ten westen van het Parque. De meest trendy tent in de stad. In dit enorme, hippe restaurant annex bar met Belgische eigenaar eet je prima sandwiches (met zelfgebakken brood), een goed ontbijt, omeletten, standaardschotels en salades zoals de *ensalada griega*. Volop keus voor vegetariërs. Big Foot Tours is hier ook gevestigd.

Café Villamil c/Acrópolis. Nieuw café-restaurant van goede kwaliteit in een fraai huis van drie verdiepingen in koloniale stijl. Espresso en cappuccino, crêpes en omeletten, en de machtigste cake in de stad.

Carnitas Nia Lola twee stratenblokken ten zuiden van het Parque. Dit uiterst sfeervolle en prettige eethuis ziet eruit als een Alpenhut met aan de muren een eigenzinnig decor van onder meer een enorme serie nummerplaten. Nogal duur, maar serveert grote porties verrukkelijk vlees en een paar vegetarische schotels. Gezellige bar met vroeg in de avond een happy hour. Aangename mix van plaatselijke bevolking en toeristen.

Comedor Mary c/Mirador. Dit eenvoudige maar gastvrije etablissement heeft een gat in de markt ontdekt. Hier vind je een voedzame, Centraal-Amerikaanse keuken zonder opsmuk voor rond de $ 3–5 pp.

La Casa de Todo ⓦwww.lacadadetodo.com. Uitstekend café in een prachtige tuin, waar je urenlang kunt genieten van smakelijk en gezond eten, royale milkshakes en koffie. Voor het ontbijt is er onder meer granola, fruit en pannenkoeken, voor de lunch zelfgemaakte soep en sandwiches met Goudse kaas of mozzarella en pesto; hoofdgerechten onder meer oosterse kip. In hetzelfde pand zit de beste souvenirwinkel van Copán, een internetcafé en een wasserette.

Momo's een stratenblok ten zuiden van het Parque. Bekend om zijn enorme, redelijk geprijsde vleesschotels. Dit sfeervolle restaurant heeft een barbecue waar het eten vlak voor je neus wordt bereid.

Picame c/Acrópolis. Informele, plezierige zaak met Nederlandse eigenaar en geruite tafelkleedjes, bekend om zijn kip-van-het-spit maar ook om zijn goedkope ontbijt, burrito of baguette.

Pizza Copán tegenover Hondutel. Even populair bij de plaatselijke bevolking als bij toeristen, die hier komen genieten van goede pizza en pasta.

Twisted Tanya's een stratenblok naar het zuidoosten van het Parque. ⓦwww.twistedtanya.com. Het enige (bijna-)gourmetrestaurant in Copán. Groot, luxueus en met een ambitieuze menukaart waarop rode snapper in room-kappertjessaus en rosbief in mierikswortel-sherrysaus. Een driegangenmaaltijd kost $ 18 en er is elke dag een trekkersmenu (16-18 uur) voor $ 6.

Vamos a Ver Café een stratenblok ten zuiden van het Parque. Druk tuincafé met goedkope en heerlijke zelfgemaakte soepen, sandwiches en snacks.

Xibalbá zuidoosthoek van het Parque. Dagelijks geopend vanaf 6.30 uur. Deze kleinschalige zaak is overdag een café waar een uitgebreid ontbijt worden geserveerd en is 's avonds een gezellige bar.

Handig om te weten

Banken Banco Atlántida en twee andere banken vind je bij het Parque, elk met een geldautomaat en de mogelijkheid reischeques en dollars te wisselen.

Boeken ruilen *La Casa de Todo* heeft een ruime keus.

Internet Maya Connections, meteen ten zuiden van de plaza, en *La Casa de Todo* (dag. 8–20 uur). Tarieven liggen rond de $ 1,25 per uur.

Taalscholen Copán is een prima plaats voor een cursus, met twee scholen voor Spaans om uit te kiezen, hoewel het wel meer kost dan in Guatemala – voor vier lesuren plus volledig pension bij particulieren betaal je $ 210–225 per week. Guacamaya (ⓣ651 4360, ⓦwww.guacamaya.com), twee stratenblokken ten noorden van de plaza, is de oudste en duurste van de twee scholen, maar Ixbalanque (ⓣ651 4432, ⓦwww.ixbalanque.com), ten zuidwesten van de plaza, is ook het overwegen waard.

Touroperators Base Camp, in Café Vía Vía (ⓣ651 4695, ⓦwww.basecamphonduras.com) biedt prima wandeltochten aan, waaronder dagtochten naar Maya Chortí-dorpen ($ 35), tochten per motor ($ 35–45) en excursies door heel Honduras. Yaragua Tours (ⓣ651 4147, ⓦwww.yaragua.com), een half blok ten oosten van de plaza, biedt excursies aan naar de warme bronnen ($ 30 pp), de El Rubí-waterval ($ 20), een spectaculaire plaatselijke grot, de Cueva el Boquerón ($ 40), maar ook paardrijden ($ 20 voor 3 uur) en tubing op de rivier ($ 15). Robert Gallardo van de vlinderboerderij (zie blz. 362) organiseert excursies voor vogelaars vanaf ongeveer $ 40.

Wasserette *La Casa de Todo* (zie onder). Circa $ 1,50 voor een normale lading was.

Winkelen *La Casa de Todo*, een stratenblok ten westen van het Parque, heeft een mooie selectie handgemaakte artikelen en souvenirs. Of probeer Arte Acción, aan de overkant.

Ruïnes van Copán

DE RUÏNES VAN COPÁN liggen 2 km ten oosten van de stad, een aangenaam kwartiertje lopen over een pad parallel aan de hoofdweg. Je krijgt toegang tot de site (dag. 8–16 uur; $ 15 inclusief de Las Sepulturas ruïnes, hoewel toegang tot de archeologische tunnels een buitensporige $ 15 extra kost) via het **bezoekerscentrum** links van de parkeerplaats, waar een kleine tentoonstelling de plek van Copán binnen de Maya-wereld belicht. In het bezoekerscentrum kun je bij een balie een officiële **gids** boeken ($ 25 voor maximaal 10 personen; 2 uur) – een uitstekende investering als je echt alles uit je bezoek aan Copán wilt halen. Aan de andere kant van de parkeerplaats vind je een **cafetaria** en een kleine souvenirwinkel.

Tegenover het bezoekerscentrum ligt het adembenemende **Museum voor Mayasculptuur** (dag. 8–15.45 uur; $ 7), met een enorme verzameling stèles, altaren, panelen en een duidelijke toelichting in het Engels. Je komt binnen via een dramatische toegangsdeur die veel wegheeft van de kaken van een slang, en gaat vervolgens door een tunnel (die de doorgang naar *Xibalbá*, de onderwereld, symboliseert). Centraal in het museum staat een flamboyante, geschilderde replica op ware grootte van de magnifieke **Rosalila-tempel**, in 571 gebouwd door Maan Jaguar en gaaf aangetroffen onder Tempel 16. Een enorm rood-en-jadekleurig masker van de zonnegod, afgebeeld met uitgestrekte vleugels, vormt de hoofdfaçade van de tempel. Andere opstellingen op de begane grond belichten het Mayageloof en de kosmologie, terwijl je op de bovenverdieping veel van de beste originele beeldhouwwerken uit het dal van Copán vindt, samen een duidelijk bewijs van de vaardigheid van de Mayahandwerkslieden.

Vanaf het museum is het 200 m lopen naar de **poort van de opzichter,** de toegang tot de site zelf.

Korte geschiedenis van Copán

Archeologen vermoeden dat mensen zich rond 1400 v.C. in het dal van de Río Copán begonnen te vestigen vanwege de uitstekende landbouwmogelijkheden van de streek, hoewel de bouw van de stad waarschijnlijk pas rond 100 n.C. begon. Copán was ooit de belangrijkste stadstaat in het zuidelijke grensgebied van de Mayawereld, geografisch geïsoleerd van het kerngebied; de stad **Quiriguá** lag 64 km naar het noorden. Toch werden ondanks de grote afstanden contacten onderhouden met andere Mayasteden, vooral Tikal en Palenque.

Copán bleef een kleine, geïsoleerde nederzetting tot de komst in 426 n.C. van een buitenstaander, **Yax K'uk Mo'** (Grote Zon Eerste Quetzal Ara), een krijgersjamaan die het basisontwerp voor de stad ontwierp en een koninklijke dynastie

Verder reizen vanaf Copán

Om andere bestemmingen in **Honduras** te bereiken, waaronder de Islas de la Bahía, moet je naar de grote industriestad San Pedro Sula reizen, van waaruit er regelmatig vluchten vertrekken naar de Islas de la Bahía, of je reist door naar de kustplaats La Ceiba, met dagelijkse bootverbindingen naar Roatán en Utila en dagelijkse vluchten naar alle drie de eilanden. Elke dag vertrekken er vier touringcars met airco van maatschappij Hedman Alas (Ⓣ651 4106, Ⓦ.www.hedmanalas.com) van Copán naar San Pedro Sula ($ 13.50–16.50 uur; 3 uur) vanaf een eigen terminal 500 m ten zuiden van de plaza; elke zondag en maandag is er een extra rit. De bussen van Casasola en Gama bieden goedkopere ritten naar San Pedro Sula (6 per dag; $ 6); ze vertrekken van haltes tegenover het voetbalveld.

Rechtstreekse pendelbussen van Base Camp Tours (zie blz. 363) rijden twee keer per dag naar Antigua in Guatemala ($ 17; 6 uur) om 5.30 en 12 uur; ze rijden via Guatemala-stad, als er passagiers zijn. Hedman Alas onderhoudt een dagelijkse busdienst per luxe touringcar met airco naar Guatemala-stad ($ 35–45; 5 uur rijden) om 13.30 en 17.30 uur; voor verbindingen naar Antigua betaal je $ 6 pp extra.

Als je het oostelijke hoogland van Guatemala of het Caribisch gebied wilt verkennen, is de goedkoopste optie een minibus naar de grens bij El Florido ($ 1,50), en dan een plaatselijke bus (elk halfuur, de laatste om 18.30 uur; $ 1,25) naar Chiquimula van waaruit regelmatig bussen vertrekken naar bestemmingen als Puerto Barrios.

vestigde die vierhonderd jaar standhield. Onduidelijk is of hij uit Teotihuacán kwam, de Midden-Amerikaanse supermacht, of uit Tikal (dat destijds sterk onder invloed van Teotihuacán stond), maar Yax K'uk Mo' werd het voorwerp van een intense cultus die werd ingesteld door zijn zoon **Popol Hol** en door alle leden van de dynastie vijftien generaties lang werd voortgezet.

Over de zeven koningen die Popol Hol opvolgden is weinig bekend, maar in 553 begon de **gouden eeuw** van Copán, met de troonsbestijging van **Maan-Jaguar**, die de schitterende Rosalila-tempel liet bouwen die nu onder Tempel 16 schuilgaat. De stad bloeide tijdens de regeringen van **Rookslang** (578–628), **Rookjaguar** (628–695) en **Achttien Konijn** (695–738), toen de grote vruchtbaarheid van het Copán-gebied werd geëxploiteerd en grote rijkdom werd vergaard met de controle van de jadehandel langs de Río Motagua. Deze inkomsten zorgden, samen met stabiele regeringen, voor ongekende politieke en sociale groei, waarbij de bevolking toenam tot ongeveer 28.000 in 760, de hoogste bevolkingsdichtheid in het hele Mayagebied.

In deze periode vonden ambitieuze bouwprojecten plaats, waarbij het plaatselijke andesiet werd gebruikt, een fijnkorrelig vulkanisch gesteente met een gelijkmatige structuur dat gemakkelijk te delven was en erg geschikt voor gedetailleerde reliëfs, en daarnaast de grote plaatselijke kalksteenformaties, ideaal voor witkalkproductie. De artistiek hoogstaande hoogreliëfs waar Copán beroemd om is bereikten een hoogtepunt tijdens de regering van Achttien Konijn – wiens beeltenis op veel stèles op de site te zien is en die ook de supervisie had over de bouw van de grote plaza, de laatste fase van de balspelarena en Tempel 22 in de oostelijke hof.

Na de brutale gevangenneming en onthoofding van Achttien Konijn door Cauac Hemel van Quiriguá, lagen de bouwprojecten in Copán zeventien jaar stil, wat mogelijk wijst op een periode van onderwerping aan haar voormalige vazalstaat. Maar daarna wist de koninklijke dynastie zich te herstellen om opnieuw te bloeien, zij het maar kort. **Rookschelp** (749–763) voltooide de **Trap van de hiërogliefen**, één van de meest indrukwekkende Mayabouwwerken, in een doelbewuste poging om de opbloei symbolisch weer te geven. Optimisme heerste ook tijdens de achtjarige regering van **Yax Pasaj** (763–820), de zoon van Rookschelp, die opdracht gaf voor **Altaar Q**, waarop de hele dynastie vanaf haar begin is weergegeven, en die rond 776 de laatste fase voltooide van **Tempel 16** die boven de site uittorent. Tegen het eind van zijn regering ging het mis: uit skeletonderzoek blijkt dat de achteruitgang werd veroorzaakt door voedseltekorten door overbevolking, die weer leidde tot ineenstorting van het ecosysteem. De zeventiende en laatste heerser, **Ukit Took'**, besteeg de troon in 822, maar zijn regeringsperiode bleek rampzalig. Pijnlijk genoeg bleef het enige monument voor zijn regering, Altaar L, onvoltooid, alsof de beeldhouwer zijn werktuigen had neergesmeten en gewoon was weggelopen.

De Spanjaarden kenden de site, maar hadden er weinig belangstelling voor. Een hoffunctionaris, Don Diego de Palacios, vermeldt in een brief van maart 1576 de ruïnes van een stad 'die zo kundig gebouwd zijn dat het onwaarschijnlijk is dat ze ooit zijn gemaakt door mensen die zo primitief zijn als de inwoners van deze provincie'. Pas in de 19de eeuw, na de publicatie van *Incidents of Travel in Central America, Chiapas and Yucatán* door **John Lloyd Stephens** en **Frederick Catherwood**, werd Copán algemeen bekend. Stephens, de toenmalige ambassadeur van de VS, slaagde er in 1839 in de ruïnes te kopen en samen met Catherwood, een Britse architect en kunstenaar, legde hij in een paar weken de site bloot en bracht de gebouwen in kaart. De plannen van Stephens om de monumenten van Copán op boten via de Río Copán naar de VS te varen werden nooit uitgevoerd, maar het plotselinge succes van het boek en de belangstelling voor Midden-Amerikaanse culturen die het aanwakkerde, maakten Copán tot een ware magneet voor onderzoekers.

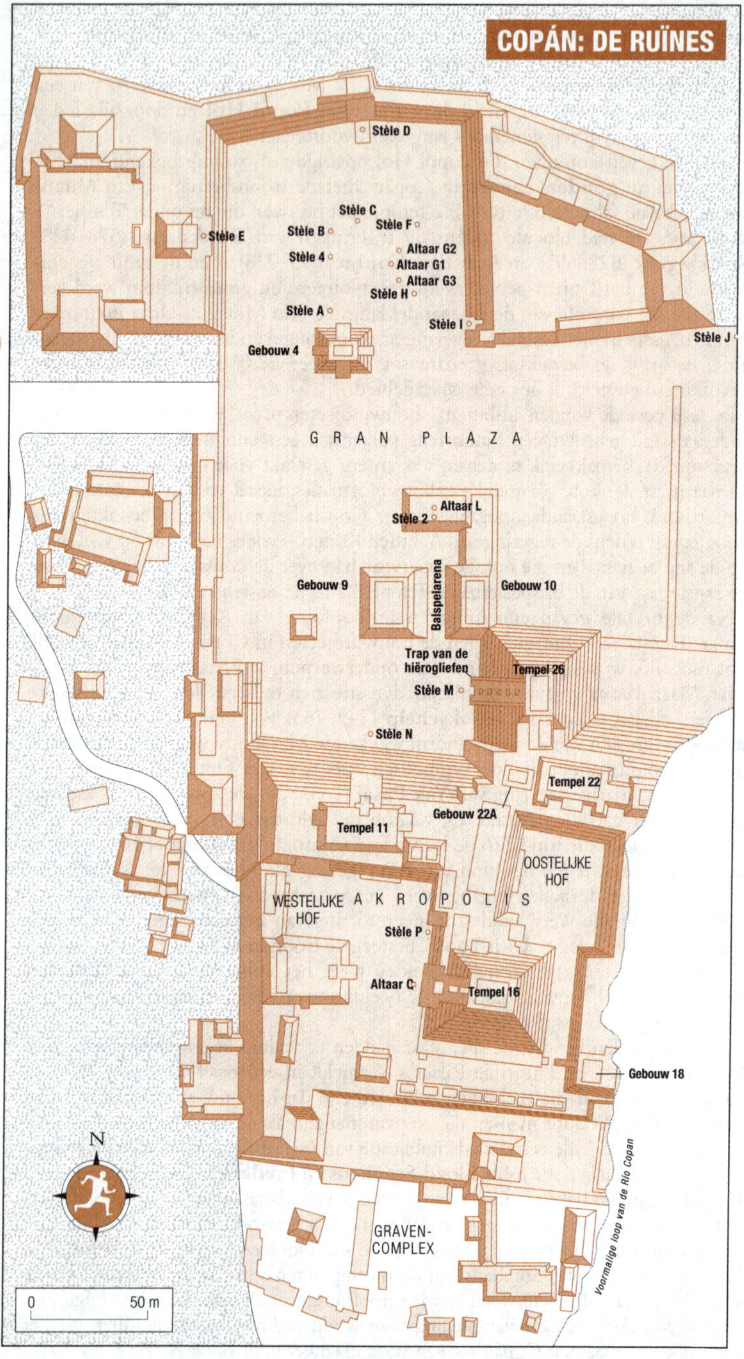
COPÁN: DE RUÏNES
Stèle D
Stèle C
Stèle B
Stèle F
Stèle E
Altaar G2
Stèle 4
Altaar G1
Altaar G3
Stèle H
Stèle A
Stèle I
Stèle J
Gebouw 4
GRAN PLAZA
Altaar L
Stèle 2
Gebouw 9
Balspelarena
Gebouw 10
Trap van de hiërogliefen
Tempel 26
Stèle M
Stèle N
Tempel 22
Gebouw 22A
Tempel 11
OOSTELIJKE HOF
WESTELIJKE HOF
AKROPOLIS
Stèle P
Altaar C
Tempel 16
Gebouw 18
N
Voormalige loop van de Río Copan
GRAVEN-COMPLEX
0
50 m

De Britse archeoloog **Alfred Maudsley** begon in 1891 de site uitgebreid in kaart te brengen, op te graven en te reconstrueren. In 1935 begon het Carnegie Instituut in Washington met een tweede grote onderzoekscampagne, in het kader waarvan de Río Copán werd omgeleid om te voorkomen dat die erosie zou veroorzaken. Sinds 1977 heeft het Instituto Hondureño de Antropología e Historia met behulp van archeologen uit de hele wereld een reeks projecten geleid. Copán is nu waarschijnlijk de best begrepen Mayastad, en een reeks **tunnelprojecten** onder de akropolis leidde tot opmerkelijke ontdekkingen, waaronder in 1989 de Rosalila-tempel, die nu open is voor bezoekers. In 1993 werd de Papagayo-tempel ontdekt, die is gebouwd door Popol Hol en gewijd was aan zijn vader Yax K'uk Mo', en in 1998 bracht verder graven het graf van de stichter zelf aan het licht.

De Gran Plaza

Voorbij de laan met bomen ligt de **Gran Plaza**, een groot rechthoekig terrein, bezaaid met de schitterend gebeeldhouwde en uitzonderlijk goed bewaarde stèles die Copán bij uitstek kenmerken. De eerste indruk van deze grasvlakte stelt misschien wat teleur: het eerste gebouw dat je ziet is **Gebouw 4**, een kleine piramidetempel, en ook de getrapte gebouwen langs de noordkant van de plaza zijn laag en onopvallend. Dit deel van de Grote Plaza was vroeger een openbare ruimte, en de verspringende zijkanten grensden aan een dichtbevolkte woonwijk. Echt grandioze gebouwen vind je alleen in het monumentale tempelcomplex langs het zuidelijk deel van de plaza, dat hoog oprijst en de Acropolis vormt, het domein van de heersers en de religieuze elite.

Overal verspreid in Copán staan de beroemde **stèles** en altaren die gemaakt zijn van het plaatselijke andesiet. De meeste stèles verwijzen naar **Achttien Konijn**, de 'Kunstenaar-Koning' van Copán (stèles A, B, C, D, F, H en 4). **Stèle A**, uit 731 n.C. heeft een bijzonder diep reliëf, hoewel de gezichten nu geërodeerd zijn; op de zijkanten staan 52 hiërogliefen die samen de beroemde inscriptie vormen met de emblemen van de vier grote steden Copán, Palenque, Tikal en Calakmul, een tekst die doelbewust toont dat Achttien Konijn zijn stad als een cruciaal machtscentrum in de Maya-wereld zag. **Stèle B** laat een enigszins oosters uitziende Achttien Konijn zien die een tulbandachtige hoofdtooi draagt waarin twee ara's verwerkt zijn; op zijn handen laat hij een balk rusten, een symbool dat de heerser de hemel omhoog houdt. **Stèle C** (730) is één van de vroegste die gezichten heeft aan beide kanten, en zoals veel van de centrale stèles heeft ook deze aan de voet een altaar dat is gebeeldhouwd in de vorm van een schildpad. Twee heersers zijn afgebeeld: Rookjaguar, de vader van Achttien Konijn, kijkt naar de schildpad (een symbool van lang leven; hij werd ruim tachtig jaar); aan de andere kant staat Achttien Konijn zelf. **Stèle H**, misschien wel de meest indrukwekkende van allemaal, laat Achttien Konijn zien met de geruite lendendoek van de maisgod, zijn polsen zwaar behangen met juwelen, zijn gezicht omlijst door een adembenemende hoofdtooi.

De balspelarena en de Trap van de hiërogliefen

Ten zuiden van Gebouw 4, richting akropolis, ligt de L-vormige **balspelarena**, één van de grootste en meest uitgebreide uit de Klassieke periode en één van de weinige Mayabalspelarena's die nog geplaveid is. Hij werd voltooid in 738 n.C., net vier maanden voor de ondergang van Achttien Konijn door toedoen van Quiriguá; eronder de bewijzen van twee eerdere bouwfasen. Net als zijn voorgangers was de arena gewijd aan de grote Aragod, en langs de twee hellende zijden van de arena staan drie beelden van **arahoofden**. De kamers aan de rand van de arena, met uitzicht op het speelveld, werden waarschijnlijk gebruikt door priesters en leden van de elite om naar het spel te kijken.

Tegen de balspelarena aan en afgedekt met een enorm zeil van canvas ligt de beroemde **Trap van de hiërogliefen**, misschien wel het meest indrukwekkende monument van Copán. De trap beslaat de hele westzijde van de piramide van Tempel 26 en bestaat uit 72 stenen treden; elke steen is onderdeel van een lange reeks hiërogliefen – in totaal rond de 2200 hiërogliefstenen. Het is de langste Maya-hiërogliefentekst, maar helaas hebben eerdere pogingen van archeologen om de trap te reconstrueren de volgorde zo door elkaar gegooid dat een volledige interpretatie nog even op zich laat wachten. We weten dat de trap werd gebouwd om de dynastieke geschiedenis van de stad vast te leggen: sommige lagere treden zijn geplaatst door Achttien Konijn in 710, terwijl Rookschelp het merendeel van de reeksen opstelde en in 755 voltooide in het kader van zijn pogingen om het prestige en de macht van de stad te herstellen. De zwaar geërodeerde **Stèle M** bij de voet van de trap beeldt Rookschelp af en vermeldt een zonsverduistering in 756.

Naast de Trap van de Hiërogliefen torenen de steile treden van **Tempel 11** (ook de Tempel van de Inscripties genoemd) hoog uit boven het zuidelijk deel van de plaza. De tempel werd gebouwd door Rookschelp die er waarschijnlijk onder begraven ligt, hoewel er nog geen graf is gevonden. Aan de voet van de tempel staat nog een klassiek voorbeeld van beeldhouwwerk van Copán, **Stèle N** (761) die Rookschelp voorstelt, met portretten op de voor- en achterkant en hiërogliefen op de zijkanten. Het diepe reliëf heeft wat hoekjes en gaatjes beschermd, zodat daar nog wat verfsporen zitten – oorspronkelijk waren de reliëfs en gebouwen beschilderd in een reeks levendige kleuren, maar alleen rood is bewaard gebleven.

De akropolis

Vanaf de zuidwesthoek van de plaza loopt een pad langs een paar bewaard gebleven afvoergoten tot waar de stenen trappen van Tempel 11 steil omhoog klimmen naar een rijzig tempelcomplex dat de **akropolis** wordt genoemd. Dit hooggelegen allerheiligste was voorbehouden aan de koninklijke familie, de adel en priesters; het was het politieke en ceremoniële centrum waar religieuze rituelen werden opgevoerd, offers gebracht en heersers begraven. Het hele complex bleef vierhonderd jaar lang doorgroeien, met steeds hogere tempels, aangezien nieuwe gebouwen werden opgetrokken op de restanten van voorgangers. Een doolhof van uitgegraven tunnels, deels toegankelijk voor bezoekers, boort zich door de enorme massa van de akropolis naar de Rosalila-tempel en meerdere graven. Vanaf de top van Tempel 11, naast een reusachtige ceibaboom (een heilige boom voor de Maya's) heb je uitzicht rondom over de site beneden, over de Balspelarena en de Grote Plaza tot aan de groene heuvels in de verte.

Een paar meter ten oosten van Tempel 11 liggen het **Mat Huis** (Gebouw 22A), een overheidsgebouw met een versiering van geschakelde golfpatronen, en **Tempel 22** met zijn buitengewoon ingewikkelde siermetselwerk rond de deurposten. Tempel 22 werd gebouwd door Achttien Konijn als 'heilige berg' waar de elite religieuze bloedofferceremoniën hield. Boven de deur zie je een reliëf van een tweekoppige slang; zijn kop rust op twee figuren die op hun beurt worden ondersteund door schedels. De versiering hier is uniek voor het zuidelijk Mayagebied – alleen sites in Yucatan, zoals Kabáh en Chicanna, hebben beeldhouwwerk van een vergelijkbare kwaliteit.

De oostelijke hof

Aan de voet van Tempel 22 liggen de trappen van de **oostelijke hof**, een sierlijke plaza met opnieuw uitgebreide reliëfs, waaronder levensgrote jaguarhoofden met holle ogen waarin vroeger stukken jade of gepolijst obsidiaan hebben gezeten. In het midden van de westelijke trap, met aan weerszijden de jaguars, zie je een rechthoekig Venusmasker in volmaakt diepreliëf. Uittorenend boven de hof domineert het hoogste gebouw in Copán, **Tempel 16,** de akropolis; deze 30 m hoge piramide werd in 776 voltooid door de zestiende heerser van de stad, Yax Pasaj. Om de tempel te kunnen bouwen moest Yax Pasaj over de **Rosalila-tempel** heen bouwen, hoewel dat met uiterste voorzichtigheid gebeurde, zodat de oude tempel niet werd vernietigd. Deze tempel was een religieus centrum tijdens de regering van Rookslang, oftewel Butz' Chan (578–628), de elfde heerser van Copán in een periode waarin de stad qua politieke, sociale en artistieke ontwikkeling op haar hoogtepunt was – de ontdekking van de Rosalila was dan ook opwindend. Je kunt nu de felgekleurde originele façade van de begraven tempel bekijken via een korte **tunnel** – een onvergetelijke maar dure ervaring ($ 15). De toegangsprijs geeft wel toegang tot nog twee tunnels die onder de Oostelijke Hof lopen, langs vroege kosmologische reliëfs in stucwerk – waaronder een enorm aramasker –, nog meer begraven tempelfaçades, en crypten waaronder het graf van Galindo.

Aan de zuidkant van de Oostelijke Hof ligt **Gebouw 18,** een klein vierkant gebouwtje met vier reliëfpanelen waarin Yax Pasaj in 821 werd begraven. Het kleine formaat van het bouwwerkje toont aan hoe snel het verval inzette, en het militaristische karakter van de panelen wijst op roerige tijden. Het graf bleek bij archeologisch onderzoek leeg te zijn en het is waarschijnlijk meerdere keren geplunderd. Vanaf Gebouw 18 heb je een prachtig uitzicht over het dal, over de Río Copán die eeuwenlang langs de oostelijke gebouwen van de akropolis 'schuurde' totdat haar loop door vroege archeologen werd verlegd. Ten zuiden van Gebouw 18 ligt het **Gravencomplex**, dat vroeger voor een grafveld werd gehouden maar waarvan we nu weten dat het een woonwijk was, de residentie van de heersende elite. Tot nu toe is er nog weinig werk verricht in dit deel van de ruïnes.

De westelijke hof

De tweede plaza op de akropolis, de **westelijke hof**, wordt begrensd door de zuidzijde van Tempel 11 met zijn acht kleine deuropeningen, en Tempel 16. **Altaar Q**, aan de voet van Tempel 16, is het beroemdste onderdeel van de hof en een adembenemend voorbeeld van vooroudersymboliek. Het werd gemaakt in 776 en verheerlijkt de troonsbestijging van Yax Pasaj op 2 juli 763. Op de bovenkant van het altaar zie je een reliëf van zes hiërogliefen, terwijl de zijkanten zijn versierd met zestien figuren die allemaal met gekruiste benen op kussens zitten en vroegere heersers van Copán aanduiden. Allemaal kijken ze naar een portret van Yax Pasaj waarop is afgebeeld hoe hij een ceremoniële staf ontvangt van de eerste heerser van de stad, Yax K'uk Mo', een bekrachtiging van het recht van Yax Pasaj om te heersen. Achter het altaar bevindt zich een crypte waarin de resten van een ara en vijftien katachtigen werden gevonden die waren geofferd ter ere van Pasaj's voorouders toen het altaar werd ingewijd.

Las Sepulturas

Twee kilometer ten oosten van de ruïnes langs een stenen pad ligt de veel kleinere site **Las Sepulturas** (dag. 8–16 uur; toegang met hetzelfde kaartje als voor Copán), waarvoor veel recente archeologische belangstelling is omdat er veel ontdekkingen worden gedaan over het dagelijks leven in de Mayaperiode. Achttien van de ongeveer veertig woonerven op de site zijn opgegraven; in totaal honderd gebouwen waarin de elite woonde. In kleinere woonerven langs de buitenrand van de site woonden waarschijnlijk de jonge prinsen, concubines en personeel. Het was gebruikelijk om de adel dicht bij hun woningen te begraven, en meer dan 250 graven in de buurt van de woonerven zijn onderzocht – gezien het aantal vrouwen in de graven is het waarschijnlijk dat de plaatselijke Mayabevolking polygaam was. Een van de meest interessante ontdekkingen, het graf van een priester of sjamaan uit ongeveer 450 n.C., is te zien in het museum in de stad Copán Ruinas.

De omgeving van Copán

De **Hacienda San Lucas** (zie blz. 361) is een mooi landelijk hotel ongeveer 8 km ten zuiden van de stad, met een paar interessante attracties op het terrein. Er is een prachtig netwerk van **kabelbanen** aangelegd met zestien stations ($ 35); de lijnen beginnen in de heuvels, lopen dan steil naar beneden door het dal van Copán en bieden een adembenemend uitzicht op de stad; vervolgens gaan ze verder omlaag over de Río Copán, om te eindigen naast de ruïnes van de akropolis. Ook zijn er de ruïnes van **Los Sapos** ($ 1,50) die uit dezelfde tijd dateren als Copán. De naam van deze kleine site is ontleend aan een steen die in de vorm van een pad is uitgehouwen. Dit is misschien de plaats waar Mayavrouwen naartoe kwamen om hun kinderen te baren, maar helaas hebben de tijd en het weer veel van het reliëf weggesleten. Je kunt hier in ongeveer een uur vanaf Copán naartoe lopen – steek de rivier over na het Hedman Alas-busstation, houd links aan en volg de bordjes, of neem anders een tuktuk ($ 3).

Elke dag vertrekken er regelmatig pick-uptrucks vanuit Copán naar het vredige stadje **Santa Rita**, 9 km naar het noordoosten. Bij de brug over de rivier, vlak voor je het stadje binnenkomt, begint een pad naar **El Rubí**, een mooie dubbele waterval in de Río Copán, ongeveer 2 km verderop. Groepsexcursies (zie blz. 363) hierheen vanuit Copán kosten $ 20 pp. Ongeveer 22 km ten noorden van Copán vind je een paar (erg) **hete bronnen** ($ 1,50) in een weelderig hooglanddecor met her en der koffieplantages en naaldbomenbosjes. Je kunt je wentelen in aangelegde vijvers of via een kort pad naar de bron gaan waar koel rivierwater en kokend heet water samenkomen. Aan de overkant van de rivier ligt **Maan Jaguar** (dag. 8–17 uur; Ⓦwww.lunajaguar.com; $ 10), een nieuw kuuroord in een bosrijke omgeving waar stenen paden dertien verschillende behandelmogelijkheden met elkaar verbinden (elk $ 30). Je vindt er natuurlijke stoombaden, masseurs, en een jacuzzi die vanuit de hete bronnen wordt gevuld. Het is beslist een prachtige natuurlijke omgeving, ook al is het geheel een beetje opgeklopt en duur. Je kunt er komen met bussen die redelijk vaak rijden (45 min.) en die vertrekken vanaf *Hotel Paty* in Copán, hoewel het gemakkelijker is om mee te gaan met een van de excursies die touroperators in Copán aanbieden.

Ongeveer een kilometer verder naar het noorden ligt het centrum voor *agroturismo* Finca El Cisne (Ⓣ651 4695, Ⓦwww.fincaelcisne.com), een koffieplantage in vol bedrijf die zich richt op de productie van kardemom en koffie, en op veeteelt. Tijdens excursies kun je meedoen met het dagelijks werk op het bedrijf en ook informatie krijgen over de landbouw en het boerenleven in de streek; ze zijn goed georganiseerd en je kunt ze boeken bij Base Camp tours (zie blz. 363) in Copán, waar je $ 59 betaalt voor een dagtocht inclusief paardrijden.

Van Copán naar de kust

Copán heeft prima busverbindingen naar de grote, onaantrekkelijke stad **San Pedro Sula**, waar je zult moeten overstappen voor de wat aantrekkelijker kustplaats **La Ceiba**. Als je vroeg genoeg uit Copán vertrekt, kun je, wanneer je in San Pedro een vliegtuig neemt of in La Ceiba een veerboot of vliegtuig, dezelfde dag nog naar de Eilandenbaai.

San Pedro Sula

SAN PEDRO SULA is de tweede stad van Honduras en het economische hart van het land, maar oninteressant, en het is er het grootste deel van het jaar onaangenaam heet en vochtig. Je kunt er beter zakenman zijn dan toerist, dus probeer door te gaan naar La Ceiba of een vliegtuig te nemen naar de Islas de la Bahía – de stad heeft een modern busstation en een internationaal vliegveld. Er zijn veel **taxi's** en die zijn goedkoop: reken per rit in het centrum op ongeveer $ 3, of naar het vliegveld,12 km ten zuidoosten van de stad, op ongeveer $ 12.

Wil je toch **overnachten**, dan vind je in al deze etablissementen airco: *Tamarindo's Hostel*, 9 C NO 1015 (Ⓣ557 0123, Ⓦwww.tamarindohostel. com; slaapzaal $ 12) is een aanvaardbaar pension voor backpackers; wat comfortabeler is *Dos Molinos*, 21 Avenida & 14 Calle (Ⓣ510 0335; ❺), een prima B&B; *Hotel Ejecutivo*, 10 Avenida, 2 Calle SO (Ⓣ552 4289, Ⓦwww.hotel-ejecutivo.com; ❼), heeft grote, comfortabele kamers. **Vanuit** San Pedro Sula onderhoudt een aantal maatschappijen regelmatige busverbindingen met **La Ceiba** (21 per dag; 3:30 uur), het vertrekpunt voor de Islas de la Bahía; alle bussen vertrekken vanaf het nieuwe busstation van San Pedro, Gran Central Metropolitana, ongeveer 4 km van het centrum. Hedman Alas (Ⓦwww. hedmanalas. com) verzorgt de meest comfortabele en betrouwbare verbindingen. Als je liever zo snel mogelijk naar de Islas de la Bahía wilt, dan is **vliegen** in Honduras een redelijk goedkope optie. Drie maatschappijen – Taca/Isleña (Ⓣ668 3333, Ⓦwww. flyislena.com), Sosa (Ⓣ668 3223) en Atlantic Air (Ⓣ668 7309, Ⓦwww.atlanticair linesint.com) – vliegen tussen San Pedro en Utila (3 per dag; $ 98), Roatán (8 per dag; $ 110) en Guanaja (2 per dag; $ 125); alle vluchten gaan via La Ceiba.

La Ceiba

LA CEIBA ligt ongeveer 190 km oostwaarts langs de kust vanaf San Pedro Sula. Deze zwoele stad is één van de meer toegankelijke in Honduras. Hoewel er geen bezienswaardigheden zijn en de stranden schoner zouden kunnen, vormen de inwoners een kosmopolitische mengelmoes, waaronder een grote Garífuna-gemeenschap (zie blz. 258) en is de sfeer levendig. Maar het is vooral de nacht die in La Ceiba gevierd wordt – de stad is ongetwijfeld de **feesthoofdstad** van het land, met een opwindende dancehallscene en een legendarisch Mei-carnaval.

Alle Catisa-Tupsabussen komen aan bij het **busstation**, 2 km ten westen van het Parque Central. Hedman Alas heeft een eigen busstation op 5 minuten lopen van het Megaplaza-winkelcentrum, ongeveer 1,5 km ten zuiden van het Parque. Vanaf alle busstations rijden er vaak stadsbussen en groepstaxi's naar het centrum. Het vliegveld van La Ceiba ligt 9 km ten zuiden van de stad; een taxi naar het centrum kost $ 7. Van alle goedkope **hotels** in Ceiba is het *Banana Republic Guesthouse* warm aanbevolen; het ligt aan de Avenida Morazón (Ⓣ440 1282; ❷–❸), vijf minuten lopen vanaf het gigantische Megaplaza-winkelcentrum. Het heeft individuele kamers en ook slaapzalen ($ 5 per bed), behulpzaam personeel, een wasserette, internetverbinding en een tuin met hangmatten. Anders is er het karakteristieke *Gran Hotel Paris* aan het Parque Central (Ⓣ443 2391, Ⓦwww.granhotelparis.com; ❻); het is ideaal gelegen en heeft grote, comfortabele kamers (allemaal met airco, telefoon & tv), en een zwembad, bar en restaurant. Als je de clubscene in La Ceiba wilt proeven zijn de bars en danstenten aan zee de *places to be*.

Vanuit La Ceiba vertrekken dagelijks twee veerboten naar Utila, om 9.30 en 16.30 uur (enkeltje $ 17; 1 uur), en naar Roatán, om 9.30 en 16 uur (enkeltje $ 22; 1:15 uur). De veerboten vertrekken vanaf de gemeentelijke haven Muralla de Cabotaje, ongeveer 5 km ten oosten van de stad; er rijden geen bussen, dus je moet een taxi nemen ($ 6 vanaf het centrum; $ 12 vanaf het vliegveld). **Vliegen** naar de eilanden is ook eenvoudig, met ongeveer twaalf dagelijkse vluchten naar Roatán (30 min.; $ 39), vier naar Utila (20 min.; $ 33) en vier naar Guanaja (40 min.; $ 39). Een plaats krijgen is zelden een probleem, en je kunt meestal op het vliegveld ter plekke tickets kopen, hoewel het in het toeristische hoogseizoen (Kerst, Pasen en augustus) beter is om van tevoren te reserveren. De binnenlandse maatschappijen Taca/Isleña (☎443 0179) en Sosa (☎443 2519) hebben kantoren aan het Parque Central in La Ceiba, terwijl Atlantic Airlines (☎440 2343) een kantoor heeft aan de Avenida La República; allemaal hebben ze ook balies op het vliegveld.

Over land van Guatemala naar Puerto Cortés

Hoewel het strand en het dorp **Omoa** prettig en ontspannen overkomen en er vlak bij de wat vervallen badplaats **Tela** een paar schitterende natuurreservaten liggen, blijven maar weinig mensen hangen aan de noordkust van Honduras, want de Islas de la Bahía zijn veel meer in trek. Als je over land naar de eilanden wilt, zul je de uitdijende en onaantrekkelijke steden Puerto Cortés en San Pedro Sula moeten trotseren.

Minibussen vanuit Puerto Barrios in Guatemala rijden in een uur naar de grensovergang met Honduras, direct over de enorme Arizona-brug over de Río Motagua. Immigratie is meestal een simpele zaak voor toeristen, waarbij de grenswachten een grensbelasting van $ 1–2 en uitreisheffingen rekenen. (Maar chauffeurs met buitenlandse nummerplaten hebben gemeld dat grenswachten er soms op stonden dat de vereiste toestemming, met een toeslag van ongeveer $ 120, werd afgehandeld in Puerto Cortés). Bij voldoende passagiers vertrekken er minibussen naar het verlopen stadje **Corinto**, een paar kilometer verderop. Elk uur vertrekken er bussen vanuit Corinto naar Puerto Cortés (de laatste om 15.30 uur; 1:30 uur).

Omoa

Vanaf Corinto is er na 50 km, 2 km vanaf de snelweg via een zijweg, een afslag naar het slaperige, ietwat krakkemikkige kleine vissersdorpje **Omoa** dat een kleine maar gestage stroom toeristen trekt. Omoa is vooral beroemd om de monumentale resten van een koloniaal **fort** (ma–vr 8–16 uur, za & zo 9–17 uur; $ 2) dat zwijgend getuigt van de kleurrijke geschiedenis van de streek. De Spanjaarden begonnen het fort in 1759 te bouwen, maar het werd nooit voltooid. Op het smalle strand van Omoa liggen rijen vissersboten en je hebt er een spectaculair uitzicht naar het westen over de bocht van de baai tot aan de toppen van de Sierra de Omoa in de verte. In de weekenden kunnen er veel dagjesmensen zijn. Voor een **kamer** kun je redelijk goedkoop terecht in *Roli's Place* (☎658 9082; ❷) dat zowel individuele kamers heeft als kampeerplaatsen ($ 3 pp), en ook hangmatten ($ 3 pp) en slaapzalen ($ 4 pp). Ze hebben ook kajaks en fietsen, een keuken en een wasserette – en heel veel regeltjes. Verder krijg je in het *Hotel Tatiana* (☎658 9182; ❹) waar voor je geld, met kamers met bad. Eten kun je het beste bij de *champas* aan zee, die verse vis serveren tegen redelijke prijzen, of bij het nieuwe grote Italiaanse restaurant *Punto Italia* voor pizza en pasta. Elk halfuur vertrekken er bussen vanaf de snelweg naar Puerto Cortés.

Puerto Cortés

PUERTO CORTÉS, 19 km van Omoa, is de belangrijkste haven van Honduras maar het is een vervallen plaats waar de genadeloze hitte en de verveloze houten gebouwen de ruige sfeer alleen maar versterken. Hopelijk kom je hier alleen om over te stappen onderweg naar San Pedro Sula. Drie **busmaatschappijen** rijden tussen Puerto Cortés en San Pedro Sula, waaronder het betrouwbare Citul, dat tussen 6 en 18 uur om de 30 minuten de rit van een uur maakt vanaf het eigen busstation, een stratenblok ten noorden van het centrale plein, op 4 Avenida en 4 Calle. Reis je de andere kant op, dan zijn er elk uur bussen naar Corinto (8–16 uur; 1:30 uur) en elk halfuur naar Omoa (40 min.).

De Islas de la Bahía

De **Islas de la Bahía** liggen als een kralensnoer langs de zuidrand van het op twee na grootste barrièrerif ter wereld. Ze vormen de grootste toeristenattractie van Honduras. Met hun heldere, rustige wateren en rijke zeeleven zijn de eilanden ideaal voor goedkoop duiken, zeilen en vissen, terwijl de wat minder actieve types op één van de vele palmenrijke zandstranden in de schaduw kunnen luieren in hun hangmat, genietend van een wonderschone zonsondergang die de weidse hemel even felgekleurd doet oplichten als de koraalriffen eronder.

Deze uitgestrekte eilandenketen van 125 km bestaat uit drie hoofdeilanden en zo'n 65 kleinere eilandjes. Ze liggen op de Bonacca Ridge, een onderzeese uitloper van het gebergte Sierra de Omoa dat bij Puerto Cortés aan de kust in zee verdwijnt. **Utila**, het dichtst bij het vasteland, trekt budgetreizigers uit de hele wereld aan, terwijl **Roatán** het grootste en meest ontwikkelde eiland is. **Guanaja**, naar het oosten, is een duurdere en meer exclusieve badplaats. Op alledrie de eilanden kun je fantastisch duiken en snorkelen.

Zelfs oude rotten in **duikersland** worden warm van de wateren rond de Islas de la Bahía, waar hagedisvissen en paddenvissen langs schieten, amper te onderscheiden van het koraal; adelaarsroggen zweven als reusachtige vogels door het water; papegaaivissen knabbelen onverstoorbaar aan het koraal, en barracuda's en ongevaarlijke verpleegsterhaaien cirkelen rond en bekijken je uit de verte. Bovendien leeft de **walvishaai**, de grootste vis ter wereld (hij kan tot 14 meter lang worden) in de Kaaiman Trog, die vlak ten noorden van de eilanden steil de diepte in duikt. Walvishaaien komen vooral in de wateren bij Utila voor tussen maart en juni en tussen oktober en november, wanneer je ze tijdens duikexcursies kunt bekijken, maar je kunt ze het hele jaar door tegenkomen.

De beste **tijd voor een bezoek** aan de eilanden is van maart tot september, als het zicht onder water goed is en het weer helder en zonnig. Het regenseizoen begint in oktober, en november en december zijn meestal erg nat met stormachtige buien tot eind februari. Temperaturen overdag liggen het hele jaar tussen de 25 °C en 29 °C, maar dankzij de vrijwel constant waaiende oostzuidoostelijke passaatwinden is de warmte maar zelden drukkend. Op alle eilanden zijn muskieten en zandvliegen, en die zijn op hun ergst als de wind gaat liggen; royaal insmeren met babyolie houdt in elk geval de zandvliegen weg.

Geschiedenis in het kort

De geschiedenis van de Islas de la Bahía is er een van verovering, piratenaanvallen en voortdurende immigratie, wat een samenleving heeft gecreëerd die uniek is in Honduras. De oorspronkelijke bewoners van de eilanden waren waarschijnlijk de **Pech;** Columbus omschreef hen tijdens zijn vierde reis in 1502 als 'een robuust volk dat afgoden vereert en voornamelijk leeft van een soort wit graan waarmee ze fijn brood en een volmaakt bier maken'. Na de verovering kromp de inheemse bevolking snel als gevolg van slavernij en dwangarbeid. De strategische ligging van de eilanden als bevoorradingsstation voor de Spaanse vloot onderweg naar Europa, maakte ze al snel tot doelwit van **piraten,** eerst de Nederlandse en de Franse en daarna de Engelse. In 1650 besloten de Spanjaarden de eilandbewoners te evacueren, wat de weg vrijmaakte voor piratenbendes. Bijna een eeuw lang waren de eilanden een vesting van waaruit zeerovers Spaanse schepen en nederzettingen op het vasteland aanvielen.

In 1742 bezetten Britse troepen de Islas de la Bahía, waarna ze veertig jaar lang met de Spanjaarden vochten om de controle over Port Royal op Roatán (destijds de belangrijkste nederzetting). In 1782 verlieten de Spanjaarden Roatán en het eiland bleef onbewoond tot de komst van de **Garífuna** in 1797. Die waren na een

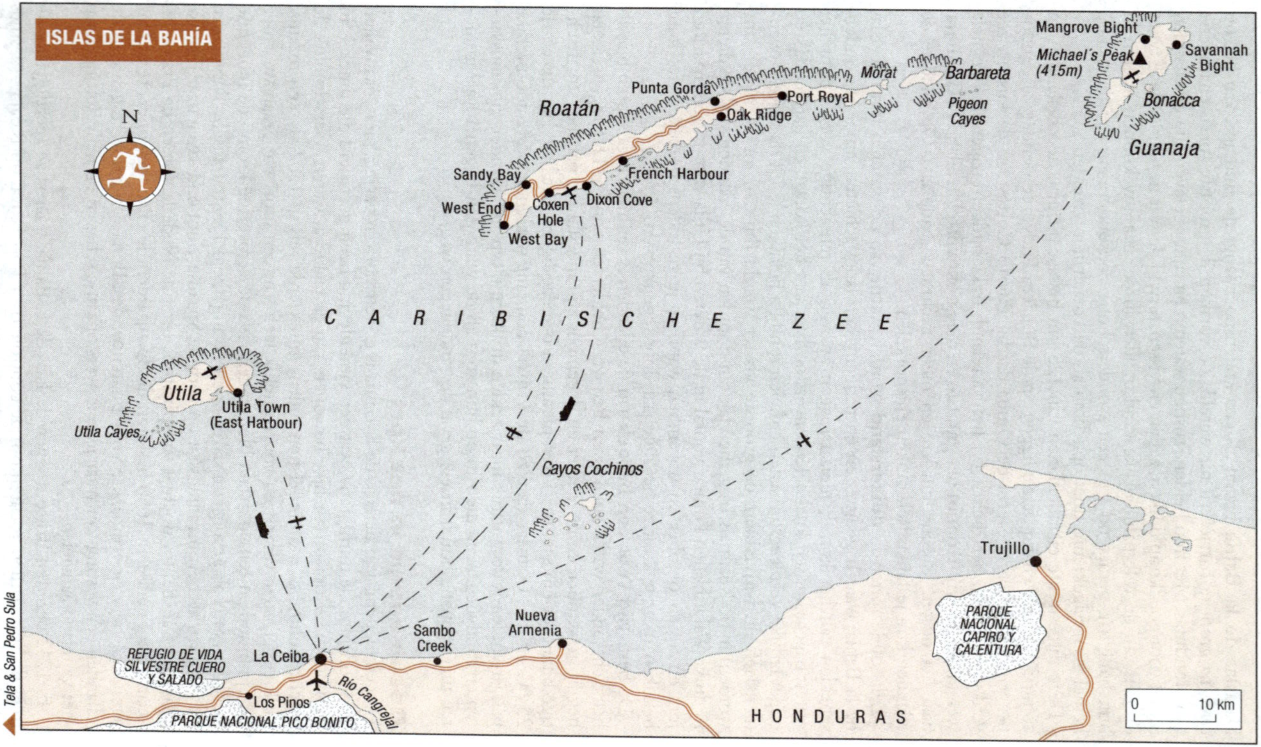
ISLAS DE LA BAHÍA
N
Roatán
Sandy Bay
West End
West Bay
Coxen Hole
Dixon Cove
French Harbour
Punta Gorda
Oak Ridge
Port Royal
Morat
Barbareta
Pigeon Cayes
Mangrove Bight
Michael's Peak (415m)
Savannah Bight
Bonacca
Guanaja
Utila
Utila Town (East Harbour)
Utila Cayes
CARIBISCHE ZEE
Cayos Cochinos
Trujillo
PARQUE NACIONAL CAPIRO Y CALENTURA
Nueva Armenia
Sambo Creek
La Ceiba
REFUGIO DE VIDA SILVESTRE CUERO Y SALADO
Los Pinos
Río Cangrejal
PARQUE NACIONAL PICO BONITO
HONDURAS
0
10 km
Tela & San Pedro Sula

opstand verdreven van het Britse eiland Saint Vincent, waarna het merendeel van de 3000 mensen door de Spanjaarden werd overgehaald om zich te vestigen in Trujillo op het vasteland en in een kleine nederzetting bij Punta Gorda aan de noordkust van het eiland. Na de afschaffing van de slavernij in 1830 volgden nieuwe groepen kolonisten; blanke **Kaaimaneilanders** en bevrijde **slaven** gingen eerst naar Utila, en verhuisden later naar Roatán en Guanaja. Deze nieuwe inwoners visten en ze bouwden met veel succes een fruitindustrie op – totdat een orkaan in 1877 alle plantages platlegde.

Honduras kreeg de eilanden in haar bezit na de onafhankelijkheid van 1821, maar veel mensen – vooral de eilandbewoners zelf – beschouwden het gebied nog steeds als Brits. In 1852 riep Groot-Brittannië de eilanden uit tot kroonkolonie, waarmee het de bepalingen van het Clayton–Bulwer-verdrag uit 1850 schond, waarin was overeengekomen in geen enkel deel van Midden-Amerika soevereiniteit te claimen. Onder druk van de Verenigde Staten moest Groot-Brittannië terugkrabbelen, en in 1859 droeg het de soevereiniteit over aan Honduras.

Tegenwoordig verschillen de eilanden cultureel nog steeds van het vasteland, hoewel steeds meer Spaans sprekende Hondurezen en expats zich er vestigen, waardoor de etnische samenstelling doorlopend verandert. In de straten wordt nog een unieke vorm van **Engels-Creools** gesproken, maar door het groeiende aantal immigranten van het vasteland is Spaans – altijd al de officiële taal – bijna net zo algemeen geworden. De immigratie wordt door de overheid aangemoedigd maar heeft spanningen veroorzaakt tussen de Engelstalige plaatselijke bevolking en de latino-nieuwkomers, vooral op Roatán waar veel eilandbewoners het gevoel hebben dat ze worden overspoeld door grondbeluste buitenstaanders met wie ze weinig gemeen hebben. De enorme *boom* in de toeristensector vanaf begin jaren negentig, die nog steeds lijkt door te gaan, is ook omstreden; er is toenemende bezorgdheid over de invloed van de toeristenindustrie op het milieu, en de vraag is ook wie er nou precies van die stroom toeristen profiteren.

Voor **reizen naar de eilanden** vanuit Honduras, zie blz. 371 en 388.

Utila

UTILA is het kleinste van de drie grootste Islas de la Bahía en een geliefde bestemming van budgettoeristen. Het is ook een van de goedkoopste plekken ter wereld om **te leren duiken** – en ook als je niet met perslucht wilt pronken kun je fantastisch zwemmen en snorkelen in de schitterende wateren rond het eiland. Utila is nog steeds het goedkoopste Baai-eiland waar je per dag iets meer kwijt bent dan op het vasteland, hoewel de prijzen langzaam stijgen. Hoewel het eiland tegenwoordig grotendeels afhankelijk is van toerisme, is veel van de ouderwetse charme bewaard gebleven. Langs de schoongeveegde straatjes staan rijen fraaie, oude houten huizen in Caribische stijl, gebouwd op palen, met luiken en zonnige veranda's, en uitbundige bougainville in de tuinen. Het leven is relaxed en de mensen zijn meestal vriendelijk, maar blijf uit de buurt van ruzies in een danstent. Zoals overal moet je ook hier plaatselijke gewoonten respecteren en niet in je badpak op straat paraderen. En, ook handig om te weten: drinken uit een glazen fles op straat is verboden.

Aankomst en informatie

Alle **schepen** meren aan in het centrum van **Utila Town** (ook wel East Harbour genoemd), een grote havenbocht en voor de overgrote meerderheid van de bevolking – 3000 mensen – het woongebied. De hoofdweg (totale lengte ongeveer 40 min. lopen) loopt langs de zee vanaf de Point in het oosten tot Blue Bayou in het westen. De landingsbaan ligt 4 km ten noorden van Utila Town waar de tweede hoofdweg van het eiland eindigt, de Cola de Mico Road, die vanaf de haven naar het binnenland gaat.

Waar je ook aankomt, je zult altijd worden begroet door vertegenwoordigers van de diverse **duikscholen** die beladen zijn met kaarten en informatie over speciale aanbiedingen. Veel scholen bieden gratis accommodatie aan tijdens hun cursussen, maar voor je iets boekt kun je beter eerst alle mogelijkheden onderzoeken. Meer objectieve informatie krijg je bij de Utila-vestiging van de Conservation Association (BICA) van de Islas de la Bahía; ze hebben een **bezoekers- en informatiekantoor** aan de hoofdstraat, 100 m ten oosten van de haven (ma–vr 9–12 & 2–17 uur; ⓣ425 3260). Raadpleeg de uitstekende gemeentelijke **website** ⓦwww.aboututila.com voor meer informatie en nieuwtjes over het eiland, of kijk in de Utila-krant East Wind (ⓦwww.utilaeastwind.com).

Accommodatie

Utila heeft ongeveer 30 **pensions en hotels** en een overvloed aan kamers te huur; er is altijd wel iets vrij, zelfs met Kerst en Pasen. De meeste duikscholen werken samen met een hostel, zodat je bij inschrijving voor een duikcursus een paar nachten gratis of met korting onderdak krijgt (zie ook hierboven). De meeste locaties liggen op loopafstand van de haven. Let op dat je kamer goed beveiligd is, want er wordt regelmatig ingebroken in kamers van backpackers.

Ten oosten van de haven

Cooper's Inn 5 minuten lopen vanaf de haven ⓣ425 3184, ⓦwww.coopersinn.com. Een goedlopende zaak met diverse mogelijkheden, meestal met uitzicht op de baai, waaronder acht goede budgetkamers met ventilatoren, tweepersoonskamers met airco en een paar kleine appartementen met kitchenette. Bij een langer verblijf kun je korting krijgen. ❷–❹

Rubi's Inn 2 minuten lopen vanaf de haven ⓣ425 3240, ⓔrubisinn@yahoo.com. Eigendom van een charmant echtpaar. Twaalf lichte kamers, elk met twee tweepersoonsbedden en koelkast; de kamers op de bovenetage hebben bovendien een mooi uitzicht op zee. De Bruidssuite heeft airco en balkon. Aangename tuin met schaduw en hangmatten, en een keuken voor de gasten. ❹

Sharkey's Reef Hotel achter *Sharkey's Reef Restaurant*, bij de oude landingsbaan ⓣ425 3212. Ligt in een rustige tuin. De vijf grote kamers (elk met twee tweepersoonsbedden) en twee appartementen hebben airco, eigen badkamer en kabeltv, en sommige hebben een eigen keuken. Er is ook een terras met mooi uitzicht over de baai. ❺–❻

Utopia Dive Village 2 km ten oosten van de haven ⓣ3344 9387, ⓦwww.utopiadivevillage.com. Spectaculair nieuw duikresort aan zee met tot in de puntjes afgewerkte accommodatie met gepolijste houten vloeren, Balinees meubilair, airco en trendy badkamers. Bar aan de branding, restaurant met een gezonde menukaart, en in de lounge een bibliotheek met boeken en dvd's, en een biljarttafel; het zwembad komt eraan. Meest voordelig is een combinatie duiken + hotel. ❾

Cola de Mico Road

Bavaria Hotel achter de *Mango Inn* ⓣ425 3809, ⓔpetrawhitefield3@hotmail.com. Goedgebouwde zaak met Duitse eigenaar; zes plezierige, redelijk geprijsde kamers, allemaal met ventilatoren en eigen badkamer. ❸

Jade Seahorse naast *Tony's Place* ⓣ425 3270, ⓦwww.jadeseahorse.com. Ongetwijfeld het meest excentrieke verblijf op het eiland. De eigenaar is een Amerikaanse kunstenaar, de stijl is zijn eigen unieke fantasy-meets-Gaudi, de bepaald eigenzinnige kamers zijn modern en goed ingericht met airco, twee tweepersoonsbedden, minibar en betegelde badkamer. ❼

Mango Inn 5 minuten lopen langs de weg vanaf de haven ⓣ425 3335, ⓦwww.mango-inn.com. Een mooie, goedlopende zaak in Caribische houtbouwstijl, gelegen in een tuin met schaduwrijke fruitbomen en een fraai zwembad. De kamers variëren van bungalows en hutten met strodaken en airco tot plezierige slaapzalen met gedeelde badkamer. Ook aanwezig: een boekenruildienst, een wasserette en het levendige *Mango Café* (zie 'Uit eten'). De prijzen zijn flink lager als je bij Utila Dive Centre duikt; er zijn diverse combinaties te krijgen. Slaapzalen $ 3 voor de eerste nacht, daarna $ 10 (gratis als je een cursus volgt). Kamers ❻, bungalows en hutten. ❽–❾

Tony's Place tegenover *Mango Inn* ⓣ425 3376. Eenvoudige, goedkope kamers (met ventilator). De gedeelde badkamers zijn behoorlijk schoon. ❷

Ten westen van de haven

Deep Blue Resort aan de overkant van de baai ten westen van Blue Bayou ⓣ425 3211,

Ⓦwww.deepblueutila.com. Aantrekkelijk, kleinschalig duikresort met tien ruime kamers met twee tweepersoonsbedden, airco en koelkast, modieus houten meubilair en een balkon met uitzicht op de oceaan. Ligt aan een eigen wit zandstrand en heeft een bar en een restaurant met een goede keuken. ❾

Seaside Inn tegenover Ecomarine-Gunter's Dive Shop Ⓣ425 3150, Ⓔhotelseaside@yahoo.com. Populair etablissement met comfortabele kamers met bad, allemaal met twee tweepersoonsbedden en sommige met airco, drie slaapzalen ($ 5 per bed) en twee appartementen (per maand te huur). Keuken, wifi en internet. ❸–❺

Tropical Hotel achter Rose's Supermarket Ⓣ425 3568. Backpackersbastion met achttien kleine, functionele kamers met ventilator. Gemeenschappelijke keuken. ❷

Duiken

De meeste bezoekers komen speciaal naar Utila om te **duiken**, aangetrokken door de lage prijzen, helder warm water (de temperatuur schommelt tussen 25–28 °C), en het overvloedige zeeleven. Dieren die je regelmatig ziet zijn schildpadden, papegaaivissen, trompetvissen, gevlekte adelaarsroggen en gele pijlstaartroggen, egelvissen en tarpon. Let erop dat je duikschool ook de noordkust van Utila aandoet, aangezien dat de beste duikplek is. De hellingen van het rif zijn er vrijwel loodrecht; de beste plekken zijn Blackish Point, Duppy Waters en The Maze. Aan de oostkant van Utila vind je uitbundig zeeleven op de onderzeese berg Black Hills, maar aan de zuidkust is het water veel ondieper en de conditie van het rif slechter. Veel duikscholen met wat grotere, krachtige boten varen naar de duikplekken aan de noordkust, langs onderzeese bergen waar zeestromingen samenkomen en vaak **walvishaaien** (zie kader blz. 380) opduiken. Goede duikscholen zullen graag de voor- en nadelen van de verschillende plekken met je bespreken.

Boek niet bij de eerste duikschoolvertegenwoordiger die je aanklampt; het is de moeite waard om een ochtend rond te lopen en alle scholen te verkennen. **De prijs** is niet echt belangrijk, want de ongeveer twaalf duikscholen hanteren een uniform tarief ($ 259) voor Open Water, Advanced en Rescue Diver PADI-cursussen. Cursussen voor Divemaster ($ 750) en diverse Instructor-niveaus worden ook aangeboden, net als plezierduiken voor $ 250 per tien duiken. Je kunt veel beter letten op **veiligheid**: voor je eigen gemoedsrust moet je zorgen dat je de instructeurs begrijpt en met ze overweg kunt; veel van hen spreken verschillende talen. Controleer voordat je boekt of er niet meer dan zes personen per klas zijn, of de uitrusting goed wordt onderhouden en of in de boten functionerende zuurstofapparatuur en een EHBO-doos zit. Heb je astma of oorproblemen, dan is duiken uiteraard geen optie. **Duikverzekeringen** worden verkocht door BICA voor $ 3 per dag en zijn verplicht; ze dragen bij aan de kosten voor de decompressiekamer op het eiland en medische hulp bij ongelukken. **Aanbevolen scholen** zijn onder meer Utila Dive Centre (Ⓣ425 3326, Ⓦwww.utiladivecentre.com) 300 m ten oosten van de haven, hun zusterbedrijf Cross Creek (Ⓣ425 3397, Ⓦwww.crosscreekutila.com) 200 m ten oosten van de haven; Alton's (Ⓣ425 3704, Ⓦwww.altonsdiveshop.com) 350 m ten oosten van de haven, Deep Blue Divers (Ⓣ425 3211, Ⓦwww.deepblueutila.com) meteen ten westen van de haven, en Ecomarine-Gunter's Dive Shop (Ⓣ425 3350, Ⓦwww.ecomarineutila.com) zo'n 400 m ten westen van de haven. Veel duiksportwinkels verhuren ook een **snorkeluitrusting** voor $ 5 per dag (gratis voor duikers).

Onthoud altijd dat het koraalrif doodgaat als je het aanraakt. BICA heeft bij elke duikplek boeien geplaatst om te voorkomen dat boten op het rif voor anker gaan. Goede duikscholen houden daar rekening mee.

De omgeving van Utila

De beste zwemplek vlak bij de stad, met geleidelijk aflopend strand, is de aantrekkelijke kleine baai die plaatselijk **Chepe's Beach** wordt genoemd, vanuit het centrum een kwartier lopen naar het westen. Op het strand vind je een paar bar-restaurants en hangmatten in de schaduw van de kokospalmen; de plaatselijke bevolking komt hier in het weekend barbecueën en muziek maken. Vijf minuten verderop ligt de **Blue Bayou**-baai; hier kun je prima snorkelen ($ 1,50 voor het gebruik van de plek), vooral tegen zonsondergang wanneer je vaak barracuda's, schildpadden en adelaarsroggen kunt zien. Er is ook een gammele houten steiger waar je rustig kunt zonnebaden, uit de buurt van de zandvliegen.

Bij **Airport Beach**, ten oosten van de stad aan het eind van de oude onverharde landingsbaan voorbij de Point, kun je vlak voor de kust ook goed snorkelen (hoewel je deze plek moeilijker bereikt), net als bij het kleine rif voorbij de vuurtoren. Het pad vanaf het eind van de landingsbaan langs de oostkust van het eiland leidt naar een paar kleine inhammen, waarvan de tweede geschikt is om te zwemmen en te zonnebaden. Even voorbij de inhammen kom je bij de **Ironshores**, een stuk van anderhalve kilometer met lage vulkanische kliffen met lavatunnels die naar het water lopen.

Een kilometer landinwaarts vanuit Utila Town, aan een goed gemarkeerde route vanaf de Cola de Mico Road, ligt het **Iguana Research Station** (ma, wo & vr 2–17 uur; Ⓦwww.utila-iguana.de; $ 2,50), waar een natuurbeschermingsorganisatie probeert om de zeldzame Utila-leguaan, plaatselijk 'swamper' genoemd, terug te fokken. De swamper komt nergens anders voor en wordt bedreigd door stropers (hij werd hier vanouds gegeten) en door vernietiging van zijn leefomgeving. In het centrum kun je de swamper van dichtbij zien, samen met de twee andere soorten leguanen op Utila; er is ook informatie over de natuur op het eiland.

Een ander aangenaam uitstapje is een wandel- of fietstocht van vijf kilometer langs de Cola de Mico Road naar **Pumpkin Hill en strand** aan de noordpunt van het eiland, waarbij je langs het vliegveld komt. De 82 m hoge heuvel is wat na erosie overbleef van de top van een uitgedoofde vulkaan. Daarvandaan heb je een mooi uitzicht over het eiland en het vasteland en de donkere massa van het Pico Bonito-gebergte. Op het strand beneden zijn door lavasteen onderzeese grotten gevormd – als het water kalm is kun je daar goed snorkelen.

De koraaleilandjes

In 1992 werden de **Utila Cayes** – een snoer van elf eilandjes langs de zuidwestkant van het eiland – als natuurreservaat aangewezen. **Pigeon Caye** (ook wel Suc Suc Caye genoemd) en **Jewel Caye** zijn door een smalle dam verbonden; allebei worden ze bewoond door afstammelingen van de oorspronkelijke kolonisten van de Kaaimaneilanden, en het leven is hier nog trager dan op Utila. Kleine veerbootjes varen regelmatig heen en weer tussen Suc Suc en Utila ($ 2); je kunt ze ook inclusief schipper huren voor een dagje snorkelen (eigen uitrusting meenemen). *Vicky's Rooms* op Suc Suc (❷) biedt simpele accommodatie; een paar redelijke restaurants en een goede vismarkt maken het plaatje compleet.

Water Caye, een paradijselijk stuk wit zand met kokospalmen, transparant water en een klein koraalrif, is zelfs nog idyllischer omdat je er geen last van zandvliegen hebt. Je kunt hier **kamperen** maar je moet al je eten, brandstof en water zelf meebrengen; een opzichter komt elke dag $ 1,50 stageld ophalen, en voor nog eens $ 1 kun je een hangmat huren. Water Caye is ook de locatie voor incidentele **full-moon party's** en voor een spectaculaire jaarlijkse rave van twee dagen in juli of augustus met internationale house and techno-dj's, die wordt georganiseerd door Sunjam (Ⓦwww.sunjamutila.com). **Transport** naar het eiland tijdens die evenementen wordt verzorgd; daarbuiten zullen boten van duikscholen je tegen een kleine vergoeding op hun tocht naar de noordkust onderweg willen afzetten, of vraag anders de eigenaar van het *Bundu Café* (zie 'Uit Eten') in Utila Town.

Uit eten

Vis, krab en kreeft zijn uiteraard basisvoedsel op de eilanden, samen met de gebruikelijke rijst en bonen. Maar samen met de toeristen is ook Europees en Amerikaans eten opgerukt: pasta, pizza, hamburgers, pannenkoeken en granola. Aangezien bijna alles per boot moet worden aangevoerd, zijn de **prijzen** hoger dan op het vasteland: een hoofdgerecht begint bij $ 4,50, en bier kost minstens $ 1,25. Om goedkoop te eten kun je het beste naar de avondstalletjes langs de weg bij de haven gaan, die volop *baleadas* verkopen. Let op: in veel restaurants sluit de keuken om 22 uur.

Bundu Café aan de hoofdstraat, ten oosten van de haven. Dé plek waar 'het' gebeurt. Dit café-restaurant, dat op een loods lijkt, heeft een ruime keus en er hangt altijd een levendige 'vibe'. Bij het ontbijt horen zelfgemaakte granola en crêpes, voor de lunch zijn er goede sandwiches, bagels en baguettes, terwijl 's avonds Mexicaans eten, pasta en kip geserveerd worden. Wijn, cocktails, en sommige avonden livemuziek.

Camila's Bakery 5 minuten ten oosten van de haven. De beste gebakjes, cakes en brood in de stad; gerund door een Deense dame.

Indian Wok bij de *Tranquila*-bar ten oosten van de haven. Biedt een pan-Aziatisch menu met tandoori kip, curries, satay, Thaise gerechten en roerbakschotels. Open zo–do, uitsluitend diner.

Island Café 2 minuten lopen ten westen van de haven. Een goedlopend restaurant met lokale eigenaren; uitstekende en betaalbare vis en schaaldieren, vriendelijke bediening.

Mango Café *Mango Inn*. Smakelijke, fraai opgediende Europese keuken met goede salades en schaaldieren, en absoluut de beste pizza's van het eiland (uit een houtoven). Heeft ook espresso en verrukkelijke verse fruitsmoothies.

Munchie's 1 minuut lopen ten westen van de haven. Zalig ontbijt en heerlijke milkshakes, en een interessant lunch- en dinermenu met o.a. eilandspecialiteiten. Bekijk de Leguanentuin aan de achterkant, een steile muur als woonoord van een groep 'swampers'.

La Piccola meteen ten westen van de haven. Authentiek Italiaans restaurant met een uitgebreide keus in verse pasta, salades en dagmenu's, hoofdgerechten vanaf ongeveer $ 7. Heeft ook een goede wijnkaart. Gesl. ma & di.

RJs bij The Point naast de brug. Populair bij duikgroepen en studenten, met een gezellige sfeer en uitstekende vlees- en visschotels van de barbecue. Ga vroeg als je een tafel wilt, want het zit snel vol. Alleen wo, vr & zo geopend.

Uitgaansleven

Ondanks zijn bescheiden bevolkingsomvang weten ze in Utila wat feesten is, behalve op zaterdagavond, aangezien de meeste eilanders zevendedagsadventisten zijn. Tot de 'hottest places in town' hoort de *Coco Loco Bar*, meteen ten westen van de haven. Met zijn uitgebreide happy hour en regelmatige house-, techno- en reggaeparty's trekt de bar een levendige groep feestbeesten. *Tranquila*, ernaast, is al even populair, hoewel je soms rekening moet houden met een banale muzieksmaak, terwijl het *Bundu Café*, ten oosten van de haven, druk kan zijn, met zo nu en dan livemuziek. In de Cola de Mico Road moet je beslist de waanzinnig excentrieke *Treetonic*-bar in het *Jade Seahorse*-hotel bezoeken, en *Turkimango* is een andere gezellige bar aan zee. De *Bar in the Bush*, aan de Cola de Mico Road, is de drukste disco op Utila; de heetste swingende heupdansen maak je hier op woensdag en vrijdag mee.

Handig om te weten

Arts De Community Medical Clinic ligt 2 minuten ten westen van de haven (ma–vr 9–12 uur).

Banken De BGA-bank meteen ten oosten van de haven heeft een geldautomaat. Als die leeg is kun je in de bank zelf geld opnemen of bij de Banco Atlántida ernaast. Henderson's Store, meteen ten westen van de haven, wisselt geld en reischeques buiten de openingstijden van de bank.

Boekenruildienst Het *Bundu Café*, aan de hoofdstraat, ten oosten van de haven.

Cursussen Spaans De Central American Spanish School, ten oosten van de haven (@www.ca-spanish.com), vraagt $ 150 per week voor 20 lesuren.

Fietsen Kun je voor ongeveer $ 5 per dag huren bij Delco, meteen ten westen van de haven.

Immigratiekantoor In het havengebouw (ma–vr 9–12 & 2–16.30 uur).

Internet De Utila Phone Company, op 2 minuten ten westen van de haven, biedt internettoegang

Walvishaaien

De wateren rond Utila zijn het hele jaar door gezegend met de aanwezigheid van de grootste vis ter wereld, de walvishaai. Maar ondanks zijn afmetingen – de haai wordt ongeveer 14 m lang en doet de weegschaal naar zo'n 15 ton uitslaan – is er maar weinig over dit dier bekend. De wetenschappelijke naam (*rhincodon typhus*) werd zelfs pas in 1984 vastgesteld, en hun voortplantingscyclus – de vrouwtjes brengen zo'n 300 volledig ontwikkelde pups van 50 cm ter wereld – werd pas in 1996 in kaart gebracht. Walvishaaien zijn grotendeels solitaire vissen van de (open) zeeën die in alle tropische wateren voorkomen, hoewel er weinig over hun aantallen bekend is. Walvishaaien zijn zachtaardige dieren en hebben voor zover bekend geen andere natuurlijke vijanden dan orka's en de mens (in sommige Aziatische landen wordt hun vlees gegeten, waaronder in Taiwan waar ze 'tofoevis' worden genoemd, naar de smaak van hun vlees). Wel jagen grote roofvissen zoals blauwe haaien en zwaardvissen op de jongen van walvishaaien.

Van de walvishaaien uit de westelijke Caribische Zee is bekend dat ze heen en weer trekken tussen Cozumel in Mexico en Honduras, waarbij ze zorgen dat ze bij hun voedselplaatsen aankomen met opkomende vloed, wanneer voedselrijk water naar boven komt. Plankton en microscopische schelpdiertjes zijn het voornaamste voedsel van de haaien, maar ze eten ook visjes van sardineformaat en soms kleine tonijnen, en ze duiken tot wel 1000 m diep op zoek naar eten. Er zijn waarnemingen van walvishaaien die urenlang rond koraalriffen zwemmen (waaronder Gladden Spit in Belize), wachtend op snappers die bij volle maan hun eitjes afzetten. Waarschijnlijk leggen walvishaaien enorme afstanden op het westelijk halfrond af, want vaststaat dat ze tijdens hun migratie door de Indische en Stille Oceanen duizenden kilometers zwemmen .

Rond Utila zijn walvishaaien het vaakst te zien in open zee, twee of drie kilometer ten noorden van Pumpkin Hill, waar stromingen samenkomen bij onderzeese bergen en op die manier water naar boven brengen dat rijk is aan plankton, krill en kleine visjes, wat de haaien graag eten. Hoewel ze soms ook voorkomen in de wateren rond de andere Islas de la Bahía is Utila een van de zeldzame plekken ter wereld (samen met de Malediven) waar het hele jaar door walvishaaien zwemmen. De beste perioden om walvishaaien te zien zijn februari-maart, mei-september en begin november. Als de zee te ruw is varen de duikersboten niet uit, en middagtochten zijn het hele jaar door zeldzaam vanwege de sterke deining.

Bij gunstig weer zoeken de duikersboten naar walvishaaien in een geschikt gebied tussen Utila en de duiklocaties langs de noordkust van het eiland. Eerst speurt de

aan voor $ 2,25 per uur (dag. 8–20 uur) en goedkoop internationaal telefoneren.

Paardrijden Red Ridge Stable, aan de weg naar het vliegveld (☎3390 4812), organiseert rijtoeren over het eiland.

Postkantoor In het grote gebouw aan de hoofdsteiger (ma–vr 9–12 & 14–16.30 uur, za 9–11.30).

Reisbureaus Morgan's Travel (☎425 3161) bij de haven kan je helpen met kaartjes voor veerboten en vliegtickets.

Telefoon Zie 'Internet' hierboven.

Roatán

ROATÁN ligt ongeveer 50 km van La Ceiba en is het grootste van de Islas de la Bahía. Het is een gebogen, gekamde bult van bijna 50 km lang en maximaal 5 km breed. Het eiland trekt nog steeds backpackers, maar richt zich steeds meer op wat rijkere toeristen, waaronder passagiers van cruiseschepen. Er is een dozijn luxeresorts die met all-in aanbiedingen duikers lokken, maar je vindt daarnaast een paar prima pensions en kleinere hotels. Bij de koraalriffen kun je prachtig **duiken,** maar in de heuvels van Roatán kun je ook heerlijk wandelen en paardrijden, terwijl je op idyllische zandstranden alleen maar hoeft te luieren. **Coxen Hole** is het commerciële hart van het eiland, **West End** de drukste badplaats.

kapitein langs de horizon naar zeevogels, vooral duikende sterns (die ook kleine visjes eten). Vervolgens kijkt iedereen uit naar 'kolken' die worden veroorzaakt door het koortsachtige jagen door de bonito (zwartvintonijn) op krill en prooivisjes. Walvishaaien glijden vlak onder het oppervlak door het water en slurpen een bekvol planktonrijk zeewater naar binnen. Vaak komt er een haai naar boven om rechtopstaand te kunnen eten – een onvergetelijke aanblik, als de grote vis rechtop balanceert (ongeveer als een zeeleeuw die kunstjes doet) en daarbij zijn witte onderbuik laat zien, zijn enorme muil opengesperd om zeewater naar binnen te zuigen dat hij filtert door speciale kieuwfilters en vervolgens weer door zijn vijf reusachtige kieuwspleten naar buiten werkt. Als de kapitein een teken geeft, springt iedereen van boord in zee voor een glimp van de haai – hoewel ze onder deze omstandigheden maar zelden langer dan een minuut of twee blijven. Walvishaaien zijn niet gevaarlijk voor mensen, maar het is verboden deze reuzen aan te raken.

De haaien zelf zijn indrukwekkend om te zien. Ze hebben brede platte koppen en de bovenkant van hun lichaam is meestal metalig blauwgrijs en bedekt met witte vlekken en patronen van vierkantjes. Individuele exemplaren kunnen uit elkaar worden gehouden door een foto te maken van de ingewikkelde patronen van lijnen en vlekken vlak achter hun kieuwspleten. Er wordt gewerkt aan een database van waarnemingen bij Utila als onderdeel van een studieproject over de haaien rondom het eiland; zie Ⓦwww.utilawhalesharkresearch.com voor meer informatie.

Onderzoek wijst uit dat walvishaaien gemiddeld tussen de 6 en 9 meter lang zijn. De grote concentratie walvishaaien in de wateren bij Utila suggereert dat ze daar misschien paren. Nu vaststaat dat Utila een spotplek is voor walvishaaien, hebben de duikbedrijven 'richtlijnen voor ontmoetingen met walvishaaien' opgesteld die ervoor moeten zorgen dat boten niet te dicht bij de foeragerende haaien komen. Volgens deze richtlijnen mogen er meer dan acht duikers tegelijk in de buurt van de haai zijn.

Bezoekers zijn welkom bij het Utila's **Whale Shark & Oceanic Research Center,** 3 minuten lopen westelijk van de haven (ma–za 9–17 uur; Ⓣ425 3760), op het terrein van de *Utila Lodge*. Je kunt er meer leren over deze reuzenvis, en een haaienkijktocht boeken ($ 40 pp). Elke week is hier een presentatie over haaien, en je kunt T-shirts, dvd's en souvenirs kopen. Er worden ook vrijwilligers gevraagd voor het observeren en identificeren; neem voor meer informatie contact op met het centrum.

Aankomt, informatie en vervoer

Geregelde **vluchten** vanuit La Ceiba landen op het vliegveld langs de weg naar French Harbour, 3 km vanaf Coxen Hole. Een taxi hiervandaan naar West End kost een buitensporige $ 12, of je kunt naar de weg lopen en wachten op een van de officiële minibussen die ongeveer elke 20 minuten naar Coxen Hole rijden ($ 0,75), waar je overstapt. Op het vliegveld zijn een informatiebalie, een hotelreserveringbalie, autoverhuurbedrijven en een bank. **Veerboten** meren aan bij de nieuwe haven Dixon Cove bij Brick Bay, die niet per openbaar vervoer bereikbaar is; een taxi naar West End kost $ 15.

Over het eiland loopt van oost naar west een verharde weg die de belangrijkste plaatsen verbindt. **Minibussen** vertrekken regelmatig vanaf Thickett Road in Coxen Hole westwaarts naar Sandy Bay en West End (elke 20 min. tot 18 uur; $ 1) en oostwaarts naar Brick Bay, French Harbour, Oak Ridge en Punta Gorda (elke 20 min.; $ 1–2,25). Als je echt op onderzoek uit wilt, moet je een **auto** huren; diverse verhuurbedrijven op het vliegveld kunnen je helpen, waaronder Caribbean Rent-a-Car (Ⓣ445 6950, Ⓦwww.caribbeanroatan.com) dat kleine auto's verhuurt vanaf $ 33 per dag, exclusief verzekering. Kijk voor **informatie**

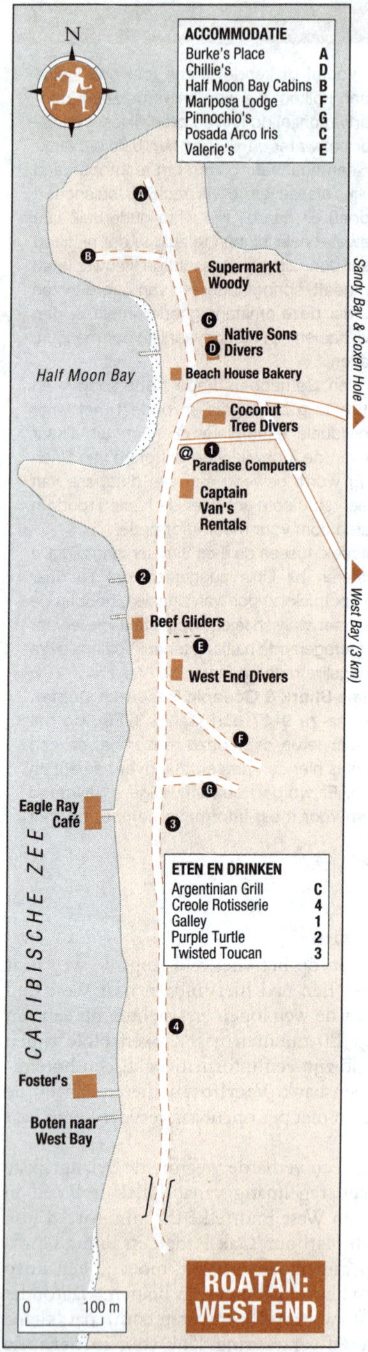

over het eiland en activiteiten in het uitstekende maandblad *Bay Islands Voice* of op de **website**, Ⓦwww.bayislandsvoice.com; of probeer Ⓦwww.roatanisland.net.

Coxen Hole

COXEN HOLE is stoffig en verlopen, en nu er ook elders banken zijn, mijden de meeste bezoekers dit plaatsje. Alle faciliteiten en de meeste winkels liggen aan een strook van 100 m aan **Main Street**, vlak bij de bushalte. Je vindt er het hoofdkantoor van BICA (ma–vr 9–12 & 14–17 uur) voor informatie over de koraalriffen, flora en fauna op Roatán, en ook de Banco Atlántida, die een geldautomaat heeft en reischeques en dollars wisselt. De **migración** en het **postkantoor** liggen allebei bij een klein plein aan Main Street. HB Warren is de grootste **supermarkt** op het eiland, terwijl vlak achter Main Street een kleine en niet bepaald indrukwekkende markt ligt.

Er is geen reden om in het plaatsje te overnachten, maar er zijn een paar gelegenheden waar je goedkoop kunt eten, terwijl *Qué Tal Café* (ma–vr 9–16 uur) aan de uitvalsweg naar Sandy Bay Europese ontbijten, heerlijke sandwiches en cappuccino serveert. Ernaast zit Librería Casi Todo, een **tweedehandsboekwinkel**.

Sandy Bay

SANDY BAY ligt halverwege Coxen Hole en West End. Het is een bescheiden gemeenschap met een paar interessante attracties. Het **Institute for Marine Sciences** (ma, di, do–zo 9–17 uur; $ 3) in het *Antony's Key Resort* (zie onder) heeft tentoonstellingen over het zeeleven en de geologie van de eilanden, en een museum met nuttige informatie over de plaatselijke geschiedenis en archeologie. Het instituut organiseert ook **dolfijnenshows** met tuimelaars (werkdagen 10 & 16.30 uur, za en zo 10, 13 & 16 uur; $ 5), en biedt gelegenheid om met de dolfijnen te duiken en te snorkelen (respectievelijk $ 112 en $ 84; van tevoren boeken via ⓣ445 1327). Tegenover het instituut beginnen bij de **Carambola Botanical Gardens** (dag. 7–17 uur; $ 5) een paar korte natuurpaden door de jungle, langs een overvloed aan bloemen, uitbundige varens en tropische bomen. Op 25 minuten lopen vanaf de tuinen, omhoog langs de Monte Carambola, staat de **Iguana Wall,** een deel van een steile wand waarop leguanen en papegaaien broeden. Vanaf de top van de berg kun je op heldere dagen Utila zien liggen.

In het gebied rond Sandy Bay vind je een aantal **overnachtingsmogelijkheden**, allemaal duidelijk aangegeven, waaronder het aangename *Tri R Resort* (ⓣ445 1623; ⑤) met grote kamers met airco en eigen badkamer en een goed restaurant, alsmede enkele duikresorts, waarvan *Anthony's Key Resort* (PADI vijf sterren) het beste is (ⓣ445 1003, ⓦwww.anthonyskey.com; een week verblijf vanaf $ 559). *Anthony's* is een van de chicste gelegenheden op het eiland, met 56 schitterende hutten tussen de palmen op een klein koraaleiland. Een populaire **eettent** is *Rick's American Café* (gesl. wo) op een helling boven de weg, waar je gigantische hamburgers en karbonades kunt eten.

West End

Met zijn kalme wateren en ongelooflijk witte stranden weet **WEST END**, 14 km van Coxen Hole, zijn volmaakte ligging helemaal uit te buiten. Het richt zich vooral op individuele reizigers, zowel met een ruime als smalle beurs, en biedt een behoorlijke keus aan aantrekkelijke accommodatie. West End ligt rond een ondiepe baai en heeft zijn ontspannen charme ondanks de groei van de toeristensector weten te behouden.

De verharde weg vanaf Coxen Hole eindigt aan de noordrand van het dorp, niet ver van **Half Moon Bay**, een heerlijk beschut zandstrand omringd door hotels. Aan het eind van de verharde weg vanaf Coxen Hole buigt een zandpad naar het zuiden langs de waterkant en loopt door het centrum van West End, langs een vrolijk rijtje pensions, bars en restaurants tussen kokospalmbosjes. Je kunt een **auto** huren bij Roatán Rentals, aan de noordkant van West End, of bij Sandy Bay Rent-

▲ Sandy Beach, Roatán

a-Car vlakbij; Captain Van's verhuurt fietsen ($ 11), te dure bromfietsen (vanaf $ 46) en motoren (vanaf $ 50). Voor **internet** ga je naar Paradise Computers (dag. 8–21.30 uur) bij de afslag naar Coxen Hole.

Accommodatie

De meeste **accommodatie** in West End en Half Moon Bay is aangenaam individualistisch, hoewel duur voor Midden-Amerikaanse begrippen. In het laagseizoen kun je korting krijgen (apr–juli & sept tot half dec), vooral bij een langer verblijf.

Chillie's Half Moon Bay ⓣ445 4003, ⓦwww.nativesonsroatan.com/chillies.htm. Een prima keus voor budgettoeristen. Terecht populair. Slaapzalen ($ 8), individuele kamers (sommige met bad), keuken voor gasten en een camping ($ 6). Ligt pal aan het strand en is ook kantoor van Native Sons Divers. ❸–❹

Half Moon Bay Cabins Half Moon Bay ⓣ445 1075. Veertien rustig gelegen, eenvoudig ingerichte hutten op een bebost terrein vlak bij de waterkant; allemaal met ventilator of airco. Er is ook een duur restaurant. Kajaks en snorkeluitrusting gratis voor gasten. ❼–❽

Mariposa Lodge ⓣ445 4460, ⓦwww.mariposalodge.com. Deze rustige lodge is gevestigd in een prachtig oud Caribisch huis en heeft twee appartementen – met zonnedek, keuken en kabel-tv – plus een paar ruime individuele kamers. Massages ($ 35) kunnen worden geregeld. ❻

Pinocchio's ⓣ445 1481, ⓔpinocchio69@bigfoot.com. Een klein, vriendelijk hotel in een houten huis op een kleine heuvel boven het dorp. De kamers zijn schoon en licht, zij het wat eenvoudig, en hebben allemaal warm water en plafondventilatoren. Ook is er een goed restaurant. ❺

Posada Arco Iris Half Moon Bay ⓣ445 4264, ⓦwww.roatanposada.com. Kleine, goed gerunde lodge vlak bij het strand met ruime, uitstekend ingerichte kamers, studio's en appartementen, allemaal met koelkast en hangmat, en sommige met airco. ❺–❼

Valerie's ca.100 m langs West End, en dan verder via een zandpad. ⓦwww.roatanonline.com/valeries. Bohemienachtig hostel met een overdaad aan eigenzinnige mogelijkheden, waaronder twee kamers in caravan-stijl, twee appartementen, een klein huis, een flat met *hot tub*, en een grote slaapzaal ($ 5 pp); gasten kunnen ook de keuken gebruiken. ❷–❸

Eten en drinken

Er zijn meer dan genoeg **eetgelegenheden** in West End, met vooral vis, schaaldieren en pasta op het menu, hoewel de prijzen ruim boven het gemiddelde van het Hondurese vasteland liggen. Ook van **drinken** raak je snel platzak, dus maak vooral gebruik van de happy hours met de halve prijzen. *Purple Turtle* en *Twisted Toucan*, halverwege langs de waterkant, zijn twee van de drukste bars, behalve op vrijdag, want dan gaat iedereen naar *Foster's* voor de wekelijkse reggae dansparty.

Argentinian Grill Half Moon Bay. Restaurant gerund door Argentijnen, met authentieke *churrascos*, gegrild vlees en schaaldieren tegen gemiddelde prijzen; reken op ongeveer $ 12–20 pp. De porties zijn enorm, de bediening efficiënt en ze schenken onder andere Malbec- en Sauvignon Blanc-wijnen uit Zuid-Amerika.

Creole Rotisserie Vlak bij de splitsing. Bescheiden zaak met echt heerlijke kip-aan-het-spit, plus nog een paar andere betaalbare keuzes.

Galley naast Paradise Computers. Relaxte, informele tent met een prima ontbijt en een paar verrukkelijke, betaalbare lunchgerechten; de pasta is geweldig en kost ongeveer $ 4 per portie..

West Bay

Twee kilometer zuidwestelijk van West End, bij de uiterste westpunt van Roatán, ligt het overweldigende witte zandstrand van **WEST BAY**, omzoomd door kokospalmen en omspoeld door kristalhelder water. Zolang je de zandvliegen mijdt door op de aanlegsteigers te zonnebaden, is het een sublieme plek om op z'n Caribisch te genieten. Aan de zuidkant van het strand kun je goed **snorkelen,**

West End watersport

In West End kun je **duikcursussen** volgen op elk niveau. De prijzen zijn min of meer standaard; een vierdaagse PADI-cursus in zee kost ca. $ 280 . Toch is het de moeite waard om rond te kijken, omdat bij sommige scholen eenvoudige accommodatie is inbegrepen, en zo nu en dan breekt er een prijzenoorlog uit. Plezierduiken kost $ 30 per duik, maar vaak kun je flinke combinatiekortingen krijgen. Aanbevolen scholen in West End zijn o.a. West End Divers (Ⓦwww.westendivers.com) en Coconut Tree Divers Ⓦwww.coconuttreedivers. com). Native Sons (Ⓦwww.nativesonsroatan.com), met kantoor In *Chillie's* hotel aan Half Moon Bay, is ook een goede school. Het nabijgelegen West Bay heeft een paar duikscholen, maar de prijzen zijn hoger. Het koraalrif vlak voor de kust is een uitzonderlijk mooie duikplek, met als beste locaties de ingang van Half Moon Bay en het Blue Channel, waar je vanaf het strand 100 m zuidelijk vanaf *Foster's* bar kunt komen. Je kunt ook zeekajaks huren bij de *Sea Breeze Inn*, vlak bij de toegangsweg; reken op ongeveer $ 15 per dagdeel of $ 25 voor een dag. Underwater Paradise, in het *Half Moon Bay Resort*, organiseert populaire tochten van een uur per boot met glazen bodem voor $ 20 pp, en vaart ook met een bizarre zelfgemaakte onderzeeër (Ⓦwww.stanley-submarines.com), een tocht die niet goedkoop is ($ 500 per trip, max. drie personen) maar wel garant staat voor een onvergetelijke belevenis (dat wil zeggen: als je het overleeft!).

hoewel het vroeger zo gave rif de laatste jaren te lijden heeft van vervuild rivierslib en van al te veel aandacht van dagjesmensen.

Vanaf West End slenter je in een aangename drie kwartier zuidwaarts langs het strand en over een paar rotsformaties; of neem een van de kleine **boten** die regelmatig uitvaren vanaf *Foster's* – de laatste komt rond 19 uur terug (21 uur in het hoogseizoen). Er loopt ook een verharde weg naartoe; neem vanaf West End de weg naar Coxen Hole en dan de eerste afslag rechts. Als je wilt **overnachten** biedt de *Bananarama* (Ⓣ992 9679, Ⓦwww.bananaramadive.com ⑦–⑨) te dure maar grappige en comfortabele houten hutten met muskietennetten en suites, terwijl de goedlopende 🏃 *West Bay Lodge* (Ⓣ445 5069, Ⓦwww.westbaylodge.com; ⑧–⑨ inclusief ontbijt) achter het strand mooie, smaakvol ingerichte bungalows aanbiedt, sommige (iets duurdere) met keuken. Zowel *Bananarama* als het *Island Pearl*-hotel aan West Bay hebben goede eigen **duikscholen**.

Oostelijk Roatán

Na Coxen Hole loopt de verharde weg noordoostwaarts langs de kleine besloten inham Brick Bay en de haven bij Dixon Cove naar **FRENCH HARBOUR**, een drukke vissershaven en de tweede stad op het eiland. French Harbour is minder vervallen dan Coxen Hole en een leuke plaats om uit eten te gaan, hoewel de hotels te duur zijn. *El Faro* (Ⓣ455 5214;⑥) is acceptabel; het ligt boven het beroemde maar dure havenrestaurant *Gio's* dat een mooi openluchtterras heeft en als specialiteit koningskrab serveert. Ook Casa Romeo (Ⓣ455 5854, Ⓦwww.casaromeo.com;⑦) ligt aan de haven; het is een modern hotel met comfortabele kamers met airco en een prima restaurant met verse pasta en een ruime keus aan vis. Als je tijd over hebt, ga dan naar het **Leguanenreservaat** (dag. 8–16 uur; $ 5), met meer dan 2800 reptielen; de opbrengst van de toegangskaarten gaat naar de zorg voor de dieren; het ligt even ten westen van de stad.

Vanaf French Harbour loopt de weg landinwaarts langs een centrale heuvelrug met een magnifiek uitzicht over de noord- en zuidkust van het eiland. Na ongeveer 14 km komt de weg uit bij **OAK RIDGE**, een aantrekkelijke vissershaven met houten huizen langs de haven. Ten oosten van het stadje liggen een paar mooie onbedorven stranden die per boot vanaf de hoofdsteiger bereikbaar zijn. Ongeveer 5 km vanaf Oak Ridge ligt het dorp **PUNTA GORDA**, de oudste Garífuna-gemeenschap in Honduras. De beste tijd voor een bezoek is de jaarlijkse herdenking van de stichting van de nederzetting (6–12 april); Garífuna uit het hele land wonen de festiviteiten bij. De rest van het jaar is het een rustig en ietwat vervallen havenplaatsje zonder historische gebouwen. Het nieuwe 'cultureel centrum' Yübu (di–vr 10–15 uur; Ⓦwww.garifunaexperience.com; $ 5) is helaas een teleurstellende toeristenval, uitsluitend gericht op cruisepassagiers. Punta Gorda heeft een paar goedkope eethuisjes. Vanaf het einde van de verharde weg in Punta Gorda kun je doorrijden langs de onverharde weg die over het eiland oostwaarts gaat.

Na ongeveer 1,5 km kom je langs de afslag naar het afgelegen **Paya Beach** waar een goed, klein hotel ligt, het *Paya Beach Resort* (Ⓣ924 2220, Ⓦwww.payabay.com; ⑨ $ 1175 voor een week volpension en duiken), prachtig gelegen boven twee baaien met zandstrand; er worden duiktochten georganiseerd in samenwerking met een naburige duikschool. Zo'n 5 km verderop ligt **Camp Bay Beach**, een idyllisch en bijna gaaf wit zandstrand met kokospalmen. De weg eindigt bij het dorpje **PORT ROYAL** aan de zuidkant van het eiland, waar je op een koraaleilandje voor de kust nog de vage resten van een Engels fort kunt ontwaren. Het dorp ligt in het **Port Royal Park and Wildlife Reserve**, het grootste natuurreservaat op het eiland, dat in 1978 werd gesticht in een poging om bedreigde diersoorten te beschermen, zoals de geelnek-amazone. Het reservaat is tegelijk de waterscheiding voor oostelijk Roatán.

De oostpunt van Roatán bestaat uit mangrovebossen, met vlak voor de kust het kleine eilandje **Morat**. Daarna kom je bij **Barbareta Caye**, dat nog veel van zijn oorspronkelijke bos heeft bewaard. De koraalriffen rond Barbareta en de nabijgelegen Pigeon Cayes zijn uitstekende snorkellocaties; je kunt voor $ 75 (retourtocht) een boot huren om vanaf Oak Ridge naar deze eilandjes te varen.

Guanaja

Het oostelijk gelegen **GUANAJA** was het mooiste, meest beboste en minst ontwikkelde van alle eilanden, tot de orkaan Mitch het in oktober 1998 twee dagen lang teisterde met windsnelheden tot wel 300 km per uur. Herbebossingprojecten zijn aan de gang, maar het herstel van het landschap zal tientallen jaren duren. Het eiland is ongeveer 15 km lang en maximaal 4 km breed en wordt doorsneden door een smalle zeearm – de enige manier om ergens te komen is per watertaxi, wat het leven duur maakt. De meeste inwoners van Guanaja (12.000 in totaal) wonen in **Bonacca**, ook wel Guanaja Town genoemd, een dichtbevolkte plaats op een klein eiland een paar honderd meter voor de kust. Hier vind je winkels en het merendeel van de – betaalbare – accommodatie. De enige andere twee plaatsen van enige omvang zijn **Savannah Bight** (aan de oostkust) en **Mangrove Bight** (aan de noordkust).

Aankomst en informatie

De **landingsbaan** van Guanaja ligt ongeveer 2 km ten oosten van Bonacca. Afgezien van een paar zandpaden zijn er geen wegen, en het meeste vervoer gaat met kleine boten. **Bootverbindingen** vanaf de hoofdsteiger in Bonacca sluiten aan op alle vluchten, en voor een klein bedrag kun je meevaren op particuliere boten naar Mangrove Bight. Twee keer per week vaart er een **veerboot** ($ 30; 2 uur) van en naar het vasteland die vertrekt uit Trujillo (di 15 & za 9 uur) en die teruggaat vanuit Guanaja (wo 9 & zo 15 uur); bovendien zijn er dagelijkse vluchten vanuit La Ceiba.

Vrijwel alle huizen in Bonacca zijn gebouwd op palen – een erfenis van een vroegere nederzetting van Kaaimaneilanders – en de huizen liggen aan houten loopbruggen over de kanalen, waarvan er tegenwoordig veel zijn gedempt. Aan de belangrijkste loopbrug, die zo'n 500 m oost-west over het koraaleiland loopt met een doolhof van kleine zijstraten, liggen alle winkels, kantoren en een paar banken, maar geen geldautomaten.

Accommodatie

De meeste hotels in Guanaja zijn luxueuze **duikresorts** die all-in weekarrangementen aanbieden. Er zijn ook een paar middenklassehotels, maar in geen ervan krijg je veel waar voor je geld.

Bonacca

Hotel Miller halverwege langs de voornaamste loopbrug ⓣ453 4327. Een familiehotel met nette kamers, allemaal met warm water, airco en kabel-tv. 4

Hotel Nights Inn aan de westrand van de loopbrug ⓣ453 4465. Schone, comfortabele en redelijk ruime kamers, allemaal met kabel-tv en airco. 5

De rest van het eiland

Dunbar Rock ⓣ453 4506. Apart, modern hotel met zes kamers en een bar-restaurant, gebouwd op een klein rotseiland. Alle kamers hebben een spectaculair uitzicht op zee, je kunt er heerlijk snorkelen en meegaan met een duiktocht. 8

Island House aan de noordkant van het eiland ⓣ991 0913, ⓦwww.bosislandhouse. com. Aangename accommodatie in Caribische stijl, met een vriendelijke plaatselijke duikinstructeur als eigenaar. Island House ligt vlak bij een paar mooie stranden en op korte zwemafstand van het koraalrif. Arrangementen voor duikers en niet-duikers, all-in en volpension voor $ 500–650 per week.

West Peak Inn ⓦwww.westpeakinn.com. Fraai gelegen aan het strand met stijlvolle houten hutten. Het mooie restaurant met palmdak serveert gezonde kost, waaronder verse vis. Je kunt hier ook kajaktochten maken en duiken. 9

Op het eiland

De Caribische pijnboombossen van Guanaja werden omvergeblazen door Mitch, maar herstellen zich nu weer, en je kunt nog steeds aardige **wandeltochten** over het eiland maken. Een mooie route loopt vanaf Mangrove Bight omhoog naar **Michael's Peak** (415 m), het hoogste punt van alle eilanden, en weer omlaag naar Sandy Bay aan de zuidkust, met onderweg adembenemend uitzicht op Guanaja, Bonacca en het omringende koraalrif. Fitte wandelaars kunnen de route in één dag doen, maar je kunt ook kamperen op de top.

Enkele van de mooiste witte **zandstranden** op het eiland liggen rond de rotsige kaap **Michael's Rock**, bij het *Island House Resort* aan de noordkant, waar je dicht bij de kust goed kunt snorkelen. Rond het hoofdeiland kun je uitstekend **duiken,** vooral voor de kleine eilandjes in het oosten en bij **Black Rocks**, bij de noordpunt van het eiland, waar een onderzeese koraaltrog ligt. De **Mestizo Dive Site** werd in 2002 geopend om de 500ste verjaardag van het bezoek van Columbus te vieren. Op een rif en omringd door Spaanse koloniale voorwerpen (waaronder een kanon) staan verzonken beelden van de ontdekkingsreiziger en nationale held Lempira.

Om bij deze plekken te komen, moet je contact opnemen met een duikschool in een van de hotels. Het *Island House Resort* heeft meestal de laagste tarieven (ca. $ 80 voor twee duiken inclusief uitrusting). **Vissen** en **snorkelen** kun je regelen via plaatselijke schippers. Op veel plekken is het rif dichtbij genoeg om erheen te zwemmen als je een eigen snorkeluitrusting hebt.

Eten en drinken

Bonacca heeft verscheidene **restaurants**, hoewel geen ervan echt goedkoop is. Probeer *Pirate's Den* in het centrum voor verse visschotels; dagelijks een lunchmenu en op vrijdag barbecue. *Mexi-Treats* serveert Mexicaans eten, terwijl *Best Stop* naast het basketbalveld goede snacks, cakes en koffiebroodjes heeft, plus verschillende soorten fastfood. De funkiest **bar** is *Nit's Bar*, even ten oosten van de haven, waar de houten wanden meedeinen op de klanken van klassieke reggae.

Reisdetails

Bussen

Copán Ruinas Town zie 'Verder reizen vanaf Copán', blz. 364.
Corinto naar: Puerto Cortés (elk uur; 1:30 uur).
El Florido border naar: Chiquimula (elk halfuur; 1:30 uur); Copán Ruinas Town (elk halfuur; 20 min.).
Puerto Cortés naar: Corinto (elk uur; 1:30 uur); San Pedro Sula (elk halfuur; 1 uur).
San Pedro Sula naar: La Ceiba (21 per dag; 3:30 uur); Puerto Cortés (elk halfuur; 1 uur).

Pendelbussen

Antigua naar: Copán (1 per dag om 4 uur; 6 uur).
Copán naar: Antigua (2 per dag om 5.30 & 12 uur; 6 uur).

Boten

La Ceiba naar: Roatán (2 per dag om 9.30 & 16.30 uur; 1:15 uur); Utila (2 per dag om 9.30 & 16 uur; 1 uur).
Roatán naar: La Ceiba (2 per dag om 7 & 14 uur).
Utila naar: La Ceiba (2 per dag om 6.20 & 14 uur).

Vluchten

Zie blz. 375 voor details over internationale vluchten.
La Ceiba naar: Guanaja (4 per dag; 40 min.); Roatán (12 per dag; 30 min.); Utila (4 per dag; 20 min.).

Achtergrond

Achtergrond

Geschiedenis

Over de tijd vóór de Mayabeschaving in wat nu Guatemala heet is weinig bekend, en ook de oorsprong van de Maya's zelf is nog steeds een raadsel. Tegenwoordig is het Mayagebied één van de archeologische hotspots van de wereld, en recente opgravingen hebben meer inzicht in de geschiedenis ervan gegeven maar ook veel voorheen geaccepteerde theorieën omver gegooid. Het historische plaatje wordt duidelijker, maar over veel zaken ruziën de geleerden nog stevig.

Prehistorie

Er wordt verschillend gedacht over de vraag wanneer de eerste mensen in Amerika aankwamen, maar algemeen wordt aangenomen dat **jager-verzamelaars uit de steentijd** vanaf 25.000 jaar geleden via de Beringstraat van Siberië overstaken naar Alaska. Langs een ijsvrije corridor (en misschien in kleine boten langs de kust) trokken ze zuidwaarts naar Midden-Amerika. Rond 11.000 v.C. dook de Cloviscultuur op, de vroegste herkenbare cultuur, en in het Guatemalteekse bergland zijn stenen werktuigen gevonden, zoals speerpunten, messen en schrabbers uit 9000 v.C.

In **Meso-Amerika**, gedefinieerd als het gebied tussen het noorden van Centraal-Mexico via Midden-Amerika tot aan Panama, ontstonden rond 8000 v.C. de eerste permanente nederzettingen, toen een warmer klimaat de jager-verzamelaars dwong anders te gaan leven. De gletsjers trokken zich terug, en het grootwild waarvan de jagers afhankelijk waren werd schaars door het warmere, drogere klimaat (en misschien ook door te intensieve jacht). De periode waarin de jagers meer plantaardig voedsel gingen gebruiken duurde tot ongeveer 2000 v.C. en wordt de **archaïsche periode** genoemd. Tijdens deze periode ontstonden de gekweekte vormen van gewassen die essentieel waren voor de latere ontwikkeling van de landbouw, zoals granen, bonen, pepers, pompoenen, kalebassen en waarschijnlijk ook maïs.

De vroege Maya's

Na 2000 v.C. begint de **preklassieke** periode, een naam die archeologen gebruiken voor het vroegste deel van de geschiedenis van de Maya's. Tijdens de **vroeg-preklassieke** periode (2000–1000 v.C.) gingen de Maya's in het hele gebied in dorpen wonen, begonnen aardewerk te maken en werden van verzamelaars boeren. Al rond 1100 v.C. bouwden de Olmeken – hun cultuur wordt vaak de 'moedercultuur' van Meso-Amerika genoemd – piramideachtige ceremoniële platforms en maakten in San Lorenzo, aan de noordwestrand van het Mayagebied, reusachtige stenen hoofden. Hun artistieke en (vrijwel zeker) politieke invloed en hun veelgodendom verspreidde zich door het Mayagebied. Langs de Guatemalteekse westkust, in El Salvador en in Copán in Honduras is beeldhouwwerk in Olmeekse stijl gevonden. De Olmeken ontwikkelden ook een vroeg schrift en een kalender die de Lange Telling wordt genoemd en die de Maya's later overnamen.

Tijdens de **midden-preklassieke** periode (1000–400 v.C.) groeide de bevolking in het hele Mayagebied sterk. In Noord-Petén was **Nakbé** rond 750 v.C. uitgegroeid tot waarschijnlijk de eerste Mayastad, compleet met indrukwekkende tempels en reliëfs in stucwerk – een bewijs dat de Maya's het eenvoudige boerenbestaan ver voorbij waren. Rond 500 v.C. verrezen in andere nederzettingen, waaronder El Mirador en Cival, hun eerste ceremoniële bouwwerken en astronomische observatoria. Waarschijnlijk werd er in het hele Mayagebied een gemeenschappelijke taal gesproken en bood een gemeenschappelijk geloof al heel vroeg de stimulans en sociale samenhang die nodig waren voor het bouwen van grotere steden en tempels. Er was grootschalige handel in materialen als obsidiaan en jade uit de hooglanden van Guatemala en graniet en zout uit Belize. In meerdere nederzettingen is aardewerk gevonden, waaronder rode en oranje kruiken en schotels in de Mamon-stijl, wat wijst op een groeiend Mayanetwerk. Tegelijk konden door de voedseloverschotten en groeiende welvaart sommige mensen het boerenbestaan verlaten om zieners, priesters en astronomen te worden.

Tijdens de **laat-preklassieke** periode (400 v.C.–250 n.C.) ging de architectuur enorm vooruit, terwijl in noordelijk Petén andere steden opbloeiden en het Mirador Basin (zie blz. 337) het brandpunt van de Mayabeschaving werd. Aan het begin van deze periode was Nakbé de machtigste stad; haar ceremoniële centrum werd uitgebreid met een torenhoog tempelcomplex, en op haar pleinen verrezen tal van versierde stèles. Maar al snel verschoof het machtscentrum naar **El Mirador**, 12 km naar het noorden, dat uitgroeide tot een enorme stad met een oppervlakte van ruim 20 km² en een bevolking van rond de 100.000 mensen. De inwoners benutten de moerassen rondom de stad, en gebruikten de vruchtbare modder, en modder uit tijdelijke meren, als mest voor hun enorme akkers. We weten bijna niets over de machtsverhoudingen in deze periode, maar alleen al de omvang van El Mirador suggereert dat de stad vanaf circa 100 v.C. een superstaat was. El Mirador lag midden in een enorm handelsnetwerk en werd omringd door honderden kleinere nederzettingen, zoals Tintal en Xulnal, die allemaal door een netwerk van verharde wegen met elkaar verbonden waren. Het La Danta-tempelcomplex in Mirador was 78 m hoog, het hoogste gebouw ooit in precolumbiaans Amerika. De bouw ervan kostte naar schatting 15 miljoen dagen werk. De enige serieuze rivaal van El Mirador in de laat-preklassieke periode lag een paar honderd kilometer naar het zuiden, op de plek van de huidige hoofdstad Guatemala-stad. **Kaminaljuyú** had een formidabel handelsimperium gesticht dat was gebaseerd op de aanvoer van obsidiaan en jade, en de stad heerste over een reeks nederzettingen langs de westkust, waaronder Takalik Abaj. Het zuidelijke Mayagebied werd in deze periode duidelijk veel meer beïnvloed door de prestaties van de Olmeken. Vanaf het begin van de westerse jaartelling verrezen er, in een ware explosie van Mayacultuur, piramides en tempelplatforms in Tikal, Uaxactún en tal van andere plaatsen in Petén. De beroemde 'valse boog' van de Maya's werd in deze periode uitgevonden, en de architectuur werd gedurfder (een valse boog is geen gewone boog met een sluitsteen maar bestaat uit twee zijden, elk met overlappende stenen totdat ze elkaar uiteindelijk raken; een valse boog kan alleen een kleine afstand overbruggen). De **Mayasamenleving** werd nu een strakke standenmaatschappij met regerende koningen en priesters die religieuze ceremonies leidden die samenhingen met astronomische gebeurtenissen en de kalender. Er waren gespecialiseerde handwerkers, architecten, schrijvers en ook kunstenaars die de verfijnde fresco's van San Bartolo konden maken (pas in 2002 ontdekt). De landbouw was intensief en gebaseerd op irrigatie vanuit enorme reservoirs die via uitgestrekte kanalen waren verbonden.

Maar tegen het eind van de laat-preklassieke periode, in de 2de en 3de eeuw, werd het gebied geteisterd door milieurampen en mogelijk ook slepende oorlo-

Archeologische perioden binnen de Mayacultuur

De namen voor de archeologische perioden van de Maya's zijn verwarrend, vooral omdat er halverwege de 20ste eeuw, toen deze perioden werden vastgesteld, nog maar heel weinig bekend was over de beginjaren van de Mayabeschaving. Op grond van recente vondsten worden de vroegste ontwikkelingen nu later gedateerd, en verafgelegen steden zoals El Mirador en Nakbé zijn pas in de laatste vijftien jaar uitvoerig opgegraven, waarna duidelijk werd dat de preklassieke periode veel verder ontwikkeld was dan eerder was gedacht.

De gebruikte namen voor de archeologische perioden verschillen per bron. Deze gids volgt de *Chronicle of the Maya Kings and Queens* van Simon Martin en Nikolai Grube (zie 'Boeken', blz. 454).

Vóór 2000 v.C.	Archaïsche periode
2000 v.C.–1000 v.C.	Vroeg-preklassieke periode
1000 v.C.–400 v.C.	Midden-preklassieke periode
400 v.C.–250 n.C.	Laat-preklassieke periode
250–600	Vroegklassieke periode
600–800	Laatklassieke periode
800–909	Finaalklassieke periode
909–1200	Vroeg-postklassieke periode
1200–Spaanse verovering	Laat-postklassieke periode

gen. Rond 150 n.C. stortten El Mirador en al haar satellietstaten in, na een lange droge periode en een veel te intensief gebruik van het bosmilieu, waardoor de landbouwproductie achteruit holde. In het zuiden bedekte de uitbarsting van de vulkaan de **Ilopango** een enorm gebied in centraal El Salvador met as, wat waarschijnlijk een massamigratie vanuit steden veroorzaakte, zelfs vanuit het vergelegen Kaminaljuyú, dat rond 250 n.C. praktisch helemaal werd verlaten. Er werden niet langer tempels en stèles vervaardigd. Handelsroutes langs de Stille Oceaan tussen het zuidelijke Mayagebied en Mexico werden onderbroken en veel handel verplaatste zich naar het noorden, wat voorspoed bracht (maar ook Centraal-Mexicaanse invloeden) voor de steden in Centraal-Petén, waaronder Tikal.

De klassieke Maya's

De laat-preklassieke periode wordt onderscheiden van de **klassieke periode** (250–909) door de invoering van de Lange Telling-kalender en van een herkenbaar Mayaschrift. Dit gebeurde rond de 3de eeuw, en het markeert het begin van de grootste bloei van de Mayabeschaving.

Tijdens de klassieke periode werden alle steden gebouwd die we nu als ruïnes of in gerestaureerde vorm kennen, bijna altijd op lagen van eerdere bouwfasen. Regelmatig werden er **stèles** opgericht met uitvoerige reliëfs met data en symbolische verwijzingen die werkelijke heersers en belangrijke gebeurtenissen uit hun levens vermeldden – gevechten, huwelijken, dynastieke opvolgingen en dergelijke. De ontwikkelingen in het Mayagebied in de vroegklassieke periode werden nog steeds sterk beïnvloed door een supermacht in het noorden – **Teotihuacán**, dat Centraal-Mexico domineerde en meer dan 150.000 inwoners had. Haar **krijger-kooplieden**, pochteca genoemd, breidden het gezag van Teotihuacán uit tot aan Petén, de Yucatán en Copán. Het is onwaarschijnlijk dat Teotihuacán het Mayagebied rechtstreeks binnenviel, maar de invloed van de stad was groot genoeg om fundamentele veranderingen in het gebied te veroorzaken. In 378 nam een krijger-koopman, Siyak K'ak, de macht over in Tikal en vestigde een nieuwe dynastie, terwijl in Copán ene Yax K'uk Mo' (vrijwel zeker ook uit Teotihuacán) in 426 een koninklijke familie stichtte. Deze Mexicanen introduceerden ook andere geloofsvormen en nieuwe stijlen in aardewerk, kunst en architectuur – Kaminaljuyú werd herbouwd in de stijl van Teotihuacán, en tempels en stèles in Tikal en Copán uit deze tijd tonen Centraal-Mexicaanse goden.

Maar terwijl Tikal zich binnen de invloedssfeer van Teotihuacán opwierp als dominante stad in Petén, kwam er in het noorden, in Campeche, een steeds krachtiger rivaal op, de Mayastaat **Calakmul**, 'het koninkrijk van de slang'. Vanaf de 5de eeuw stelden deze twee staten alle andere Mayasteden in de schaduw en beheersten enorme delen van het gebied. Allebei controleerden ze complexe handelsnetwerken en probeerden ze de overhand te krijgen, een gevecht dat uiteindelijk na het verdwijnen van de invloed van Teotihuacán in de 6de eeuw resulteerde in een rechtstreekse oorlog. Calakmul vormde een alliantie met **Caracol** (tegenwoordig in Belize) en versloeg Tikal in 562; gedetailleerde reliëfs laten heersers in ingewikkelde kostuums zien die vastgebonden krijgsgevangenen vertrappen. Deze overwinning maakte een eind aan het machtsstreven van Tikal, en in de stad of in haar kleinere satellietstaten werd nog maar weinig gebouwd.

De voorspoed en grandeur van de laatklassieke periode (600–800) bestreken het hele Mayagebied: van Bonampak en Palenque in het westen tot Labná, Sayil, Calakmul en Uxmal in het noorden, Altun Ha in het oosten en Copán en Quiriguá in het zuiden, naast nog honderden kleinere centra. Deze plaatsen waren onderling verbonden door een samenhangende religie en cultuur, en bereikten een verfijning in architectuur, astronomie en kunst die door geen enkele andere precolumbiaanse cultuur wordt geëvenaard. De handel bloeide en de bevolking nam toe; rond 750 woonden er naar schatting 10 miljoen mensen in het gebied. Veel Mayastaten waren groter dan Europese landen in dezelfde tijd, die in hun 'duistere middeleeuwen' zaten. Er werden meesterwerken van beschilderd aardewerk en gesneden jade geproduceerd, vaak bedoeld als grafgift. Ook schelp, been en zo nu en dan marmer werden meesterlijk bewerkt; tempels waren vanbinnen en vanbuiten in briljante kleuren beschilderd. De meeste pigmenten zijn lang geleden vervaagd, maar er zijn nog overgebleven sporen die experts in staat stellen tot een levendige reconstructie van de aanblik van de oude steden.

Tijdens de strijd om de macht lukte het Tikal om zijn bittere nederlaag tegen Calakmul te wreken door de stad in 695 te veroveren en de hegemonie over haar voormalige vazalstaten Río Azul en Waka' (El Perú) te herstellen. Een periode van koortsachtige bouwactiviteiten resulteerde tussen 670 en 810 in vijf grote tempels, het ceremoniële hart van de stad. Elders in het Mayagebied bloeiden steden als Piedras Negras, Yaxhá, Yaxchilán en Dos Pilas als nooit tevoren, wat nog meer imposante tempels en paleizen opleverde, en artistieke prestaties zonder weerga.

Het verval van de Maya's

Deze glansperiode van de Maya's duurde niet lang. Tegen 750 begonnen politieke en sociale veranderingen voelbaar te worden; allianties en handelscontacten werden verbroken, er was steeds vaker oorlog en er verrezen steeds minder stèles waarop het verloop van de tijd werd vastgelegd. Na 800 begint de zogenoemde **finaalklassieke periode**, een tijd waarin de grote steden geleidelijk aan ontvolkt raakten; in het centrale gebied kwamen na 830 alle bouwactiviteiten tot stilstand. Bonampak werd verlaten voordat zijn beroemde fresco's konden worden voltooid, terwijl veel van de grote sites langs de Rio Usumacinta (tegenwoordig op de grens tussen Guatemala en Mexico) werden bezet door militaristische vreemdelingen.

De oorzaak van het verval van de Maya's is onbekend (en zal dat misschien blijven), hoewel het waarschijnlijk een combinatie van verschillende factoren was. We weten dat het Mayagebied tegen het eind van de 9de eeuw al zwaar te lijden had onder ontbossing, toen een verschrikkelijke **droogte** toesloeg. Een hoge bevolkingsdichtheid drukte zwaar op de voedselproductie en leidde daardoor misschien tot uitputting van de bodem, en samen met epidemieën kan dit ertoe hebben geleid dat de steden verlaten werden. Sommige deskundigen vermoeden dat uitgehongerde boeren in opstand kwamen tegen de eisen van een onproductieve elite. Wat de oorzaken ook waren, tegen het einde van de klassieke periode lijken oorlog en chaos zich over heel Midden-Amerika te hebben uitgebreid. In het centrale Mayagebied werden bijna alle belangrijke steden verlaten, en de paar die overbleven vervielen tot een armzalige staat. Maar sommige in de randzone overleefden, vooral in Noord-Belize, waar Lamanai en andere steden in de hele **postklassieke periode** (909 tot de Spaanse verovering) bewoond bleven. Ook de nederzettingen in het Yucatán-schiereiland bleven met moeite overeind, en hoewel het gebied de ergste bevolkingsdaling bespaard bleef, werd het in 987 veroverd door de militaristische **Tolteken** uit Centraal-Mexico, waarna zich een mengvorm met de klassieke Mayacultuur ontwikkelde.

Terwijl de Mayabeschaving in het laagland van Petén achteruitging, kwam er een bevolkingsstroom op gang naar Belize, Yucatán en de hooglanden van Guatemala in het zuiden. Dat waren tot dan toe marginale en weinig ontwikkelde gebieden geweest, maar op dat moment bevatten ze de laatste resten van de Mayacultuur, en rond die tijd begonnen de hooglanden van Guatemala de karakteristieke stammenstructuur te ontwikkelen die ook vandaag nog bestaat. Tegen het einde van de Klassieke periode waren er in hele hoogland kleine nederzettingen, meestal beneden in de valleien, en de omvangrijke bevolking leefde van terraslandbouw en irrigatie. In die dorpsstructuur zou honderden jaren lang weinig veranderen.

Vóór de Conquista: het hoogland

Tegen het einde van de 13de eeuw werden ook de grote steden van Yucatán, zoals Chichén Itzá en Uxmal, die onder controle hadden gestaan van de **Tolteken-Maya's** langs de Golf van Mexico, verlaten. Tegelijkertijd vielen Tolteken-Maya's de hooglanden van Centraal-Guatemala binnen. Hun aantallen waren waarschijnlijk kleinschalig, maar hun invloed was enorm en met hun komst veranderde het leven in de hooglanden radicaal.

De voordien relatief stabiele, vredelievende en religieuze samenleving werd onder invloed van de Tolteken diepgaand seculier, agressief en militair. De Tolteekse invallers waren meedogenloos goed georganiseerd, nestelden zich bliksemsnel als de heersende elite en stichtten een reeks rivaliserende rijken. De machtigste onder hen waren de **K'iche'**, die het centrale gebied beheersten en **K'umarkaaj** (later bekend als Utatlán) als hoofdstad stichtten, ten westen van de moderne stad Santa Cruz del Quiché. Andere belangrijke machthebbers waren de **Kaqchikel**, die oorspronkelijk rond de huidige stad Chichicastenango woonden, maar hun hoofdstad verplaatsten naar **Iximché** in het zuiden. De **Tz'utujil** hadden hun hoofdstad aan de zuidoever van Lago de Atitlán, op de lagere hellingen van de San Pedro-vulkaan. Naar het westen bewoonden de **Mam** een gebied rond de huidige stad Huehuetenango met als hoofdstad **Zaculeu**, terwijl op de noordelijke hellingen van de Cuchumatanes een verzameling kleinere groepen woonde zoals de **Chuj**, de **Q'anjob'al**, en verder naar het oosten de **Awakateko** en de **Ixil**. In de oostelijke hooglanden, rond het huidige Cobán, woonden de berucht oorlogszuchtige Achi, met de Q'eqchi' als hun noorderburen, terwijl de streek rond de huidige Guatemala-stad werd beheerst door de Poqomam, met Mixco Viejo als hun hoofdstad. Ten slotte woonden langs de westkust de **Pipil,** een stam die ook vanuit het noorden was gekomen en nu de laaglanden bezette.

Het aantal stammen laat zien hoe gefragmenteerd dit gebied was, en deze indeling kenmerkt de hooglanden tegenwoordig nog, maar nu alleen nog op basis van taal (zie kaart, blz. 430).

Waarschijnlijk controleerden de Tolteekse heersers alleen de belangrijkste stammen – de K'iche', Mam en Kaqchikel – terwijl hun kleinere buurstammen nog steeds inheems waren. Vanaf hun komst aan het eind van de13de eeuw terroriseerden de Tolteken waarschijnlijk de plaatselijke K'iche'–Kaqchikel-bergbewoners en verschansten ze zich geleidelijk aan in een nieuwe, rigide standenmaatschappij. Ze brachten veel noordelijke tradities mee – elementen van een aan het Nahuatl verwante taal, nieuwe goden en een reeks militaire vaardigheden – en vermengden deze met plaatselijke ideeën. Veel namen van heersers zijn gelijk aan namen in het Tolteekse kerngebied in het noorden, en ze beriepen zich op een afstamming van Quetzalcoatl, een mythische heerser over een dynastie in de Tolteekse stad Tula. Kort na de Spaanse verovering schreven de K'iche' een verslag van hun geschiedenis, de Popol Vuh, waarin ze beweerden af te stammen van Tolteken, zoals ook de Kaqchikel dat deden in hun verslag, *De Annalen van de Kaqchikel.*

De Tolteekse bezetters waren niet tevreden met het veroveren van een paar stammen, en dus begonnen de K'iche' onder leiding van hun nieuwe heersers hun heerschappij uit te breiden; tussen 1400 en 1475 overwonnen ze de Kaqchikel, de Mam en andere stammen. Op het hoogtepunt van hun macht moesten ruim een miljoen bergbewoners de K'iche'-koning gehoorzamen. Maar in 1475 stierf de man die het brein was achter deze uitbreiding, de grote K'iche'-heerser **Quicab**, en het rijk raakte veel gezag kwijt. De Kaqchikel kwamen bij de naderende dood van Quicab als eersten in opstand, en verhuisden rond 1470 naar het zuiden naar een nieuwe versterkte hoofdstad, Iximché. Kort daarna lukte het ook andere stammen om zich van de K'iche' los te maken en zelfstandig te worden. De volgende vijftig jaar verkeerden de stammen voortdurend in oorlog, vechtend om toegang tot de beperkte hoeveelheid akkerland. De archeologie van het gebied laat de sporen van deze chaos zien; de oude dorpen beneden in de dalen verdwenen, en in hun plaats verrezen versterkte nederzettingen op heuveltoppen, omringd door ravijnen en verdedigingsgrachten.

Toen de Spanjaarden arriveerden, verkeerden de hooglanden in een crisis. De bevolking was zo snel gegroeid dat er te weinig voedsel was, en de stammen moesten vechten om elk beetje grond om hun opbrengsten te vergroten. De K'iche' en de Kaqchikel waren meer en meer genoodzaakt om naar de laaglanden aan de westkust te gaan. Voor de Spanjaarden was deze situatie ideaal: ze stookten de stammenconflicten flink op en speelden de groepen tegen elkaar uit.

De Spaanse Conquista

Terwijl de stammen van het Guatemalteekse hoogland onderling aan het ruziën waren, werden hun buren in het noorden, in wat nu Mexico is, geconfronteerd met een formidabele nieuwe vijand. In 1521 veroverden de Spaanse conquistadores de Azteekse hoofdstad Tenochtitlán en begonnen verder om zich heen te kijken. Bij alle verschrikkingen van de Conquista onderscheidt één man zich qua ambitie, sluwheid en wreedheid van de rest – **Pedro de Alvarado**.

In 1523 werd Alvarado door de conquistador Hernán Cortés naar Guatemala gestuurd, waarbij hij hem op het hart drukte om zo min mogelijk geweld te gebruiken 'en te preken over ons Heilige Geloof'. Alvarado's leger bestond uit 120 ruiters, 173 paarden, 300 soldaten en 200 Mexicaanse krijgers, voornamelijk Tlaxcalanen die zich tijdens de verovering van Mexico bij Cortés hadden aangesloten. Ze marcheerden zuidwaarts en kwamen Guatemala binnen bij de Stille Oceaan, waar ze de eerste tegenstand ontmoetten, een klein K'iche'-leger. Dat was geen partij voor de Spanjaarden en werd met gemak verpletterd. Daarna trok Alvarado naar het noorden en leidde zijn troepen het bergland in en door een smalle bergpas naar de Quetzaltenango-vallei waar ze de verlaten stad **Xelajú** aantroffen, een voorpost van de K'iche'.

De K'iche' waren voor de komst van de Spanjaarden gewaarschuwd en probeerden wanhopig allianties te sluiten met de andere stammen, maar de oude vetes zaten te diep en het **K'iche'-**leger stond er alleen voor. Drie dagen later leverde het op een open vlakte een veldslag met de Spanjaarden. Alvarado beweerde dat de Spanjaarden zo'n 30.000 K'iche'-krijgers tegenover zich zagen (maar dat is vrijwel zeker overdreven) onder aanvoering van **Tecún Umán** met zijn hoofdtooi van quetzal-veren. Ondanks hun enorme overmacht waren slingerkogels en voetvolk geen partij voor cavalerie en buskruit, en de Spanjaarden triomfeerden opnieuw en brandden de K'iche'-hoofdstad tot de grond toe af. Nu Alvarado met de K'iche' had afgerekend richtte hij zijn aandacht op de andere stammen. De **Kaqchikel** erkenden de militaire overmacht van de Spanjaarden en besloten een verdrag te sluiten. De Spanjaarden vestigden daarom in 1523 hun eerste hoofdkwartier naast de Kaqchikel-hoofdstad **Iximché.** Daar vandaan veroverden ze tot in de verre omtrek talloze kleinere stammen. In het westen aan de oevers van Lago de Atitlán versloeg Alvarado's leger de **Tz'utujil**, geholpen door Kaqchikel-krijgers die arriveerden in zo'n driehonderd kano's. In 1524 stuurde Alvarado zijn broer Gonzalo op een veldtocht tegen de **Mam**, die werden verslagen na een maandenlange belegering van hun versterkte hoofdstad **Zaculeu**. Het jaar daarop trok Alvarado er zelf op uit tegen de **Poqomam**, in hun hoofdstad **Mixco Viejo**, waar hij tegenover een leger van zo'n drieduizend krijgers kwam te staan. Opnieuw bleken die geen schijn van kans te maken tegen de gedisciplineerde Spaanse linies.

Ondanks deze serie relatief gemakkelijke overwinningen duurde het tot na 1530 voordat Alvarado ook de afgelegen delen van de hooglanden controleerde. Toen hij de Cuchumatanes binnentrok werden zijn troepen teruggedreven door de **Uspanteko,** en ook in het **Ixil-**gebied stuitten ze op felle tegenstand. Terwijl Alvarado's soldaten het verzet in deze afgelegen berggebieden maar met moeite de baas werden, ontstonden er ook problemen in het hoofdgebied. In 1526 kwamen de Kaqchikel in opstand tegen de Spanjaarden, verlieten hun hoofdstad en trokken de bergen in, van waaruit ze een guerrillaoorlog voerden tegen hun voormalige bondgenoten. De Spanjaarden moesten noodgedwongen hun basis in Iximché verlaten en trokken naar een plek bij de huidige stad Antigua.

Hier stichtten ze op Sint Ceciliadag, 22 november 1527, hun eerste permanente hoofdstad, **Santiago de los Caballeros**. Tien jaar lang zwoegden inheemse werklui aan de bouw van de nieuwe stad, fraai gelegen aan de voet van de vulkaan de Agua, met een kathedraal, een stadhuis en een paleis voor Alvarado. Intussen bleven de **Achi-** en **Q'eqchi'**-Maya's, die in de huidige Verapaz-hooglanden woonden, een bijzonder stekelige doorn in het Spaanse vlees. Ondanks al zijn pogingen lukte het Alvarado niet om deze stammen te verslaan, die fel vochten tegen het invasieleger. Uiteindelijk gaf hij de hoop op controle van het gebied op en noemde het Tierra de Guerra. Het probleem werd opgelost door de kerk. In 1537 trok **Fray Bartolomé de Las Casas**, de 'beschermer der indianen', het gebied binnen en probeerde de inwoners over te halen om zowel het christendom als het Spaanse gezag te accepteren. Binnen drie jaar slaagden de priesters waar Alvarado's legers hadden gefaald, en in 1540 kwamen de laatste stammen van het hoogland onder koloniaal gezag. Zo kreeg de streek haar welverdiende naam Verapaz, 'echte vrede'.

Alvarado zelf had genoeg gekregen van de veroveringen, die hem teleurstellend weinig buit hadden opgeleverd, en ook begon zijn reputatie van wreedheid te groeien. Hij werd gedwongen naar Spanje terug te gaan op verdenking van verraad, maar keerde als vrij man en met een jonge bruid aan zijn zijde terug. Helaas joeg het leven in de Nieuwe Wereld zijn bruid al vroeg de dood in, en Alvarado trok er weer op uit, op zoek naar de grote rijkdom die hij in Guatemala niet had gevonden. Eerst reisde hij naar Peru, in het zuiden waar Francisco Pizarro, de veroveraar van het Incarijk, hem naar verluidt betaalde om Zuid-Amerika te verlaten. Vervolgens ging hij weer naar Spanje, waar hij trouwde met **Beatriz de la Cueva**, de zuster van zijn eerste vrouw. Samen reisden ze terug naar Guatemala, waar hij zijn nieuwe bruid aan land zette om vervolgens zelf door te varen naar de Specerij-eilanden. Onderweg ging hij in Mexico aan land om een opstand te onderdrukken maar werd verpletterd onder een vallend paard.

Vanaf 1524 tot aan zijn dood in 1541 regeerde Alvarado Guatemala als zijn persoonlijke bezit, als een bezetene op zoek naar avontuur en rijkdom, en hij had de inwoners tot slaaf gemaakt en uitgebuit. Bij zijn dood waren alle Mayastammen verslagen (op een paar leden van de Itza na), hoewel er her en der al opstanden begonnen uit te breken.

Koloniaal bewind

De eerste jaren van het koloniale bewind werden gekenmerkt door opstanden en politiek geharrewar. Toen Alvarado's vrouw Beatriz de la Cueva hoorde dat haar man dood was, stortte ze de hoofdstad in diepe rouw. Ze liet het hele paleis zwart schilderen, vanbinnen en vanbuiten, en beval het stadsbestuur om haar tot nieuwe gouverneur te benoemen. Intussen werd het gebied getroffen door een reeks stormen, en in de nacht van 10 september 1541 ook nog door een enorme aardbeving. De flanken van de vulkaan de Agua trilden, de wanden van de krater verzakten en de inhoud kwam naar buiten. Een muur van water en modder stortte zich langs de berg omlaag en begroef de stad Santiago met bijna al haar bewoners.

De overlevende gezagsdragers verhuisden naar een nieuwe plek verder de vallei in, waar het jaar daarop een tweede **Santiago de los Caballeros** werd gebouwd. Deze nieuwe stad was het administratieve hoofdkwartier van de **Audiencia de Guatemala**, die bestond uit zes provincies: Costa Rica, Nicaragua, San Salvador, Honduras, Guatemala en Chiapas (nu een deel van Mexico). Nu Alvarado weg was, begonnen de autoriteiten een nieuwe maatschappij op te bouwen, die met zijn grote artistieke en architectonische rijkdom de pracht en praal van het moederland evenaarde. Halverwege de 18de eeuw waren er al bijna 80.000 inwoners. Dit was de koloniale samenleving in optima forma, met een rigide indeling naar ras, waarbij zuivere Spanjaarden bovenaan stonden en inheemse slaven onderaan, met daartussenin een reeks zorgvuldig afgebakende rassencategorieën. De stad schudde regelmatig op haar grondvesten door schandalen, intriges en aardbevingen, en in 1773 verwoestte een aardbeving Santiago uiteindelijk, waarna de hoofdstad werd verplaatst naar de huidige plek: Guatemala-stad.

De grootste machtsfactor in koloniaal Centraal-Amerika was de kerk. De eerste religieuze orde in Guatemala was die van de franciscanen, die met Alvarado waren meegekomen, en in 1532 volgden de mercedariërs en de dominicanen, en niet veel later ook de jezuïeten. **Francisco Marroquín**, de eerste bisschop van het land, gaf deze eerste nieuwkomers enorme schenkingen aan land, met de bijbehorende indianen, wat hen later in staat stelde belastingvrij kapitaal op te bouwen met suiker, tarwe en indigo. Later kwamen er nog een heleboel andere religieuze orden naar Santiago, en religieuze rivaliteit werd een factor van belang in de kolonie. Met haar rijkdom en macht verhoogde de kerk de luister van de koloniale hoofdstad, terwijl ze de inheemse bevolking en hun land genadeloos uitbuitte. Alleen al in Santiago waren er zo'n tachtig kerken, met hun scholen, kloosters, ziekenhuizen, kluizen, ateliers en colleges. De religieuze orden werden de belangrijkste beschermers van de kunsten en verzamelden een grote rijkdom aan tapijten, juwelen, beeldhouwwerk en schilderijen, en ook organiseerden ze concerten, feesten en eindeloze religieuze processies. Religieuze vervolging was het hevigst tussen 1572 en 1580, toen de **Inquisitie** iedereen probeerde op te sporen die het geloof nog niet had aanvaard, en hen vervolgens wreed strafte.

Tegen de 18de eeuw begon de macht van de kerk de spuigaten uit te lopen, en de Spaanse koningen legden religieuze orden belastingen op en perkten hun macht en vrijheid in. Het conflict tussen kerk en staat bereikte een hoogtepunt in 1767, toen Carlos III de jezuïeten verbande uit de Spaanse koloniën.

De Spanjaarden moeten teleurgesteld zijn geweest over hun verovering van Centraal-Amerika, want het gebied leverde maar weinig buit op. De **koloniale economie** in Centraal-Amerika was gebaseerd op landbouw. De kuststreken produceerden cacao, tabak, katoen en het kostbare indigo; in de hooglanden graasden schapen en geiten, en op ranches aan de kust werd vee gefokt. In de laaglanden van Petén en in de jungle van het lager gelegen Motagua-dal bleven de muskieten en de bossen onaangetast, hoewel het bos hier en daar werd benut: *chicle*, de grondstof voor kauwgom, werd afgetapt van sapodillabomen, net als sarsaparilla, dat werd gebruikt tegen syfilis.

De kern van de koloniale economie werd gevormd door het systeem van *repartamientos*, waarbij de elite het recht kreeg om gebruik te maken van de werkkracht van de inheemse bevolking. Dit zorgde ervoor dat de Mayabevolking naar elders werd overgebracht om op plantages te gaan werken, een patroon dat wettelijk niet meer bestaat maar nog steeds zwaar drukt.

Intussen bepaalden in de hoofdstad smeergeld en corruptie de geldstroom en werden titels en functies verkocht aan de hoogste bieder. Al het kapitaal van de kolonie liep via de stad, en alleen daar kwam een echte geldeconomie van de grond.

De invloed van de Conquista was het grootst in de hooglanden, waar het leven van de **Mayabevolking** totaal veranderde. De eerste stap in dit proces was de *reducción*, waarbij verspreide inheemse gemeenschappen werden samengevoegd tot nieuwe steden en dorpen in Spaanse stijl. Tussen 1543 en 1600 werden zo'n 700 nieuwe nederzettingen gesticht, allemaal georiënteerd op een katholieke kerk. Officieel had dit tot doel de kerk in staat te stellen aan de slag te gaan met haar nieuwe bekeerlingen, maar het effect was ook dat de beschikbare arbeidskracht werd geconcentreerd, wat exploitatie en belastingheffing vergemakkelijkte. Ook de **sociale structuren** van de Maya's veranderden diepgaand na de Conquista. De centrale gezagsorganen die tot dan toe hadden gedomineerd werden afgeschaft en vervangen door lokale structuren in de nieuwe dorpen. De macht berustte nu vooral bij de *caciques* (lokale 'chiefs') en *alcaldes* (burgemeesters), die werden benoemd door de kerk. Maar in afgelegen uithoeken van de hooglanden waren priesters schaars en werden de dorpen maar zelden door hen bezocht. De door hen aangestelde gezagsdragers ontwikkelden niet alleen hun eigen machtsstructuren maar ook hun eigen religie, een mengsel van het nieuwe en het oude. Begin 19de eeuw had de Mayabevolking zich grotendeels hersteld van de gevolgen van de Conquista, en in veel plaatsen werden de lokale structuren steeds belangrijker. In elk dorp waren *cofradías* (broederschappen) verantwoordelijk voor de zorg voor de heiligen, terwijl het traditionele gezag vooral berustte bij de *principales* (dorpsoudsten), een situatie die nog steeds bestaat. In het hele hoogland kwamen steeds meer dorpen in opstand naarmate de nieuwe inheemse cultuur sterker werd.

De gevolgen van de **ziekten** die de conquistadores meebrachten waren ernstiger voor de inheemse bevolking dan welke sociale verandering ook. Golven van pest, tyfus en koorts overspoelden een bevolking die daartegen geen enkele natuurlijke weerstand had. In de zwaarst getroffen gebieden werd 90% van de inheemse bevolking getroffen en in grote delen van het land werden hun aantallen gehalveerd.

Twee eeuwen koloniale overheersing veranderden de structuur van de Guatemalteekse samenleving totaal. Er ontstonden nieuwe steden, een nieuwe religie, een andere vorm van economie en een racistische hiërarchie. Maar misschien was het effect van de koloniale overheersing toch minder groot dan in veel andere delen van Latijns-Amerika. Er waren maar twee grote steden ontstaan, en de koloniale autoriteiten besteedden weinig aandacht aan de afgelegen gebieden. En hoewel de inheemse bevolking genadeloos werd uitgebuit en enorme verliezen had geleden door vreemde wapens en geïmporteerde ziekten, werd haar cultuur nooit helemaal uitgeroeid. De Maya's namen eenvoudig de symbolen en ideeën van de nieuwe Spaanse ideologie over en schiepen een dynamische synthese die noch Maya noch katholiek was.

Onafhankelijkheid

Dat rassenscheiding zo'n belangrijk onderdeel was van het kolonialisme was, leidde onder veel groepen in Centraal-Amerika tot grote onvrede. De rijkdom en macht waren geconcentreerd in de handen van degenen die in Spanje geboren waren (*chapetones*), een beleid dat groeiende aantalen creolen (ook zij met Spaans bloed die in Guatemala geboren waren) en *mestizos* (met gemengde afstamming) jaloers maakte, en hongerig naar macht en verandering. Voor de meerderheid van de inheemse bevolking waren macht en rijkdom onbereikbaar. Toen de Spanjaarden vertrokken, werd de Guatemalteekse politiek bepaald door een worsteling tussen **conservatieven**, die de kerk en de Kroon steunden, en **liberalen**, die pleitten voor een seculiere en meer egalitaire staat. Een gevolg van deze splitsing was onder andere dat de onafhankelijkheid niet één keer werd uitgeroepen, maar meerdere keren.

Zoals in heel Spaans Amerika werd de vonk ook hier ontstoken door Napoleons invasie van Spanje en de troonsafstand van koning Fernando VII. In de daarop volgende chaos kreeg Spanje in 1812 een liberale grondwet opgedrongen, en een golf van vernieuwingsdrift raasde door de koloniën. In die tijd werd Centraal-Amerika bestuurd door **Brigadier Don Gabino Gainza**, de laatste kapitein-generaal. Zijn enige zorg was het handhaven van de status quo, waarin hij sterk werd gesteund door de rijke landeigenaren en de kerk. Als concessie aan de roep om onafhankelijkheid, maar tegelijk in de hoop de bestaande machtsstructuren te kunnen redden, tekende Gainza op 15 september 1821 een formele **onafhankelijkheidsverklaring**, waarin het gezag van de kerk werd vastgelegd, met als intentie de oude situatie te handhaven onder een nieuw bestuur. Augustín de Iturbide, de kortstondige keizer van het pas onafhankelijke Mexico, stuurde meteen troepen om Guatemala bij het Mexicaanse keizerrijk in te lijven, een verbond dat nog geen jaar zou duren.

Met een tweede onafhankelijkheidsverklaring in 1823 sloot Guatemala zich aan bij de Centraal-Amerikaanse staten in een losse **federatie**, met een grondwet die gebaseerd was op die van de Verenigde Staten, waar afschaffing van de slavernij en liberale hervormingen bijhoorden. Deze maatregelen werden fel bestreden door de kerk en conservatieven in heel Centraal-Amerika en veroorzaakten verschillende conflicten tussen (en binnen) lidstaten. Maar in 1830 verenigde de linkse politiek in Salvador, Honduras en Guatemala zich onder leiding van **Francisco Morazán**, een Hondurese generaal onder wie **Mariano Gálvez** staatshoofd in Guatemala werd: religieuze orden werden ontbonden, de doodstraf werd afgeschaft, en tegelijkertijd werden juryrechtspraak, een algemeen onderwijssysteem, het burgerlijk huwelijk en de progressieve Livingston-wetgeving ingevoerd.

Deze liberale periode duurde tot 1838 toen de verzwakte Centraal-Amerikaanse Federatie werd ontbonden en de vernieuwingsgezinde regering in Guatemala ten val werd gebracht door een opstand vanuit de bergen. Tijdens de turbulente jaren van de onafhankelijkheid en de kortdurende federatie bleef het leven in de hooglanden hard, en de last van twee eeuwen koloniale overheersing drukte nog steeds zwaar op de inheemse bevolking. Tot het uiterste getergd verenigden de Maya's zich onder een ongeletterde maar charismatische leider, de 23-jarige **Rafael Carrera**, onder wiens aanvoering ze naar Guatemala-stad marcheerden. In 1839 werd de onafhankelijkheid uitgeroepen, waarbij Carrera eerst tot *caudillo* (sterke man) en later tot president werd benoemd.

Carrera erkende alleen het gezag van de kerk, en voerde meteen hervormingen door die de maatregelen van de liberale regering teniet deden. De voormalige positie van de religieuze orden werd hersteld en traditionele Spaanse titels werden weer ingevoerd. Onder Carrera vocht Guatemala opeenvolgende conflicten uit met liberalen in andere delen van Centraal-Amerika en werd uiteindelijk in 1847 een onafhankelijke republiek. Carrera's grootste binnenlandse uitdaging kwam van de provincie **Los Altos**, die een groot deel van de westelijke hooglanden omvat en zichzelf tot een onafhankelijke republiek uitriep. Deze dreiging duurde maar kort, en al snel werd de kandidaat-staat weer bij de republiek gevoegd.

Toen Carrera in 1865 op 50-jarige leeftijd stierf, was Guatemala een verarmd land (de export van indigo en cochenille was ingestort na de uitvinding van synthetische verfstoffen) terwijl de infrastructuur op zijn best ouderwets was. Onder Carrera's opvolger, **Vicente Cerna**, veranderde er weinig; ook hij was een conservatief en regeerde tot 1871. In die periode roerde de liberale oppositie zich opnieuw en in 1867 was de eerste **liberale opstand** onder leiding van **Serpio Cruz**. Diens greep naar de macht mislukte maar inspireerde twee jonge liberalen, Justo Rufino Barrios en Francisco Cruz, tot navolging. Gedurende de jaren daarna organiseerden ze zonder succes een aantal opstanden, en in 1870 werd Serpio Cruz gevangen genomen en opgehangen.

Rufino Barrios en de hausse in koffie

Het jaar 1871 was een keerpunt in de Guatemalteekse politiek, want in dat jaar trokken de opstandelingen Rufino Barrios en Miguel García Granados vanuit Mexico Guatemala binnen met een legertje van maar 45 man. De ontketende **liberale revolutie** was een overweldigend succes en het leger groeide met de dag naarmate het de hoofdstad naderde, die uiteindelijk op 30 juni 1871 werd ingenomen. Granados werd het hoofd van de nieuwe liberale regering maar bleef maar een paar jaar president, waarbij hij zich omringde met oudere kameraden en slechts op beperkte schaal hervormingen doorvoerde.

Intussen was **Rufino Barrios**, nu een plaatselijke commandant in het district Los Altos, woedend over het uitblijven van actie. In 1872 stuurde hij zijn troepen naar de hoofdstad, installeerde ze in de San-José-kazerne en eiste onmiddellijke verkiezingen. Die werden toegestaan, en hij won met gemak. Barrios was een charismatische leider met tirannieke trekken (monumenten in het hele land getuigen van zijn eigendunk) en zag zichzelf als een groot hervormer. Zijn belangrijkste daden waren typisch liberale gebaren: de hervorming van het onderwijsstelsel en een aanval op de kerk. De Universiteit van San Carlos werd seculier en modern, terwijl het priesters werd verboden om ambtsgewaad te dragen en openbare religieuze processies werden afgeschaft. De kerk was razend en excommuniceerde Barrios, die terugsloeg door de aartsbisschop uit te wijzen. De liberale standpunten van Barrios waren ongetwijfeld vermengd met een grote dosis arrogantie, en hij duldde geen politieke oppositie maar ontwikkelde een effectief netwerk van geheime politie en verzekerde zich ervan dat het leger een essentieel onderdeel van zijn machtsbasis werd.

Ook begon Barrios met landbouwhervormingen, en hij was verantwoordelijk voor een spectaculaire groei die voornamelijk het gevolg was van de verbouw en export van **koffie**. Om de expansie te bevorderen breidde Barrios het spoorwegnet uit, stichtte een nationale bank en bracht de havensteden Champerico, San José en Iztapa tot ontwikkeling. Tussen 1870 en 1900 nam de buitenlandse handel toe met het twintigvoudige.

Dit alles had een enorme invloed op de Guatemalteekse **samenleving**. Veel van de nieuwe plantages waren in handen van Duitse immigranten en de meeste koffie belandde uiteindelijk in Europa. De nieuwelingen vormden al snel een machtige elite, en hoewel de meeste Duitsers later (tijdens de Tweede Wereldoorlog) uit Guatemala werden verdreven is hun invloed nog steeds voelbaar, rechtstreeks in de Verapaz-hooglanden en meer indirect in de blijvende aanwezigheid van een uiterst machtige politieke kliek. Volgens de nieuwe liberale zienswijze waren buitenlandse ideeën beter dan die van eigen bodem, en terwijl Europese immigranten steeds met open armen werden ontvangen, werd de Mayabevolking nog altijd beschouwd als hopeloos minderwaardig.

Ook de inheemse samenleving werd diepgaand beïnvloed door de koffiehausse, want Barrios stelde een systeem van **dwangarbeid** in. In 1876 kon niet minder dan een kwart van de mannelijke Mayabevolking tewerkgesteld worden op de koffieplantages, vaak onder erbarmelijke omstandigheden.

Als gevolg van de koffiehausse verloren de Maya's niet alleen hun vrijheid, maar ook hun land. In veel gebieden kwamen de dorpelingen in verzet, en tot in de 20ste eeuw bleven zich in de westelijke hooglanden **opstanden** voordoen. In Momostenango keerden zich vijfhonderd bewapende mannen tegen het gezag, om bij hun terugkeer te ontdekken dat hun dorpen door het leger onder de voet waren gelopen en hun huizen waren afgebrand. Deze landroof maakte de Maya's noodgedwongen afhankelijk van seizoensarbeid.

Jorge Ubico en het bananen-imperium

Rufino Barrios werd uiteindelijk in 1885 gedood in een gevecht om opnieuw de stichting van een verenigd Centraal-Amerika, en hij werd opgevolgd door een serie gelijkgezinde presidenten die het stuk voor stuk niet lang uithielden. De eerste die het wat langer uithield was **Manuel Estrada Cabrera**, een strenge autoritaire man die vakbondsactiviteiten inperkte en de belangen van grote bedrijven behartigde. Hij regeerde vanaf 1898 tot zijn afzetting in 1920, en tegen die tijd was hij bijna krankzinnig.

Intussen begon een nieuwe en uitzonderlijk machtige speler zich te mengen in de nationale politiek – de **United Fruit Company**, die haar invloed in grote delen van Centraal-Amerika tot in de jaren zestig zou behouden. Het bedrijf begon in Costa Rica maar verhuisde in 1901 naar Guatemala, waar het een klein stuk land kocht om bananen te gaan verbouwen. Drie jaar later kreeg het een contract toegewezen om de spoorlijn van Guatemala-stad naar Puerto Barrios te voltooien, en in 1912 werd het bedrijf ook eigenaar van het westelijke spoorwegnet, waarmee het in feite een transportmonopolie verwierf. Er begon een grootschalige bananenteelt, en in 1934 controleerde United Fruit enorme landerijen, exporteerde tegen de 3,5 miljoen trossen bananen per jaar en haalde gigantische winsten binnen. In 1941 werkten zo'n 25.000 Guatemalteken in de bananenindustrie.

De invloed van de United Fruit Company was zo alomvattend dat ze de bijnaam *El Pulpo* kreeg, 'de octopus'. Controle van het transportnetwerk leidde tot controle van de koffiehandel: tijdens de jaren dertig was het vervoeren van koffie vanuit Guatemala naar New Orleans even duur als vanuit Río de Janeiro naar New Orleans.

In deze situatie was de macht van de Guatemalteekse regering heel beperkt, terwijl die van de Verenigde Staten toenam, samen met die van de United Fruit Company. Inheemse boeren begonnen hun woede over het monopolie van United Fruit te uiten, terwijl het bedrijf een verlenging van langlopende contracten eiste, zodat president Lázaro Chacón (president van 1926–1930) van twee kanten in het nauw zat.

Dit maakte de weg vrij voor **Jorge Ubico**, een charismatische leider met een reputatie van efficiëntie, die goede banden had met de elite van politici en landeigenaren. Als president erfde hij helaas een financiële ramp. Guatemala was zwaar getroffen door de Grote Depressie, maar Ubico vocht voor het uitbreiden van de exportmarkt voor Guatemalteekse producten en slaagde erin handelsovereenkomsten te sluiten die koffie en bananen vrijstelde van importheffingen in de Verenigde Staten. Binnen Guatemala steunde Ubico consequent de United Fruit Company en de belangen van Amerikaanse bedrijven. De relatie met de VS was zo belangrijk dat in 1940 90% van alle Guatemalteekse exportproducten aan de Verenigde Staten werden verkocht, en in de aanloop naar de Tweede Wereldoorlog moest Ubico buigen voor Amerikaanse druk en Duitse landeigenaren uitwijzen.

In eigen land begon Ubico aan een radicaal hervormingsprogramma, waaronder een actieve bestrijding van corruptie en gigantische wegenbouwprojecten. Maar het systeem van schuldslavernij bleef bestaan doordat een nieuwe **wet op landloperij** alle landloze boeren dwong om 150 dagen per jaar te werken voor de staat of voor grootgrondbezitters. Uiteraard bleven sporadische plaatselijke protesten en opstanden tegen landeigenaren tot eind jaren dertig en begin jaren veertig dus voorkomen.

Ook binnenlandse veiligheid was een obsessie tijdens Ubico's regeringsperiode, aangezien hij steeds meer paranoïde werd. Hij beweerde dat hij een reïncarnatie van Napoleon was en had een netwerk van verklikkers die hij regelmatig inzette om golven van onderdrukking te ontketenen. Maar terwijl Ubico zijn greep op elk aspect van de regering versterkte, groeide het gemor van de oppositie. In 1944 kwam de onvrede tot een uitbarsting in een studentenopstand, en Ubico moest uiteindelijk na veertien jaar tiranniek bewind aftreden.

Tien jaar 'spiritueel socialisme'

De afzetting van Jorge Ubico ontketende een golf van verzet, waarbij studenten, de middenklasse en jonge legerofficieren allemaal democratie en vrijheid eisten. Het was een sfeer die de Guatemalteekse politiek totaal zou veranderen en vormde zo'n extreem contrast met voorafgaande machtswisselingen dat deze **de revolutie van 1944** werd genoemd.

Een militair-civiele junta nam in de interim-periode voorafgaand aan de verkiezingen de macht over. In maart 1945 werd een nieuwe grondwet aangenomen die het kiesrecht uitbreidde naar alle volwassenen en een tweede presidentiële termijn verbood. Bij de presidentsverkiezingen won **Juan José Arévalo**, een leraar, met 85% van de stemmen. Zijn politieke doctrine werd **'spiritueel socialisme'** genoemd, en hij ging onmiddellijk aan de slag met dringend noodzakelijke structurele hervormingen. Volgens een nieuwe begroting werd een derde van het staatsinkomen gereserveerd voor sociaal welzijn en moest het besteed worden aan de bouw van scholen en ziekenhuizen, een vaccinatieprogramma en verregaande alfabetiseringscampagnes. De wetten op landloperij werden afgeschaft, en in 1947 werd een arbeidswet aangenomen die werknemers het recht gaf op staking en vakbondsvertegenwoordiging.

Van sommige koffieplantages werden coöperatieven gemaakt, terwijl nieuwe wetten pachtboeren beschermden tegen ontruiming. Ook werden technische ondersteuning en kredieten beschikbaar gesteld aan kleine boeren.

Tijdens Arévalo's laatste jaren vertraagde het tempo van de hervormingen, omdat hij zich richtte op het verijdelen van diverse pogingen om hem af te zetten. Ondanks zijn populariteit bleef Arévalo op zijn hoede voor de traditionele elite: kerkleiders, legerofficieren van de oude stempel en rijke landeigenaren waren ontstemd over de golf van nieuwe wetten, en er waren meerdere couppogingen.

Het jaar 1950 was een verkiezingsjaar, en de twee belangrijkste kandidaten tijdens de voorafgaande campagneperiode waren allebei kolonel: **Francisco Arana** en **Jácobo Arbenz**. Arana, de favoriet van politiek rechts, werd in 1949 vermoord. Arbenz, die de steun had van de boerenorganisaties en vakbonden, werd verdacht, maar er was geen direct bewijs. Arana werd vervangen door **brigadier Miguel Ydígoras**, een legerofficier uit de periode van Ubico.

Arbenz won de verkiezingen met 65% van de stemmen en verklaarde dat hij het land zou omvormen tot een onafhankelijke kapitalistische natie en het welvaartspeil zou verhogen. Maar het omverwerpen van de feodale maatschappij en het beëindigen van de economische afhankelijkheid leidde tot een rechtstreeks conflict met de Amerikaanse corporaties die nog steeds de economie domineerden.

Arbenz zocht steun bij de massa's door de deelname van boeren aan de programma's voor landbouwhervorming te bevorderen en de strijdlust van studenten en vakbonden aan te wakkeren. Hij probeerde ook het grote Amerikaanse monopolie op spoorwegen, energie en havens te breken en trachtte de achterstallige belastingen terug te vorderen. In eigen land werden deze maatregelen met grote nationale trots ontvangen, maar de Amerikaanse bedrijven die onder vuur lagen, waren er verontwaardigd over.

De situatie werd nog ernstiger toen in juli 1952 de **landbouwhervormingswet** werd aangenomen, die bepaalde dat braakliggend land en staatsgronden onder de landlozen zouden worden verdeeld tegen een fractie van hun marktwaarde. Dit nieuws maakte de landeigenaren furieus, ondanks het feit dat ze in beroep konden gaan. Tussen 1953 en 1954 werd een oppervlakte van rond de 8840 km^2 herverdeeld ten gunste van ongeveer 100.000 boerenfamilies – dit was de eerste keer sinds de komst van de Spanjaarden dat de overheid aan de behoeften van de

Che Guevara in Guatemala

Ernesto 'Che' Guevara kwam op oudejaarsavond 1963 in Guatemala aan, platzak en zonder onderdak. Hij was vijf maanden eerder in zijn vaderland Argentinië afgestudeerd als arts en meteen daarop vertrokken om Latijns-Amerika te verkennen, onderweg liftend, kamperend en eten bietsend.

De toekomstige *comandante* bleef acht maanden in Guatemala-stad waar hij woonde in Zona 1, het historische hart van de hoofdstad, in een paar goedkope pensions. Zijn dagen vulde hij vooral met een vergeefse zoektocht naar een baan als arts, en hij leefde van de vrijgevigheid van de mensen die hij ontmoette en van een klein inkomen uit tijdelijke baantjes: Spaanse lessen geven, vertaalwerk, aan de deuren encyclopedieën verkopen en op straat afbeeldingen slijten van de Zwarte Christus van Esquipulas.

Maar Guevara was niet alleen maar naar Guatemala gekomen om werk te zoeken. Begin jaren vijftig was Guatemala-stad een waar Mekka voor politieke idealisten, communisten en beginnende revolutionairen uit Latijns-Amerika, die allemaal afkwamen op de hervormingsgezinde president Arbenz en diens partij-ideologie van 'spiritueel socialisme'. In een brief aan zijn tante beschreef Guevara zijn reizen door het gebied en maakte duidelijk dat hij van plan was de Amerikaanse hegemonie uit te dagen:

Onderweg kreeg ik de kans om door de landerijen van United Fruit te reizen... Ik heb gezworen, bij een foto van de oude en betreurde kameraad Stalin, dat ik niet zal rusten voordat ik die kapitalistische octopus vernietigd zal zien. Ik wil mezelf in Guatemala verbeteren en leren wat Ik nodig heb om een echte revolutionair te zijn.

Een van de eerste mensen die hij in Guatemala ontmoette was Hildea Gadea, een jonge Peruviaanse met goede connecties die later zijn eerste vrouw werd. Gadea was een verbannen lid van de Peruviaanse ARPA-rebellen, en ze introduceerde Guavara bij een aantal andere jonge politieke activisten, waaronder Rolando Morán, die de leider van de Guatemalteekse EGP-guerrilla's zou worden (zie blz. 142). Guevara's politieke bewustzijn en overtuigingen werd in Guatemala-stad gevormd door het urenlang lezen van Marx, Trotsky en Mao, door een instinctieve haat jegens het Amerikaanse imperialisme, en door ellenlange theologische debatten. Van de talloze ladino-linkse groeperingen in de stad maakten de Cubanen de meeste indruk op Guevara, want zij waren de enigen die ook echt een gewapende opstand tegen een dictatuur georganiseerd hadden (de mislukte Moncada-aanslag nadat Batista in 1952 de Cubaanse verkiezingen had afgelast). Guevara ontmoette Ñico López, de Cubaan die hem later zou voorstellen aan Fidel en Raúl Castro, en met wie hij later in Mexico weer een groep zou vormen, in 1956 naar Cuba zou reizen en de revolutie ontketenen.

Guevara bleef tijdens de aanvallen op Guatemala-stad in juni 1954 in de hoofdstad. De jonge radicaal schreef aan zijn familie dat hij de besluiteloosheid van de regering Arbenz afkeurde, en ook haar onmacht om plaatselijke milities te organiseren om het land te verdedigen. Hij zwoer trouw aan de Sovjet-Unie en werd lid van de Communistische Partij terwijl hij vast zat op de Argentijnse ambassade in afwachting van deportatie na de afzetting van Arbenz.

Veel van de jonge kameraden uit Guatemala kwamen later weer samen in Mexico-stad, waar ze de val van Arbenz verwerkten. Misschien wel de belangrijkste les die Guevara leerde was dat niet onderhandelingspogingen met Washington, maar gewapend verzet tegen Amerikaanse interventie essentieel was. Hij was ervan overtuigd dat Guatemala 'vanbinnen en vanbuiten' verraden was, en betoogde dat toekomstige revolutionairen bereid moesten zijn om hun binnenlandse gezag met geweld te vestigen en om vijanden uit de weg te ruimen met behulp van onderdrukking en desnoods vuurpelotons – 'De overwinning zal te vuur en te zwaard bevochten worden, er kan geen genade zijn voor de verraders.'

inheemse bevolking tegemoetkwam. De landeigenaar die het zwaarst werd getroffen door de hervormingen was de United Fruit Company, die bijna de helft van haar bezit verloor.

Naarmate de hervormingen sneller gingen werd Arbenz steeds radicaler. In 1951 werd de Communistische Partij legaal, en tijdens de daaropvolgende verkiezingen werden vier partijleden in het parlement gekozen, dat onwrikbaar anti-Amerikaans was.

In de Verenigde Staten beschuldigde de pers de nieuwe Guatemalteekse regering er herhaaldelijk van een communistisch bruggenhoofd in Centraal-Amerika te zijn, en de Amerikaanse regering probeerde in te grijpen ten behoeve van United Fruit Company. Het is veelzeggend dat Allen Dulles, de nieuwe directeur van de CIA, toevallig ook lid was van de raad van bestuur van Fruit Company.

In 1953 keurde president Dwight Eisenhower plannen goed om de regering ten val te brengen, en de CIA organiseerde een kleine militaire invasie in Guatemala om Arbenz af te zetten. In Honduras werd een ongeregeld leger van ballingen en huurlingen samengesteld, en op 18 juni 1954 werd Guatemala-stad gebombardeerd met pamfletten waarin het aftreden van Arbenz werd geëist. De Guatemalteekse president kreeg geen steun van zijn leger, en in de nacht van 18 juni werd Guatemala met machinegeweren beschoten terwijl het invasieleger, door Arbenz omschreven als 'een onsamenhangend expeditieleger van United Fruit', ieder uur dichter bij de stad kwam.

Op 27 juni verklaarde Arbenz dat hij het presidentschap overdroeg aan **Kolonel Carlos Enrique Díaz**, stafchef van het leger. En op 3 juli bracht John Peurifoy, de Amerikaanse ambassadeur in Guatemala, de nieuwe Gutatemalteekse regering in een vliegtuig van US Air Force naar Guatemala. Guatemala's poging om aan de greep van buitenlandse inmenging te ontsnappen en sociale veranderingen door te voeren, was abrupt gesmoord.

Contrarevolutie en militair bewind

Na de afzetting van Arbenz werd het machtsvacuüm opgevuld door het leger met steun van de Verenigde Staten. Het zou de volgende dertig jaar de politiek bepalen en het land in een neerwaartse spiraal van geweld en economische achteruitgang storten.

In 1954 haalde de Amerikaanse ambassadeur de voorlopige regering over om **Carlos Castillo** als nieuwe president te accepteren, en Castillo veegde zonder aarzelen de progressieve wetgeving van de voorafgaande tien jaar van tafel. De grondwet van 1945 werd vervangen door een striktere versie: analfabeten mochten niet stemmen, linkse partijen werden verboden, en grote aantallen vakbondsleiders en hervormers werden simpelweg geëxecuteerd. Het regime hief de beperkingen voor buitenlandse investeerders op en gaf al het geconfisceerde land terug aan de voormalige eigenaren, een maatregel die de inheemse bevolking keihard trof. Met een referendum werd geknoeid zodat het enorme steun voor Castillo's bewind opleverde, maar zijn regering werd beperkt gesteund door het leger, en geruchten over een coup bleven bestaan, totdat hij uiteindelijk in 1957 door zijn eigen lijfwacht werd doodgeschoten.

De moord werd gevolgd door vijf maanden politieke chaos, waaruit **Miguel Ydígoras** (een voormalige kandidaat) tevoorschijn kwam als de volgende president. Zijn catastrofale bewind van vijf jaar werd gekenmerkt door corruptie, incompetentie, schandalige vriendjespolitiek en economische achteruitgang door de dalende koffieprijzen. Anderzijds zorgde de oprichting van de 'Central American Common Market' (CACM) tijdens zijn ambtstermijn voor een opleving van de lichte industrie. Ydígoras werd uiteindelijk afgezet toen Arévalo dreigde naar Guatemala terug te keren om aan de verkiezingen van 1963 mee te doen, die hij mogelijk zou hebben gewonnen. De kans dat er weer een socialistische regering zou komen veroorzaakte paniek bij het establishment, zowel in Guatemala als in de Verenigde Staten, en president John F. Kennedy gaf groen licht voor weer een coup. In 1963 nam het leger onder leiding van **Enrique Peralta** opnieuw de macht over.

Peralta was maar drie jaar president, een periode waarin hij aan de grondwet sleutelde en ruim de tijd nam voor het herstel van de democratie. Intussen stuitte het autoritaire karakter van zijn regering op de eerste uitingen van gewapend verzet. Twee mislukte coupplegers uit 1960, Turcios Lima en Marco Yon Sosa, allebei legerofficieren, trokken de hooglanden van Verapaz en Izabal in en voerden een **guerrillaoorlog** tegen de staat. Later datzelfde jaar kwam een tweede organisatie op, de FAR, en de Guatemalteekse Arbeiderspartij (PGT) sloot een wankele alliantie met de guerrilla's in een poging hun grieven voor het politieke voetlicht te krijgen.

Peralta verloor uiteindelijk de macht bij de verkiezingen van 1966, die werden gewonnen door **Julio Méndez** van de gematigd-linkse Partido Revolucionario. Maar voordat Méndez kon aantreden werd hij gedwongen om een overeenkomst met het leger te tekenen die hem verplichtte het leger volledig de vrije hand te geven in alles wat de nationale veiligheid betrof. Nadat vervolgens Méndez's aanbod van amnestie door de guerrilla's was afgewezen, ging er een genadeloze antiguerrillacampagne van start waarbij Amerikaanse militaire adviseurs, luchtbombardementen en napalm werden ingezet. Eind jaren zestig was de guerrillabeweging in het oosten vrijwel uitgeroeid, waarna de beweging zijn acitviteiten, op veel kleinere schaal, verplaatste naar Guatemala-stad, waar in 1968 de Amerikaanse ambassadeur door FAR-rebellen werd vermoord.

Intussen riep Méndez zijn regering uit tot 'de derde revolutionaire regering', op één lijn met de socialistische regeringen van Arévalo en Arbenz. Maar ondanks linkse steun was Méndez machteloos door de invloed van het leger. Politiek geweld werd normaal: doodseskaders gingen met steun van het leger straffeloos tekeer en vermoordden iedereen die staatsgevaarlijk heette te zijn.

Economische achteruitgang en politiek geweld

De geschiedenis van Guatemala tussen 1970 en begin jaren negentig werd gedomineerd door extreem politiek geweld, economische problemen en verkiezingsfraude. De kern van de crisis was de onrechtvaardigheid en ongelijkheid van de Guatemalteekse maatschappij: hoewel het land redelijk welvarend bleef, drongen de voordelen van dat succes nooit door tot de armen, die geen toegang hadden tot land, scholing of gezondheidszorg.

De verkiezingen van 1970 bevestigden de macht van het leger en van uiterst politiek rechts (vertegenwoordigd door de MLN en PID). **Kolonel Carlos Arana**, die de anti-guerrillacampagne in het oosten had geleid, werd tot president gekozen, hoewel maar een klein percentage van de bevolking mocht stemmen.

Eenmaal aan de macht stortte hij zich op het uitroeien van gewapend verzet, onder het motto: 'Als het noodzakelijk is om van het hele land een kerkhof te maken om het te pacificeren, zal ik niet aarzelen om dat te doen.' Het schrikbewind, aangestuurd door zowel het leger als de doodseskaders, bereikte een ongekend dieptepunt met zeker 15.000 politieke moorden in de eerste drie jaar van Arana's bewind.

In 1974 volgden er presidentsverkiezingen die besmet waren door manipulatie en fraude en die resulteerden in het uitroepen van de kandidaat van politiek rechts, **Kjell Laugerud**, als winnaar. Laugerud bood beperkte hervormingen met meer vrijheid voor vakbonden en de coöperatieve beweging, maar het leger ging door het eigen gezag te versterken en breidde zijn invloed uit naar nog meer bedrijven en zakelijke belangen.

Een massieve **aardbeving** op 4 februari 1976 betekende een onderbreking van dit alles. De beving veroorzaakte zo'n 23.000 doden, 77.000 gewonden en een miljoen daklozen. De armen, met hun geïmproviseerde huizen op een onstabiele ondergrond, hadden het meest te lijden en kleine boeren waren getroffen net toen ze op het punt hadden gestaan om hun maïs te zaaien.

In de nasleep van de aardbeving ontstonden er tijdens de opbouwfase krachtige nieuwe bewegingen die de status quo aanvochten. De vakbondsorganisatie werd nieuw leven ingeblazen en in het Ixil-gebied kwam een nieuwe guerrillagroepering op, het Guerrillaleger van de Armen (EGP). De legeroperaties werden steeds wreder. In 1977 schortte de Amerikaanse president Jimmy Carter alle militaire hulp aan Guatemala op vanwege de bedroevende mensenrechtensituatie in het land.

Het jaar daarop werden de verkiezingen in Guatemala opnieuw gedomineerd door het leger, dat een overwinning organiseerde voor **brigadier-generaal Fernando Lucas García**. Lucas García beloofde de situatie onder controle te zullen krijgen en ontketende een nieuwe geweldsgolf. Alle zogeheten subversieve tegenstand werd met harde hand onderdrukt. De situatie in het hele land verslechterde snel en de economie werd hard getroffen door een daling in grondstoffenprijzen, terwijl verschillende guerrillalegers zich in de hooglanden verschansten.

Vanwege de dreigende chaos nam het leger zijn toevlucht tot extreme maatregelen, en binnen een maand vond er in **Panzós** een grote massamoord plaats. In Guatemala-stad werd het zo gevaarlijk dat politieke partijen ondergronds gingen. Twee vooraanstaande leden van de sociaaldemocraten, die naar verwachting de volgende verkiezingen zouden winnen, werden in 1979 vermoord. Toen ze uit de weg waren geruimd, keerde het regime zich tegen de sociaaldemocraten, doodde meer dan honderd leden en dwong de leider van de partij, Vinicio Cerezo, onder te duiken.

Het **leger** werd steeds machtiger en steeds meer mensen vonden de dood. Op het platteland bereikte de oorlog tegen de guerrilla's een nieuw dieptepunt, terwijl het aantal gesneuvelde soldaten steeg naar 250 per maand, en de vraag naar rekruten nam sterk toe. De vier grootste guerrillagroeperingen hadden samen naar schatting 6000 strijders en 250.000 ongewapende aanhangers. Onder het bewind van Lucas García waren de verschrikkingen van de **onderdrukking** het hevigst. Tot de slachtoffers hoorden studenten, journalisten, academici, politici, priesters, advocaten, leraren, vakbondsmensen en bovenal kleine boeren, die bij honderden tegelijk werden afgemaakt. Exacte aantallen zijn er niet, maar tijdens de vier jaren van Lucas García's regime werden naar schatting 35.000 Guatemalteken gedood.

Maar terwijl de hoge officieren zich meer en meer bemoeiden met het bedrijfsleven en zich overgaven aan politiek gekonkel, begonnen de onderofficieren zich in de steek gelaten te voelen. Ze werden steeds ontevredener over de herhaalde militaire mislukkingen, de inefficiëntie en het gebrek aan bevoorrading, ondanks toenemende militaire hulp en wapenaanvoer vanuit Israël.

Ríos Montt

Ook in 1982 werden de verkiezingen door extreem-rechts gemanipuleerd, wat **Ángel Aníbal** aan een overwinning hielp. Maar op 23 maart voerde een groep jonge officieren een geslaagde staatsgreep uit en installeerde **generaal Efraín Ríos Montt** (die in 1974 die post was misgelopen) tot hoofd van een driemans-junta.

Ríos Montt was een evangelische christen, lid van de *Iglesia del Verbo* (Kerk van het Woord), en gedurende zijn regering waren tv-uitzendingen op zondagavond gevuld met lange presidentiële preken. Montt kondigde meteen zijn vaste voornemen aan om de guerrilla's te verslaan, orde en gezag te herstellen en de corruptie uit te roeien. Regeringsfunctionarissen kregen identiteitskaarten met de tekst: 'Ik steel niet. Ik lieg niet.' De staat van beleg werd afgekondigd.

Aanvankelijk verminderde de onderdrukking in de steden omdat corrupte politieofficieren werden gedwongen op te stappen, maar de oorlog in de hooglanden werd feller. Er werd een **amnestie** afgekondigd waar maar een paar rebellen gebruik van maakten, en het leger begon de infrastructuur van de guerrilla's te vernietigen door hun steun onder de bevolking te ondermijnen.

Montt noemde zijn militaire campagne *'frijoles y fusile'* (bonen en geweren). Dorpelingen kregen proviand en werden gedwongen ingelijfd in **burgerwacht-patrouilles** (PAC's), bewapend met antieke geweren en gecommandeerd om buiten de dorpen te patrouilleren. Wie weigerde werd als 'subversief' aangeklaagd en afgevoerd naar heropvoedingskampen of naar martelkamers van het leger. Boeren werden gedwongen partij te kiezen en zaten klem tussen de verlokking van de guerrillapropaganda en de extreme wreedheid van het leger.

Het succes van Ríos Montts spijkerharde beleid werd geëvenaard door zijn moorddadigheid; soldaten stormden door de hooglanden van massamoord naar massamoord, en dorpen die werden beschuldigd van collaboratie met de vijand werden in hun geheel van de kaart geveegd, en verschroeide aarde was alles wat restte. Tienduizenden kleine boeren vluchtten naar Mexico. Nu de aanvoerlijnen van de guerrilla's vrijwel waren vernietigd, werden ze verdreven naar uithoeken, wat hen soms tot wanhoopsdaden bracht, waaronder het afslachten van PAC-leden en dorpelingen vanuit hinderlagen. Het bloedbad dat EGP-guerrilla's aanrichtten in het dorp Txacal Tze in het Ixil-gebied op 13 juni 1982 leidde tot naar schatting 125 doden.

Intussen veranderde de 'staat van beleg' in een 'staat van alarm', wat speciale tribunalen de bevoegdheid gaf om verdachten te veroordelen en executeren. Halverwege 1983 stond Ríos Montt aan alle kanten onder toenemende druk, vooral van de katholieke kerk die furieus was over de moord op tientallen van haar priesters.

In augustus 1983 werd Ríos Montt door weer een militaire staatsgreep opzij geschoven. **Generaal Mejía Víctores** werd president, en hoewel de doodseskaders en verdwijningen gewoon doorgingen, werd er toch gewerkt aan democratische verkiezingen. In de bergen werd nog gevochten, maar men maakte een begin met rehabilitatie door binnenlandse vluchtelingen in 'modeldorpen' te verzamelen. Maar voor het herstel van verwoeste gemeenschappen werd vrijwel geen geld vrijgemaakt, en vaak moesten weduwen en wezen op eigen kracht hun huizen weer opbouwen. Alleen al in de Ixil-driehoek had de oorlog 60.000 mensen verdreven (72% van de bevolking), en er werden negen modeldorpen gebouwd ter vervanging van de 49 die waren verwoest. In het hele land waren meer dan 600 dorpen verwoest en 180.000 mensen gedood.

In 1985 werden presidentsverkiezingen gehouden, de eerste vrije verkiezingen in Guatemala in dertig jaar.

Cerezo en de terugkeer naar de democratie

De verkiezingen werden gewonnen door **Vinicio Cerezo**, een christendemocraat die geen banden had met de traditionele regerende elite. Zijn overwinning was het gevolg van een enorme golf van populaire steunt en tijdens de aanloop naar de verkiezingen beloofde hij een hervormingsbeleid dat het land zou bevrijden van onderdrukking.

Maar eenmaal in functie besefte Cerezo dat zijn manoeuvreerruimte erg beperkt was. Hij betoogde dat het leger nog steeds 75% van de macht had, en verklaarde: 'Ik ben politicus, geen tovenaar. Waarom beloven wat ik niet waar kan maken?' Tijdens de zes jaar van zijn ambtsperiode voer Cerezo een **confrontatiemijdende koers**, waarbij hij er vooral naar streefde de machtige kliek van bedrijfsleven, landeigenaren en generaals niet te ergeren. Uit zelfbescherming zocht hij de steun van een groep sympathiserende officieren, en dankzij hen overleefde hij meerdere couppogingen. Het aantal politieke moorden verminderde eind jaren tachtig, maar in afgelegen delen van de hooglanden ging de burgeroorlog door en in de hoofdstad waren doodseskaders actief, en ze onderhielden banden met losgeslagen elementen in het leger.

De belangrijkste **mensenrechtenorganisatie** in het land, de Organisatie voor Wederzijdse Steun (GAM), hoopte dat een burgerregering hen de kans zou geven om het lot van 'zij die verdwenen' te onderzoeken en de daders van het geweld voor het gerecht te slepen. Maar Cerezo liet het verleden liever rusten, en ook aanhoudende schendingen bleven grotendeels ononderzocht en ongestraft. Intussen werden de leiders van GAM het doelwit van sluipmoordenaars.

Toch deed een burgerbewind, hoe beperkt ook, het politieke klimaat algemeen ontdooien, wat leidde tot de oprichting van tal van belangengroepen en tot een nieuwe roep om hervormingen. Maar niets veranderde echt. Hoewel minstens 65% van de bevolking nog onder de officiële armoedegrens leefde, werd er weinig gedaan aan hun behoefte aan onderwijs, gezondheidszorg, werk, land of aan belastinghervormingen. In 1990 organiseerde Cerezo de eerste burgerlijke machtsoverdracht sinds tientallen jaren, waarbij hij toegaf dat zijn grootste verdienste school in het feit dat hij had overleefd.

De regeringen Serrano en Carpio

De **verkiezingen van 1990** vormden het middelpunt van controverses. Exmilitaire dictator Ríos Montt mocht geen kandidaat zijn, maar **Jorge Serrano**, een voormalige minister in zijn regering, won (zij het met steun van minder dan een kwart van de bevolking). Serrano was een ingenieur met in economisch opzicht centrumrechtse ideeën. Hij bleek niet geïnteresseerd en evenmin in staat om werkelijke veranderingen door te voeren of de burgeroorlog te beëindigen. Mensenrechtenschendingen waren onverminderd talrijk, de economie bleef zwak en het leger was nog steeds erg machtig en zag intimidatie en moord als middel om alle oppositie uit te roeien. Alle economische activiteit was in handen van een kleine elite en 85% van de bevolking was arm.

Maar de rechtelozen en armen in Guatemala bleven veranderingen eisen. Organisaties van Mayaboeren werden steeds hechter en kregen invloed, en ze verwierpen de aanwezigheid van het leger en het systeem van de burgerwachtpatrouilles. De situatie kwam in de schijnwerpers te staan toen in 1992 **Rigoberta Menchú** de Nobelprijs voor de Vrede kreeg voor haar campagnes voor Guatemala's inheemse bevolking. Ondanks de inspanningen van de regering Serrano woekerde de burgeroorlog door, en drie grote guerrillagroeperingen, verenigd in de **URNG**, streden nog steeds tegen het leger.

Kleine groepen vluchtelingen begonnen terug te keren uit hun ballingschap in Mexico om civiele gemeenschappen te stichten, hoewel zo'n 45.000 mensen nog wegbleven. Het territoriale conflict met **Belize** werd officieel beëindigd toen de twee landen in 1991 volledige diplomatieke betrekkingen aangingen; maar op de beslissing om Belize als onafhankelijke natie te erkennen volgde een vijandelijke reactie van ultranationalisten en het Guatemalteekse leger.

Begin 1993 was Serrano's reputatie gekelderd na een reeks **schandalen** over corruptie en zijn zakelijke activiteiten, waarvan werd vermoed dat ze verband hielden met Colombiaanse drugkartels. In mei 1993 greep Serrano persoonlijk de macht, maar massademonstraties en opschorting van Amerikaanse steun dwongen hem binnen een paar dagen op te stappen. Publieke protesten blokkeerden vervolgens de benoeming van een legerprotegé, en ten slotte werd **Ramiro Carpio,** de nationale ombudsman voor mensenrechten, tot de nieuwe president uitgeroepen. Hij schoof met posten binnen de militaire leiding maar verwierp oproepen om vergelding en verklaarde dat stabiliteit zijn hoofddoel was. De publieke frustratie groeide snel toen de nieuwe regering er niet in slaagde om fundamentele zaken als misdaad, landbezit, belastingen en grondwetswijzigingen aan te pakken. Maar er kwam wat vooruitgang in de onderhandelingen met de leiders van de URNG-guerrilla, en de wet van 1995 die de rechten vastlegde van de inheemse bevolking, kende de Guatemalteekse *indígenas* meer vrijheden toe.

Arzú en de vredesakkoorden

In 1996 werd **Álvaro Arzú**, voormalig burgemeester van Guatemala-stad en lid van de centrumrechtse PAN-partij, tot president gekozen om zijn verkiezingsbelofte van economische groei door particulier initiatief en de vrije markt. Hij nam al progressieve standpunten in, schudde de machtsverhoudingen in het leger door elkaar en maakte snel een einde aan de 36-jarige burgeroorlog door een ontmoeting te regelen met de guerrillaleiders van de URNG. De **Vredesakkoorden** van 29 december 1996, sloten tien jaar van praten af en beëindigden een conflict dat 200.000 levens had geëist. Er werd een principe-overeenkomst gesloten om de mensenrechtenschendingen tijdens de oorlog te laten onderzoeken door een Waarheidscommissie onder toezicht van **MINUGUA** (de VN-vertegenwoordiging in Guatemala). Maar op ontwikkelingsgebied was er weinig vooruitgang, en een grondwetsamendement om Maya's meer rechten toe te kennen werd door de kiezers verworpen.

Er werd voor de vorm wat gesnoeid in het leger, maar zijn invloed en positie bleven tijdens Arzú's ambtstermijn onaangetast. Legerofficieren die bij de coördinatie van de bloedbaden betrokken waren geweest werden niet vervolgd; Arzú durfde ze gewoon niet aan te pakken. Toen, in april 1998, twee dagen na de publicatie van een langverwacht mensenrechtenrapport over bloedbaden tijdens de oorlog (zie blz. 437) waarin het leger verantwoordelijk werd gesteld voor 90% van de doden, werd **bisschop Juan Gerardi** doodgeslagen in zijn eigen garage. De moord schokte het land diep, en een krant merkte op: 'Dit had niet mogen gebeuren. Niet opnieuw.'

De acute kwetsbaarheid van de ontluikende Guatemalteekse democratie was blootgelegd, en de meeste mensen vermoedden meteen dat het wraakzuchtige leger achter de moord op Gerardi zat. Ondanks internationale en nationale verontwaardiging – honderdduizenden deden nog dagen na de moord mee aan een stil protest in de hoofdstad – bleek de regering Arzú onmachtig om de echte moordenaars te grijpen. Het onderzoek verviel soms bijna tot een farce (op een gegeven moment werd de hond van een priester verdacht) met doodsbange rechters, aanklagers en hoofdgetuigen die na doodsbedreigingen naar het buitenland vluchtten. Toen Arzú in 1999 het presidentiële paleis verliet, liepen de moordenaars nog vrij rond en was het onderzoek spaak gelopen.

Ook de misdaad nam alarmerende vormen aan. Een nieuwe politiemacht, de PNC, kreeg al snel een even slechte reputatie als haar voorganger door systematische corruptie en gebrek aan resultaten. Maar afgezien van de misdaad en de zaak Gerardi was Arzú's reputatie van kundig bestuurder die dingen voor elkaar krijgt bij zijn aftreden nog intact. Gigantische infrastructurele projecten, waaronder een enorme modernisering van de Guatemalteekse snelwegen, werden efficiënt en binnen het budget afgerond. In 2007 werd Arzú voor de derde keer gekozen als burgemeester van Guatemala-stad, met een mandaat om het vervoer binnen de hoofdstad te moderniseren.

President Portillo

Voormalig advocaat en hoogleraar **Alfonso Portillo** won in 1999 de presidentsverkiezingen in Guatemala dankzij een belofte de vredesakkoorden uit te zullen voeren en misdaadbendes aan te zullen pakken. Het was dan ook wel ironisch dat Portillo toegaf in 1982 in Mexico twee mannen te hebben gedood, en daaraan toevoegde: 'Een man die zijn leven verdedigt zal ook zijn volk verdedigen.' Volgens hem was het zelfverdediging geweest. Maar de beslissende factor bij zijn overwinning was waarschijnlijk de steun van zijn politieke mentor, voormalig generaal en stichter van de rechtse FRG-partij, Ríos Montt. Iedereen ging ervan uit dat Montt tijdens de rampzalige ambtstermijn van Portillo de baas was en achter de schermen aan alle touwtjes trok.

Portillo ging meteen aan de slag met de **zaak Gerardi**, en binnen een paar weken na zijn inauguratie werden drie hoge legerofficieren aangeklaagd voor moord. Tot ieders verbazing moesten de militaire verdachten (een hoofd van de inlichtingendienst en twee leden van de presidentiële elitegarde), en een priester (die schuldig werd bevonden als medeplichtige), terechtstaan, en in juni 2001 werden ze schuldig bevonden aan de moord op Gerardi. Ondanks enorme druk op de aanklagers en een bomexplosie bij het huis van een rechter op de eerste dag van het proces, had het recht zijn loop gekregen.

Maar afgezien van de zaak Gerardi struikelde Portillo van crisis naar crisis, en na vier jaar rampzalig presidentschap liet hij bij zijn aftreden Guatemala vrijwel bankroet achter. De stank van **corruptie** hing over zijn hele ambtstermijn naarmate een reeks schandalen aan het licht kwam en de schatkist leger werd. Met de bepalingen van de Vredesakkoorden, zoals het verbeteren van de rechten van de inheemse bevolking, de gezondheidszorg en van scholing, en het vergroten van de belastingopbrengstenm werd bijna niets gedaan.

Misdaadcijfers schoten tijdens zijn termijn omhoog. Mensenrechtenactivisten, journalisten en milieuactivisten die het waagden om machtige politieke belangen aan te vechten, werden bedreigd en gedood, terwijl bendes de buitenwijken van steden terroriseerden. Zeventig van de meest beruchte misdadigers – moordenaars, verkrachters, ontvoerders en bendeleiders – baanden zich in 2001 met explosieven een weg uit de gevangenis, en na een bedreiging stuurde zelfs Portillo zijn gezin naar Canada.

Intussen verzwakte de **economie** steeds meer omdat traditionele export (voornamelijk koffie, suiker en bananen) inzakte en lage prijzen de winstmarges aantastten. Daarnaast explodeerde de cocaïnehandel naarmate Guatemala een belangrijker doorvoerland werd. Achter deze explosie zaten schimmige **georganiseerde misdaadkartels** – plaatselijk *poderes ocultos* ('verborgen machten') genoemd – waarvan vermoed werd dat ze geleid werden door gepensioneerde generaals en werden gesteund door een netwerk van corrupte ambtenaren. De Verenigde Staten riepen in 2002 Guatemala uit tot partner in hun zogenoemde 'war on drugs'.

Terwijl Guatemala schijnbaar aan de afgrond stond, stelde Ríos Montt zich in 2003 kandidaat voor de FRG bij de verkiezingen, maar hij viel in de eerste ronde af met minder dan 20% van de stemmen. De meeste Guatemalteken slaakten een zucht van verlichting toen de raadselachtige en legendarische Montt, die meer dan twintig jaar lang een schaduw had geworpen over Guatemala, eindelijk verslagen leek.

Óscar Berger

Óscar Berger werd in januari 2004 ingehuldigd als president. Hij verklaarde dat het land bijna bankroet was en dat hij op een sobere en kostenbewuste manier wilde regeren. Veel sleutelposities in zijn regering werden ingenomen door leden van de Guatemalteekse elite, maar er was ook ruimte voor progressief geluid; hij benoemde onder andere Rigoberta Menchú (zie blz. 439) als goodwill-ambassadeur, met als portefeuille de uitvoering van de Vredesakkoorden.

Een belangrijke stap was dat Berger de macht van het **leger** beperkte door te snijden in militaire uitgaven: het aantal soldaten werd van 27.000 teruggebracht tot 15.500, en dertien militaire bases werden gesloten. Maar tegelijkertijd gaf Berger het leger bevel om in de *zonas rojos* te patrouilleren, de sloppenwijken van Guatemala-stad, in een poging een eind te maken aan de intimidatie, afpersing en het geweld waarmee de beruchte bendes de hoofdstad teisterden. Deze militarisering van de maatschappij was in strijd met de Vredesakkoorden.

Uiteraard was Berger, met zijn banden met de zakenwereld en de oligarchie van het land, een enthousiaste voorstander van **CAFTA** (het vrijhandelsverdrag tussen de VS en Centraal-Amerika). Dit verdrag bleek sterk omstreden en leidde tot grote demonstraties omdat tegenstanders beweerden dat zwaar gesubsidieerde landbouwproducten uit de VS de kleine Centraal-Amerikaanse boeren zouden ruïneren.

Het tweede kernprobleem van het platteland, de schijnbaar onuitvoerbare **landbouwhervormingen**, bleek nog explosiever. Berger begon meteen duizenden landloze boeren te verdrijven van de plantages waarop ze bivakkeerden, een maatregel die in juli 2004 tot protesten leidde in twintig van de tweeëntwintig districten van het land. Op de Nuevo Linda-plantage bij Retalhuleu kwamen elf boeren om toen 2000 politiemensen met geweld 3000 landlozen verjoegen. Leiders van boeren en mensenrechtenorganisaties beschuldigden Berger ervan toe te geven aan de grootgrondbezitters van wie hij voor zijn eigen positie grotendeels afhankelijk was.

De protesten onderstreepten nog eens de hopeloze armoede van de meeste Guatemalteken, vooral in landelijke en inheemse gebieden. In 2006 schatte de VN dat ruim 30% van de bevolking moest leven van minder dan $ 2 per dag.

Tegen het eind van Bergers ambtstermijn was misdaad het centrale onderwerp voor de verkiezingscampagne van 2007, net als in 2003. Straatbendes waren de facto de baas in tientallen sloppenwijken, het percentage moorden was tien keer hoger dan in de VS, en drugsmaffia's met banden met het leger gingen vrijwel ongehinderd hun gang. Guatemala was, in de woorden van de Nederlandse ambassadeur, een 'paradijs voor georganiseerde misdaad' geworden. De meeste kiezers, politici en mediamensen waren het daarmee eens, en de vraag was wie dat probleem het beste kon aanpakken. De sociaaldemocraat Álvaro Colom pleitte voor 'intelligente misdaadbestrijding', terwijl zijn rivaal voor het presidentschap Otto Pérez (een voormalig hoofd van de militaire inlichtingendienst die bij de moord op Gerardi betrokken was geweest) een '*mano dura*' oftewel 'ijzeren vuist'-aanpak eiste. Colom kreeg de voorkeur met 52,8% van de stemmen, tegen 47,2% voor Pérez.

Het huidige Guatemala

President **Álvaro Colom** werd gekozen met een progressief mandaat voor sociale veranderingen en investeringen, maar hij stond aan het hoofd van een coalitie met sterk uiteenlopende belangen. Colom is een eerbiedwaardige maar niet erg charismatische persoon, links van het midden en afkomstig uit de textielsector; hij heeft ook Mayareligie gestudeerd. Zijn charismatische vice-president Rafael Espada, een hartchirurg die een baan in een vooraanstaand ziekenhuis in Houston combineerde met liefdadigheidswerk als arts in Guatemala voor hij de politiek in ging, is flamboyanter en verzot op motoren.

Colom staat voor de uitdaging om de meest urgente problemen van het land – misdaad en geweld, armoede, verdeling van land, inheemse rechten, het milieu – aan te pakken zonder delen van zijn coalitie, waaronder vertegenwoordigers van het zakenleven en de oligarchie, van zich te vervreemden.

Ruim 50% van de Guatemalteken (en ruim 70% van de Maya's) leven onder de armoedegrens. De inkomensverdeling blijft pijnlijk ongelijk, waarbij belastingopbrengsten minder dan 10% van het bruto binnenlands product (BBP) uitmaken, het laagste niveau van het westelijk halfrond. Belastinghervormingen zijn dringend nodig om sociale programma's uit te kunnen voeren, maar Colom zal daarvoor machtige zakelijke belangen moeten trotseren, en vertegenwoordigers van die belangen zijn erg goed in het veiligstellen van hun rijkdom. Guatemala heeft ook weinig eigen industrie, behalve een bloeiende textielsector *(maquiladora)* in buitenlandse handen; fabrieken in belastingvrije zones waar kleding wordt gemaakt voor export naar de VS en Korea.

Vergeleken bij andere ontwikkelingslanden zijn de **economische cijfers** voor Guatemala erg bescheiden. De gemiddelde jaarlijkse groei van het BBP vanaf medio jaren negentig is 2-3%, iets minder dan in de rest van Latijns-Amerika, en de groei blijft ver achter bij India, China en het grootste deel van Zuidoost-Azië. Het slechte onderwijssysteem (30% van de volwassenen is analfabeet) is een ernstige handicap, en ook sociale instabiliteit en hoge misdaadcijfers belemmeren zowel de internationale concurrentiepositie als binnenlandse investeringen. Wetteloosheid belemmert ook het potentieel van de **toeristenindustrie** in het land. Hoewel het aantal toeristen is toegenomen tot meer dan 1,5 miljoen bezoekers per jaar, is dit aantal erg bescheiden als je de unieke culturele en natuurlijke diversiteit in Guatemala in aanmerking neemt, en het feit dat het land op maar een paar uur vliegen van de VS ligt.

Milieubeleid is een ander essentieel punt. Berger hanteerde een agressief vrijhandelsbeleid dat binnenlandse investeerders aanmoedigde, maar voor veel plattelandsgemeenschappen slecht uitpakte. Er werden mijnbouwconcessies afgegeven die corporaties toegang gaven tot inheems grondgebied, met de dagbouwgoudmijn van Sipacapa in San Marcos als meest controversiële geval, met fel plaatselijk verzet als gevolg. Grote delen van de jungle in Petén gingen in rook op toen kolonisten, houthakkers en veeboeren beschermde reservaten, waaronder Laguna del Tigre, onder de voet liepen. Sommigen van hen onderhouden banden met drugsbazen die in het bos landingsbanen aanleggen voor de doorvoer van cocaïne. In 2008 wilde Colom het Mirador Basin (zie blz. 337) beschermen (waar de dichtste nog resterende jungle en tientallen Mayaruïnes liggen, waaronder El Mirador) met de bedoeling een nieuw nationaal park te stichten. Maar nu in verschillende andere reservaten kolonisten al voet aan de grond hebben, zal er politiek stevig doorgezet moeten worden om illegale bewoners te verdrijven en de erg machtige en zwaarbewapende cocaïnekartels te trotseren.

De grootste uitdaging voor Colom is het vestigen van een functionerende **rechtsorde**. In 2007 werden er in Guatemala 6100 moorden gepleegd – de overgrote meerderheid in verband met bendes of drugs – waarvan er maar 100 tot een rechtszaak leidden. De invloed van de bendecultuur woekert als een kankergezwel verder in het land: vrouwen staan bloot aan extreem geweld (zie blz. 437) en iedereen, van marktkoopman tot buschauffeur, die het territorium van een bende binnengaat, heeft met afpersing te maken (in 2008 elke twee dagen twaalf doden).

CICIG, de Internationale Commissie tegen Straffeloosheid in Guatemala (gesteund door de VN), heeft stevige politieke steun nodig om het vertrouwen in de politie en de rechtspraak te herstellen; het zijn instanties die nu nog bol staan van corruptie en ervan worden verdacht niet alleen bij misdaden betrokken te zijn, maar ze zelfs te plegen. In 2008 staken relschoppers een politiebureau in Sololá in brand. In Guatemala wordt vrijwel wekelijks wel iemand gelyncht door een menigte die met geweld een verdachte te lijf gaat. De commissie heeft ook tot taak de illegale beveiligingsorganisaties die waarschijnlijk verantwoordelijk zijn voor georganiseerde misdaad en doodseskaders, op te sporen en hun mogelijke banden met de staat bloot te leggen.

Veel zal afhangen van de vastberadenheid van de regering om de veiligheid te verbeteren, want voorspoed op lange termijn, stabiliteit, de economie en sociale ontwikkeling zijn juist hiervan afhankelijk.

Chronologie van de Maya's

ca. 20.000–10.000 v.C. ▸ **Paleo-Indiaanse cultuur (ook wel Steentijd of Vroege Jagerstijd genoemd)**. In golven komen jagers-verzamelaars vanuit Azië via de Beringstraat (en mogelijk ook over zee) naar het Amerikaanse continent.

ca. 10.000 v.C. ▸ **Cloviscultuur**. Bewerkte stenen speerpunten – voor het eerst gevonden bij Clovis, New Mexico – voor de jacht op grote planteneters zoals mammoeten, en aangetroffen op veel sites in Noord- en Centraal-Amerika.

ca. 6000–2000 v.C. ▸ **Archaïsche (Proto-Maya)-periode**. Algemene opwarming van het klimaat na de terugtrekking van de noordelijke ijskappen. De Guatemalteekse westkust is het dichtstbewoonde deel van de Mayawereld, hoewel er overal permanente dorpen en handelsroutes zijn. Dorpelingen verbouwen maïs en bonen, vangen vis en maken aardewerk. Figuren van aardewerk uit deze periode zijn mogelijk de eerste religieuze voorwerpen. Er werd waarschijnlijk een proto-Mayataal gesproken.

13 augustus 3114 v.C. ▸ De mythische begindatum van de Mayakalender (13.0.0.0.0. 4 Ahau 8 Kumk'u) markeert het begin van de huidige 'Grote Cyclus', de schepping van de huidige wereld; de cyclus zal eindigen op 21 december 2012.

2000 v.C.–250 n.C. ▸ **Preklassieke periode**. De **Olmeekse** cultuur, de eerste opkomende beschaving van Meso-Amerika, introduceert een vroege kalender en nieuwe goden. Handel in jade, zout en cacao tussen de Guatemalteekse dorpen neemt toe, en tegen het eind van de periode komen Nakbé en El Mirador op, de eerste grote Mayasteden.

1700 v.C. ▸ De Olmeekse beschaving komt op aan de kust van de Golf van Mexico, net buiten het Mayagebied.

1400 v.C. ▸ Eerste bewoning in de Copán-vallei.

ca. 1000 v.C. ▸ Vroegst bekende bewoning in Nakbé en Cival.

1000–400 v.C. ▸ **Midden-preklassieke periode**. Vrij complexe gebouwen in Nakbé in noordelijk Petén. Veel van de eerste grondslagen voor sites van het centrale gebied worden gelegd. Eerst domineert de Olmeekse, dan de Itzapa-cultuur de westkust.

750 v.C. ▸ In Nakbé, mogelijk de allereerste Mayastad, worden tempelcomplexen gebouwd. De Mayacultuur streeft de Olmeekse invloed in Petén voorbij.

500 v.C. ▸ Eerste aanwijzingen voor ceremoniële gebouwen in **Tikal**. Piramide en astrologisch observatorium gebouwd in Cival.

400 v.C.–250 n.C. ▸ **Laat-preklassieke periode**. Vroege ontwikkeling van de grondslagen van de Mayabeschaving: kalender, schrift, architectuur en verfijnde kunstuitingen. Monumentale tempelsteden komen op. Verhoogde wegen (*sacbés*) worden aangelegd en handelscontacten bloeien.

300 v.C. ▸ Nakbé-tempels herbouwd tot 45 meter hoogte, en kolossale maskers in stucwerk. Enorme bouwprojecten beginnen in **El Mirador**, en Stèle 2 in Cival wordt opgericht. Vroeg hiëroglyfisch Mayaschrift in San Bartolo.

200 v.C. ▸ De **Miraflores-cultuur**, met als centrum **Kaminaljuyú**, bloeit aan de westkust en in het Guatemalteekse hoogland; stèles met uitvoerig reliëf opgericht. Eerste ceremoniële gebouwen in **Tikal** en **Uaxactún**.

150 v.C. ▸ De bloeiperiode van **El Mirador** begint met de bouw van 70-meter hoge tempels, met op hun torenhoge trappen enorme maskers.

100 v.C. ▸ Fresco's met de Maya-scheppingsmythe geschilderd in San Bartolo.

36 v.C. ▸ Vroegst bekende datum uit de Lange Telling, corresponderend met 7 december 36 v.C., op Stèle 2 in **Chiapa de Corzo**, Chiapas.

ca. 1 n.C. ▸ Grote piramides, platforms en reusachtige maskers in stucwerk gemaakt in Uaxactún, Tikal en Cerros, maar het gebied wordt beheerst door El Mirador met een bevolking van ca. 100.000 mensen. Opkomst van **Teotihuacán** in Mexico.

36 ▸ Stèle 1 in **El Baúl** aan de westkust gemaakt, met datum in de Lange Telling.

90 ▸ Begin van de dynastie in Tikal.

ca. 150 ▸ **El Mirador** en andere steden in het Mirador Basin verlaten, waarschijnlijk vanwege een ecologische crisis; Yax Ehb' Xok sticht de eerste regerende dynastie in Tikal.

199 ▸ Vroegste vermelding van een datum in de Lange Telling in het centrale gebied.

250 ▸ **Kaminaljuyú** vrijwel verlaten.

250–600 ▸ **Vroegklassieke periode**. Het Mayagebied en grote delen van Mexico onder de invloed van of zelfs overheerst door de grote metropool Teotihuacán, ten noorden van de huidige Mexico-stad, tot ca. 450. Later komt Calakmul op als de regionale supermacht, die Tikal uitdaagt en verslaat. Begin van gedateerde inscripties in de laagvlakte. Stèles met uitvoerig reliëf opgericht in het hele centrale gebied (vanaf 435). Uitgebreid handelsnetwerk langs de Caribische kust tussen Yucatán en Honduras.

292 ▸ Stèle 29 opgericht in **Tikal**, met datum in Lange Telling.

ca. 359 ▸ Yoaat B'alam I (Stamvader Jaguar) wordt de eerste koning van **Yaxchilán**.

378 ▸ Siyak K'ak' (Heer Vuurgeborene), waarschijnlijk uit **Teotihuacán**, verdrijft (en vrijwel zeker: doodt) **Tikals** heerser Chak Tok Ich'aak (Grote Jaguarklauw I) en onderwerpt **Uaxactún**.

400 ▸ Guatemalteeks hoogland onder sterke invloed van Teotihuacán; **Kaminaljuyú** in Teotihuacán-stijl herbouwd.

426 ▸ Yax K'uk Mo' (Grote Zon Eerste Quetzal Ara), waarschijnlijk uit Teotihuacán, sticht een dynastie in **Copán**.

435 ▸ Einde van Baktun 8 (9.0.0.0.0). Bevolking van **Copán** groeit en aantal bouwprojecten neemt toe.

534–593 ▸ **Midden-klassiek hiaat**: geen nieuwe stèles of bouwactiviteit in het hele voormalige grondgebied van Tikal.

556 ▸ Wak Chan K'awil (Dubbele Vogel) van **Tikal** (537–562) voert een 'bijlenoorlog' tegen **Caracol**.

562 ▸ Yajaw Te' K'inich II (Heer Water) van **Caracol** slaat terug, samen met Hemelgetuige van **Calakmul,** en neemt Tikal in. Calakmul wordt de regionale supermacht.

ca. 600 ▸ De bevolkingsdichtheid in het centrale Mayagebied is ongeveer 965 mensen per km^2.

600–800 ▸ **Laatklassieke periode**. Gouden eeuw van de Maya's; intellectueel en artistiek hoogtepunt van de beschaving en opkomst van talrijke machtige stadstaten in het centrale gebied, hoewel de supermachten **Calakmul** en herrijzend **Tikal** overheersen. Monumentale bouw van tempels, plaza's, piramides en paleizen. In het noordelijke gebied bloeien de steden Puuc, Río Bec en Chenes; spectaculaire bouwprojecten in de hele Mayawereld.

611 ▸ Boekrol Slang van **Calakmul** valt Palenque aan en verwoest het stadscentrum.

615 ▸ K'inich Hanaab Pakal (Groot Zonneschild) begint in **Palenque** aan zijn 68-jarige regering.

628 ▸ In **Copán** begint de 67-jarige regering van Rook Imix (Heerser 12).

645 ▸ B'alaj Chan K'awil (Bliksemhemel) sticht de stad **Dos Pilas**.

ca. 650 ▸ Vermoedelijke voltooiing van **Tempel V** in Tikal, volgens het meest recente bewijs.

657 ▸ Yuknoom de Grote van **Calakmul** valt Tikal aan; Tikals, heerser Nuun Ujol Chaak (Schedelschild) vlucht naar Palenque.

659 ▸ Nuun Ujol Chaak van **Tikal** wint een gevecht tegen Yaxchilán, waarschijnlijk vanuit zijn ballingsoord.

672 ▸ Nuun Ujol Chaak van **Tikal** keert uit ballingschap terug en begint een 'sterrenoorlog' tegen **Dos Pilas**. B'alaj Chan K'awil vlucht (waarschijnlijk naar Calakmul). In 677 keert hij terug naar Dos Pilas, en in 679 slaat hij Tikal met succes af.

682 ▸ Hasaw Chan K'awil (Hemelse Vaandeldrager) begint in **Tikal** aan zijn 52-jarige regering, doet haar herrijzen na een reeks geslaagde militaire campagnes tegen Calakmul, en leidt gigantische bouwprojecten. Bliksemhemel van **Dos Pilas** stuurt zijn dochter Jonkvrouwe Zes Hemel naar **Naranjo** om daar het koningshuis te herstellen. Itzamnaaj B'alam II (Schildjaguar) begint zijn bewind in **Yaxchilán**.

693 ▸ K'ak Tilaw Chan Chaak (Rokende Eekhoorn), nieuwe heerser van **Naranjo**, slaat terug door bij herhaling de bondgenoten van **Caracol** aan te vallen: Ucanal (693 en 698), Yaxhá (710) en Sacnab (711).

695 ▸ Rook Imix van Copán sterft; opgevolgd door Waxaklajuun Ub'aah K'awil (Achttien Konijn). Hasaw Chan K'awil van **Tikal** neemt Yich'aak K'ak (Vurige Klauw) van **Calakmul** gevangen en breekt zo de macht van die stad in centraal Petén.

ca. 700 ▸ **Yaxchilán** domineert het Usumacinta-gebied. De bevolking van Caracol wordt geschat op ruim 100.000.

734 ▸ Hasaw Chan K'awil van **Tikal** sterft; opgevolgd door zijn zoon Yik'in Chan K'awil (Goddelijke Zonsondergang Heerser). Hij organiseert aanvallen door Tikal op **Waka'** (743) en **Naranjo** (in 744). Dit zijn de laatste geregistreerde gebeurtenissen in de 'sterrenoorlogen' in Petén.

735 ▸ Heerser 3 van **Dos Pilas** neemt Yich'aak B'alam (Jaguar Klauw) van **Ceibal** gevangen en onderwerpt Ceibal gedurende de eerstvolgende zestig jaar.

738 ▸ **Copáns** Waxaklajuun Ub'aah K'awil gedood door Cauac Hemel van **Quiriguá**, een vazalstad. Zeventien jaar lang geen monumenten gebouwd in Copán.

ca. 750 ▸ Bevolkingsmaximum in het centrale gebied, totale aantal Maya's naar schatting ca. 10 miljoen.

790 ▸ De **Bonampak**-fresco's worden geschilderd, maar de stad wordt kort daarna verlaten. **Dos Pilas** verslagen. Einde van de *katun* in de hele Mayawereld gevierd met stèles.

800–909 ▸ **Finaalklassieke periode**. Overbevolking en te intensieve landbouw in het gebied leiden, samen met een uitzonderlijke droogte, tot een ecologische ramp. **Ceibal** bloeit kort in isolatie. Rond 900 zijn de meeste grote steden vrijwel verlaten, behalve die in het noorden (Mexico) en in Belize, waar handel langs de rivieren en de kust doorgaat.

808 ▸ Schedel Mahk'ina III van **Yaxchilán** neemt Heerser 7 van **Piedras Negras** gevangen, waarmee de klassieke Mayacultuur in het Usumacinta-gebied eindigt.

810 ▸ Donkere Zon bouwt Tempel III, de laatste tempelpiramide in **Tikal**. Laatste gedateerde inscriptie in **Quiriguá**.

830 ▸ Voltooiing van Baktun 9.

849 ▸ **Ceibal** richt vijf stèles op om de *katun* (10.1.0.0.0) te gedenken.

ca. 860 ▸ Bevolkingsaantallen in het centrale gebied met twee derde gereduceerd.

869 ▸ Laatste geregistreerde datum in **Tikal**.

ca. 900 ▸ **Uxmal** en **Chichén Itzá** verlaten.

909 ▸ Oprichting van de laatste stèle in het Mayagebied in **Toniná** (om de *katun* die 10.4.0.0.0.0 afsluit te gedenken).

909–ca. 1530 ▸ Postklassieke periode.

909–1200 ▸ **Vroeg-postklassieke periode.** Door de instorting van de Mayabeschaving worden steden in het hele gebied verlaten. De **Tolteken** uit Centraal-Mexico vallen Yucatán binnen en introduceren een nieuwe religie en architectuurstijlen als de *Chacmool*. De invloed van de Itza vervangt die van de Tolteken.

1200 ▸ **Chichén Itzá** opnieuw bezet door Tolteken; begin van nieuwe bouwactiviteiten. Itza verdreven van de Campeche-kust.

ca. 1250 ▸ Tolteken trekken Guatemala binnen. Stichting van **Utatlán**.

ca. 1450 ▸ De Itza stichten **Tayasal** (ook Noh Petén genoemd) bij Lago de Petén Itzá.

1450 ▸ De K'iche' staat domineert de oorlogvoerende hooglanden.

1470 ▸ De Kaqchikel schudden de K'iche'-heerschappij af en stichten hun hoofdstad **Iximché**.

1500 ▸ Voortdurende conflicten in de hooglanden van Guatemala tussen de grootste stammen.

1519 ▸ **Cortés** landt in Cozumel.

1521 ▸ De Azteekse hoofdstad **Tenochtitlán** valt voor de Spanjaarden onder Cortés.

Chronologie van Guatemala

1523 ▸ Alvarado arriveert in Guatemala en sticht in 1524 een hoofdstad te Tecpán vlakbij Iximché.

1523–1540 ▸ De **Spaanse verovering** van Guatemala vordert: eerste Spaanse hoofdstad gesticht in1527.

1541 ▸ Alvarado sterft; nieuwe hoofdstad gesticht te **Antigua**.

17e eeuw ▸ **Een koloniaal bewind** wordt geleidelijk aan in het hele land gevestigd. Antigua is de hoofdstad van heel Centraal-Amerika, en de macht van de kerk neemt toe.

1697 ▸ Verovering van de Itza in Tayasal aan het Lago de Petén Itzá: de laatste onafhankelijke Maya's.

1773 ▸ Een aardbeving verwoest Antigua.

1776 ▸ Guatemala-stad wordt de hoofdstad.

18e eeuw ▸ Koloniaal Guatemala blijft een uithoek, zonder grote rijkdommen voor de Spanjaarden.

1821 ▸ Mexico en Centraal-Amerika worden **onafhankelijk** van Spanje; Guatemala wordt door Mexico geannexeerd, maar sluit zich daarna aan bij de Centraal-Amerikaanse Federatie.

1847 ▸ Guatemala wordt een onafhankelijke republiek onder **Rafael Carrera**.

1850 ▸ Guatemala en Groot-Brittannië blijven ruziën over Belize.

1862 ▸ Belize wordt een deel van het Britse rijk.

1867 ▸ Eerste **liberale opstand** onder Serpio Cruz.

1871 ▸ Liberale revolutie; Justo **Rufino Barrios** wordt president. Begin van de koffiehausse.

1906 ▸ Spoorlijn naar de westkust voltooid.

1930 ▸ **Jorge Ubico** president; bananen-hausse en toppunt van de macht van de **United Fruit Company**.

1944–1954 ▸ 'Spiritueel socialisme'-presidentschappen van **Arévalo** en **Arbenz**; beëindigd door een militaire coup met steun van de CIA.

1954 ▸ **Carlos Castillo** president; begin van het **militaire bewind** en een reeks door het leger gesteunde dictators.

1960s ▸ Eerste **guerrilla-acties**, snel gevolgd door zware onderdrukking en de opkomst van **doodseskaders** onder **Kolonel Carlos Arana**.

1968 ▸ Amerikaans ambassadeur John Gordon Mein gedood door FAR-guerrilla's in Guatemala-stad; de Guatemalteekse schrijver Miguel Ángel Asturias wint de Nobelprijs voor Literatuur.

1970 ▸ **Kolonel Carlos Arana** president.

1974 ▸ Verkiezingsfraude bezorgt Kjell Laugerud het presidentschap.

1976 ▸ Bij een **aardbeving** vallen 23.000 doden en worden een miljoen mensen dakloos.

1978 ▸ **Lucas García** wordt president; duizenden doden door de repressie. De VS verbiedt wapenverkoop naar Guatemala. Felle gevechten in de hooglanden tussen het leger en guerrilla's.

1982 ▸ **Efraín Ríos Montt** grijpt het presidentschap. Het leger begint met een verschroeide-aardecampagne in de hooglanden. Belize wordt onafhankelijk.

1986 ▸ **Vinicio Cerezo** gekozen: terugkeer naar een burgerregering, hoewel de macht van het leger groot blijft.

1990 ▸ **Jorge Serrano** gekozen met minder dan 25% van de stemmen.

1991 ▸ Guatemala erkent de onafhankelijkheid van Belize. Vredesbesprekingen tussen de guerrilla's en de regering.

1992 ▸ **Rigoberta Menchú** wint de Nobelprijs voor de Vrede.

1993 ▸ Serrano door generaals afgezet; **Ramiro Carpio** benoemd.

1996 ▸ **Álvaro Arzú** en de PAN gekozen. **Vredesakkoorden** getekend.

1998 ▸ **Orkaan Mitch** verwoest grote delen van Centraal-Amerika en doodt honderden mensen in Guatemala; bisschop Juan Gerardi vermoord.

2000 ▸ FRG's **Alfonso Portillo** als president beëdigd met steun van Ríos Montt.

2001 ▸ Groeiende instabiliteit en teleurstelling over Portillo: misdaadgolf en rellen over btw-verhoging.

2003 ▸ Wetteloosheid duurt voort. De VS benoemt Guatemala tot partner bij de 'war on drugs' onder groeiende invloed van bendes van cocaïnesmokkelaars. Ríos Montt en de FRG verliezen de verkiezingen.

2004 ▸ **Óscar Berger** ingehuldigd als president. Aantal soldaten sterk verminderd. Portillo vlucht naar Mexico.

2005 ▸ CAFTA-handelsovereenkomst goedgekeurd door Guatemalteeks parlement. Gedwongen ontruimingen op het platteland gaan door.

2008 ▸ Ambtstermijn van president **Álvaro Colom** begint.

De Maya-erfenis

Tot de komst van de Spanjaarden werd Meso-Amerika drieduizend jaar lang gedomineerd door de Mayabeschaving, die de meest indrukwekkende architectuur op het hele continent naliet. Sommige Mayasteden, zoals El Mirador, evenaarden ca. 100 v.C. qua omvang en grandeur hun Europese tijdgenoten, en op het hoogtepunt van de klassieke periode stelden de kunde en luister van de Mayabeschaving de Oude Wereld in de schaduw. De Mayacultuur was complex en verfijnd, met de beoefening van bouwkunde, astronomie, beeldhouwkunst en wiskunde op het hoogste niveau, en kende daarnaast een ver ontwikkeld schrift.

Om dit naar waarde te schatten moet je zelf de overblijfselen van de grote centra gaan bekijken. Ondanks eeuwenlange verwaarlozing, vandalisme en de oprukkende jungle zijn ze nog steeds adembenemend – de grootste tempelpiramiden torenen 70 m boven de grond uit, ver boven de boomkruinen. Toch vertellen stenen monumenten maar een klein deel van het verhaal, en er valt nog veel te leren over de Mayabeschaving. Wat nu volgt is een ultrakorte inleiding tot het onderwerp, hopelijk net genoeg om je naar de dikke delen te doen grijpen die erover geschreven zijn. Een aantal daarvan vind je onder 'Boeken' op blz. 449-456.

De Mayasamenleving

Tegen de vroegklassieke periode bestond er een machtshiërarchie van Mayasteden. Tikal en Calakmul beheersten enorme gebieden en waren in kleinere plaatsen de baas via een ingewikkeld netwerk van **allianties**. De steden streden voortdurend om de macht, en zo nu en dan brak er oorlog uit, die ook deels werd aangewakkerd door de behoefte aan mensenoffers. De afstand tussen de grotere steden was gemiddeld 30 km, en daartussenin lagen talloze kleinere nederzettingen met religieuze centra en woongedeelten. De structuur van de allianties kan worden achterhaald aan de hand van de **naamtekens**. Alleen de naamtekens voor de belangrijke centra komen afzonderlijk voor, terwijl namen voor kleinere plaatsen altijd gecombineerd zijn met die van hun grotere patroon. Van de talloze klassieke steden waren Tikal en Calakmul duidelijk de belangrijkste, en Palenque, Copán, Caracol, Naranjo, Piedras Negras, Yaxhá en Yaxchilán stonden op de tweede plaats tot begin 9de eeuw, toen de hiërarchie begon in te storten. Ook Cancuén, Dos Pilas en Quiriguá waren belangrijke steden die elk de baas waren over, en waarschijnlijk belasting oplegden aan, tal van kleinere nederzettingen. Handel, huwelijken en oorlog tussen de grote centra waren heel gewoon in de eindeloze competitie en conflicten tussen de steden.

Tegen de laatklassieke periode was de bevolkingsdichtheid in een groot deel van het centrale gebied circa 965 mensen per km^2 – een uitzonderlijk hoog getal, even hoog als dichtheden op het Chinese of Javaanse platteland tegenwoordig – en in het hele Mayagebied leefden wel 10 miljoen mensen. Er was waarschijnlijk een strakke scheiding tussen de sociale klassen, en mogelijk 80% van de bevolking bedreef intensieve landbouw om deze enorme aantallen te voeden. De boeren, onder aan deze maatschappelijke ladder, leverden ook de nodige werkkracht voor de bouw van de monumentale tempels die het centrum van elke stad sierden (de Maya's kenden het wiel niet), en deden dienst in het leger. Zelfs in de buitenwijken waar de boeren woonden, stonden religieuze complexen met eenvoudige kleine tempels waar ceremonies werden gehouden.

Hoewel de resten van de grote Maya-sites getuigen van de omvang en verfijning van de Mayabeschaving, leren ze weinig over het dagelijkse leven in de Mayatijd.

Voor een reconstructie van het dagelijks leven kijken archeologen naar de kleine woonbuurten om de grote sites heen, bezaaid als ze zijn met de resten van huishoudelijke voorwerpen, aardewerk, botten en landbouwwerktuigen. Deze kleine gebieden bestaan uit eenvoudige bouwsels van palen en vakwerkwanden, met in elk daarvan een gezin. In iedere buurt als geheel leefde waarschijnlijk een grootfamilie, die gezamenlijk voor het boerenwerk en de jacht zal hebben gezorgd en misschien gespecialiseerd was in een bepaald vak of ambacht. De mensen binnen deze groepen waren gewone burgers en grotendeels afhankelijk van de landbouw. Ze teelden maïs, bonen, cacao, kalebassen, pepers en fruit op verhoogde en geïrrigeerde akkers, terwijl ze in de omringende bossen wilde vruchten oogstten. Of het land privébezit of gemeenschappelijk eigendom was weten we niet.

Tot de jaren zestig meenden Maya-experts dat de gewone Maya werden geregeerd door een geleerde elite van priester-astronomen, die zich vooral bezighield met religieuze zaken en de bestudering van de kalender en de sterren. Het ging, zo werd gedacht, om intellectuelen die geen tijd hadden voor de barbarij van oorlog en verovering, en ze werden vaak vergeleken met de oude Grieken. Maar deze vroege utopie blijkt absoluut niet te kloppen: de ontcijfering van de Mayahiërogliefen heeft aangetoond dat de Mayaheersers vooral geïnteresseerd waren in de roem van het slagveld en verovering, en voortzetting van hun koninklijke dynastie; ook mensenoffers en bloedofferrituelen waren een essentieel onderdeel van het leven van de Maya-elite. De heersers beschouwden zichzelf als godmensen en geloofden dat de koninklijke opvolging alleen kon worden verzekerd door heilige bekrachtiging in de vorm van menselijke **bloedoffers** (zie kader, blz. 426).

Er waren twee **rangen binnen de elite**: *ahau* en *cahal*, die samen waarschijnlijk 2 à 3% van de bevolking uitmaakten. De titel *ahau* was exclusief voorbehouden aan de heerser en zijn naaste familie – de top van de Mayamaatschappij, waarvan het lidmaatschap alleen kon worden geërfd. Direct daaronder stond de *cahal*-klasse, waarvan de meeste leden aan de *ahau* verwant zullen zijn geweest. De *cahal* waren voornamelijk gouverneurs van satellietsteden, onder de controle van de dominante stadstaat, en hun status was altijd ondergeschikt aan die van de *ahau*. Hoewel *cahal*-edelen hun eigen stèles lieten plaatsen, verklaarden ze zich in de inscripties altijd loyaal aan de regionale heerser.

De heersers woonden dicht bij het ceremoniële centrum van de Mayastad in indrukwekkende paleizen, hoewel de grootte van de kamers beperkt was omdat de Maya's geen echte bogen kenden. Paleizen waren tegelijkertijd administratieve centra en werden gebruikt voor officiële ontvangsten van bezoekende hoogwaardigheidsbekleders, met strategisch geplaatste tronen van waaraf de heerser kon voorgaan in religieuze ceremonies.

De '**middenklasse**' in de Mayamaatschappij bestond uit een beroepsgroep (*ah na:ab*) van architecten, senior-schrijvers (*ah tz'ib*), beeldhouwers, bureaucraten en meester-ambachtslieden, waarbij sommigen ook een adellijke titel droegen, en waarschijnlijk ook uit jonge prinsen en belangrijke hovelingen. Priesters en sjamanen kunnen ook tot die middenklasse worden gerekend hoewel er, vreemd genoeg, nog geen titel voor priesters is gevonden. Het kan zijn dat wantrouwige heersers een adellijke titel aan priesters onthielden om hun invloed te beperken. Vanwege hun kennis van de kalenderwetenschappen en bovennatuurlijke profetieën was het de taak van de priesters om de juiste tijd voor het planten en oogsten te bepalen.

Het staat vast dat **vrouwen** een belangrijke rol speelden in de Mayasamenleving, en in de laatklassieke periode waren er zelfs een paar vrouwelijke heersers – Vrouwe Ahpo Katun in Piedras Negras, Vrouwe Ahpo-Hel in Palenque en een zekere Vrouwe Zes Hemel in Naranjo. Vrouwen waren vaak voorzitter bij rechtszittingen en droegen prestigieuze titels – zoals bijvoorbeeld Vrouwe Cahal van

Bonampak. Maar vaker werden, net als in Europa, dynastieën verbonden en versterkt door koninklijke dames tussen steden uit te huwelijken. Eén van de best gedocumenteerde strategische huwelijken vond plaats nadat de grote zuidelijke stad Copán in 738 n.C. de vernederende gevangenneming en offerdood van haar leider door de opkomende plaatselijke rivaal Quiriguá had moeten dulden; er werd een koninklijk huwelijk gearrangeerd met een edelvrouw uit Palenque, meer dan 500 km verderop.

De **Mayalandbouw** paste zich aan de behoeften van de veranderende samenleving aan. Al rond 400 v.C. bestonden er intensieve en complexe technieken, toen boeren in El Mirador hun gewassen bemestten met enorme hoeveelheden moerasmodder. Op sommige landbouwgronden werd terrassenbouw, drainage of irrigatie toegepast, zodat de productiviteit omhoogging en de akkers niet te lang braak hoefden te liggen. Het vasthouden van water werd essentieel voor het succes van een nederzetting.

De grote steden in het laagland, die tegenwoordig midden in het bos liggen, waren ooit omgeven door open akkers, kanalen en woongebieden, hoewel in marginale en afgelegen gebieden waarschijnlijk ook *slash and burn*-landbouw werd bedreven. Uitgebreide landbouw werd cruciaal omdat de gewone Maya's in elk geval een deel van hun voedsel op de markt kochten, hoewel elk huishouden nog een moestuin had voor kruiden en fruit.

Maïs is altijd de basis geweest van het **Mayadieet,** vroeger en nu. Na de oogst werd het verwerkt tot *saka*, een maïsmeelpap die met pepers als ontbijt werd gegeten. Overdag aten werklui een mengsel van maïsdeeg en water, en we weten dat *tamales* ook populair waren. Ook de hoofdmaaltijd, die 's avonds werd gegeten, was op maïs gebaseerd, maar kon ook vlees en groenten bevatten. Als aanvulling op dit eenvoudige dieet werd er op herten, pekari's, wilde kalkoenen, duiven en kwartels gejaagd, met pijl en boog of met blaaspijpen. De Maya's gebruikten ook honden, zowel voor de jacht als voor de pot. Ook vis werd gegeten, en op sommige sites zijn resten van vishaken en netten gevonden, terwijl er aanwijzingen zijn dat kustbewoners gedroogde vis en zout ver landinwaarts verhandelden. Het bos leverde naast voedsel ook brandhout, en er werd katoen verbouwd dat met natuurlijke verfstoffen werd gekleurd en daarna geweven.

De Mayakalender

Eén van de hoekstenen van de Mayawereld was een obsessie met **tijd**. Om zowel praktische als mystieke redenen ontwikkelden de Maya's een diepgaande kennis van rekenkunde, kalenderwetenschappen en astronomie, want ze meenden dat die kennisgebieden hen macht gaven om gebeurtenissen te doorgronden en te voorspellen. Alle belangrijke gebeurtenissen werden geïnterpreteerd op basis van de Mayakalender, en de regerende elite baseerde haar gezag op dit nauwkeurige inzicht in het tijdsverloop. De meeste reliëfs op tempels en stèles vermelden de exacte datum waarop heersers werden geboren, aan de macht kwamen en stierven.

De basis voor alle **Mayaberekeningen** was het twintigtallig stelsel, dat meervouden van twintig gebruikt. Alle getallen werden genoteerd als een combinatie van drie symbolen: een schelp voor 0, een stip voor 1 en een balk voor 5, iets wat je op veel stèles nog kunt zien. Voor kalenderberekeningen gebruikten de Maya's een iets andere notatie, die bekendstaat als het dagnamensysteem; daarin werd elk getal van 1 tot 20 weergegeven als het hoofd van een bepaalde god.

Bij de **Mayakalender** wordt het wat ingewikkelder, want de Maya's gebruikten verschillende telsystemen, afhankelijk van de reden waarom een datum moest worden berekend. De basiseenheid van de Mayakalender was de dag, of *kin*, gevolgd door de *uinal*, een groep van twintig dagen die ruwweg overeenkwam met onze maand. Maar daarna wordt het nog ingewikkelder, omdat de Maya's het verstrijken van de tijd op drie verschillende manieren markeerden. De **260-daagse almanak** (16 *uinals*) werd gebruikt om het tijdstip voor ceremoniële gebeurtenissen te bepalen. Elke dag werd geassocieerd met een bepaalde godheid die sterk van invloed was op mensen die op die dag waren geboren. Deze kalender was niet onderverdeeld in maanden maar telde 260 verschillende dagnamen, een systeem dat nog steeds wordt gebruikt door sommige Kaqchikel en Mam-Maya die de namen van hun kinderen aan de kalender ontlenen en die feesten vieren al naar gelang de kalender aangeeft. Een tweede kalender, de zogenaamde kalender van het **'onduidelijke jaar'**, bekend als *haab,* bestond uit 18 *uinals* en 5 *kins*, 365 dagen in totaal waarmee hij het zonnejaar benaderde. Deze twee kalenders werden niet los van elkaar gebruikt maar liepen parallel, zodat eens in de 52 jaar de nieuwe dag van het zonnejaar samenviel met dezelfde dag in de 260-daagse almanak, een samenloop die werd gezien als buitengewoon beladen en die het begin van een nieuw tijdperk markeerde.

Ten slotte hadden de Maya's nog een systeem om historische gebeurtenissen te markeren; ze gebruikten het op monumenten voor iets of iemand. Dit systeem staat bekend als de **Lange Telling.** Het is gebaseerd op de grote cyclus van 13 *baktuns* (een periode van 5128 jaar). De huidige periode begon op 13 augustus 3114 v.C. en loopt af op 10 december 2012. De dateringen volgens dit systeem geven simpelweg het aantal dagen aan dat is verlopen sinds het begin van de huidige grote cyclus, iets wat tien verschillende getallen vereist voor (het equivalent van) de jaren, decennia, eeuwen, enzovoort. Later kregen de Mayabeeldhouwers duidelijk genoeg van dit omslachtige proces en gebruikten ze in plaats daarvan een ingekorte versie, de Korte Telling.

Astronomie

De Maya's waren niet alleen gefascineerd door de tijd, maar ook door de hemel, en ze besteedden veel tijd en energie aan het ontrafelen van patronen daarin. Al rond 500 v.C. werden er observatoria gebouwd en in steden als Copán, Uaxactún en Chichén Itzá verrezen tempels die zorgvuldig zijn georiënteerd op zon- en maancycli.

De Maya's hadden een grote kennis van de **astronomie**, en met hun 365-daagse 'onduidelijke jaar' weken hun berekeningen maar een kwart dag af van het

Maya-tijdseenheden

1 *kin* = 24 uur
20 *kins* = 1 *uinal*, of 20 dagen
18 *uinals* = 1 *tun*, of 360 dagen
20 *tuns* = 1 *katun*, of 7200 dagen
20 *katuns* = 1 *baktun*, of 144.000 dagen
20 *baktuns* = 1 *pictun*, of 2.880.000 dagen
20 *pictuns* = 1 *calabtun*, of 57.600.000 dagen
20 *calabtuns* = 1 *kinchiltun*, of 1.152.000.000 dagen
20 *kinchiltuns* = 1 *alautun*, of 23.040.000.000 dagen

zonnejaar. In Copán hadden Maya-astronomen eind 7de eeuw n.C. de maancyclus vastgesteld op 29,53020 dagen, wat niet veel verschilt van onze huidige schatting van 29,53059 dagen. In de Dresden-codex (waarvan een kopie te zien is in het Popol Vuh-museum in Guatemala-stad), beslaan hun berekeningen 405 maancycli met in totaal 11.960 dagen, als onderdeel van een patroon waarmee maansverduisteringen konden worden voorspeld. Ook hadden ze met verbijsterende nauwkeurigheid de bewegingen van Venus, Mars en misschien ook Mercurius berekend. Vooral Venus was voor de Maya's belangrijk, want die associeerden ze met succes in de oorlog. Op diverse stèles wordt vermeld dat het verschijnen van Venus de aanzet vormde tot een aanval op de vijand, een aanval die '**sterrenoorlog**' werd genoemd.

Rituele bloedoffers en de Maya's

Het rituele bloedoffer vormde een fundamenteel onderdeel van het religieuze leven van de Maya's, en alle rangen en standen deden eraan. Het had veel verschillende vormen, van informele zelf veroorzaakte bloedingen tot uitvoerige ceremonies waarbij gevangen koningen en vijandelijke krijgers massaal geofferd werden. De Maya's gaven hun leven vorm volgens hun visie op de kosmos, en in die visie kon menselijk handelen de toekomst beïnvloeden, ten goede of ten kwade. Centraal daarbij stond het idee dat bloedvergieten bijdroeg aan vereffening van de schuld van de mens tegenover de goden, van wie ze immers het geschenk van het leven hadden ontvangen.

De scheppingsmythe van de K'iche'-Maya, de **Popol Vuh**, vertelt over de schepping, vernietiging en herschepping van vorige, onvolmaakte werelden die bestonden voordat hun eigen wereld werd geschapen. Eerdere volkeren waren ontstaan en daarna vernietigd, omdat ze hun scheppers niet eerden. De Maya's werden geschapen door gemalen maïs, het basisvoedsel in het gebied, te vermengen met het offerbloed van de goden. Bezeten als ze waren door de voortdurende angst dat de wereld opnieuw zou worden vernietigd, probeerden de Maya's de goden te verzoenen en voorspoed te verzekeren door middel van bloedoffers.

Bloedoffers werden voor het eerst gebracht door de **Olmeken**, de 'moederbeschaving' van Meso-Amerika, 3000 jaar geleden, en ze kwamen voor tot de komst van de Spaanse conquistadores. Bij de vroege Maya's waren rituele bloedoffers vooral gericht op vernieuwing en de vruchtbaarheid van het land, en ze waren nauw verbonden met de scheppingsmythen. Toen later in de klassieke periode de maatschappij complexer werd en de landbouw betrouwbaarder, werden bloedoffers mogelijk meer geassocieerd met wereldse zaken, zoals oorlog en politieke allianties. Het gebruik nam later bij de **Azteken** apocalyptische vormen aan, tot afschuw van de Spanjaarden, en de kroniekschrijver Diego Duran beschrijft het offeren van 80.000 mensen bij de herinwijding van de Grote Tempel in de Azteekse hoofdstad.

Naast gewone afbeeldingen gebruikten de Maya's ook een symbolische iconografie van het bloedoffer. Deze iconografie stamde uit de Olmeekse kunst, net als de Slang van de Droomtocht die op 8ste-eeuwse deurposten in Yaxchilán is afgebeeld en één van de Olmeekse slangenmotieven is. Door hun rijkdom en controle van hulpbronnen kon de Maya-adel haar handelingen vastleggen in steen, een kostbaar en arbeidsintensief medium. Het gebruik van dit materiaal bevestigt het grote religieuze, sociale en politieke belang van zulke offers.

Een gewoon bloedoffer kon bestaan uit het insnijden van oorlellen, wangen, dijen of andere vlezige delen van het lichaam, waarbij het bloed werd opgevangen om het te verbranden of rechtstreeks over een schrijn of godenbeeld te sprenkelen. Deze rituelen werden om diverse redenen uitgevoerd – bij een reis of het planten van gewassen, of bij de dood van een familielid – hetzij individueel hetzij door een hele gemeenschap, en ze gingen vergezeld van gebeden, dierenoffers en het branden van kopal (een soort wierook).

Religie

De Mayakosmologie is erg ingewikkeld, want elk concept heeft op alle niveaus een tegenhanger en elk onderdeel van het universum bestaat uit vele lagen. Volgens de oude Maya's (en veel moderne inheemse volkeren) is de huidige versie van de aarde de derde, en zijn de vorige twee verwoest door overstromingen. De huidige versie is plat en heeft vier hoeken, elk verbonden met een kleur: wit voor noord, rood voor oost, geel voor zuid en zwart voor west, met groen in het midden. De lucht boven de aarde wordt omhooggehouden door vier bomen, elk van

Bloedoffers door de elite vonden plaats bij belangrijke of ritueel gewichtige gelegenheden: troonsbestijgingen, de geboorte van een erfgenaam, het einde van een kalendercyclus, oorlog, droogte of ziekte, en ook om herstel en voorspoed te verzekeren. Bloedoffers dienden bovendien als rite de passage, of als individuele zoektocht naar een voorspellend visioen en communicatie met de goden, waarbij ze toegang gaven tot de geestelijke wereld.

Er lijken in hoofdzaak twee zelfoffer-rituelen door de Maya-elite te zijn gepraktiseerd. Dat werd niet lichtzinnig gedaan, maar vormde een zware lichamelijke en psychologische belasting. Als onderdeel van een grotere ceremonie kon het bloedoffer vooraf zijn gegaan door dagen van voorbereiding, meditatie, vasten, seksuele onthouding en lichamelijke reiniging met zweetbaden. Een rite voor mannen bestond uit het prikken van de penis met de stekel van een stekelrog, een lancet van obsidiaan of een vuurstenen mes tot er bloed vloeide. De tweede rite, het doorboren van de tong, werd waarschijnlijk door beide seksen uitgevoerd hoewel de beroemdste afbeelding, die op de deurposten van **Yaxchilán** (nu in het Brits Museum) Vrouwe Xoc laat zien. Het geofferde bloed werd vervolgens opgezogen op papier van boombast en in ceremoniële kommen verzameld om te worden verbrand als geschenk en smeekbede aan de goden.

De Maya's kenden ook het bloedoffer in de vorm van het offeren van gevangenen, een uiterst ceremoniële aangelegenheid waarvan een uitgerekte doodsstrijd en marteling (gruwelijk weergegeven op de fresco's in Bonampak) een onderdeel waren. Vervolgens werden gevangenen hetzij onthoofd, hetzij levend ontdaan van hun hart. De harten werden verbrand als offer aan de goden, terwijl de afgehakte hoofden soms op een speciale stellage tentoon werden gesteld.

Maya-oorlogvoering werd beïnvloed door de behoefte aan rituele bloedoffers, want krijgers probeerden vaak om heersers van concurrerende steden levend te grijpen; die werden vervolgens gevangen gehouden en op een later tijdstip geofferd. De torenhoge tempels van de stad dienden als ceremoniële theaters voor uitvoerige religieuze rituelen, waarbij overwinningen aan de hele gemeenschap werden getoond. Mensenoffers waren vooral belangrijk om de troonsbestijging van een nieuwe heerser te markeren, waarbij het bloedoffer de koning legitimiteit verschafte en zijn macht bevestigde.

Bloedoffers waren een integraal onderdeel van het leven voor de oude indianen, een traditie die van de Olmeken werd doorgegeven aan de Maya's en daarna aan de Azteken. Bloedoffers ontwikkelden zich van cultuur tot cultuur via materiële en ideologische uitwisseling, maar de centrale elementen bleven altijd dezelfde: banden met het bovennatuurlijke, een mythische oorsprong, en een essentiëel verband met de blijvende voorspoed van de mensheid en Moeder aarde.

Simone Clifford-Jaeger

een andere kleur en soort. Deze worden soms ook afgebeeld als goden, de zogenaamde *Bacabs*. In het midden wordt de lucht omhooggehouden door een ceibaboom. Boven de lucht bevindt zich een hemel met dertien lagen, elk met zijn eigen god, en de bovenste laag wordt bestuurd door een uil. Er zijn andere voorstellingen bekend, waaronder die van een schildpad (het land) die op zee drijft. Maar het allerbelangrijkste voor de oude Maya's (en voor veel moderne traditionalisten) was de onderwereld, *Xibalbá*, de 'Plaats van de Angst', omdat ze na hun dood onderweg naar hun rustplaats eerst hierheen gingen. De negen lagen van *Xibalbá* worden bewaakt door 'Heren van de Nacht', en diepe grotten worden als verbindingen met de onderwereld beschouwd.

De oude Maya's kenden ook een enorm aantal goden, hoewel dit idee van een pantheon tegenwoordig veel minder voorkomt. Elke godheid had vier manifestaties, gebaseerd op kleur en windrichting, en veel hadden ook tegenhangers in de onderwereld en partners van het andere geslacht. Bovendien kenden de Maya's een uitgebreide verzameling schutspatronen die elk werden geassocieerd met een specifiek ambacht of stand, terwijl ook elke handeling, van zelfmoord tot seks, zijn eigen godheid had.

Religieuze rituelen

De complexiteit van het Mayapantheon en de Mayakalender gaven samen een bijzondere betekenis aan elke dag, en de oude Maya's leefden met een veeleisende **religieuze rituele cyclus**. Het voornaamste doel van rituelen was het behalen van succes door op het juiste tijdstip en op de juiste manier de juiste godheid aan te roepen. Aangezien elke gebeurtenis, van planten tot baren, met een bepaalde godheid verbonden was, vereisten alle hoofdelementen van het dagelijkse leven een of ander ritueel. De belangrijkste daarvan gingen gepaard met uitvoerige ceremonies.

Hoewel elke ceremonie zijn eigen vorm had, was er een gemeenschappelijk patroon. Priester-waarzeggers kozen zorgvuldig de juiste dag uit, en een of twee dagen ervoor vastten de deelnemers en onthielden ze zich van seks. De hoofdceremonie bestond uit het uitdrijven van alle kwade geesten, het branden van wierook voor de godenbeelden, een offer (van een dier of een mens) en een **bloedoffer** (zie kader, blz. 426–427).

Bij waarzegrituelen, die werden gebruikt om toekomstige gebeurtenissen te voorspellen of de oorzaken van gebeurtenissen in het verleden te achterhalen, gebruikte de elite verschillende **drugs** om in een andere staat van bewustzijn te komen. De meest voor de hand liggende drug was alcohol, gemaakt van gefermenteerde maïs of een combinatie van honing en de bast van de balnche-boom. Ook werd wilde tabak gerookt, die aanzienlijk sterker is dan de gekweekte soort. De Maya's gebruikten ook hallucinogene paddenstoelen die een toepasselijke naam hadden, vooral de *xibalbaj obox*, 'paddenstoel van de onderwereld', en de *k'aizalah obox*, 'paddenstoel van het verminderde inschattingsvermogen'.

Inheems Guatemala

Een vitale inheemse cultuur is misschien wel Guatemala's meest bijzondere kenmerk. Hoewel de **Maya's** kalm en bescheiden kunnen overkomen, zijn hun kostuums, feesten en markten een waar festijn van kleur en veelzijdigheid. De meeste Maya's zijn nog bijzonder gehecht aan plaatselijke tradities en waarden, en beschouwen zichzelf allereerst als *indígenas* en pas daarna als Guatemalteken.

Ongeveer de helft van de Guatemalteekse bevolking bestaat uit inheemse Maya. Het overgrote deel woont in de westelijke hooglanden, hoewel het erg lastig is om te bepalen wie precies Maya zijn. Bij de nationale volkstellingen worden mensen die zichzelf inheems noemen als zodanig geclassificeerd, ongeacht hun afkomst. Ook is bij het definiëren van de Maya's als groep, cultuur belangrijker dan afkomst, aangezien de Maya's zichzelf definiëren aan de hand van hun relatie met hun land, goden, dorpen en familie. Ze houden zich verre van de smeltkroes van de moderne Guatemalteekse samenleving en houden vast aan hun traditionele *costumbres*, gedragscodes die elk aspect van het leven bestrijken.

De Mayacultuur kan daarom alleen worden gedefinieerd door haar belangrijkste kenmerken te beschrijven, waarbij moet worden opgemerkt dat alle inheemse Guatemalteken zich in elk geval in een aantal kenmerken zullen herkennen, en dat velen noch *indígena* noch *ladino* zijn, maar elementen van beide in zich verenigen.

Toen de **Spanjaarden** de Mayastammen van Guatemala begonnen te veroveren, tastten ze elk onderdeel van het leven van de inheemse bevolking aan, ontwortelden hun hele sociale structuur en vormden gemeenschappen om. Vóór de Conquista woonde het merendeel van de bevolking verspreid in de heuvels, betaalde belasting aan een stamelite en leefde van kleinschalige landbouw en jacht. Onder de Spaanse heerschappij werden de bewoners verplaatst naar nieuwe **dorpen**, *reducciones genoemd*, met huizen die rond een kerk gegroepeerd waren. Hun horizon kromp snel naarmate sociale verbanden plaatselijk werden en de dorpshiërarchie, die nog steeds de hooglanden beheerst, de oude stammenstructuur verving.

Bijna vijfhonderd jaar lang heeft de Mayabevolking geleden onder herhaaldelijke onderdrukking, omdat de elite inheemse landerijen en werkkrachten uitbuitte en de Maya's als wegwerpartikel beschouwde. Maar binnen hun eigen gemeenschappen werden de inheemse Guatemalteken min of meer met rust gelaten en ontwikkelden ze een cultuur die opmerkelijk in zichzelf gekeerd is maar zich voortdurend aanpast aan nieuwe bedreigingen, en zichzelf zo opnieuw uitvindt voor de toekomst. Tot voor kort was het **dorpsleven** afgeschermd van de buitenwereld, en in afgelegen gebieden spreken maar weinig vrouwen goed Spaans: nog steeds worden er 28 inheemse talen en dialecten gesproken (zie kaart blz. 430). De huidige inheemse cultuur is een synthese van elementen uit de Mayacultuur, de Spaanse cultuur en de moderne Amerikaanse cultuur.

De meerderheid van de inheemse bevolking leeft nog altijd van **kleinschalige landbouw**. Boeren verzorgen hun *milpas* en kweken bonen, chilipepers, maïs en pompoenen – al duizenden jaren het standaarddieet. Grond is heilig voor de Maya's en staat centraal in hun cultuur, hoewel maar weinigen alleen van de landbouw kunnen leven. Er worden ook wat commerciële gewassen verbouwd zoals broccoli, peultjes, fruit en koffie, vooral voor de export.

In deze gids hebben we steeds de term 'Maya' of '*indígenas*' gebruikt voor Guatemalteken met een Maya-afkomst. Je hoort misschien dat ze ook *Indio* (indiaan), worden genoemd, maar deze term heeft in Guatemala een racistische bijsmaak.

Veel Maya's trekken een deel van het jaar naar de kust, waar ze vaak in erbarmelijke omstandigheden op plantages werken om hun inkomen aan te vullen. Maar enorme aantallen kiezen er tegenwoordig voor om naar het noorden, naar de VS, te reizen om daar illegaal te gaan werken, en hun **geldzendingen** zijn tegenwoordig in vrijwel elk bergdorp een cruciaal onderdeel van de plaatselijke economie. In sommige gebieden zijn traditionele ambachten (touwslagerij, aardewerkproductie, weven) nog steeds belangrijk, terwijl de snijbloementeelt voor de export steeds winstgevender wordt. **Toeristendollars** leggen hier en daar ook financieel gewicht in de schaal, vooral rond Lago de Atitlán, maar ook in de streken rond Ixil, Todos Santos en Quetzaltenango.

Het **gezinsleven** is meestal traditioneel, en grote gezinnen zijn beslist een deel van de inheemse cultuur. Huwelijksgebruiken verschillen van plaats tot plaats, maar in het algemeen wordt de bruidegom geacht de ouders van de bruid te betalen, en het stel woont vaak bij de schoonfamilie in. Het gezag in de dorpen berust meestal bij de mannen, hoewel vrouwen in toenemende mate bij beslissingen worden betrokken. Oude gebruiken zijn langzaam aan het veranderen, maar meestal verzorgen de

mannen de hele dag hun *milpas* en moestuinen, terwijl de vrouwen thuisblijven en voor de kinderen zorgen, koken en weven. Maar Mayavrouwen zijn zeker niet aan huis gebonden en reizen vaak naar verafgelegen markten om vruchten, groenten en textiel te verkopen en om garen en voorraden te kopen of te ruilen. In plaatsen die bekendstaan om hun weefkunst, zoals Nebaj of Chajul, verhuizen hele gezinnen voor enkele dagen naar Antigua of Panajachel om hun weefwerk te verkopen.

Inheemse religie

Elk onderdeel van het Mayaleven – van geboorte tot het zaaien van gewassen – heeft een grote religieuze lading, gebaseerd op een ingewikkelde **fusie tussen het Mayapantheon en het katholicisme**. Christus en de heiligen hebben een eigen plaats naast *Dios Mundo*, de God van de Wereld, en *Hurakan*, het Hemelse Hart. De twee religies zijn samengesmolten tot een mengvorm waarbij de uiterlijke vormen van het katholicisme worden ingezet om de oude goden te vereren, een compromis dat waarschijnlijk door Spaanse priesters werd aangemoedigd. Het kruissymbool was bij de Maya's bijvoorbeeld goed bekend, want het werd gebruikt als aanduiding van de vier hemelse windrichtingen en van eeuwig leven. Tegenwoordig hebben veel goden zowel Maya- als Spaanse namen, en ze worden meestal geassocieerd met één bepaalde heilige. Alle goden zijn ondergeschikt aan een machtig en ver Opperwezen, en Christus heeft een plek in de hoogste regionen van de hiërarchie.

Voor de Maya's is **God** overal, in de seizoenen, de bergen, de gewassen, de grond, de lucht en de hemel. Elke belangrijke gebeurtenis gaat vergezeld van gebeden en offers, en rampen worden vaak toegeschreven aan goddelijk ingrijpen. Nog talrijker dan de goden zijn de **geesten**, die in ieder voorwerp huizen en het universum bij elkaar houden. Elk individu heeft bij zijn geboorte een geestelijke tegenhanger in de dierenwereld (een *nahaul*), en zijn of haar lot is met dat dier verbonden. Ook de geesten van de doden zijn overal, en moeten door elke opeenvolgende generatie worden verzorgd.

Traditioneel is in elke gemeenschap een eigen religieuze hiërarchie verantwoordelijk voor de eredienst. Alle ambtsdragers zijn man, en in de loop van hun leven klimmen ze omhoog van functie naar functie. De diverse functies zijn gebundeld in *cofradías*, rituele broederschappen die elk voor een bepaalde heilige verantwoordelijk zijn. Die heilige wordt het hele jaar bewaard in het huis van een ouder lid, en op een vaste dag tijdens een festival in een parade door de straten gedragen, om vervolgens het jaar daarop ergens anders te wonen. De ouderling die voor de heilige verantwoordelijk is, moet de kosten voor het feest, waaronder kostuums, alcohol en diverse offers, grotendeels zelf betalen, maar het is een verantwoordelijkheid, of last, die als een grote eer wordt beschouwd. Dergelijke plichten bezorgen de ouderlingen, *principales* geheten, binnen de traditionele dorpshiërarchie een vooraanstaande positie in het dorpsleven. In sommige dorpen, zoals Chichicastenango en Sololá, is een *municipalidad indígena*, of inheemse dorpsraad, actief naast de *cofradías*, en ook die dorpsraad is hiërarchisch. Naarmate mannen opklimmen in het systeem, wisselen ze vaak tussen de civiele en religieuze hiërarchieën. De *cofradías* beperken zich niet altijd tot de traditionele heiligen, en van sommigen is bekend dat ze 'kwaadaardige' heiligen vereren, zoals San Simón of **Maximón**, een drinkende, rokende Ladino die soms ook Judas of Pedro de Alvarado wordt genoemd.

Op het niveau van het volksgeloof zijn er inheemse priesters (*costumbristas*, of *aj'itz* in K'iche'- en Kaqchikel-gebieden) die communiceren met de goden en geesten om de mensen in hun religieuze behoeften bij te staan. Dit gebeurt meestal ten behoeve van een individuele cliënt die om een zegen vraagt, en vindt vaak plaats bij schrijnen en grotten in de bergen, waarbij kopal (een soort wierook) en alcohol wordt geofferd. De *costumbristas* gebruiken ook vaak oude Maya-sites, en her en der in veel ruïnes in de hooglanden vind je kleine stukken verbrand gras. Aan inheemse priesters wordt ook het vermogen toegeschreven om te toveren, de toekomst te voorspellen en met de doden te spreken. Voor specifieke gezondheidsklachten gaan de Maya's naar *zahorines*, die de traditionele genees-

Evangelisten in Guatemala

De grootste verrassing voor nieuwe reizigers in Guatemala is het aantal evangelische kerken in het land, en de diensten door fundamentalistische kerken, pinkstergemeenten of neo-pinkstergemeenten die in de meeste steden en dorpen worden gehouden. Hoewel vroege protestantse missionarissen al in 1882 naar Guatemala kwamen, bleef de invloed van kerken met wortels in de VS marginaal en grotendeels onopgemerkt tot de jaren vijftig, toen de macht van de katholieke kerk begon te verzwakken door de **onderdrukking door de staat** en de daaropvolgende **guerrillaoorlog**. Tot dan toe was ruim 95% van de bevolking officieel katholiek, hoewel de Maya's op het platteland hun eigen religie kenden, waarin katholieke elementen vermengd werden met niet-christelijke rituelen.

Terwijl de katholieke hiërarchie fel anticommunistisch bleef en nauwe banden had met de economische, politieke en militaire elite, werden veel plattelandspriesters begin jaren zestig sterk beïnvloed door de bevrijdingstheologie en steunden ze boerenbonden en ontwikkelingsprojecten, en sommigen sloten zich zelfs aan bij de guerrilla's. Als gevolg daarvan begon de heersende klasse van generaals, politici en grootgrondbezitters de katholieke kerk te beschouwen als een broeinest van communistische sympathisanten, en verdachte onruststokers werden dienovereenkomstig behandeld. Begin jaren tachtig waren er zo veel priesters vermoord door de doodseskaders, gesteund door de staat, dat de katholieke kerk zich uit protest terugtrok uit de hele provincie El Quiché. Maar veel evangelische missionarissen preekten juist over het belang van een militaire overwinning op de guerrilla's, en hun anticommunistische redevoeringen met verheerlijking van het bedrijfsleven, trokken veel bekeerlingen aan die bang waren anders verdacht te worden, en die wilden overleven. Bovendien waren veel van de eerste evangelisten meteen de inheemse Mayatalen gaan leren en lieten ze de bijbel vertalen in het K'iche', Mam, Kaqchikel en andere talen.

Maar het was vooral de verwoestende aardbeving van 1976 die het startsein gaf voor de opmars van Amerikaans evangelisme in Guatemala. kerkelijke noodhulpprogramma's bezorgden bekeerlingen miljoenen dollars aan medicijnen, voedsel en speelgoed, en verwoeste dorpen werden herbouwd, compleet met nieuwe scholen en klinieken. In de ogen van de arme dorpsbewoners stond protestantisme gelijk aan voorspoed, en de levendige evangelistische kerkdiensten met hun dansen, muziek en gezang werden snel enorm populair.

De beweging werd extra aangezwengeld in 1982 toen **generaal Efrían Ríos Montt** met een militaire staatsgreep aan de macht kwam, de eerste evangelistenleider van Guatemala. De bevolking werd elke zondag getrakteerd op de manische marathonpreken van Montt, en een nieuwe stroom zendelingen kwam vanuit de zuidelijke VS het land binnen. Voor veel Guatemalteken vertegenwoordigde Montt zowel het beste als het slechtste van de evangelistenbeweging: hij was bezeten en fanatiek, maar koesterde ook zijn reputatie van strengheid en fatsoen (ondanks de verschrikkelijke mensenrechtenschendingen onder zijn bewind). Na amper 17 maanden aan de macht te zijn geweest werd Ríos Montt verdreven, hoewel hij als leider van de FRG-partij de Guatemalteekse politiek gedurende de jaren negentig zou domineren; in 2003 was hij zelf weer presidentskandidaat, maar hij werd verpletterend verslagen.

Guatemala is tegenwoordig het minst katholieke land in Latijns-Amerika; ongeveer 60% van de bevolking voegt zich naar het Vaticaan en ongeveer 40% steunt de evangelisten.

kunst uitoefenen met behulp van een combinatie van aanroepingen en kruiden, en die nauwe banden hebben met de traditionele religieuze tradities.

Tot de jaren vijftig, toen katholieke **missionarissen** actief begonnen te worden in de hooglanden, hadden veel inheemse Guatemalteken geen idee dat er een groot verschil was tussen hun eigen religie en orthodox katholicisme. In het begin kregen de missionarissen vooral steun van de jongeren die vaak gefrustreerd waren door de starheid van de dorpshiërarchie. Langzaamaan tastte dit het gezag van het traditionele religieuze systeem aan: de *cofradías* werden ondermijnd, traditionele feesten werden afgekeurd en het werk van traditionele priesters werd geminacht. Hier komt bij dat de hervormingsbeweging Katholieke Actie, die een streven naar orthodoxie combineert met betrokkenheid bij sociale problemen, enorm veel invloed had.

Na de aardbeving van 1976 kwam er ook een vloedgolf van protestantse missionarissen, *evangélicos* genoemd, naar Guatemala, en hun aanwezigheid versnelde de achteruitgang van de traditionele religie (zie kader, blz. 432). In de jaren tachtig groeiden hun aantallen sterk door de invloed van Ríos Montt, terwijl tegelijkertijd de katholieke kerk hevig onderdrukt werd. Tegenwoordig zijn er minstens 300 verschillende sekten die gesteund worden door enorme geldinjecties uit de VS en die nieuwe bekeerlingen allerlei lokkertjes bieden. Maar de inheemse religie heeft veel ervaring met onderdrukking en ondanks de inspanningen van buitenstaanders zijn de *costumbristas* en *cofradías* nog altijd actief, en (dorps)feesten zijn nog altijd doortrokken van drank en een vleug heidendom. Sinds het eind van de burgeroorlog is er zelfs een opleving in de belangstelling voor Mayareligie. De huidige president van Guatemala, Álvaro Colom, heeft zich verdiept in Maya-spiritualiteit.

Markten en fiësta's

De **weekmarkt** vormt het hart van de inheemse economie en is nog steeds het middelpunt van het leven in de hooglanden. Op de weekmarkt zie je het Mayaleven van dichtbij. De meeste inheemsen leven nog van kleinschalige landbouw maar reserveren elke week een dag of twee om in het dichtstbijzijnde dorp bij elkaar te komen en hun overschotten te verhandelen. De markt is net zo goed een sociaal als een economisch gebeuren, en mensen komen er om te praten, eten, drinken, roddelen en plezier te hebben. In sommige plaatsen begint alles de nacht tevoren met marimbamuziek en stevig drinken.

Op de marktdag zelf vult het dorp zich met een gestage stroom dorpelingen die per pick-uptruck, bus, te voet of per ezel arriveren. Onmiddellijk begint het handelen, en al snel gonst het plein van de activiteit en van de gesprekken, hoewel er maar zelden wordt geschreeuwd; een koop wordt gesloten na langdurige maar altijd beleefde onderhandelingen. Schaal en sfeer van de markt verschillen van plaats tot plaats. De grootste markt van het land is die op vrijdag in **San Francisco el Alto**, waar handelaren uit het hele land naartoe komen. Ook beroemd zijn de groentemarkt van **Almolonga** en de enorme dinsdag- en vrijdagmarkten van **Sololá**, maar vrijwel elk dorp heeft wel een marktdag. De meest beroemde in Guatemala zijn waarschijnlijk de uitgestrekte donderdag- en zondagmarkten van **Chichicastenango**, nog altijd belangrijke verzamelplaatsen voor bergbewoners, ook al schieten de souvenirstalletjes voor toeristen als paddenstoelen uit de grond. Maar de plezierigste markten van Guatemala vind je ver van de Carretera Interamericana, in kleine geïsoleerde dorpen. In plaatsjes als eenzaam Chajul of het afgelegen Santa Eulalia, hoog in de bergdalen, is het een genoegen om gewoon de sfeer te proeven, terwijl handelaren en dorpelingen ruilen en kletsen met de gedempte klikgeluiden van het plaatselijke dialect, haast fluisterend, een bedaard handelsritueel dat zo kenmerkend is voor het leven in de Maya-hooglanden.

Eens per jaar stort elk dorp, hoe klein ook, zich in een orgie van feesten ter ere van zijn beschermheilige. Deze **fiësta's** zijn een wervelwind van dans, muziek, religie, eindeloos vuurwerk, eten en uitzinnig drinken, en ze zijn uitdrukking van de vitaliteit van de inheemse cultuur. Iedereen probeert op tijd voor de fiësta terug te zijn in zijn of haar geboortedorp, en emigranten reizen vanuit Guatemala-stad en zelfs de VS om met de vieringen mee te doen. Religieuze processies krijgen volop aandacht, waarbij het beeld van de beschermheilige door de straten wordt gevoerd, vergezeld door de ouderlingen van de *cofradía* in vol ornaat. Er wordt traditionele muziek gespeeld met marimba's, trommels en fluiten.

Ook **dans** hoort absoluut bij een fiësta, vol bewegingen en ideeën die teruggaan tot de oude Mayatijd. Danskostuums zijn ontzettend uitbundig, bedekt met spiegeltjes en lovertjes, en gehuurd voor de gelegenheid. Ondanks de kosten beschouwen de dansers hun rol als een plicht jegens de traditie en de gemeenschap, en als een eer. De meeste dansen zijn onderdeel van een theatertraditie waarin de plaatselijke geschiedenis wordt verteld. Eén van de populairste is de Dans van de Conquistadores, gebaseerd op de Morendans en door de Spanjaarden geïntroduceerd als herinnering aan de Conquista, hoewel hij soms een betekenis meekrijgt die door de veroveraars nooit zo bedoeld kan zijn. Vaak is er voor de dansers geen verband met de Conquista; ze dansen om de geesten van de doden te bevrijden, een functie die dichter bij de Mayareligie staat dan bij het katholicisme. De Palo Volador, een dramatisch schouwspel waarbij mannen gevaarlijk naar beneden slingeren vanaf een 20 meter hoge paal, dateert in elk geval uit de precolumbiaanse tijd (tegenwoordig kun je hem alleen nog zien in Cubulco, Chichicastenango en Joyabaj), net als de Dans van de Herten, terwijl de Dans van het Stierengevecht en de Dans van de Vulkaan handelen over gebeurtenissen tijdens de Conquista. De meeste dansen hebben vaste passen, maar de dansers zijn meestal stomdronken en slingeren zo goed en zo kwaad als ze kunnen op de maat van de muziek, struikelen soms over elkaar of vallen neer – dus verwacht niet al te veel verfijning.

De Maya's vandaag

De Maya's waren de voornaamste slachtoffers van tientallen jaren burgeroorlog, waarin niet alleen 160.000 bergbewoners werden gedood en een miljoen mensen dakloos werden, maar waarin ook de fundamenten van de inheemse cultuur in Guatemala werden aangevallen. Het leger beschouwde de Maya's per definitie als subversief, en gemeenschappen werden tegen elkaar opgezet door mannen in te lijven in de paramilitaire patrouilles van de PAC en onder druk te zetten om iedereen te verraden die tekenen van verzet tegen de staat vertoonde.

Maar onder de burgerregering won een **culturele opleving van de Maya's** steeds meer aan kracht en maakte de inheemse bevolking gebruik van de vrijheid van vereniging, protest en deelname die hen eeuwenlang was ontzegd. Er zijn honderden scholen gesticht om Mayakinderen in hun eigen talen te onderwijzen, er komen steeds meer inheemse schrijvers en journalisten, er worden steeds meer Mayaboeken en -tijdschriften uitgegeven, en er kwamen *indígena*-radiozenders. Deze veranderde houding heeft zelfs de jeugdcultuur beïnvloed: cursussen in Maya-sjamanisme zijn populair geworden en Ladino-studenten zijn openlijk trots op hun gemengde afkomst en beroepen zich op hun Maya-erfgoed. Maar ondanks deze veranderingen blijft Guatemala verdeeld tot op het bot. Racisme is diepgeworteld, en de meeste Maya's staan nog steeds bloot aan officiële discriminatie en zijn arm (ruim 70% volgens regeringscijfers).

Mensenrechten in Guatemala

Sinds de komst van de Spanjaarden is de geschiedenis van Guatemala getekend door politieke onderdrukking en economische uitbuiting, waarbij ook de meest basale mensenrechten werden geschonden. Een staalkaart van gruwelen beslaat de afgelopen vijfhonderd jaar, maar bereikte een barbaars dieptepunt rond 1980, toen de burgeroorlog op zijn hoogtepunt was. De laatste paar jaar is er wat vooruitgang geboekt op mensenrechtengebied, maar degenen die er openlijk aan werken riskeren altijd intimidatie, geweld en zelfs de dood als ze het wagen de schimmige verborgen machten in het land te tergen. In 2007 kwam het land in het blad *Foreign Policy* zelfs op de lijst van 'mislukte staten' terecht, omdat de regering 'haar burgers geen binnenlandse veiligheid of essentiële diensten biedt'.

Een korte geschiedenis

Toen conquistador **Pedro de Alvarado** in 1523 in het gebied aankwam, introduceerde hij de uitbuiting op basis van ras die Guatemala tot op de dag van vandaag kenmerkt. Na de eerste verovering werden de overlevenden systematisch bijeengedreven in dorpen, beroofd van hun land, en gedwongen om in de nieuwe plantages te werken. In de hele 18de en 19de eeuw waren opstanden tegen koloniale en Ladino-overheersing algemeen, maar meestal braken die uit in specifieke dorpen en leidden ze niet tot een landelijke rebellie. Ze werden stuk voor stuk streng de kop in gedrukt. De eisen van de koffie-industrie verergerden de druk op de inheemse bevolking, en hun land en werkkracht werden opnieuw geëxploiteerd ten behoeve van buitenlandse investeerders en de regerende elite.

De belangrijkste verandering op mensenrechtengebied kwam tijdens de regeringen **Arévalo** en **Arbenz** (1945–1955), die voor het eerst probeerden aan de behoeften van de inheemse bevolking tegemoet te komen. Plaatselijke organisaties, zoals vakbonden en coöperaties, mochten actief worden, het stemrecht werd uitgebreid tot alle volwassenen, en het land werd herverdeeld onder de landlozen. Voor het eerst in de hele geschiedenis van het land werden kwesties als ongelijkheid en onrecht serieus aangepakt. Maar in 1954 werd de regering afgezet middels een staatsgreep met steun van de CIA, wat de weg vrijmaakte voor militaire regimes en het moderne tijdperk van onderdrukking inluidde.

Vanaf 1954 werd de regering gedomineerd door het leger dat samenwerkte met de elite van grootgrondbezitters en met buitenlandse bedrijven om hun macht te consolideren. Medio jaren zestig volgde grootschalige onderdrukking van alles wat politiek links was, waarop als reactie in het oosten een **guerrillabeweging** opkwam. Het leger kon zijn vijanden niet rechtstreeks treffen en besloot om hun aanhang in de gemeenschap uit te roeien: tussen 1966 en 1977 werden zo'n 10.000 ongewapende burgers gedood. **Doodseskaders** waren tijdens het militaire bewind een vast onderdeel van de Guatemalteekse politiek; ze vermoordden vakbondsmensen, linkse politici en studenten.

Tegen 1975 was de guerrillabeweging weer in opmars, net als de Commissie voor Campesino Eenheid (CUC), coöperaties en vakbonden, vaak geïnspireerd door de beweging voor **bevrijdingstheologie** waarmee de katholieke kerk campagne begon te voeren voor sociale vraagstukken. In 1979 waren er drie **guerrillagroepen** met een stevige basis, die in het hele land van Petén tot de westkust opereerden. **Generaal Lucas García** ontketende een tijdperk van ongekende massaonderdrukking tegen politici, vakbondsleiders, priesters en linkse sympathisanten in de steden, terwijl op het platteland ook de oorlog tegen de guerrilla's feller werd en doelgerichte moorden plaatsmaakten voor onverbloemde massamoorden. Opnieuw stond het leger tegenover een ongrijpbare vijand en ging men over tot willekeurig moorden in een poging de steun van de boeren voor de guerrilla's te ondermijnen. Naar schatting 35.000 mensen werden gedood tijdens de eerste vier jaar van de regering Lucas, de overgrote meerderheid door de veiligheidstroepen of de doodseskaders.

Onder de volgende militaire leider, **generaal Efrían Ríos Montt**, veranderde de staat haar tactiek. De regering gaf paramilitaire troepen van PAC bevel om op het platteland te patrouilleren. Het geweld verhevigde naarmate het leger grote successen boekte in de strijd tegen de rebellen. Amnesty International verklaarde dat Montt een genocidecampagne leidde in de provincie Quiché, waar de slachtpartijen het ergst waren.

In augustus 1983 werd Ríos Montt vervangen door **Mejía Víctores**, waarna de onderdrukking op het platteland verminderde en het proces van wederopbouw begon. Het aantal guerrilla's daalde tot ongeveer 1500, en hoewel de militaire campagnes doorgingen, werden er nu 'modeldorpen' gebouwd als vervanging voor de verwoeste dorpen. In deze periode kwamen belangrijke *grassroot*-organisaties voor **mensenrechten** op, waaronder de Groepering voor Wederzijdse Steun (GAM) die bestond uit families van verdwenen personen, en de Nationale Commissie van Guatemalteekse Weduwen (CONAVIGUA), een erg belangrijke en grotendeels inheemse groepering. Hoewel de leden van deze groepen standaard blootstonden aan intimidatie en veelvuldige doodsbedreigingen, markeerden ze toch het begin van een nieuw tijdperk van politiek activisme van Maya.

Eind 1985 kreeg het land zijn eerste vrije verkiezingen in dertig jaar.

Burgerregeringen en de vredesakkoorden

Na de verkiezing van burgerpresident **Vinicio Cerezo** in 1986 volgde een sterke afname van het aantal mensenrechtenschendingen, maar daarna namen ze weer toe, en ontvoeringen, moorden en intimidatie bleven wijdverspreid. Niemand beschuldigde Cerezo van betrokkenheid bij de moorden, maar ze werden blijkbaar uitgevoerd door leden van de veiligheidsdiensten, en toonden daarmee Cerezo's onmacht aan om die diensten te beteugelen.

Hoewel er begin jaren negentig enige verbetering optrad in de mensenrechtensituatie, werd de regering geconfronteerd met een paar zaken die veel opzien baarden, waaronder de moord op zwerfkinderen, de moord op de Amerikaanse burger Michael Devine en die op antropologe Myrna Mack Chang, en voor het eerst werden militairen veroordeeld voor mensenrechtenschendingen. Een aantal plaatselijke groepen bleef de schendingen koppig aan de kaak stellen, vooral GAM die veel van haar leden en leiders verloor door ontvoering en moord. De mensenrechtencommissie van de regering kreeg meer dan duizend klachten binnen over mensenrechtenschendingen, maar ondernam bij niet één ervan actie.

Intussen verjoegen de bewoners van Santiago Atitlán **in de hooglanden** het leger uit hun dorp, nadat troepen dertien mensen hadden neergeschoten en gedood (zie blz. 162), en andere dorpen deden een oproep om legerbases te sluiten. Het zelfvertrouwen van de Mayabevolking groeide nog meer in 1992, toen de Nobelprijs voor de Vrede werd toegekend aan **Rigoberta Menchú**, wat even de aandacht van de wereld vestigde op de benarde situatie van de Guatemalteekse inheemse bevolking. De Akkoorden over Inheemse Rechten uit 1995 waren een poging bestaande problemen met betrekking tot de Maya's aan te pakken; er hoorde scholing bij en de bevordering van inheemse talen, maar tot nu toe is er bij deze kwesties maar beperkt vooruitgang geboekt.

Eén van de meest cruciale onderdelen van de **Vredesakkoorden van december 1996** was de instelling van een waarheidscommissie onder toezicht van MINUGUA (de VN-missie in Guatemala), die mensenrechtenschendingen tijdens de burgeroorlog moest onderzoeken. Hoewel de commissie geen wettelijke bevoegdheden had, werden er toch militairen (waaronder het leger, burgerpatrouilles, de politie en doodseskaders) verantwoordelijk gesteld voor 93% van de moorden. Een parallel onderzoek, REMHI, door de katholieke kerk concludeerde ook dat het leger en burgerpatrouilles verantwoordelijk waren voor 91% van de moorden, en de guerrilla's en onbekende daders voor de rest.

Twee dagen na de presentatie van het rapport werd **bisschop Juan Gerardi**, die aan het hoofd stond van het REMHI-project, dood aangetroffen in zijn huis in Guatemala-stad. Deze moord op één van de meest vooraanstaande mensenrechtenactivisten in Guatemala schokte de natie en bracht duizenden mensen op de been om te protesteren. Uiteindelijk werden drie legerofficieren en een priester schuldig bevonden, maar dit kon de zwakte van het rechtssysteem van het land niet verhullen. Er heerst nog steeds een klimaat van angst, en wie het wagen de belangen van de elite, verborgen machten en misdaadbendes te betwisten, moeten vrezen voor intimidatie en geweld.

De huidige situatie

Het Guatemala-rapport van Amnesty International uit 2007 richtte zich vooral op het hoge geweldsniveau in de maatschappij en de voortdurende cultuur van straffeloosheid die de daders van dergelijke aanvallen beschermde.

Het meest verontrustende probleem is dat van het aantal vrouwen dat in Guatemala wordt vermoord, vaak op een gruwelijke manier en zonder aanwijsbare reden, een sadistisch verschijnsel dat bekendstaat als **femicide**. In 2007 stierven er minstens 580 vrouwen, en veel lichamen van slachtoffers vertoonden sporen van marteling, verminking en verkrachting vóór de moord. Deze moorden hielden verband met bendegeweld en territoriumgeschillen, en de meeste slachtoffers stierven tijdens initiatierituelen van bendes. Jarenlang was de politie-eenheid die belast was met het onderzoek naar deze moorden pijnlijk onderbezet, maar in 2007 zegde de VN-commissie tegen Straffeloosheid in Guatemala (CICIG) veel ruimere middelen toe om de bendes te lijf te gaan en de moordenaars voor het gerecht te slepen. In het verleden was inadequate wetgeving, waaronder het ontbreken van een effectieve wet tegen verkrachting, steeds een obstakel voor geslaagde vervolgingen. Er werd vooruitgang geboekt toen het parlement in april 2008 na een intense lobbycampagne door vrouwengroepen en mensenrechtenorganisaties een nieuwe wet goedkeurde tegen femicide en geweld tegen vrouwen, met levenslange gevangenisstraffen voor seksegerelateerde misdaden en lange straffen voor lichamelijke en psychologische mishandeling.

Een andere dringende mensenrechtenkwestie is de erbarmelijke situatie van duizenden **straatkinderen**, waarvan de meesten in de hoofdstad wonen en vaak het doelwit zijn van gewelddadige aanvallen door vigilantes, beveiligers en politieagenten. Grote aantallen kinderen houden zich moeizaam in de straten van de stad in leven met kleine vergrijpen en bedelarij. Dankzij zorgvuldige documentatie en koppig doorzetten konden liefdadigheidsinstellingen als Casa Alianza de daders voor het gerecht dagen en scoorden ze enkele successen, waaronder in juni 2001 toekenning van een schadeloosstelling van $ 500.000,– aan de families van vijf kinderen die door twee politieagenten waren gemarteld en vermoord.

Campagne voeren tegen geweldsmisdrijven of corruptie, of het gezag van de georganiseerde misdaadnetwerken in Guatemala betwisten, is gevaarlijk. Jaarlijks zijn er honderden aanvallen op actieve journalisten, mensenrechtenleiders en organisaties die ijveren voor economische, sociale en culturele rechten. Doodsbedreigingen komen veel voor, en ook de gezinnen van activisten zijn doelwit. In september 2008 werd Yuri Melini, directeur van CALAS (het Centrum voor Milieu en Sociale en Juridische Actie) door gemaskerde mannen doodgeschoten, en in januari 2005 werd de 2-jarige Yira Argueta López, dochter van een projectleider bij REMHI die onderzoek deed naar moorden tijdens de burgeroorlog, in Chimaltenango gewurgd. Weinig mensen in Guatemala twijfelen eraan dat deze aanvallen werden uitgevoerd door *poderes ocultos*, of 'verborgen machten', maffia-achtige misdaadorganisaties die niets te vrezen hebben.

'Clandestiene en **illegale gewapende groeperingen** gaan in Guatemala nog steeds straffeloos hun gang' stelt Amnesty. 'Deze groepen worden in verband gebracht met georganiseerde misdaad en zijn vermoedelijk geïnfiltreerd in de politie, het leger en in sommige overheidsinstellingen.' Volgens de mensenrechtenorganisatie GAM 'bestaan deze groeperingen uit mensen die in het recente verleden mensenrechten hebben geschonden en nu een manier zoeken om zichzelf te verrijken en onderzoek naar hun misdaden te voorkomen'.

Een ander urgent probleem, **landhervorming**, is in Guatemala nooit goed aangepakt. Hoewel harde statistieken ontbreken, wordt algemeen aangenomen dat 70% van de landbouwgrond eigendom is van slechts 3% van de bevolking. Het 'kraken' van plantages door landloze boeren is de laatste paar jaar sterk toegenomen, en tegenwoordig zijn er tientallen potentieel explosieve conflicten in Guatemala. President Berger voerde tijdens zijn ambtstermijn het tempo van de ontruimingen flink op, zoals een berucht incident op de plantage Nuevo Linda laat zien, waar ongeveer 2000 politiemensen zo'n 3000 boeren te lijf gingen, met elf doden en honderden gewonden tot gevolg. Berger reageerde door de sterke arm van de wet met volle kracht in te zetten tegen deze landloze boeren, met goedkeuring van zijn kiezers, de elite van grootgrondbezitters; in de woorden van MINUGUA: 'met een ongepast toegeven door de regering aan de eisen van de landeigenaren'.

Ook de inspanningen van de staat om de daders van **oorlogsmisdaden** aan te pakken en de veiligheid te garanderen van families van slachtoffers die een onderzoek eisen, waren volstrekt onvoldoende, wat in strijd is met de eisen van de Vredesakkoorden. Guatemalteekse mensenrechtengroepen probeerden voormalige legerleiders te vervolgen via internationale en nationale rechtbanken, en Spanje vaardigde in 2007 een internationaal arrestatiebevel uit tegen Efraín Ríos Montt (en andere generaals), hoewel Montt hieraan ontkwam toen hij tot parlementslid werd gekozen en immuniteit verkreeg. Maar andere organisaties hebben met succes via het Inter-American Court of Human Rights schadeloosstelling gekregen van de Guatemalteekse regering voor families van geweldsslachtoffers, waaronder een betaling van $ 8.000.000 voor de families van een van de massamoorden. Het is essentieel gebleken om internationale steun te organiseren voor gemeenschappen die juridische stappen hebben ondernomen, om wraakacties tegen hen te voorkomen.

Rigoberta Menchú en de Nobelprijs voor de Vrede

Vijfhonderd jaar na de komst van Columbus naar Amerika kende het Nobelprijscomité de Vredesprijs toe aan Rigoberta Menchú Tum, een K'iche'-Mayavrouw van 33 jaar die onvermoeibaar campagne had gevoerd voor vrede in Guatemala en voor de belangen van inheemse volkeren over de hele wereld. In de officiële verklaring omschreef het Nobelinstituut Menchú als 'een levend symbool van vrede en verzoening dwars door etnische, culturele en sociale scheidingslijnen heen'.

Binnen Guatemala was dat eerbewijs echter omstreden. Weinigen twijfelden eraan dat Menchú hechte banden en veel sympathie had voor de Guatemalteekse guerrilla's, hoewel ze na het krijgen van de prijs afstand nam van het gewapende verzet. Toch vonden veel mensen dat haar steun voor gewapende opstand haar ongeschikt maakte als winnaar van de Vredesprijs. Anderen waren bang dat de prijs zou worden gezien als rechtvaardiging van de guerrilla's en enkel zou leiden tot een voortzetting van de burgeroorlog.

In het eerste deel van Menchú's autobiografie (*I, Rigoberta Menchú*) komt ze naar voren als pacifist en suggereert ze dat haar impliciete steun aan de guerrilla's absoluut een laatste redmiddel was. 'Een moord is voor ons iets monsterlijks. Daarom zijn we juist zo woedend over al die onderdrukking .. Ook al hebben de martelingen en ontvoeringen ons volk veel kwaad gedaan, toch moeten we blijven geloven in verandering. Dat is de reden dat ik ben gaan werken voor een boerenorganisatie en aan een nieuw leven begon. Er zijn andere dingen, andere oplossingen.'

Menchú's verhaal is ongetwijfeld tragisch en haar verslag roept een hartverscheurend beeld op van de zwartste jaren in de Guatemalteekse geschiedenis en de benarde positie van de inheemse bevolking. Maar in *Rigoberta Menchú and the Story of All Poor Guatemalans*, een biografie door David Stoll uit 1988, wordt de juistheid van grote delen van haar eigen levensverhaal in twijfel getrokken. Stoll concludeerde dat belangrijke onderdelen van de Menchú-legende waren verzonnen of schromelijk overdreven, en dat ze de vooroorlogse ervaringen van haar dorp 'drastisch heeft aangepast (...) om tegemoet te komen aan de behoeften van de revolutionaire organisatie waarbij ze zich had aangesloten'.

In *I, Rigoberta Menchú* beschrijft Menchú hoe haar familie, die politiek actief was, leed onder de barbaarse wreedheid van de Guatemalteekse burgeroorlog, en hoe ze door het leger als aanhangers van de guerrilla werden beschouwd. Menchú vertelt over het gevecht om hun boerderij te beschermen tegen hebzuchtige Ladino's, de lange dagen dat haar familie werkte op de plantages aan de westkust, en het gebrek aan formeel onderwijs. De dood van haar broer, moeder en vader door toedoen van het leger wordt in alle gruwelijkheid weergegeven. In de bredere context van Guatemala als geheel veroordeelt Menchú de gigantische ongelijkheid tussen de Ladino en de Maya's in het land, en tussen arm en rijk. Meer dan een half miljoen exemplaren van het boek zijn verkocht, en Menchú werd uitgenodigd als spreker bij evenementen en congressen in de hele wereld. Voor haar campagne voor de rechten van de Guatemalteekse Maya en andere onderdrukte minderheden reisde ze vanuit haar ballingsoord Mexico vaak naar de Verenigde Naties in Genève en New York om haar zaak te bepleiten. Deze periode in het leven van de Nobelprijswinnares wordt beschreven in *Crossing Borders*, het tweede deel van haar autobiografie, veel minder traumatisch en omstreden.

Rigoberta Menchú keerde in 1994 terug naar Guatemala als een icoon en tegelijk als een weerbarstig persoon. Maar internationaal was haar reputatie onberispelijk tot de publicatie van de biografie door David Stoll. Stoll presenteerde overtuigend bewijs dat de landruzie van de familie van Menchú een interne familievete was, in plaats van een conflict tussen inheems en ladino met raciale ondertonen. Ook toonde hij aan dat Menchú nooit had gezwoegd in de velden van de plantages aan de westkust, en dat ze was opgeleid op twee particuliere kloosterscholen. Stoll schreef haar een verleden als guerrilla toe en betwistte de juistheid van haar verslag van de dood van haar twee broers.

De publicatie van de biografie veroorzaakte een internationale rel, waarbij *The New York Times* Menchú ervan beschuldigde 'een Nobelprijs voor de leugen' te hebben gekregen. Menchú ontweek een rechtstreeks antwoord op de beschuldigingen van Stoll, hoewel ze toegaf dat ze een bescheiden opleiding had gehad op een kloosterschool in Chiantla. Later probeerde ze wat afstand te nemen van *I, Rigoberta Menchú*, en suggereerde ze dat de bijdrage van haar redacteur en vertaler Arturo Taracena – een vertegenwoordiger van de guerrilla – haar verhaal had vertekend. Geir Lundestad, de directeur van het Nobelinstituut, sprak zijn steun uit voor Menchú en verklaarde dat de beslissing om haar de prijs toe te kennen gebaseerd was geweest op haar werk ten behoeve van inheemse volkeren, en niet vanwege haar familiegeschiedenis.

Toen het stof was neergedaald, trad een contingent academici naar voren ter verdediging van Menchú's reputatie. Ook zetten de geleerden vraagtekens bij de motieven van Stoll en verdedigden ze de waarde van haar *testimonio.* Ze betoogden dat die ging over de ervaringen in de burgeroorlog van inheemse Guatemalteken als geheel en in een Mayatraditie stond van persoonlijke verslagen die terugging tot de periode van de Conquista. Er was geen twijfel over dat haar moeder, vader en broers waren gedood door het leger (samen met nog eens 200.000 Guatemalteken), en de extreme wreedheid van het leger is goed gedocumenteerd in de uitvoerige rapporten van de VN en de katholieke kerk. Het staat buiten kijf dat Menchú erin slaagde de aandacht van de wereld te vestigen op het gruwelijke lijden (en de nog steeds doorgaande onderdrukking) van de Guatemalteekse Maya, en haar vasthoudende werk ten behoeve van inheemse volkeren wereldwijd is buitengewoon effectief geweest. De twee kanten van het debat zijn weergegeven in *The Rigoberta Menchú Controversy* uit 2001, een bundel artikelen onder redactie van Arturo Arias.

Tegenwoordig wordt Menchú door de meeste Guatemalteekse Maya's en door politiek links bewonderd en door het merendeel van de Guatemalteekse oligarchie gewantrouwd, en ze wordt veracht door het leger en politiek rechts. Ze was goodwill-ambassadeur voor de Vredesakkoorden onder de regering Berger, en via een eigen stichting, de Rigoberta Menchú Foundation, heeft ze campagne gevoerd voor mensenrechten en inheemse rechten in Guatemala en daarbuiten. Terwijl ze verklaarde dat 'vrede zonder gerechtigheid niet bestaat' bleef ze vechten om een eind te maken aan het uitblijven van straffen voor het leger vanwege hun oorlogsmisdaden, en diende ze een aanklacht wegens genocide in tegen de voormalige militaire leiders bij het internationaal hof. In 2007 vaardigde Spanje een arrestatiebevel tegen Ríos Montt uit, hoewel hij aan uitwijzing ontkwam.

Menchú formeerde een politieke partij, Encuentro por Guatemala, en stond kandidaat voor de presidentsverkiezingen in 2007, hoewel ze maar 3% van de stemmen kreeg. Ze heeft ook geijverd voor gezondheidskwesties met de bedoeling om goedkope, merkloze medicijnen voor iedereen toegankelijk te maken. Kijk voor meer informatie over de Rigoberta Menchú Foundation op de website ⓦwww.frmt.org (in het Spaans).

Landschap en fauna

Guatemala kent een enorme diversiteit aan milieus, van de altijd vochtige regenwouden en mangroves aan de Caribische kust tot de barre hooglanden van de *altiplano*, waar de bodem hardbevroren kan zijn. Het dierenleven is al even gevarieerd; onaangetaste bossen bieden onderdak aan zowel gematigde soorten uit het noorden als tropische soorten uit het zuiden, en ook aan soorten die nergens anders voorkomen.

De westkust

De Guatemalteekse westkust bestaat uit een smalle strook zwart vulkanisch zand waarop de branding beukt. Er zijn geen natuurlijke havens, en boten moeten de branding riskeren of vanaf een steiger van wal steken (hoewel Puerto Quetzal grote oceaanschepen aankan). De zee zelf levert een rijke oogst aan garnalen, tonijn, snapper en makreel, grotendeels voor de export. Ook zijn de kustwateren ideaal voor sportvissers. Een paar kilometer uit de kust komen veel goudmakrelen voor, die een kilo of twintig kunnen wegen, en nog verder zeewaarts zwemmen zwaardvissen, wahoo (een soort makreel) en bonito.

Het **strand** zelf rijst op uit het water als een grote zandbank, begroeid met palmbomen, waarachter het land overgaat in lage mangrovebossen en kreken. In het oosten, vanaf San José tot aan de grens, loopt de **Chiquimulilla-kreek** over een lengte van zo'n 100 km achter het strand langs. De kreek is een smal water, maar hier en daar verbreedt hij zich tot moerassen: ware doolhoven van watergangen die een ideale broedplaats vormen voor jonge vissen, watervogels en verschillende kleine zoogdieren. De zandkust is heel geschikt voor de nesten van drie soorten **zeeschildpad**, waaronder de grote lederschildpad (zie kader, blz. 238), die van tijd tot tijd uit het water komt, zichzelf het strand op sleept en een cluster eieren legt, om daarna haar zware lijf weer in het water te laten zakken. Een natuurreservaat bij Monterrico, ten oosten van San José, beschermt een klein deel van de kust ten behoeve van de schildpadden, en als je geluk hebt kun je er hier eentje zien. Het natuurreservaat **Monterrico–Hawaii** is de beste plek aan de westkust om dieren te zien, want daar is ook een prachtig mangrovemoeras dat je gemakkelijk vanuit een boot kunt bekijken.

De **mangrovebomen** worden afgewisseld door waterlelies, zegge en tropische hardhoutbomen waartussen je **reigers**, **ijsvogels** en diverse **eenden** kunt vinden, waaronder **muskuseenden** en **witwangfluiteenden**. Rond Monterrico komen veel groepen **kaalkopooievaars** voor, en misschien zie je ook de **witte ibis** of de zeldzame **reuzenooievaar** die in het gebied nestelt. Als je doorzet en geluk hebt vang je wellicht een glimp op van een **wasbeer**, **miereneter** of **buidelratten**. Ook kun je **alligators** en **leguanen** zien, is het niet in het wild dan in elk geval bij het hoofdkantoor van het reservaat, waar ze fokprogramma's hebben voor deze dieren. Vrijwel overal langs de kust kun je ook andere vogels vinden, zoals **plevieren**, **meerkoeten** en **sterns**, samen met een aantal wintergasten als de **roze** en de **bruine pelikaan**.

De **kustvlakte** tussen de kust en de voetheuvels van de hooglanden is een uiterst vruchtbaar en intensief benut landbouwgebied, met vulkanische en alluviale bodems die heel geschikt zijn voor suikerriet, katoen, palmolie, bananen- en rubberplantages, en veehouderij. Recent zijn daar de minder arbeidsintensieve soja en sorghum bijgekomen. De landbouw aan Guatemala's kust heeft een hoge prijs, maar brengt ook veel op: de bodem wordt bewerkt met chemicaliën en de oogsten worden regelmatig besproeid met een cocktail van pesticiden, herbiciden en kunstmest. Er is maar weinig grond die niet door de commerciële landbouw in beslag is genomen, en het is dan ook moeilijk om je voor te stellen hoe het er hier vroeger uitzag, maar de streek moet erg op Petén hebben geleken, een mengsel van savanne en regenwoud, met een rijk dierenleven. Tegenwoordig zie je alleen nog in de moerassen, op de steile hellingen en in de grote heggen een glimp van de vroegere glorie, hoewel prachtige **kleine zilverreigers** en **koereigers** foerageren naast de vleeskoeien.

Een erg interessante soort is ten slotte nog de **Montezuma oropendola**, een grote zangvogel die lange nesten weeft in bomen en aan telefoondraden. Ze broeden meestal in kolonies, en een enkele boom kan wel vijftig nesten hebben. Je ziet de nesten waarschijnlijk eerder dan de vogels; ze komen volop voor in heel Guatemala en de buurlanden.

De Boca Costa

Richting het bergland begint de kustvlakte te stijgen naar een reeks vulkanen, en deze streek van heuvelhellingen met een goede afwatering heet de **Boca Costa**. De combinatie van vulkanische grond, overvloedige regen en een goede waterafvoer maakt de streek ideaal voor **koffie**, en hier worden dan ook de beste bonen van Guatemala geproduceerd.

Waar de grond ongeschikt is voor koffie, groeit nog uitbundig regenwoud tegen de heuvelhellingen op. Als je door diep-uitgesneden kloven naar het bergland reist, kom je langs een deel van dit woud met zijn druipende bemoste lianen, bromelia's en orchideeën. Vlak bij de meest actieve vulkanen, in gebieden waar de omgeving nog niet is verstoord door de landbouw, bestaan een paar ongelooflijk rijke ecosystemen. Rond Volcán Santiaguito bij Quetzaltenango zijn meer dan 120 vogelsoorten waargenomen, waaronder hele zeldzame zoals de **zwarte heremietarend**, de **quetzal** en de **berggoean**. De **azuurblauwe tanager**, de **purperborstgrondduif** en de **Pacifische aratinga** komen alleen hier voor. Het Guatemala Birding Resource Center (Ⓦwww.xelapages.com/gbrc), een gespecialiseerde touroperator, organiseert uitstekende excursies naar de Boca Costa.

De hooglanden

De eigenlijke hooglanden beginnen met een keten van **vulkanen**. Er zijn er 37, en de belangrijkste keten loopt in een rechte lijn parallel met de oceaankust, vanaf de zuidwestgrens met Mexico tot in El Salvador. In de oostelijke hooglanden, verder van de hoofdketen, liggen nog een paar oudere, minder spectaculaire en verweerde vulkanen. De hoogste berg van de hoofdgroep is de **Tajumulco** (4220 m) bij de Mexicaanse grens, en drie uiterst actieve kraters – **Fuego**, **Pacaya** en **Santiaguito** – braken zwaveldampen, vulkanische as en zo nu en dan fonteinen van lava uit. Onder de oppervlakte verhitten hun onderaardse vuren het gesteente, en op een paar plaatsen ontspringen hete bronnen, die de luxe van een warm mineraalbad mogelijk maken (kijk voor de beste baden bij Fuentes Georginas, blz. 184, en het *Las Cumbres*-hotel, blz. 185).

Aan de zuidkant van het centrale bergland liggen te midden van vulkanen twee grote meren, Lago de Amatitlán en Lago de Atitlán, allebei in een schitterend landschap. **Lago de Amatitlán** heeft erg geleden onder jaren van wanbeheer, en het water is zwaar verontreinigd en zwart van de vervuiling. Toch is het meer nog een populaire picknickplek voor de minder gegoeden onder de bevolking van de hoofdstad. **Lago de Atitlán,** verder westwaarts, is nog altijd spectaculair mooi met kristalblauw water, maar toenemend toerisme en een bevolkingsexplosie dreigen het kwetsbare ecologische evenwicht in het meer te beschadigen. Het ecosysteem van Atitlán werd al in 1958 verstoord, toen **zwarte baars** werd geïntroduceerd om sportvissers te lokken. De baars is een vraatzuchtige roofvis en zijn aanwezigheid gooide in korte tijd de voedselketen in de war. Kleinere vissen werden steeds zeldzamer, net als krabben, kikkers, insecten en kleine zoogdieren. De **atitlanfuut**, een kleine, niet-vliegende watervogel die uniek was voor dit meer, werd zwaar getroffen. Jonge fuutjes werden door de hongerige baarzen opgevreten, en in 1965 waren er nog maar 80. In 1984 was hun aantal als gevolg van waterspiegeldalingen na de aardbeving van 1976, en door toenemende oeverbebouwing, geslonken tot slechts 50. Tegenwoordig is de vogel uitgestorven.

Ten noorden van de vulkanische rug liggen de **centrale valleien** van de hooglanden, een complex landschap van uitgestrekte komdalen, steile kloven, open plateaus en ruige pieken. Dit centrale gebied huisvest het grootste deel van de Guatemalteekse bevolking, en alle beschikbare grond wordt intensief voor landbouw gebruikt, met terrassen die in de heuvelhellingen zijn uitgegraven tot een lappendeken van kleine akkers. Hier bewerken de campesinos de grond met technieken die dateren van ver voor de komst van de Spanjaarden. De basis van de Mayalandbouw is de *milpa*: een stuk grond dat wordt ontdaan van vegetatie, meestal met *slash-and-burn,* en wordt ingezaaid met maïs als hoofdgewas, maar ook bonen, chilipepers en pompoenen worden verbouwd. Traditioneel wordt gebruik van grond als *milpa* en als weidegrond afgewisseld, en ook ligt de grond soms een tijdje braak, maar in sommige gebieden staat het land nu onder grote druk: de bodemvruchtbaarheid is vrijwel verdwenen en alleen door kunstmest te gebruiken kan nog een behoorlijke oogst worden behaald. Er is een enorme behoefte aan land, en elke volgende generatie is gedwongen nog meer marginale grond te gebruiken en op steile hellingen te planten, waar de blootliggende aarde al snel wegspoelt naar de dalen.

Maar sommige gebieden zijn nog steeds ontoegankelijk voor boeren, en grote delen van de hooglanden zijn nog **bebost**. In de koele dalen van het centrale bergland zie je vooral pijnbomen, met daartussenin eiken, ceders en dennen. Naar het zuiden, op de vulkanische hellingen en in warme diepe dalen, groeit uitbundig tropisch bos dat permanent vochtig blijft; in veel opzichten lijkt het op het bos van Verapaz, waar constante regens zorgen voor een nevelwoud.

Naar het noorden stijgt het land en loopt uit in een paar **bergketens**. De grootste daarvan is het Cuchumatanesgebergte, een massieve keten van granieten toppen die tot 3837 m boven de stad Huehuetenango uitsteken. Verder oostwaarts liggen een paar kleinere gebergten, zoals de Sierra de Chuacús, de Sierra de las Minas en de Sierra de Chamá. Op de hoge toppen groeien dwergbomen en liggen bergweiden die als graasgronden voor schapen en vee worden gebruikt maar te koud zijn voor maïs en de meeste andere gewassen.

Vogels zijn er volop in de hooglanden; je zult een bonte verzameling zien van **kolibries**, vluchten krijsende **parkieten**, **zwaluwen**, **reigers** en de alomtegenwoordige **gieren**. Iets zeldzamer zijn de **kwartels** en **bospatrijzen**, **witstaartduiven** en andere duivensoorten waaronder het **Incaduifje** en de **witvleugeltreurduif**. *Last but not least* leeft er de **quetzal**, die al in de Mayatijd vereerd werd. Het mannetje heeft fantastische groene staartveren die achter hem aan in de lucht kronkelen wanneer hij vliegt; zij waren altijd geliefd bij jagers, en tegenwoordig is de vogel uiterst zeldzaam. Enkele quetzals broeden in **Biotopo del Quetzal**, een beschermd stuk regenwoud bij Cobán in de provincie Baja Verapaz, maar in de meer afgelegen bergen van de **Sierra de Caquipec** in het noordoosten heb je meer kans om deze nationale vogel van Guatemala te zien.

In de hooglanden leven ook een paar kleine **zoogdieren**, zoals vossen en kleine katachtigen, maar de kans dat je die te zien krijgt is klein.

De regenwouden van Petén

Ten noordoosten van de hooglanden daalt het land om over te gaan in de **regenwouden** van Petén, waarvan een groot deel nog intact is, hoewel de laatste dertig jaar een enorme stroom veeboeren, houthandelaren en immigranten een breed pad door de jungle hebben gekapt, en ook de recente vondst van olie doet het woud geen goed. De bossen van Petén lopen door tot de Mexicaanse grens, waar ze samenkomen met de regenwouden van Lacandón en Campeche, en tot aan Belize, rond de voetheuvels van het Mayagebergte tot aan de Caribische kust.

Tegenwoordig is nog zo'n 40% van Petén bedekt met **primair bos**, waarvan de boomkruinen tussen de 30 en 50 meter boven de bosbodem uitstijgen. Er staan honderden boomsoorten, waaronder ceiba, mahonie, aguacate, ebben en sapodilla. De combinatie van een groeiseizoen het hele jaar door, veel vocht, en miljoenen jaren evolutie heeft een omgeving voortgebracht die duizenden soorten planten en bomen herbergt. Terwijl in gematigde bossen meestal één soort domineert – bijvoorbeeld den, eik of beuk – wordt een tropisch bos gekenmerkt door diversiteit. Elke soort is aangepast aan één ecologische niche waar precies genoeg licht en vocht te vinden is.

Dit biologische pakhuis heeft heel bijzondere **ontdekkingen** opgeleverd. Steroïden als cortison, en diosgenine, het actieve ingrediënt in de anticonceptiepil, werden ontwikkeld uit de wilde yam van deze bossen; en het zeer krachtige verdovingsmiddel tetrodoxine komt van een Centraal-Amerikaanse kikkersoort.

Ondanks zijn grootte en diversiteit is het bos verrassend **kwetsbaar**. Het vormt een gesloten systeem waarin voedingsstoffen voortdurend circuleren en rottende planten voor nieuwe groei zorgen. De bosbodem is een sponzige massa van wortels, schimmels, mossen, bacteriën en andere micro-organismen, waarin voedingsstoffen met behulp van insecten en chemische afbraak worden opgeslagen en dan geleidelijk weer worden afgegeven aan de wachtende wortels en nieuwe zaailingen. Het dikke bladerdak houdt het meeste zonlicht weg van de bosbodem zodat die vochtig maar warm blijft, een broeinest van chemische activiteit. De dood van een grote boom leidt tot een uitbarsting van groei doordat nieuw licht de bosbodem bereikt, en na korte tijd groeit er al een nieuwe boom om het gat te dichten. Maar als de bomen zijn gekapt is de bodem uiterst kwetsbaar en beroofd van haar voornaamste bron van vruchtbaarheid. Blootgesteld aan de felle tropische zon en de rechtstreekse regen lijdt een stuk kaalgekapt bos al snel onder zowel overstromingen als droogte. Pas gekapt bos bevat genoeg voedingsstoffen voor vier of vijf goede groeiseizoenen, maar al snel daarna neemt de bruikbaarheid af, en binnen twintig jaar is het gebied volledig onvruchtbaar. Als bomen in een groot gebied worden gekapt, zorgt bodemerosie voor verzanding van de rivieren. Uit de kale, verdroogde bodem verdampt minder water en dat verstoort de plaatselijke regenval.

Bewoning betekent niet automatisch het einde van het regenwoud. Vroeger verschafte dit gebied voedsel aan een enorme Mayabevolking, waarschijnlijk wel 10 miljoen mensen in de laatklassieke periode. Maar sommige archeologen menen dat Petén in de Mayaperiode uit een combinatie van savanne en grasland bestond, en dat relatief recente klimaatveranderingen de ontwikkeling van het regenwoud mogelijk hebben gemaakt. Tegenwoordig gebruikt nog maar één kleine groep Maya's, de Lacandón, het regenwoud op een traditionele manier (zie de homepage van Lacandón, ⓦwww.geocities.com/RainForest/3134). De Lacandón gebruiken de bomen als gids en vermijden plekken met mahonie, omdat die meestal te nat zijn, maar zoeken locaties met ceiba en ramónbomen, die goed groeien op vruchtbare, goed afwaterende bodems. In april branden ze een stuk bos plat en planten dan, om bodemerosie te voorkomen, snelgroeiende bomen zoals bananen en papaja, en knolgewassen die de grond goed vasthouden. Een paar weken daarna planten ze de hoofdgewassen: maïs en een paar andere, van knoflook tot bataten (zoete aardappel). Elke vierkante centimeter grond is begroeid, een nabootsing van het bos zelf, en zo wordt de bodem beschermd. Een stuk land wordt drie of vier jaar gebruikt en mag daarna weer verwilderen, hoewel de Lacandón er vruchten blijven plukken en op den duur weer terugkomen. De hele cyclus is volmaakt in evenwicht met het bos, omdat alleen weggenomen wordt wat het bos kan missen en het dus vruchtbaar kan blijven. Helaas worden de landbouwmethoden van de Lacandón tegenwoordig maar zelden toegepast. Nieuwe bewoners verbranden het bos en zaaien gras voor het vee, en enorme stukken voormalig regenwoud kennen nog maar weinig biodiversiteit of vruchtbaarheid.

Onverstoord regenwoud is nog steeds adembenemend mooi en biedt onderdak aan een enorm aantal dieren. Waarschijnlijk de beroemdste vogel is de spectaculaire vuurrood-blauw-smaragdgroene **pauwkalkoen** die alleen in Petén voorkomt. Maar in het bos wonen ook drie soorten **toekans**, **motmot** (een soort paradijsvogel), een aantal **papegaaiensoorten** waaronder **Jamaicaparkieten** en **groene parkieten**, en de bedreigde **geelvleugelara**, die mogelijk wel vijftig jaar kan worden. Net als in de hooglanden vind je ook hier veel **kolibries**, **buizerds** en **haviken**. Veel van die soorten kun je gemakkelijk bekijken in het **Parque Nacional Tikal**, vooral als je wacht tot zonsondergang.

Zoogdieren zijn heel algemeen maar ook bijna altijd schuw, en je hebt de meeste kans ze te zien in de grotere reservaten en bij archeologische sites, waar ze soms wat meer aan mensen gewend zijn. Op veel plekken in het bos zul je vrijwel zeker **apen** zien, waaronder de acrobatische **slingeraap** en de sociaal ingestelde **brulaap**, die een ijzingwekkend diep gebrul laat horen. Het grootste landdier in Guatemala is de **tapir** (anta), die tot 300 kg zwaar kan worden en meestal te vinden is in de buurt van water. Tapirs worden bedreigd en zonder gids krijg je ze waarschijnlijk niet te zien. Grote groepen **pekari** (wild varken) scharrelen in twee soorten, de Halsband en de Witlip, op de bosbodem, op zoek naar wortels en palmnoten. Tot de kleinere planteneters behoren de **paca** (ook wel tepescuintle of agouti genoemd), een knaagdier zo groot als een biggetje, dat overal wordt bejaagd om op te eten. Je zult veel **coati** tegenkomen (plaatselijk *pizotes* genoemd), nieuwsgierige en intelligente familieleden van de wasberen, die met hun lange snuit voedsel zoeken tussen de gevallen bladeren, vaak in familiegroepen van een paar dozijn. Coati's en kleine **grijze vossen** zijn vaak te zien bij Tikal, en op veel plaatsen kun je **opossums** en **gordeldieren** tegenkomen.

In het gebied leven ook vijf soorten **katachtigen**, maar de meeste daarvan zijn tegenwoordig buiten de beschermde gebieden zeldzaam. **Jaguars** (*tigres* in Guatemala) kwamen vroeger in het hele land voor, maar tegenwoordig zit de grootste populatie in noordelijk Petén, hoewel ze zich maar zelden laten zien. **Poema's** leven in afgelegen bossen; minder zeldzaam maar nog steeds weinig waargenomen zijn de veel kleinere **ocelot** en de **margay**, die ongeveer zo groot is als een huiskat. De **jaguarundi** is de kleinste en meest algemene katachtige, en omdat ze overdag jagen kun je er eentje tegenkomen.

Als je langs een willekeurige rivier in Petén reist, heb je een grote kans om **groene leguanen**, **modderschildpadden** of **Tabascoschildpadden** op boomstammen te zien zonnebaden. **Reigers** en **ijsvogels** vissen vanaf overhangende takken. Ook grote rivieren, zoals de Río de la Pasión, en meren, waaronder het Lago de Petexbatún, hebben een rijk dierenleven, met bijvoorbeeld **binnensnoek**, **tarpoen** en **harder.**

Krokodillen komen steeds vaker voor in Petén nadat ze eerst door de jacht bijna waren uitgeroeid; je ziet ze nu vaak bij Lago de Yaxhá en Laguna Perdida. Ze zijn voor mensen niet gevaarlijk, tenzij ze heel groot zijn – minstens 3 m lang – maar neem waarschuwingen van de plaatselijke bevolking tegen zwemmen in bepaalde lagunes serieus.

Er zijn minstens vijftig soorten **slangen** in het gebied, maar slechts enkele zijn giftig en je zult er waarschijnlijk niet één zien. De **boa constrictor** is de meest algemene en ook de grootste slang (tot 4 m lang), maar ongevaarlijk voor mensen. Andere soorten die je kunt tegenkomen zijn **koraalslangen** (giftig) en **onechte koraalslangen** (niet giftig); in theorie houd je ze gemakkelijk uit elkaar aan de volgorde van de gekleurde strepen, maar tenzij je een expert bent, kun je alle slangen maar beter van een afstand bewonderen.

's Nachts hoor je in het bos het bekende koor van kikkerparingszang, en ook zul je vaak in een willekeurige hut de **roodoogboomkikker** – een prachtig bleekgroen beestje ongeveer zo groot als het topje van je duim – in je douchebak vinden. Misschien wat minder aantrekkelijk is de **agapad**, met zijn gewicht tot 1 kg en een lengte van meer dan 20 cm de grootste Amerikaanse pad. Zoals de meeste kikkers en padden heeft de agapad gifklieren, en zijn gif veroorzaakt hallucinaties, iets wat de oude Maya's bij hun ceremonies gebruikten: ze likten de gifklieren van de pad en interpreteerden de visioenen die ze dan kregen.

De Caribische kust en de Islas de la Bahía

Een groot deel van de korte **Caribische kust** van Guatemala is beschermd, als onderdeel van de Biotopo Punta del Manabique, een rijk moerasmilieu, terwijl er even landinwaarts bij de Río Dulce en Lago de Izabal nog een paar ecologisch rijke reservaten zijn. Dit is één van de beste plekken in het land voor vogelaars, met alleen al in het Reserva Bocas del Polochic ruim 300 soorten. Hoewel er in de Guatemalteekse wateren wat kleine koraalgroepen zijn, is er veel meer te zien bij de uitzonderlijk mooie riffen van de **Islas de la Bahía**; alle drie de hoofdeilanden hebben uitstekende duikscholen.

Het **kustbos** direct achter de Guatemalteekse kustlijn wordt gekenmerkt door zoutminnende planten met vaak taaie, wasachtige bladeren om water te kunnen vasthouden. Je vindt er onder andere rode en witte **gombomen**, **zwarte walnoot**, **ziricote**, **waaierpalm** en uiteraard de **kokospalm**, die karakteristiek is voor Caribische stranden, hoewel hij daar oorspronkelijk niet voorkomt. Het kustbos biedt met zijn doorlopende aanbod aan vruchten en zaden onderdak aan een enorm aantal dieren, vooral **trekvogels**, maar de ligging van het bos maakt dat het steeds meer bedreigd wordt door bebouwing.

Grote delen van de kust bij Punta del Manabique en Lívingston worden nog bedekt door **mangroves** die ecologisch erg belangrijk zijn, niet alleen als kraamkamers voor commerciële vissoorten, maar ook omdat ze de kust verstevigen en de kracht van stormen en orkanen kunnen absorberen. De meest voorkomende boomsoort direct aan het water is de **rode mangrove**, hoewel die op den duur zijn eigen omgeving ondermijnt doordat hij de zeebodem stabiliseert zodat die geschikt wordt voor de zwarte en de witte mangrove, die minder goed tegen zout kunnen. De basis van de voedselketen aan de kust is de voedzame modder, op z'n plaats gehouden door mangrovewortels waartussen **oesters** en **sponzen** leven. Op ondiepe plekken zijn 'weilanden' van **zeegras**, kraamkamers voor veel vissen en ongewervelde dieren, en graasgronden voor vleugelhoorn en schildpadden. Het uitgestrekte wortelstelsel van zeegras beschermt ook stranden tegen erosie doordat het de zand- en koraaldeeltjes bij elkaar houdt.

In de kustzone leven nog een paar **Caribische lamantijnen**, die 4 meter lang kunnen worden en dan meer dan 400 kilo wegen. Deze rustige en schuwe dieren trekken heen en weer tussen zoetwaterlagunes en de volle zee. Ooit werden ze bejaagd om hun vlees, maar ze zijn nu beschermd, en in het Golfete-gebied van de Río Dulce is het Biotopo Chocón Machacas gesticht als reservaat voor lamantijnen. Desondanks zijn ze in Guatemala erg zeldzaam, en je hebt meer kans om ze te zien in Belize, waar hun natuurlijke omgeving veel minder is aangetast.

De **koraalriffen** bij de **Islas de la Bahía** horen tot de meest gave in het Caribische gebied. Ze vormen een adembenemende wereld met vissen en koralen in alle mogelijke kleuren. De koralen zien eruit als felgekleurde onderwaterwouden, maar in feite bestaat elk koraal uit koloniën van individuele **poliepen** die leven van het plankton dat op de stroming langs komt drijven. Er zijn twee hoofdsoorten koraal: harde, kalkachtige, rifbouwende koralen, zoals **slakoraal**, **hersenkoraal** en **eilandgeweikoraal** (wetenschappelijke naam **zoantharia**, 74 soorten), en zachte koralen, zoals **hoornkoralen** en **zeeveren** (de **octocoralia**; 36 soorten). Boven op het rif vind je de zuurstokroze **kelksponzen**, **brandkoraal** (een toepasselijke naam), delicate **zeelelies**, en het **Venusmandje**, een lange dunne buis met heel veel kleine gaatjes.

Wonder boven wonder doorstonden de uitgestrekte riffen rond de Islas de la Bahía in 1998 de 10 meter hoge golven van **Orkaan Mitch** vrijwel zonder schade. Zelfs de conditie van de koralen bij Guanaja, dat rechtstreeks werd getroffen (Mitch beukte ruim twee dagen op het eiland) is grotendeels nog uitstekend, hoewel vissen wat in aantal achteruit zijn gegaan door overbevissing rond de riffen, ook al is het eiland een zeereservaat. De koraalriffen bij de Islas de la Bahía bestaan allereerst uit een ondiep **binnenrif** van een halve tot een km breed dat tot aan de kust reikt en wordt afgewisseld met stukken zand; het is niet dieper dan 12 meter. Dit binnenrif gaat over in een **buitenrif** waarop de branding breekt, en vanaf daar duikt de koraalwand bij de noordkust van Roatán, Utila en Guanaja vrijwel steil naar beneden. Dit zijn de dramatische **rifwanden**, spectaculaire topografische verschijnselen waar de Islas de la Bahía beroemd om zijn. De rifwanden vormen de rand van het **continentale plat**, dat op enkele kilometers ten noorden van de eilanden 3000 m naar beneden duikt en een gigantische onderzeese trog vormt, de Kaaimantrog.

De ligging van de Islas de la Bahía tussen deze ondiepe en diepe zeemilieus maakt ze zo ideaal als duikplek. Terwijl je aan de noordkust van de eilanden langs de rifwanden zwemt, kun je het uitbundige koraalleven bekijken, en tegelijk de grote blauwe diepte in de gaten houden. Daar zie je misschien **diepzeevissen** als tarpoen of reuzenmanta's vlak bij de kust. De zuidkust van de eilanden is een beetje anders: de hoogteverschillen in het rif zijn hier kleiner, en er zijn doorgangen en kleine eilandjes tussen stukken koraal in. Diepzeevissen komen er minder voor.

In de zeeën rond de Islas de le Bahía zijn alle zeedieren uit het Caribisch gebied volop aanwezig. Je komt vrijwel zeker een groot aantal dieren van het koraalrif tegen, zoals **keizers-** and **papegaaivissen**, **tijger-tandbaarzen**, **trompetvissen**

Natuurbeschermingsorganisaties

Alianza Verde (Green Alliance, ⓦwww.greendeal.org). Dit is een consortium van ecotoerisme-operators en natuurbeschermingsorganisaties, gevestigd in CINCAP, Flores (zie blz. 314). Ze werken nauw samen met de Guatemalteekse Landelijke Commissie voor Beschermde Gebieden (CONAP) en ProPetén (zie blz. 314), en richten zich vooral op een verantwoorde ontwikkeling van het Maya Biosphere Reserve. De Alianza heeft de 'Green Deal' ingevoerd, een beroepscode en certificering voor bedrijven voor ecotoerisme.

Arcas (ⓦwww.arcasguatemala.com). Een natuurbeschermingsorganisatie die een wildreservaat in Petén beheert (zie blz. 316) en ook een zeeschildpaddenproject runt in de streek rond Monterrico–Hawaii (zie blz. 237).

Centrum voor Natuurbeschermingsstudies (CECON). Een afdeling van de Guatemalteekse San Carlos Universiteit, met een hoofdkantoor in de Botanische Tuinen in Guatemala-stad (zie blz. 79). CECON leidt wetenschappelijk onderzoek (of voert het zelf uit) in alle zeven nationale *biotopos*. Dat zijn vaak de best beschermde gebieden binnen reservaten, zoals Cerro Cahuí in Petén, Monterrico aan de westkust, en het Biotopo del Quetzal in Baja Verapaz.

Defensores de la Naturaleza (ⓦwww.defensores.org.gt). Natuurbeschermingsorganisatie die bescherming combineert met ecotoerisme in de reservaten Sierra de las Minas en Bocas del Polochic (zie blz. 284 & blz. 267), en die daarnaast in Petén het enorme nationale park Sierra de Lacandón beheert.

Fundary (ⓦwww.guate.net/fundarymanabique). Fundary werkt samen met gemeenschappen in Punta de Manabique (zie blz. 254) om ecotoerisme te ontwikkelen. Soms worden Spaanssprekende vrijwilligers (bij voorkeur met een achtergrond in biologie of ecotoerisme) gevraagd om stranden waar schildpadden nestelen te inspecteren, of om lamantijnen en dolfijnen te observeren.

ProPetén (ⓦwww.propeten.org). Deze grootste NGO in Petén doet mee aan tal van beschermingsprojecten en verantwoorde exploitatieprojecten in het Maya Biosphere Reserve waaronder Las Guacamayas, een biologisch onderzoeksstation bij de Waka' ruïnes (El Perú). Vrijwilligers zijn welkom.

Proyecto Eco-Quetzal (ⓦwww.ecoquetzal.org). Al langer bestaande NGO (zie blz. 294) die met succes de bossen rond Cobán beschermt door de inheemse bevolking economische alternatieven te bieden, waaronder uitstekende projecten voor ecotoerisme, waarbij bezoekers overnachten bij Q'eqchi' Maya-dorpelingen.

Whale Shark & Oceanic Research Center (ⓦwww.wsorc.com). Een instelling op Utila die gedrag en migratiepatronen van walvishaaien bestudeert. Vrijwilligers zijn welkom.

en de kleine gestreepte **sergeant-majoorvissen**, terwijl ook **zeepaardjes** en **karetschildpadden** veel voorkomen. **Jamaicaanse doornroggen** en **gevlekte adelaarsroggen** zijn meestal wat schuwer, en **rifhaaien** (de ongevaarlijke verpleegsterhaai komt het meest voor) zul je zelden zien. Let op **kongeralen** en **murenen**, **langoesten** en de reusachtige **koningskrab**, verscholen in hun holen en spleten in de rifwand; op het rifdak kun je bij zonsopgang en zonsondergang de solitaire **grote barracuda** (zeesnoek) vaak zien jagen.

De grootste vis ter wereld, de planktonetende **walvishaai**, woont in de wateren rond Utila. De vis kan tot 14 m lang worden en bezoekt in oktober en november ook de kusten bij Roatán en Guanaja om zich vol te eten aan de eitjes van snappers en tandbaarzen (zie kader, blz. 380–381). Voor de kust heb je kans ook dolfijnen te zien, vooral de **tuimelaar**, en verder in zee zwemmen soms **slanke dolfijnen** achter zeeschepen aan.

Boeken

Guatemala inspireerde maar weinig schrijvers, tot enkele tientallen jaren geleden, toen de burgeroorlog en politieke chaos stapels non-fictie voortbrachten. De laatste jaren is er ook een stroom titels verschenen over de moderne en oude Mayacultuur. Yax Te' Books geeft een fascinerende reeks titels uit met nadruk op de inheemse Mayacultuur, -literatuur en -taal (Ⓦwww.yaxtebooks.com).

Boeken die we aanbevelen zijn aangeduid met een symbool (🏃).

Reizen

Stephen Connoly Benz *Guatemalan Journey*. Richt zich op de complexiteit van de Guatemalteekse samenleving en de invloed van de Amerikaanse cultuur en het evangelisme; bevat informatieve beschrijvingen van het leven in de hoofdstad en van de textielsector.

Peter Canby *Heart of the Sky – Travels Among the Maya*. De schrijver bewandelt de bekende weg door de Mayawereld en ontmoet een boeiende verzameling expats, Mayaspecialisten, priesters, de welgestelde inwoners van Guatemala-stad, en een vrouwelijke sjamaan. Een toegankelijk en leerzaam boek.

Anthony Daniels *Sweet Waist of America*. Een feest om te lezen. Daniels benadert Guatemala verfrissend onpartijdig en presenteert een fascinerende cocktail van mensen en politiek, zonder de stereotiepen waarvan de meeste boeken over Centraal-Amerika bol staan.

Thomas Gage *Travels in the New World*. Ongewoon verslag van de reizen van een dominicaanse monnik door Mexico en Centraal-Amerika tussen 1635 en 1637, met intrigerende inkijkjes in het koloniale leven en een paar felle uithalen naar de hebzucht en praalzucht van de katholieke kerk in het buitenland.

🏃 **Aldous Huxley** *Beyond the Mexique Bay*. Huxley's reizen in 1934 voerden hem van Belize via Guatemala door Mexico, voortgestuwd door zijn fascinatie voor geschiedenis en religie; onderweg spuide hij bizarre theorieën over alles wat hij zag. Het bevat een paar schitterende beschrijvingen van Maya-sites en inheemse cultuur, met geniale oneliners over mensen en plaatsen.

Patrick Marnham *So Far from God*. Een melancholiek en politiek ietwat rechts verslag van Marnhams reizen door Amerika van de Verenigde Staten naar Panama (Belize sloeg hij over). Doorspekt met grappige anekdotes en boeiende observaties. De gegevens dateren uit 1984, en bij de beschrijving van Guatemala overheerst het schrikbewind.

Jonathan Evan Maslow *Bird of Life, Bird of Death*. Maslow gaat op zoek naar de quetzal, en gebruikt de onzekere toekomst van de vogel als metafoor voor Guatemala in oorlogstijd, in een boek dat reisverslag en politiek commentaar combineert.

Christopher Shaw *Sacred Monkey River: A Canoe Trip with the Gods*. Boeiend verslag van de kanoreis van de schrijver langs de Usumacinta-rivier op de grens van Mexico en Guatemala. Fraai vormgegeven taal met een levendige en overtuigende analyse van de kosmologie en cultuur van de oude Maya's, en van de moderne politieke en milieuproblemen in het gebied.

John Lloyd Stephens *Incidents of Travel in Central America, Chiapas, and Yucatán*. Stephens was een klassieke 19de-eeuws ontdekkingsreiziger. Als de facto Amerikaans ambassadeur in Centraal-Amerika leefde hij zich uit in zijn liefde voor archeologie; terwijl de republieken onderling ruzieden waadde hij door de jungle, struikelend over oude steden. Zijn reisverslagen, in een ingehouden victoriaanse stijl met plotselinge uitbarstingen van enthousiasme, zijn zalig om te lezen. In sommige edities vind je Catherwoods schitterende illustraties van ruïnes overwoekerd door tropisch regenwoud.

Ronald Wright *Time Among the Maya*. Een levendig en sympathiek verslag van reizen vanuit Belize door Guatemala, Chiapas en Yucatán, met ontmoetingen met moderne Maya's en een onderzoek naar hun obsessie met tijd. De kernthema's van het boek zijn de oude Maya's en het geweld van de burgeroorlog. Een encyclopedische bibliografie draagt ideeën aan voor verdere studie, en de kennis van de schrijver blijkt duidelijk uit zijn scherpe historische analyses in het hele boek. Beslist één van de beste reisboeken over het gebied.

Fictie, autobiografie en poëzie

Miguel Ángel Asturias *De doem van maïs*. Asturias is Guatemala's beroemdste auteur; hij put diepgaand uit de Guatemalteekse geschiedenis en cultuur. *Maïsmensen* wordt algemeen als zijn meesterwerk beschouwd. Het is met zijn magisch realisme een klassiek Latijns-Amerikaans werk, en verweven met de complexiteit van de inheemse cultuur. Tot Asturias' verdere werk horen *El Señor Presidente*, een grotesk portret van sociale chaos en dictatuur, gebaseerd op eigen ervaringen; *El Papa Verde*, dat de duistere wereld van de United Fruit Company onderzoekt; en *Weekend in Guatemala*, over de ondergang van de regering Arbenz. In 1974 kreeg Asturias de Nobelprijs voor Literatuur.

Jane Bowles baseerde haar *A Guatemalan Idyll*, en andere verhalen, die opnieuw zijn uitgebracht in *Everything is Nice: Collected Stories of Jane Bowles,* op ervaringen in Guatemala eind jaren dertig.

Paul Bowles *Up Above the World*. Bowles is op zijn ijzingwekkende, onnadrukkelijke best in deze roman, die eveneens gebaseerd is op een bezoek aan Guatemala in de jaren dertig.

Francisco Goldman *The Long Night of White Chickens*. Deze roman maakt gebruik van de stilistische complexiteit van Latijns-Amerikaanse fictie om het verhaal te vertellen van een jonge Guatemalteekse wees die naar de VS vlucht en als dienstmeisje gaat werken. Als ze uiteindelijk terugkeert naar haar politiek chaotische land wordt ze vermoord. Het verhaal is boeiend en ambitieus, hoewel de chaotische chronologie het boek een Byzantijnse complexiteit verleent die het soms duister en moeizaam leesbaar maakt. Goldmans derde roman, *A Divine Husband* (Atlantic), speelt in de 19de eeuw en heeft een vergelijkbaar taalgebruik. Dit boek volgt de avonturen van een charismatisch half-Mayameisje en haar vele vrijers in New York en Centraal-Amerika.

Gaspar Pedro Gonzáles *A Mayan Life*. Boeiend verhaal over de persoonlijke en interculturele conflicten waarmee een Q'anjob'al-Maya in de Cuchumatanes-bergen worstelt wanneer hij hoger onderwijs wil.

Norman Lewis *The Volcano Above Us*. Vaag-historische roman, uitgegeven in 1957, die de voornaamste elementen van de Guatemalteekse geschiedenis samenbrengt. Het boek roept een beeld op van somber gesloof en eeuwig conflict tegen een achtergrond van onderdrukking en racisme. In bepaald opzicht profetisch, gezien de latere gebeurtenissen, en nog altijd aangrijpend ondanks zijn treurige conclusies.

Kathy Reichs *Grave Secrets*. In deze onweerstaanbare thriller vliegt forensisch antropologe Tempe Brennon naar Guatemala om de massagraven van oorlogsslachtoffers te onderzoeken, maar wordt vervolgens overgehaald om onderzoek te doen naar de verdwijning van vier rijke meisjes uit de hoofdstad.

Geschiedenis, politiek en mensenrechten

Ruud van Akkeren *De dans van de trom. Een Maya-ritueel*. Tegen de achtergrond van de woelige samenleving van het pas veroverde Mayaland Guatemala strijden in 1546 koloniale veroveraars, monniken en kerkvorsten en Maya-edelen om de macht.

Tom Barry *Guatemala – A Country Guide*. Beknopt verslag van de politieke, economische en sociale situatie in Guatemala, vanuit een gematigd links standpunt. Uitgegeven in 1990.

William V. Davidson *Historical Geography of the Bay Islands, Honduras*. Een interessante studie over de manier waarop golven kolonisten, van piraten tot Hondurezen van het vasteland, de eilandcultuur hebben gevormd. Nuttig vanwege de interessante achtergrondinformatie.

Edward F. Fisher and R. McKenna Brown (red.) *Maya Cultural Activism in Guatemala*. Geslaagde samenvatting over de inheemse beweging in Guatemala, met goede hoofdstukken over kleding en identiteit, en over de herlevende belangstelling voor Mayatalen en -schrift.

Francisco Goldman *De kunst van de politieke moord. Wie vermoordde de bisschop?* Onderzoeksjournalistiek op zijn best. Dit is een zorgvuldig onderbouwd en gepassioneerd verslag van de moord op bisschop Gerardi, de culminatie van zeven jaar verslaggeving. Goldman vlecht boeiende karakterschetsen – van moordenaars, officieren van de inlichtingendienst, straatkinderen en kerkmensen – samen tot een adembenemende *whodunit*.

Greg Grandin *The Blood of Guatemala – A History of Race and Nation*. Schitterende studie over de K'iche' Maya-elite van Quetzaltenango en hun invloed op de streek en het land. Beslaat de periode vanaf ca. 1750 tot de val van de regering Arbenz in 1954.

Jim Handy *Gift of the Devil*. Uitstekende geschiedenis van Guatemala: beknopt en leesbaar, met een sterke nadruk op de Mayabevolking en de korte socialistische regeringsperiode. Hoewel het boek halverwege de jaren tachtig werd geschreven, biedt het een overtuigende kijk op de moderne Guatemalteekse staat.

George Lovell *A Beauty That Hurts: Life and Death in Guatemala*. Een goede moderne analyse met levendige interviews met ballingen en gemeenschapsleiders. Het boek evalueert de historische context die het Guatemala van de 20ste eeuw heeft gevormd.

Víctor Montejo *Testimony: Death of a Guatemalan Village*. Een huiveringwekkend verslag van moord en verwoesting. In dit geval gaat het om de persoonlijke getuigenis van een schoolmeester die de komst beschrijft van het leger in een klein dorp in de hooglanden, en de moordpartijen die volgen.

Víctor Perera *Unfinished Conquest*. Uitstekend en uiterst leesbaar verslag van de tragische burgeroorlog, met uitvoerige aandacht voor de diepgewortelde ongelijkheid waarmee het geboorteland van de overleden auteur worstelt. Het boek ontleent zijn kracht aan de uitgebreide interviews met doorsnee- en invloedrijke Guatemalteken en is een scherpe analyse van de recente geschiedenis.

REMHI *Guatemala: Never Again*. Verkorte vertaling van het cruciale rapport door de Guatemalteekse katholieke kerk over de gruweldaden tijdens de burgeroorlog. Het onderzoek geeft een uitstekend overzicht van de geschiedenis van het conflict, bevat aangrijpende persoonlijke verhalen en een scherpe analyse van militaire en guerrillastrategieën.

Victoria Sanford *Buried Secrets: Truth and Human Rights in Guatemala*. Een indringende en grondig onderbouwde studie over *la violencia*, gebaseerd op ruim vierhonderd interviews met overlevenden van bloedbaden, met mensen uit het leger en met leden van de guerrilla.

Jennifer Schirmer *The Guatemalan Military Project: A Violence Called Democracy*. Een *insider's view* op de ideologie en mentaliteit van het Guatemalteekse leger, gebaseerd op tal van interviews met hoge officieren, zes ministers van defensie en drie voormalige staatshoofden.

Stephen Schlesinger en Stephen Kinzer *Bitter Fruit: The Untold Story of the American Coup in Guatemala*. Dit boek volgt de betrokkenheid van de VS bij de coup van 1954, duikt in de duistere krochten van het beleid van de United Fruit Company en toont aan dat het invasieleger zijn bevelen kreeg van het Witte Huis.

Jean-Marie Simon *Eternal Spring – Eternal Tyranny*. Gezaghebbend fotojournalistiek onderzoek naar de Guatemalteekse burgeroorlog.

Daniel Wilkinson *Silence on the Mountain: Stories of Betrayal and Forgetting in Guatemala*. Wilkinsons boek is deels geschiedschrijving, deels persoonlijk reisverslag en deels getuigenis. Het geeft degenen die het meest leden in de burgeroorlog een stem.

Midden-Amerikaanse politiek

Tom Barry *Central America Inside Out*. Goed gedocumenteerde achtergrondinformatie over het hele gebied, zij het enigszins gedateerd.

Peter Dale-Scott en Jonathan Marshall *Cocaine Politics: Drugs, Armies and the CIA in Central America*. Polemische maar goed onderbouwde uiteenzetting van de betrokkenheid van de CIA bij de cocaïnehandel en politieke onderdrukking in Centraal-Amerika in de jaren tachtig. Onthult de feiten achter het Iran-Contraschandaal en weerlegt de retorica over de *war on drugs*.

James Dunkerley *Power in the Isthmus*. Gedetailleerd overzicht van de Centraal-Amerikaanse politiek, en een goede samenvatting van de situatie, zij het in een nogal gezwollen, academische stijl. Zijn latere boek *The Pacification of Central America* (Verso Editions) uit 1994 behandelt de periode tot aan het begin van het vredesproces en is even goed gedocumenteerd, met veel ondersteunende statistieken.

Walter Lafeber *Inevitable Revolutions: The United States in Central America*. Een zeer kritische analyse van de betrokkenheid van de VS bij Centraal-Amerika, vanaf de Monroedoctrine uit 1823, via het United Fruit Company-tijdperk tot aan de Reaganperiode.

William Weinberg *War on the Land: Ecology and Politics in Central America*. De schrijver vertelt over de vervlechting van doelen en conflicten van natuurbescherming (en tot op zekere hoogte ecotoerisme), landrechten en politiek in Midden-Amerika.

Ralph Lee Woodward Jr *Central America: A Nation Divided.* Ondanks de flauwe titel een goede algemene samenvatting van de Centraal-Amerikaanse situatie, in een toegankelijke stijl. De nieuwste uitgave behandelt de gevolgen van het vredesverdrag en de neoliberale economie van de late jaren negentig.

Inheemse cultuur

Robert Carmack *Quichean Civilization.* Grondige studie van de K'iche'-geschiedenis en berglandsamenleving, gebaseerd op archeologische gegevens en verslagen over de Conquista.

Krystyna Deuss *Shamans, Witches, and Maya Priests: Native Religion & Ritual in Highland Guatemala.* Een unieke en fascinerende studie over Mayagebruiken in de afgelegen Cuchumatanes, in dorpjes waar de Mayakalender nog steeds wordt gebruikt, gebaseerd op tientallen jaren onderzoek, en prachtig geïllustreerd met foto's.

Ann Hecht *Textiles from Guatemala.* Dun boek over de rijke weeftradities van Guatemala.

Grant D. Jones *The Conquest of the Maya Kingdom.* Een enorme academische pil maar ook een fascinerende geschiedschrijving van de Itza Maya, en een aangrijpend verhaal over hoe de Spanjaarden het laatste onafhankelijke Mayakoninkrijk, Tayasal (tegenwoordig Flores), binnentrokken en uiteindelijk versloegen.

Rigoberta Menchú *I, Rigoberta Menchú – An Indian Woman in Guatemala* en *Crossing Borders*, vertaald en uitgekomen bij De Geus als *Rigoberta Menchú, een bericht uit Guatemala.* Monumentaal verhaal over één van de meest opmerkelijke vrouwen van Latijns-Amerika, Rigoberta Menchú, winnares van de Nobelprijs voor de Vrede (1992). Het eerste deel is een gruwelijk verslag van gezinsleven in de Maya-hooglanden; het vertelt hoe Menchú's familie door het leger werd geterroriseerd en vermoord. Het boek onthult ook veel over de culturele tradities van de K'iche'-Maya en de enorme kloof tussen de Ladino en de inheemse samenleving in Guatemala. Het tweede deel is optimistischer en gaat over Menchú's leven als een balling in Mexico, haar werk bij de VN ten behoeve van inheemse volkeren, en haar terugkeer naar Guatemala. Hoewel Menchú's moed en doorzettingsvermogen buiten kijf staan, betwijfelen sommigen, waaronder auteur David Stoll (zie blz. 454), de betrouwbaarheid van delen van haar verhaal.

Hans Namuth *Los Todos Santeros.* Schitterend boek met zwart-witfoto's genomen in het dorpje Todos Santos Cuchumatán, ten noorden van Huehuetenango. Namuth liet zich inspireren door het werk van antropologe Maud Oakes (zie hierna).

Maud Oakes *Beyond the Windy Place: The Two Crosses of Todos Santos.* Een antropologe die vele jaren doorbracht in het Mam-Mayadorpje Todos Santos. Oakes' studies van het dorpsleven werden in de jaren veertig en vijftig gepubliceerd, maar zijn nog altijd fascinerend om te lezen.

De Popol Vuh De grote K'iche'-scheppingsmythe, opgeschreven kort na de Conquista, is een wonderlijke werveling van mythologische figuren en hun zwerftochten door de K'iche'-hooglanden op zoek naar de voorouders van de stam. Er zijn verschillende versies te krijgen maar veel ervan zijn halfslachtig en bevatten maar een paar regels van het origineel. De beste vertaling is die van Dennis Tedlock.

James D. Sexton (red.) *Son of Tecún Umán*; *Campesino*; en *Ignacio*. Drie uitstekende autobiografische verhalen, geschreven door een Tz'utujil-Maya uit Lago de Atitlán. De verhalen geven een indruk van het leven in een modern Mayadorp, beheerst door armoede, plaatselijke politiek en een mengsel van katholicisme en bijgeloof. Ze slagen erin de stereotiepen te vermijden waar de meeste beschrijvingen van de inheemse bevolking mee kampen. Sextons *Mayan Folktales: Folklore from Lake Atitlán, Guatemala* en *Heart of Heaven, Heart of Earth and other Maya Folktales* ontsluieren een fantasievolle wereld van wonderlijke fabels die de strenge morele codes van de samenleving en opvattingen over recht en lot onderstrepen.

David Stoll *Rigoberta Menchú and the Story of All Poor Guatemalans*. Iconoclastische biografie die aanzienlijke delen van de Menchú-legende onder vuur neemt, hoewel sommige academici kritiek hebben op Stolls letterlijke interpretatie van de Maya-verteltraditie.

Philip Werne *The Maya of Guatemala*. Een korte studie over onderdrukking en de Maya's in Guatemala. De meest recente uitgave (1994) is nu enigszins gedateerd, maar nog altijd interessant.

Archeologie

Michael D. Coe *The Maya*. Deze heldere en uitgebreide inleiding tot Maya-archeologie, inmiddels toe aan zijn 7de editie, is de beste die te krijgen is. Coe heeft ook meer diepgravende, academische werken geschreven. Zijn boek *Breaking the Maya Code* ontleent veel aan het feit dat Coe aanwezig was bij veel belangrijke besprekingen die bijdroegen aan de uiteindelijke ontcijfering van de Maya-hiërogliefen. *The Art of the Maya Scribe* is geschreven samen met Justin Kerr, de uitvinder van 'uitrol'-foto's, een techniek waarmee het volledige oppervlak van een ronde vaas kan worden getoond. Het boek is een prachtig geïllustreerde geschiedenis van de Mayaschrijfkunst, en neemt de lezer bovendien mee naar het universum en de mythologie van de Maya's, via de adembenemend knappe kalligrafie van de Mayakunstenaars zelf.

David Drew *The Lost Chronicles of the Maya Kings*. Een zeer leesbaar en boeiend boek. Drew gebruikt een schat aan gegevens om een uitstekend overzicht te kunnen bieden van de politieke geschiedenis van de oude Maya's. De allianties en rivaliteiten tussen de belangrijkste steden worden vakkundig ontrafeld, en ook is er een onthullende analyse van de machtspolitiek van de laatklassieke Maya. Dit is momenteel één van de meest bijgewerkte naslagwerken.

William L. Fash *Scribes, Warriors and Kings*. Het standaardwerk over de ruïnes van Copán, met de volledige historische achtergrond, uitstekende kaarten en fraaie tekeningen en foto's.

Peter D. Harrison *The Lords of Tikal*. Uitmuntend boek over de metropool Petén, inclusief recente vertalingen van hiërogliefen en enorm veel details over de monumenten en voorwerpen uit de stad (met uitzondering van Tempel V) en over de bijbehorende heersers.

Simon Martin en Nikolai Grube *Chronicle of the Maya Kings and Queens*. Met gejuich ontvangen toen het uitkwam. Een baanbrekend werk (inmiddels 2de editie) gebaseerd op uitputtend recent epigrafisch onderzoek en een herlezing van eerder vertaalde hiërogliefenteksten. Het bevat ook de annalen van belangrijke Mayasteden, waaronder Tikal,

Naranjo en Dos Pilas, compleet met de biografieën van 152 koningen en 4 koninginnen, volledige overzichten van de dynastieën en alle belangrijke veldslagen. In de woorden van Michael D. Coe, schrijver van *The Maya*: 'Dit boek is met niets te vergelijken. Het overtreft alles wat ooit eerder over Mayageschiedenis geschreven is.'

Mary Miller en Simon Martin *Courtly Art of the Ancient Maya.* Rijk geïllustreerd met afbeeldingen van jade, stucwerk, stenen voorwerpen en pottenbakkerskunst. Dit boek legt ook de rituelen en gewoonten uit die het dagelijks leven aan de koningshoven bepaalden.

John Montgomery *Tikal: An Illustrated Hsitory of the Ancient Maya Capital.* Een leerzame geschiedenis van de site, tjokvol met informatie over de Maya's, waaronder een grondig chronologisch overzicht.

Linda O'Bryan en Hans Zaglitsch *La Ruta Maya.* Waar kwamen de Maya's vandaan? Wat voor geheimzinnige ceremonies hielden ze? Offerden ze mensen aan de goden tijdens bloedige rituelen of is die theorie een verzinsel van archeologen? Waarom eindigde de Mayacultuur zo abrupt? Vragen en dilemma's die de experts en andere geïnteresseerden al meer dan een eeuw bezighouden.

Linda Schele en David Freidel (e.a.). De auteurs, vertegenwoordigers van de 'new archeology', waren persoonlijk betrokken bij de ontcijfering van veel Maya-hiërogliefen. *A Forest of Kings: The Untold Story of the Ancient Maya*, samen met *The Blood of Kings* door Linda Schele en Mary Miller, toont aan dat de oude Maya's niet werden geregeerd door vreedzame priester-astronomen maar door heersers die het koningschap erfden, dat ze woonden in dichtbevolkte, agressieve stadstaten en doorlopend verwikkeld waren in allianties en oorlogen. *The Maya Cosmos* door Schele, Freidel en Joy Parker leest misschien wat lastiger, maar ook dit boek behandelt op een unieke en baanbrekende manier de riten en religie van de Maya's. *The Code of Kings*, geschreven samen met Peter Matthews en uitbundig geïllustreerd, onderzoekt de betekenis van de monumenten op een aantal geselecteerde Maya-sites; het is een klassieker wat betreft epigrafische interpretatie.

Robert Sharer *The Ancient Maya.* Het klassieke en uitgebreide werk over de Mayabeschaving, ook in de inmiddels 6de editie nog altijd gezaghebbend. Verplichte kost voor archeologiestudenten, maar ook een fascinerend naslagwerk voor leken, net als *Daily Life in Maya Civilization* van dezelfde auteur.

J. Eric S. Thompson *The Rise and Fall of the Maya Civilization.* Thompson was een belangrijke autoriteit op het gebied van de oude Maya's, en hij schreef een groot aantal academische studies, waarvan dit een meer toegankelijke is.

Flora en fauna

Les Betelsky *Belize and Northern Guatemala.* Andere gespecialiseerde gidsen behandelen het onderwerp misschien met meer detail, maar dit is een uitvoerige en duidelijke eendelige gids voor de zoogdieren, vogels, reptielen, amfibieën en zeedieren in het gebied.

Louise H. Emmons *Neotropical Rainforest Mammals.* Dit uiterst informatieve boek, verrijkt met de kleurenillustraties door François Feer, is door experts geschreven voor leken. Het geeft plaatselijke en wetenschappelijke namen, en volop interessante weetjes.

Steve Howe en Sophie Webb *The Birds of Mexico and Northern Central America*. Een prachtboek, het standaardwerk over de vogels van het gebied. Essentieel voor alle serieuze vogelaars.

Thor Janson *In the Land of Green Lightning*. Een exquis fotoboek over het rijke dierenleven en de natuur in het Mayagebied, met zeldzaam mooie beelden van een uitbarsting van de Volcán Pacaya.

Frank B. Smythe *The Birds of Tikal*. Deze vrijwel volledige gids is algemeen verkrijgbaar in Guatemala, maar zeker te koop in Tikal.

Reisboeken

Elizabeth Bell *Antigua Guatemala: The City and Its Heritage*. De beste gids voor Antigua, geschreven door een vooraanstaande historica die er zelf lang woonde. Verkrijgbaar bij diverse winkels in Antigua, net als *Lent and Easter Week in Antigua* door dezelfde auteur.

William Coe *Tikal: A Handbook to the Ancient Maya Ruins*. Een gedetailleerde beschrijving van de site, meestal te koop bij de ruïnes, maar de meest recente vondsten staan er niet in. De kaart van het centrale gebied is onmisbaar voor wie grondig op onderzoek uit wil.

Sharon Collins *Diving and Snorkeling Roatán and Honduras' Bay Islands*. Behandelt veel van de belangrijkste duikplekken bij Utila en Roatán, maar bespreekt Guanaja alleen oppervlakkig.

Joyce Kelly *Archaeological Guide to Northern Central America*. Gedetailleerde en praktische gids voor tientallen sites met uitstekende foto's en nauwkeurige kaarten. Dit deel behandelt 38 Maya-sites en 25 musea in Guatemala, Belize, Honduras en El Salvador. Inmiddels een tikje verouderd, maar nog steeds onmisbaar.

Barbara Balchin de Koose *Antigua for You*. Bijzonder uitvoerige beschrijving van de wonderen van koloniale architectuur in Antigua, maar niet veel meer dan dat.

Lily de Jongh Osborne *Four Keys to Guatemala*. Eén van de allerbeste gidsen over Guatemala. Bevat onder andere korte teksten over elk aspect van de geschiedenis en cultuur van het land. Osborne heeft ook een goed boek geschreven over de inheemse kunst en handvaardigheid van Guatemala. Beide boeken worden niet meer herdrukt.

Kookboeken

Catalina B. Figueroa *Cocina Guatemalteca: Arte, Sabor y Colorido*. Bevat een uitvoerige reeks nationale gerechten en regionale specialiteiten, en is in veel boekwinkels in Antigua te koop.

Copeland Marks *False Tongues and Sunday Bread: A Guatemalan and Maya Cookbook*. Als je veel in Guatemala hebt gereisd en je ongans hebt moeten eten aan bonen en tortilla's, ben je misschien verbaasd dat het land een stevig verankerde culinaire traditie heeft. In Marks' boek vind je veel heerlijke Guatemalteekse recepten, zoals kip in *mole*-saus, naast basisvoedsel als zwarte bonen.

Taal

Taal

Taal

Guatemala kent een wirwar van talen, maar gelukkig voor de reiziger kun je je, behalve in de meest afgelegen streken, overal redden met Spaans. Guatemalteken uit de middenklasse spreken soms Engels, maar je moet beslist in elk geval een paar Spaanse zinnen leren, anders kun je in een lastig parket komen te zitten.

Guatemalteeks **Spaans** is overgoten met een pittige Latijns-Amerikaanse saus, en als je de beschaafde klanken van Madrid gewend bent, zul je verbaasd staan. Maar als je net met Spaans begint, is het veel gemakkelijker dan de Castiliaanse variant. Overal zul je mensen tegenkomen die hun best willen doen om je te begrijpen en graag met *gringos* praten.

De **uitspraakregels** zijn nogal simpel en worden, als je ze eenmaal kent, consequent toegepast. Tenzij er een accentteken is, ligt de **klemtoon** bij woorden die op d, l, r of z eindigen op de laatste lettergreep; bij alle andere woorden op de voorlaatste.

A een halfopen a-klank die in de richting van de -e- gaat; 'Groningse' -a-.

E als in 'pet'.

I als in 'kiezen'.

O als in 'pot'.

U als in 'doek'.

C is een -s- voor een E[?} en een I, anders een -k- : *cerca* wordt uitgesproken als 'serka'.

G werkt net zo; een zachte Duitse -ch- (als in 'ich') voor E of I, anders een Friese -g-: *gigante* wordt chigante.

H wordt nooit uitgesproken.

J klinkt als de Limburgse keelklank G: *jamón* klinkt als 'chaMON'.

LL klinkt als een Nederlandse -j- : *tortilla* wordt uitgesproken als 'tortieja'.

N als in het Nederlands, tenzij er een circonflexe (zo'n wormpje) boven staat, dan wordt het -nj-: *mañana* klinkt als 'manjana'.

QU wordt uitgesproken als een Nederlandse K.

R is een tongpunt -r-, en RR nog meer.

V gaat in de richting van een Surinaamse W-; *vino* klinkt bijna als 'uWIno'.

X gaat in de richting van een Nederlandse -sj- of -sh-; *Xela* klinkt als 'shela'.

Z is hetzelfde als een -s-, dus *cerveza* wordt 'servesa'.

Hieronder volgt een lijst met wat basiswoorden en uitdrukkingen, maar als je voor langere tijd op reis gaat, is een **woordenboek** of een **taalgidsje** uiteraard een nuttige investering. Met elk goed Spaans woordenboek of taalgidsje kun je je in Guatemala wel redden, maar de meest bruikbare richten zich op het Spaans van Latijns-Amerika. Het *Koenen Woordenboek Spaans-Nederlands/Nederlands-Spaans* (hardcover) of het *Prisma Woordenboek Spaans-Nederlands /Nederlands-Spaans* (paperback) zijn goede allrounders; de *Wat & Hoe Taalgids Spaans Latijns-Amerika* bevat standaardzinnen over alle mogelijke onderwerpen, naast woordenlijsten en een uitspraakhulp. Als je een woordenboek gebruikt, denk er dan aan dat in het Spaans de combinaties CH, LL en Ñ als aparte letters worden beschouwd; ze komen respectievelijk na de C, de L en de N. Heb je plannen je te storten op Guatemalteeks slang, scheldwoorden en uitdrukkingen, dan kun je terecht bij *¿Qué Onda Vos?* (in het Engels) door Juan Carlos Martínez López en Mark Brazaitis, dat een fraaie collectie *guatemaltequismos* bevat. Het is te koop in diverse boekhandels, en bij de La Unión taalschool in Antigua (zie blz. 50).

Mayatalen

Na jaren van door de staat gesteunde *castellanización*-programma's, waarbij Spaans de enige onderwijstaal was en Mayakinderen op school vrijwel hulpeloos moesten toekijken, is er nu een netwerk van Mayascholen, met alleen al in de Q'eqchi'-gebieden van Guatemala enkele honderden. Er is nu een krachtige inheemse culturele beweging die de tientallen Mayatalen die nog worden gesproken probeert te behouden (zie blz. 430 voor een overzichtskaart). Omdat geboortecijfers bij de Maya veel hoger liggen dan bij de Ladino is er een goede kans dat de grootste talen, zoals K'iche', Kaqchikel en Mam, zullen overleven, maar de toekomst van de meer geïsoleerde talen is onzeker. Als je van plan bent om langere tijd in een inheems gebied te blijven om ontwikkelingswerk te doen, zul je veel baat hebben bij wat basiskennis van de plaatselijke taal. Er zijn een paar taalscholen (zie blz. 50) waar je **een Mayataal kunt leren** en de grondbeginselen kunt oppikken. K'inal Winik Cultural Center van Cleveland State University (Ⓦwww.csuohio.edu/kinalwinik) richt zich op Mayatalen en -cultuur en geeft onder de noemer Yax Te' Books een reeks titels uit over inheemse Guatemalteekse talen en literatuur. De Yax Te' Foundation (Ⓦwww.yaxte.org) houdt zich bezig met de promotie van en steun aan de Mayacultuur en -talen; hun studiemateriaal en woordenboeken zijn uitstekend.

Mayawoorden zijn lastig om te zetten in het Spaans (of Nederlands), dus je zult bijvoorbeeld dezelfde plaatsnaam in verschillende spellingen tegenkomen: *K'umarkaaj* kan ook *K'umarcaah* zijn, of zelfs *Gumarcaj*. Bij bijna alle Mayawoorden ligt de klemtoon op de laatste lettergreep, die vaak met een accent geschreven wordt: Atitlán spreek je uit als A-tit-LAN, Wakná is wak-NA.

C is altijd een harde K, in tegenstelling tot in het Spaans.

J is de keelklank G, net als in het Spaans.

U als een Surinaamse W aan het begin van een woord, en als een Nederlandse -oe- in het midden of aan het eind; Uaxactún klinkt als WasjakTOEN.

X klinkt als SJ – *Ixcún* wordt uitgesproken als isj-KOEN.

Spaanse woorden en zinnen

Basisbegrippen

Ja, Nee	Sí, No
Alstublieft. Dank u	Por favor. Gracias
Waar? Wanneer?	¿Dónde? ¿Cuándo?
Wat? Hoeveel?	¿Qué? ¿Cuánto?
Hier, daar	Aquí, allí
Dit, dat	Este, eso
Nu, later	Ahora, más tarde
Open, gesloten	Abierto/a, cerrado/a
Met, zonder	Con, sin
Goed, slecht	Buen(o)/a, mal(o)/a
Groot, klein	Gran(de), pequeño/a
Meer, minder	Más, menos
Vandaag, morgen	Hoy, mañana
Gisteren	Ayer

Begroeting en antwoord

Hallo, dag	Hola, Adiós
Goedemorgen	Buenos días
Goedemiddag, -avond	Buenas tardes/noches
Tot straks	Hasta luego
Sorry	Lo siento/discúlpeme
Pardon	Con permiso/perdón

Hoe maakt u het?	¿Cómo está (usted)?
Ik begrijp het (niet)	(No) Entiendo
Kunt u langzamer spreken?	¿Podría hablar más lento?
In orde/'t Is niets	De nada
Spreekt u Engels?	¿Habla (usted) inglés?
Ik spreek geen Spaans	No hablo español
Wat (zei U)?	¿Mande?
Ik heet …	Me llamo …
Hoe heet u?	¿Cómo se llama usted?
Ik ben Engels(e)	Soy inglés(a)
Amerikaan	americano (a)
Australiër	australiano(a)
Belg	belgo(a)
Brit	británico(a)
Canadees	canadiense
Nederlander	holandés(a)
Ier	irlandés(a)
Nieuw-Zeelander	neocelandés(a)
Zuid-Afrikaan	sudafricano(a)

Vragen – hotels en vervoer

Ik wil	Quiero
Ik wil graag	Quisiera
Weet u …?	¿Sabe …?
Ik weet (het) niet	No sé
Er is (is er)?	(¿)Hay(?)
Geef mij … (zo een)	Deme … (uno así)
Weet u hoe laat het is?	¿Tiene la hora ?
Hebt u…	¿Tiene …?
… een kamer	…un cuarto
…met twee bedden	…con dos camas
tweepersoonsbed	cama matrimonial
Het is voor één persoon	Es para una persona
(twee personen)	(dos personas)
… voor één nacht	… para una noche
(één week)	(una semana)
Prima, hoeveel kost dat?	¿Está bien, cuánto es?
Dat is te duur	Es demasiado caro
Hebt u niets goedkopers?	¿No tiene algo más barato?
Is het mogelijk … (hier) te kamperen?	¿Se puede… ? ¿ acampar aquí (cerca)?
Is hier een hotel in de buurt?	¿Hay un hotel aquí cerca?
Hoe kom ik bij …?	¿Por dónde se va a …?
Linksaf, rechtsaf, rechtdoor	Izquierda, derecha, derecho
Waar is …?	¿Dónde está …?
… het busstation	…el terminal de camionetas
… de dichtstbijzijnde bank	…el banco más cercano/
… het postkantoor	…el correo/la oficina de correos/
… de wc	…el baño/sanitario
Waar vertrekt de bus naar….?	¿De dónde sale la camioneta para …?
Ik wil graag een (retour)biljet naar…	Quisiera un boleto (de ida y vuelta) para …
Hoe laat vertrekt hij uit.. (arriveert in)?	¿A qué hora sale… (llega en …)?
Wat is er te eten?	¿Qué hay para comer?
Wat is dat?	¿Qué es eso?
Hoe heet dit in het Spaans?	Cómo se llama este en español?

Getallen en dagen

0	cero
1	un/uno/una
2	dos
3	tres
4	cuatro
5	cinco
6	seis
7	siete
8	ocho
9	nueve
10	diez
11	once
12	doce
13	trece

14	catorce
15	quince
16	dieciséis
20	veinte
21	veintiuno
22	veintidós
30	treinta
31	treinta y uno
40	cuarenta
50	cincuenta
60	sesenta
70	setenta
80	ochenta
90	noventa
100	cien
101	ciento uno
200	doscientos
201	doscientos uno
500	quinientos
1000	mil
2000	dos mil
1.000.000	un millión
eerste	primero/a
tweede	segundo/a
derde	tercero/a
vierde	cuarto/a
vijfde	quinto/a
zesde	sexto/a
zevende	séptimo/a
achtste	octavo/a
negende	noveno/a
tiende	décimo/a

maandag	lunes
dinsdag	martes
woensdag	miércoles
donderdag	jueves
vrijdag	viernes
zaterdag	sábado
zondag	domingo

Menukaart

Basisbegrippen

Azúcar	Suiker
Carne	Vlees
Ensalada	Salade
Huevos	Eieren
Mantequilla	Boter
Pan	Brood
Pescado	Vis
Pimienta	Peper
Queso	Kaas
Sal	Zout
Salsa	Saus
Verduras/Legumbres	Groenten

Soepen (sopas) en voorgerechten

Sopa	Soep
de arroz	met rijst
de fideos	met vermicelli
de lentejas	Linzen-
de verduras	Groente-
Consome	Consommé
Caldo	Bouillon (meestal met vlees)
Ceviche	Salade van rauwe vis, gemarineerd in limoensap
Entremeses	Voorgerechten

Vlees (carne) en gevogelte (aves)

Alambre	Kebab
Bistec	Steak
Cabrito	Jong geitje
Carne (de res)	Rundvlees
Carnitas	Vleesstoofschotel
Cerdo	Varkensvlees

Chorizo	Worst	**Milanesa**	Schnitzel
Chuleta	Karbonade	**Pato**	Eend
Codorniz	Kwartel	**Pavo/Guajalote**	Kalkoen
Conejo	Konijn	**Pechuga**	Borst
Cordero	Lam	**Pierna**	Poot
Costilla	Rib	**Pollo**	Kip
Guisado	Stoofschotel	**Salchicha**	Hotdog of salami
Higado	Lever	**Ternera**	Kalf
Lengua	Tong	**Venado**	Hert

Specialiteiten

Chile relleno	Gevulde pepers	**Quesadilla**	Geroosterde of gebakken tortilla met kaas
Chuchitos	Gevulde maïskussentjes	**Taco**	Opgerolde, gevulde tortilla
Enchilada	Platte knapperige tortilla met een salade of vlees	**Tamale**	Gekookte maïspudding
Mosh	Pap	**Tapado**	Visstoofpot met bakbananen en groenten, gegeten aan de Caribische kust
Pan de banana	Bananenbrood		
Pan de coco	Kokosbrood		

Groenten (legumbres, verduras)

Aguacate	Avocado	**Lechuga**	Sla
Ajo	Knoflook	**Pacaya**	Bittere plaatselijke groente
Casava/Yuca	Aardappelachtige knolgroente	**Papas**	Aardappels
Cebolla	Ui	**Pepino**	Komkommer
Col	Kool	**Plátanos**	Bakbananen
Elote	Maïskolf	**Tomate**	Tomaten
Frijoles	Bonen	**Zanahoria**	Wortels
Hongos	Paddenstoelen		

Fruit (frutas)

Banana	Banaan	**Mango**	Mango
Ciruelas	Reine Claude-pruimen	**Melocotón**	Perzik
Coco	Kokosnoot	**Melón**	Meloen
Frambuesas	Frambozen	**Naranja**	Sinaasappel
Fresas	Aardbeien	**Papaya**	Papaja
Guanabana	Peerachtige cactusvrucht	**Piña**	Ananas
Guayaba	Guave	**Pitahaya**	Zoete paarse vrucht
Higos	Vijgen	**Sandía**	Watermeloen
Jocote	Kleine, pruimachtige vrucht	**Toronja**	Grapefruit
Limon	Limoen	**Tuna**	Cactusvrucht
Mamey	Roze zoete vrucht	**Uvas**	Druiven
		Zapote	Zoete vrucht met roze vruchtvlees

Eieren (huevos)

a la Mexicana	Roerei met een milde tomaten-uien-chilisaus
con Jamón	met ham
con Tocino	met spek
Fritos	Gebakken
Motuleños	Gebakken, geserveerd op een tortilla met ham, kaas en saus
Rancheros	Met gebakken kaas en veel hete chilisaus
Revueltos	Roerei
Tibios	Zachtgekookt

Veelgebruikte uitdrukkingen

a la Parilla	Gegrild
al Horno	Gebakken
al Mojo de ajo	Gebakken in knoflook en boter
Asado/a	Geroosterd
Empanado/a	Gepaneerd
Picante	Pikant
Recado	Een saus voor bij vlees, met knoflook, tomaten en kruiden

Dessert (postres)

Crepas	Pannenkoeken (Amerikaanse)
Ensalada de Frutas	Fruitsalade
Flan	Crème caramel
Helado	IJs
Pie de queso	Kwarktaart
Plátanos al Horno	Gebakken bananen
Plátanos en Mole	Bakbananen in chocoladesaus

Verklarende woordenlijst

Aguardiente Alcohol gemaakt van suikerriet.

Aguas Frisdranken in een fles, zoals Coca-Cola of Pepsi.

Alcalde Burgemeester.

Aldea Klein dorp.

Altiplano Het bergland van westelijk Guatemala.

Atol Drank van (meestal) maïsbeslag, gekookt met water, suiker en melk. Kan ook van rijst worden gemaakt.

Ayuntamiento Stadhuis.

Baleada Gevulde tortilla; straathapje (alleen in Honduras).

Barranca Steile kloof.

Barrio Woonwijk.

Biotopo Beschermd natuurgebied, meestal beperkt toegankelijk voor toeristen.

Boca Costa Westelijke vulkaanhellingen in het berggebied van Guatemala, ideaal voor koffieplantages.

Brujo Mayasjamaan.

CAFTA (Central American Free Trade Agreement) Centraal-Amerikaanse Vrijhandelsovereenkomst.

CALDH (Centro par la Accion Legal en Derechos Humanos) Centrum voor juridische aanpak van mensenrechtenschendingen; belangengroep die ernaar streeft dat de slachtoffers van het geweld van de burgeroorlog recht wordt gedaan.

Calvario Kerk, vaak met niet-christelijke religieuze gebruiken, altijd aan de westkant van een stad; ook wel het huis van de voorouders genoemd.

Camioneta Tweedeklasbus of -busje. Elders in Latijns-Amerika betekent dit woord kleine vrachtwagen of truck.

Campesino Kleine boer of landarbeider.

Cantina Plaatselijke bar voor stevige drinkers.

Casita Hut, klein huis.

Cayuco Kano.

Chapín Bijnaam voor een inwoner van Guatemala.

Chicle Sap van de sapodillabomen waaruit kauwgum wordt gemaakt.

Chuj Mayastoombad.

Klassiek Periode waarin de oude Maya-beschaving op zijn hoogtepunt was, meestal gedateerd op 250–909 n.C.

Codex Mayahandschrift op papier uit de bast van de vijgenboom en beschreven met hiërogliefen. De meeste handschriften werden door de Spanjaarden vernietigd, maar het Popol Vuh-museum in Guatemala-stad heeft een kopie van de Dresden Codex (zie blz. 79).

Cofradía Religieuze broederschap onder bescherming van een bepaalde heilige. Dergelijke groepen vormen de basis voor de religieuze en wereldlijke hiërarchie in de traditionele maatschappij van de hooglanden; ze combineren katholieke en niet-christelijke gebruiken.

Comedor Eenvoudig Guatemalteeks restaurant, meestal met maar één of twee schotels op het menu, en altijd de goedkoopste eetgelegenheid.

Comida típica Letterlijk 'typisch eten'; naam voor een menu met eenvoudige Guatemalteekse gerechten, niks buitenissigs, maar altijd voedzaam en goedkoop.

Conavigua Nationale Coördinatie van Guatemalteekse Weduwen. Invloedrijke, voornamelijk inheemse belangengroep.

Copal Wierook van dennenhars, gebrand bij religieuze ceremonies.

Corriente Andere naam voor een tweedeklasbus.

Corte Traditionele Guatemalteekse rok.

Costumbres Guatemalteeks woord voor de traditionele, meestal in religieus of cultureel opzicht belangrijke gebruiken van de bergland-Maya. Het woord verwijst vaak naar tradities die meer gemeen hebben met niet-christelijke praktijken dan met het katholicisme; aanhangers worden **costumbristas** genoemd.

Creole Guatemalteek van gemengde Afro-Caribische afkomst.

Cuadra Huizenblok.

CUC Comité voor Boereneenheid.

Cusha Zelfgebrouwen alcoholische drank.

Don/doña Meneer/mevrouw. Een beleefdheidsvorm, meestal gebruikt voor personen in functie of werkgevers.

Efectivo Contant geld.

EGP (Ejército Guerrillero de los Pobres) (Guerrilla Leger van de Armen). Een Guatemalteekse guerrillagroep die actief was in de Ixil-driehoek en het Ixcán-gebied.

Evangélico Christelijk-evangelicaal of fundamentalist, vaak missionarissen. Naam voor de talloze protestantse sekten die in Centraal-Amerika uit zijn op bekeerlingen.

FAR (Fuerzas Armadas Rebeldes) (Rebellenleger). Guatemalteekse guerrillagroep die voornamelijk in Petén actief was.

Finca Plantage-achtige boerderij.

FRG (Frente Republicano Guatemalteco) (Guatemalteeks Republikeins Front). Rechtse politieke partij van Ríos Montt en Alfonso Portillo.

GAM (Wederzijdse Steungroep). Belangengroep voor recht en genoegdoening voor familie van 'verdwenen personen'.

GANA Rechtse politieke coalitie, momenteel aan de macht.

Garífuna Zwarte bewoner van de Cariben, uit Lívingston en dorpen aan de Caribische kust tussen Belize en Nicaragua, met een unieke taal en een duidelijk Afrikaanse culturele achtergrond. Zie blz. 258.

Gringo/gringa Een blanke buitenlander; hoeft geen scheldwoord te zijn.

Hospedaje Ander woord voor een klein, eenvoudig hotel.

Huipil Traditionele vrouwenblouse, meestal geweven en/of geborduurd.

Indígena Inheems persoon met Maya-voorouders.

Indio Racistisch woord om iemand van Maya-afkomst aan te duiden. Het woord **indito** ('indiaantje') is net zo beledigend.

Inguat Guatemalteekse VVV.

I.V.A. Guatemalteekse btw van 12%.

Ixil Berglandstam, de stamleden wonen rond de drie steden in de Ixil-driehoek: Nebaj, Chajul en San Juan Cotzal.

Kaqchikel (Ook gespeld als 'Cakchiquel'). Inheemse bergstam uit het gebied tussen Guatemala-stad en het Atitlánmeer.

K'iche' (Ook gespeld als 'Quiché'). Grootste van de Maya-bergstammen, geconcentreerd rond de stad Santa Cruz del Quiché.

Ladino Een vage term; in specifieke zin een aanduiding voor iemand van gemengd Spaanse/Maya-afkomst, maar vaker gebruikt voor personen met een 'westerse' culturele achtergrond, of voor mensen die zich 'westers' kleden, of hun afkomst nu zuiver Maya is of gemengd.

Legua Een afstand van een uur lopen; overal gebruikt in de hooglanden.

Leng Slang voor **centavo**.

Mam Mayastam in het westelijk bergland, het gebied rond Huehuetenango.

Mariachi Mexicaanse muziekstijl die in Guatemala populair is.

Marimba Xylofoonachtig instrument, gebruikt in traditionele Guatemalteekse muziek.

Maya Algemene term voor de grote inheemse bevolkingsgroep die oorspronkelijk en nog steeds woonachtig is in Guatemala, zuidelijk Mexico, Belize, westelijk Honduras en een deel van El Salvador.

Mestizo Persoon van gemengde Spaanse/Maya-afkomst; term die in Mexico algemener is.

Metate Platte steen om maïs op te malen.

Milpa Maïsakker, meestal vrijgemaakt met *slash-and-burn*.

Minugua VN-missie in Guatemala die toezicht houdt op het vredesproces.

MLN (Movimiento de Liberación Nacional) (Nationale Bevrijdingsbeweging). Rechtse politieke partij in Guatemala.

Natural Andere aanduiding voor een inheems persoon.

PAC Burgerwacht in een dorp, in de jaren tachtig ingevoerd door Ríos Montt. De PAC-patrouilles waren verantwoordelijk voor tal van bloedbaden en zijn nog steeds een machtsfactor.

Palapa Hut met een dak van palmbladeren.

Parque Centraal plein, of park, in een stad.

Pensión Eenvoudig hotel.

Pila Washuis; gootsteen voor het wassen van kleding.

Pipil Inheemse stam die ten tijde van de Conquista een groot deel van de Guatemalteekse westkust bewoonde. Alleen hun kunst bestaat nog, rond de stad Santa

Lucía Cotzumalguapa.

Pisto Slang voor contant geld.

Pullman Snelle en comfortabele bus, meestal een oude Greyhound.

Punta-rock De muziek van de Garífuna.

Q'eqchi' (Ook gespeld 'Kekchi'). Mayastam, voornamelijk rond Cobán, de hooglanden van Verapaz, het Izabalmeer en de Petén.

Remhi De Waarheidscommissie van de katholieke kerk, opgezet om de gruwelen van de burgeroorlog te onderzoeken.

Repatriados Guatemalteekse vluchtelingen uit de burgeroorlog die nu naar hun land zijn teruggekeerd.

Sierra Bergketen.

Tecún Umán Laatste koning van de K'iche'-stam, in een veldslag overwonnen door Alvarado.

Telgua Nationale telefoonmaatschappij.

Tienda Winkel.

Típica Kleding uit veelkleurig geweven textiel, meestal afgestemd op de smaak van de westerse klant.

Traje Traditioneel Mayakostuum.

Tzute Hoofdoek of sjaal als onderdeel van een traditioneel Mayakostuum.

Tz'utujil Inheemse stam uit de streek ten zuiden van het Atitlánmeer

URNG (Unidad Revolucionaria Nacional Guatemalteca) (Guatemalteekse Nationale Revolutionaire Eenheid). Overkoepelende organisatie van de vier voormalige guerrillagroepen, nu ontbonden.

USAC (Universidad de San Carlos) Universiteit van San Carlos. Guatemala's nationale universiteit, voormalige broedplaats van politiek activisme.

La Violencia Woord dat vaak gebruikt wordt voor de meest bloedige jaren van de burgeroorlog; letterlijk 'het geweld'.

Xate Decoratieve palmbladeren, in Petén geoogst voor de export naar de VS, waar ze bij bloemschikken worden gebruikt.

Xela Andere naam voor de stad Quetzaltenango.

Maya-architectuurtermen

Altaar Stenen met uitgebreid reliëf, vaak cilindrisch, en gegroepeerd aan de rand van het voornaamste plein. Gebruikt om historische gebeurtenissen te vermelden, maar misschien ook als offerstenen. Zie ook **zoömorf**.

Balspelarena Smal, geplaveid rechthoekig plein met schuin oplopende zijkanten waar het Mayabalspel werd gespeeld. De arena was een symbolisch raakvlak tussen de werkelijke en de bovennatuurlijke werelden, en voor de balspelers kon het een zaak zijn van leven of dood: verliezers werden soms geofferd.

Chultún Onderaardse voorraadkamer.

Hiëroglief Onderdeel van het Mayaschrift, ongeveer te vergelijken met een letter of woordgroep; gebruikt om historische gebeurtenissen vast te leggen. Sommige hiërogliefen zijn fonetisch, terwijl andere een volledige beschrijving of concept weergeven, zoals de Chinese karakters. Dominante klassieke en postklassieke steden hadden elk hun eigen unieke embleem; sommige, zoals Copán en Tikal, gebruikten er meerdere.

Latei (dorpel) Stenen plaat of houten balk boven een deuropening of raam, vaak met reliëf, waarop belangrijke gebeurtenissen en data zijn weergegeven. Vooral die uit Yaxchilán zijn buitengewoon fraai uitgevoerd.

Nokkam Decoratieve kam op de nok van stenen tempels, misschien bedoeld om ze hoger te doen lijken. Oorspronkelijk beschilderd met heldere kleuren en vaak geflankeerd door reusachtige figuren in stucwerk.

Paleis Mayapaleizen lagen op prominente plekken vlak bij het ceremoniële hart van een stad, meestal op lage platforms; ze werden vrijwel zeker bewoond door de koninklijke elite. Bijzonder mooie paleizen zijn te vinden in Tikal en Cancún.

Postklassiek Periode vanaf het verval van de Mayabeschaving tot aan de komst van de Spanjaarden, 909–1530 n.C.

Preklassiek Archeologische periode

voorafgaand aan de bloeiperiode van de Mayabeschaving, meestal gedateerd op 2000 v.C.–250 n.C.

Putún Meest voorkomende stijl in Ceibal in centraal Petén, met duidelijke Mexicaanse kenmerken.

Sacbé Geplaveide Mayaweg of -dam bij het centrum van Mayasteden. Waarschijnlijk bedoeld voor ceremoniële processies, en ook om heersers het soppen door zompige moerassen te besparen. **Sacbés** waren ook handelsroutes, en in noordelijk Petén zijn honderden kilometers ervan nog steeds te zien.

Stèle Vrijstaand stenen monument, vaak met schitterend reliëf, die belangrijke Mayasteden opluisteren. Stèles hadden zowel een sacrale als een politieke functie als gedenktekens voor historische gebeurtenissen. De meest indrukwekkende vind je in Quiriguá en Copán.

Tempel Monumentaal stenen gebouw, vanwege zijn religieuze functie van cruciaal belang. Gebouwd in het ceremoniële hart van een stad, meestal met een piramidevormige basis en bovenop één of twee kleine kamers voor geheime ceremonies en bloedige offers. De tempels in Tikal en El Mirador zijn meer dan 60 m hoog.

Tolteeks Kunststijl van de Centraal-Mexicaanse Tolteken die delen van het Mayagebied binnenvielen.

Valse boog Boogconstructie waarbij elke steen een klein eindje verder uitsteekt dan die eronder. Een vrij eenvoudige techniek die alleen deuren en kamers voor een beperkte breedte toelaat.

Zoömorf Reliëf met dierfiguren en hiërogliefen; in Quiriguá kun je prachtige voorbeelden zien.

Colofon en

Register

Colofon

Oorspronkelijke titel: The Rough Guide to Guatemala
Oorspronkelijke uitgave: © Rough Guides Ltd, vierde editie, 2009 gepubliceerd door Rough Guides Ltd. 80 Strand, London, WC2R 0RL

© 2010 Nederlandstalige uitgave:
Unieboek bv
Postbus 97
3990 DB Houten

www.unieboek.nl
www.roughguides.nl

Vertaling: Renée de Graaf, Gerre van der Kleij, Joost Zwart
Redactie Nederlandse editie: Tekstbureau de Bladerbeer / Jannie van der Leer
Coördinatie: Kantoor Verschoor Boekmakers, Haarlem
Zetwerk: Peter Verwey Grafische Produkties, Heemstede
Omslag: Teo van Gerwen Design, Waalre

ISBN 978 90 475 1148 9
NUR 514

Verantwoording oorspronkelijke uitgave

Tekstredacteur: Melissa Graham, Mani Ramaswamy
Layout: Sachin Tanwar
Cartografie: Rajesh Chhibber
Beeldresearch: Nicole Newman
Productie: Rebecca Short, Vicky Baldwin
Correctie: Diane Margolis
Ontwerp omslag: Chloë Roberts, Peter Dyer
Binnenwerk: Gezet in Bembo en Helvetica, naar een ontwerp van Henry Iles
Fotografie: Tim Draper
Redactieteam: **Londen** Ruth Blackmore, Andy Turner, Keith Drew, Edward Aves, Alice Park, Lucy White, Jo Kirby, James Smart, Natasha Foges, Róisín Cameron, Emma Traynor, James Rice, Emma Gibbs, Kathryn Lane, Christina Valhouli, Monica Woods, Mani Ramaswamy, Alison Roberts, Harry Wilson, Joe Staines, Peter Buckley, Matthew Milton, Tracy Hopkins, Ruth Tidball; **New York** Andrew Rosenberg, Steven Horak, AnneLise Sorensen, Ella Steim, Anna Owens, Sean Mahoney, Paula Neudorf; **Delhi** Madhavi Singh, Karen D'Souza, Lubna Shaheen
Ontwerp en foto's: **Londen** Scott Stickland, Dan May, Diana Jarvis, Mark Thomas, Sarah Cummins, Emily Taylor; **Delhi** Umesh Aggarwal, Ajay Verma, Jessica Subramanian, Ankur Guha, Pradeep Thapliyal, Anita Singh, Nikhil Agarwal
Cartografie: **Londen** Maxine Repath, Ed Wright, Katie Lloyd-Jones; **Delhi** Ashutosh Bharti, Rajesh Mishra, Animesh Pathak, Jasbir Sandhu, Karobi Gogoi, Alakananda Roy, Swati Handoo, Deshpal Dabas
Online: **Londen** George Atwell, Faye Hellon, Jeanette Angell, Fergus Day, Justine Bright, Clare Bryson, Áine Fearon, Adrian Low, Ezgi Celebi, Amber Bloomfield; **Delhi** Amit Verma, Rahul Kumar, Narender Kumar, Ravi Yadav, Debojit Borah, Rakesh Kumar, Ganesh Sharma, Shisir Basumatari
Marketing en PR: **Londen** Liz Statham, Niki Hanmer, Louise Maher, Jess Carter, Vanessa Godden, Vivienne Watton, Anna Paynton, Rachel Sprackett, Libby Jellie, Laura Vipond; **New York** Geoff Colquitt, Nancy Lambert, Katy Ball; **Delhi** Ragini Govind
Manager India: Punita Singh
Reference director: Andrew Lockett
Operations manager: Helen Phillips
PA to Publishing: Nicola Henderson
Uitgeefdirecteur: Martin Dunford
Commercieel manager: Gino Magnotta
Algemeen directeur: John Duhigg

Stuur ons je commentaar en correcties

De auteurs hebben hun uiterste best gedaan actuele informatie te geven. Maar dingen kunnen veranderen en informatie kan verouderen – er worden nieuwe leuke plekken ontdekt, openingstijden kunnen veranderen, restaurants kunnen hun deuren sluiten, er kunnen nieuwe leuke restaurants bijkomen, hotelprijzen kunnen veranderen etc. Als je het idee hebt dat er informatie ontbreekt of niet meer juist is, horen we dat graag. Het liefst krijgen we zo volledig mogelijke informatie, dus inclusief adres, telefoonnummer, prijzen, openingstijden e.d. Stuur je opmerkingen aan info@roughguides.nl of Redactie Rough Guides, Postbus 97, 3990 DB Houten.

Lezersbrieven

Graag willen de auteurs iedereen bedanken die voor deze druk zijn commentaar, tips en correcties heeft doorgegeven.
Philippe Samama, Nancy Frane & Rebeca Nye, Chris Sowerbutts, Doris Guzman, David Bryden, Reuxtreme, Nirma Macz, Guen Gifford, Stig Björkas, Myrna Oudega, Orla Keating, Guillaume Furminger, Pats Clark, Stacey Holeman, Sonia Zamborsky, Kaff Christinna Merrild, Sandy J. Jensen, Fred Lubin, J.J. Fleury, Francine Haenni, Sijmen, C. Goran, Pam Harris, Usherle, Steve, J. Wortis, Liliana Queme, Lyman en Rony Spa.

Fotoverantwoording

Alle foto's © Rough Guides, met uitzondering van de hieronder genoemde:

Dingen die je niet mag missen

4 Paardenrennen, Todos Santos Cuchumatán © Daniel LeClair/Corbis
5 Maximón © Tom Campbell/Jupiter
7 Walvishaai en duiker © Tom Salyer/Jupiter
13 Vulkaan Pacaya © Ron Levy/DRR.net
16 Quetzal © Todd Gustafson/DRR.net
17 Yaxhá © Danita Delimont/Alamy
21 Lederschildpad © Ellen McKnight/fotoLibra
23 Semana Santa, Antigua © Tom Campbell/Jupiter
25 Duiken © Dennis Sabo/iStock
30 Tabaksvelden © Ken Welsh/photolibrary

Zwart-witfoto's

Blz. 383 Sandy Beach, Roatan © Devon Stephens/iStock

Dankwoord

De auteurs willen graag de volgende personen bedanken:

Bovenal dank ik mijn gezin in Brighton – Fiona, Louis and Monty – en ook Betty, Aubs, Susan, Jan, Simone en David voor hun hulp. Zonder jullie had ik deze klus niet kunnen klaren. In Guatemala bedank ik vooral Migdalia de Barrillas en mijn maat Marlon Luz van Inguat, en mijn goede vrienden Lorena en Jose in Guatemala-stad. Ook dank aan het team van Iguana: Philippa Myers, Ana, Wendy, Roberta, Mark en Stephanie. En aan John van Café No Sé fame, Don David en Tom in Xela. En jiet te vergeten aan het Rough Guide-team, en dan met name mijn redacteuren. Tot slot draag ik dit boek op aan wijlen Peter Eltringham – een vreselijke auteur en een vriend. We zullen nooit meer iemand zoals hem ontmoeten.

COLOFON

Register

Kaartverwijzingen in kleur

R REGISTER

D

E

F

G

H

I

J

K

L

M

N

O

P

Q

R

U

V

W

X

Y

Z

Legenda kaarten en plattegronden

- Landsgrens
- Grens hoofdstukindeling
- Carretera Interamericana
- Andere belangrijke hoofdwegen
- Overige wegen
- Seizoensweg
- Onverharde hoofdweg
- Voetgangersstraat
- Trap
- Voetpad
- Rivier
- Ferryroute
- Spoorweg
- Canyon
- Bergketen
- Waterval
- Vulkaan
- Grot
- Ruïnes
- Kasteel
- Elektriciteitsmast
- Boog
- Tempel
- Moeras
- Palmboom
- Luchthaven
- Immigratiedienst
- Bushalte
- Parkeerplaats
- Standbeeld
- Accommodatie
- Restaurant
- Benzinestation
- Toeristeninformatie
- Telefoon
- Postkantoor
- Internetcafé
- Camping
- Bezienswaardigheid
- Gebouw
- Kerk
- Begraafplaats
- Park / jungle
- Strand

Inheemse klederdracht

Weinig bezienswaardigheden op het Amerikaanse continent zijn zo verrassend als de markt in het hoogland van Guatemala vanwege de bonte kleurenpracht van de weefsels die de dorpelingen dragen. Elke regio heeft zijn eigen traditie van textiel weven en de kleding die ervan wordt gemaakt, wordt nog steeds in de meeste Mayanederzettingen gedragen. De weefkunst is geen restant uit het verleden, maar een actuele bezigheid die inhaakt op nieuwe ideeën en de sleutel is van de inheemse trots en identiteit.

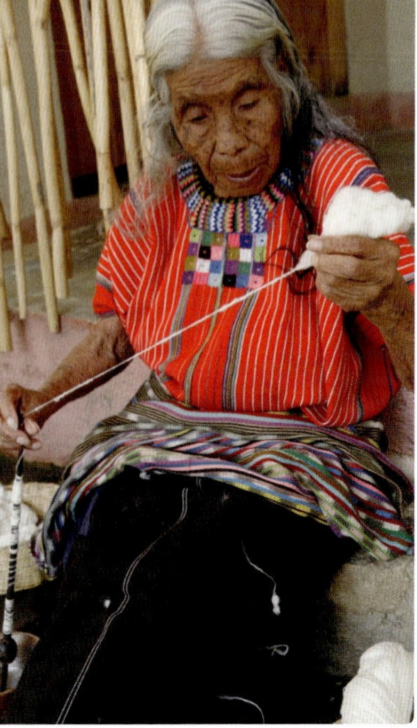

Het spinnen van katoen ▲

Weefster in Todos Santos ▼

Weefprocessen

Weven is een van de oudste Maya-ambachten die al lang voordat de Spanjaarden arriveerden werd uitgeoefend. De Mayagodin Ix Chel, 'zij van de regenboog', wordt vaak afgebeeld bij haar weefgetouw. De adel droeg fijn afgewerkte, geborduurde katoenen tunieken, rokken en hoofdtooien, geverfd met indigo en cochenille; de Maya-onderdanen droegen veel eenvoudiger kleding.

Katoen is ook nu nog de belangrijkste vezel; het wordt meestal in de fabriek gesponnen en geverfd, maar sommige wevers in afgelegen gebieden werken nog met handspoel en onbewerkt garen. Soms wordt er ook wol verwerkt in de korte, kiltachtige rokken die de mannen in de centrale hooglanden dragen en het borduurwerk bestaat vaak uit kunstvezels, zoals acryl en rayon. Synthetische verfstoffen zijn alomtegenwoordig, al wordt nog wel een klein beetje indigo gebruikt, en in de dorpen waar wevers producten voor de exportmarkt maken (zoals San Juan La Laguna) werden opnieuw natuurlijke verfstoffen geïntroduceerd.

Heupweefgetouwen – bijna dezelfde als die van de postklassieke Maya's – zijn nog steeds in gebruik. Het zijn kleine draagbare toestellen waarmee vrouwen werken (vooral voor de productie van *huipils*), met twee stokken om de schering te verstevigen. Eén stok wordt aan een paal vastgemaakt terwijl de andere aan een riem wordt bevestigd die om het onderste deel van de rug van de wever wordt gebonden. Voetweefgetouwen zijn veel logger en worden door beide seksen gebruikt om rokken en lappen textiel te weven.

Allerlei **weeftechnieken** worden toegepast, zoals schering voor de voorkant (het meest gebruikelijke proces dat door heupwevers wordt toegepast), *ikat* (lijkt op de *tie-and-dye*-methode), tapijtweven (met inslag voor de voorkant dat voor de linten van Santiago Atitlán wordt gebruikt), brocheren en borduren.

Vrouwenkleding

Het opvallendste en belangrijkste Mayakledingstuk voor vrouwen is de *huipil*: een losvallende mouwloze blouse met gedetailleerde patronen, gemaakt van dik katoen. *Huipil*-ontwerpen, meestal in schitterende kleuren, zijn voor elk dorp specifiek en bevatten vaak duizelingwekkende geometrische patronen. De langere ceremoniële *huipils*, speciaal voor fiësta's, zijn extravaganter en komen tot de knie. Opmerkelijk zijn de *huipils* met spectaculaire stermotieven, uniek voor San Mateo Ixtatán, en ook de ongelooflijk verfijnde *huipils* uit de regio Ixil.

Onder de *huipil* wordt een rok (*corte*) gedragen. Deze bestaat meestal uit een eenvoudig stuk stof, tot zo'n vijf meter lang, aan elkaar genaaid tot een koker. Mayavrouwen stappen erin, wikkelen de stof rond hun lichaam en omgorden die met een lange sjerp. De wikkelrok, een traditionele dracht in de regio's Quetzaltenango en Verapaz, wordt nu door inheemse vrouwen in het hele land gedragen. Sommige rokkleuren duiden op bepaalde regio's: in de bergen van noordelijk Huehuetenango zijn ze indigoblauw; de Ixil staan bekend om de felrode tinten, terwijl gele rokken het beeld bepalen in San Pedro en San Marcos.

Het meest excentrieke onderdeel van de vrouwenkleding is misschien wel de **hoofdtooi**. De halovormige *xk'ap* uit Santiago Atitlán – een strook textiel van 12 meter – is de bekendste, en de tulband uit Nebaj en Aguacatán behoort tot de mooiste. Ook de tzutes, om baby's of etenswaren in te dragen, en de sjaals tegen de kou in het hoogland, worden geweven.

De mode verandert continu, omdat de dorpswevers steeds verder weg reizen en beïnvloed worden door andere regio's.

▲ Traditionele dracht in Nebaj

▼ Markt in Chichicastenango

▼ Bijzondere hoofdtooi

Herenkleding in cowboystijl ▲

Dessins uit Nebaj ▼

Dessins uit Santa Catarina Palopo ▼

Mannenkleding

De traditionele mannenkleding wordt maar in zo'n twintig dorpen gedragen, omdat de meeste Maya-mannen westerse kleding prefereren. Toch bestaan er nog enkele spectaculaire mannelijke kledingstukken, zoals het geweven shirt in cowboystijl uit Todos Santos en Sololá (zie blz 151), en de prachtig geborduurde kniebroek uit Santiago Atitlán en Santa Catarina Palopó. Andere ongewone kledingstukken zijn *rodilleras* (of *delanteras*): korte wollen rokken die in Nahualá en San Antonio Palopó worden gedragen.

De traditionele jasjes komen nog zelden voor en worden nog door enkele oudere mannen gedragen; van de jasjes uit Nebaj wordt beweerd dat ze naar het model van de Spaanse officiersjasjes zijn gemaakt, terwijl de barokke jasjes uit Sololá eruitzien als smokings. In de Cuchumatanes dragen sommige mannen *capixays*, een poncho-achtig gewaad; vooral die uit San Juan Atitán (zie blz. 206) zijn opvallend en reiken tot de knie.

Dessins

De toegepaste **dessins** in de traditionele kleding zijn net zo divers als de klederdracht zelf: verfijnde patronen op basis van prachtige vormen- en kleurencombinaties. Er worden dieren, vogels, planten, bomen en mensen in verwerkt, evenals een serie abstracte en geometrische patronen, woorden en namen. Van de zigzagpatronen wordt gezegd dat ze Chaac, de god van de donder en bliksem symboliseren. Veel motieven dateren waarschijnlijk uit de periode lang voor de Spaanse overheersing: we weten nu dat de tweekoppige adelaar, of *k'ot*, emblematisch was in San Juan Cotzal en dat de zon, maan en slang gebruikelijk waren in het klassieke Maya-patroon. Apen worden geassocieerd met rampspoed en de **quetzal** werd beschouwd als de spirituele beschermer van de koningen van K'iche'.

Maya-architectuur

De Maya-architectuur omspant duizenden jaren en steekt in grootsheid en pracht de grote steden uit de oudheid naar de kroon. De Mayasteden kenmerkten zich door een ceremoniële kern van imposante gebouwen rond een geplaveide plaza. Deze heilige centra waren het domein van heersers, priesters en de elite, en bevatten de religieuze en bestuurlijke gebouwen en meestal nog een of twee paleizen. Kenmerkend voor alle hoofdgebouwen was dat ze van kalksteenblokken waren gebouwd die toentertijd bedekt waren door dikke lagen stucco en in levendige kleuren waren geschilderd; rood had meestal de overhand voor de reliëfs en de details sprongen eruit in groen, blauw en geel.

Tempelcomplex in Tikal ▲

Mayatempel in Tikal ▼

Witsnuitneusbeer in Tikal ▼

Tempels en piramides

De eerste Mayapiramides waren simpele lage gebouwen op de top van grafterpen, maar rond 750 v.C. verrezen er echter veel indrukwekkender tempels in Nakbé (zie blz.. 340). In dit tijdperk werden de preklassieke tempels in **triadische** stijl opgetrokken: boven op een gigantische basis werden drie kleine trappentempels gebouwd. Dit architectonisch ontwerp bereikte zijn hoogtepunt in El Mirador (blz. 338), waar aan het begin van onze jaartelling een 78 m hoge tempelgroep werd gebouwd. Bijna alle vroege piramides werden verfraaid met stucco maskers (sommige tot 5 m hoog) van gestileerde slangen of jaguarkoppen.

De Maya's waren geobsedeerd door **tijd**, en veel tempelcomplexen waren georienteerd op kalender- en astronomische evenementen; op gunstige dagen hielden de Maya's ceremonies om de gebeurtenis te vieren. In Uaxactún (blz. 334) werden tempels perfect in één lijn gebouwd, zodat priesters de zon konden zien opkomen boven aangrenzende tempels op de dagen van de zonnewende. Trucs met licht waren ook populair: In Chichén Itzá in Mexico werd de Castillo-tempel zo gebouwd dat een staartachtige schaduw tijdens elke equinox een uitgehouwen slangenkop zou raken.

Een Mayatempel verheft zich als een verjaardagstaart in platforms; toen de klassieke periode aanbrak, werden rechtstandige stenen **dakkammen** toegevoegd op de tempeltoppen; in Tikal hebben de Tempels I en II prachtige kammen (blz. 324). Steden in de regio Usumacinta (blz. 346), zoals Yaxchilán en Palenque, prefereerden een honingraatontwerp, maar alle dakkammen waren uitbundig versierd met beschilderde stucco-reliëfs.

In veel steden werden tempels over oude ceremoniële gebouwen heen gebouwd; archeologen hebben de restanten blootgelegd van eerdere bouwsels onder de noordakropolis in Tikal. Copán heeft de mooiste voorbeelden hiervan; in het hart van Tempel 16 kun je een tunnel in die gemaakt is om de spectaculaire façade van de veel oudere Rosalila-tempel te zien (blz. 364).

Vele, maar niet alle Mayatempels waren grafmonumenten voor hun heersers. Tempel I In Tikal werd gebouwd ter ere van de grote leider Hasaw Chan K'awil en in zijn graftombe werden enkele prachtige jaden ornamenten gevonden.

▲ Tempelreplica in Copán

Stèles en altaren

▼ Stèle in Quirigua

Stèles zijn rechtopstaande stenen, meestal 3–4 m hoog; die in Quiriguá (blz. 247) zijn echter wel 8 m hoog. De meeste werden opgericht om een belangrijke gebeurtenis te herdenken: een overwinning in de strijd of de troonsbestijging van een vorst. Bijna alle stèles werden door meesterbeeldhouwers bewerkt, en de voorkant van de stèle bevatte meestal een manshoog portret van een heerser in vol ornaat, met hiërogliefen die een historische gebeurtenis en datum beschreven. Deze stèles zijn nu indrukwekkende voorbeelden van Mayakunst geworden.

In Copán was het beeldhouwen van stèles rond 700 n.C. een hoge kunstvorm, waarbij alle vier de zijden met complexe details werden bewerkt, de voor- en achterzijde in diep reliëf en de zijkanten met hiërogliefen die verslag doen van de roemrijke daden van heerser Achttien Konijn.

De opdracht voor de bouw van cirkelvormige **altaren** werd vaak in combinatie met die voor stèles gegeven. Ook deze werden op verfijnde wijze gebeeldhouwd, vaak met afbeeldingen van vastgebonden gevangenen, een gewoonte die Mayanisten deed aannemen dat ze misschien gebruikt werden voor de offerdienst en voor offergaven tijdens rituelen.

Maya-balspelarena ▲

Bewerkte steen in Copán ▼

Uitzicht vanaf El Mirador ▼

Tikal ▼

Balspelplaatsen

Pitz – het Maya-**balspel** – was veel meer dan een sport; het symboliseerde een strijd tussen de krachten van leven en dood. Hoewel de exacte regels niet bekend zijn, weten we dat het spel met twee spelers (of twee teams) werd gespeeld die het tegen elkaar opnamen door een zware rubberen bal met hun ellebogen en heupen weg te stoten. De uitslagen werden soms als goddelijk oordeel beschouwd en wellicht ingezet om conflicten op te lossen, waarbij de verliezers werden onthoofd.

Alle hadden dezelfde indeling: een smal geplaveid speelveld omgeven door schuin aflopende muren, meestal open aan de uiteinden. Ze varieerden wel in grootte: de meeste balspelplaatsen waren maar 15 of 20 m lang met een doorsnede van 5 m, maar die van Chichén Itzá was wel 100 x 30 m. Veel plaatsen hadden ringen van steen, waar de spelers de bal doorheen probeerden te krijgen; op andere begrensden prachtig gebeeldhouwde ronde stenen het speelveld. Balspelplaatsen speelden een centrale rol in het leven van de Maya's, en werden ook gebruikt voor culturele evenementen en rituelen. Belangrijke balspelplaatsen bevinden zich in Tikal, Copán, Iximché, Mixco Viejo en Zaculeu.

Stucco (stucwerk)

Alle tempels werden bedekt met dikke lagen **stucco.** Naarmate de preklassieke Maya's steeds kwistiger werden met de toepassing van stucco (dat alleen gemaakt kon worden door verbrijzelde kalksteen te branden met behulp van vers gekapt hout, dat vlam vatte bij een zodanig hoge temperatuur dat er pleisterkalk gemaakt kon worden), en steeds dikkere lagen stucco op hun tempels aanbrachten, stortte het milieu rond het regenwoud ineen, en werd door hun duurdoenerij ongekende schade aangebracht.